中西方石拱桥

大偉题

唐寰澄　唐　浩◎著

ZHONGXIFANG SHIGONGQIAO

中国铁道出版社有限公司
CHINA RAILWAY PUBLISHING HOUSE CO., LTD.

图书在版编目（CIP）数据

中西方石拱桥 / 唐寰澄，唐浩著．— 北京：中国铁道出版社有限公司，2019.7
ISBN 978-7-113-25686-9

Ⅰ．①中…　Ⅱ．①唐…②唐…　Ⅲ．①石拱桥 – 世界 – 图集　Ⅳ．①U448.22-64

中国版本图书馆 CIP 数据核字（2019）第 064646 号

书　　名：**中西方石拱桥**
作　　者：唐寰澄　唐　浩

责任编辑：曾亚非　　　　编辑部电话：（010）51873698
装帧设计：崔丽芳
责任校对：王　杰
责任印制：赵星辰
书名题字：喻大伟

出版发行：中国铁道出版社有限公司（100054，北京市西城区右安门西街 8 号）
网　　址：http://www.tdpress.com
印　　刷：中煤（北京）印务有限公司
版　　次：2019 年 7 月第 1 版　2019 年 7 月第 1 次印刷
开　　本：889mm × 1194mm　1/16　印张：19　字数：520 千
书　　号：ISBN 978-7-113-25686-9
定　　价：128.00 元

序　言 | FOREWORD

戊戌年（2018）春节前夕，中国古代桥梁史研究大家唐寰澄先生哲嗣唐浩老师来信说，他根据唐老遗留笔记和相关资料整理撰著的《中西方石拱桥》[1]业已完稿，希望我能给些意见并为之作序。唐老是中国桥梁史学研究的泰斗，也是我非常敬重的交通大学学长。可以这样说，我是读着唐老撰作、主编或参与编撰的几部桥梁史著作进入中国古代桥梁研究工作中来的。尤其是十多年前，我与他在福建省的两次会面以及关于中国木拱桥研究方面的数次交流都使我受益匪浅。但是，突然之间接到唐浩老师的来信以及寄来的《中西方石拱桥》一书样稿，并嘱我作序则是让我始料未及，心里有些惴惴不安。

在学术圈里，正常情形下导师为弟子作序，前辈为后辈作序，是一种学术传统；当然，也在极少数的情况下，后辈为老师的著作写序，那也不过是个别前辈所欣赏的极其优秀的弟子或学术界后起之秀才能为之。与唐老相比，我生虽晚却不才，思来想去又有何能何德可以为一直仰慕着的前辈大作写序呢？在唐浩老师真诚的邀请下，我似乎也为自己找到了为这部书稿写点文字的理由。

2005年的春天，我与唐老同时受邀参加了在福建省屏南县举办的廊桥论坛。那是我第一次与心仪已久的桥梁史界前辈见面，会上，我聆听了唐老关于中国木拱廊桥的精彩报告。会后，我们一起考察屏南县的几座木拱廊桥，其间还就中国历史上曾出现过的几种木拱桥的结构形式及命名进行了深入探讨[2]。唐老给我留下的深刻印象是：他治学严谨，对后辈的期待与要求亦较高。会议进行了好几天，记得主办方还别出心裁地在屏南县最出名的白水洋上搭起舞台和看台，组织了丰富多彩的水上文艺表演，我的位置是挨着唐老的。观看表演的时候，唐老提起了一桩心事，就是他晚年最重要的一项学术活动——中国木拱桥研究已有初步成果问世，只是还没能有机会出版。我听后，热血上涌，心想老先生的这项研究成果在学术界尚属首次发布，作为后辈的我，当责无旁贷的予以支持，力争早日将之公诸于众，因此立刻表示愿意倾力促成我所在的单位——上海交通大学——也是

1 原书书名拟定《中西方石拱桥品读》，我收到书稿后，建议唐浩老师修改为现名。
2 有关这一探讨的细节，我曾在拙著《中国木拱廊桥建筑艺术》（上海人民美术出版社，2017 年）一书的后记中有详细说明。

唐老的母校——所隶属的出版社为唐老完成这部书的出版工作。但事与愿违，由于种种原因，这部书稿最终没能在交大社问世。尽管，唐老的《中国木拱桥》一书于2010年由中国建筑工业出版社正式出版了（由古建筑研究前辈罗哲文老先生推荐），但于我而言这始终是一件非常遗憾的事，总觉得有负唐老的嘱托。这次，如果我能完成唐浩老师相托之事，也间接是在践行十三年前对唐老当年的承诺，或可让我有赎罪之感，至少稍稍让我能有些心安。此是其一。

其二，作为一名中国古代桥梁研究的后来者，也是最早阅读《中西方石拱桥》书稿的读者之一，我觉得有责任对这部书的主要内容及价值做一个抛砖引玉式的介绍和评判，亦可将之作为面向其他读者的导读和推荐絮语。与此同时，我也将我对罗老、唐老关于中国古代石拱桥领域的学术研究成果及贡献在此做一简单介绍，以供其他未及详细阅读过二老著作的读者们作背景材料参考。

众所周知，在桥梁界运用现代科学的观点和方法来指导中国古代桥梁做系统研究及其论著写作在中国实际上是很晚的事；在国内始于罗英、唐寰澄二先生，在国外恐怕当属毕生研究中国古代文明史的李约瑟博士[1]。在20世纪40年代起，罗英先生就开始了对中国古代桥梁建筑的系统研究，并于1959年分别出版了《中国石桥》[2]和《中国桥梁史料（初稿）》[3]。严格地说，后一部书稿并不是真正意义上的出版，在笔者收藏的铅印本中找不到出版社和书号。从作者自序和茅以升先生的序言中可以得知，作者着手《中国桥梁史料（初稿）》的工作大概始于1954年，是“应中国科学社之约，作为中国科学史料丛书之一而编写的”[4]；而编著《中国石桥》一书的时间则更早，茅老在序言中第一句话就说，“这本书是同我共同负责修建杭州钱塘江桥的罗英同志编写的。他编写这本书花了十年的时间，比他修这座桥的时间还要多六七年”。从出版的时间往前推算，作者开始收集资料、研究或写作的时间至迟在1949年底。

为什么需要十年的时间才完成一部书稿呢？在这里，我再一次引用茅老在序言中的话来予以解释：

“桥梁是一国文化的特征之一，我国有几千年的历史记载，桥梁历史也应有几千年。以我国幅员之广，编写一部桥梁史，该是一项如何浩繁的工作，然而罗英同志竟然独力开始了这一工作，这该值得我们桥梁工程界如何

1 参看拙文《李约瑟中国古代木构桥梁研究的评述》，载于《2015建筑历史研究与城乡建筑遗产保护国际学术研讨会论文集》，北京：中国建筑工业出版社，2015：38~45。

2 参见罗英著《中国石桥》，北京：人民交通出版社，1959。

3 参见罗英编著《中国桥梁史料（初稿）》铅印本，中国科学社主编《中国科学史料丛书》，未见出版社社名和书号。从中国科学社编辑委员会、茅以升和罗英所写序言的时间判断大致于1959年末或1960年初出版。

4 参见罗英编著《中国桥梁史料（初稿）》铅印本罗英自序。

地庆幸。虽然这本书还只限于各种桥梁中的一种——石桥，但石桥也就够了，而且由于石桥比木桥、铁桥的寿命都长，因而现存的古代石桥也最多，编写起来也最繁难，难怪这本书成为记载中国石桥的比较完备的第一本书了。”

唐寰澄先生发表其学术生涯第一部桥梁史专著也是在20世纪50年代。单从时间上算，唐老的《中国古代桥梁》[1]一书还要比罗老的两部桥梁史著作早两年出版。当时，唐寰澄先生刚过而立之年。与罗老第一部桥梁史专著出版时的69岁相比，小了38岁。由此可见，唐老在相当年轻的时候，即已开始立志于对中国古代桥梁的系统研究。这部书初版时只是一个不太惹眼的小本子，但经多年后的两次增订（1987年文物出版社版和2011年中国建筑工业出版社版），竟蔚为壮观，以致成为今日桥梁史研究领域的煌煌巨著。

尽管在20世纪30年代，中国建筑史学先贤们已经开始关注和研究中国古代建筑的特殊类型——石桥，陆续在营造学社主办的学术期刊——《营造学社汇刊》上发表了数篇极有分量的论文。譬如刘敦桢先生的《万年桥志述略》（1933年7月）、《石轴柱桥述要（西安灞浐沣三桥）》（1934年9月）二文，梁思成先生的《赵县大石桥（附小石桥济美桥）》（1934年9月），以及王壁文先生的《清官式石桥做法》（1935年6月）等文章。这些文章中，除王壁文先生较为系统地梳理了清官式石桥（石拱桥和石平桥）的做法及构造特征外，刘敦桢先生和梁思成先生的文章基本上属考察报告性质（内附有高质量的测绘图稿）。其中，刘先生的《万年桥志述略》一文对后来学术界研究中国传统石拱桥的施工方案提供了一个非常好的案例。这在罗、唐二位先生后来的著述中都能找到这个案例的材料。

罗、唐二位先生于20世纪90年代合作出版的《中国石拱桥研究》一书，当是中国桥梁史界第一部系统总结中国古代石拱桥发展简史和建造方法乃至理论论述的专著。虽然唐寰澄先生是在罗老仅留下的四章遗稿基础上调整、扩充和续写而成的，但这部书稿的正式出版，毫无疑问的是凝结着桥梁史界最重要的两代学者的聪明才智和共同心血。当然，这样的一部书必须得有当时桥梁界最高权威学者——茅以升先生的序言。因为，罗老遗稿之所以能够由唐寰澄先生这样的“后起之秀”（当唐先生完成全部书稿时年62岁）整理并续写完成，其实就是在茅老的直接安排下得以实现的。唐寰澄先生不辱使命，非常圆满地完成了茅老交给

1 参见唐寰澄著《中国古代桥梁》，北京：文物出版社，1957。

的任务，也实现了罗老写作这部书的初衷愿望："意在揭示先代能工巧匠的创造发明，探索旧式石拱桥结构理论的演进，发掘中国桥梁技术的辉煌成就，以达到古为今用的目的"[1]。

在《中国石拱桥研究》（1993）一书出版前后七年，中国桥梁史界的研究都有非常重要的成果问世。之前，有茅以升先生任主编、唐寰澄先生任副主编的《中国古桥技术史》（北京出版社，1986）出版；之后，有唐寰澄先生著的《中国科学技术史·桥梁卷》（科学出版社，2000）出版。这两部巨著中虽都有专章论述石拱桥，但是由于不同的原因都未如《中国石拱桥研究》一书系统和深入。可以这样说，《中西方石拱桥》的出版，是唐寰澄先生继《中国石拱桥研究》（与罗老合作）之后的又一力作，且是国内学者首度运用对比的方法来对中西方世界共存的古代石拱桥进行深入研究的著作。有意思的是，这部书的写作继承了《中国石拱桥研究》一书的书写范式——均由两代学者合作完成，同样是由前辈学者的遗稿经后一代学人整理、补充和续写完成，只是这部书稿的接力棒传给了唐老的长子——唐浩先生手中（唐浩先生完成此书稿亦时年 62 岁）[2]。历史如此惊人的相似，正如唐老在《中国石拱桥研究》一书的前言中写到的那样："人类整个历史的进步好像是一场无休止的接力赛跑。后人接过前人的接力棒跑过一段路程后又交棒，这样不断地一代一代继承发展下去，攀登永无止境的高峰。"

回过头来再谈谈本书的写作特色和价值。我非常认真地阅读了全部书稿，并将部分读后心得用铅笔记录下来，拍照发给了唐浩老师，以供其进一步修改时参考。我个人认为，本书在写作上有以下几个特点。

第一，正如前文所述，本书最大的特点即以比较的手法，兼论中西方石拱桥的建筑形态和拱式特征及其计算理论。有关中西方古代石拱桥的渊源，学术界众说纷纭，莫衷一是。当初梁思成先生在《赵县大石桥（附小石桥济美桥）》（1934）一文中也仅仅是将大小石桥的拱券做法与欧洲石拱桥做了些许比较，并未对二者渊源做出推测。一直到 80 多年后，梁思成先生学生、笔者导师杨鸿勋先生在其遗著——《万世一系——中国古代建筑史·中卷》[3] 中才大胆推测认为中国汉代石拱桥可能源于西方的相关技术。唐老和唐浩老师的这部书虽然主要是谈中国和欧洲的石拱桥建筑形态和理论技术，但并不涉及二者之间的渊源关系。既然说不

1 参见罗英、唐寰澄著《中国石拱桥研究》书中茅以升序言，北京：人民交通出版社，1993。

2 严格地讲，这部书是唐家三代人合作完成的。在本书后记中，唐浩先生提到了其夫人邱常禄女士绘制了有关计算部分的图纸，其女儿唐韵女士在国外搜寻了部分欧洲石拱桥的照片。

3 先师杨鸿勋遗著，《万世一系——中国古代建筑史·中卷》第三编开启"曲线时代"之门——模式化的古典主义萌芽（东汉、三国、魏、晋、南北朝·220~581 年）第七章桥梁的发展第四节石拱桥部分。目前全书三卷正在整理编辑中，即将由中国建筑工业出版社出版。

清二者的亲缘关系，索性就不谈，只是就事论事地指出二者之间的差别，这也是唐氏父子写作颇具睿智之处。

第二，本书在具体的比较探究中，将中国与西方古代石拱桥并列展开论述。在讲述西方石拱桥历史时，均在西方纪元同时，辅以中国古代年号纪年，让读者瞬间即有中西方文明对比的认识。当然，这一手法，在罗老和唐老合作的《中国石拱桥研究》一书中即已采用。不知道这是罗老将其传给了唐老呢，还是唐老创造性的使用又传给了唐浩先生？客观上，这一方法已经在本书中被继承了下来，正如唐老所说的那只“接力棒”一样！

第三，西方爆发工业革命以来，现代建造的方式才随着建筑材料和建构方式的进步而改观。但是在这个新旧技术刚刚开始交替的时候，新的往往是循着旧的建构逻辑和方法展开的。关于这一点，唐氏父子在本书中也有精辟论述：“大工业需要交通与输水，故铁路、道路及输水或运河桥建造得很多，那些多面手‘土木工程师’什么都做。在造桥方面，砖石等传统材料和技术，以及新的铸铁桥亦在创建，铸铁拱是脱胎于石拱，其细节技术是木工的，所以可称为一个新旧混合时代。”在笔者和唐老共同的朋友——原美国里海大学著名教授汤姆·彼得斯（现移居瑞士）在其最重要的一部学术著作——《建筑十九世纪》（*Building the Nineteenth Century*，美国麻省理工学院出版社 1996 年版）中也论述了类似的主题。跻身国际桥梁研究圈子的唐老具有广阔的视野与丰富的知识，才使得本书的信息量倍增。

第四，我是建筑学专业背景出身，对本书中记载的不少知名建筑师设计建造的桥梁尤感兴趣，比如帕拉迪奥、理查德森等等。另外，欧洲文艺复兴时期的艺术巨匠达芬奇设计的拱桥方案也是让人眼前一亮。其实，本书虽主要论述石拱桥这一命题，但多处论述涉及到建筑学的问题——因为二者之间本来就有深刻的关联。例如，书中第十章在论述“巴洛克及工业革命时期石拱桥”时就提到：“巴洛克艺术是罗马天主教会的一种语言，首先出现在意大利的罗马，随着天主教的兴盛而在全欧洲推广。巴洛克亦非建筑师新创的一种建筑形式，而是文艺复兴后期建筑合乎逻辑的发展。以一种折中性的手法对古典建筑语言进行了修饰与改造，甚至融合了小亚细亚和伊斯兰建筑的曲线形式。”这些精彩的概括和带有作者自己丰富阅历和思考的论述让读者开阔眼界、受益匪浅。

当然，这些闪光的知识点处处存在，本身就说明唐老对本书的写作更像是在做读书笔记（本书的雏形就是笔记）。他对书中内容的记述，是根据其阅读的中外书籍和史料，娓娓叙来，并不拘泥于某一学科和领域的知识。由于唐老本人学贯中西，研究领域并不囿于土木工程，对建筑学、建筑美学、历史学等学科都有很深的造诣，再加上老先生文字功底了得，因此，全书读下来非常轻松愉快，丝毫没有因为是在讲桥梁工程而显得晦涩枯燥。阅读本书，就像是在听他讲述中外著名石拱桥的故事，讲到酣处，老先生再调调书袋，捎带手拓展开去讲讲时代的大背景以及当时艺术和技术的大趋势。

第五，也是最后一点，我得说说我本人阅读本书时的一点缺憾。同样也在第八章“巴洛克及工业革命时期石拱桥”部分，其中论述说：“迪济桥（Pont De Dizy），建于 1767—1773 年（中国清乾隆三十二年至三十八年）。拱石伸展到拱墙之内，如马里耶桥（Pont Marie）一样，但拱石凸出一些，代表一圈拱券，这是比较好奇的。因为一道真正的拱券和拱墙不发生关系（此乃经典的理论）。较之于假拱券的结构为好，载重的拱券可以自由移动，不将振动传导到拱墙中去。”凭我的结构知识，在没有任何图片的前提下，要理解这段文字是不太可能的。因此，我在想，天如假年，给唐老再留更多一些时间来完善此部书稿，比如说将此部分的文字描述转换成图片，将此桥的结构力学特征予以图像化说明，则对于我们这些非结构学专业的阅读者而言理解起来就更容易一些。想到这里，又不得不为唐老的仙逝感到遗憾和痛惜！

就在完成唐浩老师交付任务之时，恰逢戊戌年清明。不知是上天冥冥中的安排，还是巧合，这篇匆匆而就的文字正好作为缅怀先辈的祭文。同时，我也希望本文能幻化为我个人对罗老、唐老两位——中国石拱桥研究领域的拓荒者——所敬献的花篮，奉于二老墓前，以寄托后辈的哀思和想念。也就在此时，我的耳畔再次响起了唐老的那段话：“人类整个历史的进步好像是一场无休止的接力赛跑。后人接过前人的接力棒跑过一段路程后又交棒，这样不断地一代一代继承发展下去，攀登永无止境的高峰。”

期待桥梁与建筑史学界后来的学者们能够接过罗、唐二老手中的接力棒，并将他们开创的研究事业传承下去！是为序。

上海交通大学晚辈学友： 谨记

2018 年 4 月 7 日戊戌年清明于交通大学徐汇园

前言一　罗英传

罗英先生

说到中国石拱桥就不得不提中国桥梁界泰斗、中国古桥研究和现代桥梁建设的开创者罗英先生（1890 年 11 月 02 日至 1964 年 07 月 01 日）。故今将唐寰澄回忆罗英的文章及《中国石拱桥研究》之前言合篇改写，以代本书之前言，以示对罗英先生的敬仰和纪念。

勤奋学习　立志图强

罗英字怀伯，江西省南城县祥兴里（现今株良镇）人，1890 年 11 月 2 日生。1908 年（17 岁），以优异成绩毕业于南县建郡中学，到上海澄中学堂（南洋中学前身）就学；1911 年，经学校保送为"庚子赔款"第一批公费留美学生，进入以创新精神著称的美国康奈尔大学，在土木工程系攻读桥梁专业。1917 年，罗英取得硕士学位。同年，罗英与陈体诚（我国早期公路工程专家）先生在美共同发起组织"中国工程学会"，出版《工程》月刊为唤起大众对科学的认知。在美期间，他应聘纽约州和纽约中央两铁路公司工作 3 年，从事过工程财务、铁路钢桥设计和施工、设计审核等工作，积累了经验。于 1919 年回国。

罗英回国之后，1919 年至 1933 年的 14 年间，在南京河海工程专门学校任教约 10 个月，后去天津津浦铁路任养路主任，并兼任南开大学和北洋大学教授 7 年。1927 年至 1928 年设计和监造京奉铁路沈阳皇姑屯机厂。在沈阳时，日本侵占东北的企图日益明显，在皇姑屯车站炸死张作霖，东北岌岌可危。罗英奉调入关，任北宁铁路山海关桥梁厂厂长 4 年，又任北宁铁路天津总局技术主任工程司半年。在这期间，他除了培育人才外，修建过若干铁路桥梁，奠定了实践的经验；特别是在山海关的 4 年，为中国的桥梁制造，开辟了自力更生的道路。

罗英在北方时，南方正兴建浙赣铁路，其关键性工程钱塘江桥也在酝酿之中。1933 年，罗英应钱塘江桥工程处处长茅以升的邀请，任该处总工程师。

创举工程　钱塘江桥

在 20 世纪 30 年代以前，国内公路和铁路上较大的桥梁，都由外国人设计和承建。如，英国人建滦河桥；比利时人建郑州黄河桥；德国人建济南黄河桥；俄国人建松花江桥等。推其原因，一是建设经费往往从国外借贷，使用上受到挟制；二是国家积弱，工业落后，在材料、机具的供应和技术问题上感到棘手；三也是最重要的，还是当权者崇洋媚外，轻视本国技术人员的设计和工人的生产力。国内有识之士也想改变这种局面。当浙赣铁路钱塘江桥筹划兴建时，由浙江省组织了钱塘江桥工程处，任命茅以升为处长，负总的责任；罗英为总工程师，担任指挥职务。

钱塘江古称浙江，自然条件对建桥来说甚为不利。可作桥墩受力的石层在水面以下 40 余米，其上为 40 余米的流沙覆盖层，游移无定，极易冲刷，素称“无底”。钱塘自古即以海潮著称，怒涛飞沫，雷霆万钧，潮来时江口水位高差可达 6 米，流速每秒亦为 6 米，潮可上溯钱塘百里之遥。在如此复杂困难的地质水文条件下建造桥梁，技术上有很大困难。

当时正值日本帝国主义侵华的势头愈演愈烈，步步进逼。1931 年，发动了“九一八”事变，成立伪满州国，华北危急。国民党政府在攘外必先安内的政策下，采取不抵抗主义，积极作国防战略上后退的准备，钱塘江桥的工期要求非常紧迫。但是建桥资金缺乏，要以桥梁资产为抵押，多方贷款，捉襟见肘，力求压缩。面对重重困难，罗英密切配合茅以升提出切合实际的方案，较之当年铁道部美国顾问、世界知名桥梁工程师华德尔氏方案，降低造价 42%。

钱塘江桥全长 1453 米。上层为 6.1 米宽的公路，下层为标准轨距单线铁路。江面正桥 1072 米，分为 16 孔，每孔跨度 67 米。上部结构为铬铜合金钢简支桁梁，下部结构为钢筋混凝土桥墩，其中 6 个基础下达石层，9 个基础下为 33 米的木桩，亦深达石层，桩上为气压沉箱法下沉的桥墩基础。引桥用钢系杆桁拱和钢筋混凝土排架。

虽然，方案的上报批准仍挂出美国人华氏的招牌，但实际施工按中国人设计进行。当时桥梁主要部件尚不能完全由中国人自行制造，钢梁部分承包给英国道门朗公司，正桥下部结构施工承包给丹麦康益洋行。然而统筹规划，协调工作，解决工程中的困难问题，都是在茅以升和罗英的指导下，由中国技术人员和中国工人的创造性劳动得以完成。处境唯艰，用心良苦，是中国人自己设计和监造的创举工程。

大桥施工时遇到一连串困难，如基桩的准确定位问题；沉箱提升、浮运方法问题；制止沉箱的游移锚定问题；钢板桩围堰被水冲跨的清理问题等，茅以升称之为“八十一难”。工程进行中，罗英白天在工地亲自指挥，夜间回家伏案工作，审核图纸，思考问题。勤劳辛苦，乐之不疲，其全心全意倾注于工作的精神，是为技术人员之楷模。

建桥工程后期，日本发动全面侵华。1937 年，发生“七七卢沟桥事变”，接着又爆发“八一三淞沪抗战”，战火在祖国由北往南蔓延。国民党军队节节败退，浙赣路成为后撤的主要通道，而钱塘江桥恰恰是浙赣路的咽喉。因此，一方面紧迫地需要加快工程步伐，以利于支援前线；另一方面却考虑开通之后，一旦处于危急情况下即行炸桥。

钱塘江桥于 1935 年正式开工。1937 年 9 月铁路通车，11 月 17 日公路通车。12 月 23 日午后 1 时炸桥，5 时杭州沦陷。施工工期二年半，铁路使用 89 天，公路仅使用 37 天。桥炸毁以前，撤退机车约 200 台，客货车 3000 余辆，军用民用物资难以计数，居民步行过桥者达十余万人。罗英作为一位桥梁建设者，对此后果既欣慰亦痛心。

机智应变 处誉江桥

钱塘江桥通车前一个月，即 1937 年 11 月，桥工处撤至浙江兰溪。罗英奉调任湘桂铁路（湖南衡阳到广西凭祥）桂柳段测量队总队长。1938 年 4 月，为湘桂铁路桂南段工程局副局长兼副总工程司，负责桂林到柳州段勘测设计与施工任务，以延长内撤铁路。罗英积极工作，桂柳段于 1939 年 12 月通车到柳州，从勘察到完工，为时仅二年。

桂柳线西南端的关键工程是柳江桥。

柳江属山区河流，浅水时江面仅宽百余米，深约六七米，水清见底。每逢山洪暴发，来势凶猛，一日之间可陡涨 10 米以上，江面宽达五六百米，洪水时流速每秒可达 5~6 米。基岩甚浅，大部露头，基础不难建造。

柳江桥原计划采用钢筋混凝土墩台，上部结构向国外订制 60 米钢桁梁 10 孔。1938 年秋，武汉和广州相继沦陷，原计划由国外运入存在香港的钢料和水泥等材料无法运进，虽有一部分水泥改由香港运越南同登，再辗转由水陆运到柳州，但钢料仍然无着落，而工程又急需上马。当时适有一批从南当铁路拆下的 85 磅（38.56 公斤）旧钢轨，与从别的铁路拆下的 10~13 米长的单线铁路旧钢板梁，约几十孔，撤退运来压在桥头。罗英急中生智，以其坚实的桥梁学识和机智的应变思想，提出以手头这些材料，拼建成大桥的方案。

桥以三孔短钢板梁对接，用旧钢轨作拉杆拼成 30 米 1 孔的双柱式桁（皇后式桁）。以 3 孔相联为一组，设 2 个用旧钢轨制成的排架摇轴墩和一个也由旧钢轨制成的制动墩，共计 6 联 18 孔，桥全长 581.6 米。匠心独运，故柳江桥后又称钢轨桥。

钢轨桥由梅旸春负责领导具体设计，当时的苏桥工厂郎锺騋负责制造。修旧不如制新，这是工程界所熟知的客观规律。用高低不齐，梁距不一，长短参差，构造又不尽相同的旧钢板梁；用断面楞杂，磨耗不同的旧钢轨来制造桥梁，其困难是显而易见的。苏桥工厂在郎锺騋领导下，采用剪裁修补，可铆则铆，否则用拴，少数地方用土制焊条电焊的方法，以极简陋的小厂制成 1350 吨重的钢桥。罗英对设计、制造和施工人员高度赞誉，自己则虚怀若谷，显示出崇高的道德品质。人尽其才，物尽其用，表现了一个领导者高度的领导艺术。

柳江桥的建成，是罗英领导下继钱塘江桥后又一功绩。是时，侵华日军作垂死前挣扎，向湘桂大举进犯。1944 年 8 月，衡阳失守。10 月，桂林沦陷，国民党政府为阻止日军侵入，于 11 月 9 日将柳江桥自行炸毁。此桥前后为运输服务仅 47 个月，也是罗英主持建设而最终被炸毁的第二座大桥。

1945 年抗战胜利，罗英北上，任北平第八区公路管理局局长。1947 年，又南下任云南昆明第四区公路工程管理局局长，直到新中国成立。

垂暮之年 著书立说

新中国成立后，罗英虽已及花甲高龄，却焕发出第二个青春，受到党和政府的重用。他先后任广州、重庆、成都等公路总局专门委员和副总局长；上海华东交通部支前公路修建委员会总工程师。公路各大区撤销后，调任北京重工业部顾问工程师兼北方交通大学土木系教授。1953 年，政府决定兴建武汉长江大桥。罗英应聘为武汉长江大桥技术顾问委员会委员，为大桥的建设提出很多宝贵的意见。罗英自 1951 年底起一直担任重工业部黑色冶金设计院顾问工程师。遇有技术问题，仍亲下现场，调查研究，提出设想。

1956 年，罗英任第三届全国政协委员。在这届会议上，周恩来总理号召老一辈科学家抓紧时间，著书立说，把成就和丰富的实践经验留给后人。当时罗英已患膀胱癌，在党和政府的极大关怀下定居上海，进行过两次手术治疗。虽然病魔缠身，但老骥伏枥，壮心不已。当病情略有起色时，在病榻之上，不惮烦劳，各处征集资料，写成《中国桥梁史料》一书，约 20 余万字，插图 320 余幅，为正式编写《中国桥梁技术史》留下极可贵而翔实的资料。此外，罗英还历时 10 年于 1959 年写成《中国石桥》一书约 15 万字，插图 270 余幅，为研究我国古代石桥，发掘我国科学遗产作出重大贡献。可惜在这以后，在着手撰写《中国石拱桥研究》一书完成前四章手稿后，不幸于 1964 年 7 月 1 日在上海逝世，享年 75 岁。

在罗英先生任武汉长江大桥技术顾问期间，作者（唐寰澄）因工作，几次面洽，深聆教诲，得瞻风采。当其编写《中国桥梁史料》时，曾因一部分内容的写作需要，辱承垂询，先辈风范，实所敬佩。

1983 年，作者受茅以升老先生嘱托，续成《中国石拱桥研究》一书，虽当时在石拱桥领域涉猎不深，且生产任务繁重，但仍接受下来，在罗英先生生前兴趣所在的石拱桥丛中，继续探索。从收到的一箱罗英先生遗稿中可以看出此稿历经沧桑，在毛边纸、再生纸、香烟盒上书写，尘封纸脆，虽圆珠笔油迹已发散，但笔记工整。作者通过半年多的业余时间整理、编号、复印、通读和摘录，得主要参考资料 70 余篇。最后根据罗先生留下的目录，进行调整、补充，在同仁的协助下成书 7 章。1987 年 3 月脱稿，送请前辈茅以升老先生审阅，并承作序。

该书 1993 年 6 月由人民交通出版社出版。

人类整个历史的进步，好像是一场无休止的接力赛跑。后人接过前人的接力棒，跑过一段路程后又交棒，这样不断地一代一代继承发展下去，攀登永无止境的高峰。《中国石拱桥研究》一书，是罗英先生精力所注，亦是前一段中国石拱桥的总结，希望桥梁界有志之士和后起之秀，继续发扬中华民族优良文化传统，把中国石拱桥的技术和造型，推向一个新的高峰。

罗英不愧为中华古代梁桥研究和近代桥梁建设的开创者，大家永远不会也不应该忘记他。

唐寰澄

前言二 唐寰澄小传

唐寰澄先生

唐寰澄（1926—2014），著名的桥梁设计专家、桥梁美学家和桥梁史学家。1926 年 9 月 29 日出生在江苏省金山县（今上海市金山区）。1948 年，毕业于上海国立交通大学土木工程专业。中铁大桥局教授级高级工程师。历任中国桥梁公司武汉分公司技术员、大桥局技术员、工程师、高级工程师、教授级高级工程师、中铁大桥设计院情报室主任、大桥局技术处总工程师、专家顾问组专家；土木工程师学会会员、1956—1957 年中国建筑师学会武汉分会理事。1955 年获武汉长江大桥桥头建筑和引桥设计首奖。2008 年获“茅以升科学技术奖”最高奖——桥梁大奖。

独立编著《中国科学技术史 · 桥梁卷》《中国古代桥梁》《桥梁美的哲学》《世界跨海交通工程》《中国木拱桥研究》《中国桥梁技术史 · 古代篇》（二卷）等著作，参加编著《中国古桥技术史》《中国石拱桥研究》《中国桥梁技术史》《桥梁工程》《中国大百科全书（第二版）》《中国桥梁》《桥》《人间万古彩虹飞》等著作，并多次获得中国国家级图书奖和美国图书奖。

一、家世与成长

1926 年 9 月 29 日，唐寰澄出生于原江苏省金山县朱泾古镇（原为县政府所在地），一幢四开间二进二层的老宅子里。其祖父唐思齐是妇科名中医，为唐朝御医唐羲之后裔。其祖父在行医同时还热心于社会公益事业，时任金山县救火会会长、救济院院长、县教育委委员、县戒烟委委员、中医协会监委、朱泾一小校董。1937年唐思齐因拒绝担任日伪县维持会长，躲避到乡下而遭汉奸杀害，以朴实的正义感维护了中华民族的尊严。

在祖辈科学救国的思想指导下，唐寰澄的父辈没有继承祖传的中医事业而全部改学工科，其父唐杰就读上海同济大学机械科，伯父唐英留学德国学建筑。唐杰大学毕业后曾在上海办秉联铁工厂，抗战胜利后回乡下办了一新型小农场叫“东园”，自己亲自下田畜养白种猪、毛用兔、肉用兔、来亨鸡、火鸡等，种植蟠桃、水晶梨、各色番茄、葡萄、时令蔬菜、薄荷等等。在新中国成立后唐杰曾任1949和1950两届金山县人大代表。父辈们的选择为唐寰澄的人生道路指出方向，树立了榜样。其外公黄芳墅是晚清秀才，民国江苏省议员，也是金山县名人，古文、诗词、书法甚好。因住在同一古镇，在这些方面唐寰澄受其影响颇大，从小耳濡目染打下的童子功，使其一生受益匪浅。

唐寰澄在良好的家庭环境熏陶和教育下，加之自己聪慧好学、攻读勤奋，冠于侪辈。1944年以优异成绩考入上海国立交通大学，学土木工程。虽说是工科生，可他性情活跃，在学好本专业的同时，博览群书，琴棋书画均不离手，亦擅金石。唐寰澄年轻时弹得一手好琵琶，偶尔也参加比赛和演出，还和其他同学一起创办了“交大国乐社”（该社团现在学校还保留着），提倡“雅乐”。1948年，他大学毕业，此时行将解放，他没有去台湾工作，而是投奔了茅以升先生创办的中国桥梁公司武汉分公司，梦想在长江上修建中国第一座长江大桥（民国时期，政府也曾先后四次计划修建长江大桥，以打通京汉和粤汉铁路，已经做过二次勘探、测量和桥址选定工作，为此还发行了建桥债券）。

1949年新中国成立，桥梁公司并入铁道部，唐寰澄也赴北京，在铁道部设计总局工作，在桥梁大师梅旸春和王序森的领导下，参加和独立完成了华中钢铁公司大冶工厂厂房、萍乡煤矿架空缆道、三桥机车厂、成都机车厂厂房、北京中南海怀仁堂大礼堂钢屋架、湘江桥钢梁、成绵段桥梁设计工作；参加武汉长江大桥前期勘探、测量，武汉火车轮渡码头设计等工作。

1953年，唐寰澄正式调入铁道部武汉大桥工程局，分在总体设计组，参加大桥桥头和引桥建筑设计、大桥美术方案设计、桥台结构设计、江汉桥（公路）安装设计工作。

唐寰澄为人作风正派，实事求是。为了学习先进的桥梁技术，业余时间他自学德语、日语；为了继续他的古桥研究事业，他通过各种渠道搜集资料，全面地关注《文物》杂志和考古报告；研读《论语》及老子、孟子著作和中国历史有关著作、文献，为后来著书打下深厚的基础。

1958 年，唐寰澄身处逆境，身心颇受折磨，有感得诗一首《少年》：

少年浑不识风波，版筑于今正炼磨。秦岭云横思退之，巴山雨落困相如。

曾经颠扑知沧海，更有技能缚大河。题柱中流且记取，他年回首意如何。

二、世纪之桥 总理钦点

武汉长江大桥作为 20 世纪中国最伟大的工程之一，于 1949 年 9 月 20 日，由桥梁专家梅旸春正式提交的《武汉大桥计划草案》拉开序幕。1950 年初，铁道部开始筹备工作，同年 2 月，成立武汉大桥测量钻探队，由铁道部设计总局副局长梅旸春兼任队长。此后，从 1950 年 6 月到 1953 年 3 月，铁道部先后召开了 5 次武汉大桥会议，对大桥的桥址、桥式、材料、载重、净高等问题一一进行了论证。

在那个中苏友好的年代，前后有 28 位苏联桥梁专家在中国工作，大桥的正桥部分由前苏联提供钢料和按苏联提供配方自己冶炼结合。按照苏联桥梁专家指导的方式设计、施工，来自全国大批的老中青中国桥梁专家、学者、工程师共同参与设计、组织和施工。为了贯彻政务院（现国务院）“武汉长江大桥之美术设计，要配合大桥本身雄伟建筑及武汉都市建筑，以表现伟大祖国的新时代，责成铁道部设置奖金，广泛征求国内美术建筑专家个人的和集体的优秀作品，送呈中央核定”的精神，铁道部决定将桥台（桥头堡）和引桥，向全国各建筑设计院和知名院校的建筑系征集方案。

为此，1954 年夏天，时任大桥局第一任局长的彭敏（原铁道兵副司令员）邀请了全国知名的桥梁和建筑专家：茅以升、杨廷宝、梁思成（因病未出席）、赵深、张溥、张开济、戴念慈、俞蜀渝、莫宗江、鲍鼎、梅旸春、顾懋勋等开了预备会，唐寰澄也列席，随后大桥局发出方案征集邀请函。当时唐寰澄 28 岁，参加工作才 6 年，因为在总体设计组工作，又负责方案的征集、联系工作。在彭敏局长和梅旸春、汪菊潜、王序森等领导和专家及苏联专家的鼓励和支持下，唐寰澄也独立参加了方案的设计，排序在全部方案的最后一名，即 25 号方案。

为了体现中国建筑的特色，唐寰澄开始接触和研究中国古代桥梁，从中汲取古人的哲学思想、设计理念、工艺技巧，希望能在现代化的桥梁设计中注入几千年中国桥梁的灵魂，达到推陈出新的目的。为了满足功能和美学原理（实用、经济、美观）。唐寰澄在两岸引桥上层借用中国古桥如北京颐和园十七孔桥、赵州桥等的艺术手法，这样可以使屹立的引桥高巍连拱与刚劲轻巧的菱形正桥相映成趣，不显得线条单调。而为了凸显中国桥梁的独特韵味，正桥与引桥之间桥头堡建筑的设计也借鉴了清代黄鹤楼“攒尖顶亭式”的建筑风格，弘扬了中国民族传统建筑的朴素之美，颇具远见地与20世纪80年代才复建的“黄鹤楼”建筑达到和谐相处、相映成辉。在细节处理上他也是颇费心思，独具匠心。如桥头堡两边的铜质小格大窗（在步行楼梯登桥的过程中，每一步都能领略到窗外的江河山川）、莲花须弥座阳台、巨型宫廷吊灯、庄严的大理石贴面，并与中央美院年轻雕塑家史超雄、杭观华配合，由唐寰澄命题的“上部施工”“下部施工”（以纪念为建设武汉大桥而付出心血的建设者们）的两组雕塑（分别坐落在南北桥头堡一楼大厅）等等。

1955年2月，武汉大桥技术顾问委员会主持评选会，主任委员茅以升，委员杨廷宝、王度、蔡学海、李温平、李国豪、赵深、愈忽、罗英、陶述曾、高步昆、鲍鼎、蔡方荫、钱令希、陈植等出席，地点在汉口滨江饭店。大桥局和省市有关单位出席旁听。会间讨论热烈、评比反复。评比结果设一、二、三等奖。唐寰澄的25号方案被评为三等奖，作为一个30岁不到的结构工程师，能在全国的建筑方案的征集中入围并获奖是对年轻的唐寰澄的肯定和褒奖。他对当时追求高耸、古典、大体量的建筑思想不予苟同。正如梁思成先生事后在清华大学建筑系对学生所说：“这次方案，建筑界败于年轻的结构工程师之手，在建筑思想上值得进行检讨。”

随后评选结果连同方案报铁道部，再由铁道部报政务院审批。这时政务院正在召开全国政务会议。所有方案陈列在中南海怀仁堂大礼堂，由周恩来总理率领副总理、各部部长、各大区党政领导参阅方案并进行评选。最后由周总理批示，“采用第25号方案”，其理由就是实用、经济、美观。

因为25号方案中标实施，在苏联专家的提议下，唐寰澄从武汉大桥正桥3号桥墩的施工设计工作中抽调出，专门负责桥头建筑的建筑设计和整体的美术设计。之前苏联专家提供的正桥装饰方案也没有被采用，是因为其没有突出中国的民族特色和中国古建筑艺术的装饰栏板造型。毕竟这是一座建在中国的、由中国人承建的中国现代化大桥，而不是苏联的大桥。设计组确定了设计风格、原则，在当时中央“百花齐放、百家争鸣”的启发下，唐寰澄也提出“百花齐放、百鸟争鸣”的设计思想，以中国剪纸的艺术表现形式，以花、鸟为主题，设计制作镂空栏板。本想全桥公路面上下游栏杆的花板均不重复，后由于时间紧，自己稿件又不足，虽发动全局职工和社会力量广泛征集稿件。最后仍因为稿件有限，不得已而在桥上重复使用（大约每边二套半）。稿件征集后先由专门组织的木模工几十人刻成 1：1 木模，再交武昌船厂翻铸成形。这目前已成为武汉长江大桥一道亮丽的风景线，现在很多桥梁亦在模仿采用这一思路。

2013 年 5 月，武汉长江大桥已列入第七批全国重点文物保护单位，也是目前国家最“年轻”的国家级重点文物。武汉长江大桥雄伟的建筑与高耸入云的龟山电视塔、金碧辉煌的黄鹤楼已成为武汉市一个亮丽的坐标轴。

在武汉长江大桥建设期间，唐寰澄还设计了很多建筑，其中 2006 年 8 月 12 日被列为武汉市“优秀历史建筑”的大桥局办公大楼，该楼设计、建设均早于北京的人民大会堂，但其建筑风格和造型却是北京人民大会堂的缩影，朴素典雅的民族风格和现代化建筑的非凡气派，加上堆塑雕刻的赵州桥门眉，在弘扬了中国桥梁历史的同时也表明了建筑使用者的工作性质。此外在汉阳桥头的烂泥塘上建起了桥头公园——莲花湖公园，并在大湖上设计、修建了九曲梁桥和亭榭，在大小湖的连接湖汊上，实验性地再现了《清明上河图》中的古贯木拱桥（因木料腐朽已拆除），巧妙地将大桥和桥头景观有机地结合在一起，为后来的现代桥梁建设树立了一个成功的典范。

在几十年的建桥生涯中，唐寰澄不仅在桥梁结构的设计上造诣很深，而且在施工组织方面也具有丰富的经验。其中包括：南京长江大桥的方案比选，提出 250 米跨度的刚性梁柔性拱公铁两用桥方案（后用在九江长江大桥）；锁口管柱桥墩方案（后日本吸取他的方案精髓改用为钢矢板井筒桥墩方案）；1958 年提出关于预应力钢筋混凝土桁架铁路桥系列方案；1966 年提出 300 米三孔连续全焊钢桁拱，无砟无枕正交异形板铁路、公路桥面方案；双壁圆形钢沉井方案；唐山地震的桥梁抢修。20 世纪 80 年代设计的跨漓江的桂林雉山公路桥，巧妙地将现代桥梁与古雅、秀丽的山水和谐结合，获得方案大奖。

三、世纪之梦 跨海大桥

1989 年，欣逢我国改革开放取得丰硕成果，唐寰澄在 1974 年研究深水桥梁基础和多年深思熟虑的基础上，高瞻远瞩地向时任国家主席的江泽民递交书面报告，向中央提出建设沿海高速公路、铁路及研究中国渤海、琼州、台湾三大海峡跨海交通工程的建议。

1994 年，国家文物局邀请唐寰澄参加广东虎门大桥的地下文物论证会议。他基于多年对古桥和文物的研究，在会上作了极具说服力的发言，引起广东省交通厅领导的重视，加之其对跨海交通工程的远瞻性建议而受聘于广东虎门技术咨询公司任专家，作为琼州海峡跨海交通工程前期工作项目负责人直至 2002 年 8 月完成报告。8 年时间，70 多岁高龄的唐寰澄踏遍了琼州海峡的山山水水。在此期间，他主导完成琼州海峡跨海交通工程的规划方案、预可行性研究和工程可行性第二阶段报告。

唐寰澄还五次参加“台湾海峡跨海工程研讨会”，并作“琼州海峡跨海工程 QSC 发展和台湾海峡跨海工程 TSC 论证意见”的专题报告。针对台湾海峡，唐寰澄建议跨台湾海峡至少修建二条通道，即南北两线。南线自福建厦门岛连金门岛（约 15 公里），金门岛连澎湖列岛（约 50 公里）；北线自福建平潭到台湾新竹（约 140 公里），南北两线之间还可修若干比较线。至今此南北方案仍为海峡两岸桥梁界研究的焦点。

通过十年的搜集、研究，唐寰澄将世界上不同时代、不同国家、不同风格的跨海交通工程实例，汇集在一起进行比较、阐述，撰写了《世界跨海交通工程》一书，2004 年由中国铁道出版社出版。该书记录了世界上六大洲及洲际的 44 个著名海峡已建、筹建和设计中的公、铁、桥、隧跨海工程规划、设计、施工各项关键问题的研讨、解决历程和具体方法。无疑该著作会对海内外工程界跨海交通工程研究、实施产生深远的影响。

在唐寰澄论述海峡跨海工程的文章中，作者自己写道：“从我曾为琼州海峡跨海工程尽力至今，自知限于年龄和经历，不可能始终其事。假如最快的打算，25 年后建成通车，如人尚健在而主持者不忘有个开端出了力的老头儿，让坐飞机在云头一看，大足快慰。若或已自归尽，当逍遥自在，驾彩云观蛟龙以越沧海，去欣赏这造福人间壮观的图景吧。”并填词《金缕曲》一阕：

才别虹桥去，又匆匆飞临闽越，沧海岛浒。

指点天蓬石外路，一苇片帆可鼓。

今假言，龙宫可隧，不必波涛舟行苦。

十年矣，向北阙上书，制长蛟，役猛虎。

而今伫立隔层雾，望不见新竹旧游，明潭蝶舞。

世纪工程英雄梦，振臂渐增数！

方经过，断脉起震。

地裂楼崩添怆楚。

何畏惧。

凭科技兴邦，作愚公，传斤斧。

四、世纪之叹　古桥历史

关于中国古桥，历史上很多到过中国的外国商人、教师、学者、牧师、画家、游客、记者，都有过精彩的记录。英国剑桥大学的李约瑟博士，在他的《中国科技史》中叙述：“和虽然有名但没有实用价值的金字塔比较一下……中国文化的特点在不小的程度上是一个合理与浪漫的巧妙结合……中国桥梁没有不美观的，而且不少是非常美观的。”他认为中国在技术和文化上“往往远远超过同时代的欧洲，15 世纪以前更是如此”。他在给唐寰澄先生的信中写道：“中国科技史还是中国人写好，因为外国人缺乏查阅大量中国典籍和实地考察的条件。”

从 1953 年起，唐寰澄就开始关注、搜集、研究中国古桥。1957 年，他出版了第一本书《中国古代桥梁》，几十年的业余时间全花在此研究上，集腋成裘，古桥著作没膝，发展地继承了茅以升、梁思成、罗英等老一辈桥梁、建筑大家的未尽事业。他在总结中国古桥研究时说：“近代人对中国古桥的研究首推‘中国营造学社’的梁思成、单士元、王壁文等。不过，他们研究的是个别的、具体的桥梁。高屋建瓴、研究全面的还是修造钱塘江桥的茅以升和罗英二位先生。”

1978 年，经过茅以升、梁思成老先生 14 年的努力，在中国科学院自然科学史研究所和交通部科技委员会的支持下，《中国古桥技术史》的编著工作得以启动，茅以升以 83 岁高龄担任编委会主任和主编，在参加编写的 22 位老中青三代桥梁工作者中，茅老提名唐寰澄任副主编并总纂全书，可见茅老对唐寰澄学识和能力的认可。唐寰澄在全书中独立完成一章，参与完成其他二章和一节。该书历经 4 年，于 1982 年完成，1986 年由北京出版社出版。全书约 38 万字，图片 392 幅。1987 年 7 月 17 日，该书获 “1986 年中国图书荣誉奖”。

《中国古桥技术史》出版后，唐寰澄先生总结道：“历史是一面镜子，史者，鉴也。虽然技术史不比社会发展史，能在社会人事兴衰上起到殷鉴的作用，但技术上的成功和失败，都可借鉴，必须如实地反映。况且，了解古代中国劳动人民在这一专业技术领域内前赴后继、奋发有为的精神，也足以对后人有所启迪和激励。”“一项专业技术，决不是无本之木、无源之水，在历史的长河中，必然有其根源和流派。”编写专业技术史，需要考证的主要方面是：时间、地点、作者、构造、沿革。唐寰澄在编写过程中做到行万里路，读万卷书，方才下笔有神，游刃有余。他常常是带着问题、资料，不带框框下去调查；看、问、听、记、拍并用，采访后及时分析、整理素材，累计现场笔记数万字。在总撰统稿过程秉着“纷者整之、孤者辅之、板者活之、直者婉之、俗者雅之、枯者腴之”的原则，使全书成为统一的格局和风格，“运化”功夫了得。

在《中国古桥技术史》出版后的 1993 年，茅以升先生终生的秘书徐宏儒老先生贺诗一首：

君子重然诺，书成告乃翁。十年疑纸贵，百岁见遗风。霜刃几曾试，长虹一线通。前贤俱往矣，珍此黑头公。

唐寰澄和诗：

人生过隙耳，少壮已衰翁。还喜无声雨，平遭起浪风。帝乡非素愿，渠阁路长通。汉史敢将续，书出祭西公。

1983 年，唐寰澄受茅以升之托，续写罗英未完成的《中国石拱桥研究》，原书稿四章。通过他对罗先生资料的通读、理解、分析、计算、手绘、增补，将罗先生精力所著的中国石拱桥研究，完整地奉献给读者，全书完稿为七章，于 1993 年由人民交通出版社出版，茅以升作序。1995 年，该书获全国优秀科技图书奖。

1991 年，中国科学院自然科学史研究所决定由中国人自己来编写《中国科学技术史》，全书共30卷，其中“桥梁卷”交由唐寰澄独立完成。自接题到完稿、出版历时10年，唐寰澄是全部利用业余和休假、出差时间在做。他埋头于经史子集，沙里淘金，土中觅宝；奔波于天南地北，崎岖山区、江南水网，广泛接触桥梁、文物、建筑界同行、朋友；接触新发掘出土的桥梁文物、古籍画册、地方志、交通史书；以诗补史、以画补史、以地下古建补史，终将一部巨著呈现给世人。

2000年后，唐寰澄在续写完成了《中国石拱桥研究》后，又继续了他从未中断的研究——《中国木拱桥研究》，将两类拱桥研究透彻，形成“姊妹篇”是他的夙愿。1953年，唐寰澄有幸在故宫目睹了张择瑞的《清明上河图》真迹，画中中国独有的木拱桥形式——虹桥，深深地打动和吸引了年轻的他，从此研究中国古桥成了他毕生的事业。为使研究有科学依据，他对贯木拱桥的结构进行了应力分析计算，科学地证明了该类桥梁的合理性和古代能工巧匠的聪明才智。2003年，为使书稿完善、实例丰富，他远赴福建山区考察寻找现存的中国贯木拱桥和工匠，行程上千里，做笔记上万字，拍照片几百张。2005年书稿已基本完成，可是2006年，他患脑血栓左半身瘫痪，直至2010年，《中国木拱桥研究》在其长子唐浩的协助下，才由中国建筑工业出版社出版。该形式的拱桥，除20世纪50年代在武汉长江大桥的桥头公园由唐寰澄设计修建了一座（现已损坏、拆除）外，1999年，美国波士顿WGBH广播电视公司出资，仍由唐寰澄设计在上海金泽镇再建了一座，并将整个建设过程拍成电影在国外播放，成功地弘扬了中国古桥历史和文化。

如前所述外，唐寰澄先生的《中国古代桥梁》经过初版、再版、三版于世，其内容不断丰富、可读，深得业内外读者欢迎。1981年，在中国铁道出版社出版的《桥》，同年获首届全国优秀图书奖。1987年台湾再版繁体字版，同年出版唐寰澄的《桥梁建筑艺术》一书。1991年，美国国家研究会邀请16个国家的著名桥梁和美学家撰写*Bridge Aesthetics around the World*（《世界桥梁美学》），唐寰澄代表中国参加撰写，获美国国家工程师学会特别奖。1995年，他与中国工程设计大师王序森共同编著的《桥梁工程》，1996年获全国优秀建筑科技图书奖，1997年获全国优秀科技图书奖，1998年获铁道部科技进步奖。2000年，中国铁道出版社出版《人间万古彩虹飞——世界桥梁趣谈》，获2001年全国优秀科普作品奖。他还先后参与了《中国大百科全书》（第2版）、《中国桥梁》

（李国豪主编）的部分写作。

特别值得庆幸的是，唐寰澄至耄耋之年，在体力下降、精力不支、疾病缠身的情况下，2012 年还接受了北京交通大学出版社的邀请，在其长子唐浩的协助下参加“十二五”国家重点图书出版规划中由秦顺全院士任全卷主编的《中国桥梁技术史 · 古代卷》（二卷）的编著工作，全书共 9 卷，唐寰澄任古代卷主编。该书文字过百万，图片 1560 幅、介绍古桥 850 座。此套书的出版将弥补当年茅以升、梁思成、罗英之遗愿，使中国的古代、近代、现代桥梁技术史完整地呈现。

五、世纪之赞 桥梁美学

桥梁，作为显著的公共建筑，历来尤其是近代十分讲究作为艺术作品出现在环境之中，于是研究什么是美的桥梁和如何创作美的桥梁引起各界充分的关注。唐寰澄就是中国近代最早关注这一领域的人。

唐寰澄的《桥梁美的哲学》成书于 1993 年，1994 年由台湾明文书局首次出版（繁体中文版），2000 年由中国铁道出版社出版名为《人间万古彩虹飞——世界桥梁趣谈》，而他关注和研究桥梁美学却起始于 20 世纪 50 年代。

他在著作中告诉我们：“美，就是人类对自然和社会事物现象从感情上判断的一种态度。从愉悦的快感演进为美感。”“美学和其他技术相结合才称之为艺术……文学艺术、书画艺术、音乐艺术、雕刻艺术、建筑艺术等，而桥梁是属于建筑的，现今独立为桥梁艺术。”

他在谈到桥头建筑艺术时举例，武汉长江大桥之所以有那么多的著名建筑设计师的方案未能最终实施，是只“从‘桥头堡’的思路出发，力求高大雄伟，不意脱离了客观经济条件只要求‘照顾’的特点，且与正引桥结构不甚匹配而落了选。”

唐寰澄为研究桥梁美学，通读了中国的古典哲学著作和恩格斯的哲学著作，认为“桥梁美学就是桥梁美的哲学……不提高到哲学高度就不懂美学，不上升为理论，不能指导实践。”从哲学出发，深入浅出地由时空、运动到相对关系（相生、相成、相形、相倾、相随、相和、相争、相因）去解释美、美的属性及美和真、善、饰、情之间的关系。提出桥梁美学法则，提倡桥梁的和谐美，讲究比例、时尚、对称、韵律。

“桥梁造型创新是美学创新的主题，其他创新项乃是其必要的基础。”唐寰澄先生总结桥梁创新可遵循的四条原则：总结改进、推陈出新、旁搜博览、效法自然。他还提出：“概念设计是创新的理论基础，方案比选可为桥梁获得最佳设计。”也给年轻的工程师们指出，“创新可以从模仿开始”，但“创新并不是标新立异”。

1982年，世界著名桥梁专家弗里茨·莱翁哈特出版的《桥梁建筑艺术和造型》引起全世界注意，译成十数国文字，其中文版的总校就是由唐寰澄完成。

唐寰澄一生爱桥、建桥、写桥。他不仅是位桥梁设计专家，同时也是一位难得的桥梁美学专家和桥梁史学家。他承上启下、继往开来，对中国的桥梁建设、桥梁美学、桥梁历史均作出了可称为伟大的贡献。

六、唐寰澄主要学术著作

唐寰澄著：《中国古代桥梁》，1957年由文物出版社出版。

唐寰澄著：《中国古代桥梁》（补充版），1987年由文物出版社出版。

唐寰澄著：《中国古代桥梁》（再补充版），2011年由中国建筑工业出版社出版。

唐寰澄著：《桥》，1981年由中国铁道出版社出版。

唐寰澄总校：《桥梁建筑艺术和造型》，1982年由弗里茨·莱翁哈特著。1988年中译版，由人民交通出版社出版。

唐寰澄参与编著：《中国古桥技术史》，1986年由北京出版社出版。

唐寰澄著：《桥梁建筑艺术》（繁体字版），1987年由台湾明文书局出版。

唐寰澄参与编著：*Bridge Aesthetics around the World*（《世界桥梁美学》），1991年由美国国家研究会出版。

罗英、唐寰澄著：《中国石拱桥研究》，1993年由人民交通出版社出版。

唐寰澄参与编著：《中国桥梁》（李国豪主编），1993年由同济大学出版社出版。

唐寰澄著：《桥梁美的哲学》，1994年由台湾明文书局出版。

唐寰澄著：《桥梁美的哲学》，2000年由中国铁道出版社出版。

唐寰澄参与编著：《桥梁工程》，1995年由中国铁道出版社出版。

唐寰澄著：《人间万古彩虹飞——世界桥梁趣谈》，2000年由中国铁道出版社出版。

唐寰澄著:《中国科学技术史——桥梁卷》，2000 年由科学出版社出版。

唐寰澄著:《中国木拱桥》，2010 年由中国建筑工业出版社出版。

唐寰澄参与编著:《中国大百科全书（第 2 版）》，2009 年由中国大百科全书出版社出版。

唐寰澄、唐浩著:《中国桥梁技术史 · 古代卷》（二卷），2018 年由北京交通大学出版社出版。

撰写人：唐浩（唐寰澄长子）于武汉

2013.05.28 初稿，2018.04.10 修改

目　录 CONTENTS

第一篇

中国石拱桥

1

第二篇

石拱桥设计理论及施工技术

125

第一篇

中国石拱桥

第一章 概 说

石拱桥是中国古桥中遍及全国的一种桥式。

拱字的意义，不是从拱桥的构造，而是以拱桥的形象从其他事物中假借而来。《说文解字》："拱，敛手也"。[①]抱拳敛手谓之拱。环绕合执、隆起弯曲都称为拱。《徐霞客游记》以巩作拱。《说文解字》：巩"以韦（皮带）束也。《易》曰：'巩用黄牛之革'"。[②]便是以环绕合执的形象，因巩借作拱。

中外桥史学者都曾探索拱的起源。然而觉得事涉渺茫。毕竟何时何地第一次出现拱，是说不清楚亦不必深究，可是总放不下这一问题。探本求源，作者总结前人的研究，大致有如下五种形成拱的可能。

第一节 拱的形成求源

一、天生桥说

人类一切称为创造的源泉都来自自然，这是真理。拱的结构亦得到天生拱的启发。

陆游在《入蜀记》就曾说："见天生桥在万县路中，一巨石跨溪而过，自然成桥，形如玉虹，青碧光莹。"徐霞客在《徐霞客游记》[③]中记哀牢山也说："有天生桥，非桥也，即大落水洞透穴潜行，而路乃逾山陟之之记。"在中国各地不同的地貌中，天生桥多不胜数，形形式式，形成一道道奇观。

①许慎．说文解字．徐弦等校．北京：中华书局出版，1963：251.
②许慎．说文解字．徐弦等校．北京：中华书局出版，1963：60.
③徐弘祖．徐霞客游记．褚绍唐等整理．上海：上海古籍出版社，1982.

1. 重庆武隆天生桥

武隆天生桥，位于武隆县城东南 20 公里的白果乡和核桃乡交界处，在乌江北岸，横跨洋水河大峡谷之上。在不到 1 公里的距离之内，有 3 座天生桥——天龙桥、青龙桥、黑龙桥。其中，青龙桥，高 281.00 米，厚 168.00 米，平均拱高 103.00 米，拱跨 13.00~58.00 米，桥面宽 124.00 米。天龙桥（图 1-1-1），高 235.00 米，桥厚 150.00 米，平均拱高 96.00 米，拱跨 20.00~75.00 米，桥面宽 147.00 米。

图 1-1-1
重庆武隆天龙桥

2. 浙江天台山天生石梁桥

水成岩天生桥最著者乃浙江天台山石梁（图 1-1-2）。晋朝孙兴公《游天台山赋》记石梁："跨穹窿之悬磴，临万丈之绝冥，践莓苔之滑石，博壁立之翠屏。"注引《启蒙记》"天台山石桥路迳不盈尺，长数十步，至滑，下临绝冥之涧……莓苔即石桥之苔也。"石梁即以桥名。

《徐霞客游记·游天台山记》叙述明万历四年（1613 年）癸丑四月初三："下至下方广寺，仰视石梁飞瀑……初四……循仙筏上昙花亭，石梁即在亭外。梁阔尺余（约 0.40 米），长三丈（约 9 米）架两山坳间。两飞瀑自亭左来，至桥乃合流下坠，雷轰河隤、百丈不止。余从梁上行，下瞰深潭，毛骨俱悚。梁尽，即为大石所隔，不能达前山，乃还。"①崇祯五年（1632 年）三月，再游天台山。"十六日，过上方广寺，抵昙花亭，观石梁奇丽若初识者"。

天台山石桥介于梁、拱之间，可称为"石梁"，因是一根天生的弯梁。亦可称为石拱，也算是一跨拱矢极薄的扁拱。

石梁现测全长 6.00 米，梁下有洞 2.30 米，桥背宽仅 0.20~0.30 米。桥下一挂飞瀑，落差达 35.00 米，浑然一体的天生桥，可以启发人们作涵空跨越的尝试，然而离人工用石块砌拱还有很长一段时间，造化天工，可望而不可及。

图 1-1-2
浙江天台山石梁桥
夏祖照 摄

①于文江．徐霞客游记（卷一）．上海：商务图书馆，1923．

3. 贵州黄果树天生石拱桥

天生桥中亦有落石而成者。

黄果树天生石拱桥位于黄果树峡谷景区，是石灰岩受水流长久冲刷，在水的作用下所形成的结果（图 1–1–3）。

图 1–1–3 贵州黄果树天生石拱桥

4. 贵州水城天生桥

水城天生桥位于六盘水市水城金盆乡苗族彝族乡的干河地域，与赫章、纳雍两县毗邻。天生桥高 136.00 米，是世界上较高的公路天生桥之一，桥面宽 35.00 米，横顶厚度 15.00 米，拱跨 50.00~60.00 米，是河道洞穴坍塌后残留洞段，是一种典型的喀斯特地貌奇观（图 1–1–4）。

图 1–1–4 贵州水城天生桥

吕广阳 高碧原 摄

5. 广东韶关丹霞山通泰桥

丹霞山通泰桥位于广东省韶关市丹霞山阳元石风景区，属于天生桥。在侵蚀性岩石中，陡崖坡的岩块内，往往有一些平行崖壁的节理，坡上水流沿节理渗入岩石内，使节理外侧下部的岩石被侵蚀、溶蚀形成穿洞，再经崩塌、风化，穿洞扩大，节理外侧上部的岩层悬空形成石拱。通泰桥石拱长 50.00 米，跨度 38.00 米，拱高 15.00 米，桥面宽 6.00 ~ 8.00 米，桥面最薄处 3.00 米（图 1–1–5）。

图 1-1-5
广东韶关丹霞山
通泰桥

6. 湖南张家界仙人桥

张家界仙人桥位于张家界市索溪峪风景区，桥长 26 米，宽 1.60 米，厚 1~3 米，高 67 米，飞架在两处悬崖绝壁之间(图 1-1-6)。在北宋仁宗年间亦有过“仙女化桥”的美丽传说。

图 1-1-6
湖南张家界仙人桥
吴礼冠 摄

二、土穴说

《易·系辞下》称:“上古穴居而野处，后世圣人易之以宫室，上栋下宇，以待风雨。”《礼记·礼运》亦说:“昔者先王未有宫室，冬居营窟，夏居橧巢，饮血茹毛，未有麻丝。”今天发现原始社会，如北京周口店、山西垣曲、广东韶关、湖北长阳等旧石器时代的“山顶洞人”就是居住在天然的山洞之中。

新石器时代已经有了浅穴（竖穴），上盖木架、茅顶，糊以草泥的浅穴居和宫室的结合。但是在黄土高原地区农村，迄今为止，仍以窑洞为主要的居处。黄土窑洞乃是筒拱建筑，靠自然土的拱作用，稳定而不坍落。只是在窑洞洞口避免雨水流淌而护以砖拱。砖拱当然是后世的产物。

在土壤条件合适的地方，如戈壁滩、黄土高原等地区，还能挖到土穴墓葬。土穴墓始自战国。[①]洛阳金谷园东汉墓（约 110 年）的一个耳室为土穴。新疆吐

① 王仲殊．墓葬略说．考古通讯，1955, 1.

鲁番阿斯塔那（汉意首府）高昌时代土穴墓（图 1–1–7，时在公元 384 年）。这种攒尖（覆斗）和穹窿（覆盂）式的土穴，已是对立体拱作用的充分认识。

世界伟大建筑中国长城，起自战国，联于秦汉，完善于明。从长城上，应该可以看到拱发展的痕迹。遗憾的是，秦汉及以前的长城，仅存遗迹，所能见到的是长城的片断残垣， 或孤立的烽火台，已看不到城门、敌楼等建筑。今日的砖石城墙和城、堡、障、堠等附属建筑，虽有很多砖石拱门或射窗孔，大都是明代的建筑。在丝绸之路上汉长城的烽火台，可以见到崩成尖拱形的土城门洞，是不是西汉时的原型，已难查究。西汉和东汉之间已有砖拱出现，土穴未始不是砖拱穴的前身。

今日陇东地区黄土高原，长久被雨水侵蚀而为梁为沟。深沟之间有时造土桥。土桥实乃陡壁土堤，堤上通道。堤下有土洞通过沟底之水，堤为主而桥孔少，但仍以土桥为名。

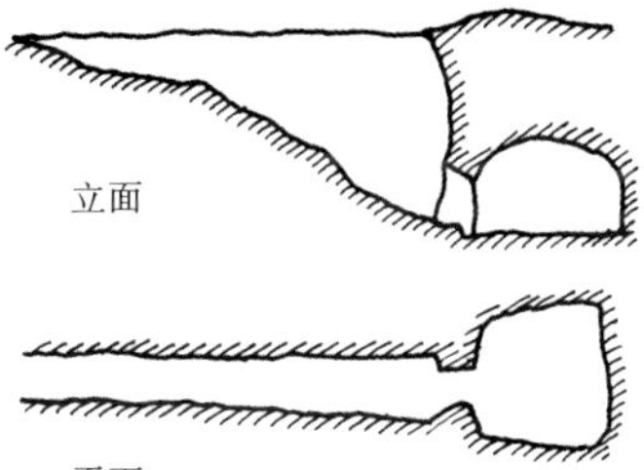

图 1–1–7
土穴墓的平立面

三、陶瓮说

陶器的发明很早，距今约五六千年前的新石器时代，已有了陶盆、瓶、罐、鬲、瓮等日用陶器。陶器一般都是制作成圆形，已利用了简单的旋转工具。在发掘出西安半坡村新石器时代遗址中，房屋建筑用木构、草顶、泥墙。遗址仅存房基和柱孔，上部的构造，包括门窗的做法是推想而得（图 1–1–8）。

《礼记·儒行》中却有这样的记载。记穷苦的学者“蓬户瓮牖（窗）”以陶管或无底破坛子、砌在土壁之中作为窗户，这也许就是当年新石器时代的原始格局。现今潮汕地区，仍能见到用数根圆形陶管砌在墙中，作窗或通气孔的房屋。[①]中国石拱桥建造，砌拱一项，仍称“卷瓮”，或“骈瓮”，而《营造法式》称石拱为“舆窗”。新石器时代墓葬，儿童都用瓮葬。瓮竖立土坑中，上盖石块、陶盆或陶片。1954 年，山东辽阳发掘出数量达 348 座儿童陶棺，[②]长者 120.00 厘米，短者 30.00 厘米，分别用二到五节不同的陶

图 1–1–8
西安半坡村新石器时代民居（想象图）

① 至今非洲尼日利亚民居仍有开窗洞的圆土茅屋，极似半坡。
② 陈大为 . 辽阳三道壕儿童瓮棺群发掘报告 . 考古通讯，1956, 2.

器，如锅、瓿、盆、罐、钵、甑、壶、姿等套接而成，横埋在土中。时间约在拱发展初期的西汉初、中期。陶瓮内存水、酒、粮食，瓮壁可以抗拉；埋于土内，瓮壁起拱的作用，可以抗压。环绕合执不就是拱吗？

后代用陶器作为建筑材料，先是半规瓦，后为空心砖、小砖……从瓮出发发现了拱作用然后用砖石“卷瓮”、“骈瓮”以造“舆窗”，这也是一种有趣的逻辑进程。

四、叠涩演进说

用比较整齐的砖或石块砌墙，其门窗留孔，有时用木材通过一层层堆叠向外挑出檐石，上搁木板或石梁的做法均可成桥式结构。多层的叠石，层层挑出，左右相接，在中国称为“叠涩”，西方称之“假拱”。西方对石拱的起源，大部分主张由“天生桥”得到启发和在古希腊建筑及埃及金字塔内发现的“假拱”演变而来的学说。然而叠涩不是拱，不产生拱的推力。叠涩和拱结构现今仍并存在中国古今建筑和桥梁结构领域。

湖北秭归与巴东两县交界处的溪河上，清乾隆年间建造的寅兵桥，为单孔尖拱。桥由两县各建一端，因此选料和构筑工艺不尽相同。尤其是此桥桥孔中心分界两端的结构完全不一样。秭归一端，采用传统的拱券带眉石结构，而巴东一端，

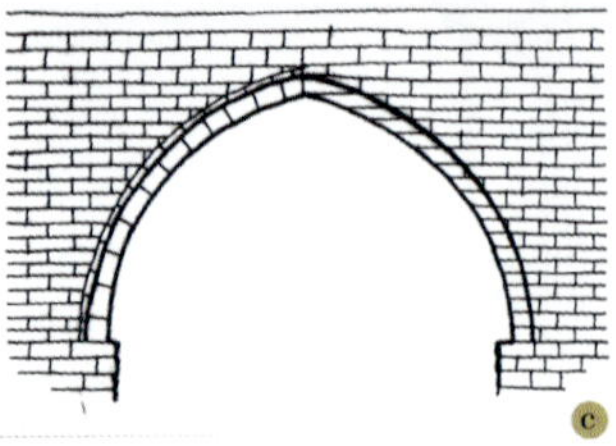

（a）拱券实景；（b）桥面；（c）立面图

图 1-1-9
湖北秭归寅兵桥

不设拱券，用逐层向桥孔中挑出的叠涩方式，东西合拢成为整体，桥洞自形成完整的拱形。秭归拱顶横推力作用于巴东叠涩墙上。巴东半“拱”不产生推力，其倾倒的趋势为秭归半拱推力所顶住。此为古桥中斗胜的奇构（图 1–1–9）。

在长江三峡大坝建成，库区蓄水淹没该古桥前，出于对文物的抢救性保护，该桥移建到巴东县城，重建时却改变了原桥的叠涩结构，全部采用了传统的拱券方式砌筑。这一改变，看似合理，却使之失去了原有的历史和技术价值。

遗留下来中国最早的假拱实物也许算春秋时代遗留下来的今苏州的“烽燧墩”①石坑。

江苏吴县、木渎、光福一带，屏障太湖的五峰山岭上，每遇险要处，常突出一个个高大的土墩，络绎不绝，相互呼应。自古来群众中相传，认为是“秦始皇北筑长城、南筑墩”，墩内造石坑，坑内置泥香炉、烛台等以求长生不老的“风水墩”。1954 年，考古工作者进行了个别的探掘，判断为春秋吴越之争时期，吴国（前 585—前 476 年）所建以防越兵的“烽燧墩”（与风水谐音）。作为军事设施的藏军洞，在遇到战争时，又具有烽燧的功能（图 1–1–10）。

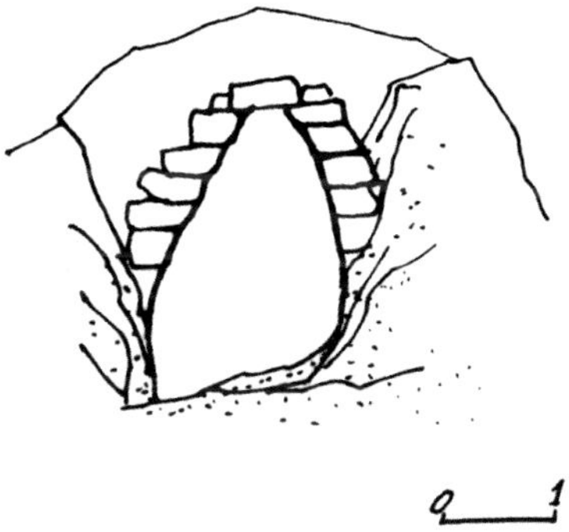

图 1–1–10
江苏吴县“烽燧墩”假拱

五、折边演进说

过去认为中国石拱桥的历史记载不早于晋，存在的实物不早于隋。地上建筑虽不易长期保存，但可以从地下建筑推见拱桥的起源。

考古专家们②~⑤根据历史记载和考古发掘，得出按时代分墓葬结构大致的情况。

新石器时代（约 1 万年—4 千年前）：浅小长方形土坑葬和幼儿的陶瓮葬，并出现用石板或石块铺列的石棺形式。

夏、商时代（约前 21—11 世纪）：深埋土圹，墓室成正方或长方形。以地位的高低，埋入有深浅。并有四出、对出、单出的斜坡墓道，所谓“亞”、“中”、“甲”字形墓和没有墓道的“目”字形墓。土坑竖穴，木棺木椁。

西周时代（约前 11 世纪—前 771 年）：仍为土坑竖穴棺椁墓。春秋后期，封土为坟。

东周、战国、秦（前 770 —前 207 年）：洛阳、西安出现了土洞墓室，即“土坑横穴”墓。在郑州，亦发现用空心砖搭成砖室以代替木椁的墓。

① 朱江 . 吴县五峰山烽燧墩清理简报 . 考古通讯，1955,4.
② 王仲殊 . 墓葬略说 . 考古通讯，1955, 创刊号 .
③ 茹士安 . 何汉南 . 西安地区考古工作中的发现 . 考古通讯，1955,3.
④ 杨宽 . 中国古代陵寝制度史研究 . 上海：上海古籍出版社，1985.
⑤ 祁英涛 . 中国古代建筑年代的鉴定 . 文物，1965,5.

汉代(前206—220年):墓的形式复杂起来。主要有单纯土洞墓、竖坑棺椁墓,是春秋战国时代的延续。空心砖墓,发生于战国末期,盛行于西汉前期。空心砖因手制孔的关系,一般长1.30米,最长1.50米(两倍臂长)。先是平顶空心砖椁墓,由于顶砖在土压作用下易于折断,改为两砖斜搭成尖顶空心砖椁墓。在西汉和东汉相接时期,出现了三、五、七或更多的折边空心砖墓。

西汉中叶,已盛行小砖(或楔形或扇形)筒拱墓,并列砌筑,如禹县白沙西汉墓(楔形砖)、洛阳西汉壁画墓(扇形砖)、洛阳烧沟汉墓等。

西汉末年,墓葬由单人改向双人,墓室由长方形转变为正方形。

东汉中叶以后,出现石室墓。一般称为画像石墓。在这些画像石墓中,不但墓室本身的构造提供了拱发展的线索,同时发现各种汉代桥式的画像,对古桥史研究起很大的帮助(图1-1-11)。

图1-1-11
南阳汉画像砖裸拱

六朝与唐、宋时代(220—1279年)和东汉晚期相似,以砖室墓为主,方锥为流行形式。墓室四壁从直线形改为弧形,即起横向拱作用,以抵抗土压力。对拱的认识已完全趋于成熟。

唐、宋时代,墓室平面已有四角、六角、八角、圆形等,往往内部能雕砌成仿木结构,墓顶则叠涩和拱式薄壳并用。有时在一个墓的墓顶砌筑时两法并举。

元、明、清时代(1271—1911年),墓室多半为半圆筒形拱室。帝王为石墓,民间用砖墓。

综合这些情况,西汉和东汉之间是砖拱由平板、三、五、七等折边演变为圆拱的时期。

刘敦桢的《中国古代建筑史》绘其形见图1-1-12。

五种拱的形成说不是孤立的,可能多方面的综合而成。天生桥给人以各种拱

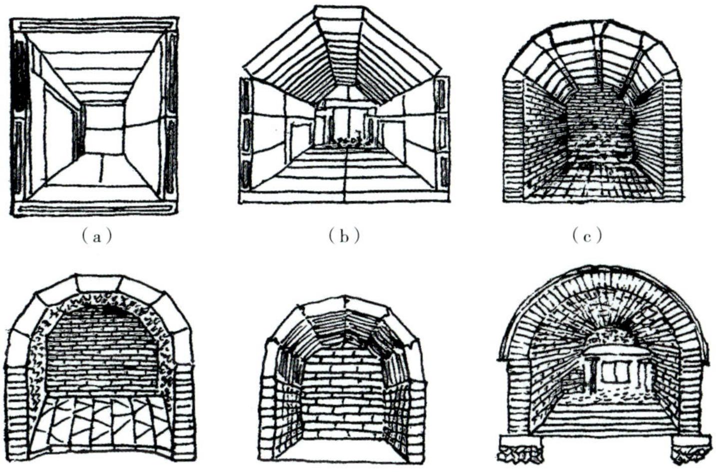

（a）（b）（c）（d）（e）（f）

图 1-1-12 中国汉墓砖拱演变图

的形式的启发；土穴使人产生对拱和穹窿结构有安全感的经验；陶瓮说可以解释何以长时期里，人们总认为半圆拱在河下还有半拱的猜测；假拱使人知道拱不单是外形，还应有真正的拱作用；折边拱才是一步步走进了人工砌拱的堂奥。

圬工拱桥主要包括砖、石两种。砖拱在墓葬、城门洞、民居中较多，亦是拱桥的最早可能批量采用的材料。然而国内现存砖拱年代反而都较晚，造型也一般，数量亦极少，所以圬工拱桥以石拱桥为主。

第二节　石拱桥发展历程

一、汉飞梁、裸拱

1. 飞梁

中国志史记载桥梁极多，多半只记桥名，略加描述，分不清是何种桥型。诸汉赋中形容桥梁的如：班固《西都赋》有“抗应龙之虹梁”，李善注：“梁形似龙而曲如虹也”①；张衡《东京赋》称“凌天池，绝飞梁。”注：“直渡曰绝”②；《甘泉赋》曰“历倒景而绝飞梁”③；左思《魏都赋》有“石杠、飞梁，出控漳渠”④；司马相如《上林赋》记“喻绝梁，腾殊榛”，注：“梁石绝水也”⑤。

《后汉书·卷三十四》梁冀传载，在汉顺帝时大起第舍：“台阁周通，更相临望；飞梁石磴，陵跨水道。”李贤注：“架虚为桥，若飞也。”⑥

① 梁·萧统编，唐·李善注《文选》. 北京：中华书局出版社：25.
② 梁·萧统编，唐·李善注《文选》. 北京：中华书局出版社：63.
③ 梁·萧统编，唐·李善注《文选》. 北京：中华书局出版社：113.
④ 梁·萧统编，唐·李善注《文选》. 北京：中华书局出版社，1977：102.
⑤ 梁·萧统编，唐·李善注《文选》. 北京：中华书局出版社，1977：126.
⑥ 班固 . 汉书 . 北京：团结出版社 ,1996：327.

因为唐朝将士郎游芳撰山东任城阳门桥桥亭的《任城县桥亭记》曰："甓石门以飞桥，夹以朱栏，揭以华表，炳若星汉，拖石虹蜺。"[①]和宋朝陆德源《咏安济桥》诗有"架石飞梁尽一虹"。因此，有人[②]推断，诸凡飞梁，皆为拱桥。这可能部分是事实，但证据尚不足，很多飞梁不是拱桥。

飞梁仅是"架虚为桥"而其势"若飞"。一切桥型都是架空，都可用若飞来形容它。所以，泉州洛阳桥是石梁石墩，刘子翠称之为："跨海飞梁叠石成。"盘江铁索桥，杨绳武诗为："屹立盘江浒，飞梁系半空。"王褒《和庾司水修渭桥诗》道："长堤通甬道，飞梁跨造舟。"石柱木梁的灞桥，杜预歌之为："飞梁默以霞起。"

拱桥可以用虹或飞梁来形容，但是虹或飞梁却不一定是拱桥，应以旁证来确定。下节将证明洛阳和邺城（魏都）有些桥可能确实是拱桥。

2. 裸拱

《中国古桥技术史》根据《考古》1965 年第 1 期载，认为河南新野北安乐寨村出土的汉代画像砖上所刻乃一座东汉裸拱，即无拱上结构，仅有拱券的拱桥。桥前桥后，各三力士为挽拽和牵制车马上下桥。这是根据零星资料作出的不全面和有错误的推断。1986 年南阳文物研究所，对新野樊集乡 48 座汉墓作了清理，并于 1990 年出版《南阳汉代画像砖》一书。通过书中诸多画像砖作考证比较，发现原来对内容和断代的判断都有失误。

有力士牵挽的"拱"桥画像砖有三种。图 1-1-11、图 1-2-1 上为一曲桥，桥前后各三力士，桥上前有骑一人，中有驷马车一辆，桥下左右各有击鼓（或钲）一人乘小舟，中部有鼎一，下部有游鱼四，龟一。

图 1-2-2 下为一曲桥，桥前后各三力士，桥上前面助挽者二人，中部双驾马车一，后随一人，桥下左右各二击手鼓（或钲）者同乘一舟，中部上为一鼎，下为一鱼。

图 1-2-1、图 1-2-3 上为一曲桥，桥前后各二力士，桥上且鼓且舞乐人二，双驾马车一，桥下有二带斗拱的桥柱，左右各二人击手鼓（或钲）同乘一舟，中部有一鼎，一龙，龙咬挽索，一水兽。

这三块画像砖所画同一题材，文物工作者认为是"泗水捞鼎"。禹铸九鼎，历传至周。《史记·封禅书》记："秦灭周，周之九鼎入于秦。或曰宋太丘社亡，而鼎没于泗水彭城下（江苏铜山县）。其后百一十五年而秦并天下。"[③]《史记·秦始皇本纪》载："二十八年（前 219）……始皇还，过彭城，斋戒祷祠，欲出周鼎

① 天一阁藏．隆庆赵州志卷二．上海：古籍出版社，1981：10．
② 潮汛．甃石门的飞桥．光明日报，1978-10-08.
③ 司马迁．史记．白文本．长沙：岳麓书社出版社，1988：207.

图 1-2-1 南阳汉画像砖骆驷虹

图 1-2-2 南阳汉画像砖泗水捞鼎拓片

泗水，使千人没水，求之弗得。”①《史记·孝武本纪》有：“禹收九牧之金，铸九鼎……迁于夏、商。周德衰，宋之社亡，鼎乃沦伏而不见。”②而汉武帝元狩二年（前121）得宝鼎于汾阴巫锦，魏睢后土营旁，“迎鼎至甘泉”后即改元元鼎。

画像砖所刻便是以汉代午乐配景的“泗水捞鼎”。拓片上很清楚看到力士所牵绳索乃引到桥下鼎耳，并非牵挽车马。这一题材，若是说明秦始皇捞鼎，史既称“不得”，则画中不应有鼎。但汉武帝得鼎，虽不自泗水，却以“泗水”得鼎

① 司马迁．史记．白文本．长沙：岳麓书社出版社，1988：59.
② 司马迁．史记．白文本．长沙：岳麓书社出版社，1988：135.

图 1-2-3
南阳汉画像砖骆驰虹拓片

以傚秦始皇，画像砖应是元鼎年间的产物。元鼎之前不会有，元封（前 110 年）之后题材又已过时。

南阳文物研究所根据墓乃夫妇同穴，始于汉武帝时（前 140—前 87 年），而宣帝时（前 73—79 年）成为主要葬式，作此墓断代的上下限。作者则认为，极大可能是西汉武帝元鼎年间（前 116—前 111 年）的墓葬。

图 1-2-3 下画像砖拓片同样是车马过桥，桥下有四桥柱、有人划船，但没有捞鼎的场面，便可能是元封以后的墓葬。

南阳文物研究所称诸有柱无柱的桥都是拱桥。又因桥侧或为点纹，或为其他纹饰，便判断为木拱桥。

这里有几点疑问，如：同为泗水捞鼎，何以有的桥，桥下无柱，而有的有柱？一种可能的解释是彭城泗水桥是一座有桥柱的多孔“骆驰虹”木梁柱桥，想来桥下因需刻捞鼎场面，有些画便略去桥柱，正像山东嘉祥武氏祠石刻一样，为了表现桥下战斗场面挤不下，而把桥柱略了。泗水较宽，当时条件下一孔拱桥是不可能的，应以多孔梁柱桥为合理。况且出土“泗水捞鼎”画像砖的墓室顶都是三折边拱（图 1-2-3 ~ 图 1-2-5），石拱裸拱还不一定成熟。

另一种解释不排除西汉确是已有了拱桥，无论是石拱或木拱。画像砖是根据某一实物的概括，不能求之过实。桥梁不一定落后于墓葬，也许墓葬结构落后于桥梁亦未可知。

图 1–2–2 下、图 1–2–3 上，桥头都有凤阙。这两种解释哪一种正确，留待今后能得到更多的佐证后确定。

山东邹城市高李庄东汉墓发现的画像石上，更清晰刻绘了一座相当写实

图 1-2-4
南阳樊集 M38 号画像砖墓(三折边)

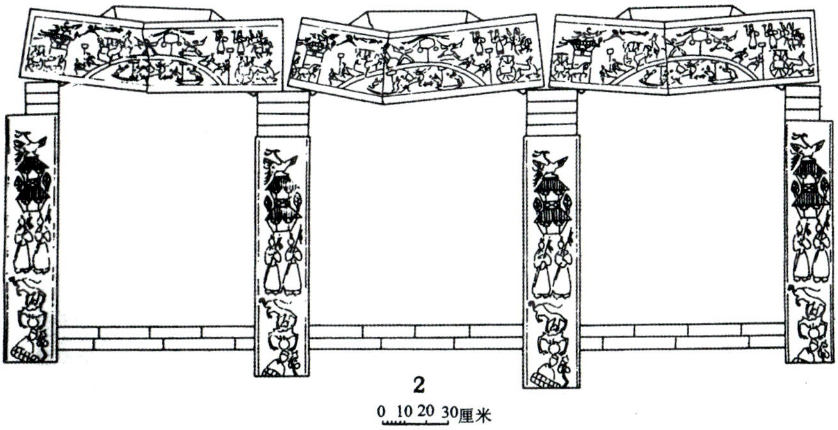

图 1-2-5
南阳樊集 M24 号画像砖墓拓片

的半圆形重券石桥，这批画像石属于东汉中期的作品，这证明我国至迟在当时已经有了石拱桥。东汉的石拱券墓室与石拱桥出现的时间吻合，这绝非偶然。一定是拱券技术已经发展到一定水平，才会大量的使用（图 1–2–6）。

图 1-2-6
邹城县高李庄东汉墓画像石

二、汉、晋洛阳石桥

《水经注·卷十六》谷水条记："七里涧……涧有石梁，即旅人桥也……凡是数桥，皆垒石为之，亦高壮矣。制作甚佳，虽以时往损功，而不废行旅。朱超石《与兄书》云：桥去洛阳宫六七里，悉用大石，下圆以通水，可受大舫也。奇制作，题其上云：太康三年（282 年）十一月初就功，日用七万五千人，至四月末止。此桥经破落，复更修补，今无复文字。"[①]《水经注疏·卷十六》谷水条注也记："城东有石桥以跨七里涧……出建春门外一里余，至东石桥……崇义里东有七里桥，以石为之……"[②]历来写桥史，都引这座太康三年（非朱超石目睹，乃传闻的年代）的旅人桥为石拱桥的最早记载，未经详审，有重新考证的必要。

《南史·列传六》记朱超石兄"朱龄石……义熙九年（413 年）徙益州刺史……十四年（418 年）……以龄石为雍州刺史……龄石弟超石……（于）义熙十二年（416 年）北伐，超石前锋入河（到了洛阳）……"大军进洛阳城《帝王世纪》记"城东西六里十一步，南北九里一百步。"《元康地道记》记"城南北九里七十步（4072 米），东西六里十步（2660 米），诸城门克蒲坂，以超石为河东太守……关中乱，帝遣超石慰劳河洛，与龄石俱没赫连勃，见杀。"《南史·宋本纪》及《通鉴》记："义熙十三年（417 年）刘裕、朱超石至洛阳。"明年，便弟兄同被害，可见《水经注》引朱超石书简，时为 417 年。

七里涧桥并不成于太康三年。据《晋书·武帝纪》载："泰始十年（274 年）九月……孙遵、李承帅众寇，江夏太守嵇喜击破之，立河桥于富平津。冬十一月，立城东七里涧石桥。"[③]比《水经注》记要早八年。

《水经注·卷十六》谷水条记称："凡是数桥，皆垒石为之，亦高壮矣。"[④]则石桥不止七里涧一座。今详细综合其所叙，以见洛阳各古桥情况。根据诸书所记里程，当时洛阳的平面布局见图 1-2-7。

《水经注·卷十六》记谷水自西而东"谷水又迳河南王城北，所谓成周矣。"[⑤]《史记·周本纪》记："成王在丰，使召公复营洛邑……居九鼎焉（便是后来沉落于泗水的鼎）。"[⑥]《水经注·卷十六》接着说："旧渎又东，晋惠帝造石梁于水上。按桥西门之南颊文称，晋元康二年（292 年）十一月二十日，改治石巷水门，除竖枋，更为函（函、包也）枋，立作覆枋屋（桥屋），前后辟级续石障（石阶），使南北入岸，筑治濑处，破石以为杀（水）矣。到三年三月十五日毕讫，并纪列门广长深浅于左右。巷东西长七尺（即桥宽 1.715 米），南北龙尾广十二丈（桥

---

① 郦道元．水经注．陈桥驿点校．上海：上海古籍出版社，1990：335.
② 郦道元注．杨守敬，熊会贞疏，段熙仲点校，陈桥驿复校．水经注疏．南京：江苏古籍出版社，1989：1437.
③ 唐太宗御撰．晋书．《二十五史·卷二》．上海：上海书店，上海古籍出版社，1986：1255.
④ 郦道元．水经注．陈桥驿点校．上海：上海古籍出版社，1990：335.
⑤ 郦道元．水经注．陈桥驿点校．上海：上海古籍出版社，1990：321.
⑥ 司马迁．史记．白文本．长沙：岳麓书社出版社，1988：25.

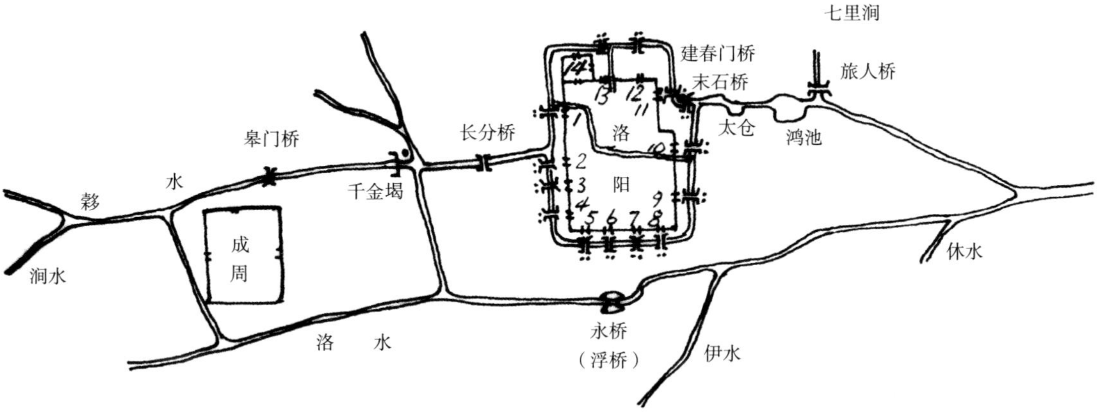

1. 承明门；2. 阊阖门；3. 西阳门；4. 西明门；5. 津阳门；6. 宣阳门；7. 平昌门；8. 开阳门；9. 青阳门；10. 东阳门；11. 建春门；12. 莫门；13. 大夏门；14. 金墉城

图 1-2-7
《水经注》记洛阳诸桥位置图

长 29.40 米）。巷渎口高三丈（7.35 米），谓之皋门桥。潘岳《西征赋》曰：‘秣马皋门’即此处也。”[①]又记“谷水又东，又结石梁。跨水制城，西梁也。”[②]《昭明文选》录《西征赋》注此句时引当年所见《水经注》为：“石卷渎口，高三丈，谓之皋门桥。”“巷”和“卷”一字之差。既然泰始十年（274）已有石拱，则元康三年（293），用“石卷渎口”，当为不误，今本《水经注》改之无理。“改治石巷水门，除竖枋，更为函枋”可理解为原是木桥巷，那时改为石卷洞，是一座有覆枋桥屋的石拱桥，复原示意见图 1-2-8。《洛阳伽蓝记》记：“出閶阖门外七里，长分桥”便是此桥。

谷水流过洛阳城北，“又东，屈南，迳建春门石桥下……桥首建两石柱。桥之右柱铭云：阳嘉四年乙酉、壬申（阳嘉乃东汉顺帝年号，135 年）以城下漕渠东通河、济；南引江淮，方贡委输，所由而至，使中谒者魏郡清渊马宪，监作石桥梁、柱。敦敕工匠，尽要妙之巧，撰立重石，累高周距，桥（梁）工（致）（道）路（广）博，流通万里云云。”

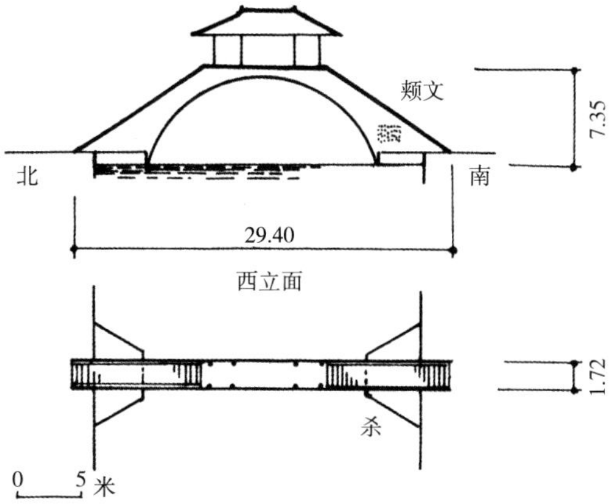

图 1-2-8
洛阳皋门桥（西晋）复原示意图

《洛阳伽蓝记》记：“明悬尼寺……在建春门外，谷水绕城，至门外，东入阳渠。石桥有四柱，在道南（前疑漏‘其二’二字）。铭曰，汉阳嘉四年，将作大匠马宪造。”又“逮（北魏孝明帝）孝昌三年（527 年）大雨颓桥，柱始埋没。道北两柱至今犹存。”

① 郦道元．水经注．陈桥驿点校．上海：上海古籍出版社，1990：322-323.
② 郦道元注、杨守敬、熊会贞疏、段熙仲点校、陈桥驿复校．水经注疏．江苏：古籍出版社，1989：1383.

《太平寰宇记》引《晋书》洛阳十二门，皆有双阙[①]石桥，桥跨阳渠水，即洛阳城的护城河。[②]《水经注》亦说："城之四面有阳渠，周公制也。"

建春门石桥的桥头各有两石柱，和别门的桥头双阙不同。桥东西走向，水由北向南流。桥南两柱埋得不好，大雨后倒下，埋在土中；可见柱不是桥的结构，而是桥头华表之流。柱铭称："尽要妙之巧，撰立重石，累高周距"说明是一座用大石块砌筑的（重石累高）拱（周曲也；距，两物相隔，应指桥跨）桥。所以如此高大，乃是桥下要通漕运，"受大舫过"的缘故。城门口阳渠上的桥，又需要过车马，怀疑此桥乃是带拱坡桥面的实腹圆弧拱桥。

建春门石桥又称上东门桥，亦称西石桥，因为不远又有一座马市石桥，称东石桥。

《水经注·卷十六》："（谷）水自乐里道屈而东，出（离开）阳渠……水南即马市也……又东迳马市石桥。桥南有二石柱，并无文刻也。"[③]元代《河南志》记晋洛阳城阙称："马市在大城东，前有石桥，悉用大石，下圆以通水，可过大舫。"云出自陆机《洛阳记》。并认为此桥建造年代："刘澄之《山川古今记》、戴延之《西征记》并云太康元年造，非也。"

叙述至此，《水经注·卷十六》转而改记洛阳城西南阳渠上的诸桥。自閶阖门石桥，即"汉之上西门"桥，一支"历故石桥东，入城。"穿城而过，出东阳门石桥下，复入阳渠。主渠自閶阖门石桥下往南，迳西阳门、西明门、建阳门、迳宣阳门南（对洛水浮桥）、平昌门、开阳门，折而往北，"迳青阳门东……东阳门东，故中东门也……又北迳故太仓西……仓下运船常有千计。"于是又北合至东石桥，东转而东流，过方湖、鸿池。"其水又东，左合七里涧。"[④]到了旅人桥。

"凡是数桥"便是指他所叙述的皋门桥、长分桥、建春门石桥、马市石桥、结合七里涧旅人桥等，都要通过数以千计的漕船，自然需要轩大高敞。"悉用大石，下圆以通水"不是单指旅人桥。

假如这是正确地理解了郦道元所记述，则诸桥部分建造年代为：

皋门桥——晋元康三年（293 年）；

长分桥；

建春门石桥——东汉阳嘉四年（135 年）；

马市石桥——晋太康元年（280 年）；

阖门石桥；

故石桥；

---

① 前记汉画像砖中有"阙"。

② 乐史．太平寰宇记卷三．清・光绪金陵书局。

③ 郦道元．水经注．陈桥驿点校．上海：上海古籍出版社，1990：327.

④ 郦道元．水经注．陈桥驿点校．上海：上海古籍出版社，1990：334-335.

东阳门石桥；

七里涧旅人桥——晋泰始十年（274 年）（《水经注》晋太康三年，公元 282 年为误）；

石拱桥的最早记录为建春门石桥，宜暂定为东汉阳嘉四年（135 年）。

三、魏、后赵邺城石桥

曹操封魏王，都于邺，后赵石虎亦建都于此，地在今安阳东北，夹于洹水和漳水之间（图 1–2–9）。

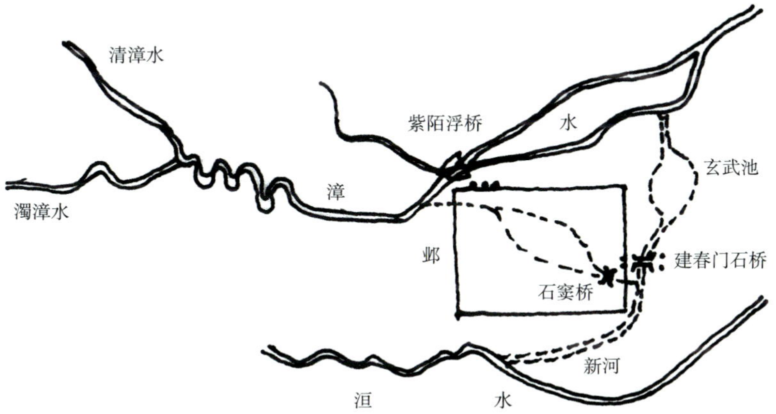

图 1–2–9
魏与后赵邺城石桥位置图

《水经注·卷九》洹水条记："洹水又东，枝津出焉，东北流径邺城南……又北径建春门，石梁不高大，治石工密。旧桥首夹建两石柱，螭矩趺勒甚佳。乘舆南幸，以其制作华妙，致之于平城东则西阙（今山西大同）。"[①]《水经注疏·卷九》该条注记："其水又经（平城的）宁先宫东……宫之东次，下有两石柱，是石虎邺城东门石桥柱也。按柱勒，赵建武中（335—348 年）造，以其石作工妙，徙之于此。"[②]《水经注疏·卷十三》又记："宁先宫东……宫之东次，下有两石柱，是石虎邺城东门石桥柱也。按柱勒赵建武中（335—348 年）造，以其石作工妙，徙之于此。余为上书祠部，与宜都王穆罴同拜北郊，亲所迳见。柱侧悉镂云矩，上作蟠螭，甚有形势，信为工巧。"[③]文前后相呼应。

邺城建春门石梁是梁是拱还不够清楚，但因其和洛阳布局相同，东门同曰建春，桥头都有石柱。因洛阳建春门有石拱桥的可能性，故邺城容或似之。

《水经注·卷十》漳水载："魏武又以郡国之旧，引漳流自城西东入，径铜

① 郦道元．水经注．陈桥驿点校．上海：上海古籍出版社，1990：204-205.
② 郦道元．水经注．陈桥驿点校．上海：上海古籍出版社，1990：896-897.
③ 郦道元注、杨守敬、熊会贞疏、段熙仲点校、陈桥驿复校．水经注疏．江苏：古籍出版社，1989：1147.

雀台下，伏流入城，东注，谓之长明沟也……沟水……东出石窦下，注之洹水。”[①]《河南通志》便书：“三国时（宜为东汉末）建石桥，魏武帝引漳水入邺，通经石窦、即此。”[②]石窦即石桥，或石窦桥。

左思《魏都赋》中的：“石杠、飞梁，出控漳渠。”其注曰：“石窦桥在宫东”。

另一座更早的石窦桥见方顺桥一节。

石窦桥在当初想必十分有名。唐朝张彧《赵州石桥铭》称：“敞作洞门，呀为石窦”用石窦桥来比赵州桥，石窦桥自然是石拱桥，且亦宜为圆弧拱。

可惜所有以上这些汉、晋拱桥都已不可见。

第三节 曲线拱类型及砌筑方法

汉墓结构构造，后期不用空心砖，而用楔形和斧形小砖砌拱，形成更接近于曲线的多折边拱券，桥梁中的砖拱亦是如此。桥梁中折边长拱石改用弯形板，七折边的石拱桥便成为今日习见的江南分节并列半圆石拱。多块弧形拱石所砌的石拱，亦即今日南北普遍存在的石拱桥。中国古代石拱桥拱石多数等高（图 1–3–1）。

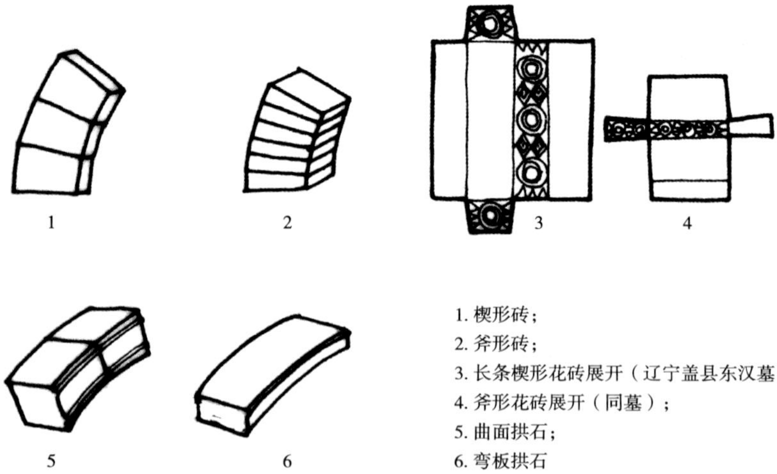

1. 楔形砖；
2. 斧形砖；
3. 长条楔形花砖展开（辽宁盖县东汉墓）；
4. 斧形花砖展开（同墓）；
5. 曲面拱石；
6. 弯板拱石

图 1–3–1
拱券砖石图

曲线拱的拱轴线大致可分为圆弧拱（割圆拱）、半圆拱、马蹄拱、锅底券（两点圆拱）、蛋圆拱（三点圆拱）、椭圆拱等拱（图 1–3–2）。近代所称悬链线、抛物线等拱形，在古桥中则仅有近似而无精确的数值根据。

① 郦道元．水经注．陈桥驿点校．上海：上海古籍出版社，1990：212.
② 孙灏等．河南通志卷八．台北华文书局，清光绪八年（1882）刊本，1968：25.

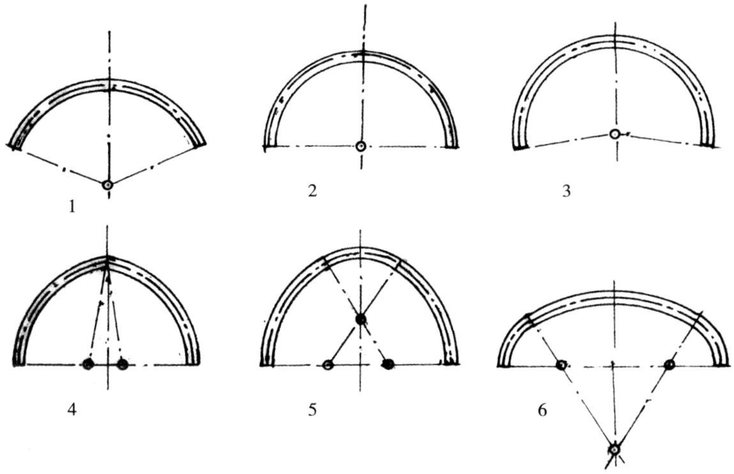

1. 圆弧拱（割圆拱）； 2. 半圆拱； 3. 马蹄拱； 4. 尖拱； 5. 蛋圆拱； 6. 椭圆拱

图 1-3-2
中国石拱拱券各种拱轴线

拱券的砌筑方法，逐步有所改进为：并列、并列榫卯、横放并列、纵联、分节并列、联锁分节并列、镶面纵联、框式纵联、乱石、镶面乱石砌筑等方法。石拱桥可以诸拱轴线形和砌筑方式的各种组合，再加上变化多端的拱上建筑、墩台形式、桥跨布置，各个时期爱好不同的建筑装饰和栏杆式样，于是中国石拱桥的造型多种多样（图 1-3-3）。

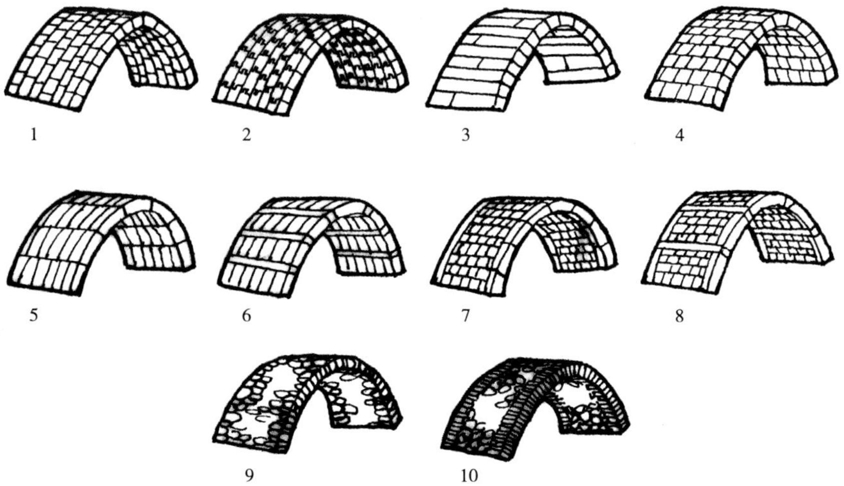

1. 并列； 2. 并列榫卯； 3. 横放并列； 4. 纵联； 5. 分节并列； 6. 联锁分节并列；
7. 镶面纵联； 8. 框式纵联； 9. 乱石； 10. 镶面乱石

图 1-3-3
中国石拱拱券砌筑方法

石拱桥各部分的名称随朝代、地区有变化，匠师们的俗称有时也不一样。为便于叙述，兹以王壁文先生整理的清官式石拱桥各部分名称，作为暂定的统一称谓，见图 1–3–4。

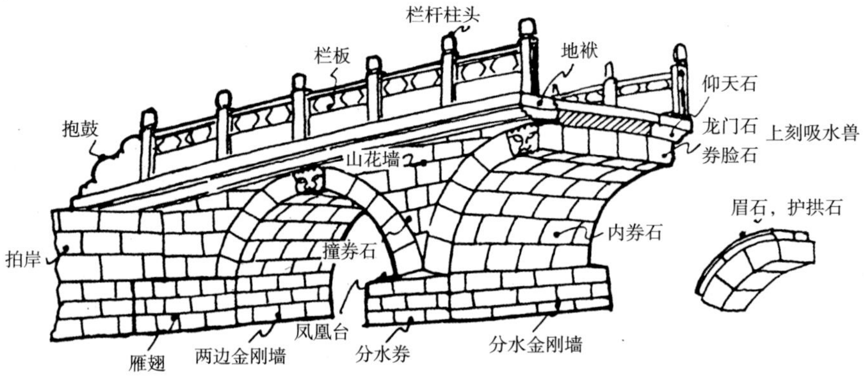

图 1–3–4
清·官式石拱桥各部分名称图

南方薄墩薄拱驼峰式石拱桥，构造又不一样，各部分专门名称亦略有不同，习惯使用的称呼见图 1–3–5。

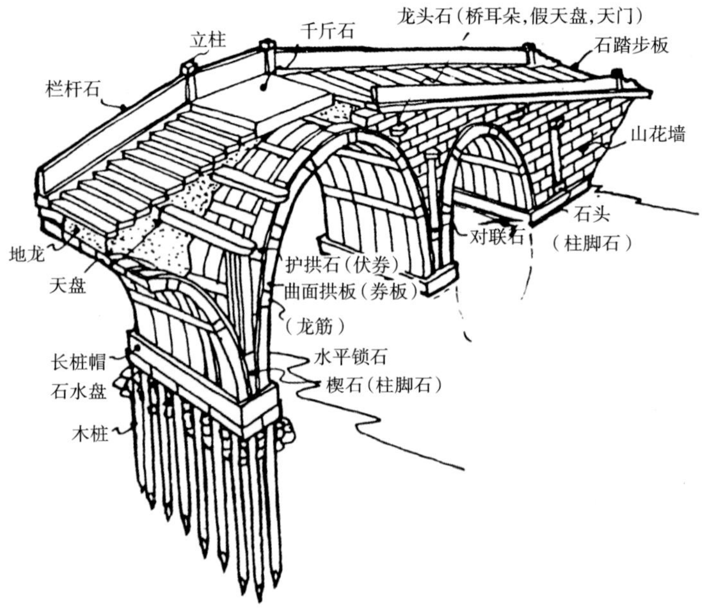

图 1–3–5
南方石拱桥各部分名称图

第二章 晋、隋、唐朝及之前石拱桥

夏、商、周三代（前 21 世纪—前 771 年）是中国奴隶制社会产生、发展时期，上承史前新石器文化的余绪，下开铁器文化的先河，是古代中国文明开化时代之肇瑞。20 世纪末，在河南新密古城寨遗址（距今 4100 年左右）发掘中，发现城周围有护城河，其南河宽 34~90 米不等，经专家初步考研，河上建过桥梁，但不可能是石拱桥，应该是木柱木梁桥。商朝发明了版筑技术并广泛用于高大城墙和高台建筑，用此法建筑桥台与基础已毫无问题。商朝战车的出现，对道路和桥梁的宽度、载重等提出了较高要求。

到西周车兵成为主力兵种，此时战车一般宽 3 米左右，两车相错时，车厢侧面之间的距离该在 1.1 米以上，由此可以推算出道路的宽度当在 8 米左右。

春秋战国时期（前 770—前 221 年）。中国古桥的研究大师、教授潘洪萱先生（已故）在《中国桥梁史纲》中总结为：是中国古代社会一个极为重要的变革时期，在这段近 600 年的时间中，持续不断的战争成了时代的主题，亦成为推动社会发展的强大动力。战国成书的《墨经》和《考工记》，是中国古代科技发展史上的一个高峰，他们分别代表了这一时期科学理论和工艺技术的总体水平。《墨经》为几何学确定了点、线、面、方、圆等概念，与一个多世纪后西方的《几何原理》中的有关定义如出一辙。《考工记》更多地反映了当时工匠已掌握的实用技术。其中，“六齐（剂）”是春秋时期青铜合金成分分配比的科学总结，是迄今为止世界上最早关于铜合金的科学研究和实践的结晶，在世界冶炼史上占有重要的地位。铁器的出现也为创建铁索桥与石拱桥提供了材料和加工工具。

西汉、东汉、三国（前 206—280 年）。两汉时的中国，已是世界上经济、文化、科学技术发达的国家之一。汉武帝开创了“丝绸之路”，沿路设立与修建的渡口、桥梁、关隘，维系着交通的畅通。这一时期梁桥、索桥、浮桥、拱桥四种基本桥型均已发展齐全，桥式及建桥材料丰富。

在中国，甚至世界石拱桥历史中，历来认为拱券是从半圆拱开始的。由半圆拱逐步发展为割圆拱，即一段圆弧的拱。可是，见前所述，自天生拱、早期墓葬和桥梁的折边拱、画像砖裸拱大多不是半圆而是割圆。

20 世纪 50 年代发掘的河南洛阳东汉墓中，墓门有三层小砖砌的圆弧砖拱①；1992 年 3 月发掘河南洛阳金谷园东汉墓②，其砖室及耳室顶亦是小砖圆弧拱（图 2–1–1）。

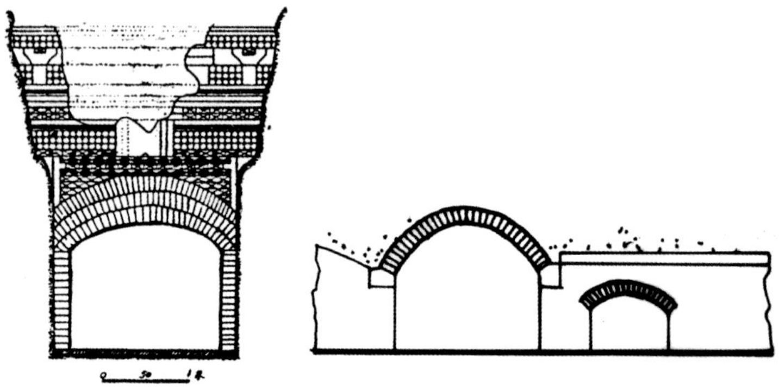

图 2–1–1 河南洛阳汉墓圆弧砖拱

汉代的石拱桥今已绝迹。如《水经注·卷四十》浦阳江条记：“浦阳江又东迳石桥，广八丈高四丈（如为石拱，正是半圆），下有石井，口径七尺。桥上有方石，长七尺，广一丈二尺。”③《名胜记》记浙江新昌县“浦阳江口有石桥”便引《水经注》这段文字。

《舆地志》载“剡（yǎn，今嵊县）东百里有石桥，里人传旧路自石笥入天姥。今石笥桥下一大井，与《水经注》合，疑即此也。”今嵊县毫石乡有半圆石拱桥，桥前亦有落井，岂为晋桥的遗制？

1986 年发掘的南阳画像砖墓④，其樊集吊窑 M16 号墓，墓室长 2.71 米，宽 1.59 米，高 1.49 米。券砖前后并列 38 排，每列由五块特制砖榫卯砌成，券高 23 厘米。考古断代为自汉武帝时（前 140 年）到王莽（前 9 年）（图 2–1–2）。1991 年 7 月，

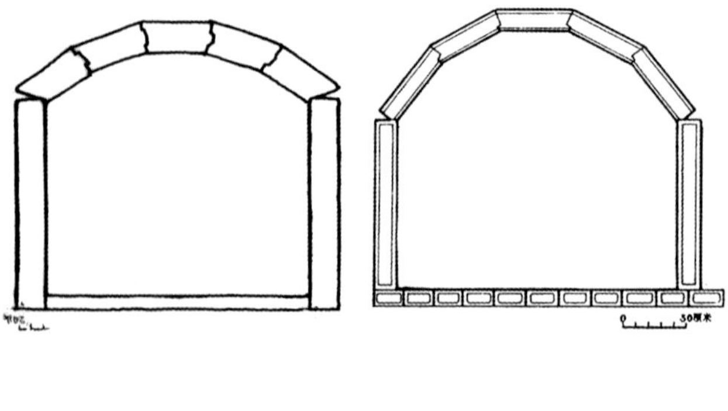

图 2–1–2 汉·五折边砖拱（南阳樊集吊窑 16 号西汉墓河南洛阳偃师辛村王莽时墓）

① 文物参考资料 .1958,3.
② 洛阳金谷园东汉墓 IM337 发掘报告 . 文物 .1992,12.
③ 郦道元 . 水经注 . 陈桥驿点校 . 上海：上海古籍出版社，1990：758.
④ 南阳文物研究所 . 南阳汉代画像砖 . 北京：文物出版社，1990.

河南洛阳偃师县高龙乡辛村，又发掘得王莽时期（9—23年）套榫结构空心砖壁画墓①，墓室顶用4块17×17×60立方厘米的套榫空心砖和一块17×17×54立方厘米的套榫顶砖作“仿券顶四坡平脊式”（即五折边）墓顶。拱净跨2.32米。虽石拱桥的榫卯和墓拱不同，但拱型相似。吴越王时代有五折边石拱桥也便不足为奇。

志史所载唐代的桥梁甚多，唐代的石拱桥得以从传世的几幅唐代名画中见其端倪。

1989年台北故宫博物院《故宫书画图录》载唐朝李昭道《湖亭游骑》②轴，《曲江图》轴及《洛阳楼图》轴乃国之宝，其上绘有几座石拱桥。

李思训、李昭道父子为唐代宗室著名画家。

《旧唐书·列传十》记：“长平王叔良、高祖从父弟也……子孝斌……孝斌子思训，高宗时累转江都令。属则天革命，宗室多见构陷，思训遂弃官潜匿。神龙初（705年），中宗初复宗社，以思训旧齿，骤迁宗正卿，封陇西郡公……历益州刺史。开元初，左羽林大将军，进封彭国公……寻转右武卫大将军。开元六年（718年）卒……思训尤善丹青。迄今绘事者称李将军山水”。《新唐书·宗室世系表》载其子“昭道，为太原府仓曹，直集贤院。”

与宰相李林甫为嫡堂兄弟的李昭道亦工山水，人称小李将军。

比较而言，李昭道的《湖亭游骑图》（图2-1-3）所绘河堤三孔石拱桥更为清晰。湖堤绿柳成荫，桃花满枝，游骑踏青。一桥跨水，三孔石拱，中孔高大而边孔略小，薄墩薄拱，桥面成驼峰形，两侧为石踏步，明显可见。桥柱较稀，望柱上有石狮，栏杆端部有抱鼓石。桥上援辔徐行的唐代官宦两人，童子掌扇者一人。桥下流水潺潺、满幅春景，情趣盎然。

图2-1-3
李昭道的《湖亭游骑图》摹放

① 洛阳偃师新莽壁画墓清理简报，文物，1992,12.
② 大陆书画界自20世纪80年代陆续发表论文和著作，认为此画非李昭道真迹，而为明代摹本。

晋、隋、唐（265—907 年）三朝是中国历史上极为昌盛辉煌的时代。桥梁建设在数量和质量上发展迅速，在技术上取得开创性的成果。石拱桥至迟自东汉出现到赵州桥的建成，经历了 600 余年的积累，达到登峰造极的程度。

中国现存古石拱桥，始建年代最早者为河北保定满城县方顺村石桥，至少为西晋，可上溯到东汉。河南临颍小商桥和河北赵县安济桥都是隋桥，亦都是圆弧拱。北方还有一系列圆弧拱桥。南方较早的古石拱桥，如宋代的上海青浦金泽万安桥、紫石桥等亦是圆弧拱，所以石拱桥从圆弧拱谈起。仅此南北又不同。

第一节　石拱桥实例

一、河北满城方顺桥

方顺桥为三孔不等跨圆弧拱，建于西晋永嘉三年（309 年）。

方顺桥位于太行山东麓，古称北平的今河北省保定市满城县境内，西南 25 公里的方顺村中。满城在汉代属中山国，是个繁华的地方。

《古今图书集成·考工典·桥梁部》保定府记："方顺桥，在满城县南五十里，石空雕阑，坚致雄伟。隋开皇时建。"[①]清光绪《畿辅通志》满城县载："方顺桥，在县南五十里，跨方顺河上，甃石为之。晋永嘉三年（309 年）建，隋朝开皇、金（代）明昌继修。明嘉靖间圮，僧德印募修。"志引明朝兵部侍郎杨慎《重修方顺桥记略》："方顺河者，源于完县白崖、马耳二山，会于满城……当山孔道，旧有桥，不识创自何代，废有岁时，过者病涉。今上御宇之三十五年（1556 年）……李朗首捐千金，清凉山僧德印募缘助构……不期岁成石桥三架，长十五丈（约 48 米），阔三丈（约 9.60 米）……垂成之次，掘泥得石记云，晋永嘉三年重修。抵金朝明昌丙辰（1192 年）重修。"清宣统二年，重铺桥面。

据此记载，桥始建时代应更早于西晋。西汉未见石拱桥资料，则最早可推到东汉。无论如何，至少也是晋桥。

所以可以推到东汉者的依据，因《水经注》中记有满城在东汉便有石窦（石拱桥）的建筑。

《水经注·卷十一》滱水（即唐水）记："滱水之右，卢水注之……际水，有汉中山王故宫处，台、殿、观、榭，皆上国之制。简王尊贵，壮丽有加。始筑两宫，开四门，穿北城，累石为窦，通涿（流通）唐水流于城中。造鱼池、钓台、戏马之观。岁久颓毁，遗基尚存……自汉及燕（后燕），涿滱水径石窦。石窦既

① 陈梦雷．古今图书集成．考工典．清雍正四年刊本．北京：中华书局，1934 年影印：卷三十二桥梁部．

毁池道亦绝。”[①]不能准确地知道中山简王石窦桥的具体地点。时间当在公元 54 年后不久。西晋永嘉三年“重建”或恐与之有关。

现有的方顺桥见图 2-2-1 。桥中孔为圆弧拱，净跨约 13.3 米，矢高约 4.2 米。边孔为半圆拱，净跨约 3.30 米。桥宽 7.44 米，全长共 37.20 米。大小拱上都有一层眉石（即伏券，始于东汉），略凸出于拱券。桥上雕刻栏杆，显然是后代之物。

方顺桥是三孔不等跨拱桥，小孔和大孔分离，一主两从，造型优美。但拱券砌筑为镶面纵联式。早期汉代墓拱，从折边拱到小砖拱都是并列法砌筑，早期的石拱也是如此，故可怀疑，除基础和造型之外，都非东汉或西晋的原构。

方顺桥为国家级重点文物保护单位。

（a）全景

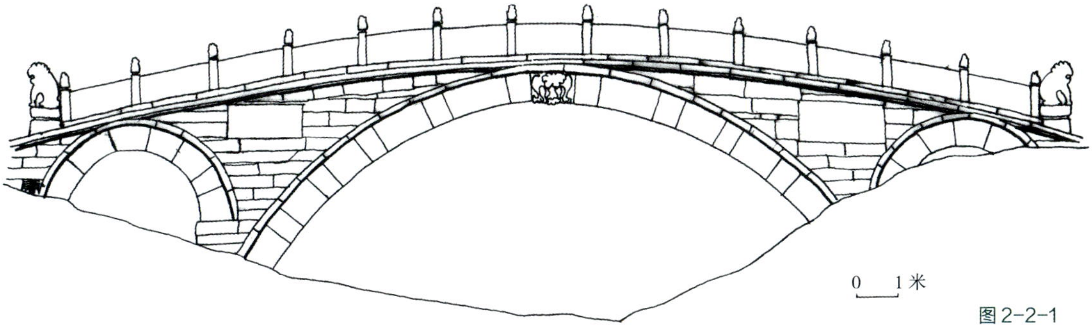

（b）手绘立面

图 2-2-1
河北满城方顺桥

① 郦道元 . 水经注 . 陈桥驿点校 . 上海：上海古籍出版社，1990：240-241.

二、浙江绍兴光相桥

光相桥为单孔半圆形石拱桥，始建于东晋义熙年间（405—418 年）。

光相桥位于绍兴市区西北侧，环城公路旁，横跨城河，因桥侧曾有光相寺，故名。明隆庆元年（1567 年）、清乾隆与嘉庆年间（1796–1820 年）均重修过，全长 30.28 米，宽 4.90 米，矢高 4.35 米，净跨 8.35 米。石级桥面，两边各有 23 级，拱券为分节并列砌置，桥两旁置垂带，桥面两侧置坐栏，断面呈须弥座状。每边坐栏均用 6 只刻有覆莲的望柱隔断，末端置石鼓。桥拱属宋以前结构。拱石有莲花座图案，上刻有“南无阿弥陀佛”。桥拱四分之一处有兽头横系石两根。《会稽志》有记载，在杜春生《越中金石记》中载有“光相桥题记”。

光相桥 1989 年定为省级重点文物保护单位（图 2–2–2）。

（b）桥券

（a）全景

屠剑虹　提供

图 2–2–2
浙江绍兴光相桥

三、河南临颍小商桥

小商桥为三孔圆弧拱，建于隋开皇四年（584）。

小商桥位于河南临颍县城南，与郾城县交界处的颍水之上（图 2–2–3）。

明嘉靖《临颍县志》载：“颍河源出登封之颍谷，过钧（州）经许（州，今许昌）由县（临颍）西北环而东南、至清水镇会沙河入蔡（今汝南）达淮。”

《水经注・卷二十二》颍水条记：“颍水出颍川阳城县西北少室山……又东南过临颍县南……临颍，旧县也……小（㶏）水出焉。《尔雅》曰：‘颍别为沙’皆大水溢出，别为小水之名。”[①]所以这一段颍水又名（㶏）水和沙水。唐时，颍水一名殷水。《旧唐书・列传第一百一十・李光进传》记其弟光颜于宪宗元和

① 郦道元 . 水经注 . 陈桥驿点校 . 上海：上海古籍出版社，1990：417.

图 2-2-9 “碧玉流”石刻

曹侍御过象县（柳州县名）》诗道：“破额山前碧玉流，骚人遥驻木兰舟，春风无限萧湘意，欲采苹花不自由。”

桥下石刻“碧玉流”三字、或说柳宗元所书、或称柳公权所书。柳宗元没有到过黄梅，熟视书体，是为柳（公权）体。二柳同时，公权系大历十三年（778 年）至咸通六年（865 年）人。《旧唐书·柳公权传》记其书法:“体势劲媚，自成一家”并“多为佛寺留笔迹。”灵润桥下刻的乃柳公权书柳宗元诗。此亦可以作为桥可能是唐建的一个旁证。

黄梅尚有五祖寺。《湖北通志》记:“五祖开法于东禅寺。”②《五祖寺志》称:“唐永徽二年（651 年）道信付衣法与弘忍，是为五祖。同年，道信圆寂后，弘忍继承法席。后因弟子日益增多，便于永徽五年（654 年），离开幽居寺，在东山大兴土木，新建寺庙……名为东山寺，亦称东山禅寺，简称东禅寺。”（图 2-2-10）。

图 2-2-10 湖北黄梅飞虹桥（五祖寺）

“唐上元二年（675 年）弘忍圆寂……大中二年（848 年）敕建五祖师寺庙，并改寺额为大中东山寺，亦曰五祖寺。”此时，禅宗经五祖改革，已遍行中国，称“天下祖庭”、“东山不二法门”。寺盛于唐宋，之后历代改元、战争之际，多遭破坏，屡毁屡兴。今天的五祖寺前，登山的东山古道上，旧山门和新山门之间有跨涧石桥，名曰飞虹，亦称花桥，又名石梁渡。桥为单孔半圆形石拱平桥，净跨约 12.60 米，桥高 8.45 米，宽 5.16 米。桥上盖有长廊，纵深六柱七间，粉壁黛瓦，两端亦有枋式门楼，分别额为“放下箸”，“莫错过”。《寺志》称“系元代兴建”，不知系指全桥或仅指桥上廊屋而言。查《寺志》大事，桥极有可能始建于唐大中二年 (848 年) 至十二年（858 年）之间。尚需作进一步的考证落实。

① 敦煌新本六祖坛经 . 上海：上海古籍出版社，1993 .
② 五祖寺志 . 武汉：湖北科学技术出版社，1992.

五、河南鹤壁桥上桥

鹤壁桥上桥老桥为单孔半圆拱，建于隋大业年间（606—617年）。

鹤壁桥上桥坐落在鹤壁市汤河支流上，下面老桥孔跨径3.00米，桥面宽4.50米，长20.00米。台基用砖石铺垫，拱券是砂岩纵列浆砌，封拱青灰色料石，中刻吸水兽。

图 2-2-11
河南鹤壁桥上桥

1963年因兴办水利在老桥顶再修一座型制略小的圆弧拱石拱桥，跨径2.20米，封拱与拱圈纵连为一整体，错缝紧密（图2-2-11）。

六、广西兴安灵渠万里桥

万里桥为单孔半圆拱，建于唐敬宗宝历元年（825年）。

广西灵渠是秦代伟大的水利工程。志载，桥系唐敬宗宝历元年（825年）桂管观察使李渤所建。桥名万里，乃指其远离长安的道路计。原桥为单孔净跨为6.00米的干砌石拱，拱券为单层青灰色粗凿斧形楔块，其上铺约10厘米厚同样材料的桥面石板，东坡九级、西坡七级及岸。全桥长14.55米，宽6.05米，高4.55米。桥上建有桥亭。屡经兴废，但当年古桥依然。

1963年，该桥被列为省级重点文物保护单位。后发现桥基石及拱券石松动。1964年重修，次年竣工。重修中把青灰色粗料石全部换成白色细料石，桥亭亦自创新。这亦是梁思成所感叹的“修旧如新”又一实例（图2-2-12）。

图 2-2-12
广西兴安灵渠万里桥

七、浙江天台丰干桥

丰干桥为单孔悬链线拱，建于唐贞元年间（785—804 年）。

天台山风景绝胜。南朝梁、陈之际已辟为佛教圣地。国清寺始建于隋开皇十八年（598 年）由晋王杨广承智觊遗愿所建。智觊禅师倡“上止三观”的天台禅宗，影响远及日本。

国清寺前有石桥，名曰“丰干桥”（图 2-2-13）。

图 2-2-13
作者唐寰澄在浙江天台丰干桥前

清康熙《天台县志》载“丰干桥”原名“双涧回澜桥”“宋景德三年（1006 年）捐造。”桥跨双涧（徐霞客称为寒风阙溪）。后为了纪念国清寺唐代名僧丰干而改名。现在的桥是单孔悬链线型块石干砌拱桥，净跨 10.70 米，矢高 4.00 米，桥宽 3.40 米。桥面用卵石铺砌。桥全长 14.40 米。两旁有矮石栏。桥栏中节栏板上刻“乾隆己酉五十四年（1789 年）捐造，道光癸卯二十三年（1843 年）孟冬重造”，似乎此桥始建于宋，后代重修。然则隋代建寺之初又怎样过涧入寺？

国清寺现存《天台山圣迹巡拜图》古画一幅，所绘乃日本天台宗开山祖师最澄和尚访问天台山国清寺，寺众在寺门欢迎的故事。其寺门涧上有石桥一孔跨越，极似椭圆石拱。画卷首题日文，经转请日本长谷川幸也先生考证解释为：“大唐德宗皇帝之贞元二十年（804 年）……东礼秋大师（即佛教大师根本大师，指最澄和尚）拿着（中国）明州刺史的公文（牒）上了天台山，在国清寺受到了众多僧侣的盛大欢迎。”时在 804 年 9 月。归国后创日本天台宗。

现日本天台宗圣地比叡山延历寺仍藏有其国宝，即台州唐牒。其文为：“日本国求法僧最澄、译语僧义真、行者丹福成、担夫四人，经论并天台文书、变像及随身衣物等。最澄等今欲却往明州及随身经论等，恐在道不练行由，伏乞公验处分。谨牒。贞元二十一年二月，日本国僧最澄牒。”上有台州刺史行草批示：“任为之程，三月一日台州刺史陆淳（印）（图 2-2-14）。

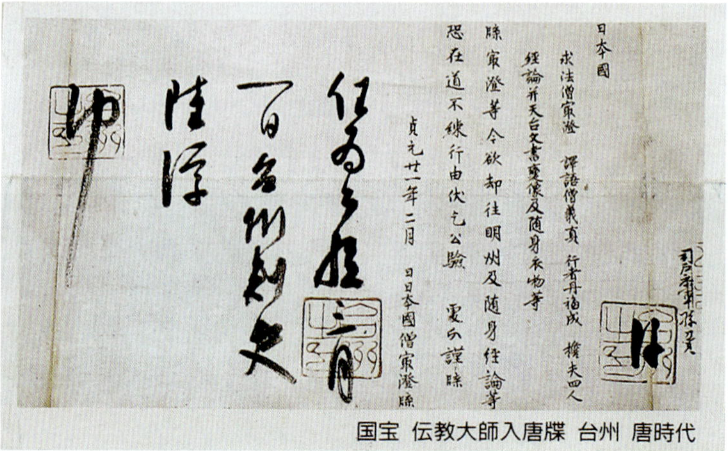
日本國
求法僧最澄 譯語僧義真 行者丹福成 檐夫四人
經論并天台文書變像及隨身衣物等
牒 最澄等今欲却往明州及隨身經論等
恐在道不練行由伏乞公驗 處分 謹牒
貞元廿一年二月 日日本國僧最澄牒
任為之程 三月一日台州刺史陸淳

图 2-2-14
唐 · 台州刺史陆淳手批牒

《新唐书》有传：“陆质……世居吴……历信台二州刺史……宪宗为太子，诏侍读。质本名淳，避太子名故改。”贞元只有二十一年，隔了一年即为宪宗元和元年。所以这张牒乃陆淳最后一次用其原名，并于是年调离台州。

信史所载，凿凿有据，图、牒文物足以佐证。则这座桥至少可明确唐朝便是这样，后世重新修整而已。

考国清寺唐代贞观年间有高僧丰干，昼则舂米供僧，夜则岛房吟咏，并善医道，曾为闾丘太守救疾。丰干和寒山、拾得两禅僧为师为友，同出入国清寺。寒山曾作诗六百、题壁三百，都作禅觉之语。其中一首为：“回耸霄汉外，云里路岧岧，瀑布千丈流，如铺练一条。下有栖心窟（似指国清寺），横安定命桥。雄雄镇世界，天台名独超。”诗中的定命桥，或即指此国清寺前的石桥。

从隋塔下方过七佛塔进国清寺，必经一亭，亭名“寒拾亭”。寒拾亭，飞檐翘角，石砌门窗，亭名取自寒山、拾得两人名字。亭的前后有“五峰胜境”和“万松深处”的匾额。寒山和拾得，在我国民间称“和合二仙，是相亲相爱、情深义重的象征。丰干出身唐代官家，父亲做过尚书，出家当和尚后经常披头散发，衣履不整，在国清寺里当舂火僧，与寒山、拾得颇亲，后人称他们三人为“三贤”。在当地流传一个丰干戏贪官闾丘拜寒山和拾得为“文殊”、“普贤”仙人的故事。

丰干桥因寺而同为国家级重点文物保护单位。

八、河北井陉桥楼殿

桥楼殿为单孔敞肩圆弧拱，建于隋大业年间（605—618 年）。

河北井陉县境内有苍岩山。据《井陉县志料》称其：“层峦叠嶂，壁立万仞。桥楼结构空中，庙宇辉煌崖里，古木环围，烟云缥缈，宛如画图。”《续志》记：“危崖峭壁，高出云表，山下流水潺潺，游鳞可数，石蟹成群……断崖上架设桥楼，自下望之，真可称为空中楼阁。山上乃隋代建福庆寺，隋炀帝女南阳公主出家于此，故寺有公主祠……由桥楼殿至公主祠，路径回环曲折，邃密幽雅，如入仙境”。

清朝侯少田《游苍山记事诗》称：“半天楼阁跨飞虹，风摇檐铎声铮鏦，巍然绀宇迷雕栊，良材画栋皆松枞……”真是“千丈虹桥望人微，天光云彩共楼飞。”（图 2-2-15 (a)）《隋书·列传第四十五》列女传记南阳公主是：“炀帝之长女也……年十四，嫁于许国公宇文述子士及……宇文化及弑逆（时在隋大业十四年，公元 618 年），主随至聊城（今山东聊城）而化及为窦建德所败。士及自济北西归大唐……建德诛化及……时主有一子名禅师，年十岁……建德竟杀之。主寻请建德削发为尼。”[1]《通鉴·唐纪三》记时为唐武德二年（619 年）。注引《河洛记》云：“建德将化及并萧后（炀帝后）南阳公主随军，于时襄国郡（今邢台）尚为隋守……建德……引化及并（其）两子同时受戮。”“九月、庚寅，窦建德陷赵州。”武德四年（621 年），窦建德败于唐，为李世民所擒。《隋书》记：“（公主）将归西京（长安）复与士及会于东都（洛阳）之下，主不与相见。”

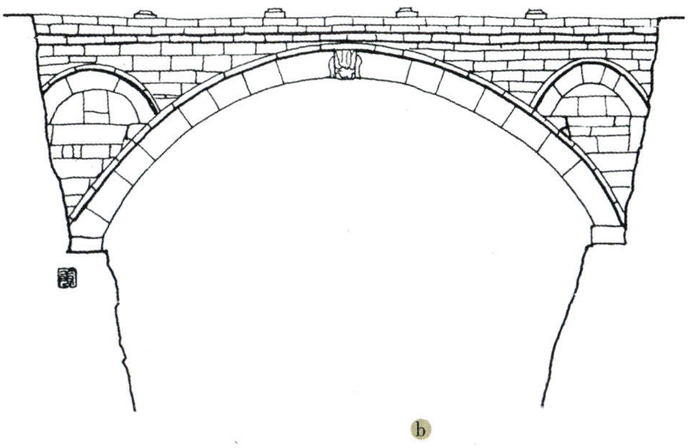

（a）全景
（b）构造图

图 2-2-15
河北井陉桥楼殿

① 唐·魏征，令狐德棻撰．隋书．北京：中华书局，1973：1799.

《资治通鉴·唐纪三》记“及建德败，公主将归长安，与宇文士及遇于洛阳，士及请于相见，公主不可。”[①]

可见南阳公主出家时在唐武德二年（619 年）九月至四年四月之间。然则福庆寺的建设当在其前。桥楼殿始建于隋代估计是没有什么疑问的。

桥楼殿以桥为殿基。桥跨两崖，主孔净跨 10.70 米，矢高 3.20 米，主拱券厚 55.00 厘米，由 22 道拱券并列组成。拱顶处桥宽约 7.53 米，拱脚处 7.93 米。主拱上护拱石厚 20.00 厘米。拱顶上拱墙高约 50.00 厘米。

大拱脚处有两小拱，净跨 1.80 米，矢高 0.90 米，为半圆拱，拱厚 50.00 厘米，护拱石厚 10.00 厘米。

桥楼殿和赵州桥孰先孰后，尚难确定。桥楼殿为敞肩圆弧拱桥，其敞肩小孔，全部都已填死。有两种可能性，或是其结构细节尚不能保证大拱上小拱拱脚的稳定性，或是避免小孔成为藏垢纳污游方或乞丐的洞穴。如赵州桥下挖出的一石刻称：“从南第一虹（小孔）下□（有）一僧居焉，曰□心。” 然而小拱毕竟完全上了大拱。

九、河北赵县永通桥

永通桥为单孔敞肩圆弧拱，建于唐永泰初年（765 年）。

永通桥跨冶河，冶河俗称清水河。河自冶河铺向东南，流经栾城凌空桥、四济桥、赵县贾店、营儿铺，入西关，穿永通桥，南趋合洨河，至安济桥。

永通桥的建造年代众说不同。

主隋代说者因 1986 年重修永通桥时，在桥面上发现崇祯六年（1633 年）《重修永通桥记》碑刻称：“郡西百步许，有桥岿然曰永通……创建于隋代。”

主唐代说者据同年出土修桥主题名石。石呈长方形，两侧磨光刻字，并分别以行、楷、草三种字体题刻，部分字迹已模糊不清。尚能认出有“□泰初……入道姑，大娘姑□敬造此桥，合家供养……”查历史上各朝年号以泰字为第二字者共有十一朝。在歌咏安济桥的诗文中，从未有提及安济在永通之后。因此，不计公元 606 年以前者，不计公元 606 年后统治不及赵州者，亦不计已有咏永通桥诗文后的有泰字年号者，于是仅存三朝为可能。即隋·越王杨侗的皇泰（618—619 年），唐·代宗李豫的永泰（765—766 年）及五代后唐末帝的清泰（934—936 年）。

隋末唐初，赵州仍奉隋代为正朔，而在国家动乱之际，一旦稳定，仍在修桥，事本亦有可能，或即为“创建于隋代”者之所据。然而张嘉贞、张彧等记赵州桥铭中都不提永通，可见尚无此桥。后唐末帝时，河东石敬塘割燕云十六州与契丹，

① 司马光．资治通鉴．胡三省音注．“标点资治通鉴小组”校点．北京：中华书局，1956：5842-5919.

灭后唐而为后晋，赵州未有兵祸，造桥尚有可能。可是唐永泰年间，正当已平安史之乱，郭子仪军垦镇守河东，人民生活比较安定的时候，永通桥的建设更为可能。时在张嘉贞书赵州桥后三十六年。近人高英民、刘元树在《永通桥创建年代考》文中亦主永通桥建于唐永泰初年（765 年），故以此说为最有力。

主金代说者，因元代纳新《河朔访古记》记："赵州城西门外平棘县境有永通桥，俗谓之小石桥。方之南桥（安济桥）差小，而石工之制，华丽尤精。清、洨二水合流桥下。此则金明昌年间（1190—1196 年）赵人裒（póu，聚也）钱而建

（a）永通桥（1984 年摄）
（b）近期的永通桥

图 2-2-16
河北赵县永通桥

也。”[①]既已发现“□泰初”石刻，故怀疑金代不过是“裒钱”（裒钱是聚钱的意思，有误以为人名者）修缮而已。

北宋淳化间（990—994 年）刺史杜德源咏永通桥诗曰：“并驾南桥具体微，石材工迹世传稀。洞开夜月轮初转，蛰启春龙势欲飞。金道马尘奔驿传，玉栏狮影炽晴晖。可怜题柱诗人老，惭愧相如驷马归。”[②]

永通桥是安济桥的具体而微。

永通桥桥脚原已堆埋于两岸河床之下，1984 年大修时，在两侧开挖至桥基，得永通桥（图 2-2-17）。

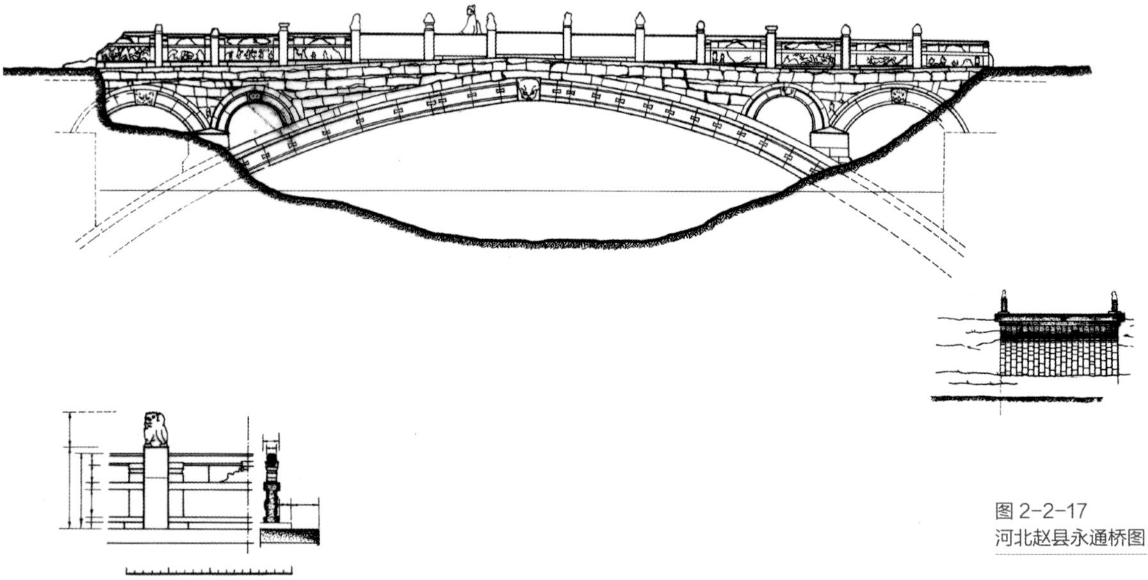

图 2-2-17
河北赵县永通桥图

主拱为圆弧形，净跨 23.48 米，净矢高 4.64 米。拱顶宽度 6.63 米，东拱脚宽 6.89 米，西拱脚宽 6.95 米，主拱券有收分。拱顶处拱石厚 65.00 厘米，拱脚处拱石厚 75.00 厘米，拱石长约 70.00 厘米，宽约 25.50~43.00 厘米。全拱以 20 道拱券并列砌筑。券脸石在接缝间除拱脚部分有双腰铁外，其他均为沿拱轴线有一道腰铁。

主拱券上眉石厚 25.00 厘米，在主拱顶拱宽为 6.50 米的范围内有六根勾头石和带梁头的横铁梁。主拱券顶纵横石缝之间都有腰铁、构造方法和赵州桥相同。主拱之上有四小拱。小拱（或称空腹拱）之大者，东端平均净跨 3.08 米，平均净矢高 0.87 米；西端则为 2.78 米和 0.78 米。东端小空腹拱平均净跨 1.77 米，净矢高 0.88 米；西端则为 1.71 米和 0.88 米。四小拱拱券石厚 35.00 和 45.00 厘米，

① 影印文渊阁四库全书．史部三五一卷上．台湾商务图书馆，1960：河朔访古记．

② 天一阁藏．隆庆赵州志卷二．上海：古籍出版社，1981：10.

眉石厚 13.5~14 厘米，并列 22 至 24 道砌筑。

桥上雕刻各个时代不同，但均甚精致，汇为大观。

永通桥既称建于唐代，但修缮记录极少。宋朝杜德源刺史题诗和元代纳新访古，是否其间和修桥有关？至少可明确的为：“金明昌间（1190—1196 年）赵人裒钱而建（修）也”是第一次记录。以后续见于发掘出的碑记和栏杆石上题刻，有“明正德二年（1507 年）吉立。”明万历二十六年至二十七年（1598—1599 年）、明崇桢六年（1634 年）和清·嘉庆四年（1800 年）。其中万历年间，张居敬张居仁兄弟，先修大石，再修小石。其《重修永通桥记》称小石桥：“直是颉颃大石，称二难于天下。……南配大石桥，为群奇胜者二，若伯仲若埙（埙，陶制吹奏乐器）篪（竹制吹奏乐器，《诗·小雅》所谓：‘伯氏吹埙，仲氏吹篪’）。”所以亦寓伯仲之意。杜甫诗“伯仲之间见伊吕”亦此意也。

永通桥为国家级重点文物保护单位。

十、江苏苏州宝带桥

宝带桥为 53 孔半圆拱石拱桥，建于唐元和十一至十四年（816—819 年）。

宝带桥位于今苏州东南，葑门外古道之上，运河西侧澹台湖口（图 2-2-18）。

《苏州府志》载：“宝带桥，去郡东南十五里，唐刺史王仲舒捐带助费创建，故名。”据新、旧《唐书·王仲舒传》记载其生年为唐宝应元年（762 年）。唐元和十一年至十五年（816—820 年）在苏州。

图 2-2-18
江苏苏州宝带桥
杨建成　提供

志引明朝陈循《记略》云:“苏州府城之南半舍，古运河之西，有桥曰宝带。运河自汉武帝时开以通闽越贡赋。首尾亘震泽（太湖）。东壖百余里，风涛冲激，不利舟楫。唐刺史王仲舒始作塘（堤），障之河之西岸，今东南之要道是已。然河之支流，断堤而入吴淞江（即松江）以入于海。堤不可遏，此桥所为建。仲舒鬻所束宝带以助工费，因名。”史、志所记，很详细地说明了路和桥都是唐·刺史王仲舒所倡建。

《吴郡志》记:“（北宋）元丰四年（1081年），苏州大水，西风驾湖水……松江长桥亦推去其半。”

历代都曾予以修葺:“元末，修葺之功不继，桥遂坍没（部分），有司架木以济，至今百有余岁。正统七年（1442年），巡抚侍郎周公忱，戒有司渐次节省在官浮费，以备工材之用。十一年（1446年）秋，为桥长千二百二十五尺（约392米），洞其下可通舟楫者五十三，而高其中之三以通巨舰。冬十一月落成。”《苏州府志》记清代:“康熙九年（1670年）大水冲圮，十二年，重修。”《太湖备考续编》有道光十一年（1831年）林则徐修的记载。《苏州府志》和《吴县志》都记:“咸丰十年（1860年）（部分）毁”。桥毁的原因，《庚癸纪略》称，受雇于江苏巡抚李鸿章的英将戈登，于是年“八月十九，捉民夫拆宝带桥两拱，坍去二十五拱，压死兵勇五人。又令打捞水草，开河道，通火轮船。”这次破坏，于同治十一年（1872年）工程局重建。

桥头立《张中丞树声碑记》，碑阴载，“重建诸桥，属元和者十三，又水窦二”。这可以理解为，修复后的宝带桥中，有十三孔（或30%）和二孔大孔是唐朝元和年间的原物。现在的宝带桥，全长约317米，为53孔联拱半圆形石拱桥，其第14至16孔，孔径分别为6.50米、7.45米、6.50米，其他诸孔平均跨径为4.60米。桥南北两堍各提坡道堤43.08和23.20米。桥宽4.10米，桥堍端展宽为6.10米（图1-2-19）。桥头有石狮石亭。

图2-2-19
江苏苏州宝带桥桥面
杨建成 提供

拱券为联锁分节并列砌筑，拱券厚16~20厘米。有眉石。桥每基密植5排15~20厘米圆木桩共60根。石墩宽50厘米，是为薄墩结构。因是联拱，薄墩不能承受单独一孔传来的水平推力，一孔坍毁，会引起多米诺影响，即其他孔顺次崩坍。桥在第 27 和 28 孔之间设立厚墩，墩旁原有石塔。这一厚墩便起止推作用。桥亦无对联石。直至 18 世纪时这座桥仍被誉为不可思议的奇观。

英国马戛尔尼《乾隆英使觐见记》1739 年 11 月 7 日日记："七日，礼拜四。晨间抵常州府，过一建筑极坚固之三孔桥，其中一孔甚高，吾船直过其下，无需下桅……已而又过三小湖，乃互相毗连者，其旁有一长桥，环洞之多，几及一百，奇观也。"

英国摆劳《中国旅行记》记："此种世间不可多见之长桥，惜于夜间过之……后有一瑞士仆人，偶至舱面，见此不可思议之建筑物，即凝神数其环洞之数，后以数之再三，不能数清。"然而宝带桥在当年只称为小长桥。

宝带桥为国家级重点文物保护单位。

十一、江苏苏州枫桥（附江村桥）

枫桥为单孔半圆拱桥，始建于唐长庆元年至大中六年（821—852 年）。

《苏州府志》载唐代桥梁在吴者有乌鹊桥、花桥、石岩桥、夏侯桥、枫桥、普福桥、宝带桥共八座。然而北宋元丰七年（1084 年）朱长文作《吴郡图经续记》说"吴郡昔多桥梁，自白乐天诗尝云，红栏三百九十桥矣。其名已载《图经》。逮今增建者益多，皆叠石甃甓，工奇致密，不复用红栏矣。"即说明 390 座桥中大都为木梁（或石梁）桥，其中自然亦有拱桥。木桥越来越少，继之者为石砌（甃）拱桥。

唐代石拱，以枫桥最有名（图 2-2-20）。

图 2-2-20
江苏苏州枫桥

唐朝杜牧《怀吴中冯秀才》诗“长洲苑外草萧萧，却笑游程岁月遥，唯有别时今不忘，暮烟秋雨过枫桥。”

桥在苏州城外寒山寺旁。寒山寺旧名普明禅院。《吴郡图经续记》：“普明禅院，在吴县西十里枫桥。枫桥之名远矣，杜牧诗尝及之。张继有晚泊一绝……面山临水，可以游息。旧或误为封桥……”《吴郡志》：“普明禅院，即枫桥寺也，在吴县西十里，旧寒山、拾得，世称和合二仙。寒山于贞观年间（627—649年）在浙江天台国清寺与拾得、丰干相与以禅宗诗觉世。现在的寺名为寒山寺。”①

（a）20世纪50年代的江村桥

（b）近期江村桥

图 2-2-21 江苏苏州江村桥

王厚顺 摄

① 范成大．吴郡志之四．台湾：台北大化书局，1987：卷四十九．宋·绍熙三年（1192）修，绍定刻本．宋元地方志丛书．

萧寺之中，暮鼓晨钟、桥头夜泊，何来半夜钟声？欧阳修认为张诗：“句虽佳，其奈三更非撞钟时。”范成大则说：“欧公盖未尝至吴中，今吴中僧寺，实半夜鸣钟，或谓之定夜钟…… 阮景仲为吴兴守，诗云‘半夜钟声后’。白乐天亦云‘新秋松影下，半夜听钟声’。吴中半夜钟其来久矣。”

或“暮烟疏雨”或“半夜钟声”，舟泊桥头诗寓禅意。宋朝释英诗云：“晚泊枫桥寺，冥搜忆旧游，月明天不夜，江冷水先秋。岸曲依鱼艇，林低出戍楼，堪嗟名与利，白了几人头。”点出愁之所在。桥以诗名。枫桥之所以独为有名，不为无因。

《苏州府志》载：“清乾隆三十五年（1770 年）修。同治六年（1867 年）知长洲县蒯德模重建。”现存枫桥净跨约 10 米，高 7 米，全长约 26 米。

枫桥头为明代所建防倭的铁岭关。

枫桥西南，寒山寺前有江村桥，其始建年代不详。《苏州府志》载：“康熙四十五年（1706 年）里人程文焕倡募重建”（图 2–2–21）。

十二、浙江绍兴拜王桥（登瀛桥、丰乐桥）

拜王桥为单孔五折边石拱桥，始建于唐乾宁三年（896 年）前。

拜王桥在浙江省绍兴城内府山直街南端，桥系南北跨向。桥全长 26.30 米，桥面净宽 3.25 米，桥高 3.55 米，拱高 3.25 米，跨径 5.70 米。桥面两边置石栏板，栏长 2.55 米，栏高 0.64 米，栏宽 0.18 米。嘉泰《会稽志》载：“拜王桥在狮子街，旧传以为吴越武肃王平董昌之乱（唐乾宁三年（896 年））后，郡人拜谒于此，桥故以为名。”明万历《府志》称此桥为登瀛桥。清康熙二十八年（1689 年）知府李铎重修，更名为丰乐桥。《越中杂识》记此桥为唐末桥（图 2–2–22）。

图 2–2–22
浙江绍兴拜王桥
屠剑虹　提供

十三、浙江绍兴昌安桥

昌安桥为五折边单孔石拱桥，建于梁开平年间（907—911 年）。

昌安桥位于绍兴安昌镇的安昌桥和昌安桥，都维系着同一个历史典故，即梁开平年间（907—911 年）钱镠擒灭董昌的故事。昌安桥全长 18.00 米，净跨 4.80 米，桥面上窄下宽，分别为 2.90 米和 3.45 米，栏板高 0.23 米（图 2-2-23）。

图 2-2-23
浙江绍兴昌安桥
屠剑虹　提供

十四、浙江绍兴谢公桥

谢公桥为单孔七折边石拱桥。始建于后晋天福元年至开运三年（936—946 年）。

位于浙江省绍兴城内西小路与新河弄交接处。清康熙二十四年（1685 年）重修，宋《嘉泰会稽志》记有："在新河坊以太守谢公所置，故名。"。桥长 30.60 米，桥面正中长 3.85 米，宽 2.95 米，高 4.65 米，净跨 7.40 米，桥基采用双层基石，桥栏桥顶部份窄桥脚部份宽，桥面呈八字形。拱圈石厚为 18~20 厘米，拱横系石 18 厘米 ×18 厘米。拱石每块都有刻字及莲花座图案，刻字的 80% 都为修桥捐款人姓名，似乎与佛等有关。桥栏外侧刻"谢公桥"三字。桥下有块正方龙门石上刻有龙形浮雕，栩栩如生。谢公桥位于明朝宰相吕本府第之旁，桥下为西小河，居民依河建屋，形成一条西小路。此处舟楫往返，行人不绝，堪称绍兴古桥一景。李慈铭曾在此观赏古桥雪景："寂寂门外路，微有行迹留……冻见微径窄，素叠平桥修。""凿冰各造饭，桥下人停舟。"好一幅船桥皆积雪，凿冰造饭忙的生活画卷（图 2-2-24）。

图 2-2-24
浙江绍兴谢公桥
屠剑虹　提供

第二节 河北赵县安济桥

安济桥为单孔敞肩圆弧石拱桥，始建于隋开皇十五年至大业元年（595—605年）。敞肩圆弧石拱桥首创于我国。这一桥型的出现，给予拱桥的向前发展以巨大的生命力。

图 2-3-1
现存重建后的安济桥

所谓敞肩，是指拱上建筑由实腹演进为空腹，以一系列小拱垒架于大拱之上。这样可以减轻石拱桥的自重，从而减小拱券厚度和墩台的尺寸，又可增大桥梁的泄洪能力。最重要的是罗英在《中国石桥》一书中用现代计算理论研究的：当活载只载在桥一端至桥中，即拱桥半拱受载，则抗压力线差不多完全溢出三等分中部之外，表示全部拱圈向上弯起，拱圈全部产生挠矩。这时就显出拱圈上小拱的作用了。当拱圈刚要向上弯起变位时，上面几个小拱的墩脚立即发生被动压力的作用，因此维持了拱圈原状而抵抗了负挠矩所产生的应力，仍能保持石拱圈原来的稳定性和安全性。

所谓圆弧，是采用小于半圆的弧段，作为拱桥的承重结构。于是，在相同的跨度情况下，可以较半圆拱大幅度地降低桥梁高度；反之，在相同的桥梁高度时，可以得到较半圆拱更大的跨度。两者结合，使拱桥技术克服障碍，产生了飞跃。

敞肩圆弧拱是如何发展而来的？可能是先有墩上有小孔的石拱桥，然后推进到将小拱叠于大拱上。如山西晋城周村石桥、河北沧州登瀛桥、浙江余姚茗溪桥、浙江富阳恩波桥等，都是墩台上有小孔的圆拱或圆弧拱桥。

在西方石桥建设中，自罗马时代起到 14 世纪，1000 多年里，也有过墩台上有小拱的石拱桥，自 14 世纪起，才有了敞肩圆弧拱。而我国的敞肩圆弧拱至迟于 7 世纪初的隋代就出现在安济桥上。

一、年代考证

安济桥位于河北赵县城南五里的洨水上（图 2-3-1）。赵县汉代名称平棘，属常山郡。三国时平棘属魏国辖地，后置赵郡。《隋书·志第二十五》地理志：“隋大业三年（607 年）改为赵州。”①唐代一直沿用赵州（或赵郡）这一名称，故此桥又名赵州桥。相对于城西另一座规模略小的石桥——永通桥而言，又称大石桥，永通桥为小石桥。

《赵州志》记赵州地位的重要：“被山带河，形胜甲于天下。自大元定都幽燕，遂为南北孔道。及明成祖皇帝复建鼎于北平，九省往来，为股肱上郡，中原锁钥。旧志云：‘跨有恒山滹水之胜，雄于河朔’。斯固然矣。今观州城，近则大陆潆洄于左，铁山耸峙于右，平棘山、洨水列其前，栾台、宋城屏于后。远则星冈沙流，坟衍膏沃，龙平马鞍，崎岖郁盘。又远则挂尧峰于泜水，掩井陉于滏阳。十八盘峻极而险据牛口，葫芦河汇注而浸引漳流。比其西登太行也，长川千里，胜气苍然，中条恒岳，秀涌芙蓉，四通八达，壮怀耸目，如在图画中矣。盖燕赵之上游，秦、楚、豫之咽喉也。”地位形势的重要，固不待元、明始然。唐朝张彧《赵郡南石桥铭》已称：“万里书传，三边檄奏、邮亭控引，事物殷富。夕发蓟壖，朝趋禁溜。”柳涣《石桥铭》称：“北走燕蒯，南驰温洛，騑騑壮辕，殷殷雷薄。”（温洛泛指河南

图 2-3-2
直隶赵州大石桥（1900 年摄，桥下通航）

① 唐·魏征、令狐德棻撰．隋书．北京：中华书局，1973：855.

洛水。《易干度》记："王者有盛德之应，则洛水先温"故称温洛）。赵州是交通要道，自古已然。

安济桥跨洨河。洨河是华北平原上一条较大的河流，发源于山西太行山区，流经栾城、赵县、宁晋入滏阳河。张孝时《洨河考》云："洨河发源于封龙山北之南寨村，两壁峰峦峻削，瀑布悬崖，水皆从石罅中流出。《水经注》云：'洨水不出山，而假力于近山诸泉'。今考洨河，实受西山诸水，每大雨时行，伏水迅发，建瓴而下，势不可遏"。《汉书·卷二十八·地理志上》常山郡称："石邑，井陉山在西，洨水所出。"[①]所以洨河源于获鹿、井陉，属山区河道性质。常年少水，而夏秋挟山泉而来，汪汪然成为巨流。昔年曾通航运（图 2–3–2）。

《赵州志》记："按洨水自梁家庄导流至平同村，有金水合普莲河来入之。至栾城梅家村西有沙河入之，至郭家庄西，有金水来入之。至宋村西，有猪龙河来入之。至大石桥，有冶河自滦城来入之。当时普称巨川，今仅有涓涓细流。唯夏秋霖潦，挟众山泉来注，其势不可遏，然不久复为细流矣"。因此，这是一条山区的径流性河道，水位落差 7~8 米。在这条道路上，跨过此水，历来便有桥梁，而隋代所建，为一时独步，历代所爱惜，保存到今天（图 2–3–3）。

（a）东侧　　（b）西侧

图 2–3–3
河北赵县安济桥
（1930 年摄）

历代歌颂此桥者极多，以唐朝中书令张嘉贞《赵州桥铭》最为名著。《唐文粹》载此文，以铭文为柳涣所作。张嘉贞的序文，对造桥者和桥的结构、雕刻都有记载，形容贴切而文辞极美。其辞曰："赵郡洨河石桥，隋匠李春之迹也。制造奇特，人不知其所以为。试观乎用石之妙，楞平砧斫（雕凿得棱角方正），方版促郁（排列得整齐严密）。缄穹窿崇，豁然无楹（高高拱起，空敞而无柱），吁可怪也。又详乎叉插骈坒（细看它们交叉着的，并列着的），磨砻致密，甃百象一（琢磨得细致紧凑，如同一个整体）。仍糊灰璺（用灰浆砌合石隙），腰铁拴蹙（用锭

① 班固．汉书．北京：团结出版社，1996：280.

形铁结合拱石）。两涯嵌四穴，盖以杀怒水之荡突，虽怀山而固护焉（虽洪水包住山陵而桥仍无恙）。夫非深智远虑，莫能创是。其栏槛华柱，锤斫龙兽之状，蟠绕拏踞，睢盱翕欻（怒目而视，呼吸吞吐），若飞若动，又足畏乎。夫通济利涉，三才一致（架桥渡水，天、地、人都有一样的要求）。故辰象昭回，天河临乎析木（星移斗转，银河到析木星处时可以渡过）。鬼神幽助，海石到乎扶桑（用秦始皇驱石竖柱的故事）。亦有停杯渡河（用《高僧传》杯渡和尚的故事），羽毛填塞（用七夕牛郎织女鹊桥相会的神话）。引弓击水，鳞甲攒会者（用《论衡》鱼鳖浮为桥的故事），徒闻于耳，不睹于目。目所觏者，工所难者，比于是者，莫之与京（没有能比过它的）。”

接下便为“勒河北道推勾租庸兼复囚使，判官，卫州司功参军，河东柳涣断为铭曰：‘于绎工妙，冲讯灵若，架海维河，浮鼋役鹊。伊制或微，并模盖略。析坚合异，超涯截壑。支堂勿动，观龙是跃。信梁而奇，在启为博。北走燕蒯，南驰温洛，騑騑壮辕，殷殷雷薄。携斧拖绣，骞骢视鹤。艺人侔天，财丰颂阁。斫轮见嗟，错石惟作。并固良球（玉磬），人斯瞿瞓（惊视）。’”

张嘉贞的序文作于唐开元十三至十七年（725－729 年）。《旧唐书·张嘉贞传》记其于开元十三年：“代卢从愿为工部尚书、定州（今真定）刺史，知北平（今满城）军事……十七年，嘉贞以疾请就医陈都，制从之……其秋卒。”

张嘉贞说赵州桥建于隋代，但未详何年。

1955 年整修赵州桥时，于河床中挖掘出很多隋、唐及后代碑刻题名残石。当年负责工作的文化部古代文物修整所俞同奎所长曾为之考证说[①]：“在修桥主题名石六块里面，其中‘瘿陶县苏……’一块和‘修桥主李彦□……’等两块，字体是一样的，当是属于一个时代的刻石。”据余鸣谦工程师（工程负责人之一）说，挖出的“修桥主李彦□……”等石块高度与现在石桥二小拱券的墩石同，又由其字体、官职称呼，推测是桥创建时所刻，并推测桥是集体捐钱所修。北京大学历史系孙贯文亦谈及，修桥主许多人名，全系南北朝和隋代人的习惯用名， 如苏阿难、李客子等都是。尤其是女子自称为妃，如李聃妃。三字写作‘（毛）’，如李阿‘（毛）’， 更是隋人命名或写法的特征。由这些石刻，更可进一步推测建桥年份。

考瘿陶县名是隋开皇六年（586 年）所改。两石刻有‘校尉’、‘骁骑尉’、‘云骑尉’各职名。按《隋书·志第二十三》百官志：‘开皇六年吏部又别置朝议、通议、朝请、朝散、给事、承奉、儒林、文林等八郎；武骑、屯骑、骁骑、游骑、飞骑、旅骑、云骑、羽骑八尉。……炀帝（大业）三年（607 年），旧都督已上至上柱

① 俞同奎．安济桥的补充文献．文物参考资料，1957,3.

国凡十一等及八郎、八尉、四十三号将军官皆罢之。'[①]由以上职官名称演变看来，大石桥的修建，当在隋文帝开皇九年（589 年，统一局面成功后），至炀帝大业三年（608 年）的十九年间……尤以后几年的可能性大……此桥工精料费，绝不是三数年可以完成。"其推测完全正确。

后，北京大学在《金石汇目》分编卷三、补遗，二十五发现一项纪录，在安济桥下曾有一块唐山（亦名尧山，在今河北隆尧县东北，紧邻赵县）石工李通题名石，上有开皇十五年字样。

赵州桥北洞下曾获"赵卞非"题名石，残刻有"……乙丑记"字样，如为隋代年号则为大业元年（605 年）。

明朝孙大学《重修大石桥记》视为："隋大业（605—616 年）石工李春所造也"显然还不够仔细和正确。

唐朝张彧《赵郡南石桥铭》中有"敞作洞门，呀为石窦。穷琛莫算，盈纪方就。"一句，前已点明即指此桥一何像东汉的石窦桥。反之，石窦桥便很可能似赵州桥式的圆弧拱。"盈纪方就"者乃此桥造了 12 年之久。

《宝刻丛编》中"栾州使君江夏徐公碑"上刻"大业二年（606 年）七月十五日立在洨川（即洨河）石桥前。"[②]若定此年为石桥成年，则上推十二年，桥始建于隋开皇十五年（595 年），正囊括所有历史资料于其间。

因此，赵州桥可推定始建于隋・开皇十五年，完成于隋・大业二年（595－606 年）。

其间，隋文帝仁寿四年（604 年），隋炀帝杨广和汉王谅之间有战争，井陉附近曾为战场，可能对工程有所耽搁。一年事平，不二年，桥成。宋・宣和间安汝功《石桥咏》石刻道："天桥苍虬脊，横波百步长，匪心坚不转，万古作津梁。"桥的建成、将传千古，果非虚语。

二、技术考证

历来对赵州桥尺寸报道有所不同，乃所指的部位不够明确，或以桥台内侧面间作为拱净跨（此时未加开挖 ）。1954 至 1956 年，文化部对赵州桥进行彻底的大修（图 2-3-4），并开挖桥下河床，测量得大拱净跨为 37.02 米（指拱腹的拱脚间）。并根据实测拱腹各点高度，反求半径，西侧为 27.70 米，东侧是 27.30 米。大拱拱券厚 1.02 米，以此推算，拱轴线东西平均拱跨为 37.707 米，拱轴线拱矢平均为 7.218 米。

大拱拱券之上有一层眉石（护拱石）平铺拱背，厚度靠拱脚处约为 30 厘米，

① 魏征、令狐德棻撰．隋书．北京：中华书局，1973：792-794.

② 王云五主编．丛书集成初编．陈思．宝刻丛编．上海：商务印书馆，1936：卷六．

图 2-3-4
20 世纪 50 年代整修后的赵县安济桥
赵县文物局 提供

向上逐渐减薄，到拱顶处为 16 厘米。

大拱背上，“两涯开四穴”，即有四个小拱。拱腹挖空率达 40%，减轻了上部结构的自重，同时降低了水的侧向压力及对基础的冲刷。南北两端的小拱平均净跨 4 米，半径 2.30 米，拱石高 65 厘米，眉石厚 16 厘米；里侧两小拱平均净跨约 2.75 米，半径约 1.50 米，拱石亦高 65 厘米，眉石 16 厘米。

主拱和小拱都是并列砌筑，主拱和北端二个小拱，南端一个小拱并列 28 道券石，只南端一小拱并列 27 道。券石宽度由 25~40 厘米不等。全拱宽度约 9.60 米。栏板间桥面净宽约 9 米。

并列砌筑是中国拱（同时亦是西方拱）的发展过程中早期的一种砌筑方法。

赵州桥每条宽度自 25~40 厘米的窄条并列拱券、横向互相依靠，并无密切的联系。在墓室结构中，并列的墓顶拱券，靠作用在两端封墙的土压力所抵紧。在桥梁结构中，不但没有这样的条件，同时活载车马的振动作用、易使并列的拱肋，特别是靠边的拱肋分离塌坍，需要依靠一些结构上的措施，予以保持单独拱肋和整体拱桥的稳定性和整体性。

图 2-3-5
安济桥拱券细部
（勾头石，拉铁）

赵州桥同时采用了五种横向联系的方法。

一是拱顶横宽较拱脚略窄，使全桥略有收分、拱肋内靠。

二是拱背相邻的拱石间有腰铁联结，正如券脸所见的“腰铁拴蹩”。

三是全桥每侧在护拱石内砌有 6 块勾头石（图 2-3-5），石长约 1.80 米，其下端有 5 厘米勾住最外层的部分拱脸石。

四是全桥全宽内，在拱背上，与勾头石同一位置有五根横铁梁，带有直径约 14 厘米的梁头。每个小拱顶亦各有一根，共计 9 根带梁头的拉铁，约束并列的拱肋。

五是也有认为眉石与拱肋之间的摩擦力亦可以帮助拱肋之间的联系。但眉石在小拱下为满砌，桥中间仅在桥的两侧有，且拱背不平，作用更为微弱。

不难看出，除了收分之外，所有的横向联系都仅设置在拱背。当铁拉杆和拱背腰铁锈断之后，横向联系便非常薄弱。但由于石工的“磨砻致密”和后代多方面的爱护，虽历洪水、地震等灾害，而仍得屹立于世。

赵州桥的桥台构造简单，亦出人意料。

经过 1934 年中国营造社的研究，1954 年文化部整修挖掘和 1983 年写作《中国古桥技术史》对其进行的测量钻探，其结果如下。

1934 年中国营造社对桥台进行探测，从北拱脚起拱线下开挖，下挖五层石料之后，即发现基土。梁思成先生认为此为防水金刚墙，并非桥台的荷载基础，因此，他在桥梁实测图中（图 2-3-6）对拱脚的终端提出怀疑。即可能尚向下延伸，则桥跨将会超过 37 米甚多。

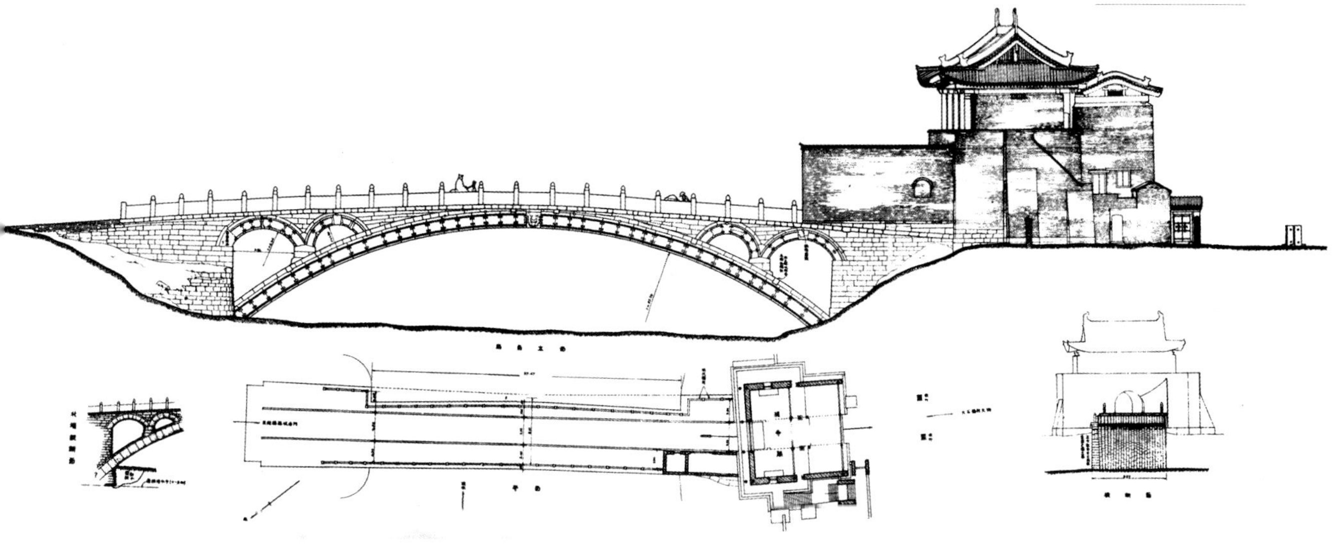

图 2-3-6
1934 年河北赵县
安济桥现状实测图

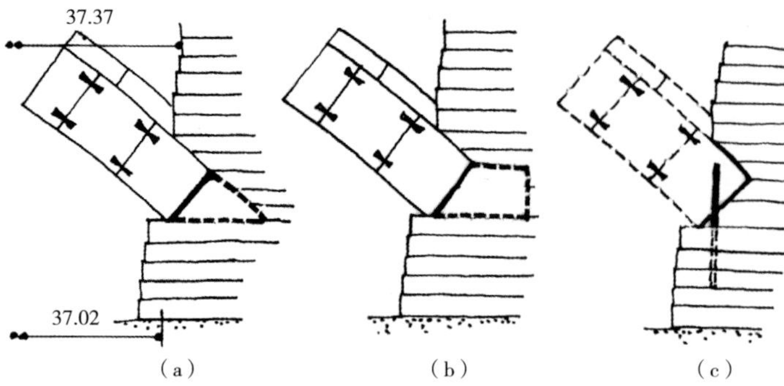

图 2-3-7
安济桥拱脚图
（单位：厘米）

1954 年在文化部对其整修时，桥西北侧下挖得同样结果，五层石料共厚 1.549 米。再钎插下 1.00 米，仍为基土。

拱脚和桥台的联结处有垫石。从西北和东南外侧观看是一个整块，但后尾未经挖出，可能为三角石，或为梯形（图 2–3–7 (a)、(b)）。由西数第 27 券南拱脚，其垫石是由两层条石组成（因拱券已崩坍，故看得清桥台和拱脚有铁柱相连，柱 6 厘米见方，石面露出部分高 1.00 米（图 2–3–7(c)）。铁柱位置在主拱券石一侧的刻槽之内。南拱脚共发现 5 根铁柱痕，北拱脚未见。

作者认为拱脚到垫层石为止。其下部条石即为桥台基础，但桥台和拱脚处已使用了铁柱，怀疑下部尚可能有木桩基。

1979 年茅以升率领的《中国古桥技术史》编委会，报请国家文物局批准，会同北京市勘察处、中国科学院自然科学史研究所、赵县文物保管所等单位科考人员对赵州桥桥台进行钻探，探得桥台宽 9.60 米，长 5.80 米，高约 6.66 米。直接置放于硬塑、褐黄色、夹有江石和氧化铁的土层上（图 2–3–8）。其物理性能是：天然密度 1.95 吨 / 立方米，饱和度 G =0.76，液性指数 I_t = 0.41，天然孔隙比 e = 0.63，基本承载力为 340 kPa，经宽深修正后可达 390 kPa。

图 2-3-8
安济桥桥台及基底地质图

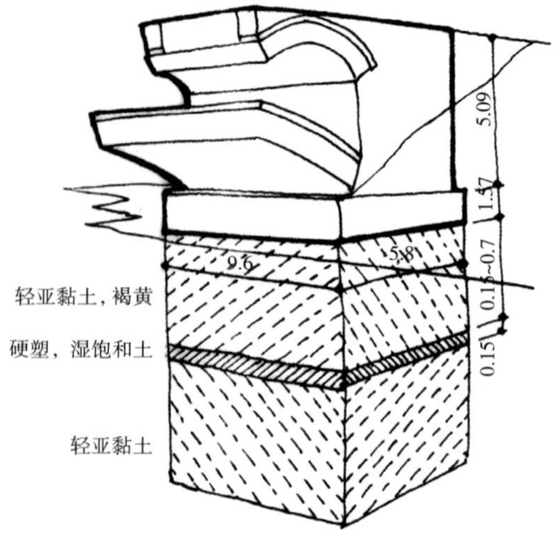

赵州桥的主拱，经大连工学院钱令希教授用有限元分析法①进行分析，得拱厚安全度分别为 3.703（活载作用于 1/4 桥跨处）、6.434（恒载）和 11.676（活载作用于跨中）。拱中最大压应力为 3200 kPa（活载作用于 1/4 桥跨处），小于石料允许应力。

胡达和、夏树林②计算得地基应力 σ_{max} =440kPa, σ_{min} = 310 kPa，超应力不足 50 kPa。如

① 钱令希．赵州桥的承载能力分析．土木工程学报．1987,4.
② 胡达和，夏树林．安济桥桥台基础考察报告．1983,3.

按塑性理论计算，其地基承载力是足够的。可是抗滑计算其滑动稳定系数 K_c 为 0.7，即不够安全，需计入台后土的弹性抗力，便可稳定。这一计算乃按近代经典的拱桥和基础设计理论进行的。

三、理论计算

中国石拱桥的计算理论和近代习用的计算方法有所区别。

赵州桥的伟大之处不仅仅在于圆弧拱、空腹、并列砌筑、拱圈之间的横向约束等。其伟大之处更在于对于拱的作用力与抗力的认识，赵州桥是一个三次超静定结构（不同于直梁），设计者应当能评估出静载作用下拱圈与桥台的作用力、还要知道在活载作用下各个截面的作用力（影响线上加载）、也会估算由于温度引起的各个截面的力，同时还要对于石砌体及土体的抗力有足够认识，才能根据作用力与抗力准确地确定拱圈与桥台的尺寸，而这些都是近 200 年来才解决的问题，在此 1400 多年之前就能建成如此大跨度的敞肩圆弧拱桥，是人类拱桥建造史上最辉煌的成就。

（1）主拱的受力分析

A. 主拱的位移

拱与梁的受力不同，梁以受弯为主而拱以受压为主，有这个认识，就可能采用石料造拱桥。

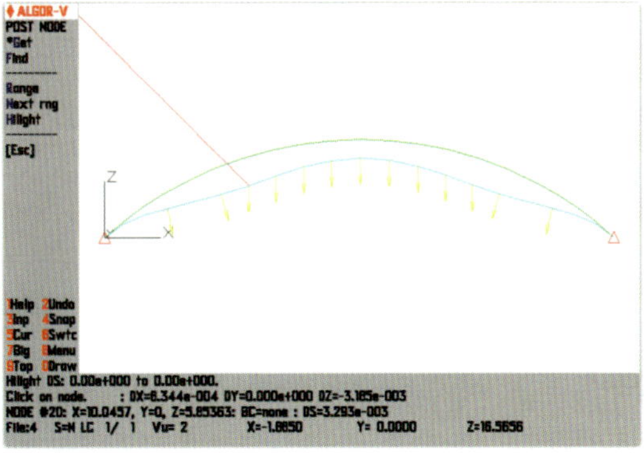

图 2-3-9
赵州桥在静载作用下的位移

夏树林
胡达和 提供

B. 弯矩与轴力

各工况作用下各主要截面的弯矩与轴力（仅知道静载作用，还要知道活载与温度）见图 2-3-10。

图 2-3-10 各工况作用下各主要截面弯矩与轴力图（夏树林、胡达和 提供）

	拱脚		空腹与实腹分界处		拱顶	
	N·m	N	N·m	N	N·m	N
静载	－20.21	146.00	11.74	124.00	－7.86	116.00
静载＋活载	－30.37	150.84	18.94	129.10	－13.33	121.00
静载＋活载＋温降	－43.95	148.67	21.33	126.27		
静载＋活载＋温升					－25.26	126.00

注：活载按 500 kg/m^2，取得相应的最不利值。升、降温度按 20 ℃计算。从表中可以看出活载与温度的影响很大。

C. 应力与偏心距

各工况各个截面的应力与偏心距的验算，见图 2-3-11。

图 2-3-11 各工况各个截面的应力与偏心距验算图（夏树林、胡达和 提供）

		拱脚		空腹与实腹分界处		拱顶	
		最小应力（N/m^2）	最大应力（N/m^2）	最小应力（N/m^2）	最大应力（N/m^2）	最小应力（N/m^2）	最大应力（N/m^2）
静载	应力	30.37	253.12	55.69	185.09	69.30	155.95
	偏心距 (m)	− 0.138		0.094		− 0.068	
静载 + 活载	应力	开裂	320.26	20.96	229.72	44.10	190.94
	偏心距 (m)	− 0.20		0.146		− 0.11	
静载 + 活载 + 温度	温降应力	开裂	450.52	5.04	240.11		
	温升应力					开裂	268.09
	偏心距 (m)	− 0.30		0.169		−0.20	

注：按《公路桥涵设计规范（试行）》规定：

a. 表中的计算，当出现拉应力时，令其为零，采用公式 $\delta=\dfrac{2N}{3(0.5h-e)}$

b. 主要组合（静载 + 活载）的允许值为 [e]=0.5×0.5×1.05=0.26 m，由表可见各截面的 e 值，均满足要求。附加组合(静载 + 活载 + 温度)的允许值为 [e]=0.6×0.5×1.05=0.315 m，各截面的 e 值，均满足要求。

c. 当 e ≥ 1.03/6=0.17 时截面出现拉应力，从表中可见在静载作用下各个截面不会出现拉应力，在静载 + 活载作用下仅拱脚出现拉应力，但不算大，在静载 + 活载 + 温度作用下拱脚与拱顶均出现拉应力，而拱脚拉应力较大。

d. 可见如果对于应力计算、材料强度没有一定的了解，无法知道截面是否可行。

e. 赵州桥的建造者也知道，在拱的截面有弯矩可能出现拉应力，为此在拱圈石（纵向）之间设有两道腰铁，即可以用以抵抗拉应力，同时也增加美观。

（2）利用桥台后的土抗力

桥台的基本尺寸来自于对于赵州桥两次调查的资料。拱脚处的静载与活载产生的水平力、竖向力以及弯矩来源于《用近代拱的理论对赵州桥的分析》一文。桥台为实体，其长度为 5 m、宽度为 9.5 m（台前高度 6.749 m、台后高度 6.85 m）。桥台基础宽约 9.9 m、长度为 6.4 m（台前襟边约为 1.2 m，其他处为 0.2 m）、基础高度为 1.6 m。地基土为轻亚黏土。

地基土的弹簧刚度依据赵州桥的勘察报告中地基土的特征，根据现行的桥梁地基基础规范中的 m_0 取 10000 kN/m^4，台后土的 m 值取 20000 kN/m^4。采用 Algor 的块单元进行分析计算。

A. 按目前的常规计算方法（恒载 + 活载）

作用于桥台的外力：主拱拱脚传来的竖向力 109.05 N、水平推力 118.29 N、弯矩为 –21.91 N · m、主动土压力为 23.80 N、桥台自重 121.97 N。

a. 抗滑验算：计算得到总的竖向力（包括桥台自重）为 231.02 N，总的水平力为 94.39 N（向桥台方向），根据规范规定黏性土的摩阻系数为 0.30~0.40，所以抗滑力（向桥跨方向）为 231.02 ×（0.30~0.40）=69.31~92.41N。此时抗滑安全系数 0.73~0.98，不满足抗滑要求（规定抗滑安全系数为 1.2）。

b. 抗倾覆验算：由于偏心向台方向主动土压力也不足以抵抗，需要土抗力。

c. 地基应力验算：地基应力验算 σ = 231.02 / 6.4 ± 6.36 / 6.83 = 37.03（35.17）N/m^2。

d. 根据勘察报告：地基土为轻亚黏土：塑性指数 Ip=6.8，级配组成 0.25~0.10mm 占 15%，0.10~0.05 mm 占 45%，0.05~0.005 mm 占 40%，土的天然孔隙比 e =0.63（e_{max} =0.69），饱和土液性指数 I_L =0.41。根据《公路桥涵地基与基础设计规范》（JTG D63—2007）的 3.3.3 表查得地基承载力基本容许值为 360 kPa，可见地基应力略超过容许值。

e. 以上计算表明：地基应力基本满足要求，但抗倾覆稳及抗滑的稳定性还要用一部分土的弹性抗力。现代的拱桥设计不允许采用土抗力，需要将桥台尺寸加大。

B. 将台后土与地基土模拟土成弹簧进行计算

上述计算不满足抗滑与抗倾覆要求，故应计入弹性土抗力。输入土的弹簧、拱脚作用力以及相关约束，按 Algor 有限元程序进行计算。

a. 模型见图 2–3–12。

b. 位移图见图 2–3–13。

c. 主要点位移：基础后点的水平位移 1.50 mm、竖

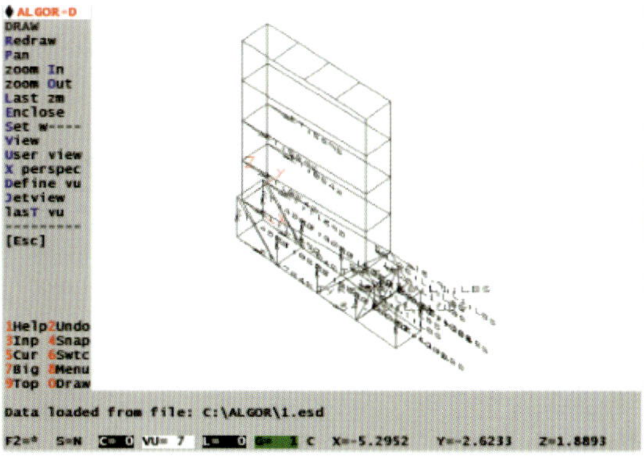

图 2–3–12
模型
夏树林
胡达和 提供

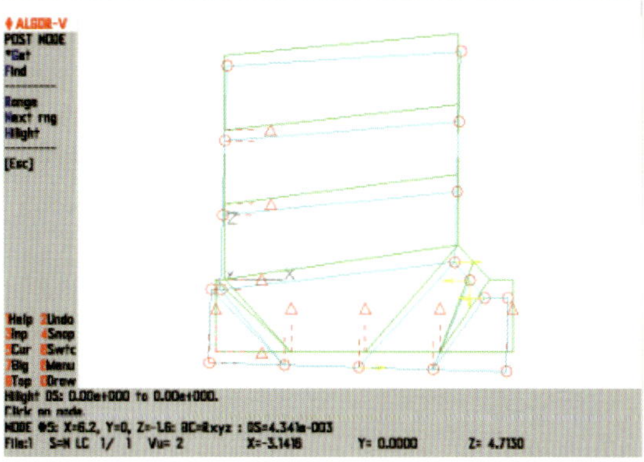

图 2–3–13
位移图
夏树林
胡达和 提供

向位移 2.20 mm；基础前点的竖向位移 4.10 mm；

d. 地底最大应力：4.10 kg/cm^2，基底最小应力：2.20 kg/cm^2；

e. 基础后点的最大应力：2.60 $kg/cm^2 \leqslant \gamma z K\Phi + 2\ C\ (K\Phi)\ 1/2 = 4.74\ kg/m^2$ 。

赵州桥的石拱构造，是科学、经济和安全的，这一点无可置疑，且因出之于古代匠人之手，不能不引起深深地敬佩。

赵州桥的建筑艺术亦很突出，将不在本书详细分析。

历代对赵州桥曾勤加修缮。

桥成后约 200 年，唐贞元九年（793 年）刘超然《新修石桥记》称："隋人建石梁凡二百祀。壬申岁（贞元八年，792 年）七月大水，方割陷于梁北之左趾（桥东北角），下坟岸以崩落，上排簉又嵌欹，则修之为可……速攻其石膂（石缝中草木）。仍累土以负，兹补栏植柱，靡不永固。"桥受水害，影响基础和拱肋。这是第一次较大规模的修缮记录。

北宋嘉祐年间。《宋史・列传第二百二十一・方技传》记僧怀丙："真定人，巧思出天性，非学所能至也……赵州洨河凿石为桥，镕铁贯其中（估计指的是腰铁），自唐以来相传数百年，大水不能坏。岁久，乡民多盗凿铁，桥遂欹倒（估计为外券倾离），计千夫不能正。怀丙不役众工，以术正之，使复故。"因事记在怀丙起出蒲津浮桥中惮铁牛之前，故时在 1056－1063 年间。距唐・刘超然修桥后约 270 年。

元皇庆二年（1313 年）对赵州桥作了预防水害的措施。《元史・河渠志・冶河》记："皇庆元年七月二日真定府言……下相栾城县，南视赵州、宁晋县，诸河北之下源，地形低下，恐水泛经栾城县、赵州，坏石桥，阻河流为害。由是议于栾城北，圣母堂东，冶河东岸，开减水河，可去真定之患。省准于二年二月……修治。"上距怀丙修桥约 250 年。又约 250 年后，明嘉靖四十三年（1564 年），有孙人学《重修大石桥碑》载："桥之上，辙迹深处，积三十年一易石。"则可见自隋至明，应已换过 30 余次。

同年，翟汝孝《重修大石仙桥记》："嘉靖乙末（三十九年， 1560 年）郡人魏中丞子……缉其桥中之路八尺（换桥面）……力竭……御用监太监……赵公芬，卜嘉靖壬戌（四十一年， 1562 年）冬十二月至次年癸亥四月十五告成，所修南北码头及栏槛柱脚，锥斫龙兽，复如旧制，且增崇故事形象，备极工巧，焕然维新，境内改观矣。"

明万历二十五年（1597 年）张居敬《重修大石桥记》（见《赵州志》）云："……世庙初，有鬻薪者以航运置桥下，火逸延焚，致桥微隙，而腰铁因之剥削，

且上为辎重穿敝。先大夫目击而危之曰：弗葺将就颓也。以癸亥（嘉靖四十二年，1564 年）岁……肩其役。垂若干年，石敝如前。余兄弟复请李县等规工而董之……经始于丁酉（万历二十五年，1597 年）秋而冬告竣，胜地飞梁，依然如故。”

1934 年中国营造学社梁思成先生调查赵州桥，所写《赵县大石桥》一文，文采飞扬，多述民间传说。桥的西五道券于明末坍塌，清乾隆间修复。东三道券于乾隆间崩坠，暂时将桥面收进，加上栏杆。故东三道券为虚线，且四五道券亦有外倾现象，险象甚明。桥头为关帝阁，建于明隆庆六年（1572 年）。明崇祯二年（1626 年）增建。关帝庙前北部上两侧为鲁班庙和柴王庙，均为清道光六年（1826 年）所建。

1954 年，文化部着手整修赵州桥。当时桥虽仍可通车马，但拱券变形，桥面渗水，拱券石底皮风化。四个小券风化更严重。桥面坎坷不平。栏杆均非旧物。桥台主体基本完好，基础则安全无恙。修复的具体办法：重立木拱架，拆除拱上

图 2-3-14
安济桥新雕栏板

建筑，整直和补足拱券。主拱券背实腹部分以及小拱券之上，护拱石内，灌注钢筋混凝土板，以加强并列拱券的横向联系。拱上填充则以块石混凝土代替土夹石。在护拱板上及拱上填充物之上铺设防水层。重新铺砌桥面。仿自河中挖出的隋代栏板雕琢新栏板（图 2–3–14）。

赵州桥经整修之后，焕然一新。然而梁思成觉得已“古趣全无”，得出“修旧如旧”而不要“修旧如新”的重要原则。

赵州桥为第一批国家级重点文物保护单位。1991 年被美国土木工程学会选为国际历史土木工程里程碑。9 月 4 日在桥头立赠送的铜牌。同年，中国土木工程学会于桥头立“世界著名古石桥碑”。

第三章 宋、金、元朝石拱桥

两宋时期及金、元（960—1368年），中国第一次出现了南北方经济较均衡发展，印刷、火药、航海、制瓷等技术的发明，使科学技术上了一个新的台阶。在此背景下，桥梁建设继承前朝，构造成型，建造有术，进入南北全面展开和大规模发展的时期。

第一节 各种拱型简介

中国石拱桥发展至此，各类拱型已经完备，本节做一概略性介绍。

从各种拱的构造中，折边拱是一种特殊的类型。拱有由折边演进一说，由折边拱而演进为曲线拱，拱即愈趋成熟。

折边石拱，集中分布于浙江，多见于绍兴、丽水、缙云。绍兴是中国很古老的城市，集中了不少全国稀有的古石桥。虽这些古桥有称“古”而莫知其建始，有的虽有建始年代，但往往是循古重建之作。折边拱桥式甚古，而至今仍有新建，便为一例。

浙江省城乡间有千百座非常简单的三折边石拱桥，其名称各地不同；永康称“三搭挤”，临海称“三占桥”，东阳为“三踏犁”，仙居叫“六股肩”，泰顺呼之“老虎伸腰”，尚有称作“无柱桥”、“神仙桥”。

所有现存始建年代较早的石拱桥，都是采用的并列砌筑石拱。多座集中在以赵县为主地的赵县、栾城、行唐、宁晋、井陉、永年六个县内，他地亦有但少见。前已说过，砖墓拱的发展先是并列砌筑，集中地在河洛。

1959年，河北省文物管理委员会报道，石家庄赵陵镇发掘出西汉中晚期（前1008年）砖墓室，残存墓室结构，其拱顶为竖排、并列、单层砖券拱，可见并列砌筑其渊源。

并列砌筑方法对石料的规格和加工，较之近世的纵联法要简单。拱石只有在拱平面内相接触和外露面的加工要求严格精细外，其他均可粗凿。每块拱石的长度和每条拱肋的宽度并不要求十分一致，选材比较容易，加工量也少。砌筑时，诸条拱肋是独立的，各条间相靠的石缝用灰浆填塞，要求也低，为桥工所乐用。虽然，并列拱券间的联系，采用了收分、拱背腰铁、勾头石和拉铁等方法，总不如拱石之间在砌筑时便能在横向互相有联系，能获得更为坚实一致的石拱。

由单孔带坡道，或阶道（如阜门桥），演进为大小三孔（如方顺桥），然后小孔和大孔逐步接近（如小商桥），进一步小孔上了大孔，得到“两涯开四穴”的赵州桥式令人惊异的桥型。张嘉贞称之为“制造奇特，人不知其所以为。”现在看来，敞肩圆弧拱不是无本之木，无源之水。

完成小拱上大拱的历程，要经过建筑的试探，并解决其相应的细节。

大小拱券分离如清明桥、方顺桥、济美桥，拱券拱轴线各不相关。小商桥看起来似乎小拱已“上”了大拱，实际上大小拱拱轴线在拱脚处在同一垂直线上。拱的水平推力确是传到了大拱脚以上的拱身，但垂直力则未上大拱。小商桥小拱拱脚石的一角嵌入支承水平石内，以撞券石的方式抵住大拱，传递水平推力（图3-1-1）。小拱终于上了大拱。

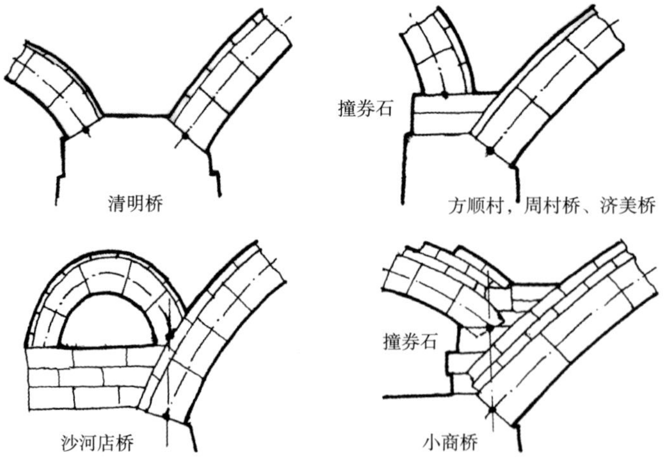

图3-1-1
大小拱券分离和接近拱脚细节图

小拱有两种方式作用于大拱，第一种姑称为直撞式。济美桥中间小拱的拱脚，类似于小商桥通过水平撞券石抵住主拱券。或如升仙桥、景德桥、弘济桥（图 3–1–2）和安济桥小券的靠桥中心的拱脚一样，小券拱脚直接撞于眉石。从弘济桥的实际观察中见小券拱脚一角还嵌于眉石，使增加传力的可靠性。

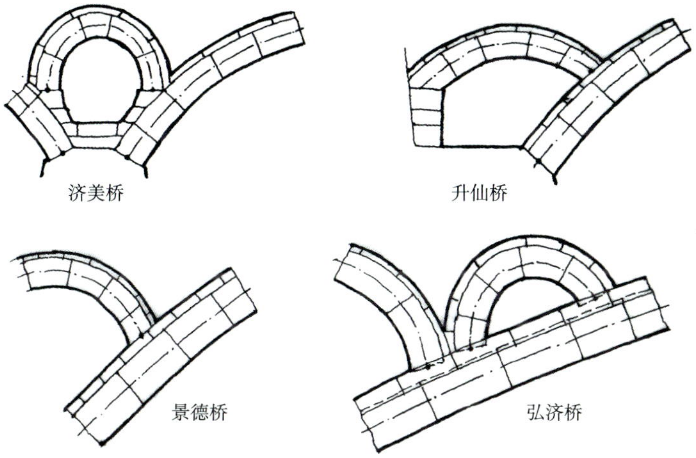

图 3–1–2
小拱叠于大拱直撞式拱脚细节图

小拱脚支承于大拱背的另一方式是在眉石中设五角石。五角石支承拱上桥柱以承托拱拱脚。自桥楼殿的单孔腹拱到安济、永通、普济诸桥都是这样做法（图 3–1–3）。不管是直撞式或五角石式，中国古桥的敞肩结构和近代不同。近代拱上敞肩结构通过嵌在主拱石内的五角石和主拱券直接联结。中国古桥的敞肩部分是通过眉石，即护拱石再传至主拱券。主拱券和护拱石以上的拱上结构各自分别为独立的体系。由于细节不同，其设计计算方法亦和近代石拱桥理论不同。

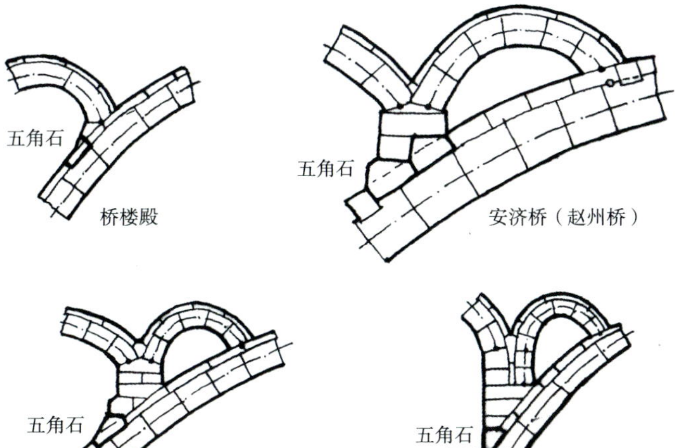

图 3–1–3
小拱叠于大拱五角石式拱脚细节图

敞肩石拱可以减轻自重，排泄洪水，中国敞肩石拱的细节布置亦能改善主拱的受力状态。

多孔厚墩多见于北方，其厚墩可以承受拱的单边推力，在施工中可以单孔独立进行但束水严重

南方薄墩圆弧拱桥出现时间较晚，因相邻孔可共同承担推力故其墩可薄，有利排水过船。桥结构上拱券较薄，拱跨与矢高之比较北方为小（南方为 2.32~2.56 米；北方为 2.78~5.00 米；半圆拱为 2.00 米），即南方不及北方坦平。

尖拱起于东汉初合葬墓，变筒拱为方室攒尖墓时。初期为叠涩砌筑，如 1953 年发掘的山东沂南东汉石室墓。两晋、六朝续有沿用。六朝时由北而南遍及江南，并由叠涩进而为起拱。绛县裴家堡金代墓是组合叠梁和纵联砌拱的攒尖顶（图 3-1-4）。

自隋至唐，方形攒尖渐变成接近于蛋形的攒尖，以唐神龙二年（706 年）陕西西安永泰公主墓为规模最大。唐开元二十九年（741 年）广东韶关张九龄墓为制作精良。①

洛阳涧西西晋墓墓室②呈正方形，攒尖纵联砌筑。隋梅渊墓墓室③呈正方形但四角带小圆。唐永泰公主等墓则为四边都是弧形边的正方形。张九龄墓边长 4.80 米，高 5.35 米。壁用平砖纵联砌筑。起拱线以上砖侧立并列，上加三或二层平砖，纵联，如此八次重复。相应于石拱中的联锁分节并列砌筑法。再上三分之一拱全部为平砖纵联，直至封顶。在穹顶顶部，压砌有二层平方砖，砖顶再用大块石板加压，再上则为填土。张九龄墓攒尖呈蛋圆形。

根据《中国石拱桥研究》中的理论分析，尖拱拱顶要求较多地分配全拱自重，即要求压拱，否则有冒尖的危险，这已在古代实践中取得经验。

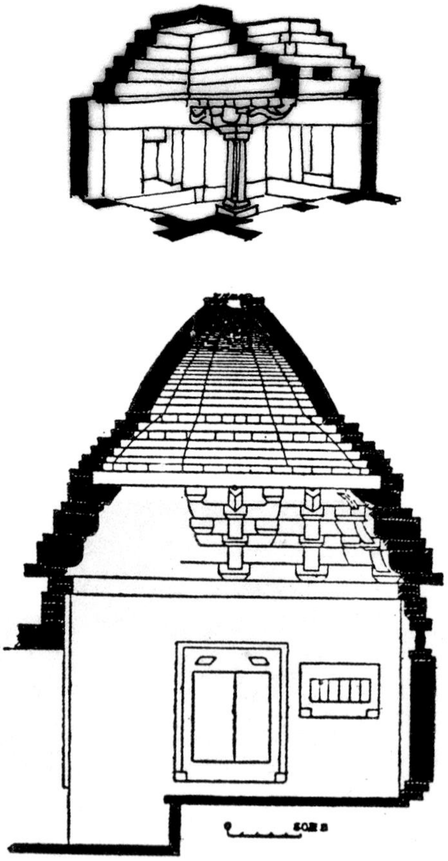

图 3-1-4
攒尖拱顶

① 唐代张九龄墓发掘简报 . 文物 .1961,6.
② 洛阳涧西 162 区 82 号墓清理报告 . 文物参考资料 .1956,3.
③ 山西汾阳北关隋梅渊墓清理简报 . 文物 .1992,1.

马蹄形拱是指圆拱的圆心夹角大于 180° 的拱桥。此类拱桥，拱脚处的净跨反较桥洞为小。图 3-1-5 为暂定的各种马蹄型拱券分类。

当夹角是 180° 时，为半圆拱。圆心夹角为 200°，拱脚净跨为半圆拱跨 L 的 0.984 倍时，蹄形并不太明显，故 180°～200° 间夹角的拱券定名为微马蹄拱。

当夹角大到 240° 时，拱脚净跨为 $0.866L$，已显著地看得出马蹄形，故称之为显马蹄拱。本节所述是属于夹角 200° 以上的为显马蹄拱。夹角继续增加，净跨急剧缩小。如夹角为 270°，则净跨为 $0.707L$，在桥梁已不实用。在建筑中作为园林的月洞门。

微马蹄拱各地都或有之。显马蹄拱在浙江绍兴等地为多。

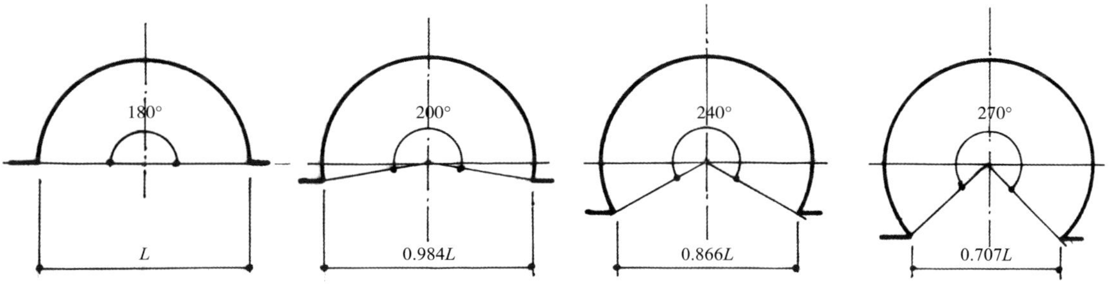

图 3-1-5
马蹄拱券分类图

门洞型拱桥较少见，多在山区，乱石堆砌。

与尖拱和马蹄拱向高处发展不一样，椭圆拱以较矮的净高得较大的净跨。

严格的椭圆拱定义是有二个共轭圆心，其拱周边处于自两圆心出发，其半径之和是常数的轨迹线上。现在所说的椭圆拱并不严格，基本是接近三点圆；中间一段平坦的较大的曲率半径曲线段，和顺地联以两端较小曲率半径的曲线段。

古墓葬结构中就出现了椭圆拱。

驰名于世的脚踏飞燕铜奔马，便是 1959 年出土于甘肃武威雷台东汉墓中，其墓室顶是椭圆拱。

香港九龙，原属广东番禺县，近年发掘出东汉李氏墓，其墓顶是半圆拱，但在两室之间的通道门顶是椭圆砖拱（图 3-1-6）。

图 3-1-6
香港九龙（原广东番禺）东汉李氏墓

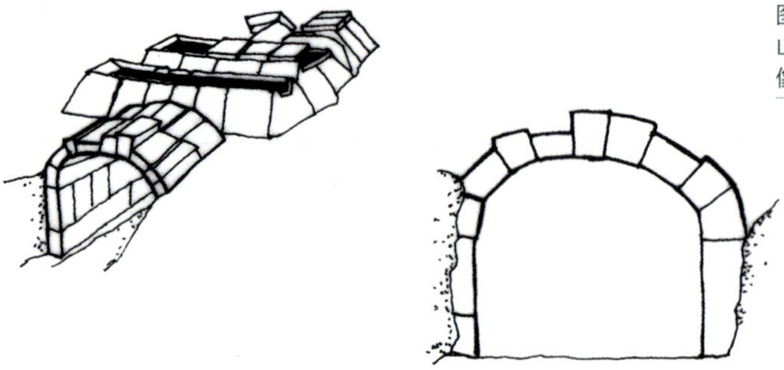

图 3-1-7
山东安丘东汉画像石墓

山东安丘于 1959 年发掘出东汉晚期画像石墓。共三室一甬道。三石室为覆斗顶而其长 2.40 米、宽 2.22 米、高 2.30 米的甬道却是椭圆石拱顶（图 3-1-7）。

可见东汉已经是折边、半圆和椭圆拱同有存在。因为于墓室为不实用，所以没有马蹄拱。

台北故宫博物院藏张僧繇绘《雪山红树图》右下方画有一座三孔椭圆石拱桥。薄墩，中平边坡。桥上栏杆精美，有佳客骑驴过桥，行者揖让（或送）的画面。张僧繇，南北朝梁著名画家，吴人，亦有作吴兴人，善画山水、人物、肖像等。“画龙点睛”能破壁飞去，便是关于他的故事。《南史》称其“繇丹青之工，一时冠绝”。相信这座桥是当年实有桥梁的写照。因此，迄今为止，最早国画上的中国古代石拱桥，便是这座公元 500 年前后的“雪山红树”桥，而且还是多孔椭圆拱。

（a）国画局部

（b）局部摹绘

图 3-1-8
梁 · 张僧繇绘《雪山红树图》

作者展摹见图 3-1-8。迄今民间尚能找到椭圆形石拱桥的实例。

中国现存古代石拱桥以半圆形拱为最多。

半圆小砖墓拱起于西汉。图 3-1-9 为内蒙乌兰布和沙漠与宁夏之间，麻弥图庙 1 号西汉墓残迹及安徽合肥西郊乌龟墩东汉末期古墓砖拱门洞，是形为半圆形的圆弧拱。

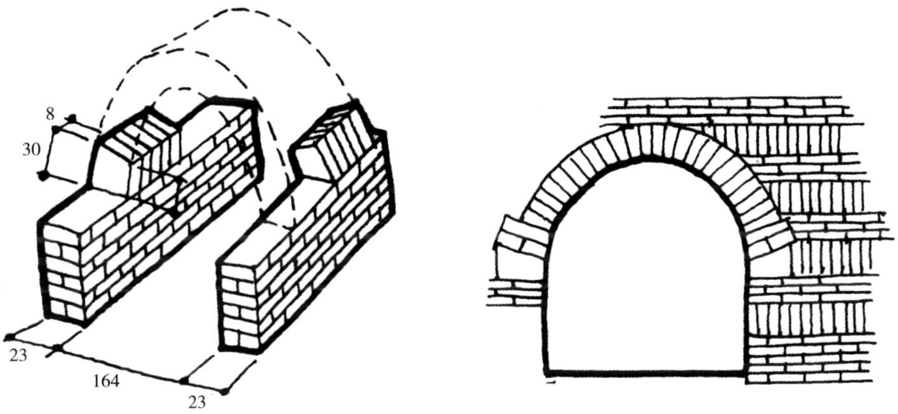

（a）透视图（单位：厘米）　　（b）立面

图 3-1-9
汉半圆砖拱

宋嘉泰《会稽志》载浙江萧山梦笔桥：“（梁）天监四年（505 年）《叶道卿记》云：‘初，齐建元（479—482 年）中左卫江公舍斯居宅为大福田，斯桥之兴与寺偕始。’”明万历《萧山县志》记唐会昌（841—846 年）倾，大中（847—859 年）再造，北宋时又重建。现桥为单孔半圆拱，是否是六朝时原来的桥式，无可查考。

至今传世的唐宋珍贵的古画中有不少单孔和多孔的各种半圆形拱石拱桥，不但画面精美绝伦，桥型亦丰富多彩，足以证明今日尚存在的桥梁，可能便是按照当年杰出的构造传统所建成。

南方的极大多数半圆拱是略大于半圆的马蹄拱，因所大有限，故都仍归之于半圆。

北宋名画家李公麟，宋皇祐九年（1049 年）至徽宗崇宁五年（1106 年）舒州舒城人，字伯时，熙宁三年进士，官至朝奉郎。晚年退居龙眠山，因号龙眠居士。擅长书画，尤工山水佛像。山水似李思训。

这幅《仙山楼阁图》是水墨画，“溪山重叠、楼阁参差、微波泛舟、长桥策骑”款题龙眠居士。画上有三座桥梁，一座石梁柱，一座木梁柱，近方一座极为别致的单孔石拱桥（图 3-1-10）。

图 3-1-10
北宋·李公麟《仙山楼阁图》石拱桥摹绘

在山区及古道上，还有不少单孔石拱桥，凌空飞越，岌嶪巍峨，采用较大的桥跨和粗凿干砌的纵联砌筑方法。

桥梁孔数以奇数居多，偶数居少。《易》以奇为乾为阳，偶为坤为阴。在中国，奇数字是起统治的数字。西方美学中亦以双数为“未解决的，没有中心情趣点的两重性”不易处理。虽然历来不排斥，甚至有时还喜欢成双成对的偶数，可是仍以奇数孔桥居绝大多数。

三孔半圆形石拱桥是石拱桥中较多的一类。中孔均在 20 米净跨以下，配以边孔，三孔足以适合于一般中小河道的宽度，较之单孔，便于排洪和通航。三孔为单数，易于作美学上的处理。中边孔不同的比率，适应于微弯桥面的道路桥和驼峰突起的步行桥。

驼峰式三孔的圆弧拱和半圆拱，因比例匀称、富于神韵，在汉后，晋、唐、宋时已多入画，得幸流传。元、明、清的三孔石拱桥，见诸志籍者比比皆是，现在尚存在的亦不为少数，此间仅只取踪迹所至，和能够得到较好资料者，以见一斑。

台北古京博物院所藏宋朝郭熙绘《丰年瑞雪图》浅墨设色，画峰峦积素，湖岸挽舟，郫市溪桥，往来行旅。画中一石桥为五孔半圆形驼峰石拱。虽着笔不多，分明可以看出是一座尖墩石拱。野外桥梁，未设栏杆。桥上行人顶风雪而行，十分生动。图 3-1-11 为作者摹绘图。郭熙所画的北宋两座多孔石拱桥和盛唐李昭道所绘没有多大出入。亦可证明，半圆石拱在唐代已经成熟，一直流传到今天。

唐宋五孔半圆石拱桥的实物已不可见。

四为偶数，四孔半圆石拱桥为数极少。六孔亦为偶数石拱极为稀少。七孔又为奇数，为数也多。九乃数之盈，为当年朝野所喜用。十孔及十孔以上半圆拱桥

图 3-1-11
宋·郭熙《丰年瑞雪图》石桥摹绘

屈指可数。除了江苏苏州宝带桥始建于唐外，其他桥建设时都比较晚。

第二节　石拱桥实例

迄至该时期，在中国大地上石拱桥星罗棋布，构造品类繁多，脉络分明，随时代、区域而不同。

图 3-2-1
江西庐山栖贤寺桥

1. 江西庐山栖贤寺桥

栖贤寺桥为单孔半圆拱，始建于宋大中祥符七年（1014 年）。净跨 10.33 米，全长 20.45 米，宽 4.10 米，拱券 9 道并列砌筑（现存 7 道），厚 0.95 米。

江西庐山栖贤寺，在山南石人峰下，北距牯牛岭，南距星子县均约 20 里，地名栖贤谷，谷底有玉渊潭，东下为三峡涧，桥架涧上，又名三峡桥、观音桥，宋朝苏辙《栖贤寺记》：“栖贤谷中多大石，岌嵲相倚。水行石间，其声如雷霆，如千乘车，虽三峡之险，不是为过也，故桥曰三峡。”[1] 俗称观

① 吴宗慈．庐山金石汇考卷上．中国仿古书局，1933：52.

音桥。《潘来游记》说："桥截壑为梁，溪水湍悍，就崖石为址，下圆而上平，工巧类神造。下有潭曰金井，窥之黝黑，深不可穷。峡石皆赭色，奋迅角力，水行其间，奔腾跳蹙，相搏相摩，尽水石之变。"①因此，宋朝黄庭坚《栖贤桥铭》中有："银河倾泻，起蛰千雷。"②宋朝王十朋诗所谓："滟滪瞿塘在眼前，便应从此上青天，秋风脱叶随流下，疑是千帆出峡船"③（图 3–2–1）。

栖贤寺桥拱券榫卯相接是古老的做法。

西汉末东汉初期，墓拱曾有用子母榫砖砌筑，如 1952 年于四川成都东乡青杠坡所发掘得的汉墓，④其羊山子第 121 号墓和 67 号墓，墓拱净跨约 2.00 米，是二种不同的并列砌筑楔形子母榫砖拱（图 3–2–2(b)）。前者砖拱轴线方向长而拱宽方向薄，后者反之为薄而长。前者力弱而后者强。但到东汉墓拱中已绝少见子母榫。

栖贤寺桥用四种不同的子母榫拱石，其子母榫位置正和羊山子 121 号墓相转 90 度。事实上联锁分节并列砌筑的弯板拱，亦用子母榫。在弯板拱石为凸榫，于联锁龙筋则为凹卯，榫卯不外露，取得美观的外形。

栖贤寺桥为国家级重点文物保护单位。

（a）拱券细部

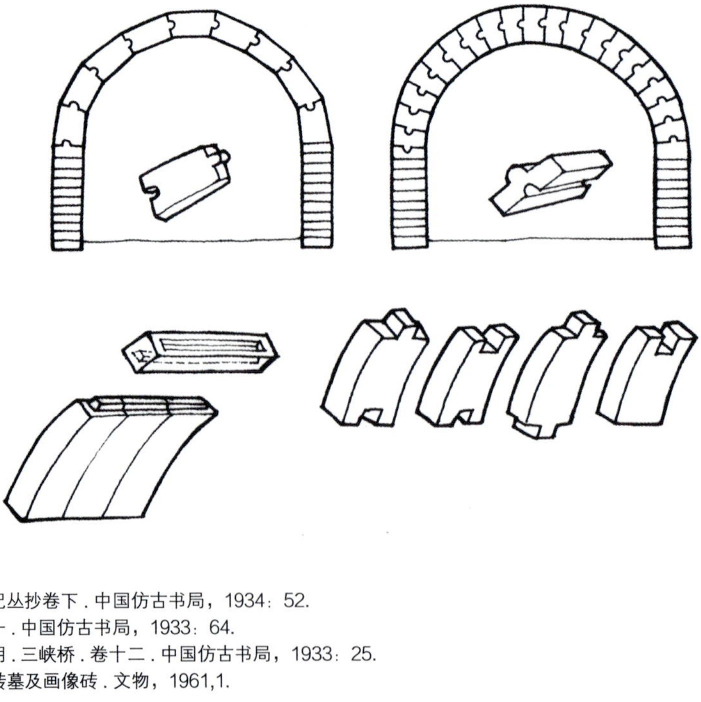

（b）结构示意

图 3–2–2
栖贤寺桥子母榫砖拱结构

① 吴宗慈．庐山古今游记丛抄卷下．中国仿古书局，1934：52.
② 吴宗慈．庐山志卷十一．中国仿古书局，1933：64.
③ 吴宗慈．庐山志王十朋．三峡桥．卷十二．中国仿古书局，1933：25.
④ 冯汉骥．四川的画像砖墓及画像砖．文物，1961,1.

2. 江苏苏州吴门桥

吴门桥为单孔半圆形驼峰式石拱，始建于北宋元丰七年（1084 年）。

江浙一带绝大多数的单孔或多孔石拱，是用榫卯结合的联锁分节并列砌筑的弯板石拱。

《苏州府志》载："吴门桥，在如京桥东，有石刻三大字。旧名新桥，下有三洞，最长，又称三条桥。"①

《吴郡图经续记》新桥："在盘门外。自郡南出，徒行趋诸乡至木者，每过运河，须舟以济。又当两派交流之间，颇为深广。故自昔未有为梁者，" 北宋元丰七年（1084 年），章岵为郡太守，"有石氏请出钱造桥，横绝漫流……往来便之。"② 《苏州府志》又记："绍定（1228—1233 年）中重建，改今名。明正统间（1436—1449 年）知府况钟再建。弘治十一年（1498 年），清顺治三（1646 年），雍正十二年（1734 年）重修。同治十一年（1872 年）重建。"

(a) 全景
王厚顺　摄
(b) 一步两桥
吴礼冠　摄

图 3-2-3
江苏苏州吴门桥

今日所见吴门桥，想系宋绍定年间（1228—1233 年）改建。元丰年间（1078—1085 年）是三孔，名新桥。现桥拱券净跨约 14.00 米，桥脚宽约 5.80 米，拱顶宽 4.50 米，桥高约 6.00 米，全长约 52.00 米。南北两坡各铺设条石踏步 50 级，北端金刚墙左右两翼均砌有宽 0.60 米的纤道。吴门桥为苏州市级重点文物保护单位（图 3-2-3）。

① 清·曹允源，李根源等纂，《吴县志》卷二十五。
② 宋·朱长文撰，《吴郡图经续记》卷中，2183 页宋本，12 页，苏州文新公司，民国二十二年（1933）影印《宋元地方志丛书》之四，台北大化书局，1987。

3. 浙江余姚通济桥（江桥）

通济桥为三孔半圆拱薄墩，始建于北宋庆历年间（1041—1048 年）。

因通济桥原是姚江上最长最高的桥，故有“浙东第一桥”之称。桥长 43.40 米，主孔净跨 14.20 米，边孔净跨 9.50 米，桥面中心宽 5.61 米，两侧有望柱 24 根，栏板 22 块，雕饰象、狮、莲花等图像。主孔两侧各镌有楹联。东侧是“千里遥吞沧海月；万年独砥大江流。”；西侧是“一曲蕙兰飞彩鹢；双城烟雨卧长虹。”整个桥型显得稳重、雄伟。远远望去，长虹中跨，体势腾辉。

据《余姚县志》载，通济桥原系木桥，初名德惠桥。后又改名为虹桥，屡建屡毁。元至顺三年（1332 年）改建成

（a）20 世纪初摄

（b）21 世纪摄

杨古城　摄

图 3-2-4
浙江余姚通济桥

石砌三孔桥，定名为通济桥。桥旁立了一块石碑，上面题着“海舶过而风帆不解”八个字，可见其高大雄伟之势。

现存桥身系清雍正七年至九年间（1729—1731 年）重建，用木桩 2100 根，人工约 4 万，全长约 90 米，石阶共 106 级。通济桥为余姚市级重点文物保护单位（图 3-2-4）。

4. 浙江黄岩五洞桥（孝友桥、西桥）

五洞桥为五孔半圆拱，始建于宋元祐年间（1086—1093 年）。

五洞桥位于黄岩城西西街与桥上街之间。由县令张孝友率众垒石为桥，工程浩大，后人纪念他，故又称孝友桥（因在城西，也叫西桥）。桥跨永宁江别浦，河阔浪险，建成不到一百年间，桥圮于水。现存的桥系南宋庆元二年（1196 年）黄岩县赵伯云纠众重建。桥长六十丈（184.20 米），阔三丈（9.21 米），石拱，桥下五洞，桥面亦五折，行人拾阶上下。桥两旁有排水小沟，还有石栏以护行旅安全，覆莲望柱，雕工精美。据说工程十倍于旧桥。清雍正年间（1723—1735 年），明因寺僧世月曾重修。

这里过去萧爽辽阔，风景优美，元代潘士骥《西桥待月诗》云：“五虹横处隔市暄，夜痕冷浸青青天。风生万籁泻金液，风定一颗摩尼圆。飞渡如游桂香陌，影湿虚栏和露拍。芦花湾近霜鸿惊，乱啼错认东方白。”现西端第一孔被填，仅露栏杆。当地为便于摩托和自行车行走也将桥面填平，只能从桥的侧影一睹五洞桥面起伏的神韵了。

五洞桥为省级重点文物保护单位（图 3-2-5）。

图 3-2-5
浙江黄岩五洞桥

5. 河北行唐升仙桥

升仙桥为三孔敞肩圆弧拱，始建于唐天宝年间（742—756 年），重建于宋元祐五年（1090 年）。

升仙桥位于行唐县城西门外护城河上。《行唐县志》记：“相传五代时有飞仙升于此。明 · 嘉靖四年（1525 年），郡人周文高捐白金修东西门外两桥……

考旧志云：行唐城始建于唐天宝年间（742—756 年）。池（护城河）阔三丈五尺（约唐制 10.5 米，清制 11.6 米）深八尺，建石桥以通往来。”

考之唐史，行唐为范阳节度使属下。《通鉴·唐纪三十一》（742 年）：“范阳节度史……屯幽、蓟、妫、檀、易、恒、定、漠、沧九州之境。”“……（天宝）三年三月，以平卢节度使安禄山兼范阳节度使。”①天宝十四载反。因此，行唐筑城，当在天宝四年至十四年间（745—755 年），石桥自亦始建于此时。历代修缮，桥的主拱南侧，锁口石面刻有邑众 12 人姓名，并有“（宋）元祐五年（1090 年）六月十五日”字样。似经宋代所修缮。

升仙桥主孔净跨 12.80 米，矢高 3.00 米，由 20 道拱券并列砌筑。拱宽 6.10 米，券石厚 60 厘米，眉石厚 20 厘米。两侧叠两小拱，净跨 2.35 米，矢高 0.60 米，拱石厚 50 厘米， 并列 18 道券砌成。

目前的桥面为平坡。根据隋唐诸桥的布局及现桥大小孔位置，怀疑其桥面系后来所填平者。图 3-2-6（b）为升仙桥桥面复原后的假想图。

（a）全景

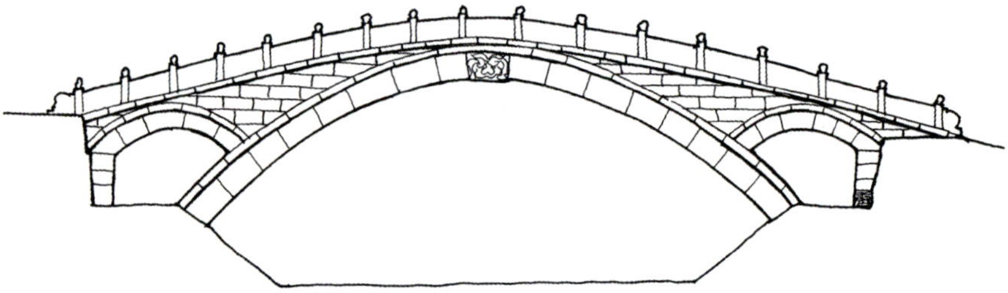

（b）手绘立面

图 3-2-6
河北行唐升仙桥

① 司马光．资治通鉴．胡三省音注．“标点资治通鉴小组”校点．北京：中华书局，1956：6849-6859.

6. 浙江义乌古月桥

古月桥为单孔拱肋式五折边拱，始建于南宋嘉定六年（1213年）。

古月桥位于浙江义乌市赤岸镇治街村，东西向横跨龙溪。

古月桥除五折边外，还采用拱肋式联锁分节并列砌筑法建造，全拱由六条纵向横排的拱肋组成，肋间距 0.55 米，是我国现存最早的拱肋式折边拱桥之一。桥全长 31.2 米，净跨 15 米，矢高 4.15 米，桥宽 4.50 米，桥高 4.95 米（图 3-2-7）。

古月桥为国家级重点文物保护单位。

（a）梁部结构
（b）全景

图 3-2-7
浙江义乌古月桥
吴齐正　提供

7. 辽宁凌源天盛号桥

天盛号桥为单孔半圆拱，金大定十年（1170 年）。

天盛号桥位于辽宁省凌源市南，天盛号村东的渗津河上。南宋后遭洪水，桥埋没于地下数百年。1977 年被发现，现已作为文物保护（图 3-2-8）。

桥净跨仅 2.90 米，宽 4.70 米，矢高 2.50 米。拱券为镶面纵联砌筑法，券面石共七块，上雕花饰，无眉石，桥上每侧各有五根望柱，四块整板石栏。

桥下有倒拱，或称月拱。月拱有二类，即上下一致的全圆拱，罗英先生曾在西南见到数座，并称，江苏角直镇建于明成化二十一年（1485 年）的东美桥，传说也是全圆拱。解放后拆去苏州学士街升平桥时，据说也发现下有倒拱。陈森著《苏南石拱桥》称：“有（月拱）的桥也不是和河上的拱券成一正圆，而是一段圆弧。所用石料不如拱券石要求高，用条石并列侧砌即可。也有利用旧拱券的券板来做月拱的。月拱上下游两侧打有小木桩，防止券石的移动。月拱的拱度视河底淤泥厚度及通航的情况而定。”

天盛号桥倒拱净跨 2.90 米，矢高 0.90 米，可能是此类倒拱的最早实例。

（a）实景
（b）手绘

图 3-2-8
辽宁凌源天盛号桥

8. 山东泗水卞桥

卞桥为三孔马蹄形拱，重修于金大定二十一年（1181 年）。

卞桥跨泗河之上，因为泉林一带古为卞国，故名“卞桥”。为东西走向，中孔拱券顶刻着“卞桥镇重修石桥，自（金）大定二十一年（1181 年）八月一日起工，至二十二年四月八日讫。谨记”。桥身长 25 米，宽 7 米，高 6.50 米， 两端各有引桥长 35 米，中间大孔高约 5 米，东西两个小孔高约 4 米，3 孔跨径均 4.50 米，拱脚厚 0.50 米，拱顶厚 0.40 米。

桥面两边各有 14 根望柱和 13 块栏板，望柱顶部刻有方莲图案，四周饰以云水花纹，中间是“太公钓鱼”“卞庄刺虎”“周处除三害”“松下问童子”等几组浮雕，形象逼真，大小适宜，是石雕中的精品。桥身两端各有一对石狮，相向蹲距于须弥莲花座上。桥孔两侧顶上镶有透雕龙首，拱脚处为莲花托石，桥墩没造分水尖。

桥始由春秋时期鲁国宣公（前 690 年左右）的大夫卞庄子所建，为 8 块石条的简易梁桥。相传楚汉相争时，韩信避难于桥下，为报恩改建为三孔石拱桥。唐初李世民东征归经此桥，听人介绍人文典故之后，为扬皇威，令尉迟恭（字敬德）重修此桥，至今桥下拱顶上仍镌刻有“敬德监造”字样。

金大定二十一年（1181 年）重修，明万历九年（1581 年）曾对部分栏板、望柱进行补配。

1978 年，进行加固维修，补雕石狮一只，补齐望柱、栏板、桥墩、引桥；1998 和 2006 年又两次维修。卞桥历史悠久，即使从重修算起，距今已有 800 多年历史，也早于始建于金大定二十九年（1189 年）的北京卢沟桥。卞桥是与河北赵州桥、泉州洛阳桥、漳州江东桥、北京卢沟桥齐名的现存古老石桥（图 3-2-9）。

卞桥为国家级重点文物保护单位。

（a）桥券

（b）全景

（c）手绘立面

图 3-2-9
山东泗水卞桥

9. 山西晋城景德桥

景德桥为三孔敞肩圆弧拱，金明昌二年（1191 年）。

景德桥位于山西晋城西关，西关古为景德镇，故名景德桥，俗称西关大桥。又因桥通沁水、阳城的道路，亦称沁阳桥。桥跨西沙河上。

《凤台县志》记："城西关桥一名沁阳桥，金大定乙酉（1165 年）知州黄仲宣创建，成于明昌辛亥（1191 年），经四百余年不坏。（明）成化壬辰（1472 年），大水塞川而下，桥毁而遗石尚存。"其实际情况是当时冲毁了晋城东门桥和南大桥，唯景德桥独存。清乾隆元年（1736 年）整修，1956 年又整修一新。1965 年列为省文物保护单位。

景德桥（图 3-2-10），大拱之上每侧叠有一个小拱。桥全长 33 米，桥面宽 5.90 米。主拱净跨 21 米，矢高 4.90 米，主拱券石高 73 厘米，眉石厚 26 厘米。

（a）全景

姬蕴轩　摄

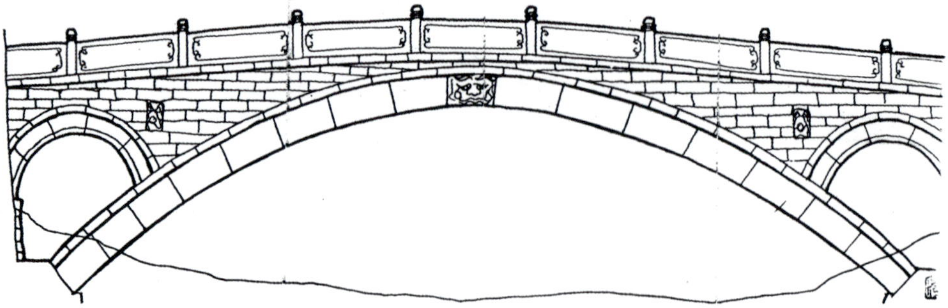

（b）券脸浮雕

图 3-2-10
山西晋城景德桥

主拱并列 15 道券砌成。小拱为接近半圆拱，净跨 3.10 米，拱券石厚 58 厘米，眉石厚约 20 厘米。小拱一脚落在大拱之上，一脚砌于桥台。主拱龙门石有吸水兽，券脸石上满刻精美的浮雕，有鲤鱼、童子、蛟龙、水纹、花卉等图案。小拱和大拱之间的山花墙上锁口石上有石雕龙头。

10. 北京卢沟桥（芦沟桥）

卢沟桥为十一孔半圆拱，始建于金大定二十九年至明昌三年（1189—1192 年）（图 3-2-11）。

卢沟桥位于北京市西南约 15 公里丰台区永定河上，是北京市现存最古老的石造联拱桥。永定河旧称卢沟河，桥亦以卢沟命名。始建于金大定二十九年（1189 年），明正统九年（1444 年）重修。清康熙时毁于洪水，康熙三十七年（1698 年）重建。桥全长 266.50 米，宽 7.50 米，下分 11 孔。桥身两侧石雕护栏各有望柱 140 根，柱头上均雕有卧伏的大小石狮共 485 个，神态各异，栩栩如生。为在春季破除水面漂浮的冰凌，在桥墩的分水尖装有三角铁，美名“斩龙 剑”。桥东的碑亭内立有清·乾隆题“卢沟晓月”汉白玉碑，为燕京八景之一。意大利旅行家马可·波罗在他的游记中称赞“它是世界上最好的、独一无二的桥”。桥东为宛平县城，明崇祯十一年（1638 年）建。1937 年 7 月 7 日，日本帝国主义在此发动全面侵华战争。宛平城的中国驻军奋起抵抗，史称“卢沟桥事变”（亦称“七七事变”）。

卢沟桥自明永乐十年（1412 年）到嘉靖三十四年（1555 年）共修桥 6 次。6 次均无大工程。

清代自康熙元年（1662 年）至光绪年间，共修桥 7 次，其中 5 次工程不大，只有两次工程稍大一些。

1908 年，清光绪帝死后，殡葬于河北省易县西陵，须通过此桥。由于桥面窄，只好将桥两旁石栏临时拆除，在两侧添搭木桥，以便顺利通过棺椁。事后，又将

图 3-2-11
北京卢沟桥
吴礼冠 摄

石栏照原样恢复。

从 1908 年至 1949 年，卢沟桥没有大的修缮工程，仅个别地方添配了栏杆和石狮。

新中国成立后，人民政府将卢沟桥的桥面加铺了柏油，修了桥上的碑亭、石栏及柱狮。

1967 年，加宽了 400 余米长的步道，建立了 59 道混凝土挑梁。

1986 年，北京市政府专门成立了“卢沟桥历史文物修复委员会”，发起保护古桥，恢复古桥原貌的活动，统筹规划，动员各界，组织修缮。工程筹资 355 万元。工程中拆除了 1967 年加宽的步道和混凝土挑梁，加固了原石栏望柱；清除了沥青，恢复了桥面；同时修缮了宛平城，复原了城楼，并全面整修桥券桥墩；还对古桥全部望柱、栏板、地袱、桥面、华表、石碑等实施部分风化及防渗漏保护措施。桥面整修时，中间空出印心，完全保留古桥的原状。1997 年，对部分被雷击坏的石狮和望柱进行了修缮补救（图 3-2-12）。

据孔庆普先生实地考察并在其著作《中国古桥结构考察》中介绍：1976 年 1 月 28 日，用加载挂车总重 429 吨测试，第六拱顶下扰量是 0.02 毫米；30 分钟后，下扰量恢复到 0.01 毫米。根据荷载试验测得的数据，卢沟桥至少可以通过 900 吨的重车。当年孔先生亦对该桥的基础进行了勘察，发现是由 4~7 层石板砌筑，全桥的基础和海墁构造一致，且全桥为整体基础结构。

为了保护好旧卢沟桥这座闻名中外的古桥，1971 年，北京市在距卢沟古桥约 1 公里远处又兴建了“卢沟新桥”。这是一座 17 孔跨河公路桥，全长 544.90 米，宽 15.50 米。

卢沟桥为国家级重点文物保护单位。

（a）桥面铁柱
（b）海墁石和铁地钉
（c）桥面
吴礼冠 摄

图 3-2-12
北京卢沟桥

卢沟桥的修复工程于1986年
12月开工，1987年7月竣工。
为了保存古迹，特将仅存的
旧桥面条石保留了一部分供参观

11. 山西原平普济桥（南桥）

普济桥为单孔敞肩拱，始建于金泰和三年（1203 年）。

普济桥横跨在原平市城北 20 公里的崞阳镇南门外河流上。后历代曾予以补修，至今仍保持了宋、金时期的石桥雄姿和瑰丽艺术。桥为单孔敞肩拱桥，大拱上叠四小孔。用行錾石和雕刻石砌成，拱券的砌筑方法为纵联。主桥全长 30 米，净跨 18 米，矢高 6.20 米，大拱上大腹拱净跨 3.20 米，小腹拱净跨 1.80 米，桥宽 9 米，拱券石厚 61 厘米，眉石厚 23 厘米。大小券口均为石料横旋，券口之边均有造型精美的石刻浮雕。大券口的券楣石刻浮雕内容为避水兽头及人物故事，共 16 幅。小券位于大券之肩部，券口的浮雕，内容为蛟龙出水及九针图案（图 3-2-13）。

（a）全景
（b）券脸浮雕

图 3-2-13
山西原平普济桥

12. 上海青浦普济桥（紫石桥）

青浦普济桥为单孔半圆拱，始建于南宋咸淳元年（1267 年）。

青浦普济桥位于金泽镇南首，是金泽最古老的石桥之一，因桥畔有圣堂庙，故俗称圣堂桥。明清两代作过重修，加置石栏。古时桥顶处，有木框架子，装置木门，晚间关闭木门，为使两岸镇民的安全。

桥的石砌拱圈中间的一块拱石上，镌刻“咸淳三年”四个大字，庄重有力，证明此桥是宋代建筑物。桥长 26.70 米，桥高 5 米，宽 2.75 米，净跨 10.50 米，拱券分节并列砌筑。

多年前有人评价：“论上海古桥之大，惟朱家角放生桥；论上海古桥之古，当推金泽普济桥。”普济桥的建桥设计，很有讲究，其拱圈砌置，与河北省著名的赵州桥相同，其石料，与上海松江区方塔公园内的望仙桥相同，都用珍贵的紫石，有紫色的光彩。每当雨过天晴，阳光照射桥上，紫石发光，晶莹光泽，宛如一座用珠宝相嵌的宝石桥，紫石桥由此得名（图 3-2-14）。

（a）立面
黄颖 摄
（b）桥面

图 3-2-14
上海青浦普济桥

13. 山西晋城景忠桥

景忠桥为单孔敞肩拱，始建于元至元年间（1264—1294 年）。

景忠桥位于城区市区东关街后巷沙河上，又名永济桥、东大桥。清乾隆四十八年（1783 年）《凤台县志》记载，始建于元至元年间（1264—1294 年），当时为木构梁桥，明弘治年间（1488—1505 年）仿西关景德镇桥而改建为石桥，清乾隆四十八年（1783 年）重修。桥全长 16.85 米，宽 6.15 米，主券净跨 10.80 米，矢 3.10 米，主券由 22 道石圈采用并列错砌法砌成，主券两端各负一小券，拱现 1.60 米，宽 3 米。桥两端各设一长条石，外端刻作龙头。桥面已改为沥青铺筑，残存栏板 13 块，望柱 5 根，栏板线刻卷草纹，为清代桥梁常见手法。景忠桥为省级重点文物保护单位（图 3-2-15）。

图 3-2-15
山西晋城景忠桥
要英明 摄

14. 江苏苏州灭渡桥

灭渡桥为单孔弧形薄拱，始建于元大德二至四年（1298—1300 年）。

《苏州府志》载：“灭渡桥在赤门湾，旧以舟渡。元大德间僧敬修募众创桥，因名灭渡。明正统间知府况钟重建。清·同治间重修。”志引元代张亨记略：“吴城东南，由赤门湾距葑门，水道间之，非渡不行。舟人横暴，侵凌旅客，风晨雨昏，或颠越取货。昆山僧敬修，几遭其厄，仅得免走，诉公廷法治之。既思创建石梁，利济永久。……始大德二年（1298 年）十月，迄工四年三月桥成。长二十八丈四尺（约 93 米），高三丈六尺（约 12 米），广视高之半（约 6 米）……南北往来，踊跃称庆，名灭渡，志平横暴也。”

此桥现今尚在（图 3-2-16）。桥净跨 20 米，矢高 8.19 米，拱券石厚 30 厘米，是最薄的单孔实腹圆弧石拱桥。20 世纪 50 年代所摄该桥，券石完整。之后笔者约每六七年一往苏州，每次总又见该桥券石又被撞掉一块，曾建议加防撞措施，未见付诸实施，桥已岌岌可危。令人欣慰的是，近年得以全面修缮。

灭渡桥 1982 年为苏州市级重点文物保护单位。

（a）灭渡桥（1958 年摄）

（b）灭渡桥现状 胡奕彬 摄

图 3-2-16 江苏苏州灭渡桥

15. 江苏吴江垂虹桥

吴江垂虹桥昔名利往桥，因其桥长，故又称长桥，为72孔半圆拱，长约500米，是最长的多孔薄墩联拱桥（最长时85孔）。始建于元泰定三年（1326年）。

《吴郡图经续记》记：“（宋）庆历八年（1048年）县尉王廷坚所建也。东西千余尺，用木万计，萦以修栏，甃以净甓（桥上铺砖路）。前临具区（太湖），横截松陵（吴江），湖光海气，荡漾一色，乃三吴之绝景也……桥有亭曰垂虹，苏子美尝有诗云‘长桥跨空古未有，大亭压浪势亦豪，’非虚语也。”此时桥才完成35年。

桥成时，王庭坚挚友钱公辅为记，桥始自宋庆历七年（1047年）冬：“桥役兴焉，东西千余尺，市木万计，不两月，工忽大就。即桥之心，侈而广之，构宇其上，登以四望，万景在目，曰垂虹……”并大书“庆历八年六月二十八日，苏州吴江县初作利往桥成。”

桥成后109年，宋绍熙三年（1192年）范成大《吴郡志》续记：“……垂虹亭兵火（金兵南侵）后复创。亭前乐轩，已不复立。中兴（南宋）驻跸武林，往来憧憧千万，承平时此桥方为大利。有议，以石柱易木柱者，或谓非是，然亦卒不果易。绍兴三十二年（1162年），虏亮犯淮，中外戒严，或献计枢庭，乞行下平江焚长桥。时郡守洪遵持不可，而县民已有知之者，相与聚哭于圯下矣。桥两圯，南有汇泽亭，北有底定亭。”

木桥极不耐久，元代改为石桥（图3-2-17）。

元朝袁桷《重修垂虹桥记略》载：“水啮木腐，岁一治葺，益为民病。泰定元年（1324年）……广济僧崇敬来言，伐木为梁，弗克支远，易以石，其讫有济……不采其议……有善士姚行满能任大工役，绘图相攸（惜图不传），经画毕具，咸服姚议……二年闰正月建桥，明年二月桥成（1325—1326年）。长一千三百丈有奇（约400余米）。楗以巨石，下达深渊。积石既高，环若半月。为梁六十有二，以酾剽悍。广中三梁，为尺三百（约90米），以通巨舟。层栏狻猊（石狮子栏杆），危石赑屃（石龟负碑），甃以文甓（花砌砖桥面）过者如席。旧有亭名垂虹，周遭嵯峨，因名以增荣观焉。”从元代改成石拱桥后，正式改名为垂虹桥。但仍维持砖砌桥面。

《苏州府志》记：“元泰定二年（1325年），判官张显祖始易以石，下开六十二洞。每洞用铁□条各长一丈三尺（约4米）。水底钉以杪枋，以防倾圯。两堍立汇泽，底定二亭。泰定三年（1326年）……以四石狮镇两堍。至元十二年（至正之误，1352年）再建，增开至八十五洞。明洪武元年（1368年）……

（a）手绘效果图

（b）20 世纪初的垂虹桥

（c）遗址实景一
杨建成 提供

图 3-2-17
江苏吴江垂虹桥

重修。永乐二年（1404 年），砌砖而翼以层栏。正统五年（1440 年）……成化七年（1471 年）修。成化十六年（1480 年）……重建。清康熙五年（1666 年）……重修，增置石栏。四十七年（1708 年），河掘起桥底所钉桫枋，未几桥断……重建。嘉庆四年（1799 年）重修。”

（a）明·沈周《垂虹暮色图》
（b）遗址实景二 杨建成 提供

图 3-2-18 江苏吴江垂虹桥

故宫博物院藏明朝沈周《三吴集景册》之四《垂虹暮色图》，起伏蜿蜒如龙（图 3-2-18(a)）。20 世纪 50 年代此桥仍在，计 72 孔，桥长约 500 米。桥三起三伏，以通舟楫。中部有亭屋，前设埠头，后通及岸。此桥已于 20 世纪 60 年代损毁，现在只剩两端 16 孔，以作凭吊（图 3-2-18 (b)）。

16. 江苏苏州太仓金鸡桥

金鸡桥为单孔半圆拱，始建于元至治二年（1322 年）。

金鸡桥位于太仓城厢南郊新丰村，跨朱里泾。单孔石拱结构，一色青石砌筑。宽 3.76 米，长 8.00 米，拱高 2.58 米，跨径 5.10 米。桥孔两侧有对应两对石座，座端雕荷叶图案，桥台两侧两石座下均有石柱，稳定桥身。桥孔拱券由五道券石错缝砌成，每道三或四块。桥面栿石上有青石一块，雕有雄鸡高歌，故称“金鸡桥”。桥是古时太仓通往苏州的要道。

1995 年 4 月 19 日，公布金鸡桥为江苏省级文物保护单位。2006 年，金鸡桥列为全国重点文物保护单位，现虽如此，可是一片凄凉。（图 3-2-19）。

图 3-2-19 江苏苏州太仓金鸡桥
王厚顺 摄

第四章 明、清朝石拱桥

现存的石拱桥中，建于明、清两代（1368—1911年）最多，据20世纪50年代的粗略统计，当时有古桥400多万座，其中，石拱桥占一半以上，且绝大多数是明清时期所建，建桥技术和普及程度均已相当高了。

清代北方石拱分官式和民间两类。官式石桥，有一定则例。《中国营造学社汇刊》第五卷、第四期刊王璧文先生《清官式石桥做法》一文，论述极详。为1至17孔厚墩联拱定型设计。

其桥洞分配定例，中孔最大，其他孔由中孔向岸以等差数列对称递减，墩宽数值不变，墩宽与大孔净跨之比为10∶9，拱券石厚度为拱净跨的16%，束水面积由33.3%（单孔）至57.3%（17孔），见表4–1。

表4–1 清官式石桥桥洞分配定例表（Z为桥洞净跨；X为河口面宽）

	中孔	次孔	再次孔	三次孔	四次孔	五次孔	六次孔	七次孔	稍孔	墩厚
一孔桥	$Z=\frac{1}{3}X$									
三孔桥	$\frac{19}{103}X$	$\frac{17}{103}X$								$\frac{10}{103}X$
五孔桥	$\frac{19}{153}X$	$\frac{17}{153}X$							$\frac{15}{153}X$	$\frac{10}{153}X$
七孔桥	$\frac{19}{199}X$	$\frac{17}{199}X$	$\frac{15}{199}X$						$\frac{13}{199}X$	$\frac{10}{199}X$
九孔桥	$\frac{19}{251}X$	$\frac{17.5}{251}X$	$\frac{16}{251}X$	$\frac{14.5}{251}X$					$\frac{13}{251}X$	$\frac{10}{251}X$
十一孔桥	$\frac{19}{294}X$	$\frac{17.5}{294}X$	$\frac{16}{294}X$	$\frac{14.5}{294}X$	$\frac{13}{294}X$				$\frac{11.5}{294}X$	$\frac{10}{294}X$
十三孔桥	$\frac{19}{355}X$	$\frac{18}{355}X$	$\frac{17}{355}X$	$\frac{16}{355}X$	$\frac{15}{355}X$	$\frac{14}{355}X$			$\frac{13}{355}X$	$\frac{10}{355}X$
十五孔桥	$\frac{19}{399}X$	$\frac{18}{399}X$	$\frac{17}{399}X$	$\frac{16}{399}X$	$\frac{15}{399}X$	$\frac{14}{399}X$	$\frac{13}{399}X$		$\frac{12}{399}X$	$\frac{10}{399}X$
十七孔桥	$\frac{19}{441}X$	$\frac{18}{441}X$	$\frac{17}{441}X$	$\frac{16}{441}X$	$\frac{15}{441}X$	$\frac{14}{441}X$	$\frac{13}{441}X$	$\frac{12}{441}X$	$\frac{11}{441}X$	$\frac{10}{441}X$

清官式石桥拱券非半圆，为锅底券，即二点圆心圆，其圆心左右偏离中线 1/20Z(图 4-1) 即圆半径 R=0.55Z，略大于半圆。并不是所有的官式石桥和北方清代石拱桥绝对严格地遵守这一规律。锅底券从结构和美学观点来看，是用以消减砌拱时因各种原因产生的拱券下沉，及即使是正确砌筑的半圆拱有拱顶“下垂”的视错觉。所以，其“尖”的程度是不大的。

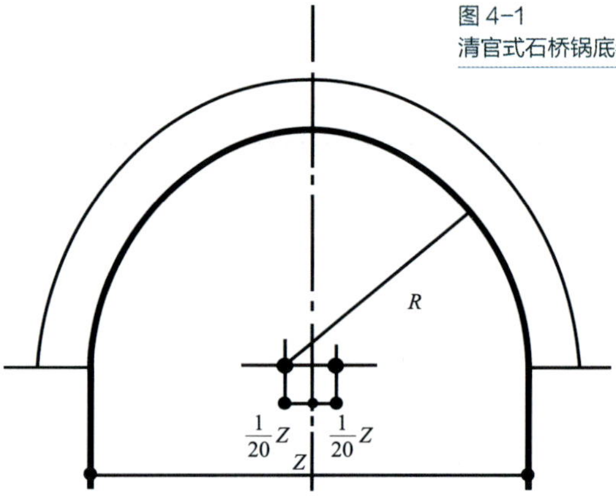

图 4-1
清官式石桥锅底券

第一节　石拱桥实例

1. 上海金山朱泾济众桥（落照桥、还照桥）

济众桥为单孔半圆拱，建于明洪武年间（1368—1398 年）。

当地人还称其为落照桥和还照桥，是和夕阳西下有关，因为桥在古镇的最西。作者唐寰澄的老宅就在桥的北边，这桥、这河记载着一段沉甸甸的历史，给他留下了刻骨铭心的记忆。济众桥是朱泾镇唯一的一座单孔石拱桥。全桥皆用武康石，南北走向，跨朱泾河。全长 28.00 米，宽 2.40 米，净跨 8.80 米。桥身两侧刻有正楷阳文字“济众桥”三字。桥面二侧为石护栏板（图 4-1-1）。

图 4-1-1
上海金山朱泾济众桥

2013 年作者父子在上海金山朱泾济众桥

2. 浙江余杭通济桥（苕溪桥）

通济桥为三孔半圆拱，建于明洪武元年（1368 年）。

通济桥位于浙江余杭县西 30 里，跨南苕溪。

雍正《浙江通志》载：“桥为东汉熹平中（172—178 年）建，名隆兴。五代吴越王重建（907—978 年），改名安镇。宋绍兴十二年（1142 年）复建，始名通济，以木为梁。元至正十八年（1358）焚毁。明洪武元年（1368 年），县令魏本初重建，通易以石，袤 25 丈（约 80 米），广三丈五尺余（约 11.2 米），甲于境内，俗呼大桥。”

明正统间（1436—1449 年）县丞邱熙加石栏于两侧。康熙五年（1666 年）十一月，知县宋士吉重修。乾隆二十二年（1757 年）邑人宋文瑞重修。嘉庆元年（1796 年）桥墩分水尖被冲毁，由士绅集资重甃。东汉初建时的桥式不够清楚。现存的桥为明洪武元年（1368 年）所建的桥式，图 4-1-2 靠右侧 3 孔为旧存（左侧 3 孔为近代河道拓宽新建）。

桥主孔共三孔石拱。中孔净跨 15.00 米，边孔净跨 12.50 米，为近半圆形拱券。墩上有小孔，净跨 3.00 米，因为三孔跨度不大，所以小孔没有上大孔。小拱砖砌，大拱用花岗石砌成，券厚约 20 厘米，应属薄拱。

桥上原有桥屋，抗战时毁。今桥面已经整修，桥墩四周，加钢筋混凝土拓宽的护墩以防撞（图 4-1-2）。

（a）改造前
（b）改造后

图 4-1-2
浙江余杭苕溪桥

3. 云南建水见龙桥

见龙桥为三孔尖拱，建于明弘治年间（1488—1505 年）。

见龙桥位于云南建水县西庄镇。原名永安桥，因站在桥上可看到黄龙寺的龙潭水而易名。清乾隆六十年（1795 年）张九锡倡议重建，1921 年重修为四孔石拱桥，引桥下有一孔为泄洪道。引桥、拱桥通长 83 米，宽 4.45 米，两侧有护栏。两端有石狮石象，抱鼓石上有精致的浮雕，桥身镶有石碑四块，桥上建有桥亭，同桥宽，长 6.60 米，内设神龛（图 4-1-3）。

（a）全景
（b）桥面

图 4-1-3
云南建水见龙桥

4. 河北栾城凌空桥

凌空桥为三孔圆弧拱，始建于金泰和中（1201—1208 年）。

凌空桥跨栾城东关运粮河。道光《栾城县志》记为“金泰和（1201—1208 年）中建。”《重修凌空桥记》记：“旧桥数败。弘治十年（1497 年）……因其旧而成之，长三十丈（约 96 米），容两轨。高三丈五尺（约 11.2 米）。下为大券，得桥高之半……”桥两端亦有两小孔。凌空桥主券净跨 25.62 米，矢高 6.24 米，共并列 22 道券石。但从两侧各往里第七道券的下半部，改为两道薄券，所以主券两端共 24 道。券石高 65~67 厘米。主券总宽在券顶为 6.25 米，券脚为 7.10 米。两端小拱，净跨为 2.40 米，矢高 0.85 米（图 4–1–4）。

1964 年加固修葺时，因拱顶失助，微力不禁，竟致桥梁坍塌。

图 4–1–4
河北栾城凌空桥

5. 贵州黔东南黄平平龙桥（永安桥、通济桥、十里桥）

平龙桥为七孔半圆拱，始建于明洪武年间（1368—1398 年）。

平龙桥位于黔东南苗族侗族自治州黄平县新州镇东坡村西南。横跨苗里河，东北西南向。明时系“石桥三梁”，即三跨石墩石梁桥，后毁。“乡人结竹石覆土以济”，而这种简支梁桥也“寻筑寻圮”。嘉靖二十三年（1544 年），兴隆卫指挥张时举倡议重建，得御史张禹檄发帑金相助及众人捐助，于二十九年（1550 年）建成。万历二十七年（1599 年），播州土司杨应龙为抵抗官军，将已被大水冲坏中孔的桥梁拆毁。二十九年（1601 年）贵州巡抚郭子章重建，为纪念平定播州土司杨应龙，更名“平龙桥”。清乾隆五十二年（1787 年）五月毁于水灾，是年六月重修，次年二月告竣。该桥“高广较前有增，仍骊水为七大洞”，即七孔石拱桥。桥长 79.4 米，宽 7.25 米，高 7.64 米。现存四楞碑 2 通，分别为立于乾隆五十二年（1787 年）的建桥碑记及立于光绪二十四年（1898 年）的晓谕碑。平龙桥为县级重点文物保护单位（图 4–1–5）。

图 4–1–5
贵州黔东南黄平平龙桥
贵州省交通厅　提供

6. 江苏苏州东美桥（鸡鹅桥）

东美桥为单孔半圆拱，建于明成化二十一年（1485 年）。

东美桥位于角直镇镇东塔弄口西。桥南北走向，净跨约 10 米，高 3 米。桥面两侧搁置空石桥栏，栏间六根方形望柱，望柱上四面刻有圆形“寿”字。桥顶八条长 3 米、宽 0.30 米的石条上刻有“八卦”“轮回”“宝幡”“莲座”等图案。惊奇的是“平生三级”的图案，那个瓶中除插了三个“戟”外，座右还插有二面小旗，据当地老人介绍，右面的“太阳旗”是日本侵华时鬼子刻的，左面的“星条旗”是胜利后美国人刻上的（图 4-1-6）。

据已故桥梁专家罗英考察，其桥拱是一个整圆形，水上一半，水下一半，拱下有木桩，比一般单孔拱桥能承载更大压力和不均匀沉降。

图 4-1-6
江苏苏州东美桥
胡奕彬 摄

7. 浙江余杭塘栖广济桥（碧天桥，长桥）

广济桥为七孔半圆拱薄墩，建于明宏弘治七年（1494 年）。

广济桥位于余杭塘栖镇，跨大运河，是大运河上仅存少数的几座较大古石拱桥中最大的一座，也是仅存孔数较多的南方驼峰薄墩薄拱石桥（图 4-1-7）。

咸淳《临安志》卷十六余杭县境图中有长桥之名。但卷二十一“桥道”中却毫无记载。清《塘栖镇志》、明《杭州府志》记此桥由鄞县僧人陈守清，至京师募化修桥。嘉靖庚寅（1530 年）桥裂，修缮；丁酉（1537 年）重修。万历癸未（1583 年），天启丁卯（1627 年）及清康熙乙巳（1665 年）、辛卯（1711 年）屡有兴废。

明嘉靖十四年（1535 年）蒋瑶《重修通济长桥记》记：“旧为洞七，议塞其中旁之二，排木于底，贯石于中，累有积之。”

图 4-1-7
浙江余杭塘栖广济桥

桥中孔净跨 15.80 米，其他孔逐次递减为 11.65、8.23 和 5.33 米。桥中间高 13.65 米，中部宽 5.24 米，端宽 9 米。桥全长 89.71 米。

广济桥为浙江省级重点文物保护单位，与通航原有些未解决的影响，有拆建之议。后当地政府决策将航道改道，绕过古桥，妥善地解决了文物就地保护的问题。

8. 福建南平坂头花桥

花桥为单孔半圆拱，始建于明正德六年（1511 年）。

花桥位于福建南平政和县杨源乡坂头村，横跨蟠溪上，单孔阁楼式石拱廊桥。全桥长 38 米，宽 7.50 米，净跨 12.20 米。廊屋为 6 柱 11 檩抬架式构造，共 13 楹 80 柱，重檐歇山顶，上覆青瓦。桥中和两端都升起阁楼名“文昌阁”，五层镂花斗拱，廊屋里供有 9 座神龛，集道佛一体，有壁画 96 幅。

花桥始建于明正德六年（1511 年），由进士陈恒所建，清咸丰三年（1853 年）重建，民国元年（1911 年）毁于火，十一年（1922 年）重建，1968 年、1982 年有修葺（图 4–1–8）。

图 4–1–8
福建南平坂头花桥
林克波 摄

9. 江西龙南太平桥

太平桥为双孔半圆拱，始建于明正德十三年（1518 年）。

太平桥位于龙南县杨村街北面约 1500 米的太平江上，连接岚岭嶂和水口岭。重建于清嘉庆元年（1796 年）至道光元年（1821 年）间，石拱桥为两孔三墩，桥上下共三拱双层叠式组合，既有拱桥的特点，也有廊桥的韵味。上层桥亭为砖木结构，四通凉亭，长 12.20 米，宽 4 米。上下三拱形成了一幅拱上有亭，亭中有拱的奇特景致（图 4–1–9）。此桥造型全国尚未发现第二座。

太平桥为国家级重点文物保护单位。

图 4–1–9
江西龙南太平桥
吴礼冠 摄

10. 浙江吴兴双林三桥

双林三桥为三孔半圆拱薄墩，明、清两代不同时期所建。

吴兴双林镇三桥是相接近的三座石拱桥（图 4–1–10）。

西桥名万魁，在禹王庙北，西临风洋河。原为木梁。清康熙元年（1662 年）

图 4-1-10
浙江吴兴双林三桥

始建石拱桥，落成于康熙八年（1669 年）。五十三年（1714 年）和五十七年（1718 年）两次修缮，乾隆庚戌（1790 年）改建，较原桥增高五尺。桥长 51 米。

中桥名化成，亦名普光桥。吴若金《双林志》载，桥在石洋东，地即东林。明嘉靖中（1522—1566 年）建。清顺治戊戌（1658 年）修缮。康熙戊戌（1718 年）改建。乾隆壬辰（1772 年）重修。桥长 46.60 米。

东桥名万元。《双林志》记，旧为木梁，名福成。清雍正八年（1730 年）甃石，改今名。道光甲午（1834 年）募修改建，庚子（1840 年）落成。桥长 53.50 米。

三桥之间，万魁至化成 50 米，化成至万元 100 米。三桥中孔净跨 12.42~12.95 米，边孔净跨 7.20~7.90 米。

同一河道上，相邻的三座桥，采用基本相同的造型，符合美学“和同”的原则。

双林三桥均为国家级重点文物保护单位。

11. 安徽祁门仁济桥（平政桥和仁济桥的合称）

仁济桥为多孔半圆拱，建于明嘉靖十年（1532 年）。

仁济桥位于祁门县城东阊江之上，上桥名“平政”，长 78 米；下桥称“仁济，长 79.40 米。两桥各宽 7 米，均为五孔，全用紫砂石砌成，两端各有石阶上下。双桥相距 170 米，窥拱遥含，上下相望，颇为壮观。攀岭俯视，双桥像一个漂浮在阊江上的等号，与两岸“河街”又构成一个平行四边形，布局奇特，景致极佳。

《中国名胜词典》称：“双桥横陈江上，宛如双虹盘地，光彩四射。”双桥素有“阊江双虹”的美称。两桥现皆为祁门县重点文物保护单位。

仁济桥为明嘉靖十年（1532 年）县主薄卢默捐俸倡建。清乾隆十二年（1748 年）知县游得宜倡修。相传乾隆帝巡幸江南时，扬州盐商中的祁门人马曰琅、马曰璐兄弟，以高超的棋艺战胜了微行的乾隆，博得乾隆的青睐，被赐予经营上的各种特权。二马发财后，捐五百金应倡整修仁济桥。同治七年（1868 年）重修，具今规模。后未曾改建，至今旧貌依存。

古代一位祁门知县曾咏有《双桥夜月》诗：“戍楼寂历仰祁东，天外疏云卷碧空。光耿林端飞一镜，影环沙际照双虹。几家灯火秋山下，接岸桅樯白露中。不惜倾樽歌夜饮，空明如坐水晶宫。”由于皖赣公路替代水道，加之河床淤塞，“桅樯”现已无法到祁城“接岸”，但“双桥夜月”却神采依然（图 4-1-11）。

图 4-1-11
安徽祁门仁济桥

12. 浙江宁波碧环桥

碧环桥为单孔门洞型拱，建于明嘉靖癸巳（1534 年）。

碧环桥位于鄞州区五乡镇仁久村，2005 年 4 月 5 日被公布为鄞州区重点文物保护单位。

碧环桥全长 11 米，宽 2.40 米，桥堍宽 4 米。桥面两侧均有浮雕荷叶栏板各五块。

栏板间置望柱，每边六根，柱头雕刻莲花，有复莲、仰莲、含莲等多种形状，桥堍设彩云纹抱鼓石。

跨度仅 2 米的桥孔容得一条中型的舟船通过，桥基桥墙都用长条石交错叠砌，有块石护底。拱桥采用高 0.60 米、宽 1 米的弧形条石，分 4 节并列，砌成的圆拱超过半圆成为“门洞型”拱券，这种“纵联分节并列砌叠法”具有良好的抗外力性能。拱圈顶部的一块扇形桥额有雕饰方额横书“碧环桥”正楷桥名，上款“嘉靖癸巳（1534 年）”，下款“仲冬鼎建”。由于其特有的构造和半封闭性的家族私用环境，碧环桥直至今日仍保存完好。被评为“宁波十佳名桥”（图 4–1–12）。

图 4–1–12
浙江宁波碧环桥
杨古城 提供

13. 浙江富阳恩波桥

恩波桥为三孔敞肩拱，建于明嘉靖四十四年（1565 年）。

恩波桥位于富阳城区苋浦河上，临近富春江处。

据清朝光绪《富阳县志》载：今名“永济”，旧名“苋浦”。宋太平兴国九年（984 年）圮。治平二年（1065 年）邑人孙道长重建，改名“通济”。绍兴四年（1134 年）县令王裒重修，更名“惠政”。嘉定间县令程珌于桥下放生，改名“恩波”。明嘉靖四十四年（1565 年）县令施阳得以石易木，改建为石桥。清顺治、康熙年间两度重修。

恩波桥为东西向，全长 57 米，宽 6 米，中孔净跨度 18.40 米，边孔跨度各为 15.30 米。墩台上设小孔，同样没有上大孔。桥面施以石栏杆，望柱雕刻垂莲、莲蓬及狮子等，形态各异。恩波桥是目前保存较为完好的明朝中晚期颇具特色的石拱桥，为浙江省级重点文物保护单位（图 4–1–13）。

图 4–1–13
浙江富阳恩波桥

14. 上海青浦放生桥

放生桥为五孔半圆拱，始建于明隆庆五年（1571 年）。

放生桥横跨于上海青浦朱家角镇东首漕港河上。桥全长 70.80 米，上宽 4.30 米，下宽 5.80 米，高 7.40 米，是上海地区最长、最大、最高的五孔半圆拱石拱桥，称为“沪上第一桥”。古时 24 里长漕港河仅此一座大桥，南堍为朱家角镇，隔岸为昆山并亭，因地处淀山湖要冲，元代时，就已成交通要道。有诗云：“长桥架彩虹，往来便市井，日中交易还，斜阳乱人影。”

放生桥拱主拱圈采用纵联分节并列砌法，加强拱石间的联系，使薄墩桥更为坚固。桥中孔净跨 13 米，边孔递减为 8.50 米和 6.20 米。桥高 7.40 米，桥宽顶部为 4.30 米，下宽 5.80 米。全长 70.80 米。

全桥均为花岗石砌筑。桥墩帽石均为整块石料。拱券为联锁分节并列，中孔拱石九节，边孔分别为七和五节，每节由 9 道拱石并列而成。桥墩极薄，仅 0.60 米。桥栏高 52 厘米，宽 19 厘米，长约 3 米。

元代建慈门寺于漕港南岸，明隆庆五年（1571 年），寺僧性潮募款造桥，并

图 4-1-14
上海青浦放生桥
唐寰治 摄

规定桥下只许放生鱼鳖，不能撒网捕鱼，故名放生桥。清嘉庆十九年（1814 年）桥圮，寺僧又募银 1.1 万两重建（图 4-1-14）。

桥侧又长着临水婀娜的石榴，簪花满头，令人欣羡。作者唐寰澄触景作《西江月》词道："隋宛凌空鳌背，曲江过窦凤舸，两般只见李家图，此地还能信步。一似簪花仕女，五间映月临波，九峰三泖淀山湖，长为乡梓福渡。"

15. 贵州黔南州福泉葛镜桥（太平桥、葛公桥、豆腐桥）

葛镜桥为三孔尖拱，始建于明万历元年至四十七年（1573—1619 年）。

"北有赵州桥，南有葛镜桥"，是 20 世纪 40 年代中国近代桥梁专家茅以升老先生对位于贵州省福泉县城南十里处、跨麻哈江上的葛镜桥的美誉。这座桥尖顶拱、三孔不等跨、绝壁起拱、借礁筑墩，堪称中国古桥建筑史上一绝。

葛镜字明远，于明嘉靖二十九年（1550 年）生于贵州平越卫一户将门之家，先后担任过省祭官、云南大厅、云南兵备道等职，诰封"怀远将军"，明万历十四年（1586 年）辞官回乡，时年 37 岁。明永乐十一年（1413 年）贵州建省，至万历初宰相张居正整治和改革，使明王朝出现中兴繁荣景象，土木大兴。葛镜归里后热心公益，捐卖出自己大量田地产业，拿出世袭的俸禄，修桥建庙筑庵。据《葛氏家谱》记载葛镜"于浪波河修上倒桥，为水圮；又修下倒桥，亦水圮。见城东五里地名鸭爪坝，修桥成功，方三载崩颓；又于三江口下修龙腰桥，五载方成，未几仍复崩。"可他没有被接二连三的失败所难倒，而是深刻总结经验，坚定信心，立誓："亘石作庆桥成兮，江流湍急桥复圮。持一片心盟白水，桥不成兮镜不死。"于万历三十一年（1603 年）开始更加宏伟的造桥工程，历尽千辛万苦终于于万历四十六年（1618 年）大桥建成。次年葛镜欣然而逝，享年 70 岁。大桥初成为保平安命名"太平桥"，万历四十八年（1620 年）由云贵总督张鹤鸣为葛镜的事迹所感动亲改名“葛镜桥”，并题字、写碑、赋诗、作对。清康熙五十六年（1717年）贵州巡抚刘云过此桥，也曾为表示敬意命该桥为“葛公桥”。

不知何年好事者见桥上券石色状形似豆腐，编出一则神仙张三丰点豆腐成券石的故事，故俗称“豆腐桥”。

葛镜桥长51.41米、宽8.50米、高29.86米，三孔跨径分别为25.62米、12.30米、6.26米，三孔拱高分别为9.61米、7.90米、5.02米，墩高分别为8.50米、7.50米，墩厚分别为5.62米、5.57米，墩长分别为17.62米、13.74米。

葛镜桥2006年被列为国家级重点文物保护单位（图4-1-15）。

（a）仰视
（b）俯视

图4-1-15 贵州黔南州福泉葛镜桥

葛镜后人葛诗畅 摄

葛镜和吴家两桥，抗战期间经罗英先生带唐山工学院学生数人作详细的测量和用近代计算的经典理论作验算，认为偏载、活载均不安全，而实际却通行无阻，可见经典的石拱计算理论针对无计算的中国古桥有重新探讨的必要，在《中国石拱桥研究》一书中有详述。[①]

① 罗英、唐寰澄撰．中国石拱桥研究．北京：人民交通出版社，1993.

16. 河北保定涿州胡良河桥

胡良河桥为五孔尖拱，始建于明万历二年（1574 年）。

胡良河桥位于河北涿州市城北 4 公里，下胡良村之胡良河上。桥全长 69 米，桥面宽 9.14 米，由分水到桥面高 4.43 米，望柱头雕成方形卷叶，望柱高 1.40 米，栏板高 81 厘米。胡良河桥与拒马河上的永济桥，同是明万历年建造，是古代京畿交通重要桥梁之一，具有很高的历史、科学和艺术价值。“涿州八景”所称“胡良晓月”即此（图 4–1–16）。

胡良河桥为国家级重点文物保护单位。

图 4–1–16
河北保定涿州胡良河桥

17. 辽宁九门口长城桥

九门口长城桥为九孔半圆拱，始建于明景泰元年（1450 年）。

据抚宁县志记载“九门口关距骊城百余里而遥，东北多崇山峻岭……有名一片石者锥蝶鳞次，巍然其上者长城也。城下有堑名九江口，为水门九道，注众山水之于塞外者也”。

临渝县志载：“大青河水自关外入，其水分九道而下，今名九门口”。王玉琴在《京东首关·九门口》一文中，记述了九门口城的修建历史，“明代以前，一片石只不过是一条京奉之间的交通要道而已。到明洪武十三年，以徐达为代表的将军率民兵营修永平县岭等三十二关，明景泰元年（1450 年）都御史邹来学修喜峰口迄至一片石各关城池。修筑长城后，一片石关被九门口所替代，才成为关内外的关卡和交通的重要门户。明万历五年（1577 年）有人根据九门口的扼要险奇，在西城门额上题下可以和天下第一关山海关相媲美的雅号"京东首关"。据临榆县志记载："九门口，东西门各一，其西门额曰：'京东首关'，东门外为边城关，正东向，又折而东南，直抵角山之背，复设正关门六，以泄水。合之，凡九门云"。九门口城墙修筑得十分高大坚固，与北京北面的居庸关、八达岭长城相似，墙身为砖石结构，顶宽 5 米，底宽 6 米，下丰上削，墙高达 6 米，外侧有垛口，里边有女儿墙，巍峨壮观。"

九门口段长城长 1704 米，跨河部分百余米，跨水九孔，跨径 9 米。共有敌楼 12 座，战台 2 座，哨楼 2 座，烽火台 2 座，还有外墙、外壕等，构成了极为完整严密的防御工程。水门底下有一片片石块连接在一起，这些石块与石块之间打成燕尾形穴，然后铸铁。据说是来保护河床和防止对方从底下挖洞攻击的。现在还可以清楚地看到燕尾形穴和铁铸的痕迹。九门口长城在乾隆十八年被洪水冲毁，现在看到的是分别在 1986 年至 1989 年，和 1998 年至 1999 年两次修复的长城。九门口长城于 2002 年列入世界文化遗产（图 4-1-17）。

图 4-1-17
辽宁九江口长城桥
吴礼冠　摄

18. 云南禄丰星宿桥（永丰桥、七星桥）

星宿桥为七孔半圆拱，建于明万历年间（1573—1620 年）。

星宿桥位于禄丰县城西门外星宿江上，又称“西门大桥”，其名“星宿”者，据清朝康熙《云南府志》载：因河水“渊深莫测，众石磊落，状如列星，故称星宿江”，桥因江而得名。

星宿桥为七孔石桥，全长 119.88 米、宽 9.80 米，是云南石拱桥中规模较大的一座。桥面两侧有高 0.60 米、宽 0.40 米的石拦杆，石拦杆外侧嵌二十八宿星名大理石碑。桥下为船形石桥墩，各长 18 米、宽 4.30 米。星宿桥整座建筑全用红砂石砌成，石块间用石灰掺糯米桨浇灌，粘连紧密。桥东有琉璃瓦顶木牌坊一座，四柱三门，斗拱飞檐，甚是壮观。木柱两旁为扁形石鼓，上雕龙虎图案。坊上正中有木匾，楷书“星宿桥”三字，右上方为“道光十年岁次庚寅孟秋”，左下方为“太子少保云贵总督阮元题”。桥西有大型石坊一座，十柱九碑，右边第一块嵌《修建星宿桥碑序》，余为功德碑记。东西桥头各置石狮一对，威武雄壮，形态各异，当为名匠所作。

星宿桥，原名永丰桥，建于明万历年间。据万历《云南通志》卷二《云南府桥梁》说：“永丰桥，在禄丰县西，星宿之水经其下。”又康熙《云南府志》载：“星宿桥在禄丰城西门外，亦名永丰桥，通迤西大路。春、夏之交，洪水暴发，行有畏怖，编竹驾舟，往往覆溺。明万历间，知县向兆麟请允建桥，长三十丈，宽四丈，计五洞，即名星宿桥。”雍正五年（1727 年）因星宿江暴涨，桥被冲坏，仅残留一孔，暂以船只济渡。道光五年重修，历时六年竣工，耗银 1.2 万两。

道光十二年，禄丰县儒学训导赵容恭撰《修建星宿桥碑序》，对修桥经过述之甚详，碑文称：“（雍正）五年，桥复倾圮，历今百有余年。冬、春则架以浮梁，夏、秋则济以小船，时有阻滞沉溺之患。道光五年（1825 年），适有琅井杨安园先生致仕回籍，过而心伤，慨然捐银 3000 两为之倡，于是阖邑士民各倾己囊，共襄善举，阅六载而桥成。计桥之大，长三十六丈，宽三丈三尺，过洞七、墩八，盘石巩固，视前明修建，百倍其功。自兹以往，可以利济久永，无壅滞倾废之虞矣。……桥成，制军、抚军各赐榜联。”七孔净跨分别为 9.80 米、10.10 米、10.30 米、10.50 米、10.30 米、10.10 米、9.80 米。

今桥西木坊上刻横榜二面，即滇南使者伊里布题“星宿桥”三字，石坊横额为迤西兵备道春庆题“坤维永镇”四字；木、石两坊上共刻联八副，题名撰者有阮元、王崧、春庆、赵容恭、陆沅等。其中石坊正中春庆所题为：“举首测星垣、望井鬼分野，一道彩虹天外度；披胸罗宿海、喜笮邛归极，五都贡象日边来。”

王崧所题为："汉人昔越兰津，中外咸通，遂使西南半壁车同轨、书同文、行同伦，象占得朋，端籍此桥远达；舆地今逾黑水，圣明相继，久经震旦诸番赖其利、畏其神、用其教，民无病涉，因将旧绩重新。"

图 4-1-18
云南禄丰星宿桥
吴礼冠 摄

星宿桥为国家级重点文物保护单位（图 4-1-18）。

19. 浙江绍兴广宁桥

广宁桥为单孔七折边拱，始建于宋嘉泰年前。

广宁桥位于绍兴市广宁桥直街，横跨漕河。南邻八字桥，与大善塔相望。广宁桥为绍兴现存最长七折边形单孔石拱桥。桥系南北向，全长 57.20 米，桥面正中长 6.70 米，宽 3.85 米，高 5.80 米，拱高 4.20 米，净跨 6.25 米。桥上置栏，栏高 0.80 米。券顶镌《鲤鱼跳龙门》《金龙伴玉兔》等六幅圆形石雕，有面目狰狞奇形怪状的，也有虎头狮身振鬣怒吼的。桥脚内各设有纤道，可供行走，可谓早期的立交桥。桥东侧，南北引桥壁各嵌有石碑一通，桥北端西侧有《重建广宁桥记》石碑一方。

广宁桥始建于宋嘉泰年前，明万历二年（1574 年）重修，清康熙三年（1664 年）修缮，为浙江省级重点文物保护单位（图 4-1-19）。

（a）立面
（b）古桥与环境

图 4-1-19
浙江绍兴广宁桥
屠剑虹　提供

20. 湖北武汉北洋桥

北洋桥为单孔双圆心拱，重建于明万历三十年（1602 年）。

北洋桥位于武汉市洪山区和平乡北洋桥村东湖港上（武汉火车站附近）。又名白杨桥、白洋桥。始建于唐代，明万历三十年（1602 年）重建，清代和民初曾屡加修葺。桥全长 50.00 米，宽 7.76 米，净跨 10.00 米。双圆心拱（微椭），桥身为红砂条石砌筑。1995 年对桥面进行过全面维修。为市级重点文物保护单位（图 4–1–20）。

图 4–1–20
湖北武汉北洋桥

21. 浙江绍兴迎恩桥（菜市桥）

迎恩桥为单孔七折边拱，始建于明天启六年（1626 年）。

迎恩桥位于绍兴市区西郭门运河进城口处，它是古代绍兴水路进城的西门户。古代皇帝驾临绍兴，百官迎候在此，故取名迎恩桥。孙中山来绍兴时，绍兴各界也在此欢迎。此处是一重要船埠和市场，此桥也称菜市桥。该桥为石级桥面，两边石级分别为 13 与 14 级。桥跨径 9.30 米，是绍兴市跨度最大的七折边石拱桥。桥长 19.00 米，桥面宽 2.80 米，桥拱高 3.77 米。

清雍正十一年（1734 年）的重修桥碑记上刻有“见龙在恩”四字，碑已不存。拱顶板外侧有阴刻行书“迎恩桥”匾额，桥栏凿成可坐栏板，板上饰纹精致，望柱头雕刻 12 只栩栩如生、形态各异的小石狮。

迎恩桥为市级重点文物保护单位（图 4–1–21）。

图 4-1-21
浙江绍兴迎恩桥
屠剑虹　提供

22. 浙江杭州拱宸桥

拱宸桥为三孔半圆拱薄墩，始建于明崇祯四年（1631 年），由举人祝华封募集资金建造。

京杭大运河北起始北京，南至杭州，全长 1794 公里，终点的标志就是拱宸桥。如今在桥下竖立一块“京杭大运河南端”的界碑。在中国“拱”即拱手，“宸”乃帝王宫殿，这座高大的拱形石桥，象征对帝王的相迎和敬意，拱宸桥的桥名亦由此而来。每当皇帝南巡的时候，杭州的地方官员就会到拱宸桥来迎送。

拱宸桥为薄墩半圆形驼峰式石拱桥，全长 98.00 米，中孔净跨 15.80 米，两边孔净跨 11.90 米，桥高 16.00 米，桥面宽 5.90 米，桥堍宽 12.20 米。该桥在清代几经毁坏重建。清顺治八年（1651 年），桥坍塌，康熙五十年（1711 年）由浙江布政使段志熙倡导并率先捐款修。雍正四年（1726 年），右副都御史李卫率属捐俸出钱，并做《重建拱宸桥碑记》。光绪十一年（1885 年），桥将圮，浙抚令邑人丁丙重修，遂成现存之桥。2005 年再次修缮，在上下游增设 4 个防撞墩，墩顶雕龙镇水。

拱宸桥 2006 年被列为国家级重点文物保护单位（图 4-1-22）。

图 4-1-22
浙江杭州拱宸桥
吴礼冠　摄

23. 江西南城万年桥

万年桥为 23 孔半圆拱，建于明崇桢七年（1634 年）。

万年桥位于江西南城县东北五里的武岗山麓，盱江、黎滩河两水汇合之处下游。有清朝《万年桥志》专志，记之甚详。

桥志记载，宋咸淳七年（1271 年）为浮桥，后废。明成化二年（1466 年）设津渡。崇祯七年（1634 年），倡建石桥，以文昌桥志作粉本，由南丰、广昌、新城（黎川）、泸溪（资溪）及南城募集资金，历时十四年，于清顺治四年（1647 年）建成。

桥成之后，雍正二年（1724 年）水毁部分桥墩，即予修复。乾隆间，又毁二孔，募修。光绪十七年（1891 年）大水，万年桥遭受严重损害，冲毁西岸三孔、东岸二孔及部分分水尖。所有这些水毁，均由五县募资修复。此次修复，历时五年，于光绪二十一年（1895 年）完成，谢甘棠为之志。“桥共 23 孔，计长 118 丈 3 尺（约 390 米，现加长至 411 米），宽 1 丈 8 尺 3 寸（约 6 米）。东岸阶级 5 层，长 6 尺 9 寸（约 2.30 米）；西岸阶级 23 层，长 2 丈 5 尺 4 寸（约 8.40 米），诚为江右第一之大桥也。”（图 4-1-23 (a)）。现桥已无石阶，改铺混凝土桥面，通行公路车辆。

万年桥的修复便采用了文昌桥所用的作堰、下柜、抽水的干修方法。

抗战期间，1942 年南城沦陷，东岸 18~21 孔被日寇炸毁。胜利后仅修复第 18 孔，其余三孔架木暂通。1949 年国民党撤退，又被炸。1952—1955 年全部修复。实测得拱净跨略有参差，平均约 14.00 米。墩横宽 3.60 米，长 4.70 米，高 7.00 米，墩前端尖而高仰，后端方而低矮，甚为雄壮。因东岸近山，石层较高，其第一至第三墩基础深度约 4.00 米，渐次为 4.46 米，5.60 米，6.36 米，7.05 米……愈远愈深，得用桩基。

谢甘棠的《万年桥志》中有日记，除了记修

（a）手绘
（b）全景
饶登宇 摄

图 4-1-23
江西南城万年桥

桥的日常技术问题外，还记有殊为困惑的人事问题，如包工的偷工减料，募捐修桥经费的受谤，材料被窃等，衡之今日，亦有相似之处。

万年桥为国家级重点文物保护单位。

24. 北京颐和园玉带桥

玉带桥为单孔尖拱，始建于清乾隆十五至十九年（1750—1754 年）。

在颐和园金山的白龙洞之前，有一座形似玉带模样的桥，叫玉带桥。桥长 16.00 米，净跨 11.38 米，矢高 7.50 米。桥面呈反弯曲线，一似南方的驼峰拱，虽由人作，宛似天开。拱两侧有对联石，但无天平石。拱墙顺砌。汉白玉栏杆、雕镂精细，琳琅簇篮。传说是苏东坡与金山方丈佛印打赌输了玉带，佛印和尚如获至宝，经常给人看，看的人多了，又恐怕弄坏，于是就命人仿照玉带的式样建造了这座桥，供人观赏（图 4-1-24）。

（a）望柱
吴礼冠　摄
（b）全景
林克波　摄

图 4-1-24
北京颐和园玉带桥

25. 江西永丰恩江桥、平政桥

恩江桥与平政桥均为 22 孔半圆拱，两座石桥同修于清朝。

永丰县隔水而治，县城居水北，而水南居民占 2/3，因此河上交通至为重要。北宋置县，舟济或浮桥过河。河中有沙洲，宽 50 步（约百米）所以自元代建桥，开始便是两座独立的桥梁，跨主流者为恩江桥，又名济川桥，桥南折跨小江者为平政桥。

清乾隆四十六年（1781 年），沙洲被冲刷，改建平政桥使与济川相联。于是两桥合一，成为特殊的折桥。济川桥在宋为浮桥。元延祐六年（1319 年）倡建木桥“五十余间”。至治三年（1323 年）“伐石作台中流”为石墩木梁桥，历十二年，于至元元年（1335 年）建成。元朝揭傒斯《恩江桥江》记其规模为：“崇四寻（约 9.9 米），广如之，修（长）其寻七十有六（约 188 米）。下有台十有一（12 孔），上为屋四十有二楹……”明洪武二十三年（1390 年）焚毁。正统八年（1443 年）重修。陈衡《恩江桥记》称：“走荆湘永和求大木，得合抱者若干，悉去旧而更新之。台之石败者皆易垒，梁以三屋，计间六十。修凡六百尺（约 192 米），宽十有六尺（约 5 米），又作亭于中，以寓游观之适，藻绘炳然。”明·成化元年（1465 年）大修。如此又毁而修者再。清顺治十六年（1659 年），倡建石桥、官民合力，僧人参与募捐，清康熙元年（1662 年）成石拱桥十二孔。

（a）全景
（b）局部

图 4-1-25
江西永丰恩江桥、平政桥

平政桥与济川桥“两镜爽明，双虹落彩”，当年亦同为木桥。清咸丰三年（1853 年）乡民刘理堂倡捐改建石桥。中经太平天国。咸丰十年（1860 年）桥成：“长四十八丈（约 158 米），宽一丈二尺（约 4 米），为洞凡十，与济川桥联接”（图 4-1-25）。因此，单独地说，济川和平政各为双数孔十二和十孔的厚墩半圆石拱。合起来亦是双数孔。桥即长且折，双数或单数已不成什么问题。

26. 江西抚州文昌桥

（a）手绘复原
（b）冬景

图 4-1-26
江西抚州文昌桥

文昌桥为 12 孔半圆拱，建于明嘉靖年间（1522—1565 年）。

文昌桥位于今抚州市东门外，跨河。《重建文昌桥志》是与《万年桥志》同为迄今有关古桥保存得最好的两部桥梁专志，其叙述桥的沿革、构造、施工和其他事宜可称详尽。

桥址处原为津渡，宋乾道初（1165—1167 年）建浮桥，淳熙二年（1175 年）笮断重建。嘉泰中（1201—1204 年）为石墩木梁，上建桥屋。屡遭火灾，修毁不时。明嘉靖间（1522—1565 年）“券石为洞”，后六十年，水毁。重建为石墩木梁，又遭火毁。万历三十八年（1610 年）重建石拱桥。清顺治十八年（1661 年）又遭水毁。康熙元年（1662 年）重修，计水门十二道（12 孔）长 72 丈（约 238 米），高 3 丈 1 尺（约 10 米），宽 1 丈 8 尺（约 6 米）。后因战事拆去一孔，致桥松动，于乾隆五十五年（1790 年）又被水毁，券石落河。嘉庆八年（1803 年）拟重建未成，十一年（1806 年）重建，至十八年（1813 年）先后历十年始建成。仍为十二孔，唯增长 1 丈，增高 7 尺，增宽 2 尺，上建桥屋 92 间（图 4-1-26）。

图 4-1-27
云南昆明圆通寺
白石桥
吴礼冠　摄

27. 云南昆明圆通寺白石桥

白石桥为二单列三孔半圆拱，建于清康熙八年（1669 年）。

清初时期，吴三桂入主云南，高度重视佛教事业的发展。清康熙八年（1669 年），吴三桂批示扩建圆通寺，将山门南移至现在的圆通街，并兴建“圆通胜境”牌坊和八角亭，奠定了今天圆通寺的基本格局。庙堂、陵寝之前，多导水架桥，以示阻隔。此时的桥梁的布局，形成规则，在数量、形式、孔数上按阶级有所区别，称为金水桥。最尊者并行五桥，桥三孔石拱，一般为三桥，如有“僭越”将罹不测。此寺为二单列三孔石拱桥，各长 16 米，宽 4 米（图 4-1-27）。

28. 四川绵阳太平桥

太平桥为单孔半圆拱，始建于清嘉庆四年（1799 年）。

太平桥位于安县睢水镇虎头山下，是一座被誉为“川西之冠”的巨型单孔半圆形大拱桥，桥长 24 米，拱跨 12.20 米，拱高 7.60 米。桥的两头各有 36 级石阶相通，桥两侧石栏杆上刻有走兽坐像，栏杆之间的石板上有浮雕花鸟图案。桥头刻有对联一幅："渔洞山前悬半月，虎头岩下见长虹"，描绘了桥的地理位置和壮丽的自然景观。此桥全部用青石砌成，虽然饱经沧桑，但仍坚固如初。

自 1996 年重建后，一年一度的"春社踩桥"活动经久不衰，逐渐发展成为川西北一带较有影响的民间盛会。每年立春之后的第五个戊日，到此踩大桥的人数少则五六万，多则十万以上。

踩桥者的心愿大致有三：一是青年男女结伴前往游春；二是部分中老年农民前往祈求土神保佑风调雨顺，祛病免灾；三是有小孩的年轻父母，利用踩桥人多的机会，备办酒菜，给孩子寄拜干爹干妈，祈求孩子健壮成长。这一习俗沿袭至今（图 4-1-28）。

图 4-1-28
四川绵阳太平桥

29. 云南建水双龙桥

双龙桥为 17 孔尖拱，始建于清乾隆年间（1736—1795 年）。

双龙桥位于云南省建水县城西 3 公里处，是一座 17 孔大型石拱桥，横亘于泸江河和塌冲河交汇处的河面上，河宽约 140 米，因两河犹如双龙盘曲而得名。清乾隆年间始建 3 孔，后因冲河改道至此，清嘉庆二十年（1815 年）修缮，又于清道光十九年（1839 年）将原三孔桥一侧坡道填高与新桥相接续建 14 孔，共 17 孔。整座桥由数万块巨大青石砌成，全长 148.00 米，桥宽 2.50~4.50 米，桥面高 9 米，宽敞平坦。两侧垒条石为栏，桥头雕有石象。清 · 光绪二十二年修缮过。

桥上建有亭阁 3 座，造型别致，后毁于战火。清光绪二十四年（1898 年）修葺重建。中间鼓出如台，建三重檐方形主阁，高近 29.00 米，边长 16 米，顶层为歇山顶，层檐重叠，檐角交错，阁中设佛龛。拾级登楼，可远眺万顷田畴，千家烟火。

桥两端原各有双层下方上六角亭，与台阁成朝揖之势。护国战争东亭被焚毁，今存南端桥亭，重檐六角攒尖顶，檐角飞翘，玲珑秀丽。双龙桥是云南省石桥中规模最大的一座，承袭我国连拱桥的传统风格，是我国古桥梁中的佳作。1965

年桥梁专家茅以升前来考察，将其列为全国著名大型古桥之一，高大的阁楼建筑极为罕见。1991 年国家文物研究所所长罗哲文（已故）考察此桥时赋诗云“泸江埸水锁双龙，十七环联不朽工”。

双龙桥为国家级重点文物保护单位（图 4-1-29）。

（a）主阁侧面
（b）主阁正面
（c）六角亭
（d）全景

图 4-1-29
云南建水双龙桥

30. 湖南澧县多安桥

多安桥为11孔半圆拱，清嘉庆二十四年（1819年）。

据史料载：多、安二君“共矢（发誓）神明，派执事，定章程，计工定价，分路劝捐。各备资斧（旅费、盘缠），轮流赴局，矢共矢慎，各勤乃职，州人莫不乐输（捐款）恐后焉。”于已卯腊月（清嘉庆二十四年十二月）正式动工，多、安二君身先士卒，随时出入工地，“核其工程，稽其出纳，钱不经手，事必经心，奖劝董（监管）率（带头），毫不敢懈”。工程历时一年又半，至辛巳（道光元年，1821年）仲夏大工告竣。

全桥长六十六丈（198米），宽二丈四尺（8.70米），共十一孔。中间石拱跨径五丈（15米），高三丈二尺（10米有余）。

其余两边孔跨径与高度递减。拱桥石墩砌成舟形，并从下往上呈台阶内收，形成梯型尖状。同治元年（1862年）夏六月，“淫雨浃旬，上游暴涨，巨浪洪涛，桥身圮而为两，失其三拱”。同治二年冬守道何玉棻到任，三年秋，“州乡大熟，民气洽和”，守道与州牧廷桂筹议补修，是年十月动工，至同治四年十一月告成。民国二十四年（1935年）“澧、澹、涔水暴涨丈余，8月5日，县城垣倒塌，全城死亡者达三分之一”（澧县志）。洪水漫过桥面，水面漂浮物为桥石栏、亭阁等拦截阻水，被洪水流一扫而光。1943年11月，国军第四十四军为阻截日寇南犯，将四孔炸毁，1947年2月26日至1948年3月25日修复。多安桥为县级重点文物保护单位（图4–1–30）。

图4–1–30
湖南澧县多安桥
蒋响元 提供

31. 北京颐和园十七孔桥（彩虹桥、玉石桥）

十七孔桥为 17 孔半圆拱，始建于清乾隆二十年（1755 年）。

十七孔桥西连南湖岛，东接廓如亭。桥身长 150 米，宽 8 米，由十七个券洞组成，拱净跨自 4.20 米~8.50 米，是颐和园内最大的一座桥梁。远远望去像一道长虹飞跨在碧波之上。其各孔跨径和矢高以中孔最大，向两边渐小，形成规律性变化，具有韵律般的美学表现（图 4-1-31）。

桥正中的额栏上，北面写着“灵鼍偃月”，南面写着“修蝀凌波”。桥上的石雕装饰极为精美，两侧桥栏汉白玉望柱共计 124 根，上共雕有神态不同的狮子 544 只（多于卢沟桥。而 20 世纪 80 年代陕西绥德县无定河上的 13 孔石拱桥上却雕了大小石狮 1008 只。）。桥的两头有四只石刻狴犴，形象威猛异常，极为生动。桥头还有一只卧姿铜牛，背铸銘曰：“夏禹治河，铁牛传颂，义重安澜，后人景从。制寓刚戊，象取厚坤，蛟龙远避，讵数鼍鼋。浅此昆明，潴流万顷，金写神牛，用镇悠永。巴丘淮水，共贯同条，人称汉武，我慕唐尧。瑞应之符，逮于西海。敬兹降祥，乾隆乙亥（1755 年）。”

（a）近景
（b）远眺

图 4-1-31 北京颐和园十七孔桥

吴礼冠 摄

32. 贵州黔东南流架回龙桥

回龙桥为单孔半圆拱，建于清道光六年（1826 年）。

回龙桥位于黔东南苗族侗族自治州从江县谷坪乡流架村。横跨谷洞河支流小溪，东西向。原为木桥，常毁于山洪。清道光六年（1826 年），改建为石拱桥，

并于石拱桥上再建木梁柱风雨桥。桥长 20 米，宽 3.80 米，净跨 8.40 米，矢高 4 米。其上之九跨木梁柱风雨桥，小青瓦重檐悬山顶桥屋十一间，通长 33 米，宽 3.80 米，高 1.70 米。中间为六角攒尖顶桥亭，通高 11.30 米。桥屋内设栏板及座凳。桥头立有《回龙桥碑》和《万福同悠》功德碑各1通，记建桥前后经过等。

回龙桥为县级重点文物保护单位（图 4-1-32）。

（a）全景
（b）桥廊

图 4-1-32 贵州黔东南流架回龙桥

33. 桥上桥

桥上桥位于陕西省渭南市华县，下桥八孔，建于清康熙丁未年(1667 年)；上桥九孔，建于清道光十二年（1832 年）（图 4–1–33）。

石桥结构的独特之处是其由上下两层相互对应的桥拱和桥面组成罕见的“桥上桥”。桥面东西长 70 米，宽 5 米。上桥九孔，下桥八孔。全由材质、尺寸和加工方式相同的灰白色花岗岩石条砌成。拱形桥洞各高 3.5 米，宽 3.4 米。上、下桥的桥柱、桥洞垂直对应。形状、大小完全一致。不同的是：上桥桥面两侧各砌有高 1 米左右的石质护栏，栏外有 9 条雕刻精美的石龙，分别镶坐在每个桥洞的拱顶，龙头朝南，吮吸着上游南来的洪水；龙尾向北，指示着下游入渭河的方向。

清光绪十八年(1892 年)版《新续渭南县志・赤水桥》一栏记载下桥：“顺治庚子(十八年，即 1660 年)诸生李若兰、樊中杰等十余人创修(石桥)，费不给。中丞白如梅捐千金，成于康熙丁未(1667 年)，号白公梁。”《续华州志》记载最详：“有诸生李若兰、渭上诸生樊中杰、姚文英，耆民王希龙……之属。于顺治庚子鸠工命匠，驱石含木，方次第以就大观。则费尤虑其弗给也，中丞白公慨输千金。命渭南县丞孙公、州同知董公督理葺治。而梁告成于康熙丁未(六年，即 1667 年)。于是民佥曰白公梁。”

图 4–1–33
陕西省渭南华县
桥上桥

《新续渭南县志》记叙了下桥建成后，“至道光中百六十余年。河身渐高，堤累决。壬辰(道光十二年，即 1832 年)郡侯张公禀于道宪，捐集多资。派武生梁清选、耆民马声远督修。共九眼，旁设石栏”。《三续华州志》对修建上桥的原因叙述更详：“至道光中百六十余年，河身渐高，桥眼淤塞，水难畅流。以致堤岸累决，淹没民田无数。赤水南北尽成泽国，居民苦之。壬辰，郡侯张公禀请道宪，捐资重修。砌石增高，两边添设护栏，以防车马倾陷。自是河流复畅，堤岸籍无冲决。”

桥上桥为国家级重点文物保护单位。

多数桥上桥，其实是不同年代、不同用途，因为不同的原因所修建的不同桥梁，只是后桥借用了前桥的基础，不具备立交互通的功能。

34. 江西永新龙源口桥

龙源口桥为单孔半圆拱，始建于清道光十七年（1837 年）。

图 4-1-34
江西永新龙源口桥
段连平　摄

龙源口桥位于江西省吉安市永新县龙源口镇龙源口村。该桥券拱为公母榫衔接，桥头两侧岸各立有两根高 1 米、直径 0.20 米的铁柱，上面铸有“清道光十七年建”字样。桥长 23 米，宽 2.50 米，跨径 14.90 米，高 9.20 米，桥头两端有与水流平行的石砌护堤引道。拱顶两侧分别嵌刻“久大桥”“龙源口”。

新中国成立后，因 1928 年 6 月 23 日，中国工农红军龙源口战斗 (龙源口大捷) 就发生在这周围，固又称为“龙源口大捷桥”并被作为第二套人民币叁圆纸币图案，冠“中国最值钱的古桥”。

2007 年龙源口桥被列为国家级重点文物保护单位（图 4-1-34）。

35. 浙江绍兴沈家桥（花洞桥）

沈家桥为单孔马蹄拱，建于明正德六年（1511 年）。

图 4-1-35
浙江绍兴沈家桥
屠剑虹　提供

沈家桥位于浙江省绍兴县齐贤镇兴浦乡沈家溇村。桥拱圈为纵联分节并列砌置，每节上用五块拱石，龙门石上有莲花浮雕、桥栏板、望柱等，造型别致。桥长 14.00 米，宽 2.00 米，高 3.90 米，拱高 2.90 米，桥跨径 4.00 米，桥栏石雕中采用绍兴水产菱角图案，独具一格（图 4-1-35）。

第二节　土结构拱桥

土结构拱桥分布在陇东等黄土高原上的土桥，鲜为人知。土结构拱桥是黄土高原人民汲取大自然灵气的一种奇特造物，是极富有地方特色的一种积土便桥。

图 4-2-1
民国时期山西土桥

陇东人称这种桥为土岘子，也叫崾岘子。

大自然的鬼斧神工雕琢了陇东庆阳市独特的地形地貌。市内以董志、早胜、屯子、等 12 条大原为主骨架，原峁交错、沟壑纵横。境内有 330 多条大沟、3 万多条小毛沟，使陇东黄土高原的地形更加奇特。这种特殊的地理风貌，既给庆阳人民提供了生息的环境，也给人们的生产生活带来不便。“隔沟能说话，见面走半天”。有些地方甚至存在“鸡犬之声相闻，老死难以往来”的状况，这就是群众出门难、行路难的真实写照。

愚公移山，是为了出行方便。而庆阳人世世世代代移山填谷，就是为了沟壑变通途，相望能相及。他们从一个腰岘能连结两个沟壑的自然景观中得到启发，付出自己的聪明才智和辛勤劳动，逢山开路，移土筑桥，创造出能够连通沟壑的土桥。现在，庆阳市数以千计的土桥，连接着全市 78 条、3200 多公里的道路，对庆阳市的经济发展起到极其重要的作用。

陇东土桥形态各异，千姿百态，有直的，有曲的，有平的，有凹的，大都顺其自然，借地形之便；土桥的两侧有的修成坡洼，有的是台阶，有的似峭壁；桥面有柏油桥面，也有砂砾桥面，一部分桥面的两侧有护栏，有的打有护桩；桥的规模大小不等，长短不一。有的土桥以坝代桥，具有蓄水、行人等多种功能。

陇东的土桥在施工中采用木椽把边、芦苇压腰，类似当代的夹筋挡墙技术。这种施工方法比国外夹筋挡墙技术提早了近一个世纪，据说，这是陇东人民独有的发明创造。

庆阳人修建土桥的历史悠久，源远流长。董志原北端庆阳县西南的雷家岘子，是国道 309 线和 211 线交汇处，这里又叫龙泉岘，南面北面都是深沟，土桥从沟壑中间通过。土桥是通往北部庆阳、环县、华池和宁夏、延安等地的关隘要塞。据《庆阳府志》记载：1862 年，平庆兵备道魏光焘“委庆阳管曾泳浦游戌，率丁壮修筑。”后经多年雨水冲刷，塌陷严重，桥面狭窄，只能通行人畜。1930 年到 1936 年，当地民工两次修建加宽，桥面宽达 8 米。解放后，每年都有整修。1959 年被洪水冲刷，桥身严重塌方，西峰公路段动员全体道班工，进行加固抢修。1964 年省交通厅公路局拨款加固。1993 年省交通厅投资 117 万元，又一次彻底加固改造。经改造后的雷家岘子土桥高 89.95 米、宽 12 米、长 120 米，线型流畅，气势宏伟，蔚为壮观。

坐落在庆城县城北的北吊桥，又名起凤桥。清乾隆四十三年始建（1778 年）。建成后，庆阳知县刘浦岗题了“北地康衢”四个大字。清咸丰四年（1854 年）重修。1964 年 7 月庆阳县政府全面进行加固，竣工后改名“庆丰桥”，长 228 米、桥面净宽 7.60 米，上部用石块砌成，两侧装有护栏。

庆阳地区境内土桥最多的要算宁县，全县有大、中型土桥近百座。一些殘原沟壑地带嵝岘接连不断，像长藤串瓜一样把许多地方连结起来。九岘乡就是由于岘子多而得名。从宁县县城到子午岭林区主脊秦直道，土桥多达 20 多处，远远超过了“九个岘子”。另外，宁县至盘克所经过的岘头土桥、南仓土桥，镇原的大岘、小岘土桥，合水的双柳树、陈家原土桥规模宏大，各具特色。

陇东土桥最长的 340 米，最深的近百米。全区能够叫出名的土桥有 1000 多座，其数量之多、规模之大可以称得上全国之最。有人作过估算，把这些土桥架成钢筋混凝土桥，最少需要资金 30 多亿。

土桥实例如下。

1. 宁夏中卫土桥子

土桥子位于中卫市海原县高崖乡高家湾村的土桥，高 20 多米，长 35 米，宽 6.50 米，为古驿道必经之地。因深堑阻断交通，以黄土修筑桥涵跨沟，已使用 100 多年尚坚固不坏。1960 年在土桥东侧另建新桥。

2. 陕西渭南三条沟土桥

三条沟土桥位于渭南市富平县长春乡三条沟村。清康熙三十五年（1696 年），雍正八年（1730 年），乾隆二十四年（1759 年）桥长约 30 米，宽 4 米。桥侧有康熙、雍正、乾隆年修桥碑 3 通。

3. 江西宜春凌云桥

凌云桥位于宜丰县敖桥乡凌云田村，县级重点文物保护单位。清乾隆四年（1739）修。二墩三孔三合土拱桥，长 21 米，宽 3.50 米。中拱侧嵌一石，上刻“凌云桥乾隆四年邹氏修”。

图 4-2-1 和图 4-2-2 为作者手头仅有的现场照片。

图 4-2-2 山西榆次东赵北田村土桥

第三节 中国古桥的经验与现代理论

我国所有的古老石桥都是先代桥工巨匠绘模制样，逐步建筑的。他们既不知道如何使用力学原理来计算，也不知道依照材料强度来设计，在这种情况下，先代工匠建造的桥梁，居然能得心应手，恰如所需，这是与他们丰富的生产实践分不开的。先代工匠建造桥梁，大都是依师傅的口诀，本着平时生产实践的经验而进行的，对于某一工程的安排，又能匠心独运，筹谋周全。所建桥梁的各部构造，以现代力学去验算，距要求相差不远，这种成果，人们誉为巧夺天工，其实这不过是工程学理渊源于生产劳动的一个实例而已。

现代科学理论，是人们多年来生产劳动成果的总结，并非凭空设想，面壁虚构，离开人们的生产实践所能建立起来的。可惜当时没有人将先代桥工生产劳动实践切实加以总结，否则，我国桥梁工程的科学或可能早已树立了。

明清时期，古桥梁虽然继承了历代的桥型、构造与施工技术，并有所改进，但是，由于缺乏科学理论的指导，又无新材料和新技术的支撑，难以自主跨入近代桥梁的时代。

桥梁理论涉及到数学，而中国的数学起源于五六千年前，先是结绳记数，然后又发展到“书契”，到了战国时期，数学知识已远远超出会数 1~3000 的水平。中国数学发展繁荣时期大约在西汉末期至隋朝中叶。这是中国数学理论的第一个高峰期。这个高峰的标志就是数学专著《九章算术》的诞生。全盛时期是隋朝中叶至元朝后期。隋朝以前，学校里的教育并不重视数学，因此，没有数学专业一说。而到了隋朝，这一局面被打破了，在相当于大学的学校里，开始设置算学专业。到了唐朝，最高学府国子监，还添设了算学馆，其中博士、助教一应俱全，专门培养数学人才。

当西方资本主义开始萌芽的时候，为了寻求发展，天主教传教士、海盗、商人纷纷涌进中国。他们除了从中国带走原料、市场、廉价劳动力，也带来一些文化知识。16 世纪至 18 世纪来华的传教士中，以意大利人利玛窦（1552—1610 年）影响最大。利玛窦与徐光启和李之藻分别合译了两部数学著作:《几何原本》《同文算指》。

在中国数学发展缓慢的时候，西方数学已大跨步超前，于是在中国数学发展史上出现一个中西数学发展的合流期，这一时期约为 1840 年至 1911 年。19 世纪 60 年代开始，曾国藩、李鸿章等为了维护腐败的清政府，发起了“洋务运动”。这时以李善兰、徐寿、华蘅芳为代表的一批知识分子，作为数学家、科学家和工程师参加了引进西学、兴办工厂、学校等活动，经过他们的不懈努力，奠定了近代科技、近代数学在中国的发展基础。

到了 19 世纪末 20 世纪初，中国数学界发生了很大的变化，派出大批留学生，创办新式学校，组织学术团体，有了专门的期刊，中国从此进入了现代数学研究阶段及近代桥梁的设计时期。

第二篇

石拱桥设计理论及施工技术

第五章 石拱桥设计理论历程回顾

建造石拱桥的历史已经有几千年了，但真正用科学方法来设计分析石拱桥，不过 300 多年。以 1695 年（清康熙三十四年）法国道路工程研究学者拉伊尔（Lahire），用静力索多边形的方法解石拱开始，通过多位科学家、工程师不断地补充、摸索、试验，分析设计的理论越来越完善：从刚性不变形楔块的理论、弹性理论到弹塑性理论。由图解法到各种不同的数解法：如弹性理论中的最小功法、弹性中心法、似柱法、有限单元法等。计算的手段越来越完备。在世界上几个发达的国家中，不少学者以某些卓有成效的改进，显著丰富了石拱桥的理论分析方法，且各有见地。

第一节 早期石拱桥理论

追溯早期的理论起源，埃及人可能有绘图的经验规则。

前 287—前 212 年（战国时期至秦始皇三十五年）阿基米德（Archimedes）确定杠杆臂平衡和定重心。

1 世纪维特鲁威（Vitruvius）《建筑十书》书中有罗马人吊石块的独脚扒杆图。

1452—1519 年（明景泰三年至正德十四年），达芬奇（Leonardo da Vinci）对科学有很大的兴趣和见解，在其手稿中有类似于拱推力的问题（图 5-1-1）。

罗马时期，拱没有“科学”的理论计算，但仅有的经验规则，到中世纪亦都遗失。

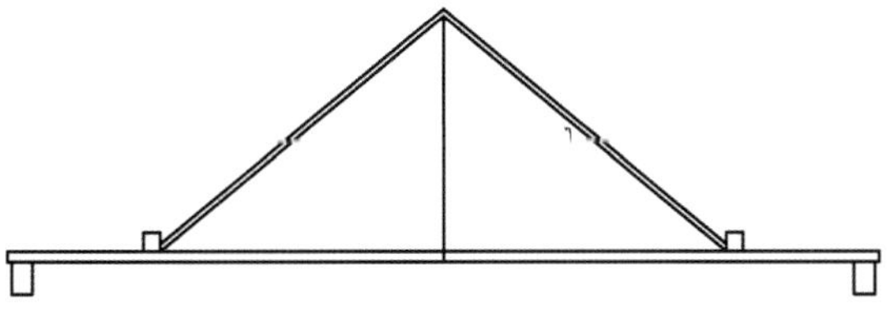

图 5-1-1
达芬奇手稿中插图

第二节 静力学解拱与库仑理论

文艺复兴时期，又重新进行研究，一开始其各部分尺寸还是根据经验，17世纪末，18世纪初，法国研究拱的理论发展，正是此时法国发展道路系统，建造了很多石拱。

1640—1718年（明崇祯十三年至清康熙五十七年），拉伊尔（Lahire，1640—1718年）是法国数学家和天文学家，法国研究院的一员。首先用静力学解拱。1695年（清康熙三十四年），他首先在半圆拱中用索多边形（Funicular Polygon），假定拱石间的接触面是非常光滑的（无摩擦力），仅只能传轴向力，在此情况下，拱脚处将要求无穷大的 P_4 力才能保证拱的稳定，事实上因为有摩阻力所以此值为不正确的（图5-2-1）。

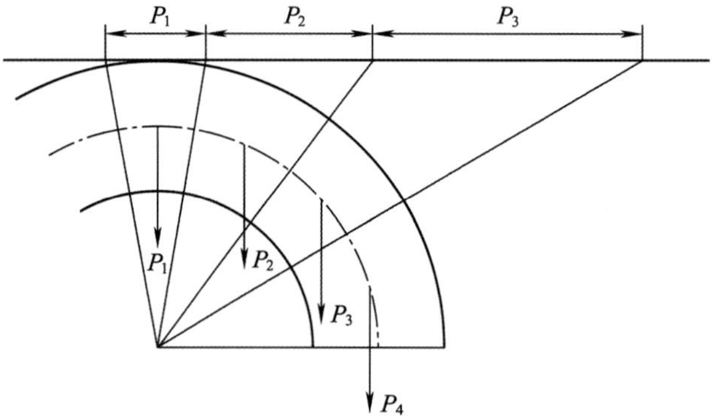

图5-2-1

拉伊尔回到拱的问题，根据他的理论来确定支持一个半圆拱的柱的尺寸，假定最不利的破裂面在 MN 和 M_1N_1，拱上传下来的力为 F，并且仍不计摩阻力，然后计算柱的必要重量，以避免柱绕 A、B 点倾复。

这一分析方法，首先由贝利多尔（Belidor）应用于实际应用，在其所写的 *La Science des Ingéniers* 一书中，并建议角 α 取45°（图5-2-2）。

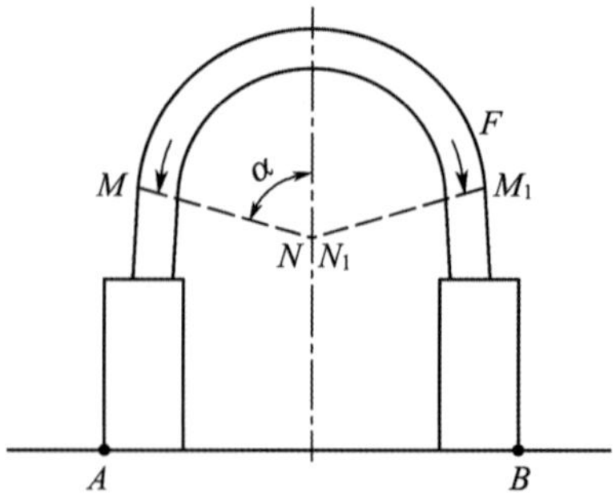

图5-2-2

拉伊尔的方法，后来为夫佩罗内（Perronet）和谢齐（Chezy）用来制成求拱厚的表格。

18 世纪法国对石拱桥的理论：拱肋中不利于产生拉力，现在仍为大家所公认，这是不对的。因为即使有一条石缝张开也不会垮，要垮需要产生很多铰(图 5–2–3)。

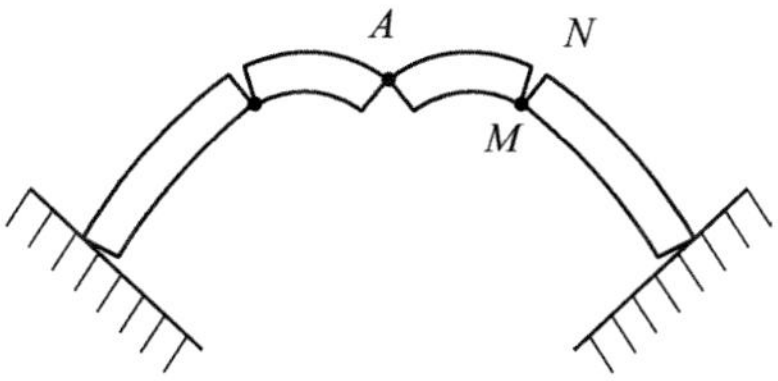

图 5–2–3

法国库仑（Coulomb，1736–1806 年）在拱的理论上更进了一步，在那个时期拱的典型的破坏方式是根据模型试验，见图 5–2–3。由此可见，拱的稳定不但要考虑其相对滑动，同时也要考虑其相对转动（图 5–2–4）。

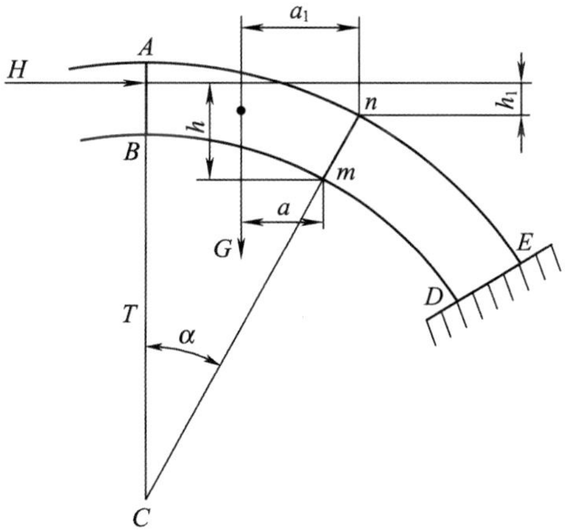

图 5–2–4

在 1773 年（清乾隆三十八年）库仑（Coulomb）观察这二种破坏的形式，图 5–2–4 中 *ABDE* 为对称载荷的对称半拱。在 *AB* 截面的水平推力为 *H*。*ABmn* 部分拱的重量是 *Q*，求在截面 *mn* 处的垂直和切线力。

（1）垂直力 $= H\cos\alpha + Q\sin\alpha$ （1）

（2）切线力 $= Q\cos\alpha - H\sin\alpha$ （2）

式中，α 是 *mn* 面和垂直线 *AC* 面的夹角。

最小的力 *H* 可保证 *ABmn* 不沿 *mn* 滑下的值，可从下式求得

$$Q\cos\alpha - H\sin\alpha = \mu(H\cos\alpha + Q\sin\alpha) + TA \quad (3)$$

式中，μ 为摩擦系数而 TA 为沿 mn 面总的抗剪力。

从此式得

$$H = \frac{Q\cos\alpha - \mu Q\sin\alpha - TA}{\sin\alpha + \mu\cos\alpha} \quad (4)$$

对所有可能的夹角 α，以求最大的 H 值，而 H 又是相应的拱推力值，所以很明显的，这就是 H 值，是保证上半部拱不沿 mn 面滑下的最小值。

用同样的理由可以求得使 $ABmn$ 向上滑走的推力值

$$H' = \frac{Q\cos\alpha + \mu Q\sin\alpha + TA}{\sin\alpha - \mu\cos\alpha} \quad (5)$$

现在要求一角度 α 使 H' 为最小。

可以看出要不产生任何滑走，实际的推力要大于 H，小于 H'，现在求可能对 m 点产生的旋转，经图 5-2-3、图 5-2-4，推力的限值为：

$$H_1 = \frac{Q\alpha}{h} \quad (6)$$

同样，对 n 点的旋转

$$H_1' = \frac{Q\alpha_1}{h_1} \quad (7)$$

实际推力要在最大的 H_1 和最小的 H_1' 之间，可以避免旋转，这便是库仑的研究。

结论是，实际设计工作中只要注意公式（6）和（7），推力作用点，他建议移到 A 点以使 H_1 为最小。（按：若拱券内不生拉力，推力作用点在拱顶为上 1/3 点，拱脚为下 1/3 点）。

库仑并未给出设计拱的规则，不过给出为了保证拱稳定所需的推力限值，所以当时的工程师们并未接受库仑的方法。直到 19 世纪图解法求拱的计算方法发展之后，库仑的公式（6）和（7）才被拱设计者广泛的接受。

在 18 世纪末叶，者戈泰、布瓦斯达等（Gauthey, Boistard）做过大量试验，所有的试验都得出图 5-2-3 所示的破坏形式，这都支持了库仑理论的发展。

第三节　纳维叶理论的发展

法国纳维叶（Navier，1785—1836 年）（清乾隆五十年至道光十六年），19 世纪前 1/4 期间对力学的发展。

18 世纪的工程师们根据经验和理论，确立计算极限载荷值的计算公式。

纳维叶首先提出结构弹性变形的极限。根据他所推导的公式，可以求静不定的双铰拱的水平推力值，水平推力值可以 B 点的变形为零的条件（图 5-3-1）。

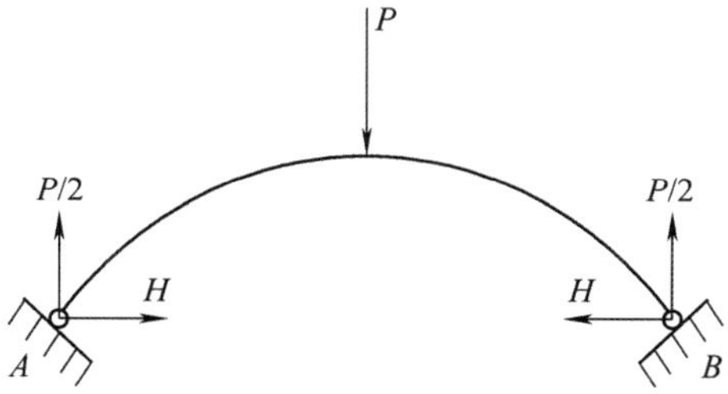

图 5-3-1

$$\int_0^s \mathrm{d}y \int_0^s \frac{M\mathrm{d}s}{EI} = 0$$

纳维叶以之算抛物线拱和圆弧拱，也计算了载荷在跨中均匀分布的情况，所有的情况都假定拱轴长度不变（按：无压缩）。

1800—1833 年（清嘉庆五年至道光十三年）间拱的理论如下。

在 1800—1833 年间拱设计者都是根据库仑的理论，并假定拱如果失败，其破坏状态按图 5-2-3 破成四块，这一理论的困难之点是求破坏面 BC 的位置。其理论假定水平推力 H，作用在截面 AD 的上顶点 A，与 $ADBC$ 段的重量 P 所产生的合力 R 通过 B 点，同时，BC 的位置是使为最大值和位置。求这一位置的方法总是采用试算法（Trial and Erro Method）。

先假定一断面 BC，可求出 P 值和其作用点，然否从静力学可以求出其相应的水平推力 H，为了求得足够精度的最大 H 值，这一计算要重复很多遍，当时完全靠分析手算，要耗费不少时间。

对一定形式的拱，制成表格，列出不同 $BCAD$ 的重量和重心位置。

当求出了破坏面 BC 及其相应的 H_{max}，下部 $EFCB$ 里，其尺寸 EF 必须使半拱重 $ADEF$ 和作用在 A 点的水平推力 H_{max}，下部 $EFCB$ 其尺寸 EF 必须使半拱重 $ADEF$ 和作用在 A 点的水平推力 H_{max}，对 F 点的倾覆能平衡和有一定的安全度（图 5-3-2）。

图 5-3-2

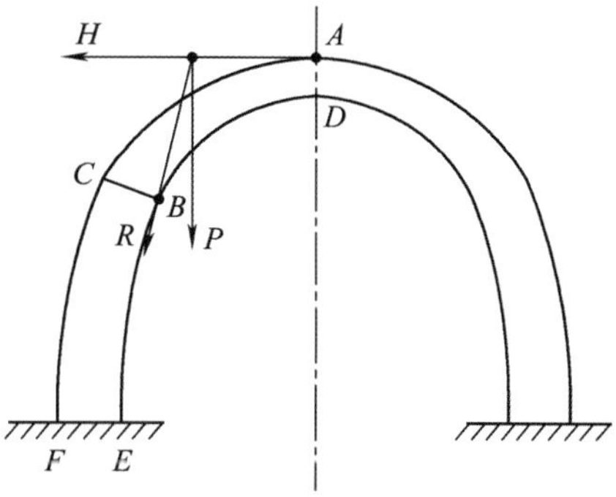

拉梅（M.G.Lame）和克拉佩龙（E.Clapeyron）对这一理论有所改进，他们当时都是圣彼得堡道路交通工程学院教授。他们被邀请去检定艾萨克（Isoac）教堂半圆拱和穹顶的稳定。

对于等截面的半圆拱，理论上找出其破坏面和最大拱推力 H_{max}。

对任何形状的对称拱，如不用放射形截面而用垂直截面，则求破坏面位置更为容易。

用内拱圈（Intradon）的 B 点的切线相交于 P 和 H 交点的图解法求解更为简捷。

1826 年（中国清道光六年）纳维叶（Navier）在其著作中谈到库仑规则，早就认为力 H 和 R 必须作用于离 A 和 B 点一定的距离，使有足够的面积以分布应力。纳维叶（Navier）假定沿 AD 和 BC 面的垂直应力根据线性分布，并在 D 点和 C 点为零，根据库仑的定义，此处在破坏时为撕裂的开端。从这一点出发，在 A 和 B 点其应力为均匀分布于 AD 及 CB 面应力的一倍，所以 H 和 R 的力必须是作用在从 A 和 B 点量起，截面的 1/3 处。由此得出的结果 H_{max} 比早先的假定得出者为大。这和 1807 年托马斯·杨（Thomas Young）所著 *Natural Philosophy*（自然哲学）一书中给出的结果一样。

纳维叶（Navier）是第一个解决弯曲梁若干变形问题的人，但他并不把这一方法去求解拱的推力。

第四节 曲梁变形理论在拱中的应用

拱可以设作为曲梁来计算可能是法国人彭色列（Poncelet，1788—1867 年）（清乾隆五十三年至同治六年）首先提到，但在作为实际应用于拱的设计中尚有一段时间。

彭色列教授应用力学，其主要工程成就是曲梁理论和其在拱中的应用。

其曲梁变形理论计算见图 5-4-1。

假定梁 a 点为固定，以梁任意截面的拉力为 N，弯矩为 M，于是任意微小段 mn 的伸长为 $\frac{N\mathrm{d}s}{AE}$。

n 截面对 m 截面的相对转动是 $\frac{M\mathrm{d}s}{EI}$，由于这一转动，在曲梁轴上的任意点 c 将划出一微小弧线

$$cc_1 = \frac{\overline{Nc}\mathrm{g}M\mathrm{d}s}{EI} \qquad (1)$$

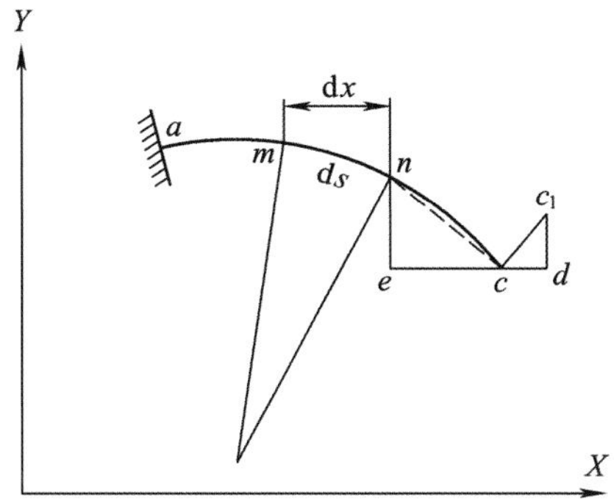

图 5-4-1

可以见到微小三角形 cc_1 和三角形 cen 相似，所以其水平位移 $\overline{cd}$ 为

$$\overline{cd}=cc_1\frac{\overline{cd}}{cc_1}=\overline{cc_1}\frac{\overline{ne}}{\overline{nc}}=\frac{M\mathrm{ds}g\overline{ne}}{EI}=\frac{M\mathrm{ds}}{EI}\left(y_n-y_e\right) \quad （2）$$

同一点 c 的水平伸长（由于微小段 mn 的伸长）为 $N\mathrm{d}x/AE$

因此 c 点由于 a 到 c 曲梁变形所产生的水平变位 μ。

$$\mu=\int_a^c\frac{N\mathrm{d}x}{\mathrm{AE}}+\int_a^c\frac{M\mathrm{dj}}{EI}\left(y-y_c\right) \quad （3）$$

同样，其垂直变位 v 为

$$v=\int_a^c\frac{N\mathrm{d}y}{\mathrm{AE}}-\int_a^c\frac{M\mathrm{ds}}{EI}\left(x-x_c\right) \quad （4）$$

c 点的角变 α 为

$$\alpha=\int_a^c\frac{M\mathrm{ds}}{EI}$$

如曲梁上外载荷为已知，可用之求超静定结构。

例如双铰拱，以 H 为超静定赘余力而其 a, c 二点的相对变形为零（图 5-4-2）。

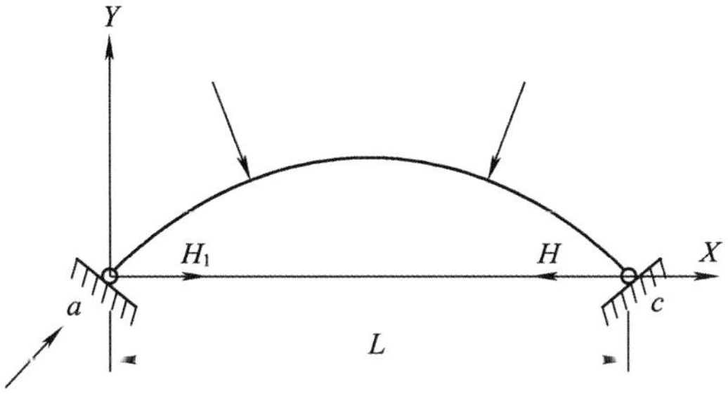

图 5-4-2

因为

$$N = N_1 - H\frac{ds}{dx}$$

$$M = M_1 - Hy$$

从公式（3）

$$\int_a^c \frac{N_1 dx}{AE} - H\int_a^c \frac{dx^2}{AEds} + \int_a^c \frac{M_1 ds}{EI} y - H\int_a^c \frac{y^2 ds}{EI} = 0 \text{ 得}$$

$$H = \frac{\int_a^c \frac{N_1 dx}{AE} + \int_a^c \frac{M_1 y}{EI} ds}{\int_a^c \frac{dx^2}{AEds} + \int_a^c \frac{y^2 ds}{EI}} \qquad (5)$$

对于固端拱：

其一端的三个变形 μ，v 和 α 都为零，故可以应用公式（2），（3），（4）等于零为条件式。

求拱轴温度变形的方法也很简单，即在公式（5）的分子中加上 εtl 一面，ε 为膨胀系数，t 为温度变化，l 为拱桥跨度。

彭色列研究了各种不同载重。提出了叠加原理（Principle of Superposition）。即在弹性限界内，在拱中，他应用对称原理和叠加原理（图 5–4–3）。

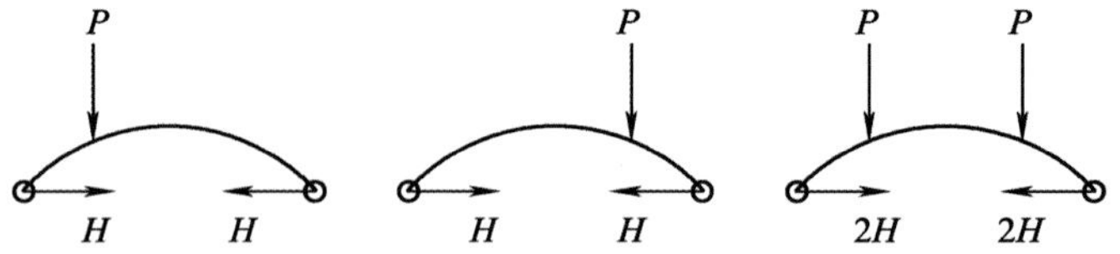

图 5–4–3

由对称载重产生的拱推力相等，他用他的原理求对称、等截面、双铰圆拱，给出各种比例的拱在单位集中载荷下、均布载荷下，温度伸缩的表，这些仔细建立的表，至今尚有用处。

第五节　拱压力线理论的发展

德国库尔曼（Korl Culmann，1821—1881 年）（清道光元年至光绪七年），创建了图解法，解各种结构。

英国朗金（W.J.Macquorn Ronkine，1820—1872 年）（清道光元年至同治十一年）静力学中的平行投影法（Method of Parallel Prejections）。

“如果一个平衡力的系统通过任何点系统作用，由一个线系表示，那么该线系的任何平行投影都将代表一个平衡的力的系统。”（If a balanced system of forces action through any system of points be represented by a system of lines,then any parallel projection of that system of lines will represent a balanced system of forces.）

在圆形拱（环）作用有均布的径向力 p，用环中压力为 $T=pc$ 如作平行投影为图 5-5-1（b），其垂直尺寸都不变而水平尺寸以同一比例 n 增加，得到的是一个椭圆线拱（图 5-5-1）。

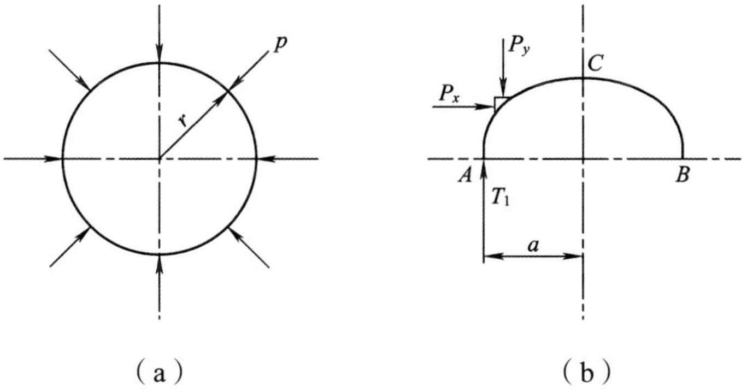

图 5-5-1

在此投影中垂直分力的量不变，而它们之间的距离增加了比值 n:1，所以可以得出结论，垂直压力在椭圆上为 $P_y=p/n$；同样得出水平压力 $P_x=np$。

在 A 和 B 点的拱轴力为 $T_1=P_y\times a=\dfrac{p}{n}\times rn=pr$

而 C 点的拱轴力为 $T_2=P_x r=npr$。

还有不等水压拱（虽有趣但对拱桥可能无用）（图 5-5-2）。

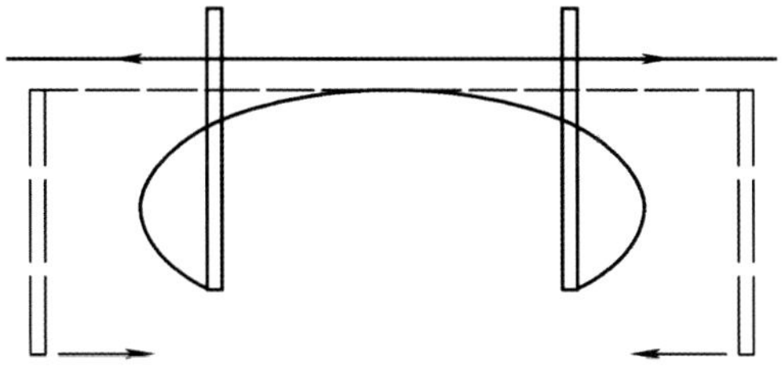

图 5-5-2

1833—1867 年（清道光十三年至同治六年），在拱的设计中，仍考虑石拱是完全坚劲的石块结构体系，虽布雷斯（Bresse）已有固端拱的弹性解法。

1830 年（清道光十年）引进压力线（Line of Pressure）和抗力线（Line of Resistonce）的观念。

匈牙利人盖斯特（F.J.Gerstner），可认为是第一个引进压力线的人，他从索桥研究了悬链线，制成表格，并说明此线倒置后是等截面拱的轴线，这一拱轴线在拱自重作用下只产生压力。

当时圆弧拱和椭圆拱是普遍被采用的形式，他提出了拱上载重应如何配置，然后使圆和椭圆曲线成为压力线。实际配置中，力的分配在拱中既产生压力又产生弯矩。

盖斯特得出，问题是超静定的，并且，在通过拱顶石和桥台中不同的点可以得出无穷数量的压力线，相应都有一拱推力 H，为了问题更为确定，盖斯特（Gerstner）对压力线作了一些假定。

关于拱压力线的位置的有关问题，英国科学家亨利·摩利斯（Henry Moseley，1802—1872 年）（清嘉庆七年至同治十一年）给出一些一般的观念，在他 1839 年（清道光十九年）写的《*On the Theory of the Arch*（拱的理论）》一书中第一次指明压力线和阻力（抗力）线是二根线。

为了说明这一问题，见图 5-5-3。

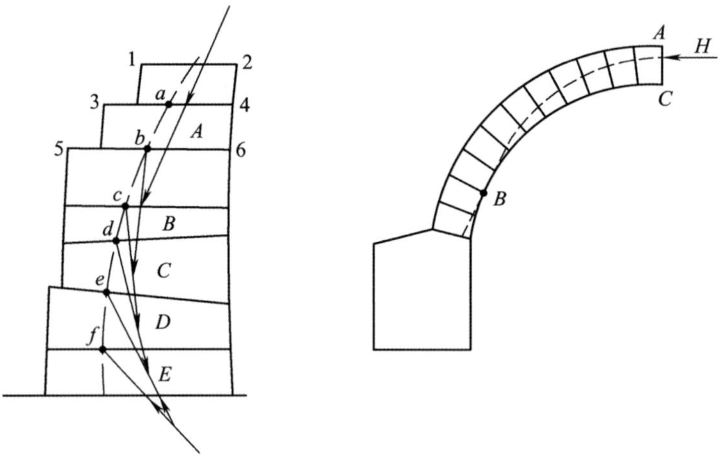

图 5-5-3

箭头 *A* 代表作用在截面 1–2 的力，作用点为 *a*，再加上 1234 块石的重，得作用在 3–4 面上 *b* 点的力 *B*。同法得 *C*, *D*, *E* 和其作用点 *c*, *d*, *e*。由力的交会点，即力 *A*, *B*, *C*, *D*, *E*……的力的交会点是为压力线，而联点 *a*, *b*, *c*, *d*, *e* 为抗力线。

在画对称拱的压力线时摩利斯（Moseley）从任意点 *C* 开始，在此作用一推力 *H*，其量使压力线在拱内弧面（Intrados）某一点 *B* 相切。改变作用点 *C*，可以得无穷数量的压力线。为了选择实在的压力线，摩利斯用他的最小抗力的原理，并说明所要求的压力线是最小的 H 所得的线，所以摩利斯得出实际压力线经过 A 和 B 两点。这和库仑理论相合。

1844 年（清道光二十四年），德国学者舍夫勒（Scheffler），学习了摩利斯的结论，认为若压力线经过 A 和 B，则该两点的应力为无穷大。为了解决这一困难，他认为压力线必须移进拱券之内，在 A，B 这两点应力达到极限强度（注意：不移到 1/3 点），这时的压力线是为真正的压力线。

第六节 拱设计弹性理论的发展

法国维拉索（Yvon Villarceau，1813—1883 年）（清嘉庆十八年至光绪九年），研究拱是如何选定一个合适的拱中心线，知道这是一个超静定的问题，需要考虑其弹性变形来解决。但他认为拱材料的弹性性质还知道得不够充分，所以他决定将拱石视为绝对刚性。他相信从之得到的拱形，在考虑弹性变形时，拱形还是很好的。他认为压力线可和拱轴中心线相合。

维拉索的假定是不考虑拱厚的，他不但假定外力是垂直地作用于拱外线（extrados），同样拱的自重也是如此，于此列出拱轴线的微分方程，其积分需要椭圆函数。维拉索做了很多表格以为实际应用。

为了纠正其未计拱弹性变形的缺点，维拉索将拱高加高一些。

维拉索的以假定载荷得出的纤维的曲线（Funicular Cirve）作为拱轴线的思想被广泛地接受，用之以定出初步的拱轴线，然后再用弹性理论来核算。

布雷斯（Bresse）早已研究过曲梁的理论，并以之求解双铰和无铰拱，但是在那个时候工程师们并不认为石拱可以应用弹性理论来进行设计，仍继续将石拱视为刚体。

渐渐地，由于温克勒（Winkler）等的实验工作，特别是奥地利（Austrian）工程师和建筑师学会成立的特别委员会所做的很多试验，工程师们开始接受用弹性理论来设计以提高其精确度。

温克勒（Winkler）对双铰和无铰拱做了很多工作。1868 年（清同治七年）温克勒将影响线应用于拱，用最小功法，他求出拱的压力线。

温克勒的原理（Winkler Principle）说明：在所有的能在作用载荷中作出的索线多边形，（Funicular polygon）中，其真正的压力线是离拱轴中心线最小的线。

假定拱的应变能足够精确地以弯矩能来表达$V=\int_0^s \frac{M^2 \mathrm{d}s}{2EI}$，设从拱轴中心线到压力线的垂直间距为$Z$，拱推力为$H$，则$M=HZ$。

于是从最小功原理，真正的压力线是使$\int_0^s \frac{H^2Z^2}{2EI}\mathrm{d}s$为最小的线。所有的载重都是铅直的，$H$对$s$来说是常数，等截面拱使积分为最小的要求变为只要检验$\int_0^s E^2\mathrm{d}s$。

此即为温克勒（Winkler）原则。

若为变截面拱$I=I_0\frac{\mathrm{d}s}{\mathrm{d}x}$，$I_0$为跨中的惯性矩。现在，代之以$\int_0^s E\mathrm{d}s$，要求$\int_0^I E^2\mathrm{d}x$积分为最小。

有关西方石拱桥理论的回顾就到这里，详细关于石拱桥的计算理论，请参阅罗英、唐寰澄所撰的《中国石拱桥研究》（人民交通出版社，1993）。

第六章 石拱桥施工技术

中国古代桥梁施工技术，是指断代在工业革命传入中国以前，中国处于以华夏文化为中心的极长一段历史时期里，除了智慧和勤劳的双手以外，先民所有的是极简单的工具，利用原始材料，所进行的一些桥梁建设施工方法和技术。从今天的眼光来看，可以认为是比较落后的。可是在当年，有些技术在世界上却是领先的，而有些技术原则，仍适于今天的桥梁建设。

对于中国古代桥梁的施工技术，历史上仅有李诫的《营造法式》，记录了宋代官式建筑做法3000多条。到了清代又有工部《工程做法》这部专著。这是和历来的封建统治者轻视技术，将“百工优伶”作为臣隶来养育分不开的。加之民间匠师之间，为了保持生存的权利，对某些技艺都只采取手口相传的方法，因此关于桥梁施工技术，除地方志和考工书籍中片言只字之外，专著不多。然而，在不懂得近代科学的分析、计算和实验方法的条件下，通过大量实践，通过不断总结实践中成功和失败的经验或教训，桥梁施工技术仍可随之而进步。

第一节 基础墩台施工技术

古籍中称基础为“趾”或“址”，亦通“阯”。《左传》:“略基址”，宋·蔡襄《洛阳桥碑记》:“垒址于渊”，便是在水中修筑基础。

一、墩台基础类型

桥墩直接置放于基底的为扩大基础。

桥梁基础若修筑在坚固的岩盘上，那就最为可靠，如再加上适当的桥墩形式和一定的重量，则冲击、震害和冲刷等问题都容易解决，如福建漳州虎渡桥、江西南城万年桥等。这一类基础，施工没有什么特别困难。

一般情况下，桥梁基础设计并不能都像这样幸运。可是如能直接放置在持力较大的土层上，并有一定的防冲措施，也是好的设计，如赵州桥桥台直接置放在河床下粗砂层上。当软土地基，桥墩基础采用特殊的施工方法，可发展其他基础形式，如抛石基础、睡木基础和桩基（图 6–1–1）。

图 6–1–1 抛石和睡木基础

1. 抛石基础

在软土地基中可以先抛石挤淤，产生先期的沉陷，获得一块比较坚实和可以操作的地基，在抛石后的石面上再砌筑桥墩。这样的施工方法，近代小型桥梁仍继续在使用。

桥孔较小，二个桥墩的抛石势相邻接；或是为了便于从岸边向河中运抛石块，所有桥墩下的抛石联成一道石堤。泉州洛阳桥的桥墩便是抛石施工。文献上没有具体的记载。可是《泉州府志》记石笋桥，宋朝王十朋有诗云："五丁挽石投浩渺，万指硺山登岣嶙。辛勤填海效精卫，突兀横空飞海蜃。趾牢千尺鲛入室，护以两旁狮子楯……"万指硺山，五丁投石，精卫填海，都说明用石之多。而投和填可以形容砌墩架梁，同时也指的趾牢千尺的抛石基础。

抛石基础是松散的，为了更牢固地结合起来，《宋史・列传第七十九》蔡襄传称："徙知泉州，距州二十里万安渡，绝海而济，往来畏其险。襄立石为梁，其长三百六十丈（万安桥），种（牡）蛎于（基）础以为固，至今赖焉"。[①]《泊宅篇》谓："多取蛎房，散置石基，益胶固焉"[②]。可见种蛎固结的是抛石基础，

① 脱脱等撰 . 宋史 . 北京：中华书局出版社，1977.
② 宋・方勺撰 . 泊宅编 . 历代史料笔记丛刊 . 北京：中华书局，1983.

不是指条石砌筑的墩身。之后，各任地方官“禁取蛎房”，“辄取蛎房者徒二年”。明朝王慎中记：“尤属意于取蛎之禁，盖蛎址石则涂泥聚而石得胶蟠以固，故忠惠公于桥之南北（桥本身东西向），表石为台识其界，禁敢取蛎界内者。”可见抛石是在东西向南北宽的一条狭长带形。

2. 睡木基础

另一种扩大基础不用抛石而用垫木，典籍中不载，仅从后人研究知道名为“睡木”基础。基础的施工方法是当潮水退后，平整桥墩处海底，铺设纵横二层木料作为基底，上面攒砌桥墩。随着墩身建筑高度增高，基础下沉到平衡为止。1958年前后，福建水利部门拆除金鸡桥桥址改作水闸，开挖旧基时发现“睡木”。据当年泉州文管会目睹者说：睡木用数10根长约5~6米的松木，一层横、一层直，共计12层，上砌桥墩。

不论用蛎房胶结片石的抛石基础或用睡木来扩大基底，桥墩仍然沉陷。明·蔡献臣总结石桥的施工经验是：“大都石之圮也，石之长者易以折，近人者易以偷，卧沙者易以沉。故修桥之费，惟石最巨”。

卧沙易沉是软土地基墩台的通病，也是福建沿海一带一般都采用简支石或木梁而不采用拱的原因之一。

万安桥于1053年建成后，到明永乐年间（1403—1424年）“旧址低下，潮至桥梁俱没。宣德年间（1426—1435年）知府冯桢，命郡人李俊育，僧正淳增高三尺”。如系增高达到原来的位置，则这300年间，桥墩下沉约1米。

泉州地区的这两种扩大基础，适合于泉州洛阳江、笋江等出海口的特殊情况，一般说来，淤多冲少，再加上每天有潮汐，抢在低潮时的一点时间来施工。如采用其他形式基础，如桩基，则打桩时间长，必须先修能抗潮水的打桩架平台，或设打桩船，这样代价要高，施工时间更长。

3. 木桩基础

桩基自来甚古，史前的比较难说。春秋战国时期，木梁柱桥采用木桩。

《水经注·卷六》记春秋时晋平公在汾水上的木桥。“中凡有三十柱，柱径五尺（约1.60米）裁与水平。”[①]桥柱而裁与水平，必然深埋在河底，否则水柱将浮起。如此粗壮的桩柱，估计是埋入的。

唐朝中渭桥是木梁木柱，唐朝乔潭《中渭桥记》有：“司金司木，鸠而积也，水工木工，速而至也。挥刃落雪（木片如飞雪一般），荷锸成云……丹柱插于坎

① 郦道元．水经注．陈桥驿点校．上海：上海古籍出版社，1990：125.

窗，朱栏赩而电炫。”看来较粗的木桩柱，乃是用锹等工具掘成深洞而埋插入的。

陕西西安灞桥，北京芦沟桥和江苏苏州宝带桥，都是木桩基础。

密打的木桩，起到加固土壤的作用。与桩本身的桩尖及摩擦阻力一起，提高基础的承载力，减少基础沉陷量，并对冲刷后避免基底淘空起一定的保证作用。

《清·官式石桥做法》区分："木之径大而长者曰桩，径小而短者曰地丁"。又《崇陵工程做法》："桥基下桩长一丈五尺（4.60 米），大径七寸（0.21 米），小径五寸（0.15 米）。地丁长七尺（2.10 米）。""桩用铁锅筑下，丁用铁锤筑下。"尺寸不一，施工器具也分大小。

二、墩台基础施工

在河中的基础，历代均用水中施工和绝水施工两种方法。前者称为水修法，后者为干修法。即使在干修法中，拦坝、作堰这些施工步骤中，部分也要水修。

1. 水修法

水修法适用于无法作堰排水，或为节约作堰排水工程时应用。即使是水修，也不违背"水涸而成梁"的原则，在枯水时浅水中进行。

有用水修法修筑水下扩大基础的实例。《金华通济桥刱造及修筑记略》记："徽港、衢港、婺江等处，皆系山港，港中全属沙石，其浮沙畚去，底见石岩，故造桥以畚沙见河底石岩，始放台填砌作脚"，施工用水修。

图 6-1-2
爬沙图

水中施工，第一步是定位。因为是枯水时期的浅水，定位工作并不困难。墩位已定，立起木架，在木架范围之内的墩位上填沙。

通济桥的填沙方法较原始。用能泅水者 8 人，轮流入水操作，潜下坐在河底，用短锄畚沙到竹箕内，由木架上的人提出，倾倒到别处。

江西万年桥和文昌桥在作堰、施堰的干修法中，堰内先要做“爬沙”工作（图 6–1–2）。爬沙还是在水中施工。所采用的方法是：“法用大杉木竖柱插水中，扎架桥板，盖苇席以蔽风雨，架中横巨木为轮，系长绠，绠端系铁耖。又编木簰于两傍，距架三丈许，四人从簰上扶耖爬。沙架上十数人捩轮收绠。”这样的布置，除了用人力之外，已极类于近代矿山、采石场或混凝土工厂中的爬斗施工方法。

文昌桥因为是在倾圮的旧桥基础上施工，所以还有水中捞石的工序（图 6–1–3）。《文昌桥志》：“捞法编两船扎架，横木为轮，贯巨索，使泅者入水，以铁链网石，移船放索，引索系链，十数人立架上转轮收之。石起，以小艇装置别处。”水中施工，都需要会泅水的潜水工。

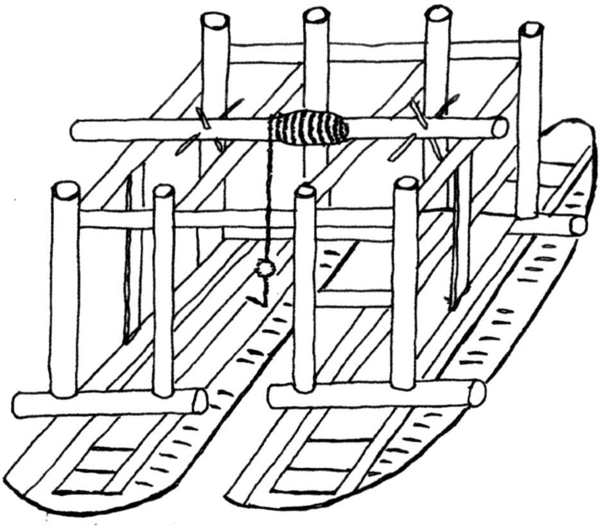

图 6–1–3
捞石船

捞石爬沙已净，在水中砌桥墩基础。桥基放于河底石面固然是好，只是当年的施工技术尚不能在水下平整岩面，也不能在水下实际观察岩面情况，更不能钻岩以探知岩石深度。通济桥：“用铁篙头戳之，闻声铿然”，便认为到了石头。其触探范围扩大到基础外边一尺左右。于是根据探测得的水深、石面情况，预先配好大小厚薄相适应的石块，用绞盘绞下，人立水中，泅水砌筑。岩石不平之处，将石块堵实，使之“不高不低，不偏不倚，平平正正，始层叠而上。”

水下砌石，无法做铁鼓络缝，亦无法施灰浆，结构的坚实性有一定的限度。虽然如此，能直接做到岩面已算是很坚固的桥墩基础了。

水下打桩工程，或用木架或用打桩船进行。

《河工器具图说》说打桩称签桩："水深浪急，颠簸不定，签钉甚难，其法用船二只，首层联以铁链，每船设高凳一具，上搭蹉板，中留空档，安置戗桩。选桩手携硪登板，逐渐打下。"（图 6–1–4）。

图 6–1–4
戗桩船

打桩用硪，称为云硪。"云硪凿石如础，厚数寸，比地硪轻一二十觔。打硪兵夫用十二名。硪肘鸡腿，俱用杂木。全恃盘硪之人盘得结实。硪夫在梯上用以签桩。桩高则硪自空而下，有似云落，故曰云。"

乾隆本《临海县志》记临海下津桥的桥墩基础施工方法是："每墩用松木三百株密桩，规而围之如桶形，中空七八尺。桩每枝长三丈，计水深一丈八尺（约 6 米）。每桩入水用二船，众立船上槌之，令木入水土一丈二尺（3.60 米），其木未适与水相平。继用石五十船，自上掷而下护其桩址，俾内外相半，其石与桩平。桩上盖盘石 11 块……盘上筑墩高一丈七尺（5.70 米）。"

水中打桩，桩头若低于水面，则水中切割桩头成齐平较为困难，所以此桥桩头与低水位平。用抛石护桩，桩入土仅 4 米，在片石中 6 米，是高桩承台基础。

初建文昌桥亦为水修，在水中打桩。《文昌桥志》总结水中打桩的缺点是："按从前程式，其弊有五：居高岸而瞰重渊，底之或沙或石，无从分辨，则桩之短长，石之广狭，皆不能与河底相称，此一弊也。桩遇石则止，遇沙则进，遇沙之杂石者则仍不进，而不知其不可止也。遽截桩而平之以板，叠之以石，则功虽成而不可以久矣，此二弊也。且其所为桩与板者，皆从水中摸索，或需数百桩而以数十桩了事，则不密矣。桩隐于水，人浮于桩，凭虚而施绳墨，凿空而运斧斤，则不齐矣。桩不齐则板攲，不密则板宕，此三弊也。皆水修之所欲免而必不能免者也，今又拆败券观之，四围皆石而中多渗土，土湿则石泐，此四弊也。石不交不错，不相钩连，洪流急湍，渐至推移，此五弊也。”其中第二弊是，由于古代缺乏强有力的钻探工具，只用钎探，到底是否真的到岩层，便是干修法亦难保证十分明确。第五弊是水中砌石，正和通济桥相类。五弊之外，水中打桩，桩入土较浅，成为高桩承台，这一点对桥墩浅桩基础是极为不利的。所以干修法是比较牢靠的方法。

2. 干修法

桥墩基础施工最好是“绝水”的干修法。在季节性河流也并不是不能较长时期绝水。南方水网地区，河流交织如网，河面不宽，可以在一条河上完全截断桥址上下的水流，水和船可以从它道出入。苏浙地区，疏浚河道和很多桥梁施工都采用这一方法。

当河道有可能截弯取直的地方，造桥可以先不绝水而是先造桥后开河。即桥梁先建造在拟新开河道的新桥址上，在完全干涸的状态下施工。桥建成后，挖开预留的新河两端堤岸，放水通航，《吴门补乘》记：“苏郡葑门外有灭渡桥。相传初建时水流湍急，有人献策，度地于田中筑基，建之既成，浚为河。导水由桥下而塞其故处，人遂通行”（图 6-1-5）。

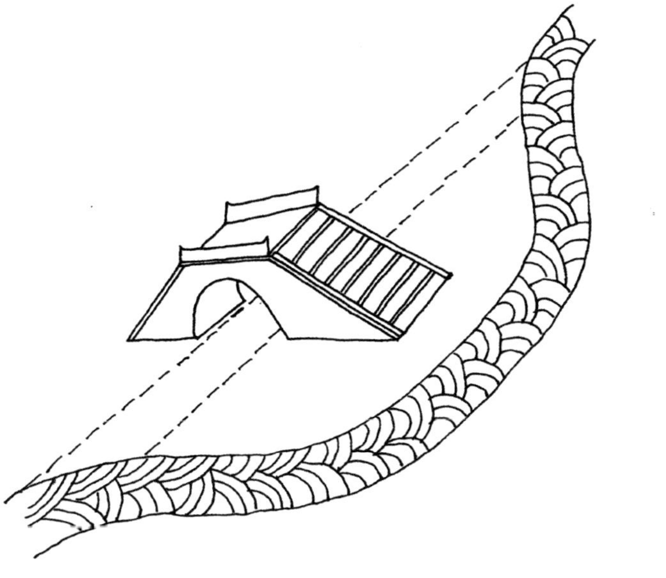

图 6-1-5
造桥后截弯取直

季节性河流，可以采取部分绝水的方法。陕西西安灞桥便用此法。即枯水时先将河道用围堤拦到一边，在堰内修桥。半座桥完成，破堰放水，引河道到已完成这一边，再继续修另半座桥。这样的施工方法，在现今水利工程修建大坝时仍然采用。

浅水中简单的堰水方法是短桩苇箔所扶植的土堤。

宋政和元年（1111 年）河南新乡民乐桥，郑榜作记云："方桥之初营也，议者咸渭水中不可畚揭，或曰埽而堰之，功可致也。筹其费颇大，大则民益劳，于是有献计者，用骈桩列箔，贮土以限水，挽龙骨车以迁水，水已涸，土立焉。"而灞河则非"埽而堰之"不可。

《陕西灞浐二桥志》说明："灞河水势甚急，河身较昔年涨宽数十丈，水分南北中三路泛流，非归总一边，则钉桩无从措手。离桥东上游五里许，自南至北，斜筑堤一道（河道由东北流向西南），先淘深三四尺为基础，以稻草沙土，逐层筑起，成外坦内陡形状。计底宽一丈二尺（约 4 米），顶收八尺（约 2.60 米）。龙口水势汹涌，布袋数百，盛碎石于内沉下，乃易合口。再于堤外密布木桩，编柳条围护，引南隅之水北流。待南头工竣，再改堤外水南流"（图 6–1–6）。

灞桥施工用的"灰土堤"法，对防水措施煞费苦心。《陕西灞浐二桥志》记："筑灰土堤，高以二丈为率，堤根刨槽五、六尺，堤身露明一丈四、五尺，仿黄河走马堤势，外坦内陡，底宽二丈四尺，顶厚八尺，上下均折一丈六尺。每堤一丈，打土三十二方，每方宽厚皆一尺。里皮用灰土二步，每步计一尺，外皮用灰土五步，堤槽灰土二步，盖顶灰土四步。约堤一丈，打灰土十一方，素土二十一方。土工八锤八夯，四硪。……果真筑打如法，筑数百丈为一大块，无可乘之隙，而其底宽二三丈，即有搜根之水，亦不能遍地钻进，俾免数百丈一同倾圮也。又堤过于当冲，必须子堤头上离八九丈，另作水箭一道，逼溜向外。箭头宽一丈，尾宽五六尺，长十丈。水向外射，则堤不受冲突，可期永固。其箭头亦须用灰土包筑，与正堤周……不致有狼窝蚁穴也。"

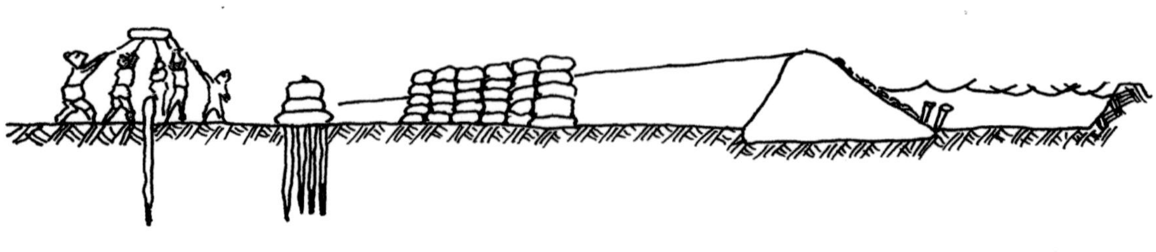

图 6–1–6
灞桥堰水图

万年桥和文昌桥的施工方法略同。

《文昌桥志》:“自金堤既复，水以全力注桥，非作堰分流，便无下手功夫。如修东岸则堰水归西，修西岸则堰水归东。中流则用人字堰，摆水归西边（图6–1–7）。其堰也，以大石叠砌两旁，钉木橛阑石，内编竹篓，囊沙实卵石，层垒而上，以出水为度。加长木高堰三尺计，节节围护。沙包以万计，仍不免冲刷，亟补筑之。若人字堰蓄水较深，木石沙包数皆倍东西堰。”

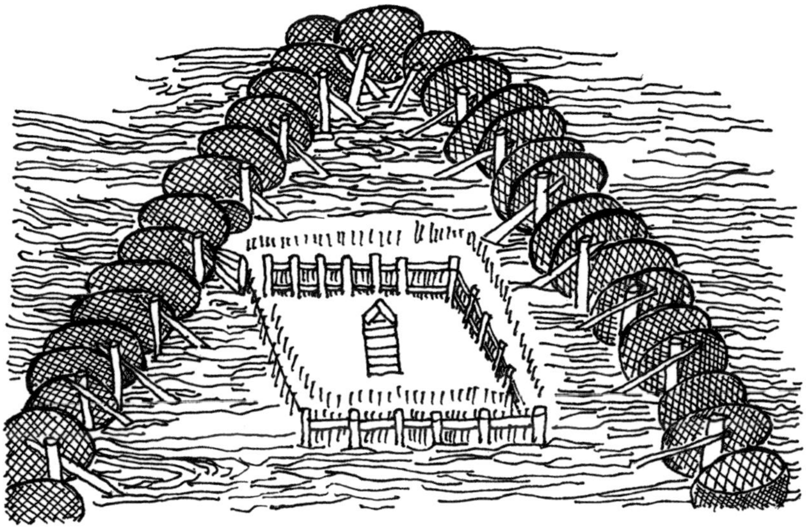

图6–1–7
堰水图

文昌桥的围堰是用透水性土壤所筑，看来对于完全隔绝水的作用不大。目的是引水导流，造成一个静水区，以防止冲刷，然后再在堰内作清基、装柜、抽水等工作，缩小防水范围。

万年桥施工时，因为作堰处正是盱水的主流，堰尚不足以阻挡水势，另筑堤阻水。《万年桥志》记:“在堰外加作堤埝。盱水自乾嘉后大溜改趋西岸……筑阻水堤一道，导江流过江中心，使西岸工程不受大溜冲洗，再筑堰、下柜。”所谓柜，乃是长方形双层木板桩填土围堰。其施工方法是尽量先预制装配好，将围堰拆成一个个长方形的单元，吊放下水，拼成整体，省却不少水中的工作，是极聪明的做法。“河既作堰以杀水势，则水之留者可丈许，乃置柜。柜柱六，横挺十二，其高视水，或一丈三四尺不等，广五尺五寸，长八尺。锯杉板作龙片，皆直插之，随河底高低而定。后布铁钉，内层密钉篾，以稻草包土塞其中，使泅水者入水逐包踏实，再糁土填满，舂筑坚固。遭渗漏加子柜，筑土如前式。每墩四面约柜二十个，内空四丈八尺（是外周，不是内空）加巨木纵横撑之，装水车八架，架八人踏之。”原书图文不合，改画见图6–1–8。

车水用水车，王凤䅳《名物通》：“江浙间曰水车名龙骨车”，当年只有这样的抽水工具。为了更好地利用现有设备的性能，采用了延缓水流，分级降水的堤、堰、柜措施，即使在近代施工中仍有必要。近代施工，因为钢板桩长度和强度的限制、抽水机抽水水头的限制，亦采用分级设防的施工方法。水抽干后，柜内工作便是干修。清理基底可较彻底，砌筑石墩基础和墩身工作亦能较工致。绝水打桩，亦较容易，且桩的标高较低，桥墩基础更为稳固。《文昌桥志》记在柜内打桩：“桥惟西岸三墩系石底，只用石上叠石，余皆沙底。沙负石必日沉，石必日缩，愈缩则愈沉，则倾之者至矣。故继以钉桩之工。水涸后排净泥沙，起清旧桩旧石，挖至铁板沙，用锥锥入，以验土石，量沙浅深以定桩，则每墩计桩七百有奇，取松木径六寸者为之。桩以行分，行隔五寸许，排如品字，以数十人举重椎之，至不能入而止，曰地丁桩。横桩之间曰楞，楞下短柱曰顶桩。隙处密布鹅子石，外用麻石周围培护，曰护桩。石桩上平铺松板，长一丈六尺，厚五寸，曰溜沙板，然后安放造墩脚石。此虽沙底而能与石底同固也”。

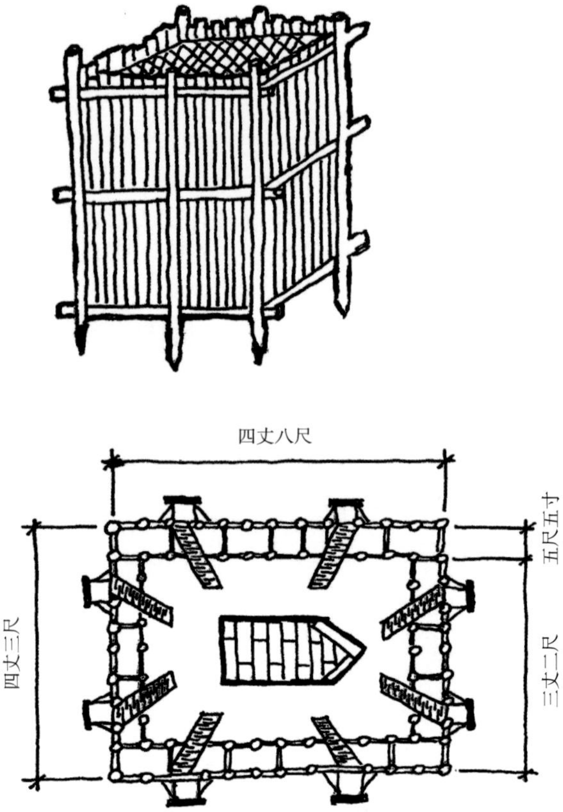

图 6–1–8
万年桥作柜示意图

灞桥在堰内绝水施工，挖槽、平土、打桩。打桩时用四台三脚架，上搭木板，环立四面，上立十六人，用铁硪摔打。铁硪是生铁厚盘，直径一尺二三寸，厚三寸，重约一百二十斤，周围预留32个孔洞，用生麻辫十六条穿孔系牢。人手一辫，抛硪击桩。

打桩用硪是河工用硪的一种。据说：“硪夫举硪，声扬则力齐，其音类莪，称之曰硪”。硪有墩子硪、束腰硪、灯台硪、片子硪等，统称地硪，以区别于水上施工用的云硪，地硪比云硪重二三十斤。“辫分长短，以长为佳，缘长则抛得起，落得重，自增坚固”（图 6–1–9）。

灞桥石轴柱打桩用木样板导向。每根石轴柱下共柏木桩 10 根，通过木导向板打在正确的位置上，以便准确地对齐并套入石轴柱最下一块石碾盘的预凿桩头

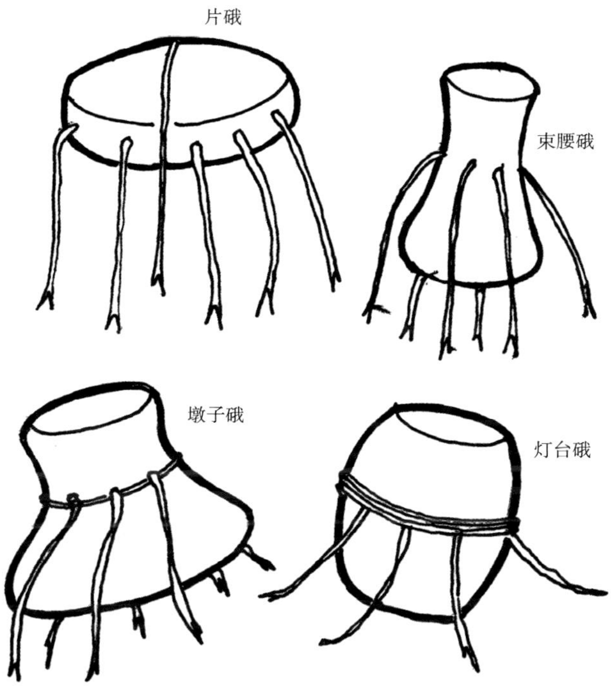

图 6-1-9
碶图

圆槽之内。《陕西灞浐二桥志》："钉梅花桩，以先钉之中桩一根为准。再以桩式套于中桩，按眼排插。惟迎水一株，凿眼通透，桩从眼中钉下。量礅盘透眼，与迎水中线尺寸针对，免有参差钉桩。顺时刻监察，非打破毛头，不准截锯，以防匠工偷减暗据。"又"安砌礅盘先将梅花桩按水平锯齐，稍有高下，则礅盘不平。先以厚木枋铺路，用矮车装运至槽口，将礅盘透眼对准，从桩上套下，再用墨线在两头中线拉直，与礅盘中线针对，于盘下桩头挨次摹过。桩有空虚处，用热铁片垫塞，务使根根着实，稍有活动，便倾侧不能稳固。"这些细致的工作，唯有干修才能做到。

三、砌筑墩柱桥台

桥墩的砌筑方法，《文昌桥志》所记为："砌墩即累石于溜沙板上，纯以乌石山麻石为之，石厚一尺，广与厚方，计墩脚砖石有十五层至十九层不等，出水山花墩皆以十八层为率，南向加金刚雁翅一座，锐其前以杀水势，即分水之尖墩也。凡墩必宽下缩上，以厚其基，碎里整边，以培其脉，网头络角，以固其膂。"这三条是砌石桥墩的普遍经验。具体的做法是："如墩脚直底四丈二尺，递减至三丈四尺或三丈六尺成器；横底一丈六尺，递减至一丈四尺成器，此宽下缩上之法也。缘边石皆长以丈计，囊石（即填在里面的石条或石块）可五至七尺，但不宜糁以沙砾，此碎里整边之法也。砌法：一纵一横，俱用石笋，犬牙相错。凡两石合缝处，凿如镜式，熔铁锭嵌入，又用卐字铁銈（同挂），互相勾连，锭重八斤，銈重四斤，此网头络角之法也。”

石桥墩身在将来泡在水中的部分应全部用石砌，不用石框内填土。虽然石框内填土或沙石，在干旱的峡谷桥梁或其他桥梁的水上部分可能是经济的，但其在水下往往会被水淘吸干净，容易冲坏和倾圮。

《金华县志》记通济桥：“明万历曾修桥墩石四面，实沙其中，以故刁咬于水，今则表里皆石矣。”

《万年桥志》记：“凡砌墩宜全部用石，不可内部填土，或石内杂以桩木。一旦土松木腐，中空如坛，即虚额圮，旧桥崩坏，可为殷鉴”。

《义邑东江桥志》：“石墩以前仅为石框中实沙土。嘉庆重修，墩中始塞以石。本届将旧墩拆下之后，概实墩腹，而空处皆以三合土灌满。”实际其所灌者为灰浆，即“石灰和水贮池中，黄泥即山泥另贮一池，以石灰水流入黄泥内，用人工调和以为水面桥脚填砌缝隙处合缝之用”。三合土则是：“以石灰七成，黄泥三成，再以河中沙石调和成饼，平铺桥面之用。”碎里整边，不过是求得既坚固又经济的办法。

《文昌桥志》的“网头络角之法”规定了锭和銈的重量。《万年桥志》则称：“锭銈不可过大，不必拘四斤、八斤之说，以锭銈大则凿石多，反不牢实。铁锭等均于火船上煅熟，就墩侧嵌装。铁宜炼熟，否则重而不坚”（图 6–1–10）。

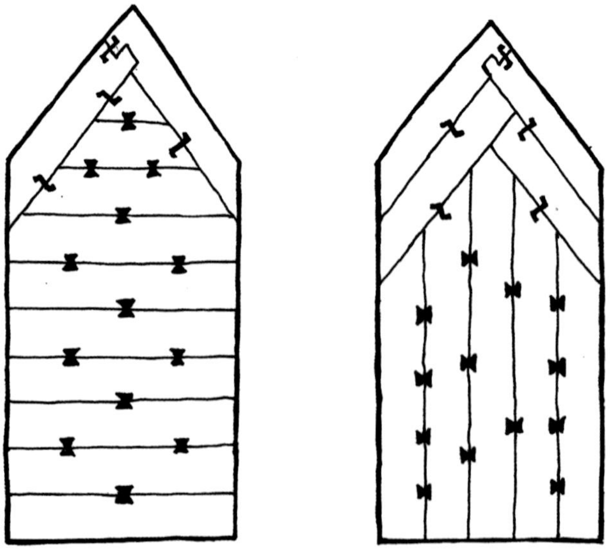

图 6–1–10
铁锭示意图

《河工器具图说》石工用铁件类型尚多，如锭，又称为鉼或笏。各个部分联结用铁各不相同："河工成规，凡闸坝面石，例在对缝处用铁锭，转角处用铁销，横接处用铁锔。均凿眼安稳，以资联络。又有过山鸟，备砌工转角之用。旧锔片铁片备塞裹石缝口之用"（图 6-1-11）。

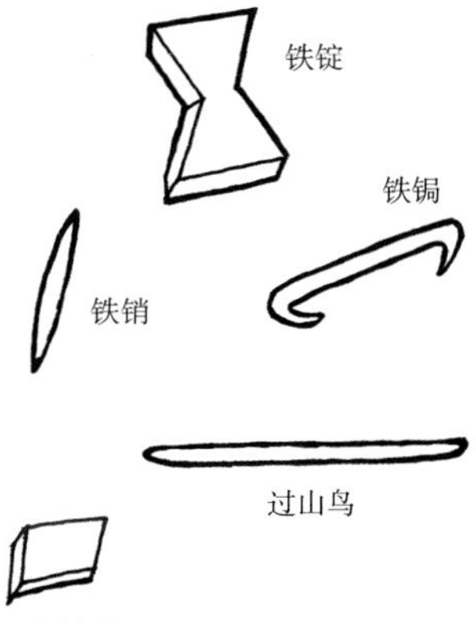

图 6-1-11
石工铁件示意图

石缝灌浆也有一定的工具。"铁勺用以挹浆……铁钩铁签用以探试石缝砖柜，使浆无沾滞，竹把用以抿腻缝隙，使浆皆充满。"石墩用石虽然六面做细，或称见光，然而一经排砌不能无缝，必用灰浆和铁件联结。通济桥用石灰黄泥灰浆，万年桥用石灰拌糯米汁为合缝胶灰。

灰浆和三合土的应用，起源很早。《事物原始》称："夏（前 21~ 前 16 世纪）臣昆吾作石灰"。《唐六典》记："南河石工，后槽例用三合土，系以灰土及糯米汁填成"。《河工器具图说》记糯米汁的制法是："其法先以木桶加锅上，接口熬炼糯米成汁，随时用爬推搅，不使停滞。用瓢酌取，验视浓淡，候滴浆成丝为度。然后贮以瓦缸，备石工灌浆及拌合三合土使用。"

灞桥石轴柱的砌筑，方法又不同。《陕西灞浐二桥志》："安砌辘轴，以板铺路，用矮车运至槽口，对准碾盘中心卯眼，先以糯汁牛血，拌灰锤融，每层约用灰石五十斤，填卯眼内，将铁柱安入，再用木棍将辘轴四面撬起，对准上下卯眼，平平放下。底有不平，铁片填塞，以免动摇"（图 6-1-12）。"砌第二层辘轴，

图 6-1-12
石轴柱联结图

其势渐高，须两边搭架横头斜搭大木二根，以厚枋板从上而下，铺至地平。将辘轴放倒，下用木棍垫住，上以麻辫挂住，渐滚渐送，至已砌辘轴上放平，仍用前法安放。第三和第四层均照此法。”

胶结石轴柱用糯米汁、石灰和牛血为三合土法，不用沙土而用牛血。疑是增加其塑性，这种胶结方法，在砌筑拱券时亦有应用。

桥台石工的砌筑和桥墩相同，但台后填筑，很费功夫。石后有砖，砖后有三合土。

三合土的做法是：“用木杵拌合桶内糯米汁和灰土，用花鼓槌、拍板，均为填筑三合土用。其法先槌后拍，退步缓打，每坯以千百计，后土面露有水珠为度，俗名‘出汗’。自后再加二坯，自臻坚实矣。”

《清・官式石桥做法》在桥台背后砌砖，砖背后填筑三合土。“灰土厚度以步数论，每步虚土一尺得实厚五寸。”其做法是在夯筑过程中加入糯米汁，不是先做成三合土坯。其步骤是先打旱活，即干填灰土，没有水或糯米汁。在一定厚度的旱活夯毕，“水七层，泼糯米汁一层，次水三层，俾糯米汁易于渗下，然后接上虚土，再行筑打。”

筑打的工具也不相同。《陕西灞浐二桥志》称：“凡修建石工，石后砌砖柜，砖后筑灰土，以期坚实。但筑打灰土，若用硪工，硪系抛打，未免震动砖石。是以旧时用‘壮’（图 6–1–13）。其制琢石为首，上方下圆，四隅有眼，各系麻辫。上安木柱，长六尺。柱顶有四铁圈，紧对‘壮’隅。以绳绊紧。柱腰四面有木鼻。用时四人对立，各执其一，再以四人提辫，齐提齐落，然后用夯及木榔头扑打，则灰土成矣。”

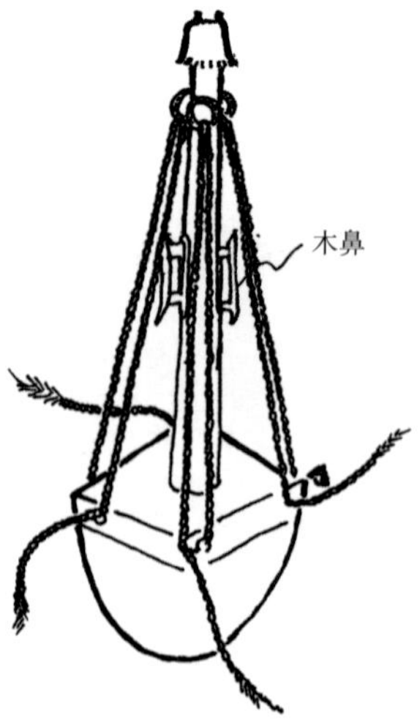

图 6–1–13
石壮示意图

乾隆时，曾在芦沟桥下南北两岸，用糯米汁拌三合土建筑河堤数里，想来即用此法。

第二节　石拱桥施工技术

我国石拱桥，技艺精巧，其施工经验亦多独创之处。

三折边石拱桥是石拱桥的早期形式，结构用一块（或并列数块）平石，左右各一（或并列数块）斜石，搭架成桥。交角处或有或没有横向联系的角石。角石断面，或作长方形，或作梯形，或作五角形。斜撑石下端或以榫卯的形式与桥台帽石相连；或将帽石开槽，嵌入斜撑石。角石与斜撑石一般以榫卯结合。中间横梁石往往只嵌落入角石，横梁石上，直接行人畜或车辆。

石拱桥的施工技术，是指墩身以上，包括拱券和拱上建筑的施工方法。现按施工顺序，分述如下。

一、拱　架

拱券砌筑，先立拱架。在拱券尚未“尖拱”（将拱石挤紧抬起）和装入龙门石（拱顶石）以前，拱石是砌放在拱架之上。

石拱桥的拱架都为满布的木架。《清官式石桥做法》称为“材盘架子”，或称“券子”、“券仔”，“券子系用柱子、缯（即层）梁、桁条、顶梁、拉扯戗木、蝼蝈梁、撑头木组成。这是一种用顶桩支承在河床海墁石的脚手架。无河底海墁石的拱桥，有的即支承于河中桩头上（图 6-2-1）。

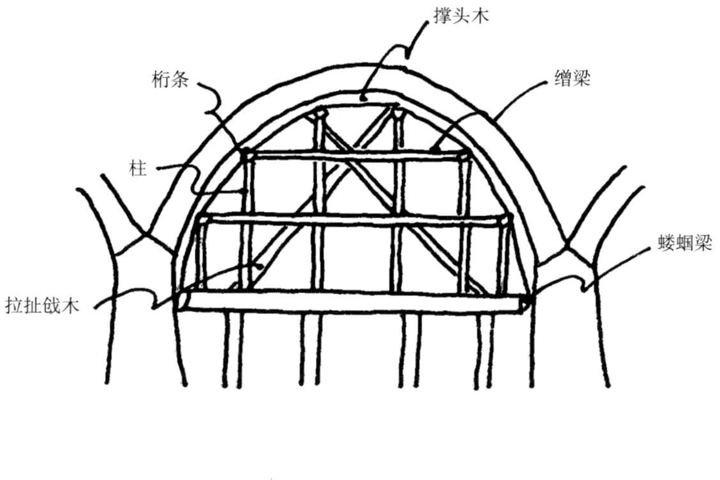

图 6-2-1
材盘架子图

陕西三原池阳龙桥石拱的砌筑，见元代所绘《创建池阳龙桥图》。桥下筑堤堰水，石墩之间，立起架式的木拱架，在桁架、撑头木之上，还密铺有圆木。

《文昌桥志》所记的拱架是："骈瓮架木如瓮式，有过江梁（即缯梁的最下一根），梁有短柱，有顺水枋（即枋条），枋有弯桅（即撑头木）。既合龙，皆脱之"（图 6-2-2）。江西南城万年桥的拱架也是一样。

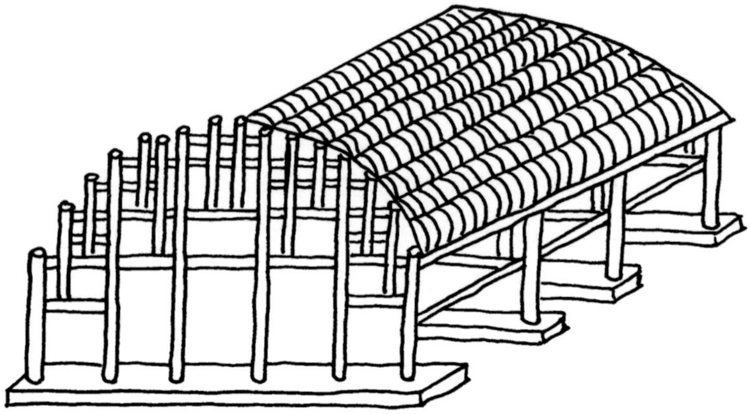

图 6-2-2 骈瓮（江西文昌桥拱架）

因为这二座桥施工时桥下有水，所以拱脚支承在桥墩金刚墙预留的卯眼之中。所见很多石拱桥，在拱脚以下有孔洞或凸出的石块，均是支承拱架的遗迹。

多孔石拱桥，为了求诸孔拱脚线齐平，《文昌桥志》记："初以风静波平之日，牵过江线以正梁眼。若分寸争差，则左右升降之，此即他日平面所由基也。每瓮为梁四，木必盈抱，长四丈六尺；为枋十六，长二丈二尺，径七寸。为桅长短参差，共四百九十有四，外圆内方，镶枋之两傍，附瓮，弯折如木瓮然，乃砌石"。

中国式的拱架梁是梁柱起架结构，不利用斜撑桁架，因此梁木"必盈抱"，这是缺点。

在通航河道中施工，有时需留出航道，以便架设空心拱架，如近代修复苏州五龙桥时所用拱架（图 6-2-3）。在川西北宝兴曾见到四川省公路局修筑石拱时所架的拱架，木柱集中支承在二只留出中间水道的木框石笼上，桥跨 70.00 米。这是利用我国古代石笼桥墩的施工方法的实例。

图 6-2-3 苏州五龙桥拱架

某些地区砌筑石拱，利用冬天河道干涸，即将河床内沙卵石堆筑成拱模，称为“土牛”，在土牛上砌拱。这或是传说中鲁班“砂堆亭”的遗制。1959 年，著名的延安延河桥仍旧使用这一方法施工。

小跨度的拱，如墓葬中的筒形砖券顶，有一段筒在瓮架上砌成之后，留出插口，以后就不用拱架，悬出嵌砌，直到全筒完成（图 6-2-4）。现在的泥瓦工人尚能掌握这一技术。据告，收口处筒径较起砌处略收小，砌券便是成功的。这是无脚手的施工技术，在大跨度石砌拱桥上尚无应用。近年国内的预制钢筋混凝土砌块拱，已发展了无拱架施工。

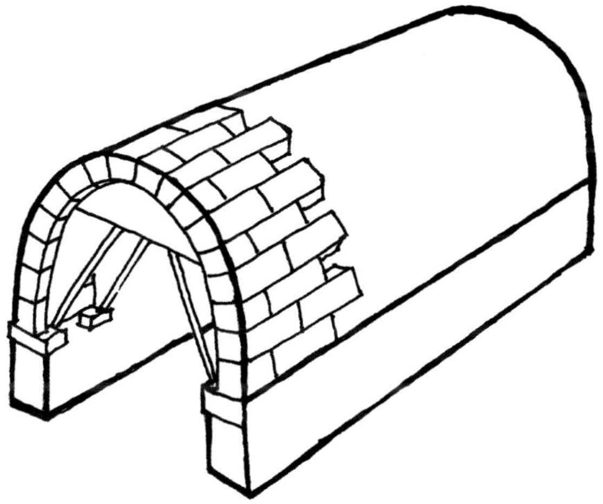

图 6-2-4
悬出砌拱示意图

多孔连续拱桥砌拱的次序如何？厚墩连续拱每个桥墩可以单独承受拱的推力，哪一孔先砌后砌都没有问题。也可以只备一套拱架，从一岸向彼岸逐孔伸展，可是为了缩短工期，需备几套拱架按合理的次序砌筑，以求在经济合理的基础上安排施工组织。文昌桥共计 12 孔砌筑的次序是：“其工先七、六、五瓮，次四、八、九瓮，次十、十一、十二瓮，次一、二、三瓮，以半年告具。”准备了三套瓮架，由桥中河道部分向两岸浅滩推进，倒用四次，每次拆、装、砌花费一个半月，速度不为不快。

二、砌　　拱

石拱桥称洞券或瓮，所以砌拱称发券或骈瓮。《清·官式石桥做法》中拱券石各部分的名称为：“券石，或曰瓮石，有券脸石及内券石二种。露于券洞迎面者曰券脸石，或曰券头石。其正中一块曰龙门石，或曰龙门券，或曰兽面石（又谓之戏水兽面），常刻作吸水兽（或作喷水兽）。其在券洞内部者曰内券石。内券石正中一路，因与龙门石相对，故亦曰龙门券。”

每块券石的尺寸，因在圆弧上，石块成扇形，清《官式石桥做法》中载有一定的计算方法，术语多而难记。民间匠师，有时也用足尺放样来量得。

券石的加工方法，清《官式石桥做法》中为：“券脸石五面做细，占斧，下面打瓦陇，迎面扁光。内券石五面做细，下面打瓦陇，外面做锯齿阳榫。”

拱券的砌筑方法，主要是并列砌法、横联砌法、分节并列砌法及派生出来的其他砌法。

赵州桥的拱券是并列砌筑。一条拱肋中拱石和拱石之间的联结，《赵州桥铭》称：“仍糊灰璺，腰铁栓蹙”，是用灰浆和锭铁联结。解放后文物局大修赵州桥时报道“全部石料都用白灰或泥浆砌筑”，在拱肋方向的联结是十分坚实的。但诸拱横向的联结则殊为不利。

江西庐山栖贤寺三峡桥是宋大中祥符年建造的，虽拱跨仅 10 米，拱肋也是并列砌筑。每条肋中拱石之间，用凹凸接口，全桥共计四种接头。拱石的制造加工较为复杂。

苏州普济桥、杭州拱宸桥、山东兖州泗水桥等桥梁，多采用分节并列砌法。在每节中，并列的拱石长度较长，约七八十厘米至一米半，宽六七十厘米，厚三四十厘米，形同朝笏。上下端都琢有阳榫，二层拱石之间，横插一块与拱洞同宽的横条石，称为龙筋。横石二侧凿有卯槽。这是对并列拱券的改进（图 6-2-5）。可是这一种砌筑方法，对石料的加工要求比较精确。因为一排几根拱石，支承在同一横条石上，若有参差，横条石受力不均，可能会裂损。一般砌拱用石灰、糯米、牛血做胶结材料，如此则可以调整一下石料的接触面。

目前最普遍采用的是横联砌筑。即用长方形石条，两节拱石之间相互错开，石端不作榫卯。

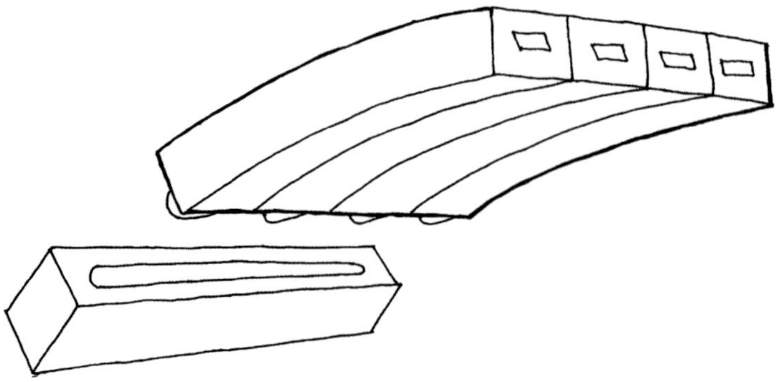

图 6-2-5
分节并列拱券榫卯

从拱石砌放的程序而言，根据近代理论，为了避免拱架过大的变形，拱石不能从拱脚处向拱顶顺序砌放，而是按引起拱架最小变形的顺序砌放。中国古代拱桥的施工中，未见有这样的说明，大概因拱跨不大，赵州桥也仅只有 37 米，所产生的影响是微不足道的。

拱石排到拱顶，留下龙门口一条，最后进行合龙。

三、尖　拱

所谓尖拱，是后期发展起来的合龙技术。合龙的方法是将硬木楔用木锤锤打入龙口，使各拱石逐渐逼紧，两边隆起，脱离拱架（图 6-2-6）。《文昌桥志》称：“空其中一石以待合龙，一石紧，则全瓮之石皆紧矣。”如楔下而两边并不隆起，即尖不起来，则认为砌拱工作失败。失败的瓮，须拆除重砌。在下木楔的时候，能将拱券石的弱点概行暴露出来，如变形、破裂和不密合等，这些都是隆不起来的原因。

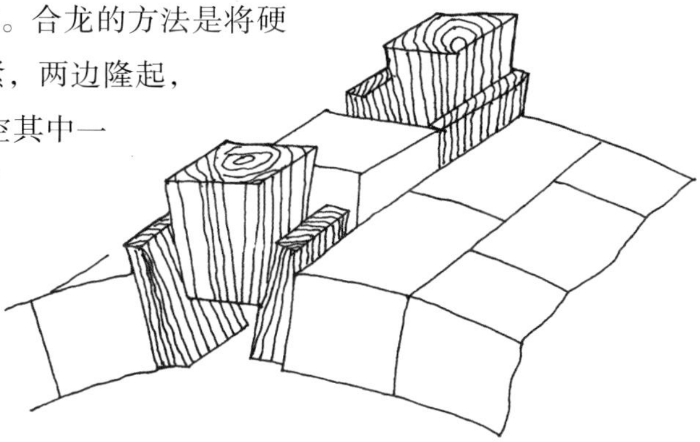

图 6-2-6
尖拱示意图

我国石拱桥多半是半圆形拱，或略超过半圆的拱。尖拱的时候，须在相邻的拱脚叉口处（俗称裤裆口）将撞券石砌高到净跨缩短十分之一处，否则尖不起来（图 6-2-7）。

拱石和拱石之间的联结有干砌和胶结，从尖拱的角度来看，干砌对尖拱影响

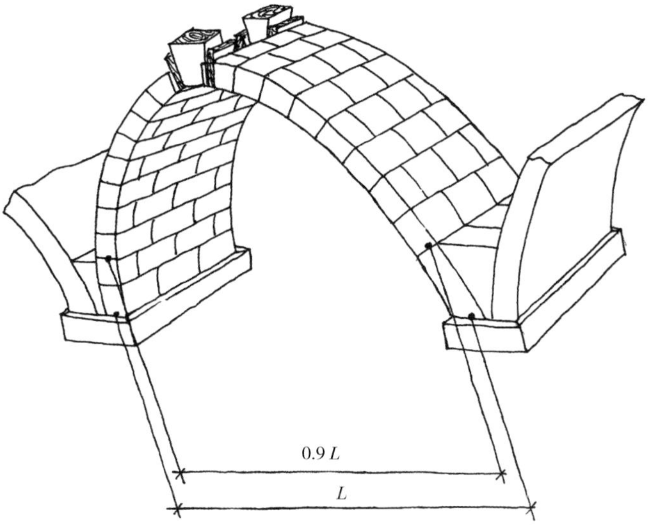

图 6-2-7
砌撞券尖拱示意图

不大，可是石块琢磨要求精确。胶结则用糯米、石灰，或再加牛血的三合土，在尖拱工作中起一定作用。砌石时已用了胶结，直待尖拱，这胶结物质尚需有一定的塑性。否则楔紧石块尖拱，会使已结硬的灰浆压碎，影响以后拱的强度。塑性的胶结物，在尖拱过程中自会调整厚薄，填满石缝。石灰、糯米、牛血的三合土结硬之后，强度竟可达花岗石的硬度，并能承受一定的拉力，使拱券更为坚固。

拱桥的尖拱技术只适宜于横联砌筑的石拱。

某些著作曾猜想赵州桥和所有并列砌筑的石拱可以分条合龙。合龙后可以减少拱架压力，拱架可以做得轻巧些，或甚至可以用较窄的拱架分券砌筑。一券合龙，移动拱架砌其他券。

根据 1953 年修复时所见赵州桥的龙门石，每券都和拱肋同宽，则单根拱肋无法在合龙木楔尚存在的情况下楔入龙门石。只能在木楔楔紧诸石之后，拔去木楔，再楔入龙门石。这样拱石便脱离不了拱架，也减少不了拱架的材料。若说拱架尺寸可以只用和拱肋同宽或略宽，则待单根肋合龙后，必须脱下拱架和移动拱架。以赵州桥为例，拱肋宽由 25~40 厘米，拱肋弧长约 41 米，横向稳定不够，所以单独去尖一根拱肋也是不可行的。

分节并列的拱券，因为拱石有榫卯，自无法采用尖拱的方法。其砌筑方法是拱石在拱架上，先用木楔，从拱脚石以上各拱石的端部逐步增垫，以使拱石在龙门口的尺寸可以容纳龙门石放入并列石榫口之间。以后即撤去楔木，拱石下落，各榫卯都能套上。或者仅在拱顶左右的并列石端用楔块垫高，以张开龙口。此法也可先用木楔楔紧诸石，再取出木楔龙口合龙。

拱合龙后，在拱背石缝间用油灰嵌填，以防止雨水侵入石缝，长年累月融解拱石中的石灰质，并使石质风化。在拱背上防水，是防水的一个方面，要配合拱背填筑防水和路面防水，方能使拱桥更为完美。

从结构优劣和施工技术分析，并列砌筑拱肋只是石拱发展中的一个阶段，后来逐渐被分节并列和横联所淘汰。

四、压　拱

在分节并列砌筑的石拱桥中，由于拱石有榫及槽，不能尖拱，在拆去垫木后，靠拱石自重下落合龙，其刺压力，即拱石中所产生的压力不合适，不能使拱板石密切砌合起拱的作用，于是采用“压拱”的方法。

压拱是分段在适当的地位先于拱背压重，使拱石密贴，然后再砌筑山花墙和填满拱上。

罗英《中国桥梁史料》一书中，在分析苏州灭渡桥的静力计算之后，得出压拱的重量和压拱前后拱石内的刺压力曲线。压拱后的刺压力，都在拱石截面三等分之中。

五、砌筑拱上结构

满腹式拱桥拱上结构是二道石砌的墙，内填砖或灰土。因为该墙和拱券相接，清《官式石桥做法》中名为“撞券石，即桥身两边自金刚墙上皮至仰天石下皮间平砌石的统称……”每块石五面做细，迎面占斧，背面做糙”。南方称“山花墙”或“肩墙”。左右二拱间的山花墙称为“马鞍”或“裤裆口”。这二垛山花墙的砌筑方法，南北亦有不同。

清官式石桥因为内部填砖，撞券石并不承受多少向外的水平推力，所以撞券力是简单的错砌石墙。

南方诸桥内填土。《文昌桥志》记：“砌十二瓮券毕，瓮之两旁缺口处，俗名裤裆口，筑山花墙二座，各宽六尺，高一丈，累石如山字。中路八尺阔，两边横排红石，煅灰布土，杂鹅子石筑之。加麻石平其面，而桥工毕矣。此非以沙土糁其中也。山花墙距水有八九尺，则不患其湿，而患其燥。土可养石，灰可胶土，鹅子石又可作灰土之骨，故加此一层筑法，其费更倍于石，而桥之能事亦尽于此。”所谓煅灰土，是把没有受潮的生石灰敲碎并研成末，然后和砂土、杂卵石料合成三合土，用以填筑夯实。嗣后三合土吸水分化，就是所谓“不患其湿而患其燥”，使体积略膨胀，久后又化合成石灰石，起到“胶土”的作用，使拱背填土成一整体，并有一定的强度和不透水性。

填筑灰土的拱上结构，山花墙承受较多的水平推力，砌筑采用“钉靴式墙”方法。

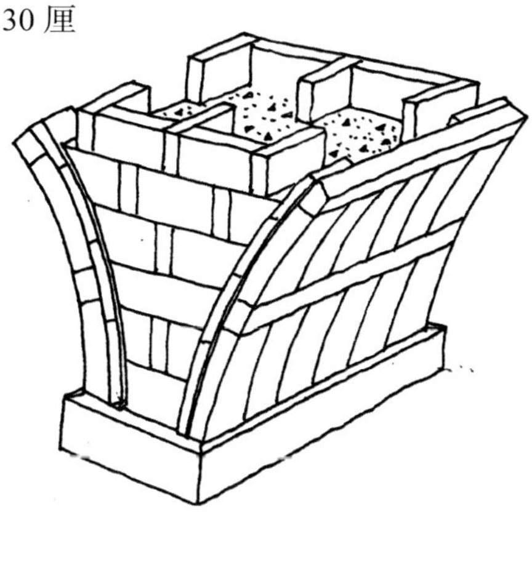

图 6-2-8
钉靴式山花墙示意图

钉靴式墙（图 6-2-8），就是用同样尺寸的条石，例如 30 厘米 ×40 厘米 ×150 厘米，一丁一顺砌筑。外墙平整，内墙成钉靴形，边砌边填灰土，近于有锚着式的挡土。

另一种不用于山花墙而多半用于桥台的翅墙或边墙的是“蜂窝式”砌法，该法采用比如 40 厘米宽，10 厘米厚，约长 1 米的石板，石板宽面竖立。每隔一块或二块竖立石板，嵌砌一块横向竖立石板，石端与墙面平齐。次层石板平放。如此轮流砌置，一如“一斗一眠”式空斗墙，但墙内侧无斗壁，形如蜂窝。在砌墙时，内部同时填土，并夯实（图

6–2–9）。

尚有特例的做法，如安徽霍山县九孔石拱桥，拱上无填土，满布条石。条石上筑泥结碎石桥面。这样做法，用石料较多，所以实例甚少。

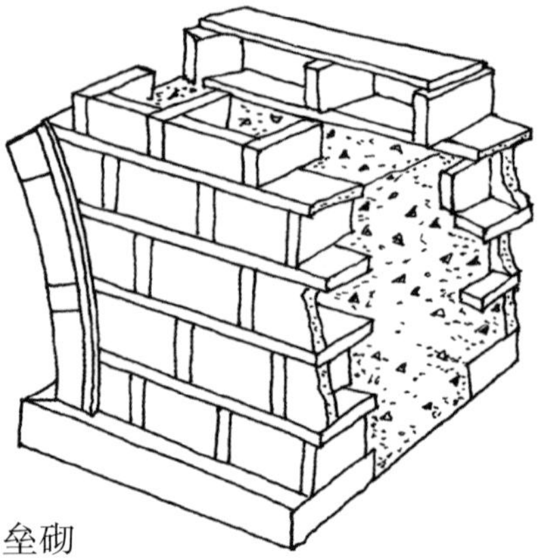

图 6–2–9
蜂窝式翅墙示意

分节并列石桥砌法，用肩墙、间壁和长石系梁来代替。肩墙砌筑方法采用钉靴式。近墙顶下 1 米左右，用长条系梁石一对，架于拱中心线两边对称的地位。还有一对在墩顶处，都平置连系两边的肩墙。梁的两端伸出墙外，与肩墙砌结牢固，伸出端有时便作些艺术雕刻处理。在墩或台顶上，垒砌一条长石为间壁基石。在基石上竖立一排长石板，下端插入基石，上端嵌入石系梁底面的卯槽，与肩墙构成四面围圈的石室，中填灰土，与拱石共同作用。拱上建筑完毕，铺砌桥面，装置栏杆，石拱桥完成。

第三节　中国对世界古代桥梁技术的贡献

有 2 000 多年历史的中国石拱桥，已经发展到遍及全国，能适应各种不同的地理地质条件。在规模方面，单跨 37.02 米的敞肩圆弧石拱桥——赵州桥，其桥跨纪录在世界上维持了 600 年，在中国则达 1347 年，直待 1953 年的石太线铁路桥，继之 1960 年公路桥才予以打破。

我国桥梁建筑不但有悠久的历史，且在秦汉以后，新颖类型、奇伟结构，更多创造发明，只因历代在封建统治之下，轻视劳动人民的成就，即有若干记录，亦多简略不详，建桥技能多失传，而桥工哲匠的姓名更湮没不彰。兹就可以查考者举例如下。

汉有马宪，监作石桥梁柱。

隋有李春，首创敞肩石拱桥。

宋有向拱（961 年），修河南天津桥，锐石墩前端以疏水势，用铁鼓络墩的纵缝。

樊古师建筑采石矶浮桥（970 年），以丝绳渡江之广狭，其精确程度不亚于现代的仪器测量。

两岸累石，以大木数十贯，加无柱的飞桥于洋水（1032 年），历五十余年而桥不坏，宋青州牢城废卒发明。

种蛎房以固桥基，宋蔡襄（1059 年）修建泉州万安桥的创作。

朱勔、梁师成等（1101—1135年），俱以搬运巨大沉重的花竹石，无须机械，赐号“昭功敷庆神运石”。

张中彦作汴河上浮梁（1086—1125年），手制寸许小舟模型，以教匠造，后以舰毕功将发，治地势布秫稭，乘霜滑曳而致诸水。

唐仲友建中津浮桥（1180年）先作模型试验，为我国桥工史上水工试验的开端。

宋释道询（1255—1258年）募建四百余丈长的泉州凤屿盘光桥、弥寿桥、獭窟屿桥和青龙桥，都系闽中著名的石桥。

此外宋僧怀丙以舟实土，利用水的浮力以起铁牛，与现代水利学原理相吻合。

喻皓著《木经》三册，李诫著《营造法式》三十六卷，考古证今，尤推绝作。

陇东的土桥在施工中采用了木椽把边、芦苇压腰，类似当代的夹筋挡墙技术。这种施工方法比国外夹筋挡墙技术提早了近一个世纪。

桥墩台上铁柱的应用。桥上建亭，桥面必须具有相当的宽度，因此木柱就得加多，不免增加施工时的困难，有时还不能达到十分稳定的要求，有些地方就使用铸铁柱或锻铁杆来代替木柱。在秦始皇时代似已使用过铁柱。赵县安济桥桥台和拱脚有铁柱相连，柱6厘米见方，石面露出部分高1米。铁柱位置在主拱券石一侧的刻槽之内，南拱脚共发现五根铁柱痕。据各省通志所载，使用铁柱墩的桥有“山西河东道洪洞县，广胜寺前平政桥下有铁柱十一，为洪、赵两县分水处”；又“冀宁道壶关县有断筋桥在桃园梯山径绝壁间，融铁为柱，铺石其上”；又“江西浮梁县臧家湾有铁柱桥，里人臧洪铸铁柱十二，架木为梁，后铁柱坏，邑人戴弁重砌石桥，易名宁济”；又“四川峨眉县北有铁桥，旧名通泰桥，跨符文水，明成化初知县李祯以铁铸桥蹬，因名”；又“江苏泗州五河县东南二里有古铁桥，淮河中流水涸则两旁铁柱出焉”又“云南宜民县城北三十五里有普济桥……甃以巨石，灌以铁柱，造为长桥，中分七孔，高三五丈，长三十丈许……”这些都是铁柱桥的实例，不过因铁柱墩重而难举，且造价甚昂，所以后来没有推广使用，仅有此记载而已。

20世纪50年代后，国内石拱桥急剧发展，探索新的桥式，合理的计算方法，简化的施工措施，桥跨增长到112米。

20世纪60年代开始，化整为零，便于施工的钢筋混凝土双曲拱，席卷全国中小跨桥梁，几乎取石拱桥而代之，并推广到国外。

20世纪70年代大致上是停顿的年代。

20世纪80年代起，改革开放，桥梁起了更大的变革。桥梁建设更多，跨越能力越来越大，各种型式的国外桥梁新结构，不断被引入而生根开花。特别是索结构，雄踞近代桥梁的魁首。

近现代桥梁施工技术的发展，石拱桥是不是说可以淘汰了呢？

一、石拱桥的缺点

1. 桥跨受限制。目前最大跨为 2000 年 7 月建成的山西晋城丹河大桥，主孔净跨 146 米，矢高 32.44 米，桥面宽 24.80 米，桥高 80.60 米。虽然这不是极限，但目前还没有超越 200 米的。

2. 目前石料的开采和加工，几乎都是手工操作，劳动强度大。虽然山区不缺乏熟练的石工，可是农村经济的发展，使人们逐渐失去对该项古老职业的兴趣，继承者日趋减少。

3. 石拱桥施工脱离不了拱架。虽然可以以钢代木，削弱了就地取材的优势，增加了运输困难。

4. 石拱桥对基础的要求高，并非随处都有适合于大跨度石拱的地质条件。

5. 因手工操作，施工时间一定较长。

二、石拱桥的优点

1. 理论上讲石料随处都有，俯拾即是，只需开采、加工，无需冶炼，成本较低（现为保护生态资源，封闭采石场，使成本增高）。

2. 石质强度极高，色泽众多，晶理闪烁，为近代混凝土所不能企及。

3. 石拱桥的造型是灵活多变和美丽的。采用一些时代的技术，亦能显示出新的力量。即使桥跨仍不会太大。如能达到 200 米左右，已是足够。桥在精巧，不一定仅以跨长作为唯一的标志。世界上多的是中小河流，这一领域仍是十分广阔，并且，在这一跨度范围内，石拱桥比较经济。

4. 一旦建成，不需很多保养工作。

5. 耐久性高。不论干砌或中国式的用石灰、糯米汁浆砌的石拱，只要设计得当，则少可三四百年，多能达千年而巍然独存。

6. 石拱桥行车舒适、几乎没有风振、车振等影响。

综上所述，石拱除了山区始终保持着一定的优势外，继续采取一些改革，如用近代的基础设计施工技术，合理可靠新型的整体布局造型，精巧灵活的功能组合，更多的机械化开采和加工、架设等，包括今天已只是欣赏古桥的南方地区，仍可建造新的石拱桥。石拱桥显然仍有其广阔的天地。中国石拱桥技术中很多宝贵的经验，在今仍可发扬光大。

第三篇

西方石拱桥

第七章 古罗马时期石拱桥

第一节 西方石拱桥起源的探索

西方关于拱的起源，也是猜想很多。天然拱和自然落石就是其中的实例。

大自然中的一些天然石拱恰好位于悬崖顶，成为可以供人通行的天然桥梁，俗称天生桥。位于美国犹他州天然拱国家公园（Arches National Park, Utah）（图 7–1–1），其跨度达到 88 米。图 7–1–2 为美国犹他州（Utah）的彩虹天生桥（Rainbow Natural Arch），是一座横跨同一实体悬崖的活石桥，展示出与峡谷四壁的完美统一性。同样，许多人工建造的古石桥的最大魅力就在于使用了单一材质，那种经过岁月打磨而呈现圆润的本地石料，从而使桥梁和环境融于一体。

图 7–1–1
美国犹他州天然拱

图 7-1-2
美国犹他州
彩虹天生桥
（*Bridges* 第
54 页图 30）

拱是主要承受轴向压力并由两端支点推力维持平衡的曲线或折线结构，是人类在结构领域最早、最伟大的发明。拱结构有 3 个基本要素：主要承受轴向压力；两端支点除有竖向推力外还有水平推力；拱圈呈曲线或折线状。拱桥是指在竖直平面内以拱作为主要承重构件的桥梁。

西方桥梁界普遍认为：在有可靠的历史文字记载以前就有拱；不可能定出谁最早使用拱，有，也是研究者的各种推测。

意大利古国的伊特鲁斯坎人（Etruscans）和东方人在罗马人之前即具有造石拱桥的技巧。他们建造了穹形下水道和沟渠。

西方人认为叠涩拱（Corbeled）是真拱之源。

前 3000 至 4000 年（中国五帝之后，尧舜之前的氏族公社时期），埃及金字塔（Pyramid of Gizeh）中有叠涩拱。

前 2900 年（中国五帝之后，尧舜之前的氏族公社时期），底比斯（Thebes）废墟中有粗糙的砖拱。

前 2560 年（中国五帝之后，尧舜之前的氏族公社时期），埃及的胡夫金字塔（Pyramid of Khufu）入口（图 7-1-3）即是一个简单的叠涩拱结构。

图 7-1-3
胡夫金字塔入口

前 1540 年（中国商朝时期）的底比斯（Thebes），墓葬中亦曾发现真拱。

前 1300 年（中国商朝时期），巴比伦（现伊拉克境）人在下水道中造尖砖拱。

前 1300 年左右（中国商朝时期），迈锡尼城周围散布着十来座圆形陵庙，其中最重要的是所谓的“阿特柔斯宝库”〔Treasury of Arteus〕，又称“阿迦门农墓”〔Tomb of Agamemmon〕，是史前希腊最高贵的建筑遗存之一。门前有一条从山坡上开出的露天通道，长 36 米，宽约 6 米，通道两壁以整齐的石块砌筑而成。墓室入口高 5.5 米，用整块石头做过梁，石梁上面有一个三角形的开口，在没有拱的时候其功能也是达到减轻上部结构对横梁的压力的作用。

图 7-1-4
阿瑞凯比克桥

前 1300 至前 1190 年间（中国商朝时期），在希腊迈锡尼附近的阿瑞凯比克桥（Arkadiko Bridge）（图 7-1-4）。该桥长 22 米，高 4 米，跨度约 1 米；桥梁上窄下宽，顶宽 2.5 米，底宽 5.6 米，类似现代的拱涵。同时代修建并保留至今的类似石拱桥，一共有 4 座，由本桥向西走 1 公里左右，就还有一座。这几座迈锡尼石拱桥样式很接近，都非常简陋，石块没有被加工的痕迹，修建时人们对拱可能并无意识，如同现在的乱石拱。

古罗马时代以前，意大利的伊特鲁斯坎人（Etruscans）曾用过大量的叠涩拱，偶然时也用真拱，罗马拱就由此而来。

埃塞俄比亚的麦罗埃（Meroe）岛上的金字塔中，发现有红砂石的真拱，真实的拱桥用石头或砖头通过叠涩的方式将接头合在一起而砌成，证明这种建筑方法至少在前 18 世纪就被知晓了（图 7-1-5）。因此，有些权威认为埃及人从埃塞俄比亚人处学得真拱的技术。

（a）原始的叠涩拱
（b）现实的拱桥

图 7-1-5
拱桥的原始类型（手绘）（*Bridges* 第 57 页图 33）

幼发拉底（Euphretes）和底格里斯（Tigris）河夹峪的居民，也很早就熟悉造真拱。

因此，古埃及或两河领域的古巴比伦，都可能是拱的最初发源地，原始状态的石拱（乱石拱、叠涩拱），最早可追溯至 3200 多年前的人类文明初期（希腊史前文明）。

因此西方推测，约在前 1800 年就知道拱。亚里士多德（Aristotle，前 384—前 322 年，中国东周时期）曾说到拱顶石支持“抵抗各方面来的力量”。通过“各部分相对立形成的阻力”而谈到支撑该结构的拱顶石，故而世人才知道了这种拱桥。

现在有实物为证的拱结构，最早可以追溯到古罗马，所以现在一般认为是古罗马人发明了拱。古罗马人是欧洲的第一批拱的建造者，也许是世界上第一批建造者。他们完全欣赏地利用了拱门、拱顶和圆顶的优点。古罗马人在石拱建筑上曾经创造了辉煌的成就是有目共睹，也是世界公认的。罗马人自从前 2 世纪开始，修建了大量的石拱建筑，涉及桥梁、渡槽、浴场、寺庙、宫殿、陵墓及后来的教堂等工程，这些石拱建筑无论是从数量、规模，还是精美程度，都是同时代的其他民族所无法比拟的。古罗马的建筑，拱无处不在，说古罗马人创造了拱，亦无可厚非。随着罗马帝国的崛起和扩展，石拱结构在欧洲、北非、西亚等地传播，被应用于各种建筑工程之中，成为与人们息息相关、喜闻乐见的土木结构形式。

而且，一座优秀的拱桥或拱建筑往往是一个地方、一个时代文明的见证物。

石拱桥是用天然石料作为主要建筑材料的拱桥，具有美观和承重一体的作用。在石拱桥发展的早期，生产力发展水平十分低下，其发展比较缓慢，这一时期的石拱桥设计、建造以经验为主，结构型式以圆弧、实腹式拱桥为主。文艺复兴时期以后，特别是 18 世纪工业革命以来，科学技术长足进步，桥梁建造逐步走上了科学的道路，数学和力学逐渐在设计中起主导作用，设计理论臻于完善，结构型式多样化，摆脱了上承式实腹拱的单一模式，使拱桥的表现力更加丰富。

石拱桥从出现到 19 世纪初，一直是桥梁最主要的结构型式，欧洲中世纪石拱桥跨径一度达到 72 米。19 世纪以来，随着钢铁和混凝土的广泛使用，石拱桥的比重逐渐降低，20 世纪以后欧美很少修建石拱桥，最大跨径定格为 90 米。由于受到材料强度低、自重大，施工困难，对地质条件要求较高等因素的制约，石拱桥往更大跨径发展已经没有工程意义。

石拱桥在人类历史发展进步过程中曾经发挥了巨大的作用，时至今日还有大量的石拱桥在继续发挥交通功能。石拱桥是历史文化的载体，是历史、文化艺术和科学史研究的重要实物资料，也是科学发明和技术创新的借鉴和源泉。

第二节　公元前古罗马石拱桥

根据吉尼斯世界记录大全的记载，土耳其卡雷凡大桥是世界上目前所知仍保存并在使用的最古老桥梁（图 7–2–1）。位于今土耳其境内的伊兹密尔（Izmir）附近，是古伊兹密尔城的遗迹之一，横跨麦尔斯河（River Meles），约建于前 850 年（中国西周时期），是一座 3 孔半圆拱石拱桥，距今已有 3 000 多年的历史。

图 7–2–1
土耳其卡雷凡大桥

公元前的最后一个世纪，古罗马人占领了安纳托利亚，并称其为小亚细亚（Asia Minor）。帝国行省会以弗所（Ephesus）是当时最大、最美丽的城市之一。安纳托利亚（Anatolia）的历史丰富多彩、源远流长。早在前 10,000 年，人类最早的一些定居点就建立在这里。

以弗所，又译艾菲斯（希腊文：Έφεσσος）是吕底亚古城和小亚细亚西岸希腊的重要城邦。位于爱琴海岸附近巴因德尔河口处，北纬 37° 55，东经 27° 19，古代为库柏勒大神母（安纳托利亚丰收女神）和阿尔忒弥斯的崇拜中心。阿尔忒弥斯神庙为古代世界七大奇观之一。罗马时代以弗所是亚细亚省的首府和罗马总督驻地（图 7–2–1~ 图 7–2–2），从其发掘的遗址可以看到大量石拱在建筑上的应用。

图 7–2–2
土耳其伊兹密尔以弗所古城遗址中的石拱 1

图 7–2–3
土耳其伊兹密尔以弗所古城遗址中的石拱 2

罗马帝国从前 510 年（中国春秋时期，周敬王十年）共和国始，至西罗马被灭于 476 年（中国南北朝，北魏延兴六年），东罗马被灭于 1453 年（中国明景泰四年）。罗马废王制为共和，选二人为执政，国土日以扩张，前 60 年时，恺撒、庞培、革拉苏建三人政治，恺撒被害，渥大维、比达，安敦建第二次三人政治。

于前 27 年时，渥大维平埃及，灭安敦，统一罗马政治，世因号为帝国，其时文艺隆盛，版图扩张，至第三代喀劳狄时（260 年，中国三国时期，魏甘露五年），领土益广，东自小亚西亚，西至葡萄牙，南自非洲北岸，北到英国。自第 12 代尼尔华至第 16 代马克奥理，皆励精图治为罗马帝国之极盛时代，其后军队势力日炽，任意废立，外族侵陵亦日盛，多次分裂与统一。395 年，狄奥多西没，遂永分为东西二国。西罗马止于 476 年，东罗马止于 1453 年。

在古希腊衰落之际，深受其影响的古罗马悄悄在西方的台伯河沿岸发展，并逐步成为意大利半岛的主宰。此后古罗马的势力一直增长，到前 1 世纪后期，古罗马人不仅控制了西欧大部分地区，而且还控制了大部分希腊化的地区。

古罗马是西方历史的真正开端，其文明对后世影响深远。

古罗马建筑是罗马文明的重要载体，古罗马石拱桥在罗马建筑中又占有举足轻重的地位，至今很多石拱桥依然矗立，继续向人们传递着古罗马的荣耀。如今在意大利、法国、西班牙、希腊、克罗地亚等靠近地中海的欧洲国家，这些建筑精美的古罗马石拱桥仍然都很容易见到，有些还保存得很好。

据剑桥大学教授科林·奥康纳（Colin O'Connor）统计，现存的古罗马石拱桥（西欧地区，含遗迹）一共有 384 座，其中 54 座为石拱渡槽。意大利学者维托里奥·格林兹（Vittorio Galliazzo）经过更为广泛的调查整理认为，现存的古罗马时期桥梁（含遗迹）共有 931 座，其中绝大部分为石拱桥；这些罗马桥梁分布于欧洲、北非（突尼斯、阿尔及利亚等）和西亚（土耳其、叙利亚等），其中意大利占了近一半，有 460 座，西班牙次之，有 142 座，法国排第三，有 72 座。

古罗马石拱桥的功能主要有三方面：一是交通，在罗马帝国的重要城邦或罗马大道上修建，一般为跨河；二是为解决城市供水修建，主要为跨谷引水桥。三是防御，以河流和桥梁为战略要地，多建有堡、塔以保护城镇。

现在依旧存在于罗马的最古老桥梁，证明了古罗马人发展桥梁建筑艺术的高速与完善。

1. 意大利罗马的萨拉里奥桥（Ponte Salario），建于前 2 世纪（中国战国时期）。跨台伯（Tiber）河，桥全长 72 米，5 孔，宽 6.52 米，最大跨度 24.86 米。现已毁，只能从绘画中再现（图 7-2-4）。

图 7-2-4
萨拉里奥桥

2. 米尔维安桥（The Milvian Bridge），落成于前 206 年（中国西汉元年）。总长 136 米，6 孔半圆形拱，墩上开有小孔，有利泄洪。桥宽 8.75 米，最大的石拱跨度 18.55 米（图 7–2–5）。

图 7–2–5
米尔维安桥

3. 罗通桥（Ponte Rotto），罗马现存最古老的古罗马式石拱桥之一，建于前 181 年（中国西汉，汉高后吕雉七年）。原桥有 7 拱，拱跨 24 米，墩厚 7.8 米，桥墩两端有分水尖。上面排列有壁龛，位于两壁柱之间，充当飞檐。拱肩里是雕刻的海豚。该设计协调一致，品味非凡，在罗马不朽的公共建筑中享有重要地位是名符其实的。1575 年教皇格利高里历十二世（Gregory Ⅻ）重修，1598 年被洪水冲毁只剩一孔，从此以后就被称作断桥（Broken Bridge）（图 7–2–6）。

图 7–2–6
罗通桥

4. 匈牙利布达佩斯的帕拉蒂尼斯桥（Pons Palatinus），建于前 181 年（中国西汉，汉高后吕雉七年）。半圆拱跨 18.5 英尺（5.6 米），墩厚约 26 英尺（8 米），上下游两头均设分水尖。

渡渠（Aqueduct）亦有称渡槽、水道桥、输水道，是指越过河谷的高架水道。在干旱缺水的地区，这种供水系统是人们赖以生存的重要设施。古罗马人为了给城市供水，修建了到那时为止最为宏伟的渡渠，这些渡渠一般有顶盖，以防水的蒸发和污染。在前 312 年至 226 年间，罗马修筑了 11 条大型渡渠向这座城市供水。在那之前，罗马还一直依靠水井和泉水来取水。

5. 玛西亚（女战神）（Aqua Marcia）水道桥（Aqueduct），建于前 144 至前 140 年（中国西汉中元六年至建元元年）。从 57 英里（91 公里）外的亚平宁（Apennines）山区引水而来到罗马，其中水道桥总长多于 6 英里 (9.6 公里)，是意大利台伯（Tiber）河东南坎帕尼亚（Campagna）大平原上最重要的遗址之一（图 7–2–7）。

图 7–2–7
玛西亚（女战神）水道桥

6. 莫雷桥（Ponte Molle），建于前 110 年（中国西汉元封元年）。这是一座架设在罗马市郊外大约 2.5 公里处台伯河上的，一座公路用桥（图 7–2–8）。桥长 120 多米，桥面宽 7 米，现尚存 8 孔，拱形有半圆和弧形两种（可见其修于不同时期）。使用材料为石灰岩，纹理很粗。桥头建有城堡，守卫着莫雷古镇（图 7–2–9）。

图 7–2–8
莫雷桥

这座桥与罗马时期的其他桥一样，尽管经历过无数次修缮，仍然保留桥的原貌。

图 7–2–9
莫雷桥城堡

7. 意大利的彼得拉（Ponte Pietra）桥，完工于前 100 年 (中国西汉天汉元年)，5 孔半圆形拱，是维罗纳最古老的桥（图 7–2–10）。

图 7–2–10
彼得拉桥

8. 意大利法布里克斯桥（Pons Fabricus），建于前 62 年 (中国西汉，元康四年）。为法布里克斯（Fabricus）修复或所新建。桥总长 62 米，宽 5.5 米，最大的石拱跨度为 24.5 米，总共 2 孔，墩厚 6 米，墩上有 20 英尺（6 米）高的小孔，孔券不完全是半圆，桥墩上开孔用以洪水时期提供额外的水道（图 7–2–11）。

图 7–2–11
法布里克斯桥

这座桥特别有意思，因为是意大利第一座拱券没有以半周（Semi-circular）或“半圆（Full-centered）”这种术语形式呈现的桥梁。这之所以显得奇怪，是因为所有其他罗马拱都是半圆（Full-centered）的。于是有专家猜想其半圆完成于水位线之下，这种弧形通过浸没了拱腋部分而产生，即全圆拱（图 7-2-12）。

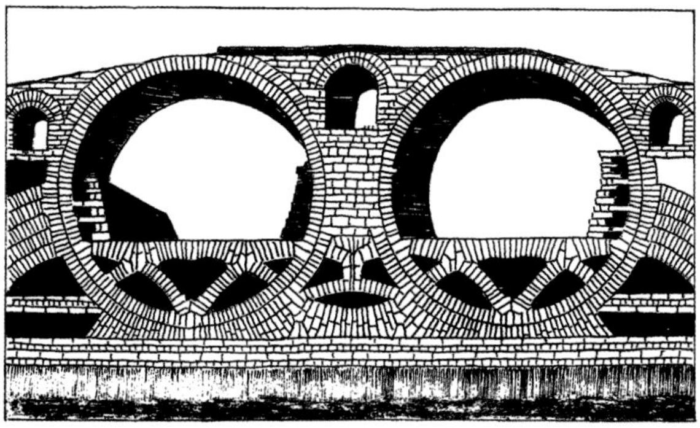

图 7-2-12
全圆拱立面图

9. 法国加尔组合桥（Pont du Gard），即水道桥，由罗马人建造。从厄尔（Eure）和阿龙（Airon）山引水到尼米兹（Nimes）。横跨在下列河流之上：加尔省（Department du Gard）桑米亥斯（Sommieres）镇的维杜尔河（the Vidourle），沃克吕兹省（Department de Vaucluse）阿普特（Apt）附近的库隆河（Coulon），以及罗纳河口省（Bouches-du-Rhone）圣沙马（圣霞马斯小镇）（Saint-Chamas）的图卢布尔河（Touloubre）。

桥建于前 63 至前 13 年（中国西汉元康三年至永始四年）。桥不像多数早期均为单排拱的高架水渠，加尔桥（Pont du Gard）包括三排拱廊，一层接一层。上层全长 275 米，中层 242 米，下层 142 米，总高 48.8 米，上层 35 孔，中层 11 孔，下层 6 孔。最下层作公路是 1747 年（中国清乾隆十二年）加宽，拱跨到 22.4 米（图 7-2-13）。

大拱由并排的独立拱圈而构成，没有用拱顶石的连锁结构； 上层第 4 个拱圈对着较低层的拱，3 个拱圈对着中间拱廊的每一个拱，下层 1 个单一的拱圈对着中层的拱。正如当时经常做的那样，这些石头都经过用心的打磨，不用砂浆铺砌而成。在许多但并不是全部的罗马桥梁中都可以看到这种用无粘结拱圈构成拱的方法，中世纪的某些作品就仿了这种方法。其目的可能是为了允许一次建一个拱圈的拱结构方法，每一个拱圈在完成的时候都可以变得自身承重，减轻了必需承受整个拱重量的拱架压力。而且当不用砂浆的时候，各个拱圈相互之间的咬合需求，就会显著增加磨光石头的难度，因为每一块石头的一面需要承受另外两块石头的一面。在现在这个时代，是很难领悟当年古罗马人工作所采用的这种精神的。他们的砖石建筑是通过一种近乎天才的细心和技巧来完成的。

该桥尚有一些特别之处，如水渠的水管道是用砂浆凝固的小石头砌成，在每一端均有保存几乎完美的凯旋门。

加尔水道桥建成之后约 400 年，这座高架水渠的每一端都遭到破坏，外族人不断围攻尼米兹（Nimes）城并切断其水源。从那以后，就没有被保养和修护。1670年朗格多克省（Providence of Languedoc，古时法国南部一省）的介入，修复工作开始（图 7–2–14）。

加尔水道桥（Pont du Gard）的石头是一种暖色调的黄色石灰岩。德格朗（Degrand）说：“建造者成功给予其作品美的特性，特别归功于这一不朽作品的宏大比例，其异常的高度。甚至，其形式上与所跨山谷陡峭而裸露的坡度浑然一体的天然状态。遗迹所展示的如画般轮廓，正午的阳光通过这种雄伟而温暖的颜色，让所有的石材都披上盛装，从而最终在这美丽灿烂的天空下，映衬出这座建筑的轮廓线”。

惠特尼（Whitney）认为并列不用灰浆砌的加尔组合桥可以做到以下几点。

（1）拱架可以单独支承一片拱肋。

（2）联锁砌法又不用灰浆，石料加工精确故不用灰浆而用并列拱。

（3）拱顶石楔入后，全拱可立即起作用。

（4）拱肋不会因灰浆强度低而造成变形。

图 7–2–13
加尔水道桥

图 7-2-14
加尔水道桥细节

图 7-2-15
奥古斯托桥

10. 意大利里米尼（Rimini）的奥古斯托桥（Ponte di Augusto）。建于20年（中国王莽时期地皇元年），由凯撒（Augustus Caesar）命令建造。承载横跨涅拉河（Nera）的尼安大道（Flaminian Way），道路从一堤岸陡然向另一堤岸倾斜，因而路面有坡。半圆拱由白色伊斯特利亚（Istrian）大理石建造，拥有四个不同宽度和高度的拱，最大跨33米。

这座桥的遗址，现在仍矗立在安科纳（Ancone）通往罗马（Rome）的路上，残存部分高30米。极具画面感，给人留下深刻的印象。在与罗马人的其他作品进行对比时，德格朗（Degrand）说："这座桥的遗址毫无疑问非常漂亮，人们在观察砌体结构时可以看到那些石头都是经过特别用心的切割，因而非常吻合；然而桥墩的厚重，所展示出的厚度不一，以及承受拱券加腋部分的拱端托的不同高度；桥没有任何装饰物，这一切让人不由猜想到这座桥的外观在其新的时候肯定是相当普通的"（图7-2-15）。

11. 埃利乌斯桥（Pons Aelius，图7-2-16），建于前134年（中国西汉元光元年），跨台伯（Tiber）河。桥总长135米，高7米，拱径18.3米，墩厚7.3米，总共5孔等跨半圆形拱（图5-2-16）。桥由埃利乌斯·哈德利安（Aelius Hadrianus）

图 7-2-16
埃利乌斯桥

图 7-2-17
赛司提亚司桥

建，通往他自己的陵墓。这座桥的地基是特别用心地用大块打磨好的石头铺砌而成，四面八方通过石楔和金属夹具固定在一起。这座桥建得如此之坚固以至于现在仍保存完好。1668 年（中国清康熙七年），遵照罗马教皇克莱门特九世（Pope Clement IX）之命约在 1668 年，由贝尔尼尼（Bernini）设计的，上加 12 司徒像，故又名桑特安杰洛桥（Ponte Sant' Angelo）。帕拉蒂奥（Palladio）写道：埃利乌斯桥（Pons Aelius）“覆盖了古代所有画廊，拥有带有雕像的黄铜柱子和其他精致的装饰”。桥端的圣彼得和圣保罗（St. Peter and St. Paul）雕像由罗马教皇克莱门特七世（Pope Clement VII）塑造。因为栏杆上方设有大型雕像，面对着窄窄的道路，这些雕像就造成使得桥梁显得矮小的效果，罗马本身的桥亦甚多装饰。桥拱上有缘，以加强拱形线条（中国亦都是如此）。

12. 罗马赛司提亚司桥（Pons Cestius），建于前 45 年（中国西汉初元五年）。桥跨台伯（Tiber）河，最大跨度 13.7 米，3 孔圆弧拱（图 7-2-17）。

13. 意大利希斯托桥（Ponte Sisto）建于公元 370 年（中国东晋太和五年），总长 105 米，4 孔拱桥。中间桥墩上开一圆孔，以利泄洪(图 7-2-18)。

图 7-2-18
希斯托桥

第三节 1 世纪至 5 世纪古罗马石拱桥

欧洲遍布有古罗马时期的道路网，故欧洲亦有大大小小的罗马桥。

1. 西班牙塞戈维亚水道桥（Aqueduct of Segovia），建于 1 世纪末（中国西周时期）。桥最高达 28.5 米，用 167 个半圆形拱门支撑。桥墩的石头很大，厚度约为 2 英尺 ×4 英尺 ×2 英尺（0.61 米 ×1.22 米 ×0.61 米），以常规方式放置。每一石块的面均加了一条切割为约 1.5 英寸（0.05 米）宽的光滑边界，该石面的其余部分则用鹤嘴锄凿粗糙，石缝拼合精致，不施灰浆。塞戈维亚（Segovia）本地人则相信传说这座高架水渠是由恶魔（Evil Spirit）建造的（鬼斧神工），就不足为奇了。

塞戈维亚水道桥引冷水河（Fuente Fría）河水进城，将近两千年来运行良好。15 世纪有几个拱被战争破坏。伊莎贝拉（Isabella）重修（图 7–3–1）。

图 7–3–1
塞戈维亚水道桥

2. 西班牙阿尔坎塔拉河（Alcántara）上的图拉真桥（Puente Trajan）建于98年（中国东汉永元十年），亦有称建于公元105年。花岗石建造，总长181.7米，高45米，总共6孔半圆形拱，拱跨由27.6米至29.4米，墩厚8.9米。拱石重达8吨，不用灰浆，石块可能是用滑车组和踏车转动来移动。在图拉真（Trajan）命令下由尤里乌斯·凯撒（Caius Julius）所建（图7–3–2）。凯撒（Caius）的陵墓就在这座桥附近河的左岸上。

图7–3–2
图拉真桥

这座桥十分恢弘，装饰简朴，而在规模上与其所在的崎岖不平的大山谷如此完美地匹配。桥的美很大程度上就在于将以下这两者集中在了一起：巧妙连接的砌体结构，坚实的直线与这座桥完美的半圆拱形成对照，衬托出这一设计的立体高贵性。在中心桥墩的上方是一座拱形门廊，也许对于一座如此壮观的桥梁而言微不足道，虽然如此，但设计精美，镌刻着："我已经建造了一座将会永存的桥梁"（I have built a bridge which will last forever）。

这些建筑物之所以寿命如此长久，至少部分原因，是由于其建造时使用的本地石头的耐久性，有利的气候条件，以及异族人的劫掠很少波及到西班牙这一事实。

3. 西班牙梅里达（Merida）瓜迪亚纳河（Guadiana）上的古罗马桥（Roman Bridge，图7–3–3）。这座桥可能是在奥古斯都（Augustus）或图拉真（Trajan）统治的时期修建的。桥有64孔，总长度超过0.5英里，高度33英尺（10米），宽度21英尺（6.4米）。桥墩在上游一端是圆形的，下游一端是方形的，墩上方有小荷载拱。

这座桥肯定也经历了战争的破坏，因为在686年由萨拉（Sala）统治时期的西哥特人（Visigoths）进行了修复。1812年在巴达霍斯（Badajoz）的围攻下，17孔被破坏以阻止敌人入侵。

石料只能受压，在拉和弯矩下便会遭到破坏。巴比伦人、希腊人和埃及人已熟知半圆拱，但实际应用不多。而古罗马人聪明地应用石料受压以建造拱桥，

（a）下游
（b）上游

图 7-3-3
瓜迪亚纳河上的古罗马桥（*Bridges*77 页图 52）

桥跨可达 40 米，因桥面行车，故大多数为填充的实腹拱。如：法国尼米兹（Nimes）地方的加尔桥（Pont du Gard），即水道桥（图 7-2-13）；西班牙阿尔坎塔拉河（Alcántara）的图拉真桥（Trajan，图 7-3-2）；意大利里米尼（Rimini）的奥古斯托桥（Ponte di Augusto）（图 7-2-15）。

古罗马桥拱石用楔块顶、坡道或提升机构就位。用灰浆砌拱石，铁拉件拉放在最合适位置。加尔水道桥桥墩上的挑石，则是为了拱架生根（图 7-3-4，手绘）。

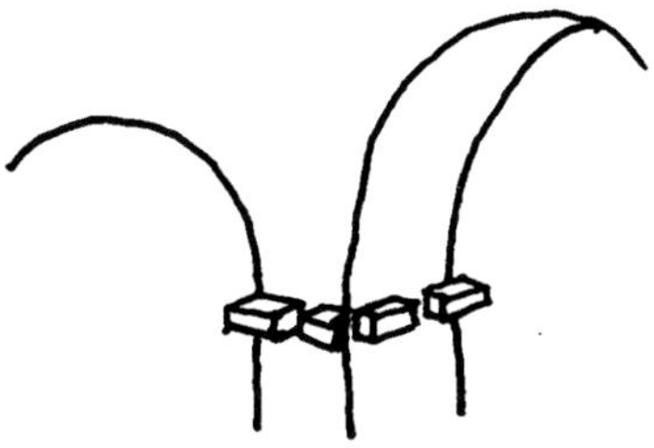

图 7-3-4
拱架生根部位

古罗马时代在造桥方面有三个大的贡献。

（1）天然水泥的发现

火山灰黏土（Volcanic clay）产于意大利城市波佐利（Pozzuoli），称为波佐拉纳（Pozzo lana）火山灰（胶泥用），是天然的水泥，将之与生石灰（Burned lime），水、沙和碎石混合，称之为混凝土（Concrete）。或亦可以用陶器碎片研粉代替火山灰。

（2）围堰的发展

维特鲁威（Vitruvius）记罗马拱桥的基础“在水中抛石致水面，或用木桩打成围堰，在堰中用石或混凝土（Concrete）造基础……然后，在决定的位置，用橡木桩构成围堰，在水中打桩和拉住，在水中填混凝土（图 7-3-5）。”

图 7-3-5
木桩构成围堰

如土质松软，用双层板桩，中填黏土，提水使干，挖去软土，中灌罗马式混凝土。例如，罗马桑特 · 安吉洛（Sant' Angelo）桥（图 7-3-6）。

但若基础不深，则难以保持不被冲刷。

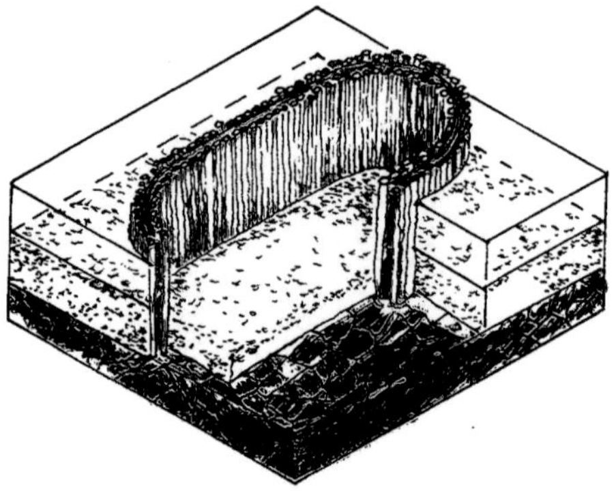

图 7-3-6
双层板桩围堰

（3）半圆拱

古罗马时代的半圆拱，一般不超过 80 英尺（24 米），宽墩，墩孔比 1∶3，富有装饰。

当时桥的顶峰公认为是西班牙阿尔坎塔拉河（Alcántara）的图拉真桥（图 7-3-2），拱跨达到 29.4 米。

罗马帝国后，石拱桥衰亡或开始走下坡路。但此时的中国却发明了伟大的敞肩圆弧拱桥梁，如赵州桥。

第八章 中世纪时期石拱桥

“中世纪”这个词是在 17 世纪出现的，带有贬义，意指处于古希腊古罗马与文艺复兴这两个黄金时代之间的一个漫长而黑暗的时期。此期间古典传统被抛弃，艺术技巧失传，文化生活似乎倒退到洪荒时代。

罗马帝国衰亡后，欧洲分裂为很多小国，北欧进入“黑暗时代”。当古罗马的天才之烈焰燃尽的时候，桥梁建筑艺术亦陷入长达数百年的黑暗。即使东方帝国（Empire of Orient）在其比较辉煌的时代保留了中世纪早期（Early Middle Ages）最强大和最文明的状态，但留下的桥梁却寥寥无几，且均无多大价值。这种忽视桥梁建设的风气盛行于所有的国家；这期间没有完成特别重要的建筑。在西欧，土木建筑的状况同样如此。罗马的造桥技术也不见了，6 到 10 世纪极少造桥的纪录，仅由教士们在精神和实际工作上做了些事。

中世纪的时代跨越了几个世纪，有人认为，在此期间桥梁类型的演变几乎没有技术进步。在建造宏伟大教堂时所花费的关怀和技巧，总的来说，并没有延续到道路和桥梁的建设上。尽管许多桥梁建造起来足够坚固，足以活到今天，但有些桥最初是为了实际的工作而建造的，而不是为了表达人类想要表达他对世界想法的冲动。

中世纪在“桥梁兄弟会”（Fratres Pontis Brothers of the Bridge）的领导之下却做了很多工作。

罗马式和诺曼底式（Romanesque and Norman Styles）的建筑直到 11–12 世纪才充分发展起来。12 世纪后期，首次出现哥德（哥特）式（Gothic）建筑，特点是尖肋拱顶和拱形圆屋顶。哥德（哥特）（Gothic）风格普遍盛行于 13—15 世纪，渐渐地变得越发华丽和精细，最终让位于起源于意大利的过渡风格和文艺复兴风格（图 8–1–1）。

图 8–1–1
左：帆拱，右：筒形、交叉拱顶

在中世纪黑暗的年代期间，对于桥梁或是给予了一些考虑，这一点在查理曼大帝（Charlemagne）向他的巡按使臣们（Missi–Dominicis）所下达的指令中可以看到。这些指令要求他们与每座城市的主教和伯爵合作以确保公共道路和桥梁的维护。同样，路易斯·勒·德博奈尔（Louis le Debonnaire）于 823 年发出一项命令，要求延长修复所有桥梁的时间，830 年发出一项命令，要求在塞纳河上修建 12 座桥梁。

第一节　多种拱型石拱桥

一、拱肋拱

中世纪在桥梁上的发展不如在教堂建筑中的发展，拱肋拱是从教堂建筑中引导出来的。这一时期必需给予赞颂的一项重要创新就是肋拱。古罗马人（Romans）曾修筑了几条肋共用的拱。还有几座中世纪的桥，其拱肋是分开的，隔开的空间用薄的石板铺设。这样，就形成了肋拱腹，如英格兰蒙默思（Monmouth）的桥及法国艾尔沃（Airvault）附近横跨图埃河（Thouet）的桥。这种建筑结构的初创不确定，但作为一种节省拱券材料和减轻拱券重量的一种科学尝试是值得关注的。

1. 中世纪拱肋拱的最大跨 27 米，英国诺森伯兰郡（Northumberland），蒂尔（Till）河上的特威泽尔（Twizel）桥，建于 1511 年（中国明正德六年，图 8–1–2）。

图 8–1–2
特威泽尔桥

2. 英国曼诺桥（Monnow bridge)，是建立于中世纪时期的 13 世纪（中国南宋至元朝时期）的一座 3 孔弧形拱石拱桥。位于威尔士的蒙茅斯郡（Monmouthshire），横跨曼诺河上，桥中有堡，拱亦为肋拱（图 8–1–3）。

英格兰的多数桥上都建有奉献给小教堂或者某种圣祠。这些别致的小教堂通常都矗立于靠近桥中心的桥墩上。许多英格兰桥梁的穹窿形或拱圈的造型似乎是为了和用于教堂的形式有着更亲密的关系，而不是像其他国家的桥梁那样为了引人注目。此外，河流过境点则具有重要的战略意义。中世纪英格兰的大城镇，为了强化保护整个城镇，人们通常筑起了桥梁。防御工事通常是通过一座横跨大桥的高塔形成一个狭窄的通道。

图 8–1–3
曼诺桥

二、弧形拱

1. 英格兰兰卡斯特（Lancaster）附近，卡顿（Caton）的便士桥（Penny Bridge），为 3 孔圆弧拱（图 8–1–4）。

图 8–1–4
便士桥
（*Bridges* 第 245 页图 231）

2. 布莱尔阿索尔（Blair Atholl），黑桥（The Black Bridge）为 1 孔圆弧拱（图 8–1–5）。

图 8–1–5
黑桥（*Bridges* 第 246 页图 232）

3. 安布尔塞德（Ambleside）的磨坊桥（Miller Bridge）为 1 孔圆弧拱（图 8–1–6）。

图 8–1–6
磨坊桥
（*Bridges* 第 246 页图 233）

4. 法国亚维侬老桥（Old Pont D' Avignon），由圣 · 贝内泽（Saint Benezet）建于 1178—1188 年（中国南宋，淳熙五年至十五年）。老伦敦桥（Old London Bridge）动工之后 2 年，法国便着手开始了这一项非常大型的建筑。

中世纪的一传说讲述：有一个名叫珀蒂 · 贝努瓦（Petit Benoit ）的年轻牧羊人，来到法国南部的亚维侬（Avignon），受某种启示，于 1178 年策划并建筑了这座横跨罗纳河（Rhone），且与岩石公园（Rocher des Doms）等高的桥（图 8–1–7）。

亚维侬老桥横跨一条约 0.5 英里（800 米）宽幽深湍急的河流，遭受了似乎无法阻挡的无数次洪水的猛烈冲击。当时在这样一个地方构建桥墩，安置脚手架并建筑拱圈的成熟技术手段十分有限，以致完成这项任务几乎肯定是不可能的。可以完全理解，如此一项工程是如何冲击着人们的想象力，像一奇迹般的壮举，给他们的印象极其深刻。

珀蒂 · 贝努瓦（Benoit），后来被封为圣 · 贝内泽（Saint Benezet），所以亦叫桥圣 · 贝内泽桥。他早在 1164 年去亚维侬（Avignon）之前就在迪朗斯河（Durance）上修建了一座桥，名莫帕桥（Pont du Maupas）。他无疑亦熟悉离亚维依（Avignon）没有许多英里的嘉德桥（Pont du Gard）。这项工程开始于 1178 年，尽管困难重重，于 10 年后竣工。

亚维侬（Avignon）对面的罗纳（Rhone）河被一座岛分成了两支。两边分别修建了桥，一座 8 孔，一座 5 孔，横跨支流。然后穿过岛，又修建了 8 个孔以填充缺口。21 个孔的椭圆拱，跨度不均，最小的为 101 英尺（30.78 米），最大的超过 117 英尺（35.66 米）。桥墩的厚度约为跨距的 1/4，桥墩的长度约为 100 英尺（30.48 米）。

圣·贝内泽桥（Saint Benezet）的拱由 4 个单独的石券构成，但其弧度形状却具有独创性。拱的形状是一种椭圆形底部的那一段弧形，在跨距中心处拥有小的曲率半径。是什么启发了他想出如此的曲线不得而知，但实际上这种曲线比通用的圆形或扁平的椭圆曲线更加牢固。可能是他做了各种试验，证明这种形状的拱比半圆形拱能够更好地独自而立。就整个跨距而言，拱券的厚度都是统一的。拱边墙（拱上侧墙）一直向上延伸到女儿墙的顶端，可以不用任何栏板造型来标示道路。桥墩上方荷重拱的排列与主拱单独的券一样都说明了圣·贝内泽（Saint Benezet）曾研究过古罗马的工程。

图 8-1-7
圣·贝内泽桥

原桥全长 3300 英尺（1005.84 米），桥如此之长，事实上，可以有空间在其中一桥墩的端点上建一座小教堂。桥的总宽度约只有 16 英尺（4.88 米），至教堂对面则减少为约 6.5 英尺（1.98 米），还包括女儿墙。以致这座桥只适合行人和骑马的人及负重的牲口通过。一项如此庞大的工程，却只适用当人行桥，甚是可惜（图 8–1–8）。

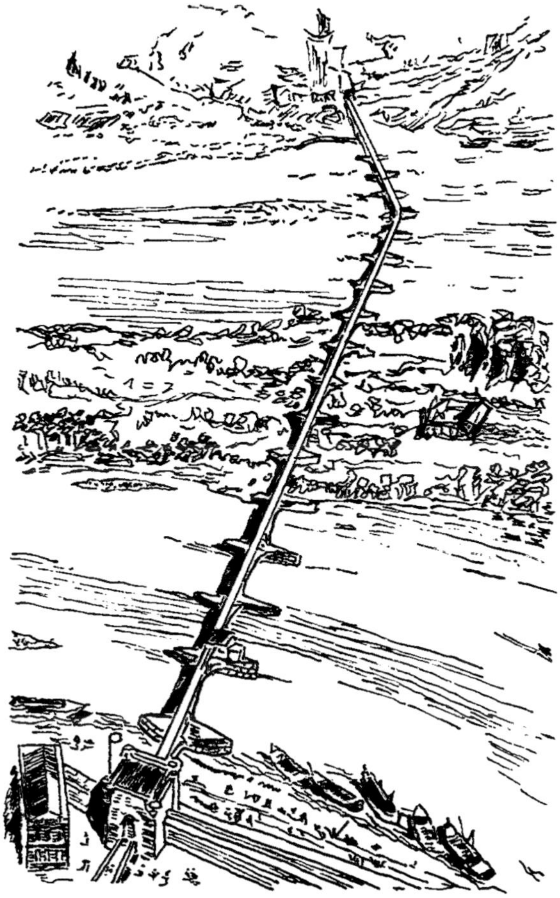

图 8–1–8
圣 · 贝内泽桥手绘俯视

最后一次亚维依人（Avignonnais）修复该桥是 1418 年。也许是这最后一次的修复做得很差或者是最初的工程完成得质量不佳，因为在 1602 年，有一个拱坍塌，同时另外 3 个拱也连同一起倒塌。而后于 1633 年，又有 2 个拱倒塌；最后在 1670 年的冬天，一次异常的冰流冲走了全部拱桥，只留下了现存的那 4 个拱。

5. 法国里昂的吉欧蒂耶尔桥（Pont de la Guillotiere）。据说这座石桥之前的木结构桥建于 1190 年，在菲利普 · 奥古斯特 (Philippe August) 和狮心王理查德（Richard Coeur–de–Lion）的军队奔赴圣战时，在其随后的辎重车的重压下毁掉了。

这座桥的桥墩被修建得异常的长和尖，从而使洪水水流切分时遇到尽可能小的阻力，而且可以支撑拱肩抵抗压力。这种墩型的特点，就是在拱的起拱点上方，覆盖有三棱锥。在桥墩的上下游方向都砌成尖的，这是一个显著的进步，超过古罗马人只在水流的上游一端修筑尖头的方法。因为急速聚集在方形桥墩底部下方的水，会形成涡状湍流，这涡流可能会使桥石松动或暗中破坏桥墩。

原先的桥长度约有 2130 英尺（649.22 米），20 孔，其中 9 孔横跨河流。这

图 8-1-9
吉欧蒂耶尔桥[①]

座石桥的建筑过程持续了近 400 年，工程被每一次汹涌的洪水毁坏，以致直到 1570 年（中国明隆庆四年）才完工。约 1840 年，这座桥被加宽以适应日渐增加的交通需求（图 8-1-9）。

6. 法国（France），卡尔卡索纳的 12 世纪桥（Twelfth Century Bridge at Carcassonne）。11 个半圆孔，跨度 36~46 英尺（11~14 米）（图 8-1-10）。

图 8-1-10
卡尔卡索纳的
12 世纪桥[②]

① 选自 *Bridges* 93 页图 64。
② 选自 *Bridges* 93 页图 65。

7. 阿尔卑斯山以北，德国巴伐利亚州的雷根斯堡（Regensburg）地方的多瑙河（Danube）桥，建于 1135—1146 年（中国南宋绍兴五年至十六年），是阿尔卑斯山以北最古老的一座桥梁。当时选用了最常见的半圆形拱，桥总长 308.7 米，16 孔半圆形拱。桥面低，故拱跨小。桥靠古镇一头建有桥塔，桥面的实体栏杆，由薄薄的檐口与主拱的侧墙隔开（图 8-1-11）。

图 8-1-11
雷根斯堡多瑙河桥

8. 中世纪尽管战事不断，但意大利人还是会找时间修建桥梁，在维罗纳（Verona），佛罗伦萨（Florence）和其他城市里都有许多异常吸引人的中世纪建筑。维罗纳（Verona）阿迪杰河（Adige）上的维琪奥城堡桥（Ponte Castel Vecchio）修建于约 1354 年（中国元朝末年），以形成进城的一个加强入口（图 8-1-12）。

德格朗（Degrand）陈述说这是第一座已知的使用扁平椭圆形拱的桥梁，这一有趣的陈述却不是真的，而是所有的 3 个拱都呈现弧形的形状。大拱的跨距是 160 英尺（48.8 米），并成为世界之最许多年。

图 8-1-12
维琪奥城堡桥①

① 选自 *Bridges* 105 页图 80。

三、尖拱

尖拱源于波斯（有争议）。一般认为是1100年（中国北宋元符三年）介绍到法国。尖拱，中世纪的一大发明，因为尖拱较之半圆拱容易造，施加的外向推力比半圆拱小，拱轴压缩和拱顶下垂的危害性小。但优势并没有被开发利用。

第一个哥德式（Gothic）尖拱和尖顶穹窿12世纪出现，13~15世纪盛行。

1. 中世纪波斯（伊朗）的红桥（Red Bridges）为4孔尖拱，位于从第比利斯（Tiflis)到大不里士（Tabriz）的路上。

2. 法国埃斯帕利翁桥（Pont d' Espalion），最早提到此桥是建于1050年（中国北宋皇祐二年，图8–1–13），为3孔尖形拱。桥墩继承了古罗马桥梁，前尖后方，桥上没有栏干。拱门饰（archivolt）是双层，上层挑出下层，是中世纪所常用。

图8–1–13
埃斯帕利翁桥[1]

3. 西班牙埃尔切（Elche）市的古桥（Old Bridge）为2孔尖形拱，桥墩分水尖一直砌过桥面，与桥上的城堡融为一体，既可以防御敌人从河上的进攻，亦成为桥上标志建筑的一部分（图8–1–14）。

4. 中世纪亦有厚墩多孔尖拱长石拱桥。英国德文郡（North Devon）地方，跨托里奇（Torridge）河的比迪福德（Bideford）桥，即是为24孔，桥长206米，孔跨均小于50英尺（15.3米）且不等跨（图8–1–15）。

5. 也许中世纪的桥梁没有哪一座会像老伦敦桥（Old London Bridge）那样有

① 选自*Bridges* 95页图67。

图 8-1-14
埃尔切古桥①

图 8-1-15
比迪福德桥

名。这座桥由圣·玛丽亚（St. Mary' s）科尔教堂（Colechurh）的牧师彼得·柯·卢尔希（Peter Co Lechurch）建造。彼得（Peter）原为牧羊人，桥开始修建于 1176 年，33 年之后竣工（中国南宋淳熙三年至嘉定二年）。而彼得没有看到他的项目完成，

图 8-1-16
老伦敦桥②

① 选自 *Bridges* 149 页图 125。
② 选自 *Bridges* 85 页图 58。

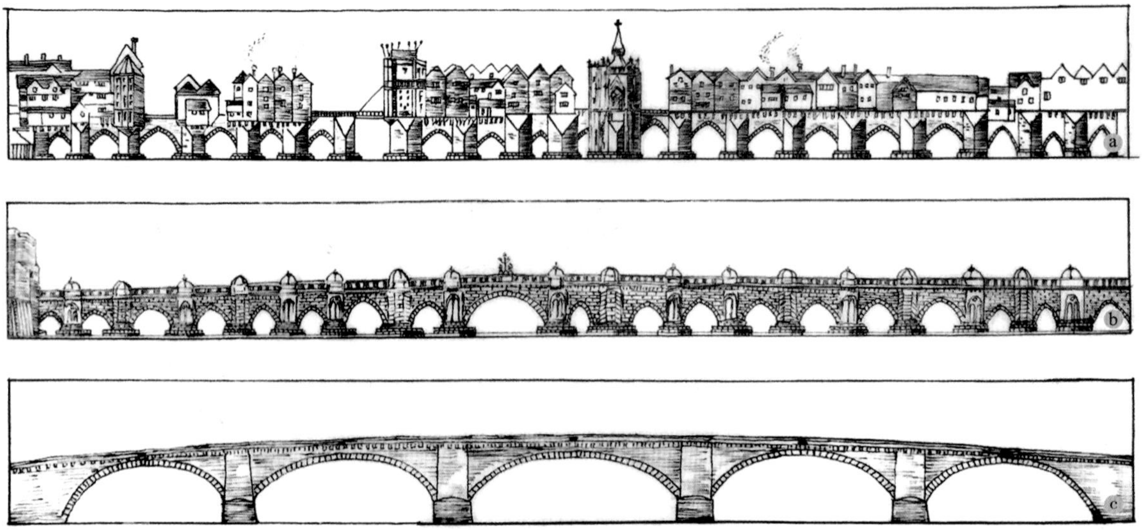

(a) 1500 年
(b) 1762—1831 年
(c) 1857—1970 年

图 8-1-17
老伦敦桥的演变（手绘）

在桥竣工前 4 年去世，被埋葬在桥的小教堂里。教堂是桥上第一座完成的建筑，是献给托马斯·贝克特的。贝克特在 1172 年被封为圣徒，在 13 世纪初非常受欢迎（图 8-1-16，图 8-1-17）。

老伦敦桥总 20 孔，19 孔尖拱不同跨度，拱跨为 5~10 米（图 8-1-18），桥高 90 英尺（27.5 米），墩宽 6 米，河道只剩 1/4，从城区起第 13 孔是开启吊桥以利通航。桥墩的建造工作每隔 18 个月就进行一次，建一个新的桥墩基础，一排柱子被打入河床，形成一个船型的围栏。在这个“围堰”中，榆树桩在低潮位下尽可能深的打入。拱宽的不规则性是由于在不平整的河床上打桩问题造成的。桩是在堆满了松散的碎石、白垩和砂砾的石堆之间的空隙间打入，再把橡树的木板铺在桩子上，然后在木板上铺设桥墩的底层。木匠们随后会进驻，竖起木制的拱架，随之进行桥拱的砌筑，在上面铺上有棱纹的锲形拱门石头。由于桥墩极宽（图 8-1-19），伦敦桥桥洞太窄，水深过急，冲桥和翻船事故不断发生。

图 8-1-18
老伦敦桥基础

图 8-1-19
老伦敦桥桥墩

在此之前，泰晤士河上曾有一座木桥，几次被洪水和大火毁坏。桥上悬出的木架结构房屋经常失火，1212 年（中国南宋嘉定二年）第一次。1282 年（中国元至元十九年）流冰冲塌五孔，1500 年上面始成为一条热闹的市街。1577 年（中国明万历五年）换活动桥，1600 年（中国明万历二十八年）装水车，1632—1666 年（中国明崇祯五年至清康熙五年）大火，1759—1762 年（中国清乾隆二十四年至二十七年）大破坏，1832 年（中国清道光十二年）换五孔新桥。

由于有 100 多户人居住在桥上的房子里，因而这些灾难就变得如此严重，以致建造这座石桥就显得十分需要。

这座桥修建得不规则，大量的石头砌体，很难看，拱圈跨度不大，桥墩粗大，拦阻着河水，以致水流穿过狭窄的桥洞时奔腾咆哮着。在最初的日子里，也有两座防御塔，道路两侧是外悬的房屋，小教堂伫立于中心桥墩上，加之吊桥，这一切构成了一幅超美的画面。

的确，没有这座桥，就不会有伦敦大都市。伦敦的发展从桥头向外扩展。这座桥位于通往欧洲大陆的主要道路和泰晤士河东西向的水上贸易路线的交汇处。因此，这座桥把大量的贸易和商业集中在伦敦金融城。老伦敦桥直到 18 世纪中期为止，仍是伦敦市横跨泰晤士河上的唯一一座桥梁。老伦敦桥在各个方面都堪称经典，是中世纪桥梁几乎所有方面的典范。

服务了 600 多年之后，这座桥于 1824 年被一座新桥取而代之，耗时 33 年。历经 140 多年，这座大桥又于 1970 年以 246 万美元出售，现在美国亚利桑那州人工湖上重新建造。经过修缮的伦敦公共汽车在桥上向游客出售冰淇淋。图 8-1-20 为迁建后的“伦敦桥”。

图 8-1-20
迁建后的“伦敦桥”

6. 法国，蒙托邦（Montauban）的砖石桥（Brick and Stone Bridge）。1335 年（中国元至元元年）由艾蒂安·德·菲里尔（Etienne de Ferrieres）和马蒂厄·德·凡尔登（Mathieu de Verdun）完成（图 8–1–21），为 6 孔尖拱，桥墩上开有泄洪孔。

图 8–1–21
蒙托邦的砖石桥①

第二节 中世纪石拱桥特点

经过长期的实践，拜占庭人发展出高超的砖砌技术，尤其是各种造型精美、结构各异的砖砌拱顶。从小型的砖砌拱顶，到大跨度的圆顶，其间的发展经历了无数次的试验与失败，最终达到极高的技术水平，其圆顶的高度与跨度，可与罗马人以混凝土建造的万神庙圆顶相媲美。

中世纪敢于造较轻的桥梁。桥上无车，故桥面随拱起伏，以省石工和劳力。

中世纪桥梁基本都是教士所修。

1. 中世纪与罗马时代桥比较有两个明显的差别。

（1）上下游都立有分水尖，桥拱未完成前可先架栈桥。罗马时，前尖后方，使下游产生涡流引起冲刷。中世纪分水尖还常常引伸到桥面，因桥面甚窄，三角区内亦可以休息和避雨。

① 图片来源："视觉中国"网站。

（2）采用拱肋拱。先在拱架上砌四到五条拱券，然后用较长而扁平的石板横铺在拱肋上，以支承内部石料或粗石填充。好处是在不牺牲强度下减轻重量，减少石工加工量和节省时间、费用和脚手架。

2. 中世纪桥梁工程的特点。

（1）有了尖拱，水平推力小，有桥头堡，建筑大胆而粗糙。

（2）桥墩造在最容易修建之处，所以跨径不规则。

（3）桥的基础用抛石堤或石堆压实土壤，亦有做木桩基或扩大基础。

（4）桥孔一个一个接着造，每孔 1~2 年，可单独承受推力，便于修建，便于破坏，也便于修复。

3. 中世纪桥的建造整体较罗马拱为粗糙，局部却较罗马拱精雕细琢，苦心经营的石拱具有活力。对于轻巧飞扬的热望，在高直式（Gothic）教堂中表现的很清楚，同时也反应在桥梁上。大多数中世纪石拱桥上有小教堂或堡垒，多带分水尖，桥面狭，有的有桥屋。中世纪的建设者通过新奇而自信的直觉弥补了其技艺的不足，通过此直觉建设者接近了其远古的结构体系——高弯曲的圆拱及粗壮的桥墩。

（1）西班牙，坎普罗东（Camprodon）图尔托河（River Torto）上有一座中世纪桥。

原先在桥的两头也各有一座像瓦朗特尔桥（Pont de Valentre）那些塔楼一样规模的防御塔楼。除了女儿墙的石灰岩顶部和桥墩的基石之外，这座桥均由红砖建造。桥墩上方是拱形开口穿过桥身，这一点可能是受了古罗马人（Romans）荷重拱的启发。这些拱形开口高高位于水面之上，其作用很明显是为了节省材料，而不是用以缓冲洪水水流。同样为了节省材料，在拱圈加腋拱尖之上方的加腋墙之间设计了拱形开口。这座桥的设计灵巧而又富有艺术性，而且建筑精美。

德格朗（Degrand）在其论证十字军东征（Crusades）后法国第一个尖拱的建筑时，就引用了蒙托邦（Montauban）桥作为说明。这座桥还是建筑命令下达后实际建设的时间很长的一座桥的例证。在 1144 年公布的蒙托邦城（City of Montauban）原始宪章中规定市民应该在塔恩河（Tarn）上修一座桥。城市本身在当时还没有建成，因而这样的工程是不可能进行的。接下来便是战事不断，直到 1264 年蒙托邦（Montauban）的执政官才开始做修建这座桥的财政准备。到真正开始时 30 年又过去了。设计和建筑，由艾蒂安·德·费里尔（Etienne de Ferrieres）和马蒂厄·德·凡尔登（Mathieu de Verdun）贯彻执行，于 1335 年（中国元至元元年）完成，在宪章规定修建此桥之后几乎历时 2 个世纪（图 8-2-1）。

图 8-2-1
蒙托邦塔恩河老桥

（2）西班牙托莱多（Toledo），横跨塔古斯（或塔霍）河（Tagus）的圣马丁桥（Puente de San Martin），约建于 1212 年（中国南宋嘉定五年），位于被一次洪水冲毁的一座罗马桥（Roman Bridge）旧址上，为 5 孔半圆形拱。大拱被破坏之后，由大主教特诺里奥（Tenorio）重建于约 1390 年（中国明洪武二十三年）。该拱跨度 130 英尺（39.7 米），据说是西班牙古桥（Old Spanish Bridges）之最（图 8-2-2）。

图 8-2-2
圣马丁桥①

（3）西班牙贝莎卢（Besalu）的中世纪桥（Medieval Bridge），其平面建成锯齿形以增强其防御性，4 孔圆弧形拱（图 8-2-3）。

① 选自 *Bridges* 102 页图 75。

图 8-2-3
贝莎卢的中世纪桥[1]

（4）西班牙曼雷莎桥（Manresa），横跨于卡尔多内尔河（River Cardoner）上的中世纪桥（Medieval Bridge），建于罗马时期桥的地基之上。5 孔半圆形拱，2 主墩上开有小孔，以利泄洪（图 8-2-4）。

图 8-2-4
曼雷莎中世纪桥[2]

① 选自 *Bridges* 103 页图 76。
② 选自 *Bridges* 103 页图 77。

（5）西班牙哥多华桥（Cordova），横跨于瓜达基维尔河（Guadalquivir）上的16孔桥（Bridge of Sixteen Arches），坐落于罗马时期古桥底部构造（Roman substructure）之上。原罗马拱券（Roman arches）毁于8世纪（中国唐朝），由摩尔人（Moors）重建于11世纪（中国五代十国时期）（图8-2-5）。

图8-2-5
哥多华16孔桥[①]

（6）英国英格兰坎伯里亚郡大湖区纽比桥（Newby Bridge），为5孔半圆形拱(图8-2-6）。

图8-2-6
纽比桥

① 选自 *Bridges* 104页图79。

第九章 文艺复兴时期石拱桥

由于黑暗时代（Dark Ages）的斗争和压迫，便诞生了一次意义深远的思想运动，最终导致人权的建立，基于此而产生了现代文明即文艺复兴（Renaissance）。这次运动的根源回溯到中世纪（Middle Ages），首先在意大利发展起来，因为这里的封建制度根植得不太牢固，而后蔓延到欧洲其他各国。在其影响之下，世界渐渐变成了一个可以和平而快乐生活的地方。这段文艺复兴时期的不同阶段从 13 世纪末持续到 16 世纪中叶（中国南宋至明朝）。

艺术的“重生”归功于对古典研究的觉醒兴趣，以及对生命的美好东西的崭新赏析。这种生之喜悦在艺术和科学的发展上得到表达，而且反映在桥梁建筑中，这些桥梁拥有一种崭新的美和优雅，在感觉上相当现代。古罗马人曾经在设计他们的桥梁及其房屋建筑上应用了同样的艺术原则。罗马人在设计桥梁时曾经做过研究性的尝试，致使桥梁与其周围的环境完全融合。城市桥梁是与其性格特点相称的温文尔雅，比那些在空旷野外的军事道路上的桥梁更加正规而有教养。

随着罗马帝国的没落的这段时期，出现这种现象，即在桥梁的建筑设计和房屋的建筑设计之间，几乎没有什么共同之处。传统的形式在桥梁建筑上被遵循，或者被调整以适应客观环境。

许多中世纪的桥梁，无疑是在没有任何预想或细节设计的情况下修建的，桥墩被构建在河床最有利的位置。这些桥梁多用于军事工程，易于经常拆毁。其数量也相当少。通过当时可用的手段方式，修建一座结实牢固永久的桥本身就是一项了不起的壮举，至于装饰就几乎不会考虑的。甚至在 12 和 13 世纪期间，这时候漂亮的哥德式教堂正在修建，作为对封建制度的一种抗议，桥梁建设者还没有采用新的建筑细部。当然，对此项规则也有一些例外，如克罗尔兰德 (Croyland) 的哥德式桥（Gothic bridge）和一些桥的塔楼。总之，桥梁建设开始已成为了一门独立的艺术。

文艺复兴时期，从建筑业来讲，经历了从先前的石匠师傅向现代的建筑设计师的转变，不是只与石头打交道了，他们研究古代文献，考察古代建筑，并在此基础上思考和创作、设计，使得古典建筑语言得以全面恢复与发展。

德国 30 年内战，英国内战等动乱之后，建设遭到破坏。待欧洲稍稍苏息时，掀起一股向罗马和希腊学习的热潮。

文艺复兴时期的桥梁，大部分为城市桥梁，注意了设计造型，装饰，但不华丽，并非只是简单的复古，而是一种生气勃勃的创造。

第一节 13 至 15 世纪石拱桥

1. 13 世纪（中国南宋至元朝）卢内（Lune）河上的恶魔桥（Devil's Brige），位于英国威斯特摩兰郡柯比郎斯戴尔（ Westmorland Kirkbylonsdale）。4 孔半圆形拱肋拱（图 9–1–1）。桥面道路非常狭窄，以致分水角上方的三角形小区域，为往来的交通运输提供了有用的栖身和避让之所。

图 9–1–1
卢内河上的恶魔桥

“魔鬼桥”的概念在中世纪尤其盛行，传说有许多不同的形式。有人说，任何不是由僧侣建造的桥都是“魔鬼桥”。在法国、瑞士及其他欧洲国家均有类似的传说和“魔鬼桥”。

2. 14 世纪（中国元朝至明朝）意大利卢卡（Lucca）省的黛拉·马德莲娜（Ponte Della Maddalena）桥，跨塞尔基奥（Serchio）河，为 5 孔驼峰石拱，厚墩厚拱，最大的拱跨度 37.8 米，高度约为 68 英尺（20.7 米）（图 9–1–2）。

黛拉 · 马德莲娜桥从低矮的河两岸开始，道路急剧上升，跨过大的半圆拱和较小的侧拱，形成一“骆驼的脊背”造型及活泼轻快的不对称结构。砌石工程特

图 9-1-2
黛拉 · 马德莲娜桥

有的那种粗陋，比古罗马人装饰精致刻意追求的砖石建筑更加生动。造型似乎在美学上也趋成熟，从对材料、结构和形状统一性的某种特别意识开始。之后大部分拱都是圆弧拱，设计得更轻巧，相对讲比以前的墩台为小，渐渐不用拱肋拱，多孔拱桥也更讲究比例。

3. 法国迪亚布勒桥（Pont du Céret），建于1321—1341年（中国元至治元年至至正元年）。迪亚布勒桥跨泰什（Tech）河，空腹半圆拱，拱上叠拱的目的是减轻桥的自重而非泄洪，桥单拱跨45.45米。该桥小拱已经开始上大拱，较595—605年（中国隋开皇十五年至大业元年）中国的赵州桥晚734年（图9-1-3）。

图 9-1-3
迪亚布勒桥

4. 陆地交通要求不宜造驼峰桥，最早的平拱之一是维琪奥桥（Ponte Vecchio，图9-1-4），始建于1340年（中国元朝元统六年），位于佛罗伦萨（Florence）跨亚诺（Arno）河。其3孔圆弧形拱和半圆、三点圆、四点圆不同。这三个宽大的拱，远远超前于他们那个时期的工艺水平，预示着文艺复兴的发展。

拱跨度100英尺（30米），上方有廊道，二旁有商店，廊道联通皮蒂（Pitti）和维琪奥（Vecchio）宫市场。设计建造者加迪·塔代奥（TaddeoGaddi），为文艺复兴时代名人。

图 9-1-4
维琪奥桥

5. 德国德累斯顿（Dresden）的易北河桥（Elbe River Crossing），建于1350—1370年（中国元至正十年至明洪武三年），这座桥修建的时间很长。25孔半圆形拱，共600米，是北欧最美丽的石桥。1728年（中国清雍正六年）加宽，缩短了桥长（孔跨），对桥进行装饰，增加雕像，在石头挑梁上铺设人行道。因为和环境十分调和故称为美（环境主要是中世纪建筑）。1909年（中国清宣统元年），

图 9-1-5
改建前的易北河桥

图 9-1-6
改建后的易北河桥

因碍航运拆去，改新的奥古斯都（Augustus）桥，桥跨加大，也十分协调和美（图 9-1-6）。

6. 捷克查理大桥（Charles Bridge），建于 1357—1402 年（中国元至正十七年至明建文四年），在布拉格横跨伏尔塔瓦（Vltava）河。桥总长 515.8 米，16 孔半圆形拱，宽 9.5 米，最大跨度 13.4 米（图 9-1-7）。

图 9-1-7
查理大桥

7. 意大利北部阿达（Adda）河上近特雷佐（Trezzo）处的石拱桥，完工于 1377 年（中国明洪武十年），为 251 英尺（76.5 米）拱跨和矢高 87 英尺（26.5 米）的圆弧拱。1427 年（中国明宣德二年）战争中遭破坏（图 9–1–8）。

图 9–1–8
特雷佐石拱桥遗址

8. 意大利位于维罗那（Verona）的斯卡利格桥（Scaliger），建于 1354—1356 年（中国元至正十四年至十六年），跨阿迪杰（Adige）河。桥长 120 米，3 孔圆弧拱不等跨依次递减，小孔跨径为 24 米和 27 米，最大一孔跨径达 48.7 米。墩宽分别为 6 米和 12 米，上游桥墩端部三角形大幅度伸出，下游端部则伸出较小（图 9–1–9）。

图 9–1–9
斯卡利格桥

9. 法国卡奥尔（Cahors）的瓦伦悌桥（Pont Valentré），也名风栅桥（Pont de la Calendre）。完工于 1378 年（中国明洪武十一年），是 3 座类似桥梁中最后建成的一座，也是唯一幸存下来的一座。

瓦伦悌桥跨法国的洛特（Lot）河。桥总长 138 米，河流上方矗立着跨距为 54 英尺 (16 米) 的 6 个尖顶拱，岸上还有 2 小孔。就在每一拱的加腋部分下方有一排孔，在桥梁建设过程中，木材被插入这些孔中以支撑修筑拱圈所用拱架和工作平台；穿过桥墩尖端部分的孔洞是人和材料从一工作台到另一工作台的通道。桥宽 5 米，塔高 40 米（图 9–1–10）。

图 9–1–10
瓦伦悌桥

瓦伦悌桥将卡奥尔（Cahors）城的城墙连接在一起，仿佛石灰岩的丘陵横穿河流，是 14 世纪桥梁中最精致最完整的一座。这座桥特别有趣，是因为其强大的防御工事，有 3 座高塔，一座位于中心的桥墩上，桥两头各有一座，要想通过这座桥，必需穿过各塔门。桥墩本身的顶部也是圆锯齿状的，可以保护桥梁的捍卫者免于河里船只的袭击。

图 9–1–11
阿尔坎塔拉桥[1]

瓦伦悌桥之所以被认为是中世纪防御桥中最精美的，是因为其军事工程的完整性及其哥特式（Gothic）设计的正规和优雅。瓦伦悌桥像一名训练有素的勇士矗立在那里。

10. 西班牙托莱多（Toledo），横跨塔古斯河（Tagus）的阿尔坎塔拉桥（Puente Alcantara）为 1 孔半圆形拱，构成进城的部分防御工事。阿尔坎塔拉桥由大主教佩德罗 · 特诺里奥（Pedro Tenorio）建于约 1380 年（中国明洪武十三年），闸道建于或修改于约 1480 年（中国明成化十六年，图 9–1–11）。

① 选自 *Bridges* 101 页图 74。

11. 英国古老但至今仍屹立的一座桥梁就是克利兰（Croyland）奇异的三角桥（Trinity），由 3 个半圆拱构成（实际是尖拱），在中央会集。

图 9-1-12
克利兰三角桥

据说这座桥是由克利兰（Croyland）的修道院院长（Abbot）于约 1380 年在两条溪流的汇合点修建，于 1390 年（中国明洪武二十三年）完工的。1854 年，这两条溪流被转向，于是这座桥现在就矗立于陆地之上了。但是男修道院院长修建此桥的真实性已被质疑，因为这座桥原先矗立于多沼泽的地区，而且如此陡峭以致马车或骑马的人都不能使用（图 9-1-12、图 9-1-13，作者猜测原桥为坡道，河流改道成为陆地桥后，改坡为阶梯。

图 9-1-13
克利兰三角桥桥拱

12. 14 世纪（中国元末至明初）捷克布拉格（Prague）地方的莫达瓦（Moldava）河上卡尔斯桥（Karls briicke），16 孔共 500 米长。1707 年（中国清康熙四十六年）桥上设 30 座巴洛克（Barogue）雕像，桥上不准走车。桥不是笔直的，有两个小弯，把桥分成三段。德国桥梁专家莱昂哈特（F·Leonhardt）称之为“多美妙（How Nice）”（图 9-1-14）。

图 9-1-14
卡尔斯桥俯瞰

13. 西班牙萨拉戈萨（Zaragosa）的彼德拉桥（Puente de Piedra）和大教堂，建于 1437 年（中国明万历元年）。桥为 5 孔半圆形拱，巨大的桥墩里设堡垒并开有门窗，不知何意（图 9-1-15）。作者猜为屯兵之用。

图 9-1-15
彼德拉桥[①]

第二节 16 和 17 世纪石拱桥

1. 英国苏格兰斯特灵（Stirling）老桥（Old Bridge），约建于 1500 年（中国明弘治十三年），跨福思（Forth）河，4 孔半圆拱，亦为双层拱券以加宽桥面，

图 9-2-1
斯特灵老桥

① 选自 *Bridges* 104 页图 78。

没有栏干。桥墩厚实，比例协调，精细而和谐。半圆的拱券是双层的，上面的拱券向外延伸越过下面的拱圈以增加桥的宽度，像法国的埃斯帕利永（Espalion）古桥一样，除了双拱门饰以外，没有任何装饰，当然，也不需要任何装饰（图9–2–1）。

1502年（中国明弘治十五年）意大利斯特凡诺·皮翁比诺（Stefano del Piombino）造科尔沃（Ponte Corvo）弯桥，亦为第一个牛角桥。像此桥一样桥弯向上游，以便有助桥墩抵抗水冲力。7孔半圆拱74.5~94英尺（22.7~28.7米），墩厚13英尺（4米），弯度半径577英尺（176米），桥孔成放射形。

第一顶面拱券比内拱券采用较大的半径，称之为Corne-de-Vabe或牛角，以后桥上亦有用之，如纳伊桥和院长桥。

2.1503年（中国明弘治十六年）达芬奇（Leonardo da Vinci）画过一张令人吃惊的图，为伊斯坦布尔（Istanbul）跨越黄金霍尔姆湾（Golden Horn），跨度

图9–2–2
达芬奇设计的石拱桥效果图

达到 240 米，不过至今石拱桥从未达到过这一水平（图 9–2–2、图 9–2–3）。

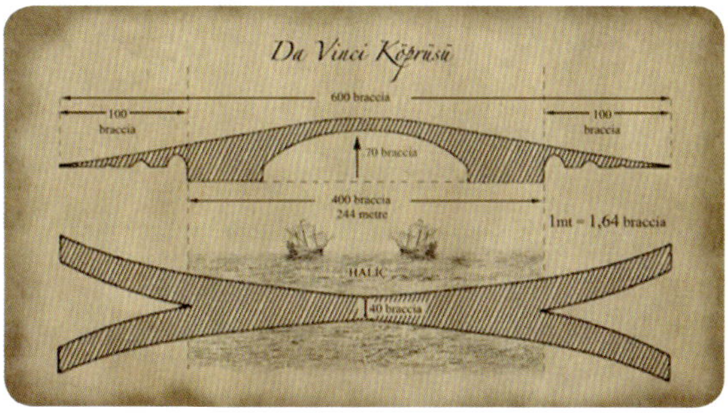

图 9–2–3
达芬奇设计的石拱桥平、立面图

3. 伊朗伊斯法罕（Isfahan）的郝居大桥（Khajou Bridge），建于 1550 年（中国明朝，嘉靖二十九年）。距离上游的 33 孔桥大约 1.5 公里，桥长 132 米，24 个尖拱，桥的中间有特别的设计，路面宽 85 英尺（26 米），于 1873 年修复（图 9–2–4、图 9–2–5）。

图 9–2–4
郝居大桥

图 9–2–5
郝居大桥门廊

4. 塞尔维亚毛斯达尔（Mostar）附近，跨越奈雷特瓦河（Neretva）的尖（蛋圆）形拱桥，建于 1566—1576 年（中国明嘉靖四十五年至万历四年）。由伟大的土耳其建筑大师锡南（Sinan）的学生海雷庭林（Hayrettinin）建造。在岩岸与堡垒之间架设，桥总长 29 米，宽 4 米，跨径为 27.3 米，

图 9-2-6
奈雷特瓦河桥

矢高高出河面 19 米的窄拱桥。

奈雷特瓦河桥于 1993 年 11 月 9 日，在波斯尼亚战争中被毁，战争结束后重修此桥，并与 2004 年 7 月 23 日对外开放。从桥上跳入内雷特瓦河是城里的年轻男子的传统。由于内雷特瓦河非常寒冷，因此这是一个非常危险的举动，只有最训练有素和最好的潜水员敢于尝试。这个传统可以追溯到大桥落成时代，不过首次记载的时间是 1664 年。1968 年开始每年夏天举行正式的跳水比赛（图 9-2-6）。

5. 意大利佛罗伦萨（Florence）城跨亚诺（Arno）河的圣特尼塔桥（Ponte Santa Trìnita），建于 1566—1569 年（中国明嘉靖四十五年至隆庆三年），为 3 孔抛物线拱或称为“篮提”（Basket-handled）式拱或“悬链线”拱，两边桥拱跨度 29 米，中间桥拱跨度 32 米，近拱脚处通过曲线的过渡段与宽阔的桥墩衔接，通过白色大理石拱石的轮廓线使主拱券的形象更加突出。桥墩厚 6 米，向上延伸到平顺延续到实体栏杆的底部（图 9-2-7）。

设计师为巴尔托·罗曼·阿曼纳蒂（Barto Lomeo Ammannati），是文艺复兴时期的代表作之一。从桥梁美学角度考量，因为桥梁相对长而窄，所以连续水平线必须主控整座桥梁。而相反，就桥墩本身而言，垂直尺寸通常大于水平尺寸。如过度强调桥墩的垂直性，那么对该桥梁的连续水平视觉就会受到破坏。正因为这一重要原因，可以注意到该桥的桥墩就被覆盖在女儿墙下。作为最后的画龙点睛之笔，4 尊雕像被放置在桥的入口，女儿墙的终端。

佛罗伦萨和比萨（Florence and Pisa）的桥梁均占据十分显赫的位置，与许多其他欧洲城市的桥梁一样，因为这些桥通过开阔的水滨使其显得分外醒目，有条件美化其周围环境，同时也被其周围环境所美化。

图 9-2-7
圣特尼塔桥

6. 亨利四世（Henry IV）在竭力加速图卢兹（Toulouse）桥梁建设的同时，他又完成了巴黎的新桥（Pont-Neuf at Paris），以及夏特罗的亨利四世桥（Pont Henry-IV at Chatellerault）。后者在类型上与图卢兹桥有点相似，但在设计上完全不同（图 9-2-8）。

图 9-2-8
亨利四世桥[1]

① 选自 *Bridges* 135 页图 114。

这座9孔桥横跨宽阔的维埃纳河（River Vienne），连接着夏特罗（Chatellerault）和它的郊区—教皇新堡（Chateauneuf）。亨利四世桥（Pont Henri IV）在教皇新堡（Chateauneuf）的那一端是一个壮观的出入口，由两个大圆塔楼构成，中间由一个长方形的亭子连接（图 9–2–9）。

图 9–2–9
亨利四世桥壮观的出入口[1]

夏特罗（Chatellerault）的亨利四世桥（the Pont Henri IV），由劳伦特·雅克（Laurent Joquet）和嘉斯康·贝利 (Gaschon Belle) 设计。建于 1576—1611 年（中国明万历四年至万历三十九年）。总长 150 米，最大跨度 21.8 米，墩厚 15 英尺（4.6 米），中间拱半圆，其他则为椭圆并以牛角 (Corner–de–vache) 来夸张。

7. 法国奥尔泰兹县（Orthez）有一座风景如画的法国战事桥。横跨在加沃河（Gave de Pau）上的奥尔泰兹（Orthez）桥，亦称防御桥（Fortified Bridge，图 9–2–10）。

这座桥有 3 个尖拱，2 个高桥墩，按照一种不规则且有趣的方式从岩质堤岸开始起拱。最大的拱距约 49 英尺（15 米），几乎是其他拱长度的两倍。从中央桥墩矗立起一座高高的八角塔楼，原先在大拱另一端也有一座完全一样的八角塔楼。道路两边起支撑作用的女儿墙，是 15 世纪的工程。这座桥的设计是用网格绘图纸绘制的，日期标为 1589 年，绘图上表明拱肩墙，从桥拱直上，一直延伸到路上方一段距离，从而形成女儿墙，以保护桥的守卫人员。

奥尔泰兹桥的建筑日期无人知晓，但日期为 1254 年的一枚奥尔泰兹城硬币上铸有左右两边各一座塔楼的桥拱画面，另外两个拱虽没有显示，但当时此桥可能还存在的。此亦证明这座桥至少建于 1254 年前。

图 9–2–10
奥尔泰兹桥[2]

① 选自 *Bridges* 135 页图 115。
② 图片来源：“视觉中国”网站。

8. 法国受中世纪桥的影响典型的如新桥（Pont Neuf），建于 1578—1604 年（中国明万历六年至三十二年），位于巴黎塞纳岛端部。由杰克·昂格·夏布利尔（Jacques Ange Gabriel）修建。桥宽 20.8 米，右岸部分长 150 米，7 孔，最大孔跨 19.6 米，墩宽 4.5 米，上下游均设分水尖，分水尖顶部为半圆形平台（图 9-2-11）。左岸 5 孔，均为半圆形拱。新桥（Pont-Neuf），短臂一端，由塞尔索（Cerceau）和马尔尚（Marchand）二人组合设计，建于 1578—1607 年（图 9-2-12）。

图 9-2-11
巴黎新桥右岸

图 9-2-12
巴黎新桥全景鸟瞰

9. 意大利威尼斯尼亚托桥（Ponte di Riatto），设计者安东尼奥·达·庞缇 (Antonio Da Ponte)。威尼斯被大运河分割为二，这座桥为威尼斯 3 座横跨大运河的桥梁之一，也是其中最古老的一座。尼亚托桥属于文艺复兴风格，也被称为“白色巨象”，两旁则是市场及餐厅，沿着中心和两边的栏杆都有通道。桥设有宫殿式的上部结构，这座桥本身相当简洁而高贵，但亦有复杂而精细的装饰。拱肩墙上装饰丰富，有模铸的拱门装饰、飞檐、栏杆和雕刻（图 9-2-14）。

图 9-2-13
尼亚托桥立面及基础

桥宽度 22.9 米，高度 7.32 米，最大跨度 28.8 米，建于 1588 年，完工于 1591 年（中国明万历十九年）。圆弧拱，拱矢比 1/4。在二桥台做木桩基础，各打有 6 000 根桩（图 9-2-13）。

图 9-2-14
尼亚托桥

10. 在意大利约 16 世纪中期，许多桥梁都是由文艺复兴时期最有才华的建筑师之一帕拉迪奥（Palladio）修建的。他改造了古罗马桥梁的细部，经常使用里米尼（Rimini）桥的图案基调，在桥墩上修建装饰性的壁龛。他为威尼斯（Venice）大运河（Grand Canal）上的尼亚托桥（Rialto Bridge）做了一个设计，很不幸，却没有实施（图 9–2–15）。

图 9–2–15
尼亚托桥设计方案①

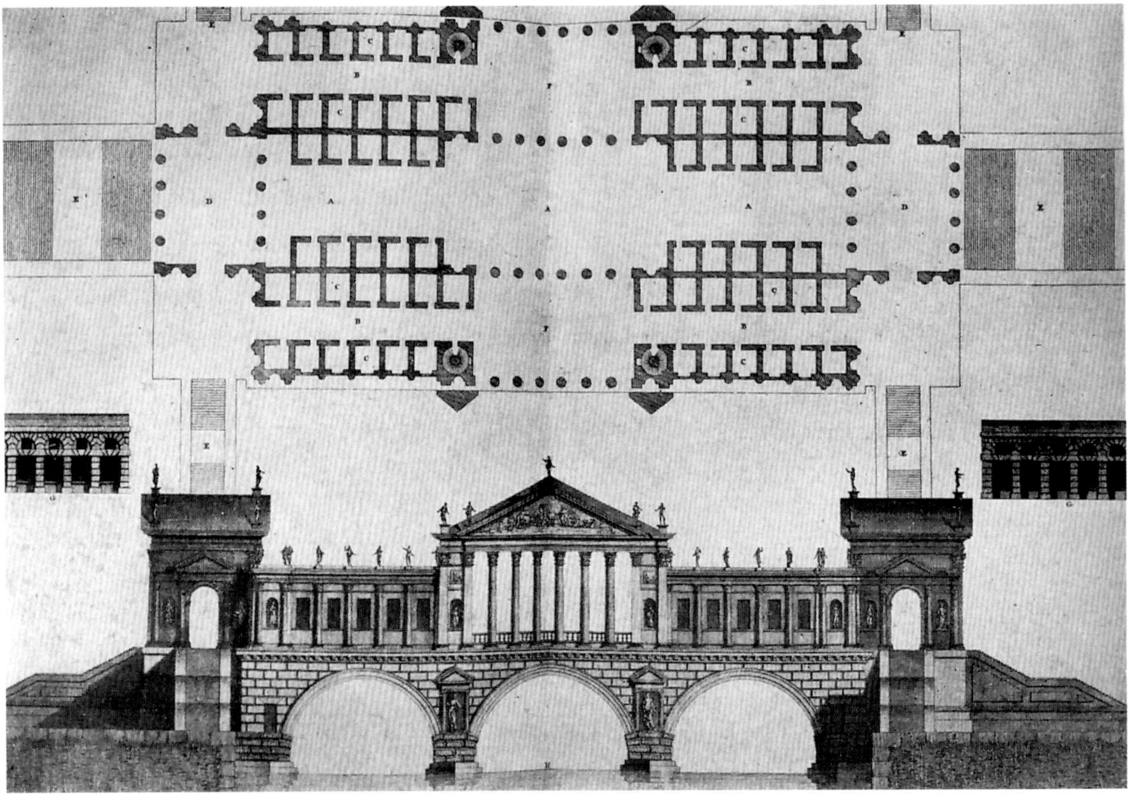

用他自己的话说："非常精细，以我之见，桥梁的设计，而且非常完美地适合所要修建的地方，这个地方是意大利最伟大、最文明的城市之一的中心，是许多其他城市的活动中心，贸易几乎通及世界各地。这条河非常大，而且这座桥就是要建在商人们聚集谈判协商其业务的地点。因此，同样为了保持该城市的壮丽宏伟和高贵，也为了相当大地增加该城市的税收，将这座桥设计得非常宽敞从而可以在桥上开 3 条街；中间的一条街阔大而精美，旁边的两条街则稍微逊色。"

11. 伊朗伊斯法罕（Isfahan）33 孔桥（Si–o–Se Po Bridge），跨宰因达（Zayandeh）河，桥两侧各有 33 个尖形拱桥孔，1599 年（中国明万历二十七年至三十年）兴

① 选自 *Bridges* 124 页图 104。

图 9-2-16
33 孔桥桥面

建。桥总长 297.76 米，宽 13.75 米，最大跨度 5.6 米。上下两层的拱门和走廊上，装饰有精美的马赛克图案。凹进去的拱形门洞粉刷成白色，装饰着棕褐色的条纹。桥下是滚水坝，水坝建造在每个桥孔里，拦在桥的上游，这样河水就不是从坝顶平缓地漫过，而是从各个桥孔里挤过去。因为桥墩挤占了河水的空间，桥的上下游的落差颇为明显，河水流过的时候也就特别湍急（图 9-2-16、9-2-17）。

图 9-2-17
33 孔桥

12. 西班牙龙达（Ronda）市的17世纪桥（Seventeenth-Century Bridge），修建在峡谷之中，为4孔三层，有似一座开了孔的水壩，桥跨度不大但体量巨大（图9-2-18）。

图9-2-18
龙达古桥①

13. 法国文艺复兴时期（French Renaissance）桥梁中最大且在许多方面最不寻常的当属图卢兹（Toulouse）加龙河（Garonne River）上的皮埃尔桥（Pont de Pierre），也称作“新桥”和“大桥”（"Pont-Neuf" and “Grand Pont”，图9-2-19、9-2-20）。

图9-2-19
皮埃尔桥②

这座桥的选址十分精心，最初的设计是一个由大师级的泥瓦匠和木匠组成的委员会制定的，这些大师来自图卢兹（Toulouse）、阿让（Agen）、蒙托邦（Montauban）、摩萨克（Moissac）和卡奥尔（Cahors），这些匠人于1542年（中国明嘉靖二十一年）被图卢兹（Toulouse）市政厅（Capitouls of Toulouse）召集在一起。次年的1月份奠基（放置了第一块基石），而地基工程，一项持续的与物理困难和人际关系的斗争，则进行了70多年。

第一个拱券直到1614年（中国明万历四十二年）才开始修建，每一墩开工都举行隆重典礼。地基建于基坑内的河床岩石上，通过两排板桩的围堰坝保

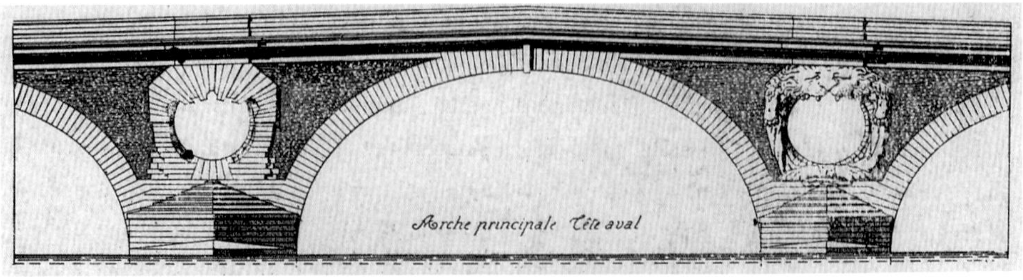

图9-2-20
皮埃尔桥立面图③

① 选自*Bridges* 147页图123。
② 选自*Bridges* 132页图111。
③ 选自*Bridges* 133页图112。

持干燥，两排板桩之间的土进行夯实，从而达到不透水的效果。依据维特鲁威（Vitruvius）的记述，这种方法也被古罗马人在台伯（Tiber）河里使用过。图卢兹（Toulouse）的桥墩依次被修建，每一桥墩的结构都是原创概念。

皮埃尔桥(Pont de Pierre)是不对称的，有7个拱券，跨距不等，其中最大的(32米)是从右手堤岸数起的第3个。桥这端的5个拱圈是椭圆形的，德格朗(Degrand)说这是法国(France)桥梁中椭圆形拱的首次出现，已经将意大利维罗纳(Verona)的桥拱作为唯一的先例。既然后者实际上是圆形的拱而不是椭圆形的，那么图卢兹（Toulouse）的桥拱可能就是世界上这种拱形的首例。

给这座桥的美增色不少的另一特点是在拱肩墙和拱腹使用了砌砖，这些砌砖在颜色上与用于拱券结构余下部分的琢石形成令人愉悦的对照。拱腹的砌砖工程是通过拱肩墙上等距隔开的5个石拱券减压的，全部用砌砖粘合完成。桥墩上方穿过桥身的圆柱形开口不但最具观赏性，而且很有用，因为这些开口足够大，可以在洪水泛滥时起到相当可观的增加水道的作用。这些开口被石圈包围，这些石圈是用以雕刻的以代表狮子的头和皮。考虑到桥墩的厚度，拱圈的重量以及整体安排的不规则性，皮埃尔桥呈现出一种组合，即将中世纪的各种特色与文艺复兴（Renaissance）的高雅有趣地组合在一起。

1686年，一道由朱尔斯·阿杜安·芒萨尔（Jules HardouinMansart）设计的漂亮的凯旋拱门建在了桥端，远离城市的那一端。很不幸，这道门使桥面只剩下了一条窄道，于是1860年被撤除，为逐渐增加的交通流量做准备（图9-2-21）。

图9-2-21 皮埃尔桥凯旋拱门立面、剖面[①]

14. 英国剑桥（Cambridge），圣约翰学院桥（St. John's College Bridge）。可能是由雷恩（Wren）的一名学生尼古拉斯·霍克斯莫尔（Nicholas Hawksmore）建

① 选自*Bridges* 113页图113。

于 1696 年（中国清康熙三十五年）。桥为 3 孔圆弧拱，镂空栏杆，桥头有饰柱（图 9–2–22）。

图 9–2–22
圣约翰学院桥[①]

15. 意大利蒂沃利（Tivoli）的葛利果桥（Ponte Gregoriano）。这座桥依地势及溪流呈折边平面，主孔远远大于边孔，不对称 6 孔圆弧拱，桥下溪水落差较大（图 9–2–23）。

图 9–2–23
葛利果桥[②]

① 选自 *Bridges* 247 页图 235。
② 选自 *Bridges* 260 页图 254。

第十章 巴洛克及工业革命时期石拱桥

第一节 巴洛克时期石拱桥

巴洛克艺术是罗马天主教会的一种语言，首先出现在意大利的罗马，随着天主教的兴盛而在全欧洲推广。巴洛克亦非建筑师新创的一种建筑形式，而是文艺复兴后期建筑符合逻辑的发展。这是以一种折中性的手法对古典建筑语言进行修饰与改造，甚至融合了小亚细亚和伊斯兰建筑的曲线形式。

1. 法国巴黎皇家桥（Pont Royal），建于 1685—1687 年（中国清康熙二十四年至二十六年）。到 17 世纪即将结束时，桥的建筑式样，标志着法国桥梁建设上伟大活动时期的开始。桥总长 361 英尺（110 米），宽 56 英尺（17 米），墩厚 9 英尺（2.7 米），基础施工在双层木板围堰内填黏土，然后抽水，水面以下 15.4 英尺（4.7 米）处木桩头切平，上设木平台，再砌石为基础。桥为 5 孔椭圆拱，影响后来法国多造多孔椭圆拱桥（图 10-1-1）。

图 10-1-1
巴黎皇家桥

2. 布鲁瓦桥建于1716—1724年（中国清康熙五十五年至雍正二年），位于法国的布洛瓦。建筑师为杰克·昂格·夏布利尔（Jacques Ange Gabriel）。

布鲁瓦老桥曾经是中世纪建筑中最精美如画的建筑之一。有20个跨距不一的拱券，屹立在厚度与长度都不同的桥墩上。桥墩上是令人好奇的各式各样的建筑物。在挨着城市那一边的第一个桥墩上，和从对面数第7个桥墩上耸立着带有吊桥的塔楼，外部的楼梯与瓦朗特尔桥（Pont Valentre）的那些类似。两个磨坊占了5个拱。其他几座建筑物，小教堂或者房屋，则矗立在其他桥墩上。在桥墩上游那一端耸立着一座方尖碑，其终端是一个带有十字架的球体，形状类似现在的桥梁上的那种方尖碑。1716年（中国清康熙五十五年）2月5日被洪水冲垮。

图10-1-2
布鲁瓦桥

布鲁瓦的新桥在旧桥被毁的同一年开工，8年后竣工，其中光打地基就占用了3年的时间。桥墩建在用木质平台覆盖的桩上，基坑工程通过在每一底座的周围修建围堰来保持干燥。桩的直径约10~11英寸（25.4厘米~28厘米），间距约1.5英尺（0.46米）。由20到24个男人举起的撞锤将这些桩打到底为止。砌体建筑在水位下5~6英尺（1.5~1.8米）的木质平台上开始进行，围堰与砌体之间的空间用石头填满。新桥长928.5英尺（283米），宽49.2英尺（15米），11孔椭圆拱，其独特性通过突出中央拱券而得以实现，只需要一个主要部分，其余部分都是从属。这一点在一座桥上可以通过将中央拱券的长度和高度制造得超过两边的拱券即可实现。中孔跨径86英尺（26.2米），向两边逐渐缩小至端孔跨径54英尺（16.5米），桥墩宽17.4英尺（5.3米），路面坡4%。这座桥在1870年（中国清同治九年）、

1940 年和 1944 年曾几次因军事原因被毁（图 10–1–2）。

这座桥肃穆简朴，形状将类似皇家桥（Pont Royal），技艺精巧，比例协调，是举世瞩目的美景与趣味和谐统一的杰作。拱肩墙平整朴素完美，在人行道的水平高度上有一条简洁的模压条带，女儿墙平朴结实。桥墩的分水角在上游方向是尖的，墩帽为金字塔形，下游方向的桥墩是三角锉形的。为了打破 11 个相似拱圈的单一性，中央的 3 个拱通过加大桥墩而归为一组，使其与桥的其余部分隔开。桥的中点通过在中央拱的顶部放置雕刻的涡卷装饰板而显突出，同时在上游那一面的顶端装了一座比例适宜的针形纪念碑，高度约 46 英尺（14 米）。

布鲁瓦桥修建得如此卓越，不幸的是占据了一个军事上相当重要的位置，否则就会安然无恙地屹立至今。但 1793 年，在旺代战争（Guerre de Vendee）期间，从挨着城市的那一边数第 3 个拱圈几乎被全毁了。拱圈只剩下一窄条，但这一窄条足够支撑这个拱圈不倒塌，1804 年拱圈得到了修复。1870 年，又一次为了阻止德国军队经过，挨着中心的那个拱圈被炸毁。没有受伤的其他拱圈和桥墩屹立在那里，尽管有一个跨距为 60 多英尺（18 米多）的大缺口。1871 年和 1872 年进行了修复，从此以后这座桥一直安然无恙。

3. 布鲁瓦桥竣工后不久，一座异常有趣的小桥被建在了瑞维西（Juvisy）附近，巴黎至安提比斯 (Antibes) 的国道上，名为贝莱斯喷泉桥（Pont des Belles Fontaines），建于 1728 年（中国清雍正六年，图 10–1–3）。

图 10–1–3
贝莱斯喷泉桥[①]

① 选自 *Bridges* 159 页图 131。

贝莱斯喷泉桥只是一座单拱桥，跨距约 35 英尺（10.6 米）。考虑到其水面上的高度，在河上较低层面修建了 7 个窄拱以支撑高高的挡土墙。戈泰（Gauthey）说在建设过程当中发现这 7 个窄拱是必需的，因为这些挡土墙由于疏忽而被建得太薄。另一位作家，1790 年的路易斯 · 米林（Louis Millin）在详细描述这一作品时说，好像这些拱壁是原设计的一部分。德 · 达尔妲（De Dartein）指出，这些挡土墙没有任何证据说明是置换或者其他问题，这些拱是与挡土墙壁建在一起的。所以，假如挡土墙原先不是这样安置的，那么这些墙肯定已经被拆毁并重建。不管怎样，可能是在建造过程中至少出现一个意想不到的新情况。当基坑工程向下进行到岩石的时候，发现了一股流动的清水泉，造成一定的困难。建造者巧妙地利用了这一泉水，用管道将水流引到置于每一拱肩墙上方拱券中央的两个纪念碑作为喷泉。图 10-1-4 为贝莱斯喷泉桥上的装饰性喷泉详图。那漂亮的石头喷泉是由纪尧姆 · 库斯图 (Guillaume Coustou) 雕刻的。

图 10-1-4 贝莱斯喷泉桥上的装饰性喷泉详图[①]

1716 年（中国清康熙五十五年）法国成立克莱斯路学院（Corps cles Ponts et Chaussees），这是一所技术培训学校，其毕业生组建成立政府路桥部（Department of Bridges and Roads），来指挥法国中部高速公路和运河的完整体系的规划和建设。这项工作要求修建许多新桥。在这 100 年期间，各门学科的发展，在文艺复兴期间就已经开始，随着与日俱增的速度迅捷发展着。

1747 年（中国清乾隆十二年）成立巴黎路桥学院（École des Ponts Paris Tech）。

学院第一任主持者为约翰 · 夫佩罗内（Jean Rodolphe Perronet），并主持该校达 50 年之久。夫佩罗内认识到拱的推力，多孔时可以互相抵消，于是在法国首创薄墩，仅受垂直力。身为桥梁建筑大师，夫佩罗内，同时也是一位运河建设者和许多水利机械的发明者，并创制好多桥梁施工机具，如抽水机、拌和机等（图 10-1-5）。

① 选自 *Bridges* 159 页图 132。

图 10-1-5
筒轮提水机械在排出围堰中的水

薄墩具有重要意义在于可以使桥下净空更宽，如伦敦老桥净宽只有河道的1/4，而夫佩罗内设计的桥仅为河道的1/10，桥下通水净空宽为9/10。约翰·夫佩罗内后又设计使桥墩仅存双柱，横向以小拱联，进一步减少了桥墩对河流的阻力。

约翰·夫佩罗内生平如下。

（1）1725年（中国清雍正三年）17岁时，取得巴黎建筑师职位；

（2）1735年（中国清雍正十三年），进入克莱斯路学院（Corps des Pontet Chaussees）为助理工程师；

（3）1737年（中国清乾隆二年），任总工程师；

（4）1747年（中国清乾隆十二年），巴黎巴黎路桥学院（École des Ponts Chaussees）任教并为桥梁视察；

（5）1750年（中国清乾隆十五年）, 任总视察（Inspector Gereral）；

（6）1763年（中国清乾隆二十八年）, 任公路、桥梁工程师主席（Président Ingénieur des Ponts et chaussees）；

（7）1794年（中国清乾隆五十九年），86岁时去世。

夫佩罗内为桥梁事业做出的成绩如下。

（1）薄墩：当时墩宽 : 拱跨，一般为1:5，罗马1:3。纳伊桥（Ponte de Neuilly），拱120英尺（36.6米），墩厚13英尺（4米），矢跨比变为1:9.5。

（2）扁拱：尖拱65英尺（19.8米），矢跨比由1/4变为1/11。

（3）施工机具：河流水力浆轮带动的筒轮提水；落锤打桩（人力、马力）。

（4）双柱墩：设计、应用于协和桥、马克桑斯桥。

4. 协和桥（Pont de la Concorde），建于 1783—1793 年（中国清康熙五十五年至雍正二年），位于巴黎。是夫佩罗内最后的也是最重要的作品。这座桥占据着城市中最显眼的位置，位于下议院（Chamber of Deputies）和协和广场（Place de la Concorde）之间。桥的名字随着每一次政治大变动而变更，而且连到底是谁应该被塑像于桥墩上从而受到敬仰，这一问题也从来都没有达成过一致意见。夫佩罗内早在 1772 年就用石膏做了一个协和桥的模型，呈献给国王，然而，这项工程直到 1787 年才开工。后来，协和广场（Place de la Concorde）的北半部，当时叫作路易十五广场（Place de Louis XV），因为临时建筑和物料储备而被移交给承包商。夫佩罗内和负责大桥建设的同事们，包括工程师、绘图员和检验员就住在原先被巴黎城的设计者莫罗（Moreau）曾占据的一个亭子里，位于广场的西北角。就是在那里，夫佩罗内离世，时间是 1794 年，大约在桥上的大部分工作已经完成后一年。

图 10-1-6
协和桥

桥为 5 孔椭圆拱，削角成圆弧拱，外拱券石为了适合外拱墙的砌筑，拱石在拱背成钜齿形。原设计桥墩更薄，当局对大师的设计感到害怕，强行要求加厚，而且还不准用双柱桥墩，原拱矢比更小，要求提高了 1 米。协和桥第一次用了空心栏杆（图 10-1-6）。

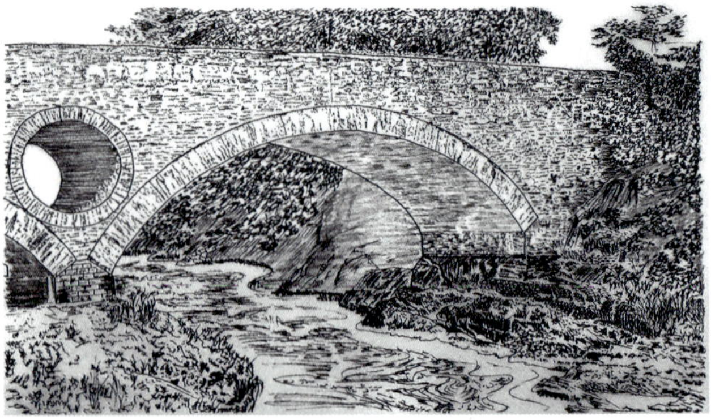

图 10-1-7
道拉 - 赫里安桥

5. 威尔士兰得福瑞（Landovery）附近涛伊（Towy）河上的道拉—赫里安桥（Dolau-herian Bridge）的设计师是威廉·爱德华兹（Weilliam Edwards，1719-1789 年），于 1755 年（中国清乾隆二十年）在南威尔士修建了类似的庞特普利德桥（Pontypridd Bridge）。爱德华兹（Edwards）通过痛苦的经历，发现他的宽阔扁平拱只有在加腋的压力被拱肩开口减轻的时候才行得通。这些圆柱体的穿孔对桥的基本结构元素与众不同，即利于泄洪也使隆起的拱看起来更加漂亮（图 10–1–7）。

6. 法国巴黎近郊纳伊桥（Le Pont de Neuilly）为5孔，跨径120英尺（36.6米），拱矢30英尺（9.15米），跨塞纳河。建于1768–1774年（中国清乾隆三十三年至三十九年），1938年毁坏。这座桥为椭圆拱，削角成圆弧拱，特点是格子拱（Coffered Arches）。造平拱要求精巧的石工雕琢、丰富的经验和借助几何学与力学。这座桥是石拱中最可爱的结构，始超越阿达（Adda）河桥记录（图 10–1–8）。

图 10–1–8
纳伊桥

图 10–1–9
奥尔良桥[1]

7. 法国奥尔良桥（Orleans），修建于1751至1761（中国清乾隆十六至二十六年），与布鲁瓦桥（Pont de Blois）属于同一类型。道路的坡度更加缓和，桥墩的分水角是圆的，代替了尖的，桥的中央用一块装饰板装饰，桥上没有使用针形纪念碑（图 10–1–9）。

① 选自 *Bridges* 160 页图 133。

8. 法国蒙彼利埃水道桥（Aqueduct of Montpellier）由皮托（Pitot）和吉拉勒（Giral）设计，建于1752—1772年（中国清乾隆十七至二十七年）。由伟大的水利工程师皮托（Pitot）修建，是18世纪最精美的作品之一。修建这座桥是为了将圣克莱门特（Saint-Clement）的泉水引到贝鲁广场（Place du Peyrou），全程近11英里（17.7公里）长，包括隧道和拱廊。石头拱廊，约4500英尺（1372米）长，仿效加德桥（Pont du Gard），是非常精美的建筑。因为皮托在年轻的时候就住在加德桥（Pont du Gard）附近，近距离体验和仔细观察过此桥。

图10-1-10
蒙彼利埃水道桥

处于末端将水道桥与水城堡连在一起的3个拱券具有特别的建筑趣味（图10-1-10）。这3个拱券由吉拉勒（Giral）设计并装饰，从而在庄严的水道桥与精心设计的终端之间形成了一种过渡。两个小拱之间的中央拱精细美观，显得更加坚实而肃穆。

9. 法国威尔逊（Pont Wilson）桥位于图尔市（Tours），建于1764—1777年（中国清乾隆三十年至四十三年）总长434米，最大跨度21米，15孔椭圆拱（图10-1-11）。是当时最壮观的不朽建筑之一。原设计是由马蒂厄·贝叶（Mathieu Bayeux）于1765年完成的。然而，由于资金的缺乏和其他困难，这一建筑直到6年之后才开始修建。贝叶指挥这项工程一直到1774年，当时他因为年龄和疾病的缘故而退休。这时候，13个拱券已经修建完成。显然，接替贝叶的德·沃尔吉（de Volgie）为这座桥的上部做了新的设计，从而才有了现在的不同寻常而又非常成功的装饰。

图10-1-11
威尔逊桥

这座桥的特点是，基础用沉井，到桩顶，桩顶与基础间和桩中间没有填石，不会因受力导致高桩弯折。全程木拱架用过 4 次。由于第 8 墩基础下沉，破坏了邻近二孔。在施工第 14 孔时发生险象，仓促想安装拱顶楔石，想使该拱自立，但是拱垮了，连拱带人坠入河中。

1789 年（中国清乾隆五十四年），流水堆积桥前，冲刷去致使最短桩的桥墩，弄塌了离城最远的四孔拱。威尔逊桥因基础过于节约而终抱遗憾。

10. 跨瓦兹（Oise）的河马克桑斯桥（Pont de st Maxence）1768—1774 年（中国清乾隆三十三年至三十九年），为 3 孔 72 英尺（22 米），桥已毁。

但这些桥梁都因其外观的美妙、建筑的卓越及设计的大胆与创新而闻名于世。

11. 瑞士工程师罗比伯（Lobeb）承造了威斯敏斯特（Westminster）桥（图 10-1-12），建于 1738－1750 年（中国清乾隆三年至十五年）。半圆拱跨 75 英尺（23 米），罗比伯创造沉井基础，并首次应用于此桥。

图 10-1-12
威斯敏斯特桥
（水彩画）

12. 普里特桥（Pont-Y-Pridd），建于 1755 年（中国清乾隆二十年），位于威尔士的庞特普里斯（Pontypridd），跨塔夫（Taff）河 。由威廉·爱德华兹（William Edwards）设计（图 10-1-13）。孔跨 140 英尺（43 米），圆半径 170 英尺（52 米），净空高度 32.8 英尺（10 米）。这座桥特点是跨度较大，圆弧拱，拱上有多圆洞，以减轻重量和利排洪，也是欧洲实腹拱向敞肩圆弧拱的过渡。

图 10-1-13
普里特桥

普里特桥曾发生以下二次事故。

（1）原为三孔，但被洪水和漂流物冲倒。

（2）后改大跨，但拱上建筑太重（也许又加上砌置程序不良）致使拱顶鼓起 (Popped Upward) 拱券塌下。

18 世纪出现专门的桥梁技术学校和桥梁建设单位。

在那个时期的造桥专家名单中除了夫佩罗内，还有谢齐（Chezy）和皮托（Pitot）等。设计和建设的桥梁包括：布鲁瓦桥（Pont de Blois），设计师是加百列（Gabriel），建于 1716 年（中国清康熙五十五年）；贡比涅（Compiegne）桥，设计师是莱特（Lahitte），建于 1730 年（中国清雍正八年）；奥尔良（Orleans）桥，设计师是于波（Hupeau），建于 1751 年（中国清乾隆十六年）；穆兰（Moulins）桥，设计师是路易斯·德·瑞格默特（Louis de Regemorte），建于 1756 年（中国清乾隆二十一年）；芒特（Mantes）桥，1757 年（中国清乾隆二十二年）由于波（Hupeau）开始，由夫佩罗内（Perronet）完成；以及图尔（Tours）桥，1764 年（中国清乾隆二十九年）由贝叶（Bayeux）开始，由德·沃尔吉（de Volgie）完成。

13. 英格兰查茨沃思桥（Bridge at Chatsworth），约建于 1757 年（中国清乾隆二十二年），为 3 孔半圆形拱，桥墩上有人物雕塑（图 10-1-14）。

图 10-1-14
查茨沃思桥[1]

① 选自 *Bridges* 244 页图 228。

14. 跨越特威德（Tweed）河的英国冷溪（Coldstream）桥，由建筑师约翰·史密顿（John Smeaton）和工程师罗伯特·里德（Robert Reid）设计建造，1767年（中国清乾隆三十二年）完工。结构为水上5大孔加岸上2小孔，墩上开有装饰性圆孔（图10-1-15）。

图 10-1-15
冷溪桥

15. 迪济桥（Pont de Dizy），建于1767—1773年（中国清乾隆三十二年至三十八年）。拱石伸展到拱墙之内，像马里耶桥（Pont Marie）一样，但拱石凸出一些，代表一圈拱券，这是比较新奇的，因为一道真正的拱券和拱墙不发生关系（此乃经典的理论）。这比假拱券结构要好，因其载重的拱券可以自由移动，不将振动传导到拱墙中去。

16. 卡尔西奥多桥（Karl Theodor Bridge）位于德国海德堡（Heidelberg），建于1788年（中国清乾隆五十三年）。总长656.17英尺（200米），水上5大孔，一岸有2小孔，圆弧拱，石桥栏杆是实心的（图10-1-16）。

图 10-1-16
卡尔西奥多桥

17. 法国阿瓦隆（Avallon）附近库桑河（表弟河）桥（Bridge over the Cousin River），设计师是小安托万（Antoine Puine）和戈泰（Gauthey）。建于1786—1790年（中国清乾隆五十一年至五十五年）。夫佩罗内（Perronet）创立的通用原则使设计师成功地建造了像任何一件现代作品一样大胆的石桥（图10-1-17）。

图10-1-17
库桑河桥[①]

18. 英格兰巴斯（Bath）埃文（Avon）河上的普尔特尼桥（Pulteney Bridge），建于18世纪。这座石桥承载着3条独立的人行道和6排商铺。普尔特尼桥似乎在水上承载着一座城市，而没有过度凸显自己的重要性（图10-1-18）。

19. 伯尔尼（Bern）是瑞士的首都和伯尔尼州的首府，气候温和湿润，冬暖夏凉，是瑞士的政治和文化中心，位于瑞士的中西部。阿勒河把伯尔尼城分为两半，西岸为老城，东岸为新城，老城建于1191年至18世纪。推算阿勒河上的老桥（图10-1-19）亦应该建于这个时间段，为3孔圆弧拱。

图10-1-18
普尔特尼桥

图10-1-19
阿勒河上的老桥

① 选自*Bridges* 154页图126。

目前横跨阿勒河的大桥有 7 座，把老城和新城连接起来。

第二节　工业革命时期及近代石拱桥

欧洲工业革命始于 18 世纪末期英国。伴随着铁路的建设，石拱桥再次迎来建设高潮。虽然这一时期钢铁和钢筋混凝土陆续成为主要的工程建筑材料，但石拱桥仍然使用广泛。由于科技的进步，石拱桥建造趋于讲究力学原理，这一时期石拱桥造型精美、结构坚固，跨度也屡屡突破。

现在途经欧洲一些山区的老铁路线，经常可见这些十八九世纪修建的精美石拱桥。铁路曲线半径较大，而且对纵坡要求严格，所以山区铁路不可避免的要遇到又长、又高的谷架桥。这些石拱谷架桥或采用高墩、或采用多层、或采用大跨，建筑精美、规模宏伟。

大工业需要交通与输水，故铁路、道路及输水管道或运河桥建造得很多，那些多面手“土木工程师”什么都做。在造桥方面，砖石等传统材料和技术，以及新的铸铁桥亦在创建，铸铁拱是脱胎于石拱，其细节技术是木工的，所以可称为一个新旧混合时代。

1. 阿道尔夫桥（Pont Adolphe）由法国工程师 M Paulsejourne 建于 1803—1811 年（中国清嘉庆八年至十六年），横跨皮特鲁斯（Pétrusse）河，位于卢森堡（Luxemburg）城，连接维尔瓦兹省（Ville Haute）和加雷（Gare）。结构为 1 孔，2 片拱肋，最大跨度 277.7 英尺（84.65 米），小孔上了大孔 (图 10-2-1)。

图 10-2-1
阿道尔夫桥

2. 设计师约翰·伦尼（John Rennie）建造了比利时滑铁卢（Waterloo）桥，建于1811年（中国清嘉庆十六年）。结构为5孔半椭圆拱。最重要的技术改进是在岸上做好木拱架，浮运就位。拱石将完成时，拱顶石用力打入，使拱架上不加力，拱石亦更紧，拱架渐渐放松，拱的“下沉量”为最小，小于3英寸（75毫米）。

伦敦老滑铁卢桥（Waterloo Bridge），为设计师约翰·伦尼（John Rennie），建于1817年（中国清嘉庆二十二年），是泰晤士河上第四座。这座桥为花岗岩桥，9个桥孔，每个桥孔跨度120英尺（36.6米），用古希腊多立克式石柱分开，长2,456英尺（748.6米）。在19世纪40年代，这座桥获得自杀胜地的声誉，莫奈等印象派画家也曾以该桥为主题作画。这座桥于1878年被国有化。此后发现结构存在严重问题，于是拆除旧桥重建，新桥在1942年局部开放，1945年完成。新的大桥是二战期间唯一被德国空军轰炸机损坏的泰晤士河桥梁（图10–2–2）。

图10–2–2
老滑铁卢桥

3. 区别于老伦敦桥的新伦敦桥（New London bridge），建于1825—1831年（中国清道光五年至十一年）。设计师是约翰·伦尼（John Rennie），结构为五孔石拱，椭圆拱，最大跨度149.61英尺（45.6米）（图10–2–3）。

图10–2–3
新伦敦桥[1]

① 选自 *Bridges* 87页图156。

拆除伦敦老桥后（因老桥起坝的作用），使泰晤士河涨落潮时流速加快，使河床冲刷加快，因此使该处的威斯敏斯特（Westminster）桥、黑修士（Black Friars）桥和滑铁卢桥的基础都觉得薄弱了，需要改建。

140 年之后，此桥卖掉了，拆建在美国亚利桑那州（Arizona）的人工湖上。

4. 托马斯·特尔福德（Thomas Telford）是工业革命时期英国革新的土木工程师，但亦造了很多石桥。特尔福德在当什罗浦郡（Shropshire）的县测量员（Couny Surveyor）时，建造约有 42 座桥，其中大多是石拱桥。他在石拱桥上的改进实例如：唐·兰德（Tongueland）桥，建于 1808 年（中国清嘉庆十三年），跨威尔士迪伊（Dee）河。中间最大圆弧拱，跨度 111.88 英尺（34.1 米），拱上有平行的内拱墙而不用填石，大孔两侧各有 3 小高墩尖形拱（图 10-2-4）。

图 10-2-4
唐·兰德桥

5. 英国格洛斯特郡（Gloucester）的奥维尔（Over）桥，总长 150.92 英尺（46 米），单拱，1828 年（中国清道光八年）完工（图 8-2-5）。和纳伊（Neuilly）桥一样，结构为椭圆拱，削角成圆弧拱。

图 10-2-5
奥维尔桥

6. 英国爱丁堡（Edinburgh）的院长（Dean）桥。桥长 446.19 英尺（136 米），4 孔圆弧拱，其第 3 拱高于水面 104.99 英尺（32 米）。桥墩是空心石桥墩和双层拱券，采用两种不同的拱矢比以加宽桥面（图 10-2-6）。

图 10-2-6
院长桥

图 10-2-7
皮尔桥

7. 法国皮尔（Pont de Pierre）桥位于波尔多，建于1819－1822年（中国清嘉庆二十四年至道光二年）。17孔削了角的圆弧拱，跨越加伦（Garonne）河（图10–2–7）。

8. 法国埃克斯（Aix）附近的罗克福武尔水道桥（Roquefavour Aqueduct），建于1841—1847年（中国清道光二十一至二十七年）。桥约1280英尺长（390.4米），272英尺高（83米）。拱券分为两层，下层中间拱券的净跨距为52英尺（15.9米）。部分水渠是从迪朗斯河（Durance）到马赛（Marseilles），渠总长度为57英里（91.2公里，图10–2–8）。

图10–2–8 罗克福武尔水道桥①

9. 德国戈尔茨希高架铁路桥（Göltzsch Viaduct）横跨戈尔茨希（Göltzsch）峡谷，连接米劳（Mylau）和内茨希考（Netzschkau），于1845—1851年（中国清道光二十五年至咸丰元年）建成，如今是莱比锡至霍夫（Leipzig–Hof）铁路线的一部分。设计师为约翰·安德里斯·舒伯特（Johann Andreas Schubert）。桥总长1 883.2英尺（574米），底层宽75.46英尺（23米），高层宽29.53英尺（9米），桥面高出小河255.91英尺（78米）。一共98个桥洞分在4层，最上一层有29个桥洞，最大的桥洞跨度101.38英尺（30.9米）。

戈尔茨希高架铁路桥完成圬工量135 676立方米，其中用红砖2 600万块，仅桥墩下部和拱券采用花岗岩和斑麻石砌筑。远观火车过桥像条小虫，是当年八大奇迹之一（图10–2–9）。

① 选自 *Bridges* 271页图273。

图 10-2-9
戈尔茨希高架铁路桥

10. 德国比蒂格海姆高架桥（Bietigheim Viaduct），跨恩茨河（Enz）峡谷，位于比蒂格海姆至比辛根（Bietigheim-Bissingen）的铁路上，建于 1851—1853 年（中国清咸丰元年至三年）。桥长 941.6 英尺（287 米），22 孔，跨径 36.75 英尺（11.2 米），高 118.11 英尺（36 米），墩厚仅 6.56 英尺（2 米）。材料为红砂石，未设伸缩缝，桥墩在最适当的高度处，有利于平衡拱券间不平衡推力的地点，用坦拱券加劲。第二次世界大战曾部分被破坏（图 10-2-10）。

图 10-2-10
比蒂格海姆高架桥

图 10-2-11
联邦拱桥

11. 联邦拱桥（Union Arch Bridge），建于 1857—1864 年（中国清咸丰七年至同治三年）。桥长 459.32 英尺（140 米），宽 20.01 英尺（6.1 米），单孔跨度 219.82 英尺（67 米），至 1903 年（中国清光绪二十九年）此记录才被打破（图 10-2-11）。

12. 皇家（Royal Border）桥，建于 1850 年（中国清道光三十年）。为 28 孔铁路石拱桥，每个孔跨度 59.1 英尺（18 米），桥长 2162.07 英尺（659 米），由设计师罗伯特·斯蒂芬森（Robert Stephenson）设计。位于伦敦到爱丁堡铁路线的贝里克郡（Berwick），跨特威德（Tweed）河（图 10-2-12）。

图 10-2-12
皇家桥

13. 英国卡班·约翰（Cabin John）桥，建于1857—1864年（中国清咸丰七年至同治三年），为单孔218英尺（66.5米）。

14. 法国圣索沃（Saint Sauveur）的高速公路拱桥（Highway Arch）（图10-2-13），建成于1861年（中国清咸丰十一年），为1孔，跨度138英尺（42.1米），高于溪流面215英尺（65.6米）。工程师为舍雷尔（Scherer）和马克斯（Marx）。

图10-2-13 圣索沃石拱桥[①]

15. 法国连接色维拉（Severac）和马尔维（Marvejol）的皮尤高架桥（Viaduc du Piou），建于1877—1879年（中国清光绪三至五年），为6孔圆弧拱，高墩（图10-2-14）。

图10-2-14 皮尤高架桥[②]

① 选自 *Bridges* 215 页图 186。
② 选自 *Bridges* 270 页图 272。

16. 法国克鲁兹的高架桥（Viaduc de la Crueize）。各拱券跨度为 82 英尺（25 米），高度为 206 英尺（62.9 米）。建于 1879—1983 年（中国清光绪五至九年）。结构为 6 孔圆弧形拱（图 10-2-15）。

图 10-2-15
克鲁兹的高架桥[1]

① 选自 *Bridges* 269 页图 270。

17. 波士顿芬威（Fenway）桥，建于 1880—1881 年（中国清光绪六至七年）。建筑师亨利·霍布森·理查德森（Henry Hobson Richardson），是一位著名的现代建筑创始人。最漂亮的桥不一定是最大胆出奇的，芬威桥是那样不加掩饰地结实厚重，带着对材料质地，图案式样以及规模比例的精致眼光。理查德森以前无古人的自由弯曲形状，将众多的石块铺砌起来。如果这座桥一看上去就属于中世纪风格，而且很现代，那是因为理查德森（Richardson），就像其建筑一样，使用了古罗马式（Romanesque）的石砌结构作为他结构的出发点（图 10-2-16）。

图 10-2-16
芬威桥

18. 奥地利沃尔德利图贝桥（WaldlitobelBrucke），建于 1884 年（中国清光绪十年）。这座桥一跨过峡谷，两边各有 4 个小拱上了大拱，立面石料保持凸凹不平的原貌，别有一番古朴的意境（图 10-2-17）。

图 10-2-17
沃尔德利图贝桥[①]

① 选自 *Bridges* 273 页图 276。

19. 法国沃贾克斯（Verjux）的布奇考特桥（Pont Boucicaut），建于 1890 年（中国清光绪二十六年）。工程师是 M·土耳泰（M. Tourtay），为 4 孔圆弧拱（图 10–2–18）。

图 10–2–18
布奇考特桥[①]

20. 布拉格弗朗索瓦大帝桥（Pont de l'Empereur Francois），建于 1901 年（中国清光绪二十七年），为 5 孔圆弧拱（图 10–2–19）。

图 10–2–19
弗朗索瓦大帝桥[②]

① 选自 *Bridges* 274 页图 279。
② 选自 *Bridges* 247 页图 235。

21. 卢森堡城佩特罗斯（Petrusse）河桥亦称阿道尔夫大桥（图 10–2–20），建于 1901—1903 年（中国清光绪二十七年至二十九年）。桥高 150.9 英尺（46 米）跨度 275.6 英尺（84 米）。

图 10–2–20
佩特罗斯河桥

22. 德国慕尼黑的麦克斯—约瑟夫桥（Max–Josefbrucke），建于 1902 年（中国清光绪二十八年），为三铰石拱桥。工程师是扎格特和韦尔纳（Saget，Woerner），建筑师是希欧多尔·费彻教授（Prof. Theodore Fischer）。结构为 1 孔，两边各有 5 小拱上大拱，引桥部分各有 2 孔（图 10–2–21）。

图 10–2–21
麦克斯 – 约瑟夫桥①

图 10–2–22
索利斯桥

23. 瑞士索利斯桥（Bridge at Solis），位于瑞士格劳宾登州（Graubünden），跨越阿尔布拉（Albula）河，建于 1902 年（中国清光绪二十八年）。跨度为 138 英尺（42.1 米），距离溪水面 282 英尺（86 米）。首席工程师是亨宁斯教授（Professor Hennings）。结构为主跨 1 孔半圆形拱，上有小拱各 4，引桥部分尚有多孔（图 10–2–22）。

① 选自 *Bridges* 252 页图 242。

24. 德国慕尼黑的康尼留思桥（Corneliusbrucke），建于 1903 年（中国清朝，光绪二十九年）。工程师为扎格特和韦尔纳（Saget , Woerner），建筑师是冯·蒂尔施教授（Prof. von Thiersch）。结构为 1 孔悬链线形拱（图 10-2-23）。

图 10-2-23
康尼留思桥①

25. 德国慕尼黑赖兴巴赫桥（Reichenbachbrucke），建于 1903 年（中国清光绪二十九年）。工程师是扎格特和韦尔纳（Saget , Woerner）；建筑师是弗朗·冯·蒂尔施教授（Prof. Fr. von Thiersch）。结构为 2 孔悬链线形拱（图 10-2-24）。

图 10-2-24
赖兴巴赫桥②

① 选自 *Bridges* 255 页图 247。
② 选自 *Bridges* 251 页图 241。

26. 德国慕尼黑（Munich），马克西米利安斯桥（Maximiliansbrucke），建于 1903—1905 年（中国清光绪二十九至三十一年）。建筑师是希欧多尔·费彻教授（Prof. Theodore Fischer），工程师是扎格特和韦尔纳（Saget，Woerner）。结构为 2 孔悬链线形拱，小拱均上了大拱。桥上的单一雕像尺寸可以通过道路的宽度来证明是合理的，但如果沿着整座桥放置几座这样的雕像，其效果就肯定有压迫桥面之感了（图 10-2-25）。

图 10-2-25 马克西米利安斯桥①

27. 法国靠近莫林—梅兹（Moulins-les-Metz）的桥，建于 1905 年（中国清光绪三十一年），为石面三铰混凝土拱券。工程师是 M·布勒姆哈德（M. Blumhardt）。结构为 5 孔圆弧拱，小拱均上了大拱（图 10-2-26）。

图 10-2-26 莫林－梅兹桥②

① 选自 *Bridges* 250 页图 239。
② 选自 *Bridges* 274 页图 278。

28. 德国慕尼黑为纪念奥托·冯·维特尔斯巴赫（Memorial for Otto von Wittelsbach）而建的维特尔斯巴赫纪念桥（M.Wittelsbacherbrucke），建于 1905 年（中国清光绪三十一年）。工程师是扎格特和韦尔纳（Saget , Woerner），建筑师是希欧多尔·费彻教授（Prof. Theodore Fischer）。桥上的骑马雕像是十分精心设计的。雕像高高矗立于所面对的道路之上，几乎从路上和河上均可以看到。从距离桥梁一段距离的角度看过去，这座雕像只是由桥墩基座而构成的大型纪念碑的一部分（图 10-2-27）。

图 10-2-27
巴赫纪念桥[1]

① 选自 *Bridges* 254 页图 245。

29. 德国曼海姆内卡（Nekar）河桥，建于 1908 年（中国清光绪三十四年）。工程师是格鲁恩和比尔芬格（Gruen & Bilfinger）。结构为 3 孔圆弧拱（图 10-2-28）。

图 10-2-28
内卡河桥

30. 法国东比利牛斯（Fontpedrouse）附近的高架桥（Viaduct）。建于 1908 年（中国清光绪三十四年）。桥面距离溪水面 213 英尺（65 米）。工程师是保罗·塞茹内（Paul Sejourne）。桥分二层，拱有四层，最下主跨为尖形拱，其余为圆弧形拱（图 10-2-29）。

图 10-2-29
东比利牛斯高架桥

石拱桥技术，自19世纪以来，技术上和理论上没有什么大的进步，特别是对不均匀载荷下对拱券石中所产生的影响，桥台的撑开和拱的溃屈研究不够。大量工作研究放在拱轴的收缩（混凝土拱）和缩短（灰浆压缩）方面。当拱成四铰时破坏时致使：拱轴缩短；基础撑开；载重不匀，使拱券内受很大弯矩，不均匀的拱券内压力使压力轴线偏拱券中心线过多而发生危险。

解决的办法是，继续不断地减轻重量，同时增加载重，并适当采用灰浆，在19世纪得到发展，如瑞士的一些铁路拱桥。

31. 瑞士兰德瓦瑟（TheLandwasser Viaduct）高架铁路桥（图10-2-30），建于1904年（中国清光绪三十年）。这座桥总长446.19英尺（136米），结构为5孔半圆形拱，高213.25英尺（65米），最大跨度65.63英尺（20米）。这一设计大胆而简单，将加长的拱圈和弯曲的平面集合在一起。当一座石桥必需既高又长的时候，问题就会因为用哪种材料跨越很长距离这一困难而变得复杂。然后必需拱圈或按层排列，如加德桥那样（Pont du Gard），或造得清一色的又高又细，正如这座著名的瑞士桥梁范例，采用不等跨度。既然这最后一环通常意味着拱圈从不同的水平高度开始起拱，那么极少达到这样一种令人满意的外观效果。

图10-2-30 兰德瓦瑟高架铁路桥

32. 瑞士维斯纳尔铁路高架桥（Wiesener Viaduct）是达奥斯至菲利苏尔（Davos–Filisur）线路中非常重要的一段。这座铁路高架桥（图 10-2-31）建于 1906—1909（中国清光绪三十二年至宣统元年），高 288.71 英尺（88 米），长 669.29 英尺（204 米），最主要的石拱只有 12.14 英尺（3.7 米）宽，但有 180.45 英尺（55 米）长。抛物线拱矢高 108.27 英尺（33 米），单线铁路，故拱顶宽仅 15.75 英尺（4.8 米），拱脚处为 19.69 英尺（6 米）。

图 10-2-31
维斯纳尔铁路高架桥

后　记 | POSTSCRIPT

我（唐浩）自2006年起，开始全面整理我父亲唐寰澄的书稿、文稿、资料、照片、底片、信件、日记、笔记、桥梁设计图稿、古桥考证、手绘图稿、诗词、金石等。在整理中发现有一个笔记本，上手写记录、绘制了总188页的文、图，是有关中西方石拱桥的学习笔记，猜想是书稿雏形。据时间推测此书稿为他多年积累而成，起步为20世纪50年代，结束于完成《中国石拱桥研究》（1988年脱稿）一书之后，即20世纪末。笔记本中记载了中西方大大小小几百座石拱桥的历史、桥型、计算、手绘图等等，较全面地阐述了中西方石拱桥的发展历程。我想这也许是他生前的又一个研究目标，试将中西方石拱桥的技术、历史加以分析、对比，找出其中的内在联系、相同处及差异，弘扬各国工匠在推动人类社会进步中所表现出的精神，遗憾的是他未能在生前完成。

本想将此草稿以扫描件形式，汇入2015年我编辑完成的《唐寰澄文集》（三卷，由上海市金山档案馆出资，上海学林出版社2018年出版。）中，后根据上海学林出版社李晓梅老师意见，若如此在《文集》中呈现给读者则较零乱，不能完整表述中西方石拱桥的发展历史和建筑技术及施工进程，不能展现中西方桥梁工匠之伟大，笔记中没有照片亦不能给予读者以视觉冲击。

为了能让读者可充分解读唐寰澄先生，了解他所著的《中国石拱桥研究》（1993年出版）、《中国木拱桥》（2010年出版）、《中西方石拱桥》三本著作的研究及继承罗英先生研究古桥的轨迹，为此我决定系统整理书稿。怀着对老一辈桥梁人的敬佩和对中国桥梁事业的责任，完成父亲未竟之事业。于是我静下心来，利用业余时间研究中西方建筑历史，研究中西方石拱桥，以我的拙笔耗时二年整理书稿、手绘配图、补充照片和内容，使之成为一部完整的著作，并将此付梓以飨读者，亦以慰我父亲在天之灵。有趣的是我父亲当年完成罗英先生的《中国石拱桥研究》是62岁，此次我完成他的《中西方石拱桥》亦是62岁，时间上的巧合亦再现了我们对中国古代桥梁研究的传承。

此书的出版要感谢中国铁道出版社几十年对我父亲的了解和支持，体现了该社一贯对中国桥梁事业的弘扬和担当。亦要感谢我父亲的学弟原中铁大桥局副总工程师赵煜澄老先生的过目把关，感谢我父亲的学弟上海交通大学刘杰教授的逐字审读，感谢浙江大学项贻强教授的建议，感谢吕薇女士对原始笔记的录入工作，感谢翻译李春兰和胡飞老师承担了部分英文原著资料的翻译工作，感谢我妻子邱常绿绘制的有关计算理论部分图纸，感谢女儿唐韵在国外寻找西方的石拱桥照片，感谢中国公路工程咨询集团的高级工程师张敏先生对设计理论部分的校核，感谢中交二院教授级高级工程师鞠金荧给予的帮助，感谢中铁大桥设计院皮汉萍部长给予的关怀，感谢中铁大桥局技术部叶庆旱部长、廖菲主任给予的支持，感谢为本书提供资料的胡达和、夏树林老先生、王忠波老师，感谢提供照片的屠剑虹、李晋栓、吴礼冠、林克波、葛诗畅、蒋响元、夏祖照、吴齐正、杨古城、杨建成、王厚顺、胡弈彬、黄颖、吕高阳、高碧原、段连平、要英明、姬蕴轩、饶登宇及所有对本书的出版提供过支持的专家、编辑和朋友们。

唐浩

2018 年 4 月 24 日于武汉

参考文献 | CANKAO WENXIAN

[1] 许慎，徐弦等校．说文解字 [M]. 北京：中华书局，1963.

[2] 于文江．徐霞客游记 [M]. 上海：商务印书馆，1923.

[3] 王仲殊．墓葬略说 [J]. 考古通讯，1955,1.

[4] 陈大为．辽阳三道壕儿童瓮棺群发掘报告 [J]. 考古通讯，1956,2.

[5] 朱江．吴县五峰山烽燧墩清理简报 [J]. 考古通讯，1955,4.

[6] 茹士安，何汉南．西安地区考古工作中的发现 [J]. 考古通讯，1955,3.

[7] 杨宽．中国古代陵寝制度史研究 [M]. 上海：上海古籍出版社，1985.

[8] 祁英涛．中国古代建筑年代的鉴定 [J]. 文物，1965,5.

[9] 唐·李善．文选 [M]. 梁·萧统编．北京：中华书局出版社，1977.

[10] 班固．汉书 [M]. 北京：团结出版社，1996.

[11] 天一阁．隆庆赵州志 [M]. 上海：古籍出版社，1981.

[12] 司马迁．史记（白文本）[M]. 长沙：岳麓书社出版社，1988.

[13] 郦道元．水经注 [M]. 上海：上海古籍出版社，1990.

[14] 唐太宗．晋书·二十五史（卷二）[M]. 上海：上海古籍出版社，1986.

[15] 郦道元注，杨守敬，熊会贞，段熙仲点校，陈桥驿复校．水经注疏 [M]. 江苏：古籍出版社，1989.

[16] 南阳文物研究所．南阳汉代画像砖 [M]. 北京：文物出版社，1990.

[17] 陈梦雷．古今图书集成考工典·清雍正四年刊本 [J]. 北京：中华书局，1934.

[18] 刘昫，等 . 旧唐书 [M]. 北京：中华书局，1975.

[19] 脱脱，等 . 宋史 [M]. 北京：中华书局，1977.

[20] 魏征，令狐德棻 . 隋书 [M]. 北京：中华书局，1973.

[21] 司马光 . 资治通鉴 [M]. 北京：中华书局出版，1956.

[22] 范成大 . 吴郡志 [M]. 台湾：台北大化书局，1987.

[23] 钱令希 . 赵州桥的承载能力分析 [J]. 土木工程学报 .1987,4.

[24] 冯汉骥 . 四川的画像砖墓及画像砖 [J]. 文物，1961,1.

[25] 罗英，唐寰澄 . 中国石拱桥研究 [M]. 北京：人民交通出版社，1993.

[26] 小山田了三著 . 桥 [M]. 上海：交通大学出版社，2014.

[27] 威廉 J・R・柯蒂斯 .20 世纪世界建筑史 [M]. 北京：中国建筑工业出版社，2011.

[28] 安东尼・C・安东尼亚德斯 . 建筑学及相关学科 [M]. 崔昕，汪丽君，舒平，译 . 北京：中国建筑工业出版社，2009.

[29] 克里斯蒂安・诺伯格・舒尔茨 . 西方建筑的意义 [M]. 李路珂 , 欧阳恬之 , 译 . 北京：中国建筑工业出版社，2005.

[30] 陈平 . 外国建筑史（从远古至 19 世纪）[M]. 南京：东南大学出版社，2006.

[31] Charles S. Whithey. Bridges[M]. New York：William Edwin Rudge Pubisher，1929.

附录一 唐寰澄笔记原稿选页

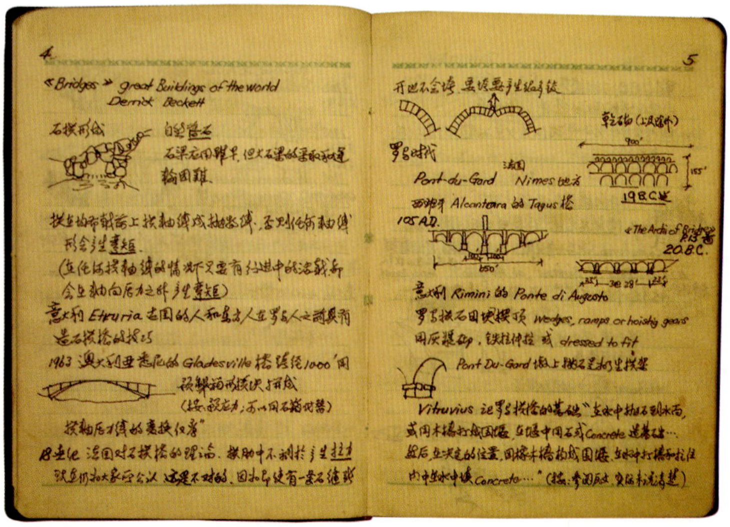

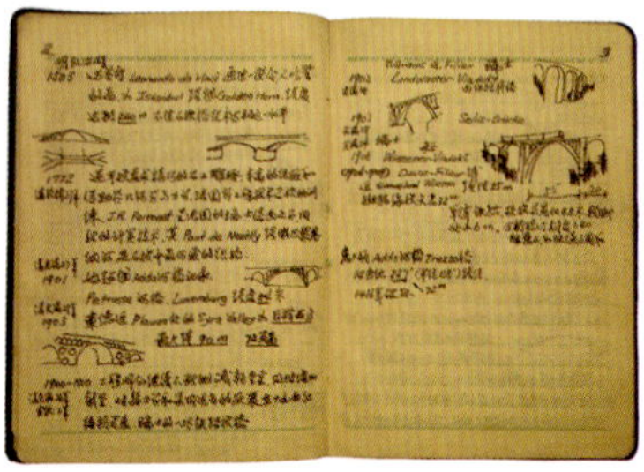

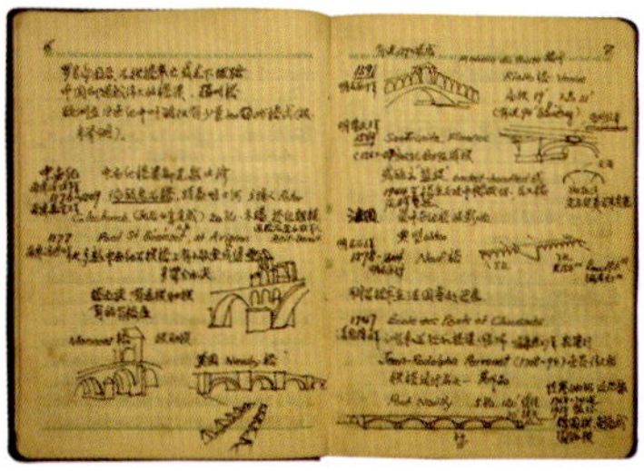

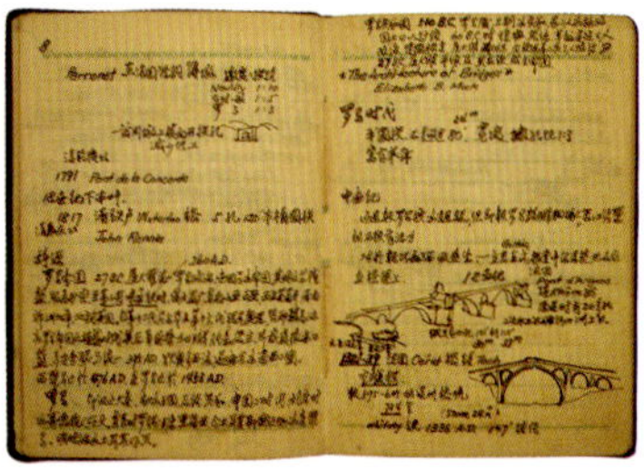

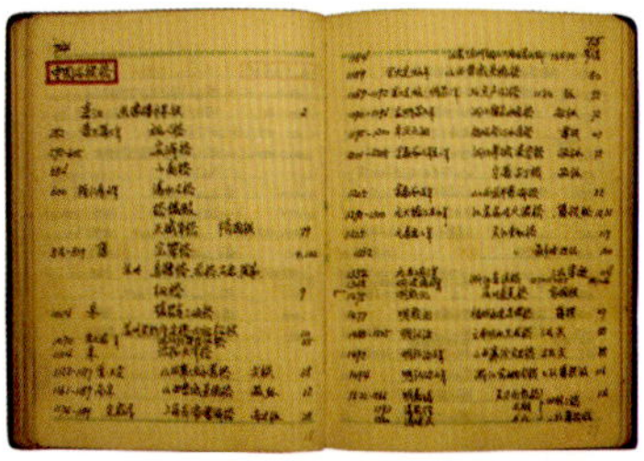

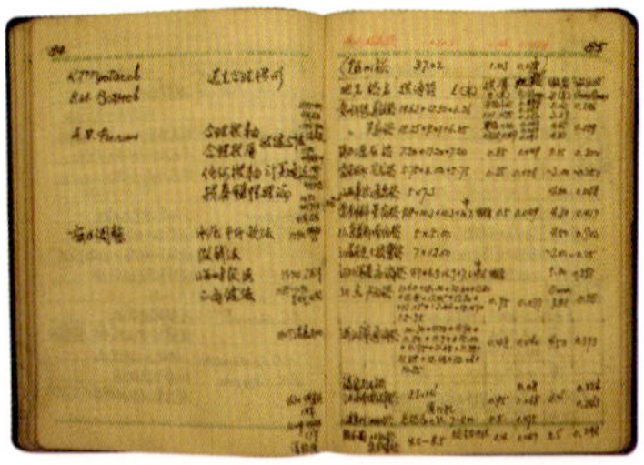

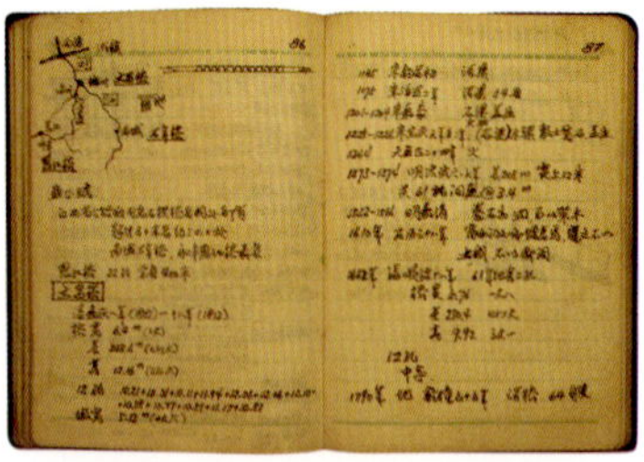

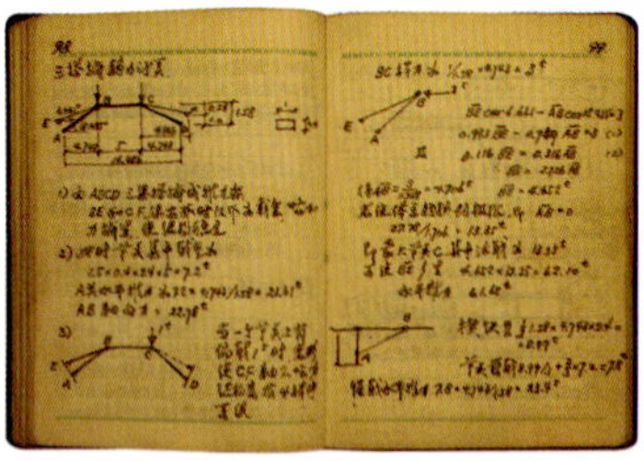

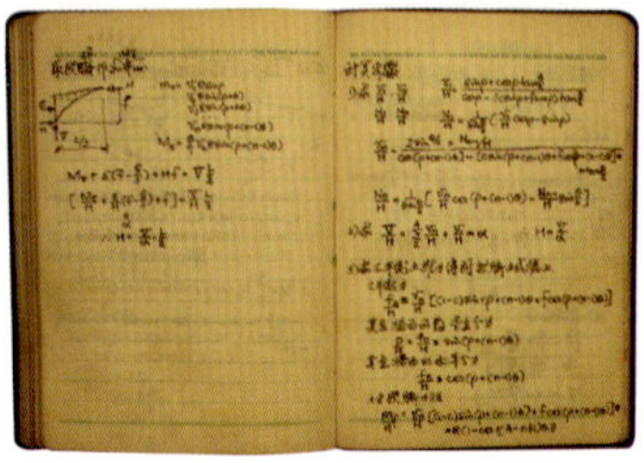

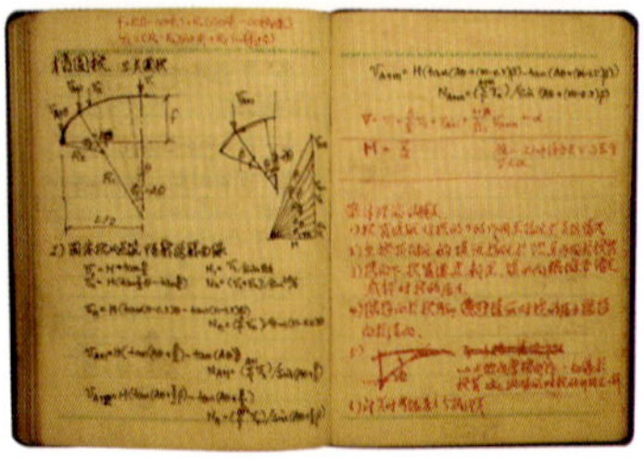

附录二　中国桥梁重点文物保护单位统计表

序号	桥梁名称	年代	地址	保护批次	桥型	运行情况
1	泸定桥	清康熙 · 1706	四川省甘孜藏族自治州泸定县	第一批	铁索桥	人行
2	卢沟桥	金 · 1188	北京市丰台区	第一批	十一孔孔石拱桥	人行
3	安济桥（大石桥、赵州桥）	隋 · 581—618	河北省赵县	第一批	单孔敞肩圆弧石拱桥	人行
4	安平桥（五里桥）	南宋 · 1138	福建省晋江县	第一批	三百六十二孔石梁桥	人行
5	永通桥（小石桥）	唐 · 765	河北省赵县	第一批	单孔敞肩圆弧石拱桥	人行
6	永济桥	民国 · 1912	广西壮族自治区三江县	第二批	木石结构梁桥（风雨桥）	人行
7	观音桥	宋 · 1014	江西省星子县	第三批	单孔石拱桥	人行
8	洛阳桥	宋至明（1053—1059）	福建省泉州市	第三批	四十五孔石梁桥	人行
9	广济桥	宋至明（1171—1530）	广东省潮州市	第三批	石梁 · 浮组合桥	人行
10	龙脑桥	明 · 洪武年间（1368—1398）	四川省泸县	第四批	十三孔石梁桥	人行
11	宝带桥	唐 · （816—819）	江苏省苏州市	第五批	五十三孔石梁 · 拱组合桥	人行
12	古月桥	南宋 · 1213	浙江省义乌市	第五批	单孔石拱桥	人行
13	如龙桥	明 · 1625	浙江省庆元市	第五批	单孔贯木拱桥	人行
14	八字桥	南宋 · 1201—1204	浙江省绍兴市	第五批	石梁桥（多向多孔）	人行
15	江东桥（虎渡桥）	南宋 · 1237	福建省漳州市	第五批	石梁桥（1957 年再改建）	车行
16	小商桥	隋 · 584	湖南省临颍县	第五批	单孔敞肩圆弧石拱桥	人行
17	岜团桥	清 · 1898	广西壮族自治区三江县	第五批	二孔木伸臂梁廊桥	人行
18	地坪风雨桥	清 · 1882	贵州省黎平县	第五批	二孔木伸臂梁廊桥	人行
19	永济桥	明至清（始建于 1574）	河北省涿州市	第六批	九孔石拱桥（引桥 22 孔）	人行
20	单桥	明 · 1629	河北省献县	第六批	五孔石拱桥	人行
21	弘济桥	明 · 1505	河北省永年县	第六批	单孔敞肩圆弧石拱桥	人行
22	伍仁桥	明 · 1598	河北省安国市	第六批	五孔石拱桥	人行
23	太仓石拱桥	元 · 1330	江苏省太仓市	第六批	三孔石拱桥	人行
24	莲花桥	清 · 1757	江苏省扬州市	第六批	单孔石拱桥（多向开孔）	人行
25	新河闸桥群	宋至清	浙江省温岭市	第六批	两至三孔石梁闸桥	人行
26	寿昌桥	宋 · 1265—1274	浙江省德清县	第六批	单孔石拱桥	人行
27	五洞桥	宋 · 1267	浙江省苍南县赤溪	第六批	五孔石梁桥	人行
28	泰顺廊桥	清	浙江省泰顺县	第六批	单孔贯木拱廊桥	人行
29	闽东北廊桥	清	福建省屏南县、寿宁县	第六批	单孔、多孔贯木拱廊桥	人行

序号	桥梁名称	年代	地址	保护批次	桥型	运行情况
30	鸣水桥	宋·1111	江西省樟树市	第六批	单孔石拱桥	人行
31	彩虹桥	宋至清	江西省婺源县	第六批	五孔木梁廊桥	人行
32	卞桥	唐至金	山东省泗水县	第六批	三孔石拱桥	人行 可通车
33	坪坦风雨桥	清	湖南省通道侗族自治县	第六批	木梁廊桥	人行
34	波日桥	清	四川省新龙县	第六批	木伸臂梁桥	人行
35	葛镜桥	明·1618	贵州省福泉市	第六批	三孔尖拱石拱桥	人行
36	金龙桥	清·1880	云南省丽江市	第六批	铁索桥	人行
37	双龙桥	清·始建于乾隆年间	云南省建水县	第六批	十七孔石拱桥	人行
38	鸭绿江断桥	新中国·1950	辽宁省丹东市	第六批	钢桁梁铁路桥	停运
39	钱塘江大桥	民国·1937	浙江省杭州市	第六批	钢桁梁公铁双层桥	在用
40	五家寨铁路桥	清·1907	云南省屏边苗族自治县	第六批	肋式三铰拱钢梁桥	在用
41	兰州黄河铁桥	清·1907	甘肃省兰州市	第六批	五孔简支钢桁梁桥	人行
42	灞陵桥	明·1368	甘肃省渭源县	第六批	单孔木伸臂拱廊桥	人行
43	琉璃河大桥	明·1539	北京市房山区	第七批	十一孔石拱桥	人行
44	下胡良河桥	明·1574	河北省保定市涿州市	第七批	五孔石拱桥	人行
45	方顺桥	明至清	河北省保定市满城县	第七批	三孔石拱桥	人行
46	登瀛桥	明至清	河北省沧州市沧县	第七批	三孔敞肩圆弧石拱桥	人行
47	安济桥	清·1766	河北省衡水市桃城区	第七批	七孔石拱桥	人行
48	永惠桥	金·1123—1137	山西省长治市襄垣县	第七批	单孔实腹石拱桥	人行
49	思本桥	宋·1253	江苏省苏州市吴江区	第七批	单孔石拱桥	人行
50	东庙桥	宋·1228—1233	江苏省苏州市吴江区	第七批	三孔石梁柱桥	人行
51	蒲塘桥	明·1508—1512	江苏省南京市溧水区	第七批	九孔石拱桥	人行
52	八卦桥	宋·1174—1189	浙江省温州市瑞安区	第七批	三孔石梁柱桥	人行
53	河西桥	南宋	浙江省温州市瑞安区	第七批	五孔石梁柱桥	人行
54	西山桥	南宋·1265	浙江省杭州市建德市	第七批	单孔五折边实腹石拱桥	人行
55	双林三桥（万元、化成、万魁）	清·1730、1320、1669	浙江省湖州市南浔区	第七批	三孔圆弧薄墩石拱桥	人行
56	北岸廊桥	清·中叶	安徽省黄山市歙县	第七批	三孔石拱廊桥	人行
57	龙江桥	宋·1113	福建省福州市福清县	第七批	四十孔石梁桥	人行
58	宁海桥	元·1334	福建省莆田市涵江区	第七批	15 石桥（桥上桥）	人行
59	逢渠桥	宋·1098	江西省宜春市宜丰县	第七批	单孔石拱桥	人行
60	万年桥	明至清（1635—1647）	江西省抚州市南城县	第七批	二十三孔石拱桥	人行
61	太平桥	明末清初	江西省赣州市龙南县	第七批	二孔石拱桥	人行

序号	桥梁名称	年代	地址	保护批次	桥型	运行情况
62	永镇桥	清 · 1652	江西省赣州市安远县	第七批	三孔木伸臂廊桥	人行
63	玉带桥	清 · 1740	江西省赣州市信丰县	第七批	三孔石拱廊桥	人行
64	永济桥	明 · 1569	山东省济南市平阴县	第七批	单孔石拱桥	人行
65	大汶口古石桥	明至清	山东省泰安市岱岳区	第七批	六十五孔石梁桥	人行
66	永济桥	明至清	河南省信阳市光山县	第七批	九孔石拱桥	人行
67	文星桥	清	湖南省怀化市通道侗族自治县	第七批	单孔木伸臂廊桥	人行
68	广利桥	清 · 1774	湖南省永州市东安县	第七批	三孔石拱廊桥	人行
69	安化风雨桥	清至民国	湖南省益阳市安化县	第七批	共有 29 座风雨桥	人行
70	惠爱桥（金肃门桥）	清 · 1909	广西壮族自治区北海市合浦县	第七批	单孔三铰拱人字架构木梁桥	人行
71	泸县龙桥群	明至清	四川省泸州市泸县	第七批	石梁桥群	人行
72	金勾风雨桥	清 · 1884	贵州省黔东南苗族侗族自治州从江县	第七批	三孔木梁风雨桥	人行
73	沘江古桥梁群	明至民国	云南省大理白族自治州云龙县	第七批	浮、梁、吊、拱桥梁群	人行
74	星宿桥	清 · 1832	云南省楚雄彝族自治州禄丰县	第七批	七孔尖拱石拱桥	人行
75	丰裕桥	清 · 1892	云南省楚雄彝族自治州禄丰县	第七批	五孔石拱桥	人行
76	桥上桥	清 · 下桥 1667，上桥 1832	陕西省渭南市华县	第七批	下桥七孔，上桥九孔石拱桥	人行
77	毓秀桥	清 · 1702	陕西省渭南市韩城市	第七批	十孔石拱桥	人行
78	滦河铁桥	清 · 1892	河北省唐山市滦县	第七批	单线钢桁梁铁路桥	停运
79	下河口公路断桥遗址	新中国 · 1950	辽宁省丹东市宽甸满族自治县	第七批	钢筋混凝土梁桥（原十八孔）	停运
80	济南泺口黄河铁路大桥	民国 · 1912	山东省济南市天桥区	第七批	钢下承桁梁	在用
81	武汉长江大桥	新中国 · 1957	湖北省武汉市汉阳区、武昌区	第七批	双层公铁两用钢桁梁桥	在用
82	渌江桥	民国 · 1924	湖南省株洲市醴陵市	第七批	十孔石拱桥	人行
84	广九铁路石龙南桥	民国 · 1911	广东省东莞市	第七批	钢桁梁铁路桥	停运

附录三 图片索引

第一至四章 中国石拱桥 按省份索引

安徽	图 4-1-11 安徽祁门仁济桥
北京	图 3-2-11 北京卢沟桥
	图 3-2-12 北京卢沟桥 （a）桥面铁柱（b）海墁石和铁地钉（c）桥面
	图 4-1-24 北京颐和园玉带桥 （a）望柱（b）全景
	图 4-1-31 北京颐和园十七孔桥 （a）近景（b）远眺
重庆	图 1-1-1 重庆武隆天龙桥
福建	图 4-1-8 福建南平坂头花桥
广东	图 1-1-5 广东韶关丹霞山通泰桥
广西	图 2-2-12 广西兴安灵渠万里桥
贵州	图 1-1-3 贵州黄果树天生石拱桥
	图 1-1-4 贵州水城天生桥
	图 4-1-5 贵州黔东南黄平平龙桥
	图 4-1-15 贵州黔南州福泉葛镜桥 （a）仰视（b）俯视
	图 4-1-32 贵州黔东南流架回龙桥 （a）全景（b）桥廊
河南	图 1-1-11 南阳汉画像砖裸拱
	图 1-2-1 南阳汉画像砖骆驷虹
	图 1-2-2 南阳汉画像砖泗水捞鼎拓片
	图 1-2-3 南阳汉画像砖骆驰虹拓片
	图 1-2-4 南阳樊集 M38 号画像砖墓（三折边）
	图 1-2-5 南阳樊集 M24 号画像砖墓拓片
	图 1-2-7 《水经注》记洛阳诸桥位置图
	图 1-2-8 洛阳皋门桥（西晋）复原示意图
	图 2-1-1 河南洛阳汉墓圆弧砖拱

	图 2-2-3 河南临颍小商桥　（a）位置图（b）现状
	图 2-2-4 小商桥整修（1995 年 5 月摄）
	图 2-2-5 小商桥拱背腰铁遗孔
	图 2-2-6 河南临颍小商桥图
	图 2-2-7 河南临颍小商桥小拱和大拱相叠处
	图 2-2-11 河南鹤壁桥上桥
河北	图 2-2-1 河北满城方顺桥　（a）全景（b）手绘立面
	图 2-2-15 河北井陉桥楼殿　（a）全景（b）构造图
	图 2-2-16 河北赵县永通桥　（a）永通桥（1984 年摄）（b）近期的永通桥
	图 2-2-17 河北赵县永通桥图
	图 2-3-1 现存重建后的安济桥
	图 2-3-2 直隶赵州大石桥（1900 年摄，桥下通航）
	图 2-3-3 河北赵县安济桥（1930 年摄）　（a）东侧（b）西侧
	图 2-3-4 20 世纪 50 年代整修后的赵县安济桥　（赵县文物局　提供）
	图 2-3-5 安济桥拱券细部（勾头石，拉铁）
	图 2-3-6 1934 年河北赵县安济桥现状实测图
	图 2-3-7 安济桥拱脚图
	图 2-3-8 安济桥桥台及基底地质图
	图 2-3-9 赵州桥在静载作用下的位移图
	图 2-3-10 各工况作用下各主要截面弯矩与轴力图
	图 2-3-11 各工况各个截面的应力与偏心距验算图
	图 2-3-12 模型
	图 2-3-13 位移图
	图 2-3-14 安济桥新雕栏板
	图 3-2-6 河北行唐升仙桥　（a）全景（b）手绘立面
	图 4-1-4 河北栾城凌空桥
	图 4-1-16 河北保定涿州胡良河桥
湖北	图 1-1-9 湖北秭归寅兵桥　（a）拱券实景（b）桥面（c）立面图
	图 2-2-8 湖北黄梅灵润桥（四祖寺）
	图 2-2-9 “碧玉流”石刻
	图 2-2-10 湖北黄梅飞虹桥（五祖寺）
	图 4-1-20 湖北武汉北洋桥

湖南	图 1-1-6 湖南张家界仙人桥
	图 4-1-30 湖南澧县多安桥
江苏	图 1-1-10 江苏吴县“烽燧墩”假拱
	图 2-2-18 江苏苏州宝带桥
	图 2-2-19 江苏苏州宝带桥桥面
	图 2-2-20 江苏苏州枫桥
	图 2-2-21 江苏苏州江村桥　（a）50 年代的江村桥（b）近期
	图 3-2-3 江苏苏州吴门桥　（a）全景（b）一步两桥
	图 3-2-16 江苏苏州灭渡桥　（a）灭渡桥（1958 年摄）（b）灭渡桥现状
	图 3-2-17 江苏吴江垂虹桥　（a）手绘效果图（b）20 世纪初的垂虹桥（c）遗址实景一
	图 3-2-18 江苏吴江垂虹桥　（a）明 · 沈周《垂虹暮色图》（b）遗址实景二
	图 3-2-19 江苏苏州太仓金鸡桥
	图 4-1-6 江苏苏州东美桥
江西	图 3-2-1 江西庐山栖贤寺桥
	图 3-2-2 栖贤寺桥子母榫砖拱结构　（a）拱券细部 (b) 结构示意
	图 4-1-9 江西龙南太平桥
	图 4-1-23 江西南城万年桥　（a）全景（b）手绘
	图 4-1-25 江西永丰恩江桥、平政桥　（a）全景（b）局部
	图 4-1-26 江西抚州文昌桥　（a）手绘复原（b）冬景
	图 4-1-34 江西永新龙源口桥
辽宁	图 3-2-8 辽宁凌源天盛号桥　（a）实景（b）手绘
	图 4-1-17 辽宁九江口长城桥
陕西	图 1-1-8 西安半坡村新石器时代民居（想象图）
	图 4-1-33 陕西省渭南华县桥上桥
山西	图 3-2-10 山西晋城景德桥　（a）全景（b）券脸浮雕
	图 3-2-13 山西原平普济桥　（a）全景（b）券脸浮雕
	图 3-2-15 山西晋城景忠桥
	图 4-2-1 民国时期山西土桥
	图 4-2-2 山西榆次东赵北田村土桥
山东	图 1-2-6 邹城县高李庄东汉墓画像石
	图 3-2-9 山东泗水卞桥　（a）桥券（b）全景（c）手绘立面
上海	图 3-2-14 上海青浦普济桥　（a）立面（b）桥面

上海	图 4-1-1 上海金山朱泾济众桥
	图 4-1-14 上海青浦放生桥
四川	图 4-1-28 四川绵阳太平桥
新疆	图 1-1-7 土穴墓的平立面
云南	图 4-1-3 云南建水见龙桥 （a）全景（b）桥面
	图 4-1-18 云南禄丰星宿桥
	图 4-1-27 云南昆明圆通寺白石桥
	图 4-1-29 云南建水双龙桥 （a）主阁侧面（b）主阁正面（c）六角亭（d）全景
浙江	图 1-1-2 浙江天台山石梁桥
	图 2-2-2 浙江绍兴光相桥 （a）全景（b）桥券
	图 2-2-13 作者唐寰澄在浙江天台丰干桥前
	图 2-2-14 唐 · 台州刺史陆淳手批牒
	图 2-2-22 浙江绍兴拜王桥
	图 2-2-23 浙江绍兴昌安桥
	图 2-2-24 浙江绍兴谢公桥
	图 3-2-4 浙江余姚通济桥 （a）20 世纪初摄（b）21 世纪摄
	图 3-2-5 浙江黄岩五洞桥
	图 3-2-7 浙江义乌古月桥 （a）全景（b）梁部结构
	图 4-1-2 浙江余杭苕溪桥 （a）改造前（b）改造后
	图 4-1-7 浙江余杭塘栖广济桥
	图 4-1-10 浙江吴兴双林三桥
	图 4-1-12 浙江宁波碧环桥
	图 4-1-13 浙江富阳恩波桥
	图 4-1-19 浙江绍兴广宁桥 （a）古桥与环境（b）立面
	图 4-1-21 浙江绍兴迎恩桥
	图 4-1-22 浙江杭州拱宸桥
	图 4-1-35 浙江绍兴沈家桥
其他	图 1-1-12 中国汉墓砖拱演变图
	图 1-2-9 魏与后赵邺城石桥位置图
	图 1-3-1 拱券砖石图
	图 1-3-2 中国石拱拱券各种拱轴线
	图 1-3-3 中国石拱拱券砌筑方法

其他	图 1-3-4 清 · 官式石拱桥各部分名称图
	图 1-3-5 南方石拱桥各部分名称图
	图 2-1-2 汉 · 五折边砖拱
	图 2-1-3 李昭道的《湖亭游骑图》摹放
	图 3-1-1 大小拱券分离和接近拱脚细节图
	图 3-1-2 小拱叠于大拱直撞式拱脚细节图
	图 3-1-3 小拱叠于大拱五角石式拱脚细节图
	图 3-1-4 攒尖拱顶
	图 3-1-5 马蹄拱券分类图
	图 3-1-6 香港九龙（原广东番禺）东汉李氏墓
	图 3-1-7 山东安丘东汉画像石墓
	图 3-1-8 梁 · 张僧繇绘《雪山红树图》　（a）国画局部（b）局部摹绘
	图 3-1-9 汉半圆砖拱　（a）透视图（b）立面
	图 3-1-10 北宋 · 李公麟《仙山楼阁图》石拱桥摹绘
	图 3-1-11 宋 · 郭熙《丰年瑞雪图》石桥摹绘

第六章

	图 6-1-1 抛石和睡木基础
	图 6-1-2 爬沙图
	图 6-1-3 捞石船
	图 6-1-4 戗桩船
	图 6-1-5 造桥后截弯取直
	图 6-1-6 灞桥堰水图
	图 6-1-7 堰水图
	图 6-1-8 万年桥作柜示意图
	图 6-1-9 硪图
	图 6-1-10 铁锭示意图
	图 6-1-11 石工铁件示意图
	图 6-1-12 石轴柱联结图
	图 6-1-13 石壮示意图
	图 6-2-1 材盘架子图

第七至十章　西方石拱桥　按国家索引

意大利	图 9-1-8 特雷佐石拱桥遗址
	图 9-1-9 斯卡利格桥
	图 9-2-7 圣特尼塔桥
	图 9-2-14 尼亚托桥
	图 9-2-18 龙达古桥
	图 9-2-23 葛利果桥
西班牙	图 7-3-1 塞戈维亚水道桥
	图 7-3-2 图拉真桥
	图 7-3-3 瓜迪亚纳河上的古罗马桥 （a）下游（b）上游
	图 8-1-14 埃尔切古桥
	图 8-2-1 蒙托邦塔恩河老桥
	图 8-2-2 圣马丁桥
	图 8-2-3 贝莎卢的中世纪桥
	图 8-2-4 曼雷莎的中世纪桥
	图 8-2-5 哥多华 16 孔桥
	图 9-1-11 阿尔坎塔拉桥
	图 9-1-15 彼德拉桥
	图 9-2-18 龙达古桥
法国	图 7-2-13 加尔水道桥
	图 8-1-7 圣 · 贝内泽桥
	图 8-1-9 吉欧蒂耶尔桥
	图 8-1-10 卡尔卡索纳的 12 世纪桥
	图 8-1-13 埃斯帕利翁桥
	图 8-1-21 蒙托邦的砖石桥
	图 9-1-3 迪亚布勒桥
	图 9-1-10 瓦伦悌桥
	图 9-2-8 亨利四世桥
	图 9-2-10 奥尔泰兹桥
	图 9-2-11 巴黎新桥右岸
	图 9-2-12 巴黎新桥全景鸟瞰
	图 9-2-19 皮埃尔桥
	图 10-1-1 巴黎皇家桥

法国	图 10-1-2 布鲁瓦桥
	图 10-1-3 贝莱斯喷泉桥
	图 10-1-6 协和桥
	图 10-1-8 纳伊桥
	图 10-1-9 奥尔良桥
	图 10-1-10 蒙彼利埃水道桥
	图 10-1-11 威尔逊桥
	图 10-1-17 库桑河桥
	图 10-2-1 阿道尔夫桥
	图 10-2-7 皮尔桥
	图 10-2-8 罗克福武尔水道桥
	图 10-2-13 圣索沃石拱桥
	图 10-2-14 皮尤高架桥
	图 10-2-15 克鲁兹的高架桥
	图 10-2-18 布奇考特桥
	图 10-2-26 莫林 - 梅兹桥
	图 10-2-29 东比利牛斯高架桥
英国	图 8-1-2 特威泽尔桥
	图 8-1-3 曼诺桥
	图 8-1-4 便士桥
	图 8-1-5 黑桥
	图 8-1-6 磨坊桥
	图 8-1-15 比迪福德桥
	图 8-1-16 老伦敦桥
	图 8-1-20 迁建后的“伦敦桥”
	图 8-2-6 纽比桥
	图 9-1-1 卢内河上的恶魔桥
	图 9-1-12 克利兰三角桥
	图 9-1-13 克利兰三角桥桥拱
	图 9-2-1 斯特灵老桥
	图 9-2-22 圣约翰学院桥
	图 10-1-7 道拉 - 赫里安桥

英国	图 10-1-13 普里特桥
	图 10-1-14 查茨沃思桥
	图 10-1-15 冷溪桥
	图 10-1-18 普尔特尼桥
	图 10-2-3 新伦敦桥
	图 10-2-4 唐 · 兰德桥
	图 10-2-5 奥维尔桥
	图 10-2-6 院长桥
	图 10-2-11 联邦拱桥
	图 10-2-12 皇家桥
德国	图 8-1-11 雷根斯堡多瑙河桥
	图 9-1-5 改建前的易北河桥
	图 9-1-6 改建后的易北河桥
	图 10-1-16 卡尔西奥多桥
	图 10-2-9 戈尔茨希高架铁路桥
	图 10-2-10 比蒂格海姆高架桥
	图 10-2-20 佩特罗斯河桥
	图 10-2-21 麦克斯－约瑟夫桥
	图 10-2-23 康尼留思桥
	图 10-2-24 赖兴巴赫桥
	图 10-2-25 马克西米利安斯桥
	图 10-2-27 巴赫纪念桥
	图 10-2-28 内卡河桥
比利时	图 10-2-2 老滑铁卢桥
奥地利	图 10-2-17 沃尔德利图贝桥
瑞士	图 10-1-12 威斯敏斯特桥（水彩画）
	图 10-1-19 阿勒河上的老桥
	图 10-2-22 索利斯桥
	图 10-2-30 兰德瓦瑟高架铁路桥
	图 10-2-31 维斯纳尔铁路高架桥

捷克	图 9-1-7 查理大桥
	图 9-1-14 卡尔斯桥俯瞰
	图 10-2-19 弗朗索瓦大帝桥
土耳其	图 7-2-1 土耳其卡雷凡大桥
	图 7-2-2 土耳其伊兹密尔以弗所古城遗址中的石拱 1
	图 7-2-3 土耳其伊兹密尔以弗所古城遗址中的石拱 2
	图 9-2-2 达芬奇设计的石拱桥效果图
伊朗	图 9-2-4 郝居大桥
	图 9-2-5 郝居大桥门廊
	图 9-2-17 33 孔桥
塞尔维亚	图 9-2-6 奈雷特瓦河桥

人类的进步
好像马拉松的接力赛
这部书
就是接力赛中的一只接力棒

山东文物保护修复与研究系列丛书

山东可移动文物保护修复与研究

山东省文物保护修复中心
山东省文物保护技术协会 编
王传昌 主编

齊魯書社

图书在版编目（CIP）数据

山东可移动文物保护修复与研究/山东省文物保护修复中心,山东省文物保护技术协会编;王传昌主编.--济南:齐鲁书社,2021.4
ISBN 978-7-5333-4444-3

Ⅰ.①山… Ⅱ.①山… ②山… ③王… Ⅲ.①文物保护－研究－山东 ②文物修整－研究－山东 Ⅳ.①K872.52 ②G264.3

中国版本图书馆CIP数据核字(2021)第060245号

责任编辑：马安钰　张敏敏
责任校对：王其宝　赵自环
装帧设计：刘羽珂

山东可移动文物保护修复与研究
SHANDONG KEYIDONG WENWU BAOHU XIUFU YU YANJIU
山东省文物保护修复中心　山东省文物保护技术协会　编
王传昌　主编

主管单位	山东出版传媒股份有限公司
出版发行	齊魯書社
社　　址	济南市英雄山路189号
邮　　编	250002
网　　址	www.qlss.com.cn
电子邮箱	qilupress@126.com
营销中心	（0531）82098521　82098519　82098517
印　　刷	山东临沂新华印刷物流集团有限责任公司
开　　本	889mm×1194mm　1/16
印　　张	25.25
插　　页	2
字　　数	551千
版　　次	2021年4月第1版
印　　次	2021年4月第1次印刷
标准书号	ISBN 978-7-5333-4444-3
定　　价	238.00元

编辑委员会

当好文物医生　强化保护修复

文物保护修复，是对文物本体的维持和文化价值的保全。随着社会的发展和科技的进步，文物保护修复已成为文物保护工作的重要组成部分。特别是党的十八大以来，习近平总书记高度重视文物保护工作，作出一系列重要论述、指示、批示，为新时代文物保护修复工作提供了基本遵循，指明了前进方向。我们一定要认真学习习近平总书记的重要讲话及指示、批示精神，结合山东省文物保护修复工作的实际，抓好贯彻落实，不断开拓我省文物保护修复工作的新局面。

一、肩负起时代的重任

2020 年 9 月 28 日，习近平总书记在中共中央政治局第二十三次集体学习时发表关于考古工作的重要讲话，明确提出要高度重视考古工作，努力建设中国特色、中国风格、中国气派的考古学，更好认识源远流长、博大精深的中华文明，为弘扬中华优秀传统文化、增强文化自信提供坚强支撑。

总书记强调，要做好考古成果的挖掘、整理、阐释工作，要搞好历史文化遗产保护工作。考古遗迹和历史文物是历史的见证，必须保护好、利用好。要建立健全历史文化遗产资源资产管理制度，建设国家文物资源大数据库，加强相关领域的文物资源普查、名录公布的统筹指导，强化技术支撑，引导社会参与。要把历史文化遗产保护放在第一位，同时要合理利用，使其在提供公共文化服务、满足人民精神文化生活需求方面充分发挥作用。要深刻汲取国内外重大文物灾害事故教训，督察落实主体责任，强化隐患整治，增强历史文化遗产防护能力。要运用科学技术提供的新手段新工具，提高考古工作发现和分析能力，提高历史文化遗产保护能力。

总书记这些讲话，对我们新时代的文物工作、考古工作、修复工作提出了新要求、新任务，充分体现了以习近平同志为核心的党中央对实证五千年文明历史的高度重视，对中华文明赓续发展的历史担当，对保障国家文化安全的深思熟虑，可以说是高瞻远瞩、高屋建瓴。总书记的讲话，深刻阐释了当前文物考古工作的重要意义，部署了做好文物考古工作和历史研究工作的重点任务，强调了牢固树立保护历史文化遗产责任重大的观念，具有高度的政治性、思想性、指导性，也非常符合我省文化遗产保护的工作实际，为全省的考古工作、文物修复工作和历史文化遗产保护工作指明了方向，提供了基本遵循。

总书记的讲话发表之后，山东省文化和旅游厅、山东省文物局高度重视，举行了专题学习研讨会。大家畅谈学习体会，都倍感责任重大、压力重大，也有决心、有信心在新的历史时代担当作为、履职尽责，按照总书记的要求，进一步做好全省的考古工作、文物修复工作和历史文化遗产保护工作。

二、创造一流的工作成绩

“十三五”以来，在山东省委省政府和各级党委政府的正确领导下，全省文物领域凝心聚力、和谐向上、奋力拼搏，在文物修复和历史文化遗产保护等方面取得了长足进步和丰硕成果。

从全省看，我们的体制机制建设趋于完善。先后建立了山东省文物保护修复中心、山东省水下考古研究中心，改建提升了山东省文物考古研究院、山东省古建筑保护研究院。省里还投资 2.5 亿元在济南东部新建了修复工场。各市县文物体制机制也在“十三五”期间取得了长足进展。博物馆发展非常快，种类很多，质量也取得了可喜的发展。应该说我们走在全国前列。目前全省博物馆数量为 603 家，居全国第一。在第四批博物馆定级评估中，我省 99 家博物馆入选，总数位居全国第一。

文物保护项目建设富有成效。山东争取国家文物保护项目的数量和资金的金额这几年以来一直名列前茅。省级文物专项资金也在稳步增长。以省文物保护修复中心牵头的可移动文物保护项目达到 201 个，获批资金 4.13 亿元，有效保护文物 3 万余件，实现了由抢救性保护向预防性保护和数字化保护的转变。

人才队伍建设显著增强。我们聘请了李化元、马清林等 10 位全国文物科技保护领域的专家，作为全省文物保护修复的咨询专家。同时，面向全省聘任 173 名“山东省文物保护修复师”，此举在全国属于首例。此外，与山东大学合作成立“山东省可移动文物保护半岛科研基地”，与山东工艺美术学院合作成立“山东省文物保护修复教育科研基地”，在文物保护修复与研究、新材料新工艺的使用、专业人才的培养等方面实现了新突破。

网络体系建设多点开花。全省文物的保护工作正在向着科学布局、相互联系支持、共同做好保护修复这样一个良性的网络体系发展。特别是由省文物保护修复中心牵头建立的几家修复基地和区域中心发挥的作用日益彰显。也希望今后将文物保护和修复的网络越织越密，使其充分发挥它应有的作用。

“十三五”期间，文物保护修复工作取得了很好的成绩，多次受到国家文物局和省委省政府的表扬及社会各界的好评，但是也确实存在一些问题。

市县级文保单位、无级别文物保护现状不理想，文物修复的压力仍然很大。最近山东电视问政，问到了泰安，有四处市县以下的文物得不到有效保护，还有很多无级别文物受到很大程度的侵害。我们这几年基建考古任务很多，任务完成得也很不错，收集了很多考古标本，但是被大量置放在库中，得不到及时修复。

基础不牢、无人干事、无钱干事、无地干事的问题没有得到根本的解决。这几年由省文物保护修复中心牵头，各区域中心配合，各级博物馆联动，每年都能够向国家及省里争取一大批修复项目和资金，这一点做得还是不错的；但是市县以下，政府投入的资金远远不足。“十三五”期间，我们大概争取到的国家资金和省级资金是18.9亿，可是市县以下投入比较少。

参与文物保护的社会力量不足，管理有待规范。今后要进一步加强项目管理、资质管理，增加社会力量参与文物保护的积极性，引导他们在做好文物保护工作方面迈出更大步伐。尽管引入社会力量参与文物保护会有这样那样的问题，但是只要把工作规范和制度建立好，加强日常监管，完全可以将一些不利因素转化为有利因素，共同做好当前的文物保护工作。

立足本职、尽心尽力，把本职工作干好。大家工作很辛苦，特别是我们的文物修复师，长期在一个不为公众所关注的领域默默奉献，很多工作得不到理解。但是文博人历来有奉献精神，各级政府对我们的关注和投入也越来越大，我们的工作条件在不断改善，社会对我们的理解和支持也越来越大。有作为才能有地位，只要我们发扬“莫高精神”，认认真真工作，默默为社会做贡献，我们总会得到社会的理解和尊重，为国家的文保事业做出更大的贡献。

三、努力走在全国前列

文物保护修复永远在路上。我们要更加尽心尽力，立足本职工作，不忘初心，把文物保护修复工作做得更好。

一是要提高站位，牢固树立保护历史文化遗产责任重大的观念，牢牢扛起保护职责。省文物保护修复中心、各级各类博物馆都要高度重视文物保护修复工作，在资金、设备、人才等方面加大倾斜力度，有计划、有重点地做好文物保护修复工作。

二是要认真做好“十四五”规划，策划好一批重点项目，实施好一批重点工程。希望大家对“十四五”规划尽早介入，及早谋划，搞好顶层设计，在我们“十三五”期间打下的良好坚实的基础上，争取在“十四五”期间能够迈出更快、更稳、更好的步伐，取得更好的成绩。特别是省文物保护修复中心和区域中心一定要集思广益，认真调查研究，策划一批全省性的跨区域的重大项目，实施一批有带动性的、在全国有影响力的文物修复工程，让我们在

“十四五”期间取得更加靓丽的成绩。

三是要规范管理，优化全省文物保护的网络布局。我们现在的布局、布点有待进一步完善提升，要更加科学化，更有带动意义。目前已有的区域中心、工作站一定要发挥自身的作用，带动周边地区博物馆做好文物保护修复工作。“十四五”期间，这张网要更加紧密、更加科学、更加有效，大家要团结在一起做出更大的成绩。

四是要聚焦重点，打造一批精品示范项目。实施好“可移动文物保护修复项目库”“全省博物馆预防性保护全覆盖”“全省珍贵文物数字化保护”“全省濒危文物集中抢救性保护”等重点工程。按照国家、省文物保护专项资金管理办法要求，加强项目储备，加快项目实施，不断提升项目实施质量。对资金使用效率不高或者存在这样那样问题的项目，要进一步督促、加强监管；对长期存在问题或者拖而不决、解决不好的项目，要按规定收回资金。

五是要多措并举，加大基础理论研究，积极培养和吸纳人才。我们确实要像重视文物收藏那样重视对人才的培养和使用。我们的博物馆，为了今天，收藏昨天；为了明天，收藏今天。但我觉得现在更重要的是，为了文物，引进人才、培养人才，多培养几个像李化元、马清林先生这样的专家，使山东多出现几个像潘承霖先生这样的真正大家、国之工匠、国之大家。

六是要讲好文物修复故事，推进文旅融合，推动文物保护利用工作融入新发展格局。这几年，大家做了很多工作，可以在合适的时间举办山东省可移动文物保护修复成果展。同时，要用几年的时间，在全省范围内推出一批与文物修复有关的著作，出版一批普及读物，培养一批陶瓷、书画、青铜器修复等方面的领军人才。只有解决了人才问题，我们才能说这项工作有了保障。另外，修复是一项很枯燥的工作，要耐得住寂寞，坐得了冷板凳；修复也是一项很严谨的工作，它既是科学的又是艺术的；修复还是一项很私密的工作，长期藏在深闺中，不为人所识，大家的成绩和甘苦也不为人所知。

在新的时代，要让我们的修复行业更阳光一些，让我们的文物修复工作融入新发展格局，使其成为我们推进文旅融合、促进经济社会发展的一个看得到、摸得着的行业，让更多的人加入我们的队伍、关心我们的队伍、支持我们的队伍，以更好地做好这项工作。

2021 年 2 月

目 录

基础理论研究

无机质文物保护修复与研究

有机质文物保护修复与研究

预防性及数字化保护与研究

基础理论研究

山东省可移动文物保护现状调查及保护对策研究

◎ 王传昌
山东省文物保护修复中心

摘　要：本文对山东省可移动文物保护现状调查活动进行了系统回顾和总结，分析了全省可移动文物受损情况、保护环境、保护修复力量和保护项目实施等问题。在此基础上，对提高保护修复能力的相关对策进行研究与思考，并针对山东实际，明确未来的工作思路，提出可行的保护对策。对策的实施将有效推动山东省可移动文物保护修复事业的发展，并为其他省份提供参考。

关键词：山东省　可移动文物　保护修复现状调查　保护对策研究

山东是中华文明的重要发祥地之一，是文物资源大省，馆藏文物十分丰富。截至 2015 年底，山东全省各级各类博物馆数量已达 352 家。据全省珍贵文物初步调查统计数据显示，全省文博单位收藏的可移动文物总数近 200 万件，三级以上珍贵文物近 20 万件，馆藏文物总量和珍贵文物数量均居全国前列。随着各级政府加大对博物馆基础设施建设的力度和馆藏文物保护资金的投入，可移动文物的保存环境和保存状况有了较大改善，特别是以山东博物馆新馆建设为标杆，山东各地新建博物馆在文物收藏、保护修复和展览展示环境的改善及技术设备的提升等方面均取得了显著成效。

为科学保护文物、发挥文物价值、推动馆藏文物“活”起来，山东省成立山东省文物保护修复中心，文物保护修复组织机构及其管理能力得到全面加强。山东省文物保护修复中心组织开展专项调研，对全省可移动文物保护现状进行了系统调查，进一步摸清了全省可移动文物保护现状和保护项目实施情况。在此基础上，针对调研中发现的问题，山东省文物系统研究保护对策、确定工作目标、明确重点任务，使可移动文物保护修复工作进入更加健康的发展轨道。笔者在此将上述工作中的做法和思考与同行分享，以供同行借鉴。

1 调查方法与范围

1.1 目的

国家文物局曾于2002年组织开展全国馆藏文物腐蚀损害情况调查，结果表明50.66%的馆藏文物存在不同程度的受损情况[①]。据初步估算，山东省三分之二的可移动文物存在不同程度病害，高于全国平均水平。此外，随着国家对可移动文物保护工作的重视和资金投入的不断加大，经国家文物局批复的山东省文物保护修复项目逐年增多，但这些项目在方案编制、项目实施等方面存在不足，缺乏统筹协调和可持续性发展规划。

组织开展全省可移动文物保护现状调查可为全面掌握山东省可移动文物保护现状、理清全省可移动文物保护修复状况、统筹安排保护修复项目计划提供支持，从而为建设全省文物保护修复网络体系提供参考，也可为编制《山东省可移动文物保护修复“十三五”规划》提供全面、系统、翔实的基础资料。

1.2 范围与方式

调查范围为全省范围内的国有博物馆、文物管理所。山东省文物局下发《关于开展全省可移动文物保护现状调研的通知》，要求全省国有文博单位根据通知要求填报相应表格，然后由市级文物主管部门汇总并提交至山东省文物保护修复中心。参与调查的文博单位需填写六个表格：①可移动文物保存状况调查表；②文物库房 / 展厅基本情况调查表；③博物馆文物保护修复场地调查表；④博物馆文物保护修复从业人员（含临时聘用技术人员）情况表；⑤ 2011—2015年可移动文物保护修复专项经费情况表；⑥ 2016—2020年拟申报可移动文物保护修复项目表。根据初步分析结果，调研组选择具有代表性的地市进行实地考察。

1.3 资料收集与分析

按照山东省文物局下发的《关于开展全省可移动文物保护现状调研的通知》要求，省直文博单位、各市文广新局与文物局积极配合，及时上报各单位情况。据统计，此次参加调研数据填报的国有文博单位共有178个，共收到纸质表格1638份。

2 调查结果

2.1 文物总体状况

根据178个文博单位的文物数量统计，全省共有可移动文物941388件，其中保存完好的文物有526955件，约占总数的55.98%；存在稳定病害的文物有264242件，约占总数的

① 国家文物局、首都博物馆:《百工千慧——中国文物保护科学和技术成果展》, 文物出版社2011年版。

28.07%；濒危文物有150191件，约占总数的15.95%（图1）。

不同类别可移动文物所占比例分别为：金属文物占32.14%，陶瓷文物占20.95%，石质文物占5.49%，纺织品文物占1.09%，纸张书画文物占17.40%，壁画文物占0.01%，漆木器文物占1.44%，其他文物占21.48%（图2）。

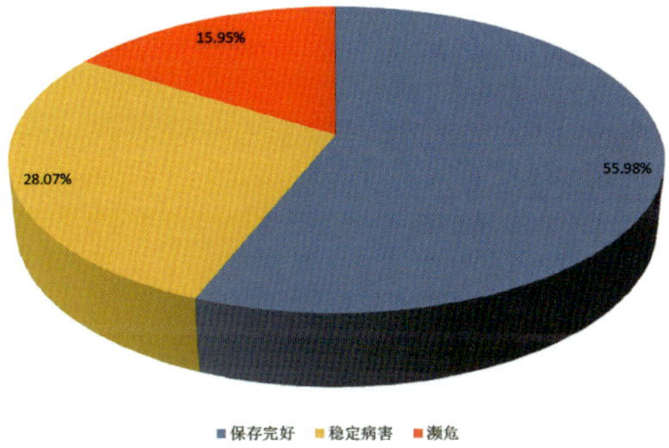

图1 山东省可移动文物保存状况汇总

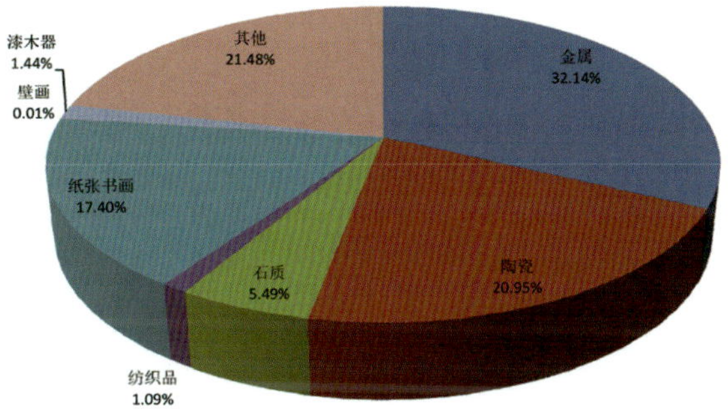

图2 山东省不同类别可移动文物所占比例

通过分析各类文物存在的病害情况可知，壁画文物、漆木器文物、纺织品文物和其他文物的病害比例超过50%，其中壁画文物和漆木器文物的病害比例超过67%。

2.2 文物保存环境

据统计，全省共有341个文物库房，面积合计58807平方米，其中139个（约占41%）库房有温湿度控制设施，48个（约占14%）库房有污染物控制设施。各文博单位文物囊匣满足率为16.7%，柜架满足率为44%。全省共有484个展厅，面积合计324745平方米，其中101个（约占21%）展厅有温湿度控制设施，35个（约占9%）展厅有污染物控制设施，14个（约占3%）展厅有恒温恒湿展柜，91个（约占19%）展厅有温湿度监测设施，23个（约占5%）展厅有空气质量监测设施，12个（约占2%）展厅有光照紫外线监测设施。

2.3 文物保护修复能力

据统计，全省共有文物保护修复场地45处。其中，面积在50平方米以下的场地有18处，50—200平方米的场地有20处，201—700平方米的场地有7处；可开展金属文物保护修复的场地有13处，可开展陶瓷文物保护修复的场地有25处，可开展石质文物保护修复的场地有3处，可开展纺织品文物保护修复的场地有1处，可开展纸张书画文物保护修复的场地有9处，可开展壁画文物保护修复的场地有1处，可开展漆木器文物保护修复的场地有1处。

仪器设备投资额度在5万元以下的场地有10处，5万至30万元的场地有8处，30万至100万元的场地有9处。另外，具有基础设备的场地有3处，具有保护修复专业设备的场地有17处，具有分析检测设备的场地有1处。

据统计，在全省192名文物保护修复人员中，无专业技术职称的人员有58人，初级职称人员有43人，中级职称人员有57人，高级职称人员有34人；具有硕士研究生学历的有29人，具有本科学历的有105人，其他学历人员有58人；具有10年以内从业时间的人员有90人，具有10年以上从业时间的人员有102人。

2.4 文物保护项目

据统计，“十二五”期间全省共有98个可移动文物保护项目，经费合计13152万元。其中，馆藏文物本体保护修复项目90个，预防性保护项目8个，涉及可移动文物25828件。目前已完成项目21个，正进行项目47个，未开展项目30个。

3 存在问题

可移动文物保护直接关系到全省馆藏文物安全和博物馆事业的健康发展。随着各级政府对博物馆基础设施建设力度和馆藏文物保护资金投入的加大，可移动文物保存环境和保存状况有了较大改善，可移动文物保护修复工作取得了不小的成绩。但文物保存环境不佳、保护修复任务繁重、保护修复能力不足、项目缺乏科学规划且实施进度缓慢等问题仍然存在，全省可移动文物保护形势十分严峻。

3.1 保护修复任务繁重

从本次调查情况来看，全省受损文物超过41万件，约占文物总数量的44%，部分文物濒临彻底毁损。2015年，全省各文博单位共提交了453个“十三五”期间文物保护项目计划，预算合计67134.41万元，其中馆藏文物本体保护修复项目375个，预防性保护项目78个，涉及可移动文物98264件。此外，每年考古出土等新入藏的受损病害文物数量也不在少数，文物保护修复任务异常繁重。

3.2 预防性保护设施薄弱

恒定和洁净的保存环境对于文物保护至关重要，目前只有部分新建省级博物馆和地市级博物馆具备文物保存环境调控功能，大部分省内文博单位缺少必要的保存环境控制技术和设备。文物库房保管设施严重短缺，文物堆积裸放现象普遍存在，文物自然损毁严重；多数地市级文物收藏单位的库房采用普通空调进行温度控制，无法调控湿度，且库房在开放与闭馆时温差变化大，给文物保存带来严重负面影响；文物库房在污染物控制方面也十分欠缺，囊匣多使用传统材料，未能根据国家标准进行更新替换。展厅与库房的密闭环境不同，由于面向公众开放，其温湿度、有害气体及污染物的控制更为困难。

3.3 保护修复能力欠缺

一是文物修复场所不能满足工作需要。根据国家文物局颁布的《可移动文物保护修复室规范化建设与仪器装备基本要求（GB/T 30238—2013）》，全省文物保护修复室可按照面积分为三类：综合技术中心（面积不低于1500平方米）、区域技术中心（面积不低于800平方米）、科技工作站（面积不低于200平方米）。而在山东省现有的45处文物保护修复场地中，仅有

7处满足“科技工作站”用房面积，没有一处场地符合“综合技术中心”或“区域技术中心”的面积要求。

二是文物保护修复人才严重不足。相比“十一五”末，山东省文物保护修复任务翻了一番多，但工作任务成倍增加与专业人员力量不足的矛盾十分突出，市、县级文保单位行政管理力量薄弱的问题也很明显。文物保护专业人员也存在不少问题，如总量少、分布不均，相当一部分人员缺乏专业化的知识、经验和技术，整体修复能力和科研水平不高，等等。

3.4 项目执行力度有待加强

随着国家文物局、各级政府对博物馆基础设施建设力度和馆藏文物保护资金投入的加大，山东省可移动文物保护修复项目数量和补助资金也逐年增加，这对山东省文物保护事业的发展起到了极大的推动作用。但在项目立项、方案编制方面，仍存在缺少统一的科学规划、实施进度缓慢和预算资金执行不到位等问题。

4 保护对策研究

山东省可移动文物数量繁多，抢救性保护修复和预防性保护任务十分艰巨。为科学有效地加强可移动文物保护工作，针对山东省可移动文物保护中存在的突出问题，相关对策也在扎实调研的基础上逐步推动实施。

4.1 加强机构机制建设

在山东省委省政府的高度重视和支持下，为进一步加强可移动文物保护、做好馆藏文物及考古发掘文物保护修复工作，2015年2月，山东省机构编制委员会办公室正式批复成立山东省文物保护修复中心。这是山东省贯彻落实《博物馆条例》和加强文物保护工作的创新举措。山东省文物保护修复中心负责整合利用省内文物保护修复力量，统筹开展全省国有博物馆可移动文物保护修复工作。各地可移动文物的保护方案编制、项目资金申报、修复和预防性保护措施具体实施等工作亦由该中心统一规划、统一实施、统一监督。

为实现资源共享，国家文物局联合各方力量搭建开放合作的科技创新平台，初步建成全国文物保护修复网络体系，并取得一定社会效益。山东省积极研究探索适合本省的文物保护修复网络体系建设模式，计划在“十三五”期间逐步建立以省文物保护修复中心为核心、以地方重点博物馆为骨干、以社会力量为补充的可移动文物保护网络体系。同时，从政策和资金上重点支持3—5个省级文物保护修复区域技术中心、10—12家文物保护修复科技工作站建设。

4.2 加快人才培养

探索培养全省文物保护专业人才新机制。以正在实施的文物保护修复项目为依托，以尽快提升人才素质为目标，利用“请进来”与“送出去”双向交流机制，重点培养、引进一批文物保护方面的中青年学科带头人和高层次人才，形成支撑文物保护事业发展的骨干力量。同时，通过文物保护培训、进修等方式，提升文物保护人员业务素质，培养与造就一支高素质人才队伍。

一是根据工作实际不定期聘请专家来进行技术指导。二是积极派业务人员参加由国家文物局举办的各类文物保护修复培训班。三是将文物保护修复专业技术人员送到国内专业性强的单位进行学习交流与实践。四是实行文物修复工程分工负责制，让所有业务人员各尽其责，在分工项目的实践中不断增长才干，不断提高自身管理水平和专业能力。五是加强同高校、研究力量较强的文博单位的合作，提升全省文物保护修复科研创新能力。六是培养技术人员的专注精神，鼓励优秀人才脱颖而出。如通过有效手段营造全社会关注文物修复的氛围，为优秀技术人员提供展示工作技能的机会，提升其职业荣誉感。

4.3 提升硬件水平

2015 年 6 月 24 日，“山东省文物保护科研修复工场”建设正式启动。“山东省文物保护科研修复工场”是继山东博物馆新馆之后，山东省又一重大文物保护工程项目，是山东省委省政府推进文物保护利用与传承发展、加快文化强省建设的重大举措。“山东省文物保护科研修复工场”集收藏、保护、修复、科普于一体，主要包括文物标本库房、考古整理基地、文物保护修复基地、公众考古科普中心四个部分，将成为全省文物收藏、修复、展示中心和文化交流的重要窗口，成为济南东部新城的文化新地标。

该工程项目完成后，将有不少于 7000 平方米的场地用于文物保护修复。山东省文物保护修复中心将在这一场地中建设“区域领先，国内一流”的文物科技保护实验室，设备配备向国内先进文物保护实验室看齐。文物科技保护实验室的建成，将有利于追赶国内先进同行，提升山东省文物科技保护水平。

4.4 强化项目管理

一是严格进行资质管理。山东省文物局按照国家文物局制定的《可移动文物修复管理办法》的要求，对可移动文物修复资质实施严格审批。对于场所、设备、人员等方面不符合国家规定的，一律不再新增资质。

二是制定中长期发展规划。根据山东省可移动文物保护修复中长期规划中明确提出的目标任务和重点项目，有重点、有计划、有步骤地编制文物保护修复技术方案，争取更多专项资金支持，组织实施全省可移动文物保护修复项目和文物保存环境改善等预防性保护项目。同时，有机整合全省文物保护修复力量，逐步建立起集文物病害调查、保存环境监控、保护修复为一体的保护体系，实现对可移动文物保护的“标本兼治”。此外，要全面建设全省可移动文物保护修复项目库。

三是科学规划并组织实施保护项目。按照项目的轻重缓急程度，整体安排、推进全省可移动文物保护项目的实施，杜绝跟风盲目申报项目等情况发生。山东省文物保护修复中心负责统一组织项目实施，对项目进度、资金使用等情况进行集中监管，对修复技术、工作流程和技术档案进行定期检查，借此着力提高可移动文物保护项目管理的科学化、规范化、制度化水平。

4.5 增加经费投入

国家文物保护经费投入逐年增多，但专项经费原则上重点支持珍贵文物保护，对于一般文物、民俗文物等，经费支持力度相对较小，尚不能满足目前文物保护现状的需求。因此，需积极争取省级财政等地方财政可移动文物保护修复专项经费的支持，推动各地市把文物保护经费纳入本级财政预算，加大文物保护经费投入，填补可移动文物保护修复经费的缺口。

4.6 加强交流合作

加强和探索与省内外专业机构和社会机构的业务合作。针对文物保护修复中心人手少、专业实践经验和技术力量不足的现状，在深入挖掘自身潜力的同时，山东省文物局着力加强与高等院校和科研院所的交流合作，正式启动了首批全省重点文物保护科研课题申报和全省文物保护重点科研基地建设等工作，在项目、人员、经费等方面给予其重点支持。此外，山东省文物局积极争取国家文物局重点科研基地在山东设立工作站，借助基地科研和项目优势力量，提升全省可移动文物保护修复专业水平；建立文物科研协作攻关机制，积极推进与省外乃至国外专业文物修复机构进行业务合作，借“他山之石”填补山东省在文物科研方面的空白。

5 结语

习近平总书记、李克强总理关于文物工作的重要指示批示以及《国务院关于进一步加强文物工作的指导意见》等，进一步明确了新时期文物工作的指导思想、目标任务和政策措施。当前，山东省文物保护事业既处于加速发展的“黄金机遇期”，也处于保护形势严峻的“矛盾凸显期”。可移动文物保护修复是文物保护工作的重要内容，面对新形势、新任务和新要求，山东省文物保护修复中心将继续扎实工作，积极探索提高可移动文物保护管理能力的有效途径。今后，我们会在实践中及时总结经验教训，以更加强烈的历史责任感和使命感、更加奋发有为的精神状态、更加务实的工作作风，开拓创新，推进全省可移动文物保护各项工作再上新台阶。

原载于《人类文化遗产保护⑨》，2018 年

潍坊市博物馆文物保护修复人才培养及队伍建设的实践

◎ 吉树春
潍坊市博物馆

摘　要：加强文物保护修复人才培养及队伍建设是各级各类博物馆扎实有效推进文物保护工作的根本路径。潍坊市博物馆立足自身实际，把文物保护修复人才培养及队伍建设作为博物馆创新发展的内生动力和核心支撑，通过完善文物修复机构、开辟内培外引路径、推进文保与公益融合、明确文物修复重点、强化文保项目申报、举办高水平学术会议等路径，革故鼎新，开拓突破，推动了文物保护修复人才队伍的不断发展壮大，为全馆文物保护修复工作的跨越式发展提供了坚实的人才保障。

关键词：潍坊市博物馆　文物保护修复　人才培养　队伍建设

党和国家高度重视文物保护工作。党的十八大以来，习近平总书记站在实现中华民族伟大复兴中国梦的战略高度，就加强文物保护工作作出系列重要指示批示，提出系列新思想、新观点、新要求，为统筹推进文物事业发展赋予了历史担当、指明了前进方向、提供了充足动力。博物馆作为守护文物和传承中华民族优秀传统文化的殿堂，“让收藏在禁宫里的文物、陈列在广阔大地上的遗产、书写在古籍里的文字都活起来”既是其站在新的历史方位上实现“保护国家之根，延续民族之魂”的根本路径，也是其“不辱使命，守土尽责”“功在当代，利在千秋”的使命与担当。然而文物保护修复（以下简称“文保”）工作的落实落地落细是一项系统性、整体性、复杂性的工程，需要多方面的硬性保障，其中人才是第一要素。尤其是面对亟待保护修复文物数量庞大、种类繁多的严峻压力，人才短缺、人才水平参差不齐、人才地域分布不均等问题，已成为当下限制博物馆尤其是地方中小型博物馆实现文保工作高质量发展的最大瓶颈。对此，潍坊市博物馆立足自身实际，把文保人才培养及队伍建设作为博物馆创新发展的内生动力和核心支撑，革故鼎新，开拓进取，推动了文保人才队伍的不断发展壮大，为全馆实现文保工作的跨越式发展提供了坚实的人才保障。

1 完善文物修复机构，筑牢人才培养平台

潍坊市博物馆作为一家对外开放20多年的老馆，硬件设施严重陈旧老化，在文保工作方面曾面临无人才、无资质、无资金、无场地、无设备的“五无”困境，文保之路举步维艰。但自2015年新一届领导班子上任以来，全馆坚持以“硬件改造，软件提升，制度保障，以文化人，服务立馆”20字工作方针为指导，把文保工作作为推动全馆发展的重点、亮点工作来抓，不断健全、完善文物修复机构，筑牢人才培养平台，为全馆文保工作实现跨越式发展、弯道超车奠定了坚实的基础。2015年，潍坊市博物馆组建了“9631”组织架构，向市编办申请，成立了文保科。2018年，在山东省文物保护修复中心的倾力支持下，山东省文物保护修复鲁中区域中心在潍坊市博物馆挂牌成立，范围覆盖潍坊、淄博、东营、临沂四市。该中心占地面积近2000平方米，建有金属文物修复区、纸质文物修复区、实验室、修复后文物展示区、观众参观走廊等，配置了文物修复所需先进仪器设备、工具、材料等，建立健全了各项规章制度，并集聚了十几名山东省文物修复师，具备了开展青铜器、书画、陶瓷器等多种文物修复工作的资质。文保科的成立与山东省文物保护修复鲁中区域中心的建立，为全馆文保人才的引进、集聚、培养、使用搭建了良好平台，引得大批凤凰来，让全馆的文保工作真正实现了由过去“五无”到现在“五有”的彻底转变。

2 开辟内培外引路径，打造人才集聚方阵

人才是事业之基，人才兴则事业兴。潍坊市博物馆曾面临十多年无一名年轻人进入的困境，导致出现人员短缺、人才断档、队伍流失等现象，文保工作的“规范动作”只能勉强完成，拿高分的“自选动作”则遇到了拿不起、挑不动、顶不上的难题。为壮大文保队伍，培养、集聚文保人才，全馆着力实施了文保人才培养计划。

首先，把馆内年轻同志作为重点培养对象，以老师傅带新徒弟、言传身教的方式对年轻同志进行培养，实现了年轻同志的快速成长和代际传承。在过去的几年内，潍坊市博物馆有十多名同志被聘为“山东省文物修复师”，加上外聘的文物修复师，潍坊市博物馆打造了山东省内地市级博物馆中文物修复师的第一人才方阵。其次，精准把握区域文化特色和馆藏特点，先后引进了青州石佛造像大师、锔瓷技艺传承人等一批能工巧匠和非遗传承人等特殊修复人才。洛阳碑拓学会会长更是举家搬到潍坊，为潍坊的文保事业做贡献。另外，潍坊市博物馆不仅聘请了很多文保专家担任名誉馆长、名誉馆员，还充分挖掘退休老专家这一“富矿”“金山”，盛邀他们来馆指点迷津。通过尊重人才、爱护人才、依靠人才，以及吸引人才、培养人才、集聚人才，潍坊市博物馆进一步壮大了人才队伍，增强了文保力量，实现了人才驱动战略目标，

为全馆和山东省文物保护修复鲁中区域中心文保工作的持续发展提供了强大的人才支撑。

3 推进文保与公益融合，拓展人才培养半径

博物馆是公益单位，博物馆人是公益人，公益单位、公益人就要做公益事。潍坊市博物馆始终秉承“以文化人,服务立馆”的公益理念,不断强化文保工作与文化公益事业的深度融合,实现了文保与公益服务的同频共振，这也为文保人才队伍的培养、建设拓展了培养半径。潍坊市博物馆不仅与潍坊聋哑学校、潍坊盲校等特殊教育机构合作,建立了残疾人文物修复基地,鼓励残疾人到博物馆学习书画装裱、刻瓷、做拓片等文物修复专业知识，还把他们送到更高的平台，让他们跟着更好的老师学习更高水平的修复技艺。此举有效提高了他们的文物修复技能和生存能力，让他们除了从事推拿、按摩等工作，还可以有更多的工作选择，更好地实现人生价值。拥有一颗安静、淳朴和感恩之心的他们，更加珍惜这来之不易的机会，刻苦钻研、匠心传承、吃苦耐劳、踏实肯干，成为潍坊市博物馆文保人才队伍里一道亮丽的风景。年轻的残疾人书画家孙聪便是他们当中的一位优秀代表。孙聪小时候因药物致残，但他并未因此放弃努力，而是在各地奔波学画，潜心研究，还努力学习纸质文物的修复技艺并具有很高的修复水平。潍坊市博物馆在了解到他的情况后，将他请到馆里和修复中心，为他设立了独立的工作室，让他专门进行书画修复工作。2018 年，全馆有 6 名同志被聘为第二批“山东省文物修复师”，孙聪就是其中一位，他也是全省唯一一位残疾人文物修复师，其自身的价值在文物修复工作中得到了社会的广泛认可。

4 明确文物修复重点，坚持人才传承培养

潍坊不仅是享誉中外的“世界风筝之都”“中国画都”，还是中国的“金石之都”。从著金石学扛鼎之作《金石录》的作者北宋赵明诚，到明清之际曾任潍县县令的金石学家周亮工，从集金石学成就之大成，被海内学者奉为山斗，被誉为“前无古人，后无来者”的清代最大收藏家、一代宗师、金石巨匠陈介祺，到近现代巧夺天工、修复后母戊大方鼎和铸客大鼎的大师潘承霖，他们成就了潍坊金石文化的辉煌，也见证了潍坊文物修复技艺的源远流长。潍坊市博物馆现拥有 13 种文物修复资质，但立足于潍坊的区域文化特色和馆藏特点，坚持靶心不偏、焦点不散、“把好钢用在刀刃上”的原则，总结出了全馆的三大文保工作重点：一是围绕潍坊“中国画都”之称号，加强纸质类文物修复，以书画为主；二是围绕潍坊“中国金石之都”之称号，加强金属类文物修复，以青铜器为主；三是围绕馆藏珍品，加强陶瓷类文物修复，以瓷器、紫砂器为主。同时，紧紧围绕上述三大文保工作重点，着力加强对书画、青铜、陶瓷、紫砂类文保人才的培养，真正做到有的放矢、重点聚焦、传承培养，走出了一

条独具特色的人才培养之路。

5 强化文保项目申报，锻造人才成长载体

文保项目的申请立项与最终落实落地是对博物馆文保力量的整体检验，也是锻造、培养文保人才队伍的重要途径。潍坊市博物馆以推进文保项目为抓手，实现了人才队伍的持续培养和不断发展壮大。2017 年，潍坊市博物馆向山东省文物局申报了 2018—2020 年文物修复方案并获得通过，计划修复书画、织绣、铁佛等文物共计 505 件（套）。全馆以此为依托，2018—2019 年共完成了由国家文物局批复同意的文物保护修复项目 3 个。其中，“馆藏金属文物保护修复项目”修复文物 358 件，含青铜器 348 件、铁器 10 件；“可移动文物预防性保护项目”实现了对展厅内的文物展柜和文物库房内的储藏柜的改造升级，配置了珍贵文物展藏设施。目前正在进行中的项目有 9 个，其中，“潍坊市博物馆文物数字化保护项目”获国家文物保护专项资金 458 万元，计划强化馆藏文物的数字化保护，构建全馆文物资源库；“馆藏纸质类书画修复项目”获修复资金 90 万元，计划修复书画 47 件（套）；“馆藏碑廊珍贵文物保护修复项目”获修复资金 150 万元，计划修复铁佛、石碑等 98 件（套）。另外，“潍坊市博物馆乐道院·潍县集中营旧址展陈提升改造方案”“馆藏纸质文物（碑帖拓片）保护修复项目”等正在有序推进。文保项目的立项和推进，进一步为全馆文保人才的培养与成长厚植了土壤、锻造了载体、创造了契机。

6 举办高水平学术会议，搭建人才交流桥梁

学术研究是博物馆持续发展的灵魂，也是推进人才培养的重要路径。潍坊市博物馆以学术研究为先导，先后参与举办了“首届潍坊博物馆馆长论坛”“青铜器·金文与齐鲁文化学术研讨会”“山东省博物馆学会文物保护技术专业委员会成立大会”“馆藏文物保护修复项目工作经验交流研讨会”等多个全国性、高水平、重量级的学术会议。第十三届全国政协委员、国际博物馆协会副主席、中国博物馆协会副理事长兼秘书长安来顺先生，北京大学中国古代史研究中心朱凤瀚教授，台湾“中研院”史语所陈昭容研究员，以及捷克查理大学讲师石安瑞等，来自 160 多家博物馆、高等院校和文化名企的 600 余名专家学者共襄盛会。尤其是 2018 年成功举办的“山东省博物馆学会文物保护技术专业委员会成立大会”，打造了山东省文物保护从业者联络交流的重要平台，也将全馆文保事业推向了新高度。2019 年，潍坊市博物馆又与山东省文物保护修复中心联合承办了全国“馆藏文物保护修复项目工作经验交流研讨会”。通过举办一系列高水平会议，不仅强化了馆际之间、馆校之间、馆所之间、馆企之间的横向联系及纵向沟通，实现了资源互通、信息互通，而且为文保人才的深度培养、交流、

引进以及项目合作奠定了坚实的基础，有效推动了人才队伍的发展和壮大。

积跬步以至千里，积小流而成江河。拥有一批高素质的文保人才队伍是推进博物馆文保事业实现高质量发展的强力保障。下一步，潍坊市博物馆将在继续立足于自身人才培养的基础上，坚持“馆内教、馆外学、走出去、引进来”的人才集聚战略，加强与国家博物馆、北京大学、山东大学、山东省文物保护修复中心、山东博物馆、山东省博物馆学会等一流单位或平台的合作，强化人才交流、互动和基层培养，打造强有力的文保人才队伍，为全馆和山东省文物保护修复鲁中区域中心文保工作的持续健康发展夯实人才根基。

原载于《中国文物报》2019 年 9 月 13 日第 4 版

试论文物修复师的培养与管理机制建设

◎ 王传昌
山东省文物保护修复中心

摘　要：我国丰富灿烂的文化遗产的保护修复工作任务繁重，而文物修复师极为匮乏。随着国家将文物修复师纳入职业分类大典，文物修复师将成为活跃在文物保护修复事业中的一支新生力量。本文从文物修复师现状与客观需求、文化遗产保护修复的紧迫性与必要性等方面入手，探讨文物修复师人才培养、发展机遇以及管理机制建设等问题，以期为文物修复师的培养与管理建设起到抛砖引玉的作用。

关键词：文物修复师　人才培养　管理机制

我国历史悠久，古代劳动人民创造了丰富灿烂的民族文化，文化遗产十分丰富。近年来，文化遗产保护面临着空前的发展机遇与严峻的挑战。一方面，国家综合实力的提升为文物保护事业的发展奠定了基础，国内外文物保护理念的交流融合也为文物保护事业的发展提供了技术支持；另一方面，随着国家城市化进程的加快，基本建设中新出土的大量文物亟待进行保护修复。同时，各地博物馆由于长期以来修复经费匮乏、修复管理缺失、修复条件简陋、相应保护措施缺乏等，所以面临着沉重的文物保护修复压力。如何落实国家文物保护政策，切实做好可移动文物保护修复工作，延续传统修复技艺，发挥传统文物修复技术的优势和现代科技在文物修复中的创新作用，培养满足时代要求的文物修复师，是摆在文物保护工作者面前的一项重要课题。

1　文物修复师的培养现状

1.1　文物修复师

在中国，文物修复技术是一门传统技艺。早期的文物修复技术与复制技术并存，最早可以追溯到春秋战国时期[①]，出土青铜文物表面存在的大量补铸、焊接痕迹均是原始修复技术的佐证。现代文物修复技术继承和发扬了传统修复工艺，融合了现代修复理念、材料、技术，文物修复师逐渐成为国民经济和社会发展中的重要职业。2015年修订的《中华人民共和国职业分类大典》已经把文物修复师列入其中，使文物修复师正式进入国家职业序列。

文物修复师主要负责对存在不同病害的文物进行修复、研究，不仅要有动手能力，还要撰写翔实的保护修复档案，详细记录文物修复的全过程及前后状况。这项工作既需要具有多门学科的专业知识，也需要具有极大的耐心和毅力。由于大多数文物保护室、修复室设置在博物馆或科研院所中，往往与文物库房相伴藏于"深闺"之中，导致大众少有机会接触、了解这一行业，因此文物修复师在大众眼中颇为神秘。随着信息传播手段的不断发展，各种媒体通过多种途径宣传报道，文物修复师才逐渐走入大众视野。《我在故宫修文物》等电视纪录片的热播，使文物修复师逐渐为社会所了解、关注，也提升了文物修复师的职业荣誉感，激发了一批文博、艺术等专业素养较强的年轻人加入文物修复队伍的热情。

1.2 现状与发展机遇

近年来，国家对基础设施建设的投入逐年增加，机场、铁路、公路、地铁、输油管线、电厂、老旧城区及旧村居改造等大批建筑工程大量开工建设。根据《文物保护法》的要求，为配合基本建设，文物部门要对古遗址、古墓葬进行抢救性发掘和保护。但在实际工作中，往往只注重考古发掘与资料的收集整理工作，对出土文物的保护修复工作则相对滞后，大量出土文物得不到及时保护修复，造成了难以挽回的损失。国家文物局2002年的调查数据显示，在全国文物系统3000多万件馆藏文物中，有近半数文物存在不同程度的病害。目前世界上许多国家的文物保护工作已进入预防性保护阶段，而我国仍停留在抢救性保护阶段。特别是我国的基层博物馆，由于长期以来条件简陋、设施缺乏、经费无保障，相应保护修复措施滞后，导致大量藏品被束之高阁，直至出现严重病害，濒临损毁。

由于文物修复师的缺乏，以上困境长期得不到摆脱。我国传统文物选材考究、工艺复杂、技术精巧，具有极高的文化价值，相应地，对修复的技术要求也很高。据估计，我国真正能够掌握成熟文物修复技术的专业人员仅有数百人[②]。面对繁重的文物修复任务，文物修复师的培养十分迫切。

2016年3月，国务院颁布《关于进一步加强文物工作的指导意见（国发〔2016〕17号）》，为切实加强文物工作、进一步发挥文物资源在传承和弘扬中华优秀传统文化中的作用、采取切实有效措施进一步加强新时期的文物工作指明了方向。2016年4月，习近平总书记对文物工作作出重要指示，强调要切实加大文物保护力度，推进文物合理适度利用，努力走出一条符合中

① 贾文熙、贾汀：《文物修复学基础》，中国社会出版社2004年版，第20页。
② 单霁翔：《关注文化遗产保护人才培养》，载《中国文物科学研究》2008年第4期。

国国情的文物保护利用之路。李克强总理作出批示强调，加强文物保护，是要让优秀传统文化融入当代社会，厚植道德沃土，用文明的力量助推发展进步。各地区、各有关部门要本着无愧历史、无愧未来的责任心，依法履行管理和监督职责，进一步加强新形势下的文物保护工作。

当今文物修复师肩负着让文物“活”起来的历史重任。加强文化遗产保护、积极推进文物得到有效保护和合理利用的时代需求，为修复师提供了施展才华的平台；发挥文物在传承弘扬优秀传统文化方面重要作用的时代需求，为文物修复师提供了难得的发展机遇。

1.3 人才培养

国家已经建立了相应的职业名目和制度，文物修复师作为一个“新”的职业，在新的历史时期被赋予了更加光荣而艰巨的使命。一名合格的文物修复师不仅需要具有丰富的文史知识、专业技术、文字和绘画功底，而且要掌握一定的化学、物理、材料等自然科学知识，同时还应具备以下几方面的素养。

1.3.1 掌握修复理念

文物修复既要遵循文物保护的“不改变原状”“最小干预”“可识别性”等基本原则，又要根据每件文物的自身情况，在具体实践中采取有针对性的保护修复措施。修复理念、修复原则作为文物修复工作的纲领，是“死”的，但文物修复师在面对不同时代、质地、类别及残缺程度的文物时，要像主治医生对待病人一样，面对不同病因的个体，辨证施治，对症下药，灵活运用修复理念指导具体的修复工作。只有在充分领悟、掌握文物保护基本原则、理念的前提下，遵循整体技术路线，才能把握好修复过程中的“度”，消除文物病害，展现文物本来的面貌和神韵。

1.3.2 继承传统技艺

文物保护修复工作是一项长期、伟大的工程。我国传统文物修复技艺历史悠久，文物修复师通过历代传承，积累了丰富的修复经验。文物修复师应按照自身涉足的领域，尽可能全面地继承和研究传统修复技术，特别是一些关键技术的精华，如青铜器修复的“蒙镶工艺”、绢帛文物修复技艺、字画装裱与囊匣制作工艺等。作为一名当代文物修复师，既要有广博的文物修复知识，又要具备多种质地文物的修复技能、熟悉不同文物质地的性能和原始制作工艺，针对文物的破损、劣化程度制定相应的科学修复方案并付诸实施。

1.3.3 应用现代科技

面对文物保护修复的严峻形势，大量破损或者濒危的文物需要文物修复师“对症下药”“妙手回春”。时代发展所产生的科技进步已渗透到社会生活的方方面面，文物修复领域当然也不例外。因此，任何历史时期的文物保护修复都有其鲜明的时代特征。

当今社会的科技手段能否被恰当地运用到文物修复事业中，关系到文物修复事业能否进步、文物修复师能否成长。为了加快科技成果的转化，国家文物局通过各种方式举办文物保护与修复培训班，推动科技成果尽快在文物修复中发挥作用，探索将传统修复工艺与现代科学保护技术进行有机结合，形成具有中国特色的文物修复技术体系。作为当代文物修复师，要能够充分认识现代科技的重要性，在实践中擅于利用现代科学研究成果、科学技术手段和方法，将新材料、新工艺应用到文物保护修复中。

2 机制建设

长期以来，我国文物修复师培养机制并不健全。中国传统文物修复技艺大多是凭个人经验，以师傅带徒弟的方式进行传承，而不像西方专业修复师那样经过日积月累的经验沉淀，形成了一套标准化准则和培养机制。近年来，随着《文物保护法》、文物保护准则以及文物保护行业标准等的相继颁布，文物保护修复事业逐步实现规范化管理。因此，构建一套完善的文物修复师选拔、培养、激励机制，以使文物修复师在文物保护修复事业中发挥关键作用，势在必行。

2.1 建立修复师道德把关机制

建立健全科学规范的文物修复师选拔准入机制，坚决把好入口关。文物修复是一项非常细致且耗时长远的工程，修复工作要做到慎之又慎、精益求精，文物修复师心中要装着保护人类文化遗产的重任，抱着对子孙后代负责的态度，不能有一点疏忽和懈怠。文物是不可再生资源，修复工作不允许失败，否则一段历史也许就此消亡。因此，在文物修复师招聘、录用和人才引进过程中，思想政治素质和德行考察尤其重要。文物修复师从事文物修复工作前，要实行道德承诺制度，自觉践行文物保护修复行业规范，做一名合格的文物守护“天使”。

2.2 构建文物修复师培训、学习机制

通过不同途径如专业培训、馆校结合、师承制度等，使文物修复师学习并掌握各类文物传统修复技能，有选择地加以利用并探索求新，抢救濒临失传的经验和技艺。应鼓励或创造条件让文物修复师在工作中获得继续深造的机会，参加全国性的文物修复专业会议、培训，了解国内外最新修复理念、材料、技术工艺等，从而更好地服务于当今文物修复事业。

自1980年以来，全国性的文物修复专业会议分别由国家文物局、中国文物保护技术协会、中国文物学会文物修复专业委员会等组织召开。这些研讨会、培训学习会等为全国的文物修复师提供了学习交流的平台。通过建立严格的培训学习机制，让身在一线的专业修复人员能够在制度的约束下定期进行专业“充电”。通过思想上重视、行动上落实、制度上保障，使文物修复师开阔视野、掌握科技修复技能，将所学灵活运用到现代文物修复事业中去。

2.3 健全文物修复师激励机制

长久以来，文物修复工作没有引起社会的足够重视，从事文物修复的人员面临较为难堪的社会处境，他们大部分是无学术地位、无社会地位、无经济地位的“三无”人员。他们长期奋斗在工作一线，经常接触各种化学物质、粉尘、有害气体、X射线辐射等，工作环境复杂，劳动保护设施不完善。但是文物修复作为小工种，一直未被纳入职业病防治范围。文物修复

师在实际工作中修复的文物再多、再有价值，也改变不了其“三无”的困境。因此，在文物修复师这一职业中，人才流失现象十分严重。

如今，国家已经将文物修复师列入国家职业序列，用人单位应根据体制要求、政策导向，在实际工作中加强文物修复师激励机制建设，从岗位设置、职称晋升、工资待遇、学习培训等各个方面，为在一线工作的文物修复师创造更好的成长条件，让他们尽早摆脱“三无”困境。同时，应针对文物保护修复工作的性质，建立职业病补偿机制，对长期工作在文物修复一线的人员给予一定的经济补偿。随着国家对文物保护修复事业投入力度的不断加大，在经费支持方面，应进一步改善文物修复师的生活、工作环境，激发他们从事文物修复工作的活力和动力，激励他们体面地、全身心地投入神圣、高尚的文物修复事业中去。

3 结语

随着国民经济的发展和人们物质、精神文化需求的日益增长，各地博物馆、文化馆、美术馆等文化设施和公共文化服务设施如雨后春笋般逐步建立。其中国有博物馆为适应文物事业发展需要，不断加强硬件与软件建设，适时加大对馆藏文物保护修复经费的投入力度，并充分发挥传统文物修复技艺在博物馆藏品保护修复工作中的重要作用。文物修复过程本身就是一种研究过程，文物修复工作是一项综合多种学科和实践技能的研究性工作①。文物修复师通过娴熟的技艺和专业素养，使文物的特有功能和价值得以充分体现和发扬。

文物修复技艺以往主要靠师徒相授的方式传承，而通过文字或者其他记录方式流传下来的详述文物修复技法和修复理论的资料相对较少。目前，国家颁布了文物保护修复行业标准，规范了文物修复有关方案、档案记录要求，使文物修复工作逐步科学化、规范化。同时，随着文物修复师职业制度的建立与健全、相关机制的建设以及人才培养力度的不断加大，我国的文物修复事业将迎来新的春天。文物修复师将利用精湛的文物修复技艺和现代科技手段，使大量出现病害的文物重新焕发出古老的艺术魅力。

随着国家对文物保护修复事业投入力度的不断增加，各级政府对文物保护修复事业的重视逐年加强，文物保护修复人才显露才华的春天已经到来。一大批具有较高理论水平和修复技术的专业人才脱颖而出，为文物保护修复人才的成长起到了示范作用。文物保护修复事业正在翘首以盼“懂理论、掌技术、会修复”的能工巧匠，掌握成熟文物保护修复技术的大国工匠将随着国家文物保护修复事业的蓬勃发展而不断涌现。

原载于《人类文化遗产保护⑧》，2016 年

① 申茂盛、许卫红：《试论现代修复对修复人员的新要求》，第六届全国考古与文物保护化学学术会议论文，2000 年。

让文物修复“活”起来

——浅谈文物修复师的培养与管理

◎秦　杰
山东省文物保护修复中心

摘　要：自党的十八大以来，习近平总书记高度重视文物保护工作，多次作出重要指示批示，为加强文物保护、推进文物事业发展指明了前进方向，提供了基本遵循。随着文物事业的发展，人们也逐渐认识到文物保护修复的重要性，认识到人才是保护修复事业成败的关键。本文试从现阶段修复师面临的种种困难和挑战着手，以山东做法为例，探讨如何加强对修复师的培养和管理，以期为推动文物保护修复工作发展提供借鉴。

关键字：文物　保护修复　修复师　培养

随着文物事业的发展，人们逐渐认识到文物保护的重要性，认识到文物保护人才是文物保护事业成败的关键。纪录片《我在故宫修文物》的热播，揭开了文物修复工作神秘的面纱，让冷门的文物修复及修复师“火”了起来，同时吸引了大批年轻人加入文物修复师队伍。作为文物“医生”，文物修复师的工作不仅是在保护、修复历史珍存，也是在对文化进行重塑，更是在对作为非物质文化遗产的修复技艺进行传承。修复师肩负着让文物“活”起来的历史重任，一系列文物保护政策的出台为文物修复师的成长和发展提供了机遇。但就目前的情况来看，文物修复人才短缺仍是一大难题，文物修复师的培养和发展还存在诸多困境。

本文重点对文物修复师的现状进行分析，深入探讨现阶段文物修复师面临的问题，并在此基础上结合山东做法，研究如何建立起适合我国文物修复师成长和发展的培养模式，以期促进文物修复师的培养和管理。

1 析毫剖厘，文物修复师的现状及困境

1.1 人才培养途径有限

常见的修复技艺传承方式主要有师徒教学（师徒相传、子承父业）、院校教育、在职培训等，但每种传承方式都有其弊端。

师徒教学主要依靠有经验的老师傅带徒弟的方式培养人才。具备精湛修复技艺的修复师本就较少，其能教授的人数也就有限，加之文物修复工作的特殊性，带出一个拥有精湛技艺的修复师至少需要十几年，故文物修复师的培养耗时较长、见效较慢。

院校教育主要通过开设文物修复专业的方式培养专业人才，但也存在一些不足。一是将传统技艺转化为系统化现代教学理论的模式仍不成熟；二是院校师资队伍能力不足；三是因文物修复是一门涉及历史、考古、化学、物理、生物、环境、材料、美术等多门类的学科，加之院校教育重理论轻实践，故现有教学往往只能泛泛而教、浅尝辄止，毕业生进入工作岗位后往往需要从头学起，使得人才培养模式与行业发展匹配度不高。

在职培训是针对从事文物修复工作的在岗职工进行的再教育，但因成本、时间、规模等限制，每人每年能参加的培训有限，并且短期课程效果不明显，长期课程往往几年才能参加一次。同时，在职培训所学内容多为碎片化知识，其系统性、连贯性难以保障。

1.2 人才培养速度缓慢

一方面，文物种类丰富，从可移动文物到不可移动文物，从金银器到棉麻丝质文物再到砖石质文物，仅常见文物就有四十多个种类，且每一类每一种文物所表现的病害情况不同，修复步骤、修复方法也不尽相同。文物修复师需要针对不同文物的病害情况灵活运用修复方法，并非像魔术师施展魔术那般轻松潇洒。

另一方面，文物修复需要将传统修复工艺与现代科学技术相结合，是一项技术性很强的工作。修复师本身需要有极强的动手能力，又要兼具古今中外的学术基础，拥有文理兼通的知识结构。可以说，一名合格的文物修复师，既要有精湛的修复技艺，又要有渊博的学识；既是技工，又是学者；既通文史，又懂科技。

因此，修复师的培养并非一蹴而就，一名合格的文物修复师需要经过长期的培养才能上手，一名手艺精湛的修复师更是需要十几年的时间才能培养出来，有的文物修复师甚至需要付出毕生的精力才能出成果。文物修复师不仅要有长期的实践积累，更要有“择一业，终一生”的坚持，守得住清贫，耐得住寂寞，吃得了苦，静得下心。

1.3 修复人才短缺、修复任务繁重

我国文物资源丰富，据第一次全国可移动文物普查数据显示，全国共计有可移动文物10815万件（套）；据《中国文化文物统计年鉴》数据显示，截至2017年，国有文博单位拥

有馆藏文物4580余万件（套），每年因考古发掘的新增文物就有300余万件（套）。文物保护修复工作任重道远。

与丰富的文物资源相对的，是亟待修复的大批珍贵文物和严重短缺的文物保护修复人才。据统计，一亿余件（套）的可移动文物中，约有37.12%的文物存在部分损腐，需要进行修复；1.81%的文物腐蚀损坏情况严重，急需进行修复。新出土文物因环境突变而遭受腐蚀的状况也比较严重，亟待进行抢救性保护修复。“而我国真正从事文物修复工作的人员，全国也不过2000人，许多博物馆里几乎没有专业文物修复人员。”① 据2015年开展的文博系统首次关于全国文物修复人员的调研数据显示，“533家文博单位中，92%的单位认为文物修复人员配备不足，参与调查的2207人，近5年人均每年修复馆藏文物约15件”②。一方面是数以万计的文物“染病”的现状，一方面是仅有不足两千人的文物保护修复从业人员，要修的文物太多，能修的人太少，且文物修复本身就是个“慢工出细活”的行当，导致文物修复师的修复任务繁重。

1.4 人才流失现象严重

当前，文物行业的快速发展使得行业对修复师的需求空前膨胀。但在文物修复人才紧缺的情况下，因待遇不好、发展前景受限等，人才流失这一隐伏问题也日趋严重。

据全国文物修复人员调研数据显示，“文物修复人员在编比例仅为43.17%，部分省份不足15%，半数以上人员没有职称”③。很多经验丰富的修复师因为学历等限制，不符合相关单位的招录标准，无法获得编制；一些经验丰富、技艺精湛的老师傅长期在文物修复一线工作，科研能力相对较弱，论文、著作、学历等又成为限制其职称评聘的因素；好不容易获得职称资格的修复师，又因单位没有聘用指标等而无法兑现工资待遇，很多人熬一辈子也只是中级职称的例子比比皆是。在文物修复人才稀缺、修复任务繁重的情况下，现有文物修复人员待遇有限、晋升无望，导致很多人迫于生计，无奈转行，如此恶性循环之下，人才流失现象日趋严重。

1.5 人员配置不均

岗位设置、编制限制等因素，导致部分基层文博单位出现文物修复人员配置不均等问题，如有的岗位一人身兼数职，有的人从事政工、人事等工作却要走文博系列职称，等等。这一方面导致文物修复专业人员无法集中精力和时间投入文物修复工作；另一方面因职称、岗位限制等问题，专业人员的工资待遇无法得到保障，导致他们的工作积极性不高。再加上缺乏有效的奖励与激励机制，导致单位无法引进和留住人才，中途转行的人员不在少数，使原本人才紧缺的情况雪上加霜。此外，文物修复是一项技术性很强的工作，需要修复师通过不断实践来提升技艺、练熟手艺。但馆藏文物分布不均、有经验的老师傅有限、科研力量悬殊等

---

① 李思辉：《文物修复人才培养任重道远》，载《光明日报》2019年2月21日第15版。

② 《故宫文物修复师走红，但这个行业比想象的缺人》，澎湃新闻2019年7月18日。

③ 《故宫文物修复师走红，但这个行业比想象的缺人》，澎湃新闻2019年7月18日。

限制因素，导致修复人才出现地域分配不均、水平参差不齐等问题。

1.6 缺乏高端复合型人才

随着文物修复事业的发展，人们对新技术、新理念在文物修复技术中应用的需求也在不断增加，无论从技术上还是从理论上对文物修复师都有更高、更新的要求。文物修复师要做的不仅是修补破损文物，更要挖掘文物背后蕴含的深刻历史文化，研究其人文内涵和科学价值。因此，修复师不仅要有纯熟的手艺，还要懂科技，掌握物理学、化学、生物学、材料学等学科的专业知识，甚至需要熟练使用高端设备。但我国文物科技保护起步较晚、高校专业设置不足、师资力量有限，导致具有科研能力的高端复合型文物修复人才稀缺。

2 守正创新，让文物修复“活”起来

文物的特殊性决定了文物修复工作的特殊性，从而对文物修复人才也就有了特殊的专业要求。文物修复人才的培养并非一蹴而就，而是需要建立适合文物修复人才成长的培养模式。因此，在当前对文物修复人才的需求不断增加的形势下，建立科学的文物修复人才培养模式、培养优秀的高端复合型修复师是解决修复人才缺失的有效途径。

2.1 增加培养对象

纪录片《我在故宫修文物》告诉我们，在这个“酒香也怕巷子深”的时代，再好的东西若不宣传推广，最终也只能“躲在深闺无人识”。因此，让文物修复“活”起来，弥补修复人才缺口，从根上来讲，需要创新文物价值传播推广体系，实施中华文物全媒体传播计划，通过多元化的传播途径，让文物及文物修复走进公众视野，让更多的人了解并喜欢文物修复，从而吸纳更多的人从事文物修复工作。

一是让文物修复进课本、进课堂。把文物保护利用常识纳入中小学教育体系，引起中小学生对文物修复工作的兴趣；鼓励高等学校、技工院校、中等专业学校等开设文物修复公共课程和选修课程；建立并完善利用博物馆学习的长效机制，认定一批博物馆为青少年研学实践基地，利用博物馆日、世界文化遗产日、实践活动等，让学生们走进博物馆，近距离了解文物珍存，体验修复过程，感受中华文化。

二是实施全媒体传播计划。利用传统媒体和新兴媒体积极开展文物修复传播工作，探索文物修复可视化、故事化、数字化传播之路；充分利用融媒体传播优势，与游戏、动漫、影视、教育开展跨界合作，形成一批具有示范引领和广泛影响的优秀项目，让更多的人了解并爱上文物，自觉参与到文物保护修复队伍中来。

三是推出线下系列活动。在现有博物馆日、世界文化遗产日、文物保护装备博览会等活动的基础上，推出文物修复技能大赛、文物大讲堂、文物修复技术研讨会等线下系列活动，并将其打造成特色品牌。

此外，除专业技术人员、学生、教师外，还可把残疾人、手工艺人、民间组织等吸纳为培养对象。例如，潍坊市博物馆为了拓宽人才队伍培养途径，也为了践行“以文化人，服务立馆”的公益理念，成立了残疾人文物修复基地，招纳残疾人士到博物馆学习文物修复技能并从事相关工作，让他们在按摩、推拿、剪纸等工作之外，有更多的选择空间和机会，以养活自己、改善自我生活、实现自我价值。这种做法不仅增强了残疾人士的劳动技能、拓宽了残疾人就业渠道，而且有利于解决文物保护修复人才短缺的问题，值得被借鉴推广。

2.2 完善体制机制

一方面，通过成立专业的文物修复中心、委员会、学会等机构，培养专业的文物保护修复人才队伍；另一方面，从修复师的培养、选拔、任用等方面着手，建立并完善科学有效的人才培养机制、管理机制、优化配置机制、奖励激励机制等，有效解决现阶段面临的人才缺失、人才配置不均等问题。

2.2.1 成立专业机构

成立专业文物修复机构，统筹管理全省文物保护修复及人才培养工作，解决文物修复人才区域发展不平衡、水平参差不齐等问题。

例如，为进一步加强可移动文物保护、做好馆藏文物及考古发掘文物的保护修复工作，2015 年 2 月，山东省机构编制委员会办公室批复成立山东省文物保护修复中心，该中心主要负责可移动文物保护修复有关工作、培养文物保护修复人才。该中心成立至今，在文物保护修复领域取得了不少成绩，通过实施项目、组织培训班、召开经验交流会、筹办文物保护技术讲堂、与高校联合教学、聘请“山东省文物保护修复咨询专家”、聘任“山东省文物修复师”等举措，培养、锻炼了一大批文物保护修复工作者，为山东文物保护修复事业的发展奠定了坚实基础。

此外，按照山东省文物局“逐步建立以省文物保护修复中心为核心，地方重点博物馆为骨干，社会力量为补充的可移动文物保护网络体系”的要求，山东现已建成由一个科研基地、四个区域中心和七个工作站构成的“一体两翼、多级联动”的全省可移动文物保护网络体系，山东省文物保护修复中心从项目、人才、设备、技术等方面提供指导和支持，促进其发展。为加强全省文物修复人才队伍建设，山东省博物馆学会成立文物保护技术专业委员会，统一调配全省文物修复力量，可以在较短时间内有效组织一批理论扎实、技术过硬的保护修复专业队伍，集中软硬件优势开展工作。

上述举措有效整合了地方文物保护修复力量，为全省文博单位集中培养了文物保护修复人才，提升了所在区域的可移动文物保护修复水平，促进了区域间协同发展。

2.2.2 建立多元化的人才培养、管理、评价体系

一是通过建立健全相关制度规范、构建科学合理的职称认定体系、发展多元化人才培养模式，有效解决修复师所面临的问题，促进文物修复队伍建设与发展。例如，山东省文物保

护修复中心研究制定了《山东省文物保护修复中心修复师管理办法》，在全国率先实行文物修复师聘任制度，对文物修复师的聘用、管理、培养、考评及待遇奖励等内容一一细化，打破了体制藩篱，取得了良好的社会影响，极大地鼓舞了一线文物保护工作者。二是建立文物修复师身份认证体系，使每位“山东文物修复师”都拥有自己的“身份认证码”，实现文物修复师的信息化管理。人力资源和社会保障部、国家文物局也于2019年联合发布《关于深化文物博物专业人员职称制度改革的指导意见》，针对文博专业技术人员面临的问题，从优化职称层级、优化评审设置、完善评价标准等方面提出指导意见。

2.3 创新培养模式

2.3.1 建立阶梯式培养模式

文物修复师的培养不是一蹴而就的，一个手艺精湛的文物修复师更是需要经过十几年的培养，但就目前我国待修复文物的数量及情况来看，有些濒危文物等不及一个高精尖文物修复师的成长。因此，针对目前高端复合型修复人才稀缺、人才能力水平参差不齐、人才培养速度缓慢等问题，应建立从手艺到技艺再到专家学者的阶梯式培养模式。如中专、技校、大专层次的教学应以培养应用型修复工为主，通过不断的实践操作使其掌握文物修复的基本技能。同时，实现修复工作工业化、流程化，不仅可以满足简单修复工作的需要，还可以极大节省培养时间。因仅满足于完成常规性、流程性、通用性操作步骤，不涉及深入研究，故还可在此基础上，把修复专业按照文物种类进行细化区分，如古籍书画修复专业、青铜器修复专业、陶瓷器修复专业等，实现精细化培养，提高修复工的培养效率。本科层次的教学应以理论和实践相结合为主，将理论学习与修复技艺并举，建立完整的理论体系和知识结构，培养能够熟练从事专业修复及基础研究工作的修复人才。研究生层次的教学应使修复人才在熟练掌握修复技艺的基础上，学习深层次的理论知识，并能创造性开展研究工作。这样，针对不同需求的文博单位、不同病害的文物，可以选择合适的文物修复师，避免人才资源浪费。

2.3.2 建立“校事”合作

据中国文化遗产研究院相关资料显示，全国仅有58所高等院校设置了文物保护相关专业，且受软硬件配置不足等因素制约，部分院校开设的文物修复专业仍存在诸多不足。如因设备不足、配置不高、师资力量有限、场地有限、缺少作为实训用的文物等，学生的理论知识不实用、实践动手能力不强。院校与文物修复单位合作，既可以把文物修复单位拥有的高端设备、修复技能、修复材料、实用经验与院校共享，补充学校的师资力量，又可以为院校提供实践场地和机会，让学生有接触文物的机会，使他们通过实际操作将所学理论知识转化为专业技能，从而提高自身的应用能力、创新能力。同时，通过与院校合作，文物修复单位可以把多年积累的经验技巧、技艺方法等进行总结与研究，提升科研能力并解决人才不足问题，与院校实现互惠双赢。山东省文物保护修复中心积极与省内外高校开展合作，建立“产、学、研”协同创新机制，如与山东大学文化遗产学院合作，成立“山东省文物保护半岛科研基地”；

与山东工艺美术学院合作，成立“山东省文物保护修复教育科研基地”；与曲阜师范大学、山东艺术学院、莱芜职业技术学院、南京非物质文化遗产专业学院达成战略合作，成立“教学实习基地”，等等。此举将山东省文物保护修复中心的人力资源、科研优势转化为高校教学科研资源，为文物保护修复研究、专业人才培养奠定了坚实的基础。

2.4 拓宽培养渠道

针对培养途径有限的问题，除传统师徒教学、院校教育、在职培训外，可通过馆内教学、在线教学、开设公开课等方式丰富培养模式，拓宽培养渠道。

2.4.1 馆内教学

对于有条件的单位，可以成立兴趣班，聘请有经验的老师傅、专家学者针对本单位或本单位管辖范围内的修复师，利用午休、下班后、周末和节假日等业余时间，定期开展教学活动。例如，为履行“培养文物修复保护人才”职责、进一步强化学习型单位建设和加强全省文物保护修复网络化建设、促进山东文物保护修复人才的培养和发展，山东省文物保护修复中心推出“山东文物保护技术讲堂”系列活动，定期邀请国内知名文物保护专家来中心授课。下一步，山东省文物保护修复中心将把“山东文物保护技术讲堂”打造成山东特色业务品牌，使其成为文物修复师获得技能培训与能力提升的第二课堂。

2.4.2 在线教学

为贯彻落实中共中央关于干部教育培训工作的部署要求、响应“互联网 +”号召，国家文物局于 2019 年主办并建成全国文博网络学院，整合优质培训资源，针对文物保护、管理和利用等工作需要，以视频、三分屏、微课等形式，提供丰富多样、灵活机动的在线学习内容。2020 年，受新冠疫情影响，很多培训采取云教学方式，再次展现了线上教学的优势。以往线下培训班多多少少存在学习期限短、教学资质不等、培训人数有限、占用被培训人工作时间、学习连贯性不足、实用性不强、学习内容出现断层、经费场地等资源消耗大等问题，而线上培训有效解决了这些问题，不仅让修复师可以随时随地选择学习内容，还减少了资源消耗。

3 结语

当前，社会对文物保护修复人才的需求空前膨胀，但文物修复师培养面临的问题还有很多，培养模式也不是单一不变的。只有通过不断实践、多措并举，摸索出一套符合我国国情、符合我国文物事业发展行情、符合我国文物修复人才成长规律的培养模式，才能从根本上解决我国文物修复人才缺失的问题。

新起点，新挑战

——高等艺术院校文物修复人才培养理念初探

◎ 王少博
北京电影学院现代创意媒体学院

摘 要：随着近几年文化遗产保护与文物修复事业逐步从幕后走向台前，文物修复专业也渐渐被大众熟知。与此同时，文物修复所面临的阻碍也逐渐突显。在众多阻碍中，人才匮乏以及人才教育与社会需求之间的矛盾最为突出，所以文物修复专业的教育形势更有紧迫感。如何在当前形势下培养出社会急需的文物修复人才是高校教育系统面临的重要挑战。北京电影学院现代创意媒体学院于 2012 年开设文物修复专业，并且于 2018 年成功获得教育部批准增设新专业——文物保护与修复（专业代码 130409T）。新专业的获批是对前一阶段教学工作的认可，同样也预示着接下来要面对更多的挑战。笔者将以北京电影学院现代创意媒体学院开设文物修复专业以来所总结的经验为出发点，简要分析艺术类院校的文物修复人才培养模式。

关键词：高等艺术院校 文物修复 文物修复人才 培养模式

1 高等艺术院校文物修复专业发展动机

随着国家文化强国战略的实施，近几年文化遗产事业逐步由幕后走向台前，文物修复行业也渐渐被大众了解。我国残损文物数量巨大，但从事文物修复的人才数量与其不成正比，文物修复行业的发展遇到人才瓶颈，这已成为制约文化遗产保护可持续发展的主要问题。目前，我国文物修复人才的来源主要有三个途径：第一，各级文博单位进行系统培养；第二，开设文物修复专业的相关高等院校及大中专院校等进行培养；第三，民间匠人传承。目前，各大相关高校根据自身办学特色，已陆续开设了文物修复专业。

文物修复是一门立足于修复技艺，同时兼顾不同领域的跨学科专业。我国已开设文物修复专业教育的有关院校在教育理念、人才培养模式、学科体系建设以及专业课程设置方面各有不同，宏观上分为理工和艺术两大类，但二者在学科发展中相辅相成、相互促进。从艺术视角来看，文物修复是通过对文化遗产的历史价值和美学价值进行再次研究，运用美术知识和艺术技能恢复文物艺术形态的实践活动①，在教学过程中更强调学生对美术知识的掌握和动手能力的培养。2017年，国家教育部首次批准增设“文物保护与修复”专业，将其归于艺术学学科门类下。由此可见，高等艺术院校进行文物修复人才培养是切实可行的。本文以高等艺术院校为切入点，具体以北京电影学院现代创意媒体学院为例，对文物修复人才培养模式进行简要分析。

2 北京电影学院现代创意媒体学院文物修复人才培养的探索与实践

北京电影学院现代创意媒体学院［以下简称“北京电影学院（青岛）”］为适应我国文化遗产事业发展的需要，于2012年开设绘画（文物修复）专业，并经多年的学科建设，于2018年成功获得教育部批准增设新专业——文物保护与修复，新专业的获批不仅是对学院前一阶段专业建设及教学成果的认可和肯定，而且为下一步更好地推进学科建设打下了基础。北京电影学院（青岛）是一所艺术类本科院校，教育对象以文科艺术生为主，也有少量理科艺术生。该专业教师在教学实践活动中多次走访调研相关文博单位及兄弟院校，并根据自身办学特色，结合我国文化遗产的现状和特点，构建了相应的学科体系。下文以北京电影学院（青岛）开设文物修复专业以来的经验为出发点，结合教学实践特点，简要分析其人才培养模式。

2.1 新起点下的专业人才教育体系

传统的文物修复工艺多是依靠师傅带徒弟的模式口手相传下来的，其中更多的是经验的累积，而缺乏科学依据的支撑。随着科学修复理念的引入，部分无益的、陈旧的修复技术逐渐被淘汰，特别是单一技术性人才已无法满足当前形势下的文物修复工作的需求②。由此可见，建立科学合理的专业人才体系是文物修复人才教育的核心。

可以说，我国的文物修复专业教育与西方国家相比，尚处于起步阶段，应当充分考虑我国的现状及特性，在此基础上构建科学合理的文物修复专业人才体系。文物修复是文理结合、多学科交叉渗透的专业，对历史、美术、材料、物理、化学、生物和考古等学科知识都有相应要求。文物修复从业者面对残损的文物时，首先要完成文物价值研究、材质分析等工作，进而运用科学合理的技巧对文物进行修复，这也表明了实践性是文物修复专业最核心的属性。

相较于理工类院校学生，艺术类院校学生在动手实践方面有一定优势，但结合当下社会的发展需求，艺术类院校在文物修复专业教育中更应重点培养复合型人才，在教学体系和课

① 王斌：《欧洲与中国的文化遗产保护修复教育》，载《艺术探索》2012年第1期。

② 许婷婷：《关于文物鉴赏与修复专业教学建设的思考》，载《新视觉艺术》2012年第3期。

程设置上补齐艺术生的“短板”，由浅入深、由易至难、循序渐进地安排相关理化类课程，使学生适应科学检测与分析等工作需求，同时充分发挥自身实际动手能力等优势。

文物修复工作不是个人的实践活动，从规划方案的设计到具体实施是一项漫长复杂的集体工作，所以修复人员的协同能力同样不可忽视。理工类院校的授课模式主要是讲授复杂冗长的原理，而艺术类院校则是以讲解基础知识点为主，以案例带入相应的知识体系，让艺术类院校的学生能更直观地理解相关概念。文物保护、化学以及检测分析等课程的加入，将有助于艺术类院校完善文物修复专业的知识体系，有利于学生理解不同部门之间的工作性质，从而准确地完成修复任务。这种人才体系的建立能更好地弥补传统修复技艺无法与现代科学技术更好契合的遗憾，有利于文物修复从业者从单一的技工转变成适应当前形势需要的文物修复人才。

2.2 北京电影学院（青岛）文物修复专业的特色定位

北京电影学院（青岛）是北京电影学院唯一的独立院校，是教育部正式批准的一所本科层次全日制普通高等艺术院校。学校坚持以人为本，以社会需求为办学目标，自 2012 年开设文物修复专业以来，共招收 160 余人，部分学生毕业后进入各级文博单位从事文物保护与修复相关的工作。学校始终坚持培养国家急需的动手实践能力强、具有扎实的文物修复专业基础理论知识的高素质复合型文物修复人才。

北京电影学院（青岛）文物修复专业采用分专业方向的教学模式，文理兼顾，充分发挥本科通识教育的特点，在本科一年级和二年级主要进行学科基础课和专业基础课的教学，如中国美术史、传统书画技法、陶瓷工艺、文物保护基础等，以期为学生搭建一个相对完整的文物修复知识体系。在本科三年级时，分为纸质类文物修复和陶瓷类文物修复两大专业方向，教学以实践为主、理论为辅。由于大部分学生为艺术类文科生，在对其加强人文课程教育的同时，分层次加入理化类课程，如文物修复实用化学和文物检测分析等；同时，结合相关国家行业标准，开设病害分析及修复方案制定等课程，兼顾文物保护修复理念方面的基础课程，构建一个相对系统的文物修复知识体系结构，让传统修复工艺与现代修复理念及科学技术有效结合。其中，陶瓷修复方向会配以陶瓷工艺课程，并将部分修复内容与之相结合，以期让学生在学习传统陶瓷特征和技艺的基础上，通过对陶瓷材料的感知和驾驭，加深对陶瓷工艺以及陶瓷器修复的认知和理解。

文物修复专业的发展依托故宫博物院、首都博物馆、中国文化遗产研究院、陕西省文物保护研究院、河南博物院、南京博物院等一线文博单位的优质资源，长期聘请不同领域的专家学者来校授课，将先进的修复理念和技艺、经验传授给学生。这些专家学者的“坐镇”极大地提高了教学质量，增强了学生的自信心。与此同时，学校为每位专家配备了一名青年教师，青年教师在辅助教学的同时也提高了自身的综合能力，并且可以在课余时间对学生进行指导。

北京电影学院（青岛）在多年的学科建设中，十分注重建设“产、学、研”协同育人的教育教学机制。学校在不断摸索前进中收获了相应的教学成果，部分优秀毕业生顺利进入文博单位（如新疆维吾尔自治区博物馆、宁夏回族自治区博物馆、首都图书馆、陕西省文物保护研究院以及相关的文物保护修复企事业单位等）从事文物修复工作，且用人单位对学院培养的学生都给予了肯定。与此同时，学生在校学习期间，老师会带领学生参与许多国家级和省部级重点文物保护修复项目，如参与延安文物考古研究所修复金代砖石质文物项目，参与青岛土山屯墓群考古发掘工作，参与扬州彰墅庙壁画《十殿阎王图》抢救性修复工作，参与四川省文物考古研究院陶瓷保护修复工作，参与景德镇御窑厂国家考古遗址公园明代官窑瓷器修复工作，参与韩城市博物馆馆藏文物修复工作，参与国家文物局重点项目“南海Ⅰ号”出水瓷器保护修复工作，等等。尤其是 2018 年 11 月应“南海Ⅰ号”保护发掘项目现场保护组的邀请，学院老师带领学生，历时 20 多天，共计完成 54 件“南海Ⅰ号”出水瓷器的拼对、粘接、补配和作色上釉等工作。其间，国家文物局以及项目组的领导与专家曾莅临现场指导工作，并给予了高度赞扬。通过参与具体文物修复项目，强化了学生的理论理解，锻炼了学生的实际操作能力，使理论教学与社会实践实现了有效结合。

3 文物修复人才培养面临的挑战以及对其发展的反思

本科教育以通识教育为主，这正符合不过多强调单一技能和工艺传授的文物修复教学理念。如何将各学科进行有效结合，提高课程间的契合度，“扬长避短”地安排四年的教学计划，是文物修复专业教育所面临的一大挑战。

现如今，文物修复专业教育主要分为两部分：一部分是以理工类为主的高等院校，如西北大学、北京大学和复旦大学等；另一部分是以人文艺术类为主的高等艺术院校，如上海视觉艺术学院、南京艺术学院和北京电影学院（青岛）等。二者在文物修复专业教育上都各有所长，但也都有自身发展所不得不面对的困难和矛盾。理工类院校培养的学生多以基础科学研究为主，而人文艺术类院校培养的学生则更多强调对文物艺术价值的提取和相应的修复实践工作，虽然这两类院校分别补充设置了一部分小课时的理工类和人文艺术类课程，但由于所面对的生源不同以及不同教学理念的偏差，都导致文物修复专业教育工作存在许多困难和矛盾，使二者不能有效契合。高等院校的文物修复专业教育应跨越学科间的界限，使理工类和人文艺术类等不同学科有机结合，形成一个科学化、系统化的知识框架，实现多学科间的交叉共融。同时可根据自身特点，有所侧重地培养专业人才，满足文化遗产行业的发展需求。

笔者在教学过程中发现，学生对文物修复行业信息掌握不足也是人才流失的一个重要因素。受学历和薪酬等因素的影响，大部分学生毕业后选择进入其他行业[①]。所以，在本科教育

① 张晓彤、詹长法:《万古传物 百年树人——浅谈文物修复人才现状及教育》，载《遗产与保护研究》2016 年第 1 期。

阶段如何增强学生对文物修复的兴趣和信心也是不可忽视的内容。另外，应重视引导学生掌握正确的学习方法，多采用启发式的教学方法培养学生独立思考的能力，提升学生发现问题、解决问题的能力，这些都会对学生未来的就业产生积极影响。

以上问题在一定程度上制约着文物修复教育的发展，应及时发现并予以解决。在完善合理、科学和系统的教育教学体系的同时，也应关注外部因素对专业发展的影响。首先，应增设文物修复硕士学位，使学生毕业后不会因学历问题而难以进入文物修复行业。大多数文博单位均为国家事业单位，多招收硕士研究生，但目前相关硕士学位多为文物与博物馆学、文物保护技术方向，文物修复方向并无硕士学位，导致目前高等艺术院校文物修复专业的本科生很难继续深造。其次，应建立健全行业技能评价体系，为从业人员提供切实有效的专业认证指导依据，也为高校文物修复教育提供重要的参考。最后，应加强高等艺术院校与各级文化遗产保护修复单位的平台建设，积极与各级文博单位建立战略合作关系，搭建战略合作基地，利用各级文博单位的行业优势、项目优势、人才优势为高校提供教学场地、人员培训、研究咨询、实习实践机会等。特别是应共同开展文物保护修复领域相关科研项目，教学相长，以科研项目带动学校专业的建设与发展，也让高校深入了解文物保护修复行业的用人需求，及时调整、完善人才培养方案，从而更好地培养文物保护修复人才。

4 结语

文物修复专业人才是推进并提升我国文化遗产保护修复工作的根本和重要依靠，也是促进文物事业稳步发展和实现文化强国战略目标的战略性资源。国家文物局于2017年印发了《国家文物事业发展“十三五”规划》，着重强调要在文化遗产事业发展中加强对专业技术人才、技能型人才的培养，不断优化文博人才队伍结构，完善文博人才培养体系。高等艺术院校一方面应积极响应国家号召，另一方面应从实际出发，不断完善文物修复人才的培养模式，构建适应我国文化遗产事业发展的专业教育体系。人文学科与自然学科并重、各学科间知识兼顾是文物修复专业教育的必经之路。

文物修复专业教育的发展还有很长一段路要走，随着时代的发展，也会有一些新的问题出现。因此我们需要各领域的专家学者群策群力，积极探索研究，在实践中完善文物修复专业教育的人才培养理念。

原载于《自然与文化遗产研究》2019 年 S2 期

文物保护修复理念溯源及其对文物修复技艺的影响研究

◎ 高秀丽
济宁市博物馆

摘　要：随着文物保护修复理论水平、技术手段的不断发展，现代文物保护修复理念对传统文物保护修复理念和技艺产生了强烈冲击，传统文物保护修复理念和技艺与现代思潮和技术各有利弊。本文在对文物保护修复理念的产生与沿革进行详细阐述的基础上，以山东省为例，调研可移动文物保护修复技艺现状，并从影响文物保护修复技艺的因素、文物保护修复理念在文物修复技艺中的科学运用和文物保护性修复及技艺提升对策三个层面展开思考与研究，以期为文物保护修复工作提供参考与借鉴。

关键词：文物保护修复　理念　文物修复技艺　影响

文物作为物质文化和精神文化的沧海遗珠，具有文化价值、历史价值、艺术价值、经济价值、政治价值、科学价值等特性，作为后人的我们常以文物作为探寻历史、梦回古代的载体和凭据。时移世易，具有不可再生性的文物尤其是可移动文物不可避免地会受到自然或人为因素的影响而出现损毁与破坏，不合时宜甚至是错误的文物保护修复理念和技艺也会在很大程度上对文物造成难以估量、不可逆转的损伤和侵害。改善文物保存状态、提升文物修复技术、延长文物保存年限是文物保护者的终极目标，也是使文物所载有的可供研究的历史、文化、艺术等信息与价值能够万古长存的需要。

国家和整个社会高度重视科学的文物保护修复理念和修复技艺，而不同国家、不同地域、不同文化由于受客观因素等影响，所形成的文物保护修复理念不尽相同。现阶段，相对科学和备受推崇的文物保护修复理念主要有以下几种：①可逆转性文物保护修复材料和技法；②尽可能采用原工艺、原材料；③最小化人为和外界干预；④破损处的修复具有可识别性和严密性；⑤尊重文物本身的原真性。传统的文物保护修复理念强调一定要“补处莫分”“天衣无缝”，最新理念中的“可识别性”“原真性”却与传统理念背道而驰。如何从根源和沿革层面将现代与传统文物保护修复理念衔接统一、相互融合，并进一步指导文物修复技艺的保真化、创新化、科技化，是本文探讨的关键所在。

1 文物保护修复理念的产生与沿革

1.1 西方国家文物保护修复理念的产生与沿革

文物保护修复理念的产生与沿革，是伴随着历史洪流的推进和科技手段的优化而不断蜕变的。早在 18 世纪后叶，西方国家便对文物科学技术产生足够的兴趣和重视，不同国家的文物保护修复理念丰富多彩（表 1）。

表 1 西方国家文物保护修复理念演进表

时间	国家或组织	代表人物或法令	主要观点或内容
19 世纪	法国	凡・杜克（法国派）	全面修复理论：恢复建筑原有风格的纯一性、原初性和整一性
19 世纪末	英国	拉斯金（历史浪漫主义学派）	保持原状，尽量延长古建筑的寿命，反对现代技术修复
1931 年	意大利	《修复宪章》	提出可识别性原则，反对取消历史添加物；新修部分铭刻修复时间并简化
1931 年	国际现代建筑学会	《雅典宪章》	在修复中尊重时间烙印
1939 年	意大利	切萨雷・布兰迪	充分尊重文物的历史性、真实性和美学性；多学科共同参与
1964 年	ICOM	《威尼斯宪章》	利用一切科学技术保护与修复文物并作留痕处理
1977 年	联合国教科文组织	《实施保护世界遗产公约的操作指南》	文物保护修缮力求真实性
1981 年	ICOMOS 和 IFLA	《佛罗伦萨宪章》	强调文物修复的整体性
1994 年	ICOMOS	《关于真实性的奈良文件》	强调尊重不同文化特点，重新定义真实性

意大利派的主要观点是现代国际学术界主流修复理论的基础，切萨雷・布兰迪的修复理念的提出标志着意大利文物保护修复学派的正式形成。

1.2 我国文物保护修复理念的产生与沿革

新中国成立前，文物修复效果和水平的第一要义和主流评判标准是“天衣无缝”和“补处莫分”[①]，以使受损文物拥有更高的观赏价值和经济价值。我国文物保护修复理念随中华

① 蒋鑫：《论“修旧如旧”在书画修复中的应用》，南京艺术学院 2019 年硕士学位论文。

五千多年的沧桑变化而不断与时俱进（表 2）。对于传统文物修复经验和技术中的精华部分，我们应当留存、发扬与融合；对于其中可能对文物造成不可逆性损伤的做法和技艺，我们应当有选择地传承或放弃。

表 2　我国文物保护修复理念演进表

时间	代表人物或律例	主要观点或内容
新石器时代	—	修整使恢复原样，兼实用与装饰功能
战国时代	—	书画修复的完整性
汉代、宋代	—	“金缮”修复、“锔瓷”技艺
1955 年	梁思成	古建文物修复“修旧如旧”、完整如初，尽可能恢复其原本性能
20 世纪 60 年代	《文物保护管理暂行条例》	文物保护单位的保护修复需恢复原状或保存现状，保护范围内不得进行建设工程
1982 年 11 月	《中华人民共和国文物保护法》	文物保护单位的修缮、保养和迁移必须不改变原状
2002 年 10 月	《中华人民共和国文物保护法》	不可移动文物和馆藏文物的保护修复，不可改变文物原状
2007 年 5 月	《中国文物古迹保护准则》	在修复中充分认识遗产的特殊性，不改变历史、有形、无形等特点
2008 年	范胜利	在文物修复过程中，需求性与商业性不可忽视
2012 年	李静生	最小干预原则：在不对文物造成二次损伤的前提下，尽力完整、完美修复

2　文物保护修复及修复技艺现状分析①

2.1　文物基本状况分析

就文物总体状况而言，根据 2015 年全省文物数据库的统计数据可知，山东可移动文物总数为 941388 件。其中，占比最大（超过一半）的是保存完好的文物；其次是存在稳定病害的文物，约占总数的 30.43%；尤其需要关注的是，有 150196 件文物被划归为濒危文物（图 1）。

① 本小节内容参见山东省文物保护修复中心：《山东省可移动文物保存现状调研及保护对策研究》，山东大学出版社 2017 年版。

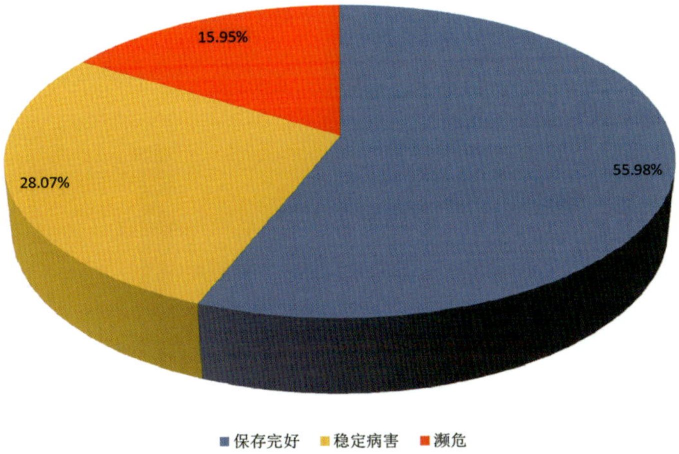

图 1　山东省可移动文物保存状况汇总

就可移动文物的材质而言，大致可分为金属类、陶瓷类、石质类、纺织品类、纸张书画类、壁画类、漆木器类等。山东可移动文物中以金属文物数量最多，其次是陶瓷文物，壁画文物鲜少（表 3）。

表 3　各类别可移动文物现状详情表

类别	数量（件）	占比（%）
金属文物	302562	32.14
陶瓷文物	197220	20.95
石质文物	52624	5.59
纺织品文物	11203	1.19
纸张书画文物	162860	17.30
壁画文物	941	0.01
漆木器文物	12556	1.44
其他文物	201269	21.38

鉴于壁画文物、漆木器文物、纺织品文物的材质和用料等原因，这三类文物中存在稳定病害的文物数量较多，均超过二分之一，尤其是壁画文物和漆木器文物受外部环境和人为损坏等因素的影响，病害比例高达 67%，成为文物保护修复的重点和关键。

2.2　文物保护修复环境

可移动文物的保护和修复对环境的要求较高，温湿度控制、污染物控制、文物囊匣、光照紫外线监测和空气质量监测是必备的外部环境要求。截至 2015 年底，山东省文物库房共有 341 个，总面积为 58807 平方米。然而，并不是所有库房都能达到上述环境要求，拥有技术监测或控制设备的库房数量不足一半（图 2）。另外值得关注的是，文物库房多存在文物囊匣不够用（满足率为 16.7%）和柜架严重不足（缺口率高达 44%）的尴尬问题。

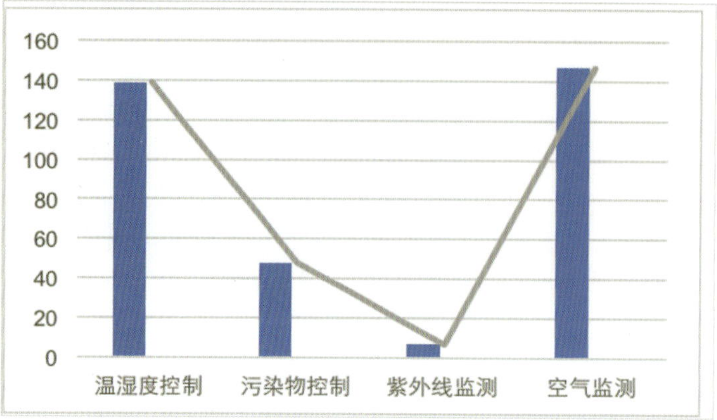

图 2　文物库房保存环境现状

山东省大大小小的文物展厅共有 484 个，总面积为 324745 平方米。相对于文物库房，展厅的环境设备和条件更优越，配比也相对均衡。拥有温湿度控制设施的展厅数量最多（101 个），具有温湿度监测设施的展厅数量居于其次（91 个），具有污染物控制、空气质量监测和光照紫外线监测设施的展厅数量较少（图 3）。

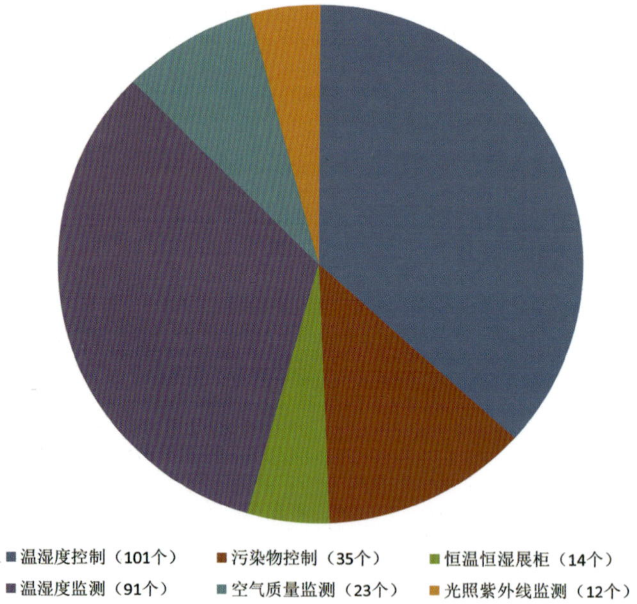

图 3　文物展厅环境现状

2.3　文物保护修复技艺及能力

八大类可移动文物各有独特、多样且有效的文物修复技艺，譬如陶瓷的“锔补”“金缮”“镶扣包边”等修复技艺，纸张书画文物的“保留原裱”“还旧装裱”“重新装裱”三种主要修复技艺，等等。随着数字化技术、大数据和物联网的飞速发展，文物保护修复技艺也与时俱进，但是在修复场地、仪器设备投资和专业修复人员层面依然存在较多问题①。

就文物保护修复场地而言，山东省共有 45 处大小不一、用途不一的场地，其中以陶瓷文物的保护修复场地最多（25 处），其次为金属文物（13 处）；纺织品文物、壁画文物和漆木器文物鉴于原本文物数量较少，其保护修复场地分别只有一处（表 4）。

表 4 文物保护修复类别场地详情表

文物修复类别	场地数量（处）	占比（%）
金属文物保护修复	13	28.89
陶瓷文物保护修复	25	55.56
纺织品文物保护修复	1	2.22
石质文物保护修复	3	6.67
纸张书画文物保护修复	9	20
壁画文物保护修复	1	2.22
漆木器文物保护修复	1	2.22

数据来源：由实践调研数据整理所得。

每种类别的文物保护修复场地的大小和投资额度也有区别。大部分场地的面积在 50—200 平方米之间，201—700 平方米的大型场地仅有 7 处（所占配比约为 15.56%）。依据不同的文物种类和设备情况，专业的文物保护修复仪器设备场地也有不同的分类（表 5）。

表 5 文物保护修复仪器设备场地详情表

仪器设备大类	类别	场地数量（处）	占比（%）
仪器设备投资额度	低于 5 万	10	22.22
	5 万至 30 万	8	17.78
	30 万至 100 万	9	20
仪器设备配备	配备基础设备	3	6.67
	配备专业设备	17	37.78
	配备分析检测设备	1	2.22

数据来源：由实践调研数据整理所得。

鉴于文物修复工作的枯燥乏味和投入产出比低等固有阻碍，长时间从事文物修复的专业

① 刘荣耀：《论文物古迹修复的法律规制》，华南理工大学 2017 年硕士学位论文。

人员少之又少，具有 10 年及以上工作经验的专业人员仅占总人数的一半左右。此外值得关注的是，该行业中的高学历和高职称尖端人才缺乏，大部分从业人员均是本科及以下学历，且以初级职称和无职称人员为主，人才培养和培训问题亟待解决。

3 文物保护修复理念对文物修复技艺的应用与思考

3.1 影响文物保护修复技艺的因素

受现代文物保护修复理念的影响，考古发掘更加关注事中和事后对遗迹和文物的保护。就文物修复技艺而言，“修旧如旧”与“修旧如新”一直是学术界争论的焦点①。笔者认为，对于不同价值、不同类型的文物，应当选择不同的保护修复方式。

3.1.1 文物价值的不同侧重

文物具有科学价值、艺术价值及商业价值等，分别对应考古修复、展览修复和商品修复等不同的文物修复技艺。文物修复既要展示其本身固有的价值、内涵与特殊意义、地域文化特色，又要适应公众需求；既要保持文物的真实性，又要将创新和复古完美结合②。

3.1.2 文物具有不同的类型

文物尤其是可移动文物有陶器、石器、玉器、漆器等纷繁复杂的类型，且鉴于文物形制大小、数量多少、价值程度的不同，修复人员选用的文物保护修复技艺和手法也不尽相同，以期明晰文物的纹饰、装饰、制作工艺、出土背景等，同时为文物保留历史的神秘感。

3.1.3 出土文物的破损程度不同

受埋藏环境、埋藏时间等因素影响，文物尤其是可移动文物难免会出现变形、破碎等破坏性损伤，应及时采取合适技艺和措施对其进行保护修复。值得注意的是，要在保护修复过程中保留文物身上的历史印记。另外，在文物保护修复过程中，文物信息在一定程度上出现损失是任何文物修复技艺都无法避免的。

3.2 文物保护修复理念在文物修复技艺中的科学运用

3.2.1 正确处理传统文物修复理念与现代文物修复理念的对立统一关系

文物保护修复工作者和相关学者应与时俱进，总结、升华传统修复理念及其支撑下的修复技艺。纵观我国文物修复技艺发展长河可知，理论知识欠缺的传统手艺人充当先行者，最先从事文物特别是可移动文物的修复工作；第二代修复者半路出家，缺乏科学的文物保护修复理论和认知，难以接受和认可现代修复理念和技艺，固执地认为最小干预原则和可识别性原则完全不可取，“天衣无缝”才是修复水平的绝佳体现。现阶段，应借由增加财政拨款、

---

① 管珮贤：《古陶瓷修复保护及其传播初探》，中国社会科学院 2018 年硕士学位论文。

② 王博：《修与饰——略述中国传统文物修复与现状》，载《西北美术》2017 年第 4 期。

引进高科技仪器、增加同行间的交流与学习等途径，推动现代修复理念的普及①。

3.2.2 在修复工作中对修复技艺进行改善研究和运用

受科研技术进步、民众意识提高等因素影响，文物修复行业逐渐形成“传统 + 现代”的修复理念，且高科技仪器的运用使得文物修复更加理想化、科学化、原真化。在推广多学科交叉作业的大背景下，化学、生物学等专业人员亦加入文物修复行业。如何让新设备、新思路在修复工作和修复技艺中得到体现，是目前的关键所在②。譬如，纸质书画文物修复中的生物酶揭裱技术，由于受诸多因素限制，无法实际践行“修旧如旧”理念。对于这类文物修复中留存的“痼疾”，应切实结合老一辈匠人的手艺和现代技术，实现新的质的突破及飞跃。

3.2.3 文物修复理念及技艺的科学发展

文物修复工作者和科研者需比较与学习中国与西方、古代与现代的修复理念，对文物修复技艺进行全新的阐释，使其既能满足民众需求，又能再现文物的历史价值、艺术价值、商业价值。譬如，将尊重文物的原真性原则充分杂糅于中国传统书画修复的洗、揭、补、全等步骤（技艺）中，并依托出土文物情况和修复效果选用适当修复技艺③。又如，全色技艺可借鉴西方后退原则（配补、全色接近原心又略有区别），使修复后的文物既可远观又可近赏。

3.3 文物保护性修复及技艺提升对策

3.3.1 整体、全面地采集文物信息

作为文物保护性修复及技艺提升的前提条件和基础模块，全面掌握和深入探析文物信息是最大程度发挥文物价值的必然要求④。以青铜器修复为例，青铜器基本都存在裂缝、纹饰受损、破碎等问题，博物馆工作人员和考古人员应当对文物的名称、材质、年代、来源、外观、工艺、编号等信息进行详细记录并留档。此外，应注意借助现代技术手段明晰文物的病害情况、产生原因、预防措施和外部信息，并拓展信息搜集渠道。

3.3.2 科学、规范地进行文物分类

首先，以材质为标准展开分类。借由材质划分法对文物进行最基础的分类，确定各类文物的保护难度、修复难度。譬如，青铜器往往有铜绿，要对其性质进行区分并区别对待。其次，以文物损害程度为标准展开分类。文物出现性状改变问题是不可避免的，但受损程度有所区别。在实际保护修复工作中，抢救性修复永远是第一要务，其次才是根据文物的受损程度进行逐

---

① 李涛：《文物保护与修复理念的沿革及对当今文物修复技艺的影响——“晚清八言联”修复实例》，载《博物院》2018 年第 2 期。

② 李玮：《文物修复理论与文化遗产价值体系思考》，载《遗产与保护研究》2018 年第 11 期。

③ 齐佳佳：《基于现代数字技术的书画文物修复与保护研究》，载《文物鉴定与鉴赏》2019 年第 1 期。

④ 沈宏敏、李玮：《嬗变与思考——兼谈中、西方文物保护修复理念、方法论》，载《博物馆研究》2016 年第 1 期。

级修复[①]。

3.3.3 制定文物修复方案

首先，制定具有针对性的修复方案。以待修复文物的现实状况为基础，进一步确认其修复目标、修复过程、修复技艺等。其次，明晰文物保护性修复的基本原则。将最小干预原则、环境统一原则、可逆性原则充分融入文物修复方案中，避免在修复时对文物造成二次损害。最后，明晰操作措施、提供可靠指导[②]。譬如济宁市博物馆展出的一件青铜盏（缺失器盖），与随州博物馆馆藏的一件文物几乎一致，遂以后者为原型，以铜铸补配器盖的方案为前者修复器盖。

3.3.4 加强现代技术的运用

现阶段，VR 技术、物联网和数字化技术的飞速发展为文物修复技艺和路径提供了多元、科学的选择[③]。譬如，以拍照为主的传统文物信息采集方式缺乏直观性与立体性，逐渐被 3D 建模打印技术和三维虚拟立体技术取代，以提高文物修复的精准性和效果。博物馆和文物保护单位应当定期进行学习交流，提升文物工作者在文物保护性修复中的思维理念、实操水平和专业能力。

4 结语

综上所述，以保护文物、延长文物寿命为出发点的古今文物保护修复理念可以指导文物修复技艺，从而达到预期的修复效果，使文物更好地呈现其历史价值、艺术价值、商业价值[④]。我们应当理性、科学地分析古今文物保护修复理念的异同，根据文物保护修复需要选择修复技艺，并依据文物现状，利用高科技对文物进行虚拟或本体修复，以供从业人员参考与借鉴。在此基础上，力求形成一套符合中国国情的修复理念和修复技术体系[⑤]。

---

① 李自典：《引入口述史：文物保护与修复技艺传承路径的新探索》，载《中国文物报》2018 年 2 月 2 日第 3 版。

② 王传昌：《山东省可移动文物保护现状调查及保护对策研究》，见《人类文化遗产保护⑨》，西安交通大学出版社 2018 年版。

③ 孙丽红：《博物馆馆藏文物的保护性修缮研究》，载《文物鉴定与鉴赏》2019 年第 4 期。

④ 萨日娜：《试论博物馆馆藏文物的保护性修缮》，载《科技风》2019 年第 27 期。

⑤ 王峰：《浅谈如何促进文物修复技术的发展》，载《文物鉴定与鉴赏》2019 年第 20 期。

文物修复理论与文化遗产价值体系思考

◎ 孙治国
菏泽市文物保护中心

摘　要：文物的精妙与残缺、文化遗产的精神与实体，都作为珍贵的人间宝藏，向世人传递着历史信息，沉默地讲述着历史的真相。它们有的在博物馆里窃窃私语，有的深埋于地下等待着被发现，也有的以非物质形式内化进民族精神中熠熠生辉。随着时代的变迁，人们主动享受公共记忆并参与公共资源保护的意识越来越强烈，于是对文物修复与文化遗产的价值思考也越来越强烈。怎样尽快建立起适合我国的文物和文化遗产保护体系，值得我们不断深入研究。

关键词：文物　文化遗产　修复理念　保护　历史

20世纪中期，一位来自意大利的文物修复家创造性地将文物与历史、哲学、艺术、人类的关系引入文物修复与保护中，他就是切萨雷·布兰迪。而21世纪的今天，掌握比过去高超许多的保护与修复技术的我们，又该以怎样的态度去维护人类共同的记忆，以怎样的方式去把握这些时代遗珠的未来呢？只有对这些问题进行不断思考，才有可能让文物与文化遗产发挥其最大价值，将“沉默的历史”娓娓道来。

1　从“辨文物”到“修文物”的迷思

什么是文物？这个问题关系到人类的历史，更聚焦于人类的未来。“文物”一词发微甚早，从春秋末年的史书中便可初见其貌。《左传》与《后汉书》中的文物观念已经显示出向现代文物概念转化的趋势，但其对文物所包括范围的界定还略显狭隘。民国时期颁布的《古物保护法》在此基础上打破了先前“文物就等于古董”的限制，将“文物”的概念扩充至“古物”，这在“文物”概念发展史上具有重要意义。各个国家和民族，甚至各个时代，都对“文物”有着独特的定义和理解。我们现在所说的“文物”，主要指那些在艺术上有造诣、科学上有价值、历史上有意义的时代遗珠。

正因为文物是一个兼容并包、不断交叉的概念，其意义也有着广阔的涵盖范围。首先，它承载着社会的嬗变，是我们与过去进行交流的桥梁。对文物的发掘是触发人类社会历史的开关，触发越及时，能交流的范围便越广泛。其次，它代表着一个时代或一个民族的经济发展水平与造物观念，我们可以透过文物去梳理科技与经济发展的脉络。再者，文物的意义不仅在于它本身蕴含着重要历史价值，更在于它为其他学科提供了研究的基础和前提。古典文献学、史料学、古文字学、碑刻学、历史学、考古学等学科的研究很多都有赖于出土文物的佐证。

现在，当我们徜徉于"文物"的定义和文物的价值中的时候，往往会忽略另一个过程的多变性和复杂性——文物修复。在对文物进行价值挖掘时，我们不应只着眼于宏大叙事下的国别、民族或历史进程，因为常作为"历史书写边角料"的文化、宗教或个人意志也可反映、记录人类走过的漫长岁月、见证过的万里星河。而这些也是文物修复时不容忽视的重要内容。正因如此，在修复过程中，更应该既兼顾社会和国家等宏大叙事，又不忘其也是文化史的重要组成部分。以中庸的研究态度不偏颇地挖掘文物背后的历史真相，是文物修复人员应具有的基本素养。

2　中外修复理念中的徊惶

当我们提到文物修复，就不能忽视来自意大利的天才文物修复专家——切萨雷·布兰迪。他的修复理念既专业又包容，在很长的时间内都指导着欧洲文物修复之路。

布兰迪首先提出了"最小干预"原则，即最低程度地干预文物，保留时光在其身上留下的缺陷和烙印，让缺憾也变成一种历史叙述手段。其次是"可逆性"原则。文物修复作为一项风险极大的工作，在选择修复材料和方法时，要尽可能做到让文物回到修复前的样子，以此来提高修复过程中的容错率。此外还有"可辨识性"原则，这不仅是对修复人员的要求，也是对研究人员的要求。具有足够理论知识和经验的人才能够辨识出哪里有修复痕迹，哪里又是其原貌存留。由于欧洲科技与人文的快速发展，这些理论从20世纪肇始，到现在已经基本形成了详细、成熟且完整的研究体系。

但在受传统修复观念影响的中国，还依然秉持着"修旧如旧"观点的修复人员确实在一定程度上受到了固有观点的桎梏。对文物原本样貌过分重视，很容易使文物在文献和历史进程中的角色被误解或被直接忽略。在修复过程中，这种对具体文物的切割和撕裂不仅表明我们对文物和文化遗产还未能做到合理解构，也提醒着我们修复实践中"一刀切"行为的错误。但随着文物修复技术的精进和文物修复理念的更新，这些缺憾将被逐渐弥补。

3 在解构中重塑文物与文化遗产的意义

时代的进步不仅为人类争取了生存的权利，也为“死去”的文物赋予了一种别样的存在环境。为了把“死去”的文物唤醒，让其在新时代下讲述属于自己的故事，我们需要从多方面不断对其进行保护和修复。

3.1 修复技术需紧跟时代步伐

中外持有不同的文物修复理念，也因此延伸出一系列不同的文物修复技术。面对中外文物修复理念及技术的抵牾，首先要持有求同存异的包容心理。文物修复的过程不仅是时间与技术的角逐，也是修复师个人体悟与经验的赛跑。就算是同一类型的文物，也必然存在着用途不同、出土地不同、保存现状与保存方法不同等区别，一以贯之的片面性修复思维只会加速对文物的损害。与此同时，制定不同情境、不同时间、不同范围甚至精细到不同土壤环境下出土文物的修复措施，是“知难但必上”的一项艰难任务。好在随着科技的进步，面对复杂的文物修复工作，技术人员不再捉襟见肘、束手无策——大量的仪器被引入，微观与宏观手段都铺陈于眼前，那些因为技术问题而犯常识性错误的时期已经一去不复返。虽然现阶段文物修复工作仍存在许多无法跨越的窠臼，但文物修复人员若以开放的心态不断吸收和借鉴经验、以自强的精神持续创新和改造技术，就一定能从经验中抽丝剥茧，形成具有中国特色的文物修复理论与方法。

3.2 始终尊重文物的“共性”与“个性”

跨越千年的古物几经时光的流转，饱经历史的风霜，形成了自己的“个性”。一件不腐女尸身上的素纱蝉衣、一枚君王口中的宝玉、一把破碎在宫门前的旧琴或一只倒在内殿桌上的金樽，这些文物都在修复人员的巧手下揭开了层层面纱。但这“揭面”的过程是因物而异的，如看似轻描淡写的“去锈”二字，可能就有上百种不同的具体步骤。此外还有繁杂的补缺工作、扶正工作、填补工作……为了使修复后的文物具备一定的观赏性，在还原每一件文物面貌的同时，还要因物制宜，将四散的碎片拼凑出各自不同的具有观赏性的模样。这充满人情味的修复工作，其实也体现出对历史、对文物本身的尊重。

3.3 坚持交流和学习

以意大利为主要阵地的欧洲文物修复的历史久远又可敬，无数大师开辟的这条文物审美之路是通往世界文物殿堂的路径。在这一途中，不同国家的文物修复人员更应该相互交流和学习。在不同修复理念的指导下，中外文物修复人员的文物修复过程出入甚多，如欧洲文物修复人员在对“断壁残垣”进行修复时，往往就地取材，并用试剂直接进行粘接，这样的做法使修复后的文物显得极粗糙，不具有什么美感，不如中国文物修复人员修复后的文物那般精细。但这样确实更有利于他人明察修复路径，符合布兰迪修复理念中的“可辨识性”原则[①]。事实上，我们可以将欧洲的粗犷与自然和我国的精致与细腻相结合，最终构建出属于我国、也符合我国文物特点的修复理念。

4 结语

文物和文化遗产都是历史留给人类的礼物。文物作为有形的实体，是一个民族精神文化的物质传承者和承载者；而文化遗产有时却可以不断内化，最终进入人的内心，形成一种特殊的精神，例如非物质文化遗产[②]。二者并不是纯粹的、独立存在的个体，而是在历史语境下相辅相成，并且始终在不同程度上镶嵌着彼此的优与劣、牵引着彼此共同成为历史见证者的关键因素，都是“沉默不语的真相”。把握好二者的有机结合，以一种大局观去发掘和保护它们，如此，即使前路漫漫，人类的轨迹也终会清晰。

---

① 田福来：《文化遗产保护的观念与实践的思考》，载《文物鉴定与鉴赏》2018 年第 6 期。

② 黄潇：《论文物保护与非物质文化遗产传承关系——探究宁县宇村庙个例》，载《文物鉴定与鉴赏》2019 年第 12 期。

无机质文物保护修复与研究

山东长清灵岩寺宋代罗汉像彩绘分析研究

◎ 王传昌[1] 李志敏[2] 万 鑫[3] 王雪凝[1] 马清林[4]
1. 山东省文物保护修复中心；2. 北京科技大学科技史与文化遗产研究院；
3. 国家文物局水下文化遗产保护中心；4. 山东大学文化遗产研究院

摘 要：山东省济南市长清区灵岩寺彩绘罗汉像是我国宋代泥塑罗汉的代表作，具有极高的历史、艺术和科学价值。本文选取彩绘脱落严重的两尊宋代罗汉像，利用光学显微镜、拉曼光谱仪、扫描电镜及能谱仪等分析其彩绘颜料样品。结果表明，两尊彩绘罗汉像从塑制之初至今经过数次彩绘，可确定的次数达六次。在罗汉像重绘过程中，保持了将细白土作为底层和在衣领镶边处沥粉贴金的传统。彩绘颜料所用铅铬黄、巴黎绿、舍勒绿表明，罗汉像最近一次彩绘在清末之际，与文献记载相符，且这些人工颜料应是西方舶来之物。此次分析研究结果为灵岩寺罗汉像艺术史研究提供了丰富信息，同时为开展保护修复工作提供了可靠依据。

关键词：长清灵岩寺 宋代彩绘罗汉像 颜料 分析研究

山东省济南市长清区灵岩寺是1982年国务院公布的第二批全国重点文物保护单位之一，位于泰山西北麓方山之阳的灵岩山翠谷中，是泰山世界自然和文化遗产的重要组成部分。古时许多帝王到泰山封禅之前，会先到灵岩寺拜佛①。该寺院被誉为“域内四大名刹”之首，存留历史遗物丰富，其中除众多建筑和墓塔林外，尤为珍贵的是保存在千佛殿内的四十尊宋明彩绘罗汉像，曾被梁启超先生誉为“海内第一名塑”。1981年5月，济南市文管会、济南市博物馆和长清县灵岩寺文管所共同发起了保护和修缮灵岩寺罗汉像的工作，历时两年多②。在维修过程中，工作人员从部分罗汉像的残损体腔内发现文物及题记，确定这四十尊罗汉像中的二十七尊为宋塑，十三尊为明代补塑③。

---

① 赵志霞：《山东长清地区石窟造像艺术研究》，齐鲁工业大学2013年硕士学位论文。

② 胡继高：《山东长清县灵岩寺彩塑罗汉像的修复》，载《考古》1983年第11期。

③ 杨冬梅、李晓峰：《济南长清灵岩寺四十尊罗汉维修测绘》，见《中国文物保护技术协会第四次学术年会论文集》，科学出版社2007年版；济南市文管会等：《山东长清灵岩寺罗汉像的塑制年代及有关问题》，载《文物》1984年第3期。

灵岩寺周围植被茂密，常年湿度较高，环境因素变化较大。千佛殿内的罗汉像保存现状较差，其彩绘存在颜料脱落、残损、酥碱等病害，亟待保护修复。目前，在对彩绘文物进行保护修复时，综合运用现代分析技术检测其颜料成分及结构、发掘其工艺信息、判定其年代等已成为基本工作之一[①]。因灵岩寺千佛殿彩绘罗汉像的保护修复需要，此次研究选取彩绘脱落严重的两尊宋代彩绘罗汉像，利用光学显微镜、扫描电镜及能谱仪、拉曼光谱仪，分析其彩绘颜料成分、剖面结构等，以期为灵岩寺罗汉像艺术史研究提供丰富信息，同时为开展保护修复工作提供可靠依据。

1　样品选择

所分析的两尊宋代彩绘罗汉像分别为“双桂堂神通破山和尚”和“牛呵比丘尊者”。彩绘样品为罗汉像上脱落的碎片以及起翘处的碎片。详细取样部位见图 1 和图 2。

图 1　“双桂堂神通破山和尚”取样部位

图 2　“牛呵比丘尊者”取样部位

---

① 夏寅、郭宏、王金华等：《内蒙古阿尔寨石窟壁画制作工艺和颜料的分析研究》，载《文物保护与考古科学》2007 年第 2 期；王乐乐、李志敏、张晓彤等：《西藏拉萨大昭寺转经廊壁画制作工艺研究》，载《文物保护与考古科学》2014 年第 4 期；马燕莹、张建华、胡东波：《山西太原纯阳宫所藏明代一尊星宿彩塑颜料分析》，载《文物保护与考古科学》2015 年第 4 期。

2　分析测试方法及样品制备

2.1　光学显微镜分析

采用德国 Leica DM4000M 型显微镜，将样品以剖面方式用环氧树脂（Buehler 公司 Epo Thin™ 2 树脂，型号：20-3440-128；Epo Thin™ 2 固化剂，型号：20-3442-064）包埋并打磨抛光，然后观察。

2.2　拉曼光谱分析

采用 HORIBA 型拉曼光谱仪，搭配 Olympus BX-41 型显微镜进行分析（激光波长：532nm、638nm 和 785nm；缝宽度：100μm）。

2.3　扫描电镜及能谱分析

采用 Hitachi S-3600N 型扫描电镜（电压：20kV）、美国 EDAX 公司 Genesis 2000XMS 型 X 射线能谱仪，在样品表面喷金或喷碳后进行分析。

3　分析测试结果及讨论

3.1　“双桂堂神通破山和尚”罗汉像彩绘分析结果

3.1.1　拉曼光谱分析

利用拉曼光谱仪分析“双桂堂神通破山和尚”罗汉像彩绘样品，逐层分析彩绘剖面样品 PS2 和 PS4；其余样品为粉末状，直接分析其颜料颗粒。详细分析测试结果见表 1。

表 1　“双桂堂神通破山和尚”罗汉像彩绘样品拉曼光谱分析结果

编号	颜色	颜料物相
PS1	红色	朱砂
PS2	金色	斜氯铜矿，方解石，铅白
PS3	红色	朱砂
PS4	蓝色	群青，铅丹，铁黄
PS5	绿色	巴黎绿，铅丹
PS6	红色	朱砂
PS7	绿色	巴黎绿

注：金色颜料样品（PS2）中发现有斜氯铜矿颜料颗粒存在。

部分拉曼光谱见图 3，与文献①和在线矿物谱库②中的标准谱图对比，可确定物相。

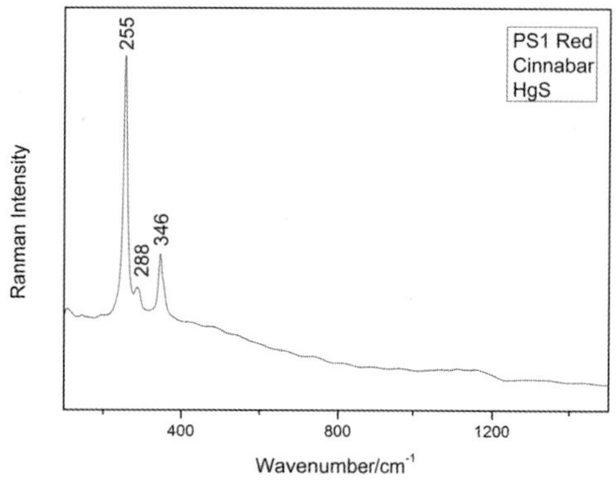

a. PS1 样品红色颗粒为朱砂

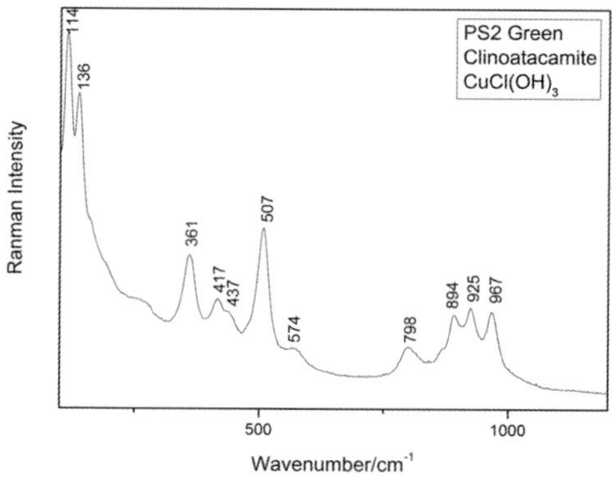

b. PS2 样品绿色颗粒为斜氯铜矿

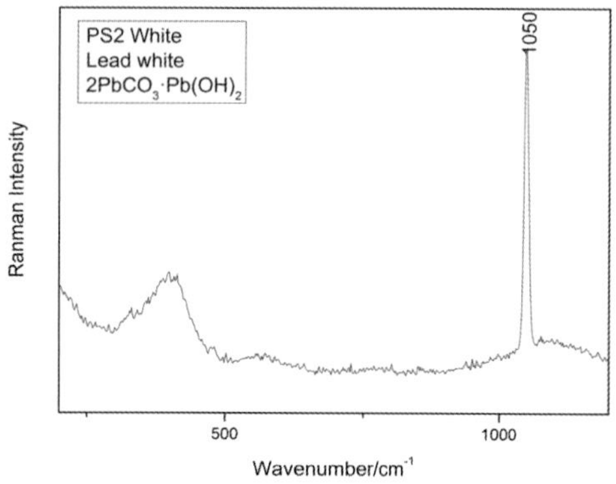

c. PS2 样品白色颗粒为铅白

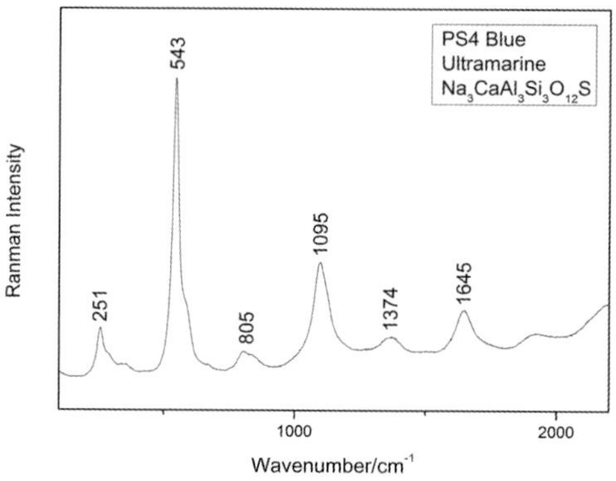

d. PS4 样品蓝色颗粒为群青

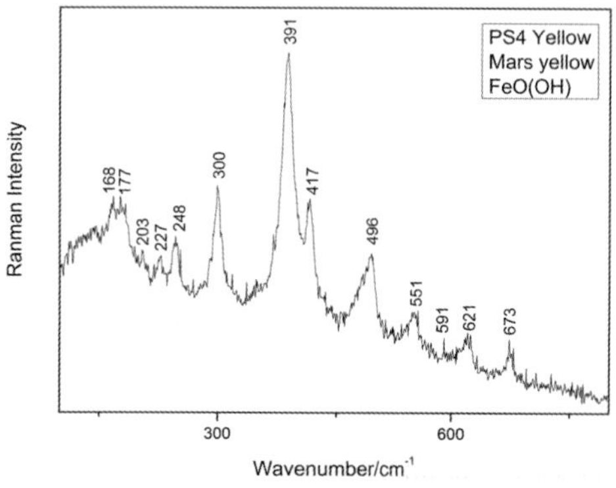

e. PS4 样品黄色颗粒为铁黄

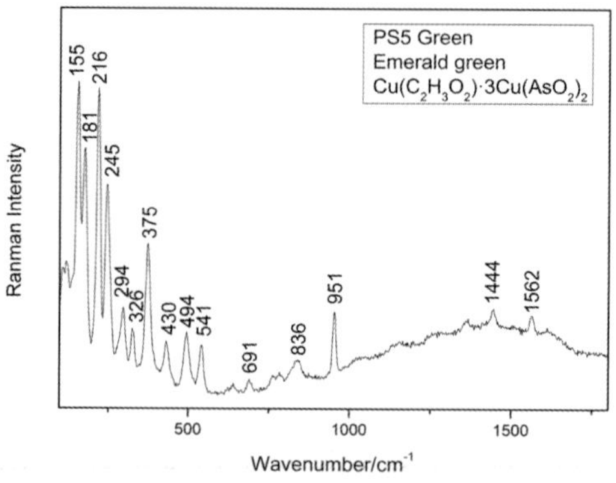

f. PS5 样品绿色颗粒为巴黎绿

图 3 “双桂堂神通破山和尚”罗汉像彩绘样品拉曼光谱图

① Ian M. Bell，Robin J.H. Clark，Peter J. Gibbs, Raman spectroscopic library of natural and synthetic pigments (pre-approximately 1850 AD), *Spectrochimica Acta. Part A, Molecular and biomolecular spectroscopy*,1997,53(2)；李蔓、王丽琴、夏寅等：《铜绿颜料的光谱分析及稳定性研究》，载《光谱学与光谱分析》2013 第 12 期。

② Caggiani M.C., Cosentino A., Mangone, Pigments Checker version 3.0, a handy set for conservation scientists: A free online Raman spectra database，*Microchemical Journal*, 2016.129.

3.1.2 样品剖面分析

选取 PS2 和 PS4 进行样品剖面分析。利用光学显微镜、扫描电镜及能谱仪分析两件样品，获得罗汉像彩绘剖面的层次、结构等信息，并确定各层使用的颜料种类。

金色颜料样品（PS2）的剖面分析结果见图 4、表 2 和图 5。

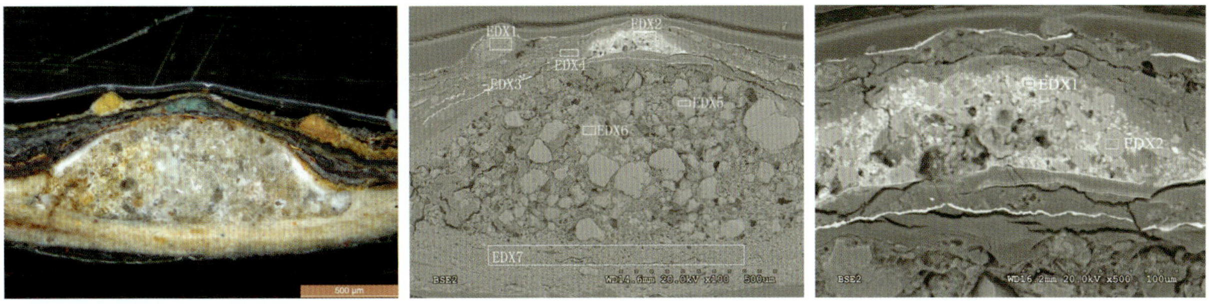

a. PS2 样品显微镜照片　　b. PS2 样品背散射照片　　c. PS2 样品背散射照片

图 4　金色颜料样品（PS2）显微镜照片与扫描电镜图像

表 2　金色颜料样品（PS2）能谱分析结果（Wt%）

图片	测试点	Al	Ca	Mg	Si	K	Au	Na	Pb	Cu	Cl	Fe
b	EDX1	23.3	3.9	1.2	65.9	5.2	—	0.5	—	—	—	—
	EDX2	7.4	1.1	—	—	—	—	0.6	39.2	37.8	13.9	—
	EDX3	0.9	—	—	—	—	99.1	—	—	—	—	—
	EDX4	34.3	2.7	—	60.3	2.8	—	—	—	—	—	—
	EDX5	—	100.0	—	—	—	—	—	—	—	—	—
	EDX6	10.0	84.9	2.8	2.3	—	—	—	—	—	—	—
	EDX7	28.0	5.6	—	56.3	5.1	—	—	—	—	—	5.0
c	EDX1	0.5	0.9	—	—	—	—	—	93.5	3.5	—	1.7
	EDX2	—	—	—	—	—	—	—	—	79.8	20.2	—

金色颜料样品（PS2）取自衣领镶边处，呈明显凸起，系沥粉而成。其剖面分析结果表明，胎体外有 3 层彩绘，即胎体—沥粉层—贴金层—绿色彩绘层—贴金层。

结合拉曼光谱分析结果可知，沥粉层的主要成分为方解石，即 $CaCO_3$。方解石应是生石灰熟化为石灰浆并沥粉后，在空气中经硬化而产生的。

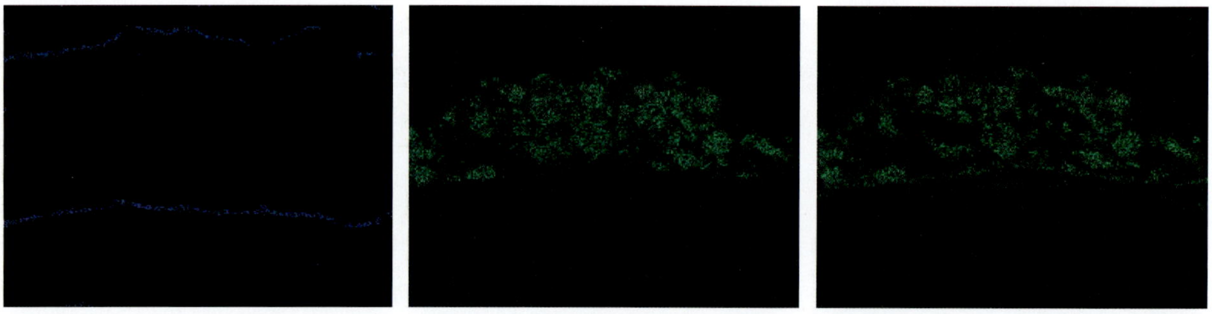

a. Au　　b. Cu　　c. Cl

d. Pb　　e. Ca　　f. Si

图 5　金色颜料样品（PS2）的元素分布图

金色颜料样品（PS2）的元素分布图（图 5）显示，整个彩绘有两层贴金。Cu、Cl 元素的分布相一致，且与 Pb 元素相混合，结合拉曼光谱分析结果，绿色颜料中发现有斜氯铜矿［$CuCl(OH)_3$］和铅白［$2PbCO3 \cdot Pb(OH)_2$］混合物。

蓝色颜料样品（PS4）的剖面分析结果见图 6 和表 3。

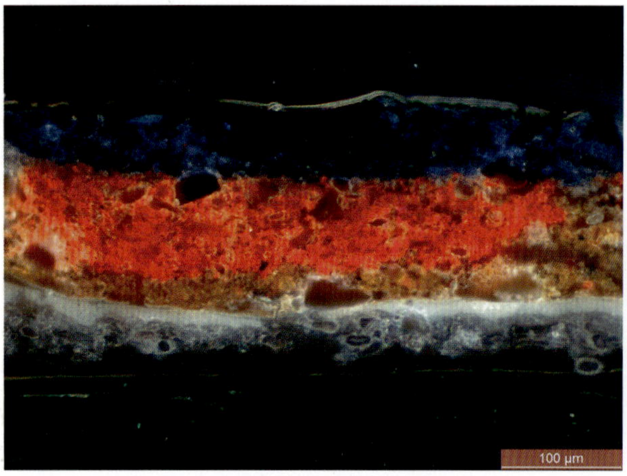

a. PS4 样品显微镜照片

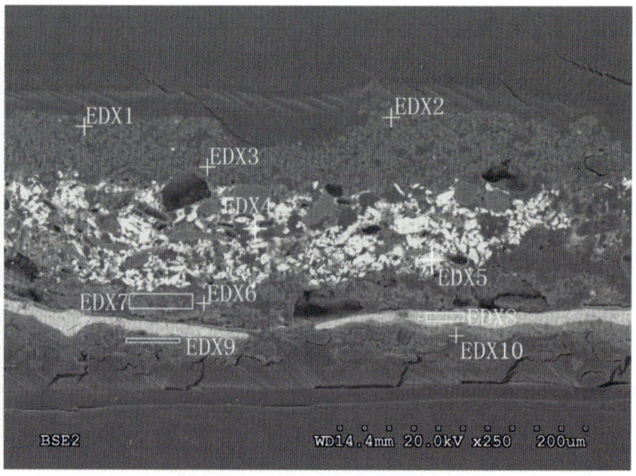

b. PS4 样品背散射照片

图 6　蓝色颜料样品（PS4）显微镜照片与扫描电镜图像

表 3　蓝色颜料样品（PS4）能谱分析结果（Wt%）

测试点	Al	Ca	Mg	Si	K	Na	Pb	Ti	S	Fe
EDX1	18.2	—	—	36.7	3.3	9.9	—	—	31.3	—
EDX2	20.4	—	—	36.0	2.7	11.6	—	—	29.4	—
EDX3	—	66.5	33.5	—	—	—	—	—	—	—
EDX4	—	—	—	—	—	—	100.0	—	—	—
EDX5	—	—	—	—	—	—	100.0	—	—	—
EDX6	13.4	—	—	61.5	6.2	—	—	9.3	—	9.6
EDX7	17.9	6.4	4.1	41.4	8.1	—	—	2.1	—	20.0
EDX8	0.6	1.8	—	—	—	—	97.6	—	—	—
EDX9	26.2	5.7	2.5	61.7	3.9	—	—	—	—	—
EDX10	14.3	2.6	3.2	27.9	1.7	—	50.3	—	—	—

蓝色颜料样品（PS4）取自左手手帕褶皱处。分析结果表明，胎体外有 3 层彩绘，即胎体—白色白粉层—黄色彩绘层—红色彩绘层—蓝色彩绘层。EDX8 主要含有 Pb 元素，应该是使用铅白彩绘或作为白粉层。EDX7 主要含有 Fe 元素，应该是使用铁黄［FeO(OH)］绘制。EDX6 主要含有 Si、Al 等元素，且颗粒较细，应为细白土层。EDX5 与 EDX4 主要含有 Pb 元素，应该是使用铅丹（Pb_3O_4）绘制。EDX1 与 EDX2 主要含有 S、Na 和 Al 元素，且用显微镜观察发现，其蓝色颜料颗粒大小均匀、边缘圆润，应是使用人工合成群青（$Na_3CaAl_3Si_3O_{12}S$）绘制。结合拉曼光谱分析结果可知，塑像使用铅白做底层，初次使用铁黄绘制，第二次使用铅丹绘制，最后一次使用群青绘制。

3.2　“牛呞比丘尊者”罗汉像彩绘分析结果

3.2.1　拉曼光谱分析

利用拉曼光谱仪分析“牛呞比丘尊者”罗汉像彩绘样品，逐层分析彩绘剖面样品 NS2、NS3 和 NS7；其余为粉末样品，直接分析颜料颗粒。详细分析测试结果见表 4 和图 7。

表 4　“牛呞比丘尊者”罗汉像彩绘样品拉曼光谱分析结果

编号	颜色	颜料物相
NS1	黑色	炭黑
NS2	红色	铅丹，铁红，蓝铜矿
NS3	橙色	铅铬黄，铅丹
NS4	红色	朱砂
NS6	绿色	巴黎绿
NS7	绿色	舍勒绿，铅丹，朱砂

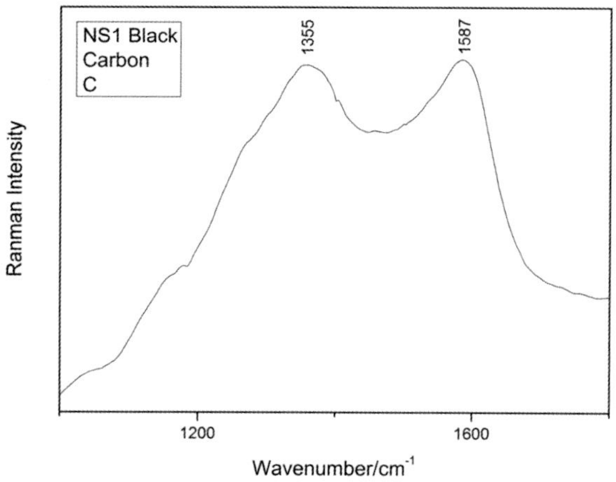

a. NS1 样品黑色颗粒为炭黑

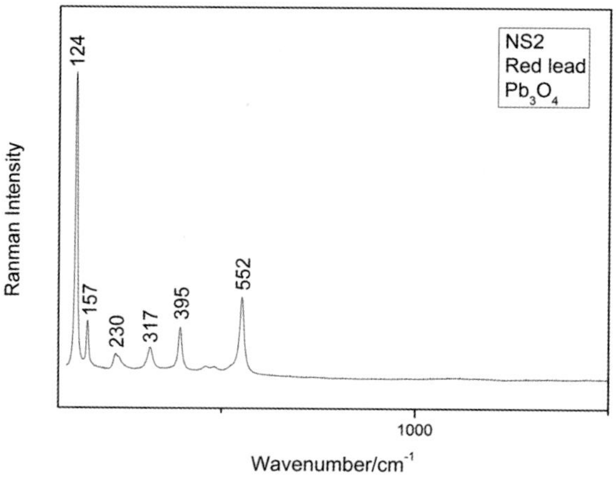

b. NS2 样品红色颗粒为铅丹

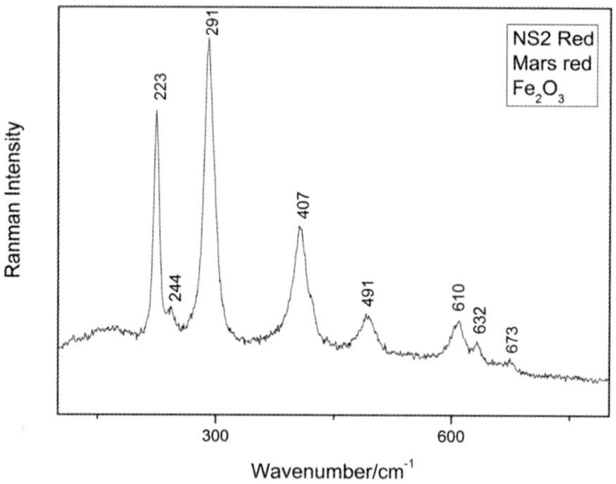

c. NS2 样品红色颗粒为铁红

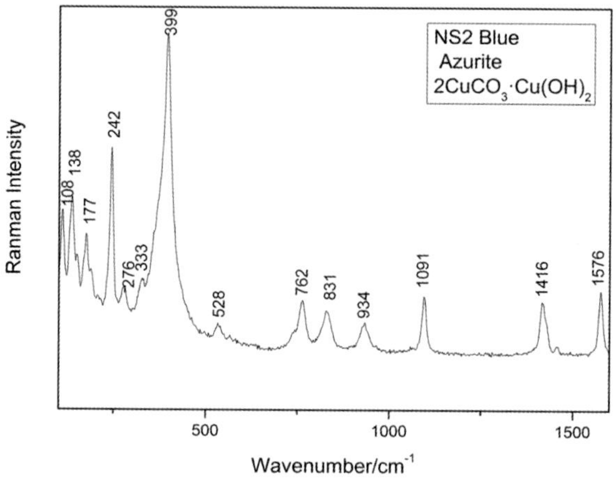

d. NS2 样品蓝色颗粒为蓝铜矿

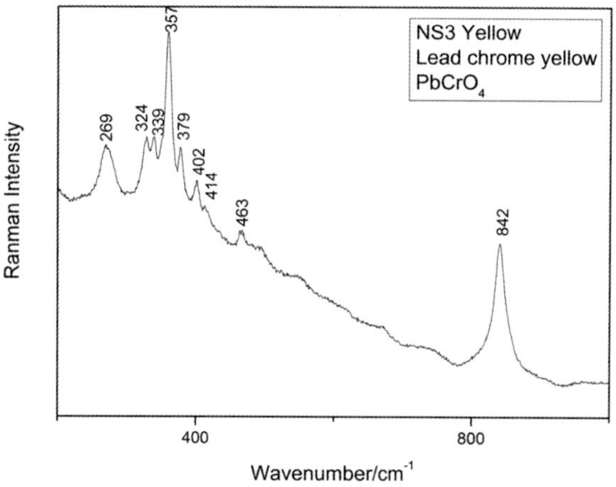

e. NS3 样品黄色颗粒为铅铬黄

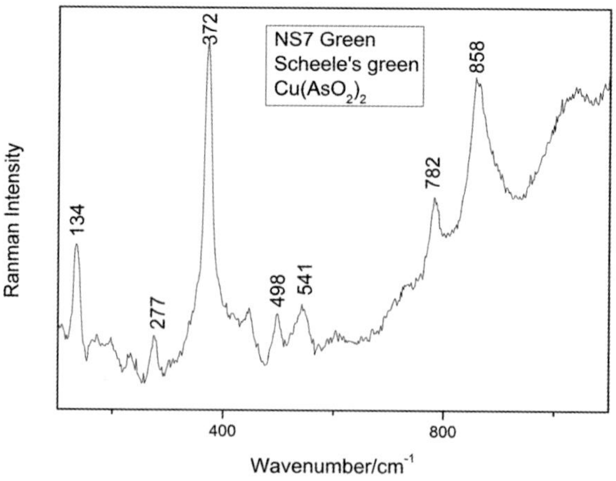

f. NS7 样品绿色颗粒为舍勒绿

图 7 "牛呵比丘尊者"罗汉像彩绘样品拉曼光谱图

3.2.2 样品剖面分析

选取样品 NS2、NS3、NS7，分析其剖面。

红色颜料样品（NS2）的剖面分析结果见图 8 和表 5。

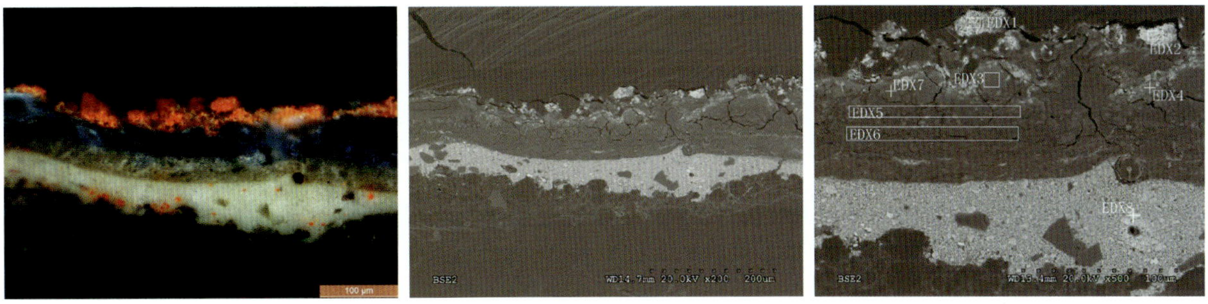

a. NS2 样品显微镜照片　　b. NS2 样品背散射照片　　c. NS2 样品背散射照片

图 8　红色颜料样品（NS2）显微镜照片与扫描电镜图像

表 5　红色颜料样品（NS2）能谱分析结果（Wt%）

测试点	Al	Ca	Mg	Si	K	Na	Pb	Cu	Fe
EDX1	2.7	—	—	—	—	—	94.8	—	2.6
EDX2	0.8	—	—	—	—	—	99.2	—	—
EDX3	24.6	—	—	3.1	0.8	—	55.7	—	15.8
EDX4	24.3	—	—	2.5	—	—	56.7	1.8	14.7
EDX5	42.5	—	—	14.4	—	—	13.4	8.3	21.4
EDX6	28.7	3.6	1.1	41.1	3.3	—	22.3	—	—
EDX7	24.15	—	0.5	2.5	—	1.1	55.9	—	15.9
EDX8	—	—	—	0.4	—	—	99.6	—	—

红色颜料样品（NS2）的剖面分析结果表明，胎体外有 3 层彩绘，即胎体—白色白粉层—白色彩绘层—蓝色彩绘层—红色彩绘层。EDX8 主要含有 Pb 元素，应该是使用铅白作为底色层。EDX6 主要含有 Si、Al 等元素，且颗粒较细，应为细白土彩绘层。EDX5 含显色 Cu 元素，应为蓝铜矿［$2CuCO_3 \cdot Cu(OH)_2$］彩绘层。EDX1 与 EDX2 主要含有 Pb 元素，应该是使用铅丹彩绘，铅丹中混有少量的铁红（Fe_2O_3）。

浅橙色颜料样品（NS3）的剖面分析结果见图 9 和表 6。

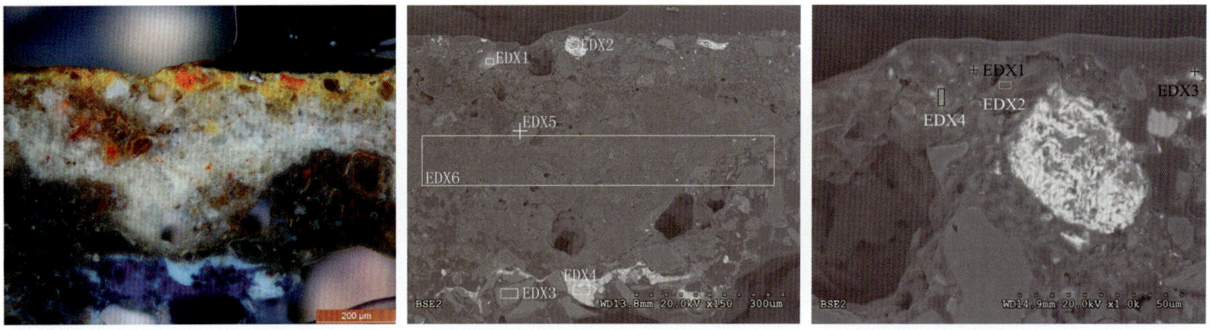

a. NS3 样品显微镜照片　　b. NS3 样品背散射照片　　c. NS3 样品背散射照片

图 9　浅橙色颜料样品（NS3）显微镜照片与扫描电镜图像

表 6　浅橙色颜料样品（NS3）能谱分析结果（Wt%）

图片	测试点	Al	Ca	Mg	Si	K	Na	Pb	Cr	Cu	Ba	Zn	S	Fe
b	EDX1	0.3	37.8	—	—	—	—	61.9	—	—	—	—	—	—
	EDX2	1.2	1.3	—	—	—	—	97.6	—	—	—	—	—	—
	EDX3	3.3	—	5.1	64.0	26.4	1.2	—	—	—	—	—	—	—
	EDX4	—	—	—	—	—	—	98.2	—	1.8	—	—	—	—
	EDX5	—	—	—	100	—	—	—	—	—	—	—	—	—
	EDX6	31.0	8.3	—	54.6	3.4	—	—	—	—	—	—	—	2.6
c	EDX1	24.5	4.3	—	10.6	—	—	52.7	7.4	—	—	—	—	0.5
	EDX2	29.5	5.7	—	14.6	—	—	47.0	—	—	—	—	—	3.2
	EDX3	22.1	—	—	9.6	—	—	60.1	8.3	—	—	—	—	—
	EDX4	—	—	0.1	—	—	—	—	—	—	78.4	1.7	19.8	—

浅橙色颜料样品（NS3）的剖面分析结果表明，胎体外有2层彩绘，即蓝色彩绘层—白色底层—橙色彩绘层。图 9a 最外层颜料显示为橙色，但样品剖面显微镜照片显示其主要为黄色颜料颗粒和少量橙色颜料颗粒。图 9b 中蓝色颜料的颗粒较大，有玻璃光泽，且无法得到拉曼光谱特征峰，EDX3 所分析部位含有较高的 Si、K 和少量 Mg、Al 元素，表明此处可能使用了一种蓝色的钾玻璃。相关人员在研究保护我国明清时期古建筑、泥塑、壁画等文物的过程中，也发现了蓝色含钴的玻璃质颜料[①]。白色底层 EDX6 区域为含有 Si、Al、Ca 等元素的细白土。图 9c 为最后一次彩绘颜料层的放大图，能谱分析结果表明，黄色颜料含有 Pb 和 Cr 元素，橙色颜料主要含有 Pb 元素，拉曼光谱鉴定黄色为铅铬黄（$PbCrO_4$），橙色为铅丹，可确定应是铅铬黄和铅丹调色成为浅橙色。且图 9c 中 EDX4 所分析部位主要含有的元素为 Ba、S 和 Zn，推测为立德粉（ZnS 和 $BaSO_4$）。立德粉和铅铬黄均为人工合成颜料，具有很好的掩盖力，通常会被同时使用在彩绘过程中。

① 惠娜：《中国明清时期蓝色钴玻璃质颜料的分析研究》，西北大学 2015 年硕士学位论文。

绿色颜料样品（NS7）的剖面分析结果见图 10、表 7 和图 11。

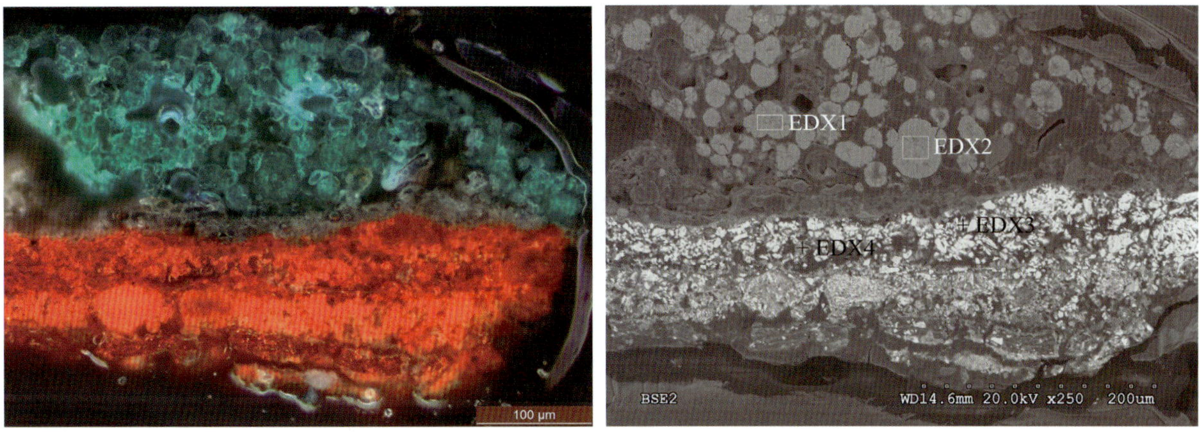

a. NS7 样品显微镜照片　　b. NS7 样品背散射照片

图 10　绿色颜料样品（NS7）显微镜照片与扫描电镜图像

表 7　绿色颜料样品（NS7）能谱分析结果（Wt%）

测试点	Ca	Pb	Cu	As	Hg	S
EDX1	—	—	17.3	82.7	—	—
EDX2	—	—	37.3	62.7	—	—
EDX3	—	—	—	—	87.3	12.8
EDX4	2.0	96.8	—	—	—	1.2

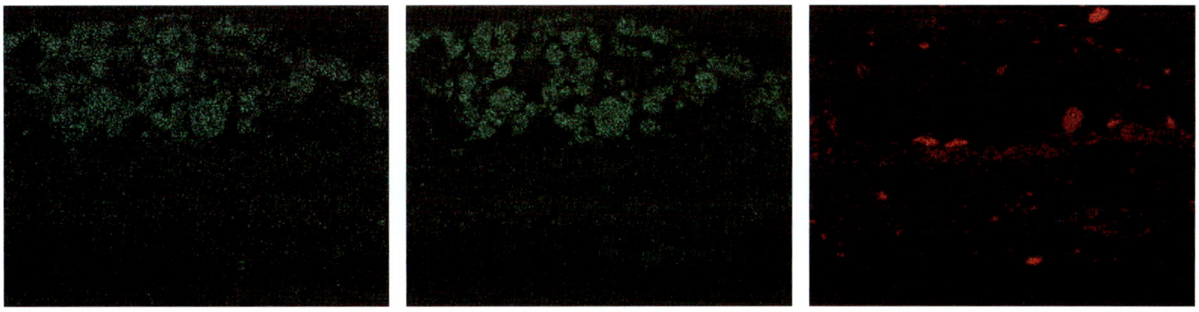

a. Cu　　b. As　　c. Si

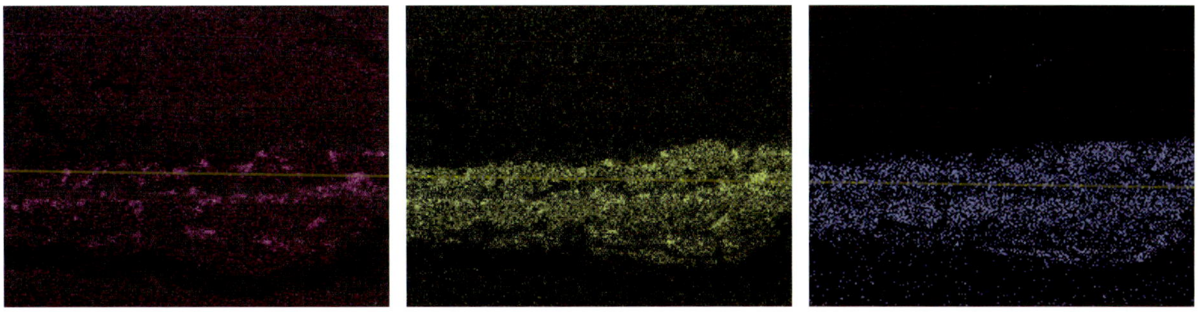

d. Hg　　e. S　　f. Pb

图 11　绿色颜料样品（NS7）的元素分布图

绿色颜料样品（NS7）的显微照片显示，从内到外，彩绘层分为2层，即红色彩绘层—绿色彩绘层，红色彩绘层中深红色和浅红色相间。能谱分析结果表明，绿色颜料含有Cu和As元素，与拉曼光谱分析结果为舍勒绿相吻合，红色颜料为朱砂（HgS）和铅丹。通过样品元素分布图（图11）可区分出同色颜料的不同层次，Hg、S元素的分布相一致，为红色朱砂，与含铅的红色铅丹逐层分布，即整个彩绘层从上至下为：舍勒绿层［$Cu(AsO_2)_2$］—朱砂层—铅丹层—朱砂层—铅丹层—朱砂层，可知其经历过六次彩绘。其中朱砂与铅丹交替彩绘层很薄，应该是由于颜色相近，薄薄一层即可遮盖并可很好显色。

3.3 合成彩绘颜料及使用年代

彩绘罗汉像的颜料检测结果表明，其所使用的绿色颜料种类最为丰富，且最显著的特点就是使用了两种含Cu、As元素的颜料，即巴黎绿［$Cu(C_2H_3O_2)\cdot 3Cu(AsO_2)_2$］和舍勒绿［$Cu(AsO_2)_2$］。

砷酸盐矿物是发育于硫化物矿床氧化带中的一类较特殊的次生矿物，种类繁多，在世界上已发现160余种，其中铜或含铜的砷酸盐矿物有29种，在自然界中的分布量极少[①]。研究发现，用于壁画、彩塑等绘画中的含Cu、As元素的颜料多为人工合成物，如检测到的巴黎绿和舍勒绿。巴黎绿又名“祖母绿”，化学名“醋酸亚砷酸铜”。1814年，德国首次合成巴黎绿，主要在19世纪30年代到20世纪初被使用[②]。舍勒绿的成分与巴黎绿接近，1775年由瑞典化学家Carl Wilhelm Scheele合成，在19世纪末被广泛使用，逐渐取代传统的碳酸铜颜料[③]。此外，在灵岩寺明代彩塑中检测出另一种含Cu、As元素的绿色颜料，即氯砷钠铜石［$NaCaCu_5(AsO_4)_4Cl\cdot H_2O$］。此种矿物被作为绿色颜料用于壁画或者其他载体的绘画中，目前只见零星报道。该矿物存在于铜砷矿床中，是一种次生矿物，属斜方晶系，条痕颜色浅蓝。成小林等在大同云冈石窟五华洞第11号窟泥塑彩绘和青海塔尔寺九间殿建筑绘画上，检测到有氯砷钠铜石存在，推测可能是由巴黎绿转化而来[④]。笔者在对山西晋祠圣母殿彩塑和重庆大足宝顶山小佛湾石造像彩绘颜料的分析中也发现此种绿色颜料。

同时，在灵岩寺明代彩塑中还检测到人工合成的铅铬黄颜料。1809年法国化学家L.N.Vauquelin首先合成铬酸铅，德国于1818年开始工业化生产铬酸铅，美国于1900年开始生产，中国于1924年开始生产[⑤]。

依据上述几种近现代人工合成颜料的始造和应用时间，可以判定罗汉像最后一次彩绘的

---

① 李艺、赖来仁：《关于砷酸盐矿物的初步研究》，载《广西地质》1992年第3期。

② （美）大卫·斯考特著，马清林、潘路等译：《艺术品中的铜和青铜：腐蚀产物，颜料，保护》，科学出版社2009年版。

③ Miller F.P., Vandome A.F., Mcbrewster J., et al., *Scheele's Green*, Saarbrucken: Alphascript Publishing, 2010.

④ 成小林、杨琴：《三种含Cu、As绿色颜料的拉曼光谱研究》，载《文物保护与考古科学》2015年第3期。

⑤ 杜昌林：《对铅铬颜料的再认识》，载《中国涂料》2012年第7期。

年代。

3.4 罗汉像重绘

灵岩寺彩绘罗汉像代表了佛教艺术，出于为宗教服务的宗旨，其彩绘需要保持艳丽的色彩，以唤起信众的崇敬之情，故彩绘破损后需及时进行重绘。后世为积累功德，也会重新妆彩塑像。经过对彩绘样品的分析，发现塑像经过数次重绘，有的多达六次。

3.4.1 “双桂堂神通破山和尚”罗汉像

罗汉像衣领镶边处样品采用沥粉贴金技法，沥粉直接做于胎体之上，并在沥粉上直接贴金，其上有一淡绿色层，而后进行第二次贴金。罗汉像衣领镶边处应是两次贴金，因样品取自镶边凸起和衣领交界处，为便于绘制，推测其先将衣领整体绘制成绿色，随后再贴金，即贴金和绿色颜料层为同次绘制。

罗汉像手帕处第一次彩绘是在铅白底色层上施黄色的铁黄，第二次施红色的铅丹，最后一次施群青，共重绘两次。

3.4.2 “牛呞比丘尊者”罗汉像

罗汉像红色衣袖处两次施彩，第一次彩绘是在铅白底层上施一层细白土，然后施一层蓝色的蓝铜矿；第二次彩绘略去使用底层，直接涂一层红色的铅丹和少量铁红的混合颜料，在偏橙红色铅丹中加入少量暗红色的铁红，调成亮红色，使色彩更加艳丽。

为体现服饰的层次感，衣袖处采用了不同的颜料来表现，如浅橙色衣袖处进行了两次彩绘，第一次直接施以蓝色颜料，第二次在细白土层上施一层铅铬黄与铅丹的浅橙色混合颜料。

膝盖处衣摆共经过六次绘制，第一次、第三次和第五次薄施一层红色朱砂，第二次和第四次薄施一层红色铅丹，最后一次彩绘使用了舍勒绿。第一次至第五次均薄施红色，应为单独彩绘所致，这是因为朱砂和铅丹均有很强的遮盖力。

据文献记载，千佛殿部分罗汉像塑于宋英宗治平三年（1066），初设置于般舟殿中，计三十二尊，元致和元年（1328）曾加妆塑。之后，千佛殿倾圮。明万历十五年（1587）重修千佛殿后，又将残存的二十七尊罗汉像移入殿内，并根据殿内的空间布局，增补至四十尊环周排列，罗汉像的最后一次妆銮是在清同治十三年（1874）[①]。此次检测到的铅铬黄、巴黎绿、舍勒绿均在彩绘的最外层，为近代工业产物。据此可以判定，彩绘罗汉像最近一次重绘的最早时间不早于这些合成颜料始造和在中国的始用年代，即在清末之际，与前述文献记载一致。

4 结论

通过分析彩绘颜料样品，发现这两尊灵岩寺千佛殿彩绘罗汉像从塑制之初至今，经历过

---

① 周福森：《山东长清灵岩寺罗汉像的塑制年代及有关问题》，载《文物》1984年第3期。

数次彩绘，可确定的最多达六次。其使用的颜料情况如下：

黑色颜料：炭黑（C）；

红色颜料：朱砂（HgS），铅丹（Pb_3O_4），朱砂、铁红（Fe_2O_3）和方解石（$CaCO_3$）混合物；

绿色颜料：巴黎绿［$Cu(C_2H_3O_2)\cdot 3Cu(AsO_2)_2$］和舍勒绿［$Cu(AsO_2)_2$］，还发现有斜氯铜矿［$CuCl(OH)_3$］以及其与铅白［$2PbCO_3\cdot Pb(OH)_2$］的混合物；

橙色颜料：铅铬黄（$PbCrO_4$）和铅丹混合物；

蓝色颜料：蓝铜矿［$2CuCO_3\cdot Cu(OH)_2$］和人工合成群青（$Na_3CaAl_3Si_3O_{12}S$）；

白色颜料：铅白和方解石；

黄色颜料：铁黄［FeO(OH)］；

金色颜料：金箔（Au）；

白色底层：铅白和含硅、铝、钙的细白土。

此外，根据在彩绘最外层检测到的铅铬黄、巴黎绿、舍勒绿可判定，罗汉像最后一次彩绘是在清末之际，与文献记载罗汉像最近一次妆銮在同治十三年（1874）相符，且这些人工颜料应是西方舶来之物。

原载于《文物保护与考古科学》2018 年第 6 期

山东青州明齐王府石狮风化机理研究

◎ 周麟麟[1] 查剑锐[2] 马清林[3]
1. 青州市博物馆；2. 北京科技大学科技史与文化遗产研究院；3. 山东大学文化遗产研究院

摘　要：青州市博物馆馆藏的一对明代圆雕石灰岩石狮，雕刻技艺精湛，具有很高的艺术价值和历史价值。石狮近年来病害情况加剧恶化，石质出现大面积表面粉化和多处通透性裂隙。为了弄清石狮风化原因，本文利用 X 射线荧光光谱仪、X 射线衍射仪、扫描电镜及能谱仪进行分析。结果表明，石狮口内黑色结壳的主要成分是石膏（$CaSO_4 \cdot 2H_2O$），石膏吸附空气中的碳颗粒并不断沉积形成黑色结壳。研究发现，引起石狮病害的原因有可溶盐的晶胀作用、水蚀作用、热膨胀应力、方解石（$CaCO_3$）的硫化反应、硅酸盐矿物的复分解反应。与公石狮相比，母子石狮中长石和白云石的含量更大，更易于腐蚀风化。本研究结果为下一步保护修复方案的制定提供了依据。

关键词：明代齐王府石狮　风化机理　研究

明代齐王府石狮，石灰石质，分雌雄两件，均为国家二级文物，是青州地区明代石刻艺术的重要代表。公狮的文物编号为 002104，通高 2.66m，宽 1.1m，厚 1.54m（图 1）。母子狮的文物编号为 0020105，通高 2.62m，宽 1.17m，厚 1.39m（图 2）。公狮略大于母子狮。两狮均蹲坐于方形基座上，鬃毛呈螺状，昂首挺胸，瞠目鼓瞳，头部转向一方，形成两狮对视状。两狮颈部佩戴项圈、銮铃等饰物，筋骨强健有力，雌雄各异。公狮左前足踩踏地，右前足踩踏石球，威武有力。母狮左前足踩踏石球，右前足轻托幼狮，母子情深；幼狮直立于母狮双腿间，憨态可掬。两件石狮在清代立于察院门前，1978 年被移入博物馆内收藏。

明代齐王府石狮自 1989 年青州市博物馆建馆后搬迁安置在博物馆大门前，一直存放在室外临近露天停车场处。近年来因空气污染加重，石狮经受风雨侵蚀，其保存状况不容乐观。据观察，石狮近年来所受病害呈现出加剧恶化态势，石质出现表面大面积粉化和多处通透性裂隙等现象。本文利用 X 射线荧光光谱分析、X 射线衍射分析、扫描电镜及能谱分析等方法，对石狮表面黑色结壳、脱落碎片和风化起翘处进行成分检测，分析石狮风化加剧的机理。

图 1　公石狮正射影像图

图 2　母子石狮正射影像图

1　实验样品选择与分析测试方法

1.1　样品选择

本文分析使用的样品取自明齐王府石狮的黑色结壳、脱落碎片和风化起翘处碎片，详细取样情况见表 1 和表 2。

表 1　明公石狮样品描述

样品编号	文物登记号及年代	形貌描述	取样位置	分析方法
gss1	002104（明）	灰色粉状颗粒	右嘴角内结壳	XRD/XRF
gss2	002104（明）	灰色粉状颗粒	脱落碎片	XRD/XRF
gss3	002104（明）	灰色粉状颗粒	脱落碎片	XRD/XRF
gss4	002104（明）	灰色粉状颗粒	脱落碎片	XRD/XRF
gss5	002104（明）	灰色粉状颗粒	脱落碎片	XRD/XRF

（续表）

样品编号	文物登记号及年代	形貌描述	取样位置	分析方法
gss6	002104（明）	黑色块状	右嘴角内结壳	SEM/EDS
gss7	002104（明）	灰色块状	脱落碎片	SEM/EDS
gss8	002104（明）	灰黄相间块状	脱落碎片	SEM/EDS
gss9	002104（明）	灰白相间块状	脱落碎片	SEM/EDS
gss10	002104（明）	灰色块状	脱落碎片	SEM/EDS

表 2　明母子石狮样品描述

样品编号	文物登记号及年代	形貌描述	取样位置	分析方法
mzss1	002105（明）	灰色粉状颗粒	右嘴角结壳	XRD/XRF
mzss2	002105（明）	黄色粉状颗粒	左肩风化内层	XRD/XRF
mzss3	002105（明）	灰色粉状颗粒	左肩风化外层	XRD/XRF
mzss4	002105（明）	黑色块状	右嘴角结壳	SEM/EDS
mzss5	002105（明）	黄色块状	左肩风化内层	SEM/EDS
mzss6	002105（明）	灰白块状	左肩风化外层	SEM/EDS

1.2　测试仪器及分析测试方法

1.2.1　X 射线荧光光谱分析（XRF）

采用日本岛津公司 EDX-800HS 型 X 射线荧光光谱仪进行分析。用玛瑙研钵将样品研磨均匀，制样后放入样品仓。设定 Rh 靶，测量电压为 50kV，测量时间为 100s，测量环境为真空。

1.2.2　X 射线衍射分析（XRD）

采用日本理学公司 RINT 2000 型 X 射线衍射仪进行分析。将粉末样品放在载玻片上压制成型，放入样品架，设定 Cu 靶，工作管电压和管电流分别为 40kV 和 40mA，发散狭缝、防散射狭缝和接收狭缝分别为 1°、1° 和 0.15mm。

1.2.3　扫描电镜及能谱分析（SEM-EDS）

采用捷克 TESCAN 公司 VEGA 3 XMU 型扫描电镜，搭配德国 BRUKER 公司 Nano Gmbh 610M 型 X 射线能谱仪进行分析。选取实验样品，用环氧树脂和固化剂（5 ∶ 1.95）进行包埋，固化后打磨和抛光，喷碳后进行分析。

2 测试结果与分析

2.1 X 射线荧光光谱分析（XRF）

将样品装入样品盒内，测试面朝向 X 射线荧光光管，按照前述条件进行分析。其中，公石狮样品的 X 射线荧光光谱分析结果见表 3，母子石狮样品的 X 射线荧光光谱分析结果见表 4。

表 3 明公石狮样品的 XRF 分析结果（Wt%）

序号	编号	Mg	Ca	Al	S	Si	P	K	Fe	Mn	Zn	Cu
1	gss1	47.8	20	18	11.8	1.2	0.6	0.5	0.2	—	—	—
2	gss2	—	82.7	2.6	4.4	7.7	0.1	1.6	0.6	—	0.3	0.2
3	gss3	—	96.3	0.2	0.3	1	—	1	1	—	0.2	—
4	gss4	—	96.3	0.2	0.3	0.8	—	1.1	—	—	0.5	0.3
5	gss5	0.9	87.6	0.4	0.3	1.6	—	1.8	6	0.2	0.9	—

由表 3 可知，公石狮嘴角内黑色结壳和脱落碎片的主要元素分别是 Mg 和 Ca，二者的主要物相有差异。脱落碎片样品中共同含有的元素有 Ca、Al、S、Si、K，非共同含有的元素有 Mg、P、Fe、Mn、Zn、Cu，其中 Ca 元素含量均大于 80%，表明脱落碎片的主要物相基本相同且为钙类化合物，即碳酸钙。

表 4 明母子石狮样品的 XRF 分析结果（Wt%）

序号	编号	Mg	Ca	Al	S	Si	P	K	Fe	Mn
1	mzss1	—	47.4	0.5	38.3	7.4	1.4	1	4	—
2	mzss2	27.4	40.6	12.2	—	15.3	—	1.6	2.8	0.1
3	mzss3	1	85.4	0.4	0.7	1.5	—	2.1	8.5	0.3

由表 4 可知，母子石狮嘴角内黑色结壳和肩部起翘处的主要元素是 Ca 和 Mg，黑色结壳的主要物相与风化起翘处不同。肩部起翘处内层和外层共同含有的元素有 Mg、Ca、Al、Si、K、Fe、Mn，外层还含有 S 元素。此外，肩部起翘处内层和外层在 Ca、Mg 元素的含量上存在差异。上述分析结果表明，母子石狮右嘴角及左肩的灰色粉状颗粒及黄色粉状颗粒的主要物相基本相同且为钙类化合物，即碳酸钙。

2.2 X 射线衍射分析（XRD）

明公石狮及母子石狮样品的 X 射线衍射分析结果见表 5 和图 3。

表 5　明公石狮样品的 XRD 分析结果

序号	编号	主要物相
1	gss1	石英（SiO_2）、石膏（$CaSO_4 \cdot 2H_2O$）、方解石（$CaCO_3$）、白云石［$CaMg(CO_3)_2$］
2	gss2	石膏、方解石
3	gss3	石英、方解石
4	gss4	白云石、方解石、石英
5	gss5	白云石、方解石、石英

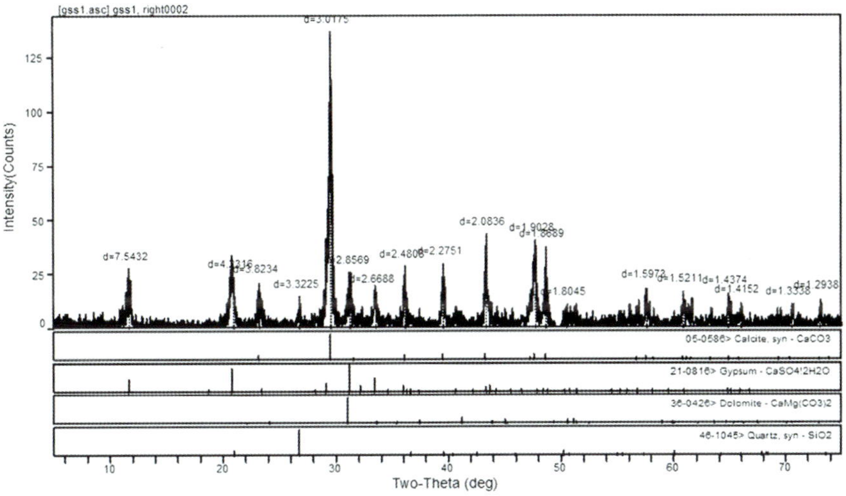

a. 明公石狮样品 gss1

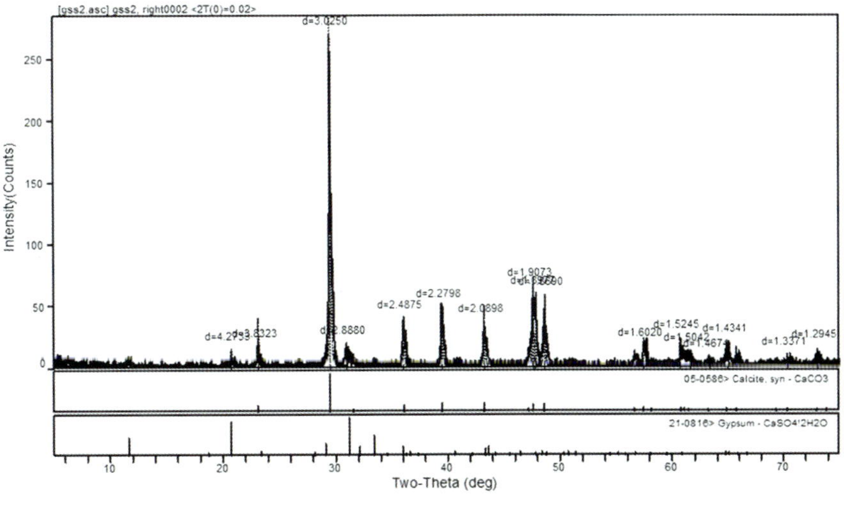

b. 明公石狮样品 gss2

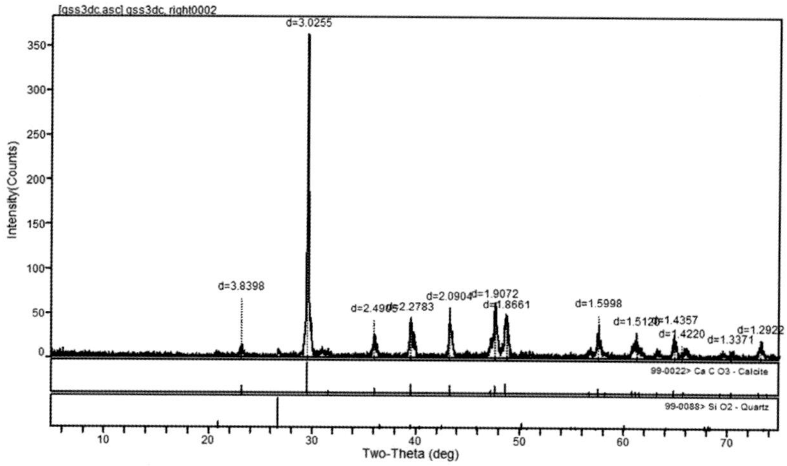

c. 明公石狮样品 gss3

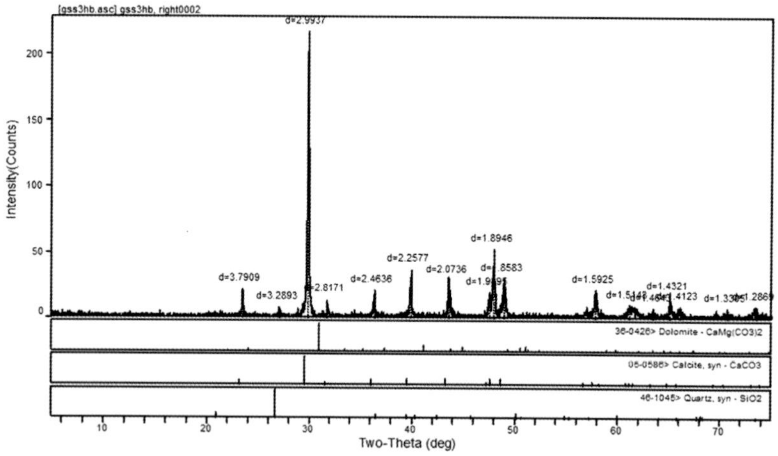

d. 明公石狮样品 gss4

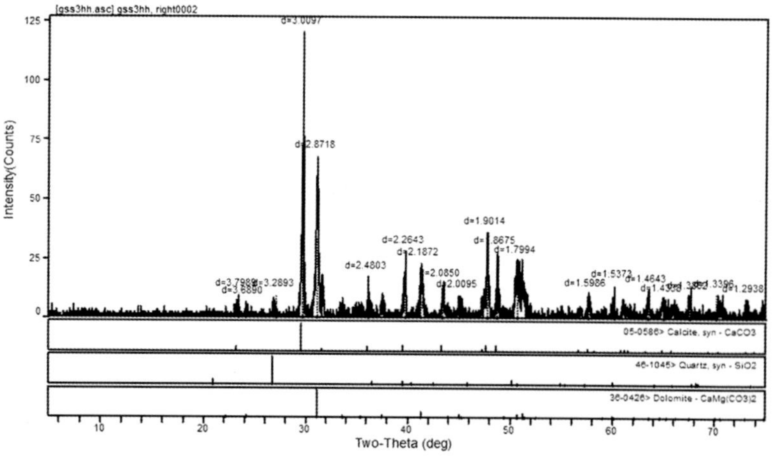

e. 明公石狮样品 gss5

图 3　明公石狮样品 X 射线衍射图

由图 3 可知，公石狮嘴部黑色结壳的主要成分是方解石和石膏，二者分别占据物质组成的 75.7% 和 15.6%，公石狮剥落碎片样品 gss2、gss3 和 gss4 的主要成分都是方解石，在样品中的含量分别为 95.1%、97.4% 和 99.1%；样品 gss5 的主要成分是方解石和白云石，二者的含量分别为 72.1% 和 27.7%。方解石是石灰石的主要组成成分，白云石是石灰石的伴生矿物，二者是公石狮的雕刻石材。石膏是明公石狮的腐蚀风化产物，据环境部门的监测报告，青州地区酸雨的出现频率为 20%，并且酸雨的酸性表现出逐年增强趋势。此外，冬季采暖会形成大量的煤烟尘[①]。石狮在这样的环境中首先会吸附大气中的 SO_2，同时烟尘中的 Fe、Mn 等会充当催化剂，使 SO_2 氧化成 SO_3，再与空气中的水蒸气结合生成硫酸，发生腐蚀风化。其具体化学反应式如下[②]：

$$SO_2+\frac{1}{2}O_2\xrightarrow{Fe、Mn}SO_3$$

$$SO_3+H_2O \rightarrow H_2SO_4$$

$$CaCO_3+H_2SO_4 \rightarrow CaSO_4+H_2O+CO_2\uparrow$$

$$CaSO_4+2H_2O \rightarrow CaSO_4\cdot 2H_2O$$

为了探究石膏在公石狮嘴角内形成黑色结壳的原因，对石膏的 XRD 测试结果进行拟合计算，结果见表 6。

表 6　明公石狮黑色结壳拟合计算分析结果

2-Theta（°）	d（标准样）	d（测量样）	hkl	晶粒尺寸（nm）
11.818	7.6100	7.4821	020	233
20.859	4.2800	4.2550	021	269
26.808	3.1700	3.3228	111	952
29.580	3.0700	3.0174	041	286
31.335	2.8710	2.8523	200	305
33.555	2.6840	2.6685	220	284
36.180	2.4750	2.4807	–132	402
39.617	2.2200	2.2730	151	341
43.396	2.0730	2.0835	–242	407
47.760	1.9000	1.9028	–260	297
48.737	1.8650	1.8669	–113	307

① 毛欣、夏传真、于光金等：《近 20 年山东省降尘时空变化趋势分析》，中国环境科学学会学术年会，2013 年；廖原：《明代露天石狮的化学保护》，载《文物世界》2002 年第 5 期。

② 张可、詹长法：《石质表面黑色结垢与大气污染的关系》，云冈国际学术研讨会，2005 年。

（续表）

2–Theta（°）	d（标准样）	d（测量样）	hkl	晶粒尺寸（nm）
57.621	1.6220	1.5984	202	437
60.883	1.5210	1.5203	0100	361
64.837	1.4340	1.4368	400	558

从表 6 中可以看出，石膏晶体的大小在 23.3—95.2nm 之间，多个方向的晶面间距发生了变化，晶体的生长发育不完整。石膏属于单斜晶系，易于沿（100）面或（101）面形成双晶，在测量样中（100）面的晶面间距增大了 0.0028，（101）面的晶面间距减少了 0.0236，根据 Gibbs–Wulff 晶体生长定律，可以推测样品沿着（100）方向发生了定向生长，形成了加里双晶结构，这种双晶结构有着大量孔隙，有利于空气中碳颗粒的沉积黏附，使得风化层在宏观上表现为黑色结壳。此外，石膏在水中的可溶解性相当强（20℃时为 2.4g/L），溶解后，易流动至雨水冲刷不到的石狮嘴角内沉积，进而与炭黑结合形成黑色结壳①。

表 7　明母子石狮样品的 XRD 分析结果

序号	编号	主要物相
1	mzss1	石英、石膏
2	mzss2	石英、白云石、方解石
3	mzss3	石英、白云石、方解石

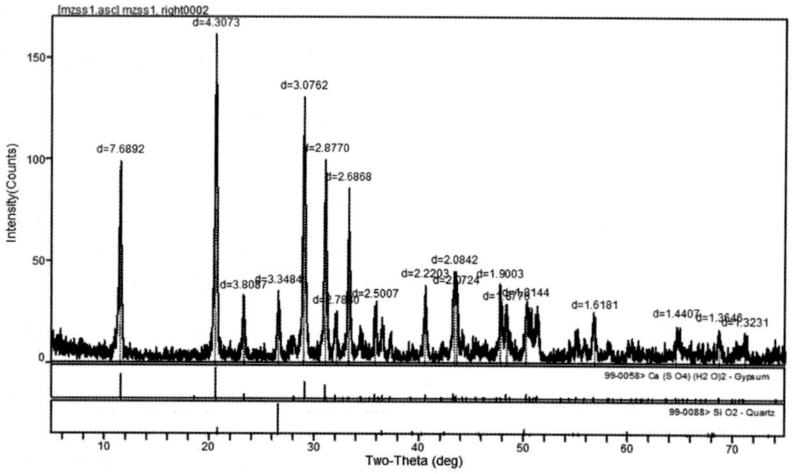

a. 明母子石狮样品 mzss1

① 程卫华：《广州石质文物的风化机理及相应保护对策》，中山大学 2006 年硕士学位论文。

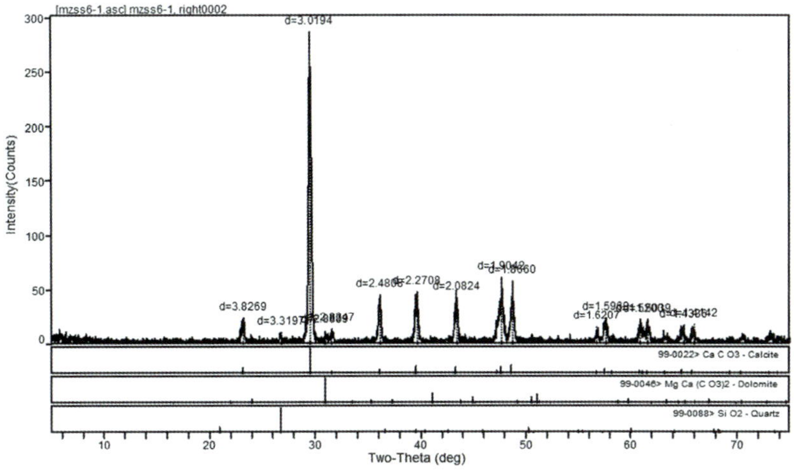

b. 明母子石狮样品 mzss2

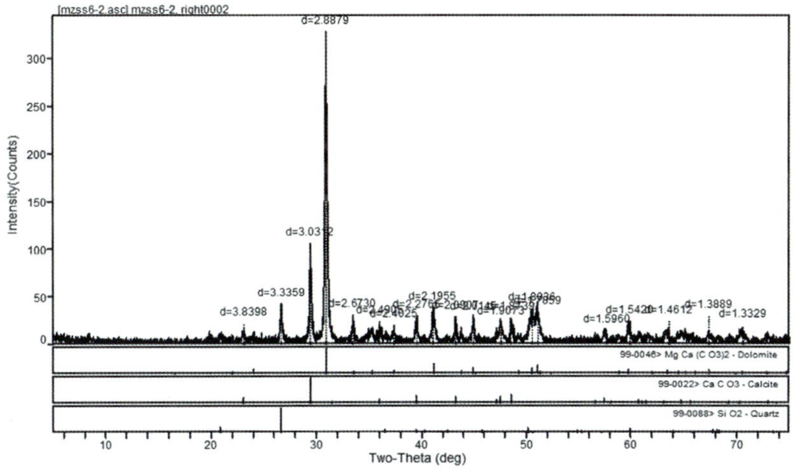

c. 明母子石狮样品 mzss3

图 4　明母子石狮样品 X 射线衍射图

由表 7 及图 4 可知，明母子石狮右嘴角内黑色结壳的主要成分是石英和石膏，二者分别占据物质组成的 11.6% 和 88.4%。肩部起翘处的主要成分是方解石、白云石和石英。肩部起翘处内层的主要成分是白云石，占整个样品组成的 65.5%；肩部起翘处外层的主要成分是方解石，占整个样品组成的 55%。方解石是石灰石的主要组成成分，白云石是石灰石的伴生矿物，二者是母子石狮的雕刻石材，而石膏是腐蚀风化产物[①]。母子石狮的材质以及所处环境与公石狮基本一致，腐蚀风化机理也应当是一致的。

对母子石狮黑色结壳的 XRD 测试结果进行拟合计算，结果如表 8 所示。从表中可以看出，石膏晶体的大小在 14.1—79nm 之间，晶面间距变化较小，晶体生长发育比较完整。石膏（100）

① 刘桂才、王善芳、张芹等：《潍坊市酸雨分析》，中国气象学会年会气候环境变化与人体健康分会场，2009 年。

面的晶面间距增大了 0.0097，（101）面的晶面间距减少了 0.0236，石膏晶体生长形成了加里双晶结构，风化机理与明公石狮一致。

表 8　明母子石狮黑色结壳拟合计算分析结果

2-Theta（°）	d（标准样）	d（测量样）	hkl	晶粒尺寸（nm）
11.818	7.6100	7.7160	020	328
20.859	4.2800	4.3156	021	375
26.808	3.1700	3.3534	111	464
29.580	3.0700	3.0804	041	359
31.335	2.8710	2.8807	200	369
33.555	2.6840	2.6899	220	424
36.180	2.4750	2.5034	-132	363
39.617	2.2200	2.2224	151	397
43.396	2.0730	2.0860	-242	202
47.760	1.9000	1.9018	-260	371
48.737	1.8650	1.8791	-113	254
57.621	1.6220	1.6191	202	420

2.3　扫描电镜及能谱分析（SEM-EDS）

在扫描电镜下观察环氧树脂包埋样品的表面形貌，可获得样品的结构信息，然后将其与扫描电镜背散射照片对比，并利用能谱仪进行分析。详细分析结果见图 5 至图 26 和表 9 至表 19。

2.3.1　明公石狮样品选区分析

（1）样品 gss6 扫描电镜分析

图 5a 是明公石狮黑色结壳的二次电子像，从图中可以看出样品由白色、浅灰色和黑色三相构成，因风化形成了大量的孔洞和龟裂。样品的能谱元素分析数据（表 9）表明，该样品表面主要含有 Si、Al、Ca、K 元素，它们都是石灰石的组成成分，白色相是石灰石中的微量矿物，浅灰色相是风化形成的产物，黑色相是石材风化形成的石膏与露天环境下炭黑的混合物。石膏在环境变化时不断发生溶解结晶并带来极大的应力变化，最终导致石材表面发生龟裂脱落。

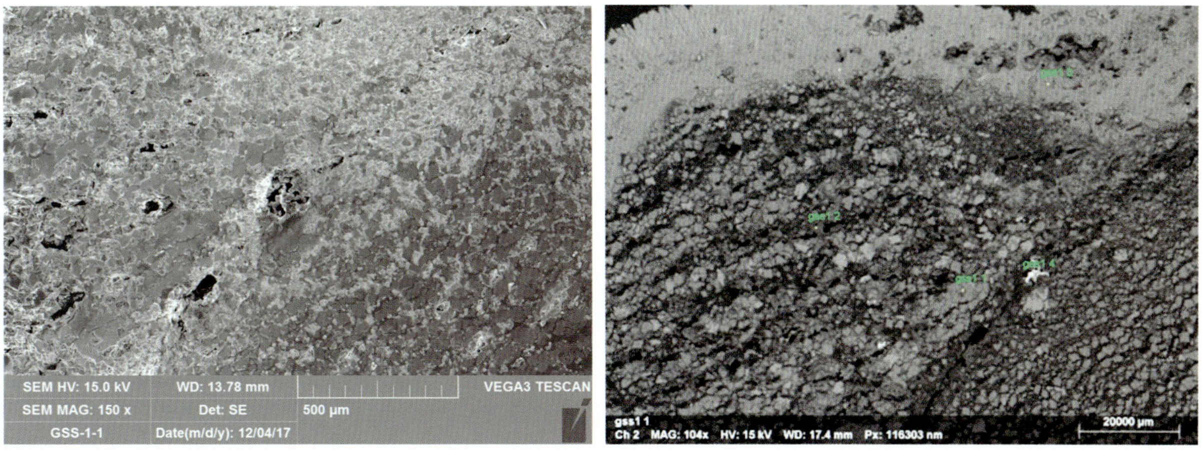

a. 样品 gss6 微观形貌　　　　b. 样品 gss6 选区位置

图 5　样品 gss6 的 SEM 图像

表 9　样品 gss6 的 SEM-EDS 分析结果

图样号	O	Mg	Al	Si	S	Cl	K	Ca	Fe
gss1-1	43.2	2.5	16	25.6	—	—	8.5	1.5	2.7
gss1-2	52.5	—	25.5	4.9	1.2	1.4	1.5	11.8	1.2
gss1-3	40.4	—	4.7	29	9.2	—	2.2	14.6	—
gss1-4	66.7	—	31.5	—	—	—	—	1.8	—

（2）样品 gss7 扫描电镜分析

图 6a 是公石狮脱落碎片的二次电子像，从图中可以看出样品由白色、浅灰色两相构成，表面有鳞片状突起和裂纹。样品的能谱元素分析数据（表 10）表明，该样品表面主要含有 O、Na、Al、Si、Ca 五种元素，其中 Si、Al、Ca 元素是石灰石的组成成分，Na 元素可能

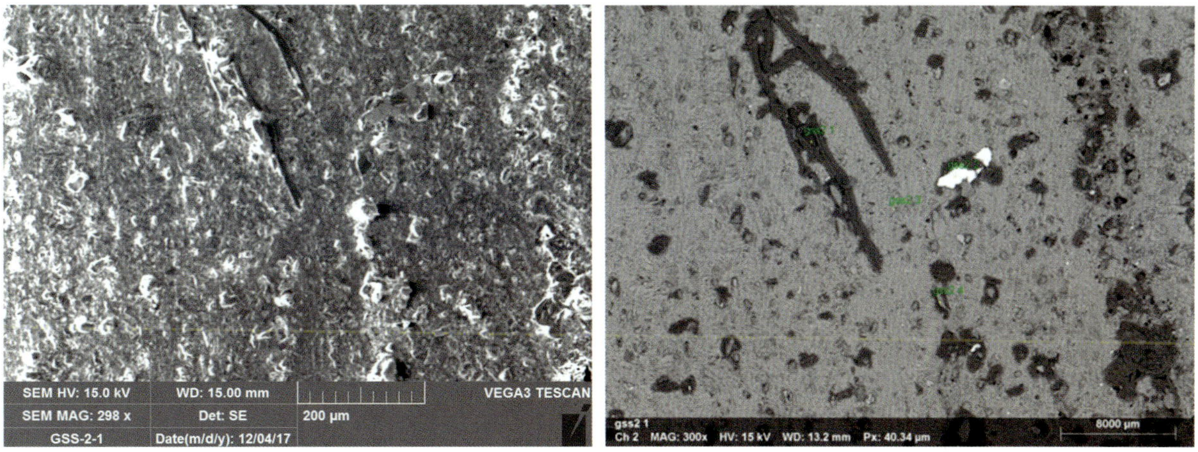

a. 样品 gss7 微观形貌　　　　b. 样品 gss7 选区位置

图 6　样品 gss7 的 SEM 图像

来自石灰岩的伴生矿物钠长石。白色相是风化产物，浅灰色相是风化形成的石膏，裂纹处富集了大量的 NaCl，钠盐可通过晶胀作用引起巨大的应力变化，从而使石狮形成片状脱落病害①。

表 10　样品 gss7 的 SEM-EDS 分析结果

图样号	O	Na	Al	Si	S	Cl	K	Ca
gss2-1	47.5	8.3	2.9	0.5	3.2	29.3	3.4	4.9
gss2-2	56	0.8	0.6	0.5	16.3	—	—	25.8
gss2-3	44.6	0.6	8.6	29.1	—	—	16	1.1

（3）样品 gss8 扫描电镜分析

图 7a 是公石狮脱落碎片的二次电子像，从图中可以看出样品由灰色相构成，表面平整且裂纹较少。样品的能谱元素分析数据（表 11）表明，该样品表面主要含有 O、Ca 两种元素，O、Ca 元素是石灰石的组成成分，石灰石表面零星分布着 Fe、Na、Cl、K 元素，这些元素应主要来自空气中的尘土，当尘土与水作用时会发生腐蚀风化并形成酥粉剥落。此外，温度、水等物理因素也会引发公石狮表面的剥落病害②。

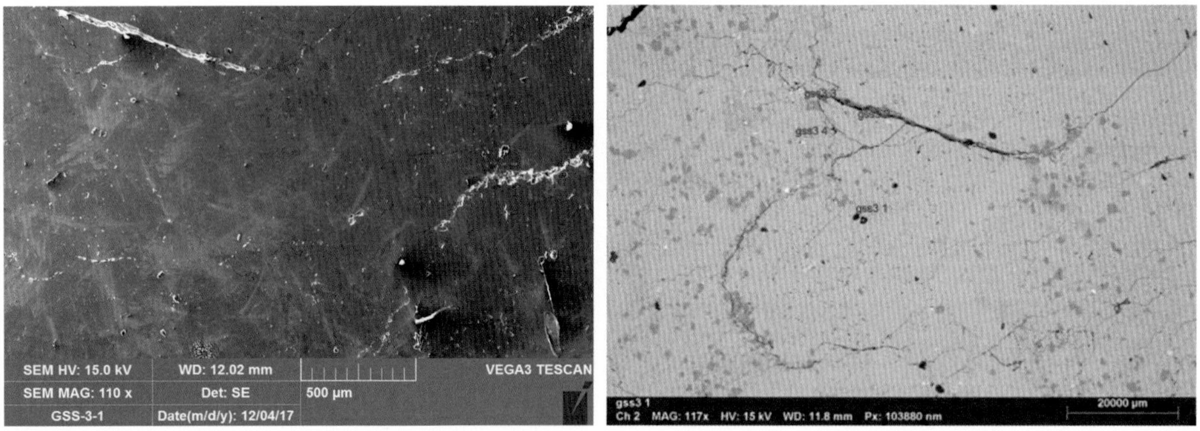

a. 样品 gss8 微观形貌　　b. 样品 gss8 选区位置

图 7　样品 gss8 的 SEM 图像

① 王蕙贞、宋迪生、朱虹等：《石质文物风化机理研究》，中国化学会第八届全国应用化学年会，2003 年。

② 杨曦光：《北京大理岩石质文物风化机理研究》，中国地质大学（北京）2016 年硕士学位论文。

表 11　样品 gss8 的 SEM-EDS 分析结果

图样号	O	Na	Mg	Si	S	Cl	K	Ca	Fe
gss3-1	34.2	5.6	0.9	—	1.6	9.5	1.7	46.5	—
gss3-2	49	—	—	—	—	—	—	51	—
gss3-3	52.5	—	12.7	—	—	—	—	33.4	1.4
gss3-4	33.5	—	0.7	2.1	—	—	—	1.6	62

（4）样品 gss9 扫描电镜分析

图 8a 是公石狮脱落碎片的二次电子像，从图中可以看出样品由灰色、白色两相构成，表面平整且裂纹较少。样品的能谱元素分析数据（表 12）表明，该样品表面主要含有 O、Ca、Mg 三种元素，O、Ca 元素是石灰石的组成成分，Mg 元素是白云石的组成成分。温度应力会导致公石狮发生剥落病害，当温度发生变化时，方解石在 c 轴方向和 a 轴方向的线膨胀系数分别为 $25.1 \times 10^{-6}K^{-1}$ 和 $-5.6 \times 10^{-6}K^{-1}$，c 轴将会膨胀，a 轴将会收缩；而白云石在 c 轴方向和 a 轴方向的线膨胀系数分别为 $25.8 \times 10^{-6}K^{-1}$ 和 $-6.2 \times 10^{-6}K^{-1}$，c 轴和 a 轴同时收缩或膨胀，这一过程将会带来应力的积累，使石狮形成微小裂纹，最终导致薄层剥落。

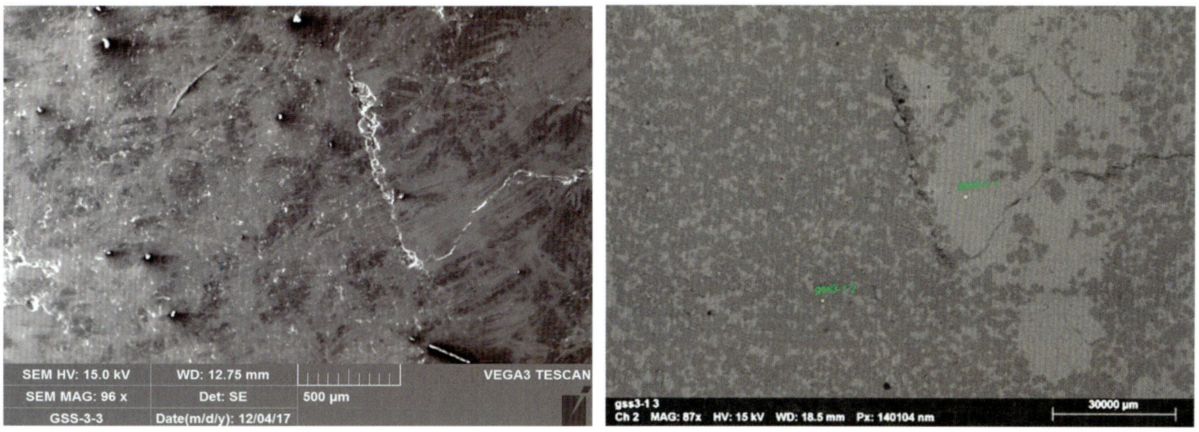

a. 样品 gss9 微观形貌　　b. 样品 gss9 选区位置

图 8　样品 gss9 的 SEM 图像

表 12　样品 gss9 的 SEM-EDS 分析结果

图样号	O	Mg	Si	Ca	Fe
gss4-1	52.8	—	—	47.2	—
gss4-2	53.5	13.8	1	30.2	1.4

（5）样品 gss10 扫描电镜分析

图 9a 是公石狮脱落碎片的二次电子像，从图中可以看出样品由灰色、白色两相构成，表面平整且存在巨大裂缝。样品的能谱元素分析数据（表 13）表明，该样品表面主要含有 O、Ca、Mg、Na、Cl 五种元素，散落着少量 Al、S、K、Ti、Fe 元素，石狮雕刻石材中含有 O、Ca、Mg 三种元素。公石狮表面的化学风化主要是由 K、Na、Cl、S、N 等元素造成的，最终会引发薄层剥落①。

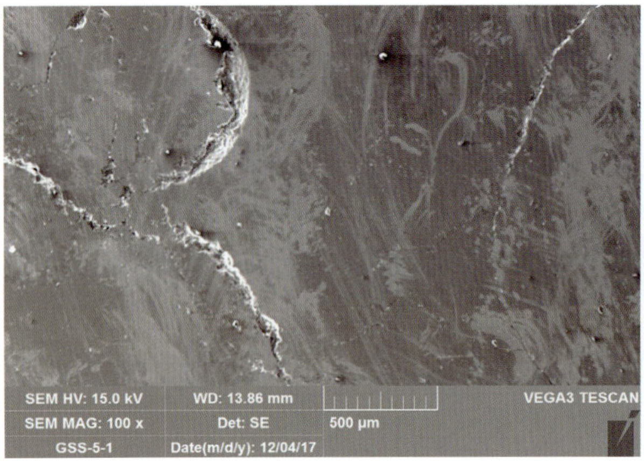

a. 样品 gss10 微观形貌

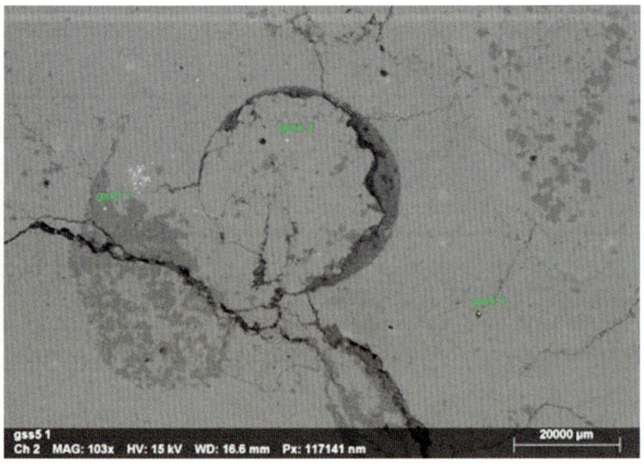

b. 样品 gss10 选区位置

图 9 样品 gss10 的 SEM 图像

表 13 样品 gss10 的 SEM-EDS 分析结果

图样号	O	Na	Mg	Al	Si	S	Cl	K	Ca	Ti	Fe
gss5-1	52.1	0.8	15.6	—	1.1	—	—	—	28.1	0.6	1.7
gss5-2	49.9	—	—	—	—	—	—	—	50.1	—	—
gss5-3	49.1	12.9	—	4.6	—	1.6	20.9	5.1	3.9	—	—

2.3.2 明公石狮样品表面元素面扫分析

使用扫描电镜及能谱仪进行元素面扫分析，可明显区分各元素在样品中的含量，分析结果如图 10 至图 14 所示。

由图 10 可知，石灰石在空气中的 H_2O 和 CO_2 的作用下，会转化为易溶的 $Ca(HCO_3)_2$，在干燥时结晶并产生压力，使石质文物开裂或产生裂隙，遇潮时结晶重新溶解，如此长期反复变化，使石质文物不断风化。空气中的 SO_2 也会参与到以上反应过程中，在石狮表面形成石膏结壳并沉积大量的 C 元素，其反应过程如下所示②：

① 杨曦光：《北京大理岩石质文物风化机理研究》，中国地质大学（北京）2016 年硕士学位论文。

② 程卫华：《广州石质文物的风化机理及相应保护对策》，中山大学 2006 年硕士学位论文。

$$CaCO_3+CO_2+H_2O \rightarrow Ca(HCO_3)_2$$

$$SO_2+H_2O \rightarrow H_2SO_3$$

$$H_2SO_3+O_2 \rightarrow H_2SO_4$$

$$Ca(HCO_3)_2+H_2SO_4 \rightarrow CaSO_4 2H_2O+2CO_2 \uparrow$$

图 10 样品 gss6 面扫图像

由图 11 可知，裂纹处同时存在 Na 元素和 Cl 元素，NaCl 的溶解结晶能够引起开裂，盐碱结晶是样品发生剥落病害的主要原因。

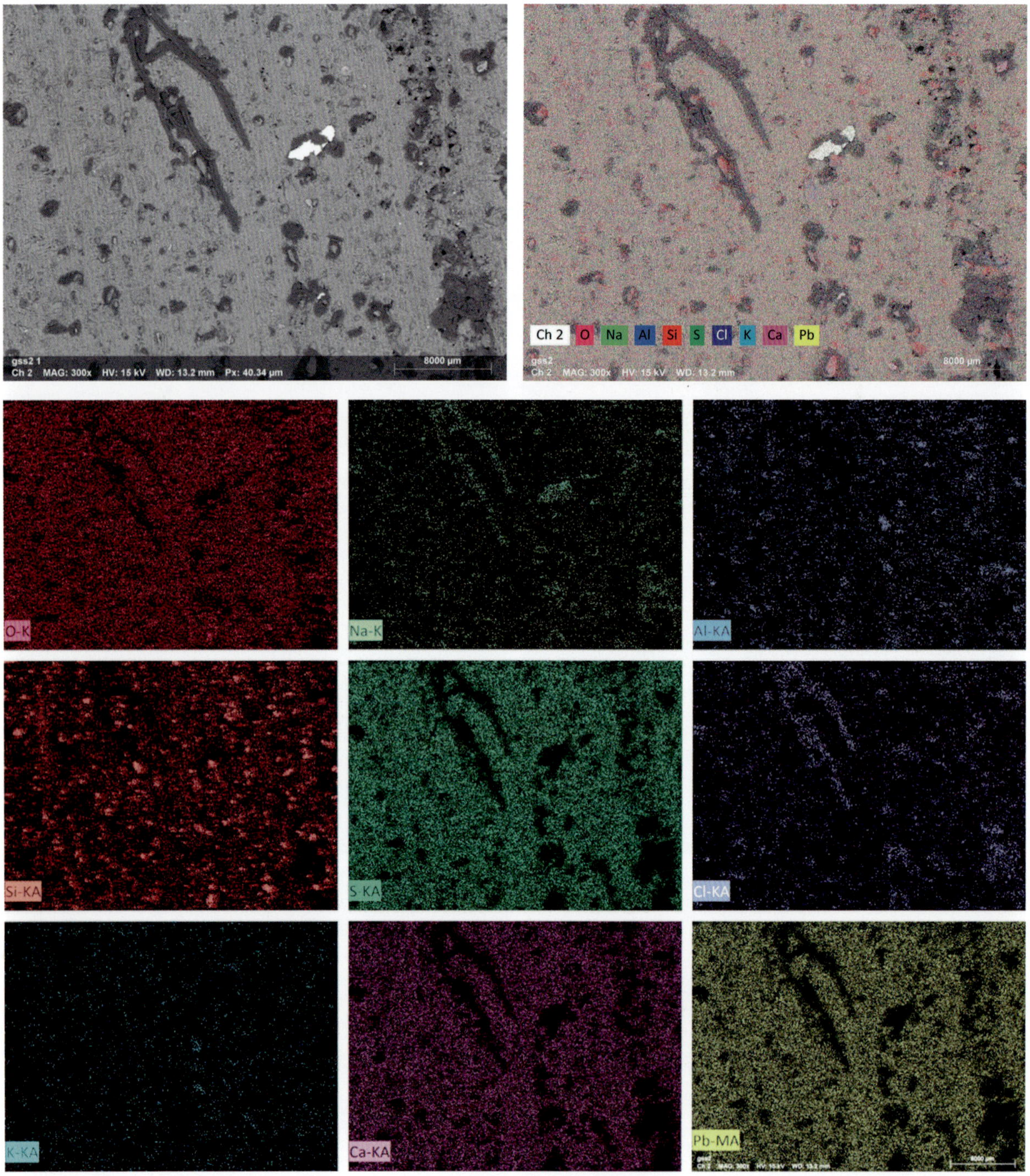

图 11 样品 gss7 面扫图像

由图 12 可知，脱落样品为石灰石。

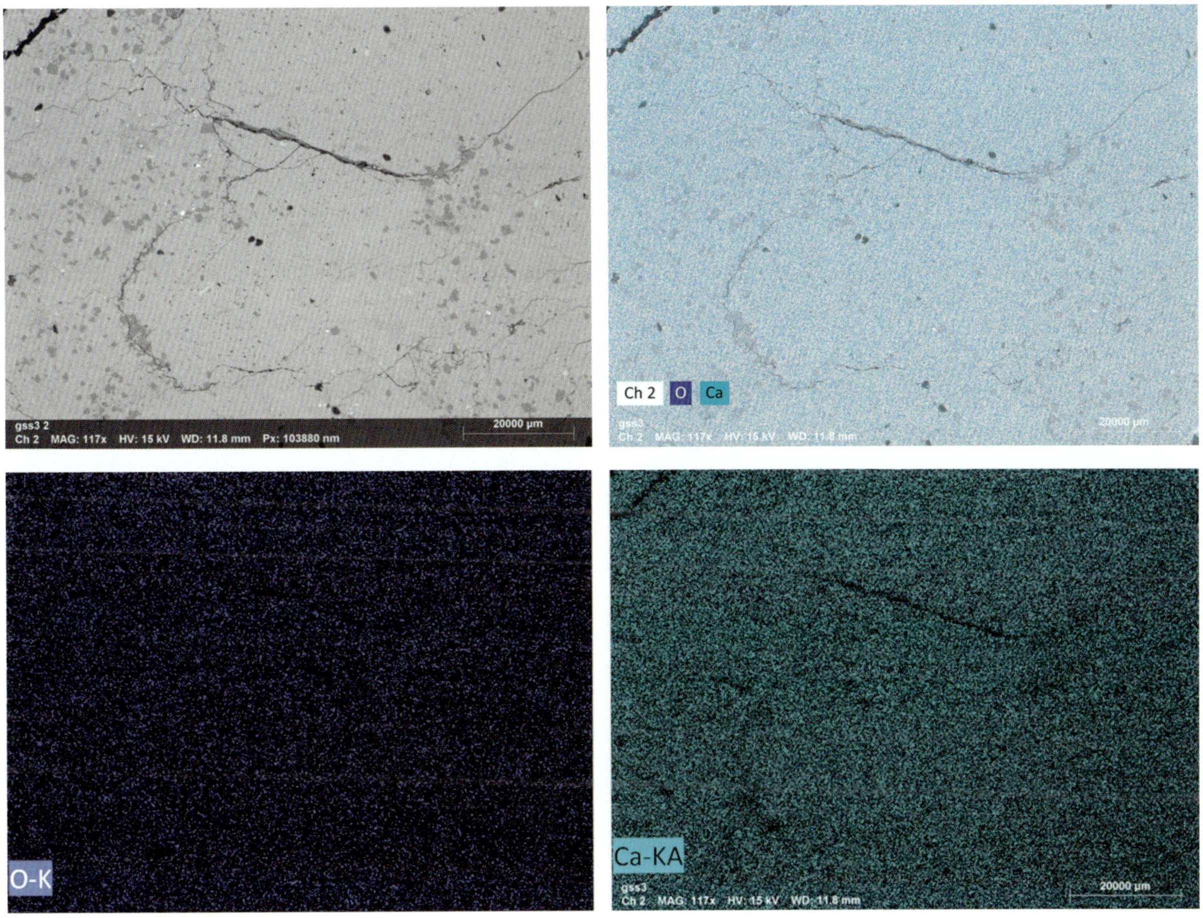

图 12 样品 gss8 面扫图像

由图 13 可知，脱落样品表面白云石与石灰石混杂共存，裂纹在石灰石与白云石的交界处形成，公石狮发生片状剥落与两种石材在 a 轴方向上的热膨胀系数相反有关。

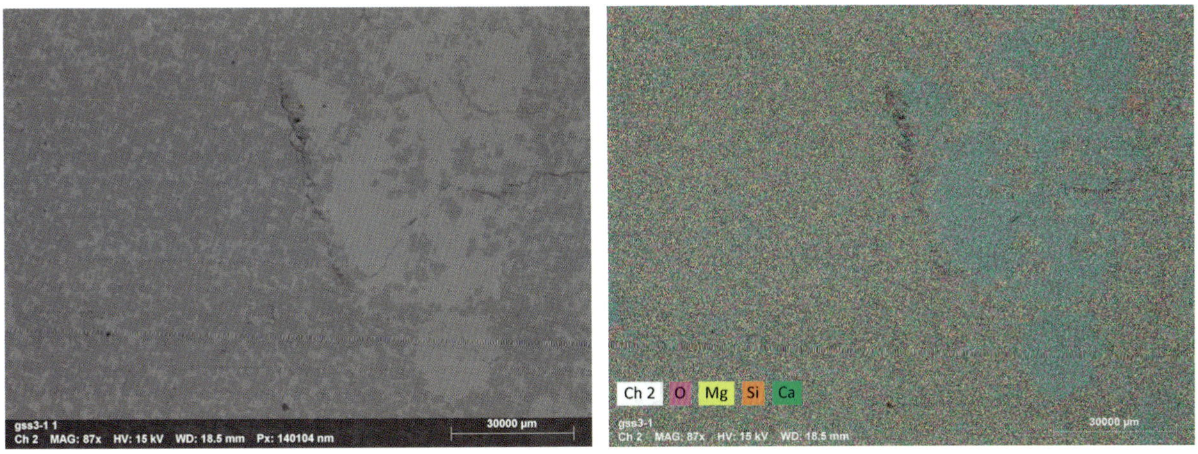

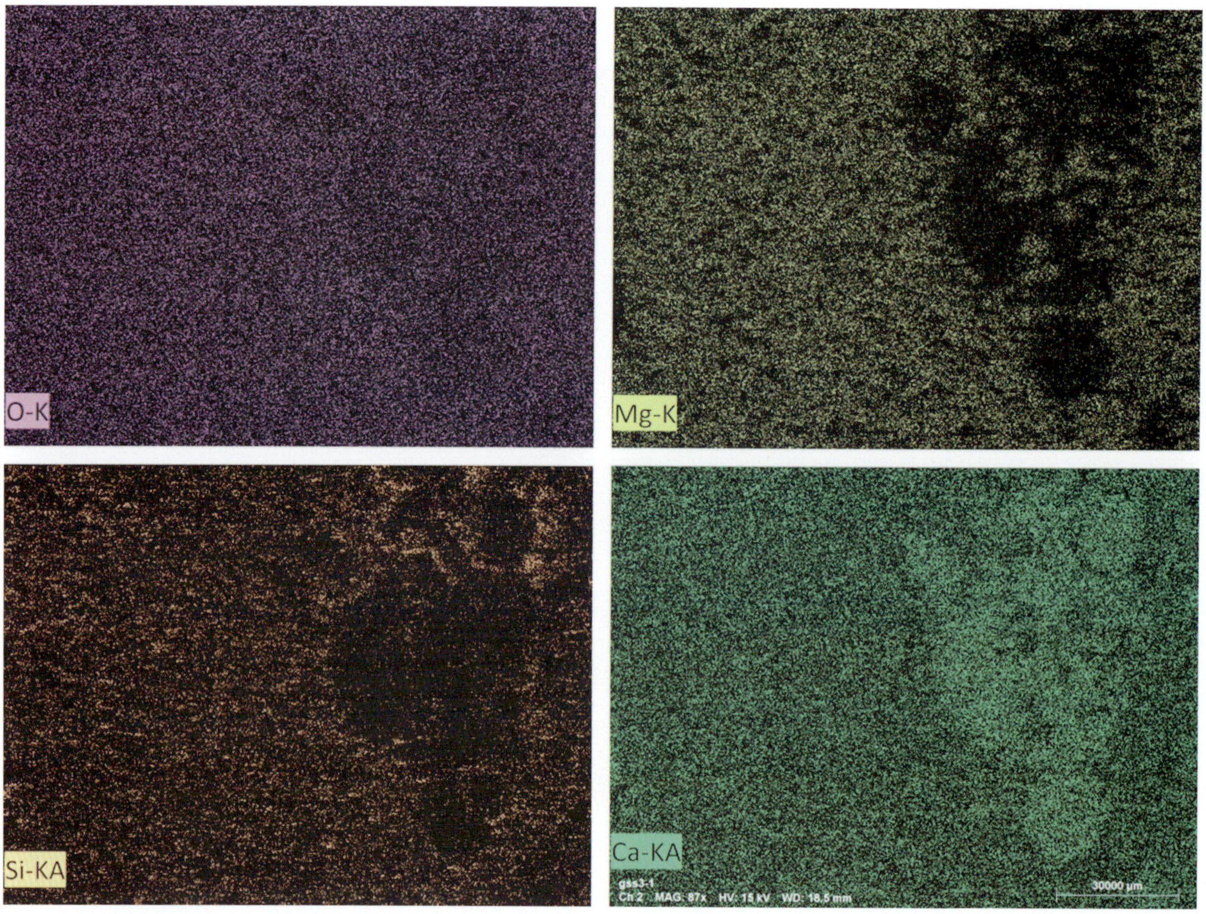

图 13　样品 gss9 面扫图像

由图 14 可知，白云石与石灰石在脱落样品中混杂共存。

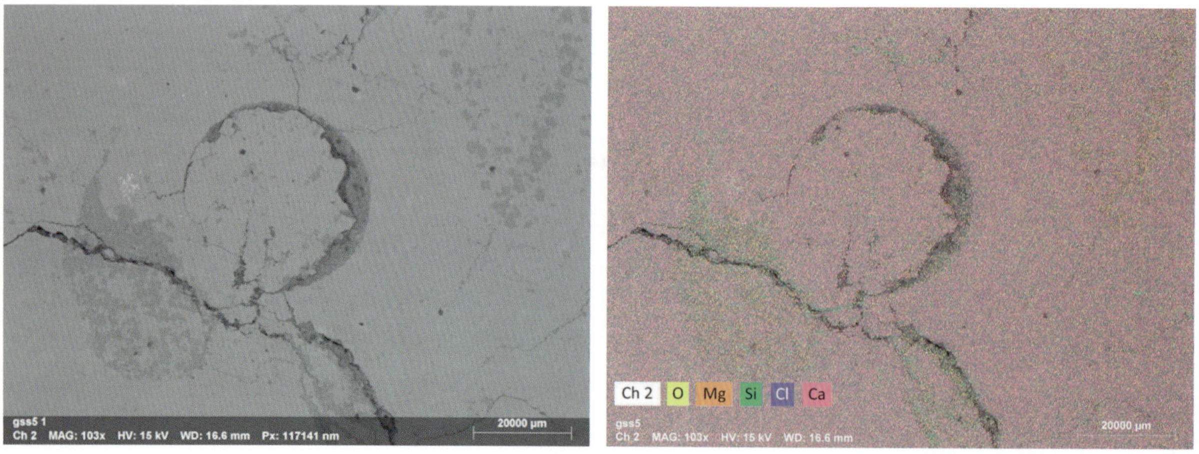

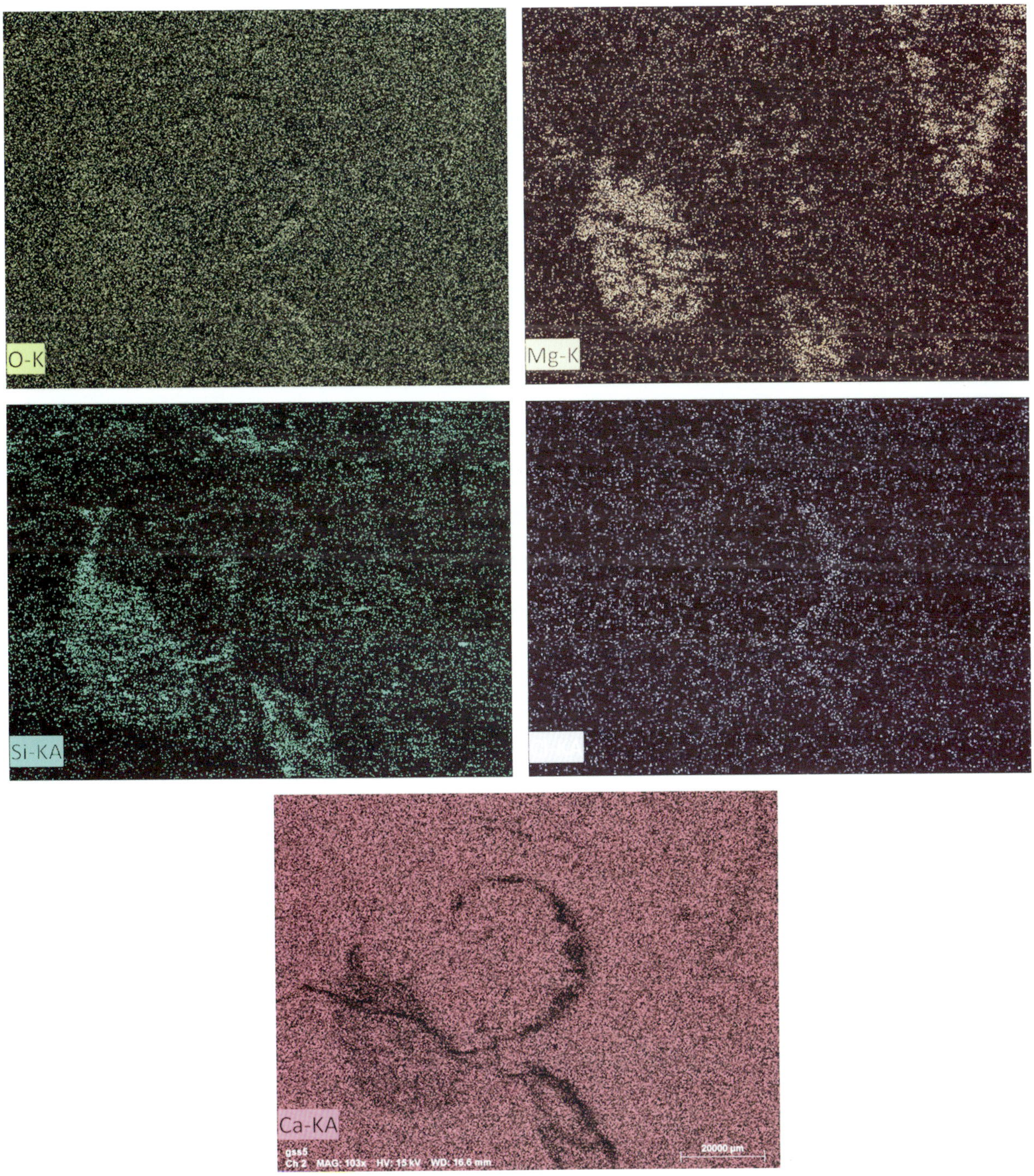

图 14　样品 gss10 面扫图像

2.3.3 明母子石狮样品选区分析

（1）样品 mzss4 扫描电镜分析

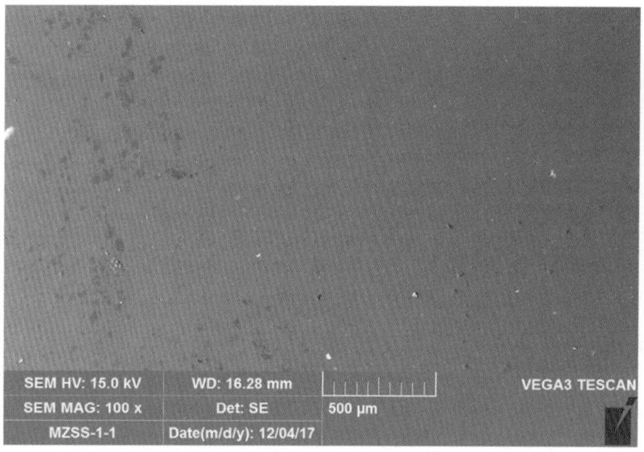

a. 样品 mzss4 微观形貌

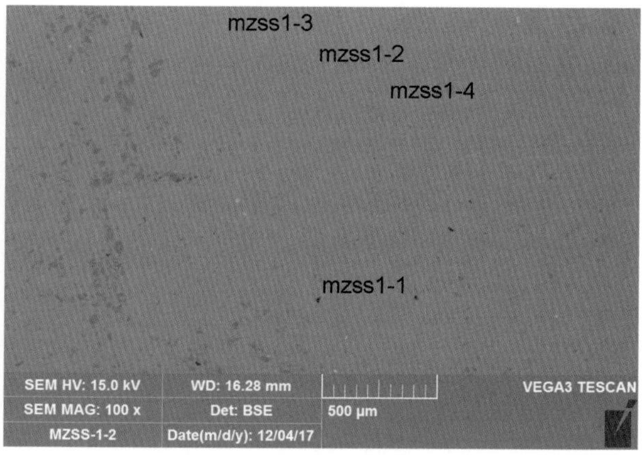

b. 样品 mzss4 选区位置

图 15 样品 mzss4 的 SEM 图像

表 14 样品 mzss4 的 SEM-EDS 分析结果

图样号	O	F	Na	Al	Si	S	Cl	K	Ca
mzss1-1	43.9	—	11.9	10.2	0.8	1.2	18.7	8.3	4.9
mzss1-2	54	—	—	—	—	—	—	—	46
mzss1-3	22.1	33.1	—	—	—	—	—	—	44.8
mzss1-4	51	—	0.7	—	48.3	—	—	—	—

由图 15、表 14 可知，母子石狮黑色结壳的形成机理与公石狮一致。

（2）样品 mzss5 扫描电镜分析

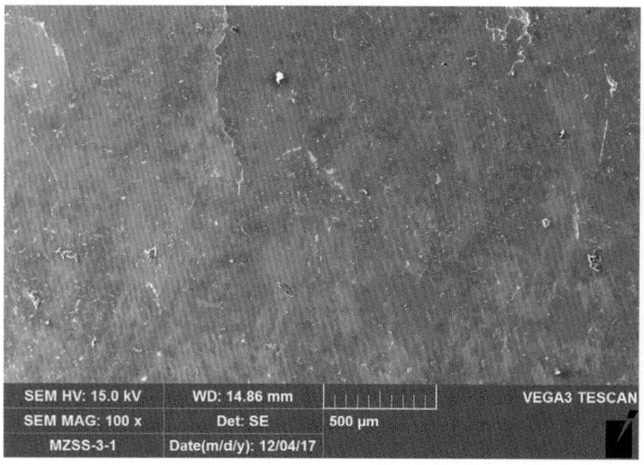

a. 样品 mzss5 微观形貌

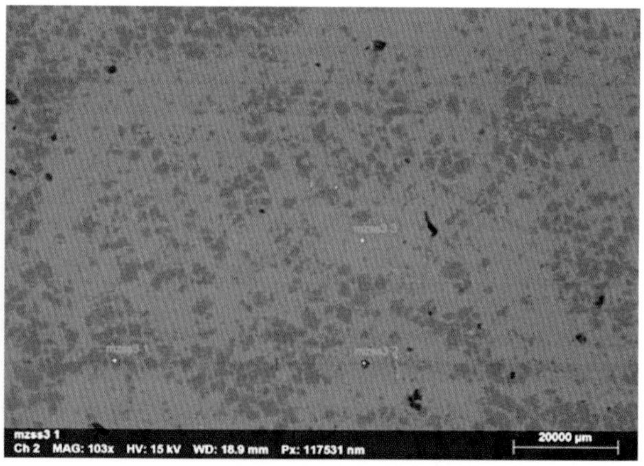

b. 样品 mzss5 选区位置

图 16 样品 mzss5 的 SEM 图像

表 15 样品 mzss5 的 SEM-EDS 分析结果

图样号	O	Na	Mg	Al	S	Cl	K	Ca	Fe
mzss2-1	58.3	—	12.5	—	—	—	—	28.6	0.5
mzss2-2	51.4	6.6	—	24.9	0.8	7.2	2.7	6.6	—
mzss2-3	56.6	—	—	—	—	—	—	43.4	—

由图 16、表 15 可知，母子石狮肩部起翘处白云石与石灰石混杂共存，并有少量伴生矿物。

（3）样品 mzss6 扫描电镜分析

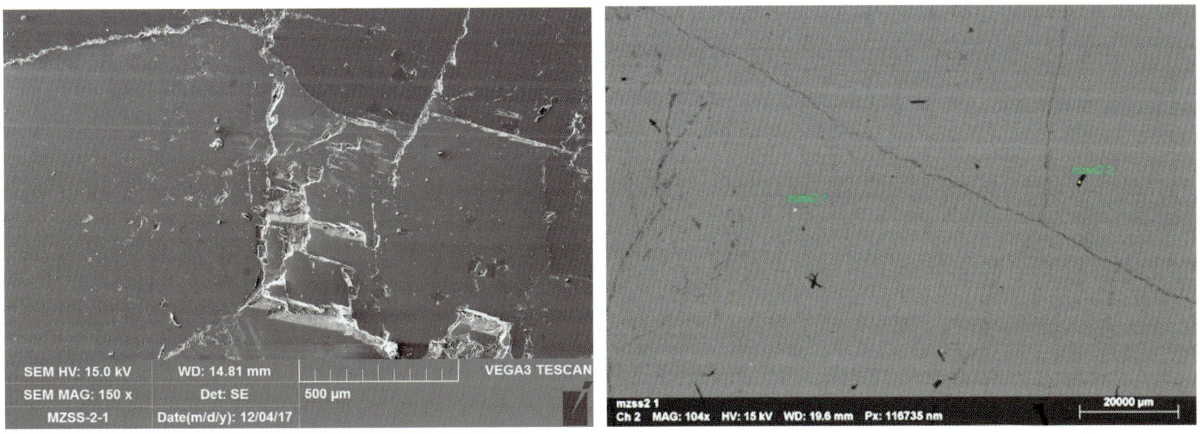

a. 样品 mzss6 微观形貌　　b. 样品 mzss6 选区位置

图 17 样品 mzss6 的 SEM 图像

表 16 样品 mzss6 的 SEM-EDS 分析结果

图样号	O	Mg	Si	Ca
mzss3-1	53.8	0.6	—	45.6
mzss3-2	51.9	0.6	0.5	47

由图 17、表 16 可知，母子石狮肩部起翘处白云石与石灰石混杂共存。

2.3.4 明母子石狮样品表面元素面扫分析

在元素点扫描分析的基础上进行面扫分析，可明显区分各元素在样品中的含量，获得更多的样品信息，分析结果如图 18 至图 20 所示。

图 18　样品 mzss4 面扫图像

由图 18 可知，母子石狮黑色结壳内含有 SiO_2。

图 19 样品 mzss5 面扫图像

由图 19 可知，母子石狮肩部起翘处内层为石灰石和白云石的混合物。

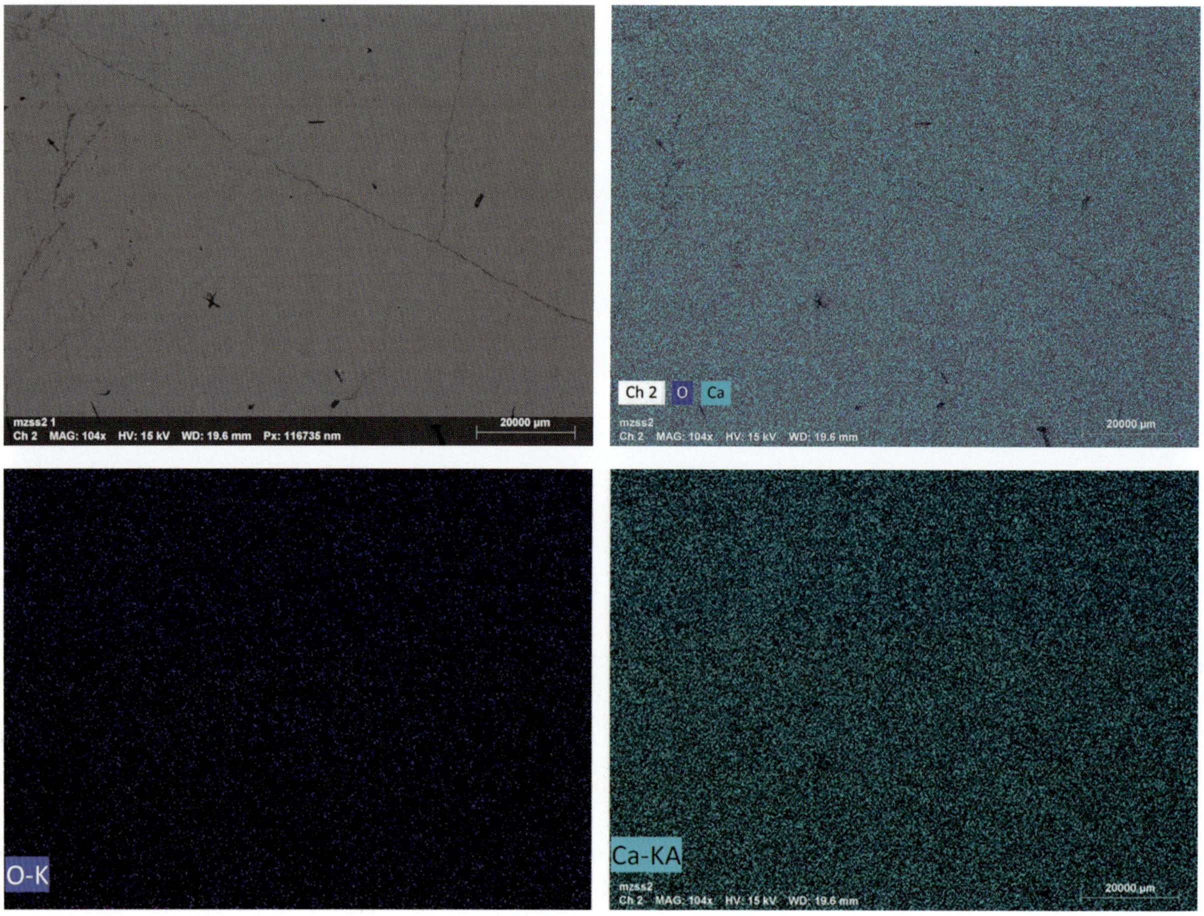

图 20 样品 mzss6 面扫图像

由图 20 可知，母子石狮肩部起翘处外层为石灰石。

3 结论

笔者通过对青州明齐王府石狮黑色结壳、脱落碎片和风化起翘处碎片样品进行分析研究，丰富了人们对这组石狮材质和保存状况的认知，也为相应保护修复方案的制定提供了科学依据。

此次分析研究的主要结论有以下六点：

1. 综合 XRF 和 XRD 分析结果可知，明齐王府石狮嘴角内黑色结壳成分为石英（SiO_2）、方解石（$CaCO_3$）、石膏（$CaSO_4 \cdot 2H_2O$）和白云石［$CaMg(CO_3)_2$］。其中，石英、方解石和白云石为石灰石的成分，而石膏是石灰石的风化产物。

2. 通过 XRD 分析结果拟合计算可知，明齐王府公石狮风化形成的石膏晶体大小在 23.3—95.2nm 之间，母子石狮风化形成的石膏晶体大小在 14.1—79nm 之间，石膏结构为加里双晶结构，这种结构易于黏附 C 颗粒，使结壳呈黑色。

3. 石膏在水中有着极好的溶解性，易流动至雨水无法冲刷到的石狮嘴内，进而与炭黑结合形成黑色结壳。

4. 在 XRF 和 XRD 分析基础上，综合 SEM-EDX 分析可知，明齐王府石狮脱落起翘的原因有四点：①溶盐的晶胀作用；②水蚀作用；③白云石与方解石在温度变化时膨胀收缩系数不一致；④方解石的硫化反应。

5. 明齐王府母子石狮肩部起翘处内层的主要成分是白云石，外层的主要成分是方解石。引起内层病害的因素主要包括溶盐的晶胀作用、水蚀作用、物理风化作用，引起外层病害的因素主要包括溶盐的晶胀作用、物理风化作用。

6. 与公石狮相比，母子石狮中含有更多的伴生矿石，这些伴生矿石包括白云石和长石，会加快母子石狮的腐蚀风化速度。

由以上结论可知，明齐王府石狮迫切需要一个避风遮雨和空气干净的环境，以利于其长期保存。

致谢：感谢青州市博物馆馆长王瑞霞研究员、山东省文物保护修复中心主任王传昌研究员的帮助！

孔庙古建筑彩画工艺及材料的分析研究

◎ 王云鹏
山东省文物保护修复中心

摘　要：建筑彩画在中国具有悠久的历史，经过长期的发展，在明清时期达到巅峰。本文从材料研究的角度出发，通过金相显微分析、拉曼光谱分析、傅里叶变换红外光谱分析、X射线衍射分析、扫描电镜及能谱分析等现代化分析检测手段，对曲阜孔庙古建筑彩画的颜料层和地仗层进行了分析研究，以期比较准确地了解其所使用的原材料、工艺工序，及在后期改建或维修工程中所产生的变化。经过综合分析研究，发现孔庙古建筑彩画中所使用的地仗工艺为一麻四灰或一麻五灰地仗，后期修缮多采用在原彩画上重刷单皮灰的做法。

关键词：孔庙古建筑彩画　材料　分析检测　工艺

中国古代建筑彩画最初是一种保护建筑木构件的工艺技术，通过在木构件表面涂刷黑漆或者红漆，以达到防潮防腐防蛀、遮盖木材表面疤痕等自然缺陷的作用，具有明显的实用性。随着时代的发展、人们审美观念的变化以及工艺技术的提升，建筑彩画的功能逐渐向装饰性方面倾斜，人们往往通过在建筑表面绘制色彩艳丽、内容丰富的图案来表达、反映人们的情怀向往以及阶级地位等内容。

曲阜孔庙始建于公元前478年，据说是孔子死后第二年，鲁哀公将其旧居改建为奉祀场所。西汉时期儒学成为官学后，历代帝王不断给孔子加封谥号、扩建庙宇。至清雍正时期，皇帝颁旨对孔庙进行大修、扩建，孔庙方达到如今的规模。一间小屋，在长达两千五百多年的时间里变成了国家修缮、帝王膜拜、全民礼祀的巨大庙宇，且历次重大修缮均有可考记录，这可以说是整个世界建筑发展史中的孤例。明朝中叶（16世纪初），孔庙在一次兵乱中被焚毁。明代统治者不但重修了孔庙，而且为了保护庙宇不再被破坏，废弃了原来位于庙东的县城，围绕着孔庙另建新城。孔庙的正门紧挨着新县城南门，孔庙的北门就是新县城的北部，新县城就是我们现在看到的曲阜明故城，孔庙的基本结构也是在那时固定下来的。现存孔庙建筑含金代碑亭两座、元代碑亭两座、元代门三座，其他建筑绝大部分是在明、清两代完成的。

庙内彩画囊括了清代早、中、晚期以及民国一直到现代各时期的作品，纹饰精美，色彩艳丽，题材种类繁多。孔庙是中国传统建筑和儒家文化的“博物馆”，对曲阜孔庙古建筑彩画使用的材料及制作工艺进行研究具有极为重要的典型意义。

据记载，孔庙历史上大规模的重建重修多达 70 余次①，仅清朝就大修了 10 余次②；庙内现存彩画大多经过重绘或补绘，由于缺乏彩画补修保护的行业技术标准和规范，与晚近的彩画重绘或补绘工作相比，过去的重绘或补绘未能严格按照原材料、原工艺、原形制的规范要求操作，而且原始资料也未能得到较好保存，这就使孔庙古建筑彩画原始信息的调查研究变得更为困难。因此，充分借助现代的分析检测手段，就成为解决这一问题的重要途径。

根据彩画不同部位的颜料、地仗层的不同特点分别取样，以孔庙内启圣王祠内外檐为主要样品采集点，另在金思堂、大成门以及神庖等处采集少量样品。样品包括红、白、黑、蓝、绿等多种颜料及麻灰地仗等。因文物为不可再生资源，需坚持以不损坏彩画本体为取样前提，故此次采取的取样方式为拾取地面掉落的彩画残片和捡取木构件上少量脱落严重的残片，详细取样情况见表 1。

表 1 彩画样品取样地点及绘制年代

编号	取样地点	样品描述	绘制年代
Q003	启圣王祠明间外檐内	两层彩画，表面同上，且表面含类金物质	清雍正时期
Q004	启圣王祠西稍间东缝东立面	表面含红色、白色、蓝色颜料，地仗为麻灰地仗。疑为双层结构	清雍正时期
Q007	启圣王祠东稍间西穿枋东立面	枋心内有大面积红色颜料，地仗为麻灰地仗，双层结构，外层粉底，或直接作画，底含红色、蓝色颜料	清雍正时期
Q010	启圣王祠西山脊部殿内大额枋临后金柱处	沥粉、金、绿、白、（疑有）蓝，地仗为麻灰地仗	清雍正时期
Q011	启圣王祠西稍间后檐顺双步梁底面	可能有蓝、绿色颜料存在	清雍正时期
Q012	启圣王祠东次间平板枋距右 145cm、距下 5.5cm 处	蓝色颜料层加麻灰地仗（成块状）	清雍正时期
Q014	启圣王祠东次间大额枋	蓝色颜料层，含地仗层	清雍正时期
Q015	启圣王祠明间东立面大额枋	蓝色颜料	清雍正时期

① 山东省地方史志编纂委员会：《山东省志 · 文物志》，山东人民出版社 1996 年版。
② 梁思成：《梁思成全集》第三卷，中国建筑工业出版社 2001 年版。

（续表）

编号	取样地点	样品描述	绘制年代
S023	神庖正门内侧	颜料层含黑、青、绿、白四种颜色	20 世纪末重绘，形制与清雍正时期相同
J025	金丝堂内檐西缝金檩	绿色	现代重绘（1962—1963）
J026	金丝堂内檐明间西缝六架梁海底	蓝色	现代重绘（1962—1963）
Q027	启圣王祠中金檩随梁枋	蓝色颜料层，含地仗层	清雍正时期
Q028	启圣王祠中金檩中金爪柱	绿色颜料层，含地仗层	清雍正时期
D029	大成门西次间西檐柱	红色	清雍正时期
Q030	启圣王祠插金六架梁随梁枋	绿色颜料层，含地仗层	清雍正时期
J031	金丝堂明间西缝插金六架梁	蓝色颜料层，含地仗层	现代重绘（1962—1963）
Q032	启圣王祠内檐金柱柱头	红色颜料层，含地仗层	清雍正时期

1 地仗材料及工艺分析

早期的彩画基本上没有地仗，只用油漆或者动植物胶调和颜料直接在木构件上涂刷，如此也可对木构件起到一定的保护作用。到了后期，地仗工艺逐渐复杂，其原因除工匠技艺提升及工艺材料丰富等外，还包括优质木材逐渐缺乏。明代以后，因为连年的砍伐，城镇周边地域已经很难找到年份够久的整根木材，从外地运输木材又会增加成本，所以匠人们研发了将较小的木材拼接成件并以铁箍加固的建筑工艺，而彩画的绘制要求构件表面平整，这又推动了地仗工艺的发展。人们通过大量实践，最后总结出一套把桐油、淀粉、砖粉、麻布、面粉混合起来涂刷在木构件表面的工艺，这就是现在建筑彩画中所定义的地仗了。

由于地域、年代、建筑形制等级、工艺传承、建筑功能等因素的不同，建筑彩画呈现出多样化的特点，加之古建筑彩画往往历经多次修复，不同的修缮方式也会导致彩画内部结构不同，因此对建筑彩画中的地仗进行工艺分析便显得尤为重要。

1.1 地仗剖面显微分析

用树脂包埋样品，使用 52XA 型三目金相显微镜观察样品剖面。取带地仗的彩画样品 7 片，采用 50 倍及 100 倍的物镜对样品进行拍摄，观察样品的剖面结构。

曲阜孔庙地仗剖面层位关系如图 1 所示。在样品 Q027 以及样品 Q011 中均可以明显看到 4 层地仗，其中样品 Q011 的各层界限明显，样品 Q027 的中灰与细灰层只能看到模糊的分界。在样品剖面图中均未发现捉缝灰层存在，扫荡灰层也较薄，由此判断启圣王祠彩画地仗可能采用了一麻四灰或一麻五灰的工艺做法。

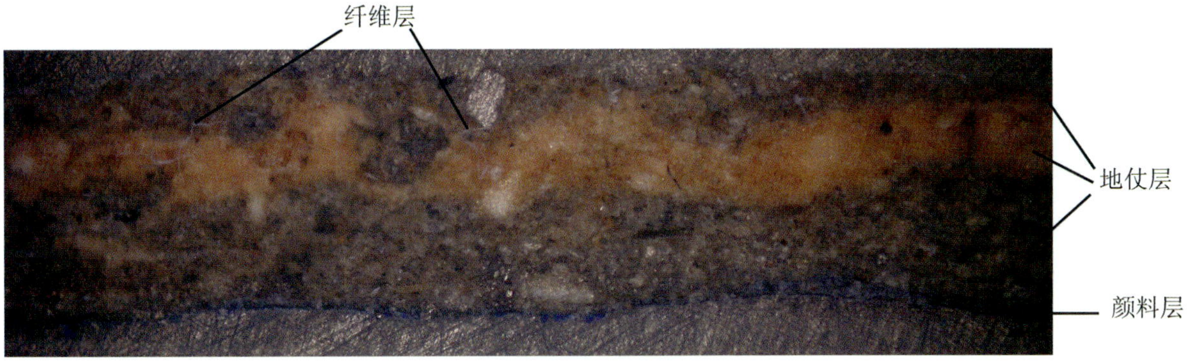

a. 样品 Q027 层位关系图

b. 样品 Q011 层位关系图

图 1　曲阜孔庙地仗剖面层位关系

曲阜孔庙地仗后期修缮痕迹如图 2 所示。其中，样品 Q004 的两层蓝色颜料层中有一红色颜料层，样品 Q012 的两层地仗中含有一绿色颜料层，样品 Q015 的蓝色颜料层下有红色颜料层存在，样品 Q030 的绿色颜料层以上能明显看到灰层。以上现象说明该处有两层彩画，最外层应为后期修缮过程中留下的痕迹。我们从中可以看到两种古建筑彩画修缮工艺，一种是在原彩画表面直接涂刷颜料（即乾隆年间出现过的“过色见新”工艺做法），另一种是在彩绘表面涂刷单皮灰。这表明人们会根据彩画糟朽程度的不同而采取不同的处理方法。当地仗层疏松、部分掉落的时候，工匠主要采用的是将地仗层砍掉重绘的做法。若地仗层牢固，在原有彩画上重刷一层彩画的做法既节省成本，操作又相对简单，是一种较常使用的修缮方式。而当两次修缮的时间间隔较短，彩画只是略微褪色的时候，那么仅在褪色或失色部位重新涂刷一层颜色就可以了。其中比较特别的样品是 Q015，工匠在重绘时并没有继续涂刷红色颜料，而是在其上覆盖了一层蓝色颜料。

a. 样品 Q004 剖面结构图（100×）

b. 样品 Q012 剖面结构图（100×）

c. 样品 Q015 剖面结构图（100×）

d. 样品 Q030 剖面结构图（100×）

图 2　曲阜孔庙地仗后期修缮痕迹

1.2　纤维分析

取纤维样品一片，处理后采用 100 倍及 200 倍显微镜观察样品，确定纤维种类。经显微观察（图 3），该纤维样品纤维长、黄白干净、光亮直顺，有横节、长形竖纹，据此初步判断该纤维为麻。

a. 附着胶粘剂及灰层颗粒的纤维样品

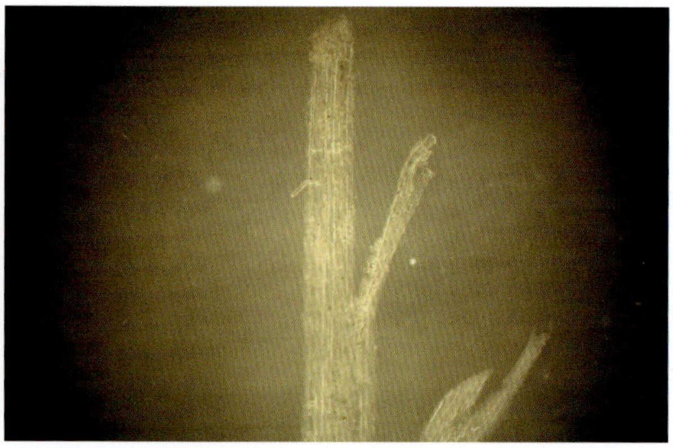

b. 纤维样品显微观察（100×）

图 3　纤维样品显微观察

用溴化钾压片后，采用 Nicolet iS50 型傅里叶变换红外光谱仪分析 Q003 纤维样品，从图 4 中可以看到样品在 3406cm^{-1} 处出现—OH 伸缩振动峰，在 2929cm^{-1} 处出现 C—H 伸缩振动峰；1623cm^{-1} 处为木质素中共轭碳基和 C=C 伸缩振动的重叠吸收峰，1414cm^{-1} 处为纤维素与木质素中的 CH_2 弯曲振动，1322cm^{-1} 处为木质素中 O—H 弯曲振动，1150cm^{-1}、1117cm^{-1}、1025cm^{-1} 处为纤维素中葡萄糖环中 C—O 醚键的伸缩振动。样品在 1730cm^{-1} 区域（半纤维素与木质素中的共轭羟基伸缩振动）、1505cm^{-1} 区域（芳环骨架振动）、1559cm^{-1} 区域（芳环骨架振动），1455cm^{-1} 区域（C—H 弯曲振动）并没有吸收峰，这是大麻区别于亚麻等其他麻种的主要特征，所以由此可判定该彩画样品地仗层中使用的纤维为大麻①。

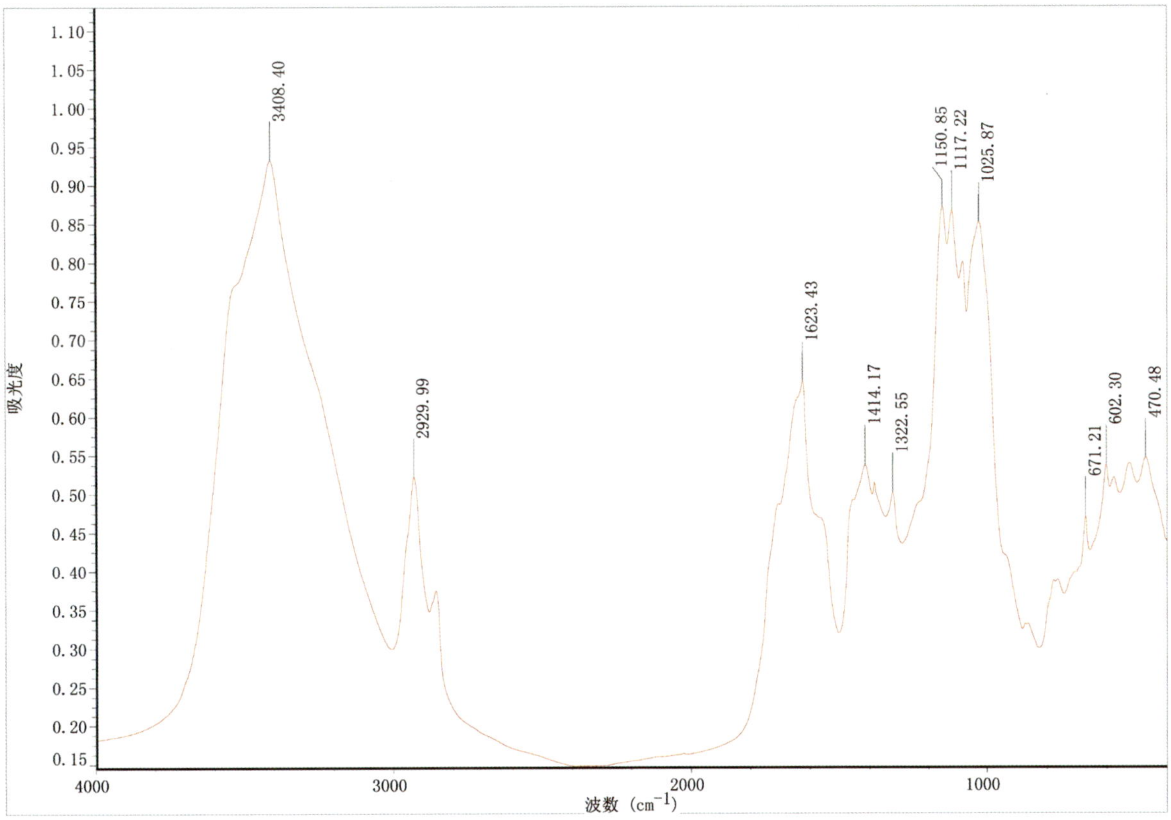

图 4 Q003 纤维样品红外光谱图

1.3 灰层分析

在样品 Q003 和 Q004 地仗层红外光谱图中（图 5）可以看到，除硅酸盐特征峰外，两个样品均在 3500cm^{-1}—3400cm^{-1} 之间有较强的氨基（$—NH_2$）吸收峰（双峰），在 1600cm^{-1} 附近有较为尖锐的羧基（—COOH）吸收峰。据此推测地仗层中含有氨基酸，进而可以判断该样

① 王雪、刘欢、李志通：《扫描电镜和红外光谱技术鉴别麻纤维的方法》，载《纺织科技进展》2015 年第 5 期。

品地仗层使用的胶结物为动物胶，有可能是传统工艺中所使用的面粉和猪血。

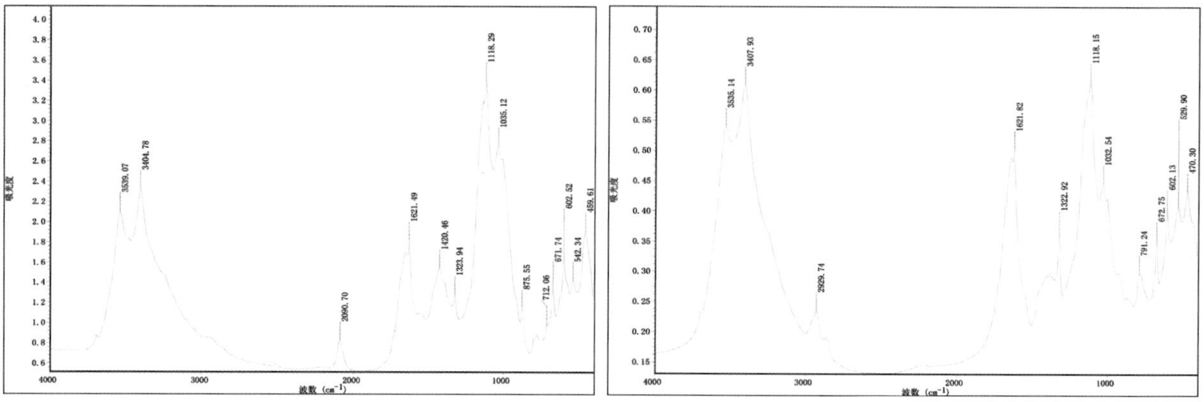

a. Q004 样品地仗层红外光谱图　　b. Q003 样品地仗层红外光谱图

图 5　样品地仗层红外光谱图

样品地仗层的能谱数据（利用日立 HITACHI S—3600N 型扫描电镜分析所得）显示，样品地仗层中含有的主要元素为 Mg、Ca、Si、Al 等，各层成分及含量十分相似。结合样品来源及传统工艺等信息可以判断，这些样品所含成分以石英、长石为主，即古建筑彩画地仗中较常使用的砖灰。

2　颜料成分分析

唐代以前的彩画色调以暖色为主，宋代以后色调逐渐偏冷，这不仅体现出人们审美观念的变化，更体现出颜料制作工艺的进步。在生产工艺低下的年代，群青、石绿、铜绿、金箔等材料的获取还是相当困难的，易于得到的颜料主要有土红、土黄、炭黑、铅粉，用这几种颜料作装饰色，自然会使建筑的色调整体偏暖。随着生产工艺的进步，青金石、孔雀石、蓝铜矿等矿物颜料的提取工艺得到改善，青、绿、蓝等颜料逐渐变得易于获得，使得以皇家建筑为主的建筑彩画的色调逐渐偏冷。到了清代，随着金箔生产工艺的加强以及大量西方化工颜料的传入，可供选择的彩画颜料变得更为丰富多样，各类建筑被装饰得金碧辉煌，并由此产生了所谓的“官式彩画”。“官式彩画”依据用金量、龙纹凤纹、着色着墨等特点，又可细分为“和玺彩画”“旋子彩画”“苏式彩画”。

使用 Nicolet Almega XR 型拉曼光谱仪对孔庙彩画颜料层中的各种颜料进行分析，样品各点位拉曼分析结果见图 6 至图 10 及表 2。其中，绿色颜料主要为氯铜矿，蓝色颜料为青金石与靛蓝，红色颜料为朱砂，白色颜料为白垩、立德粉，黑色颜料为炭黑。

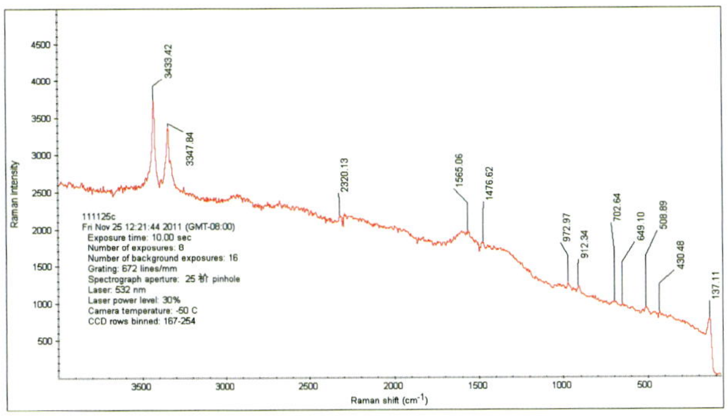

a. Q010 绿色颜料层 c 点

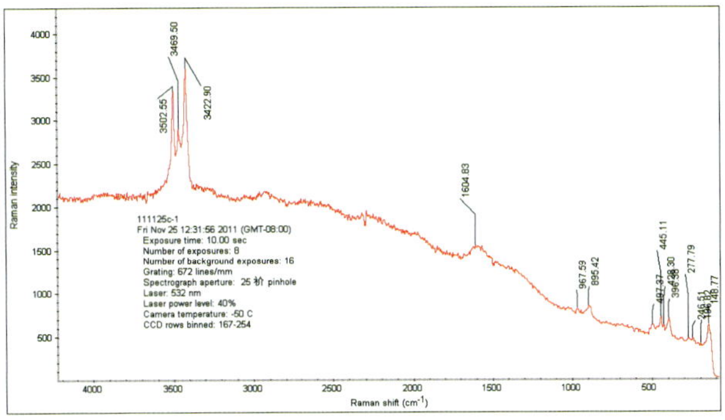

b. Q010 绿色颜料层 c-1 点

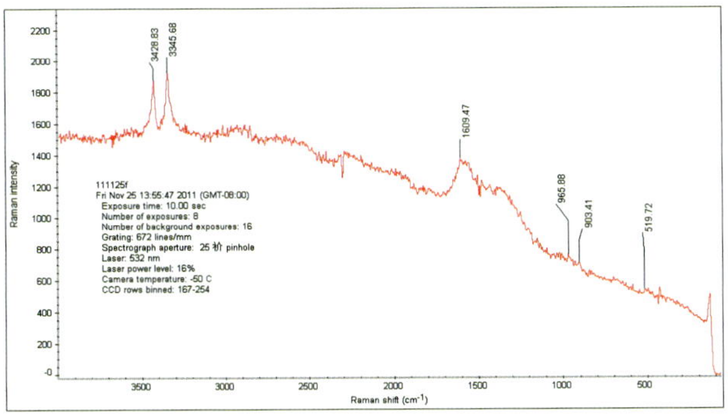

c. S025 绿色颜料层 f 点

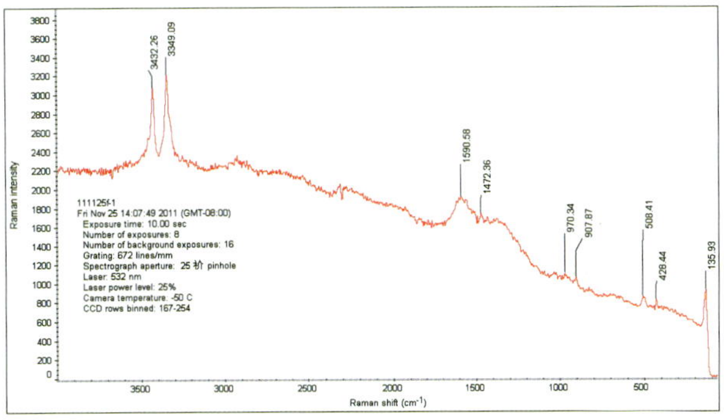

d. S025 绿色颜料层 f-1 点

图 6　样品绿色颜料层拉曼光谱图

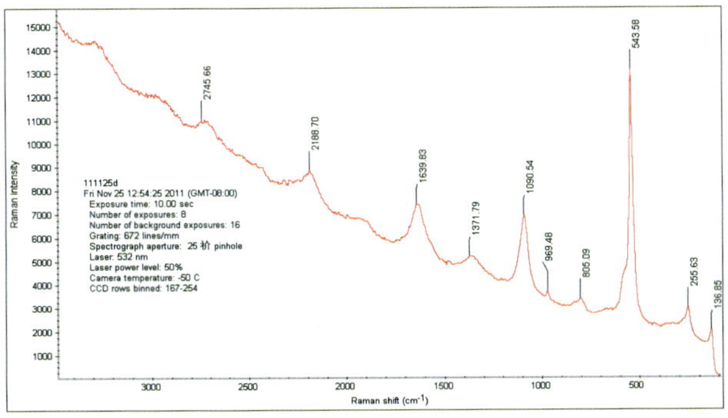

a. Q004 蓝色颜料层 d 点

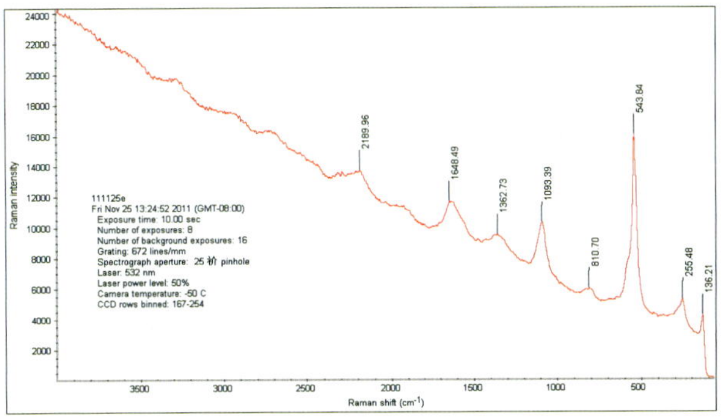

b. S026 蓝色颜料层 e 点

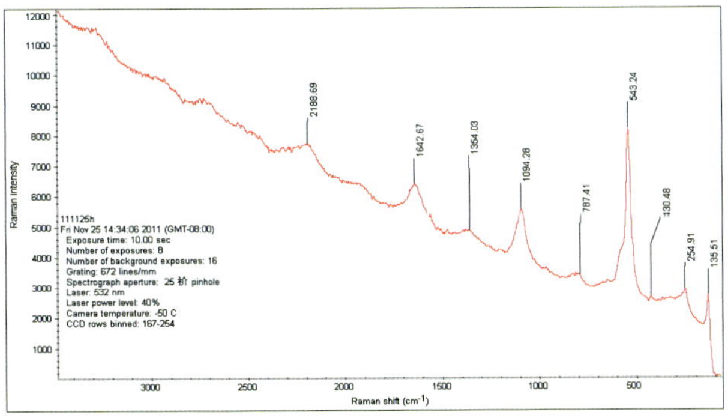

c. Q014 蓝色颜料层 h 点

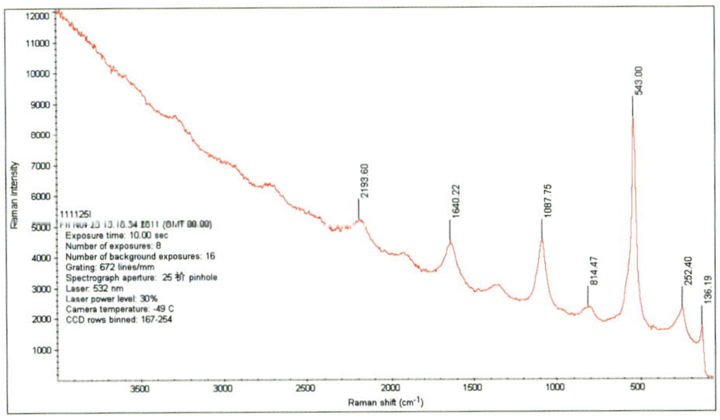

d. Q023 蓝色颜料层 l 点

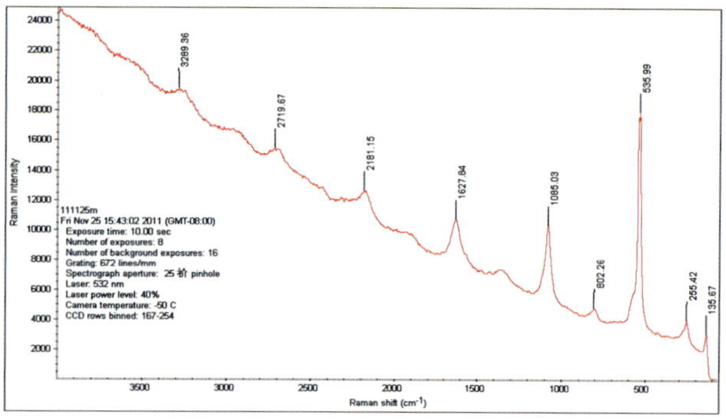

e. Q015 蓝色颜料层 m 点

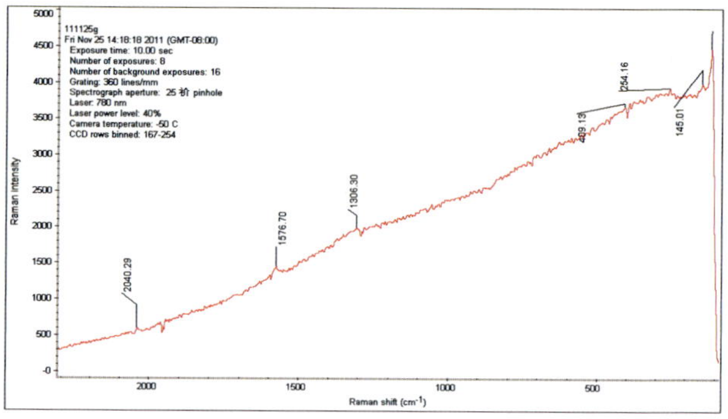

f. Q027 蓝色颜料层 g 点

图 7　样品蓝色颜料层拉曼光谱图

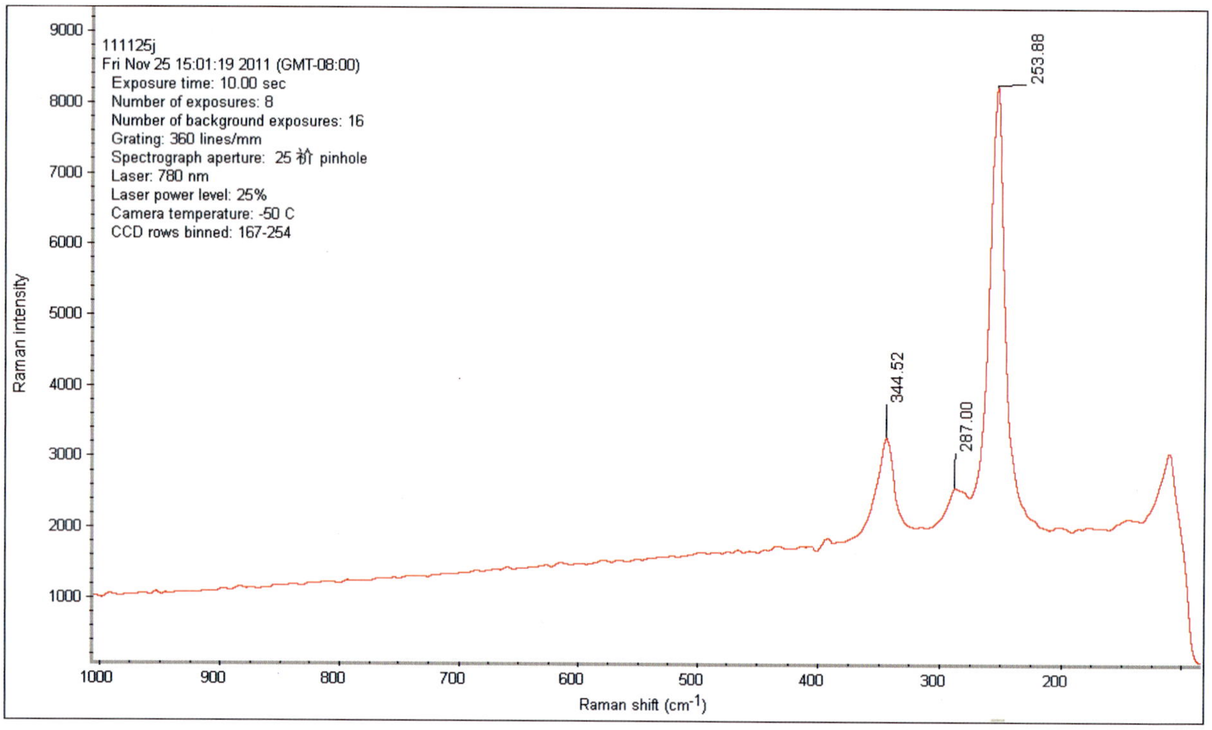

图 8　样品 D029 红色颜料层拉曼光谱图

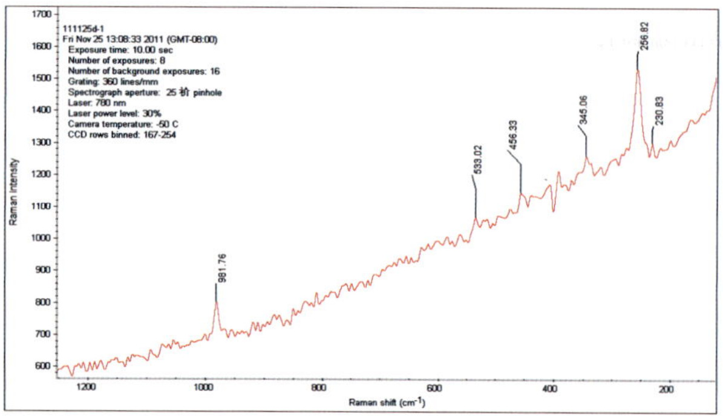

a. Q004 白色颜料层点 d−1 点

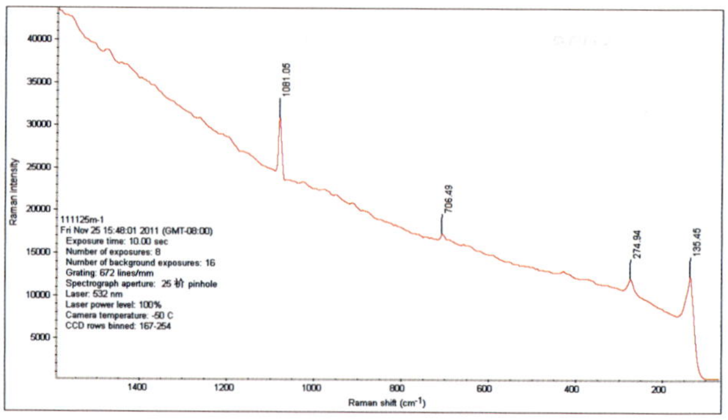

b. Q015 白色颜料层 m−1 点

图 9　样品白色颜料层拉曼光谱图

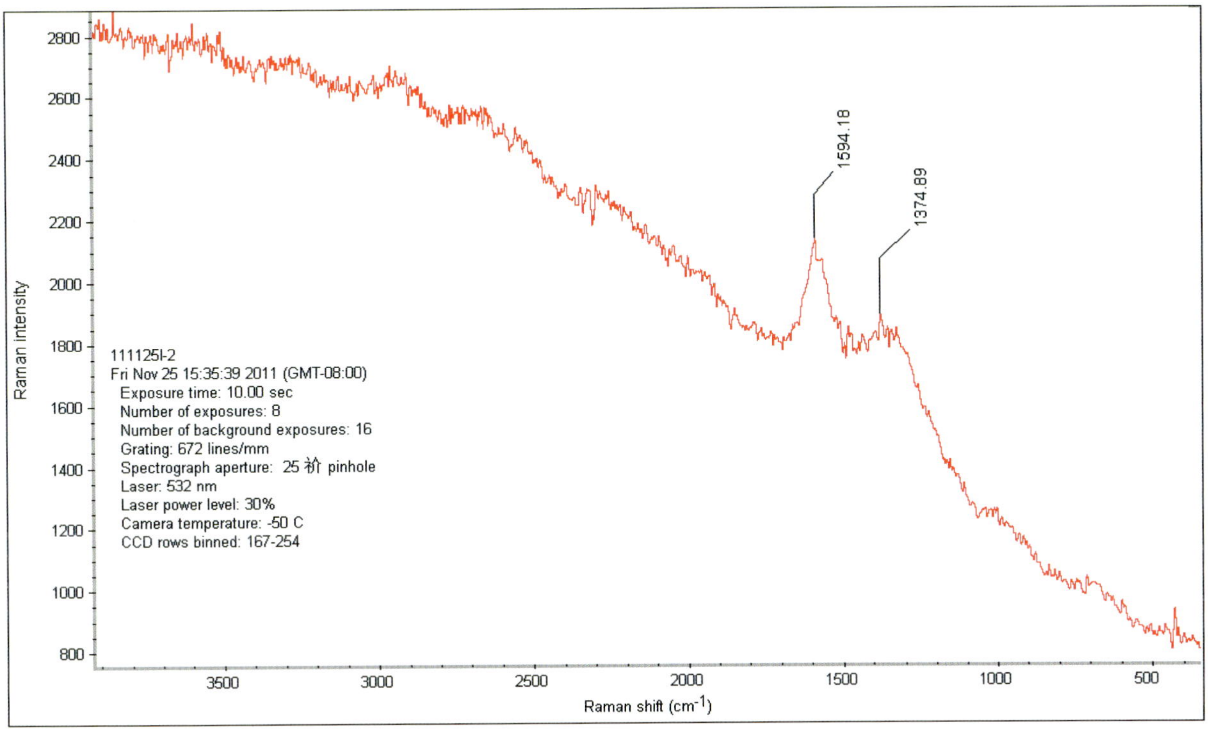

图 10 样品 S023 黑色颜料层拉曼光谱图

表 2 拉曼光谱分析结果汇总

样品编号	检测编号	检测内容	检测结果
Q010	c	绿色颜料层	氯铜矿
Q010	c–1	绿色颜料层	羟氯铜矿
Q010	c–2	白色颜料层	未知
Q004	d	蓝色颜料层	青金石
Q004	d–1	白色（带红色）颜料层	立德粉 + 朱砂
Q004	d–2	白色（带红色）颜料层	立德粉 + 朱砂
S026	e	蓝色颜料层	青金石
S025	f	绿色颜料层	氯铜矿
S025	f–1	绿色颜料层	氯铜矿
Q027	g	蓝色颜料层	靛蓝
Q027	g–1	蓝色颜料层	靛蓝
Q014	h	蓝色颜料层	青金石
Q014	h–1	背面白色地仗	白垩
Q028	i	绿色颜料层	羟氯铜矿
D029	j	红色颜料层	朱砂

（续表）

样品编号	检测编号	检测内容	检测结果
S023	l	蓝色颜料层	青金石
S023	l–1	白色颜料层	未知，疑为现代化工颜料
S023	l–2	黑色颜料层	炭黑
S023	l–3	绿色颜料层	未知，疑为现代化工颜料
Q015	m	蓝色颜料层	青金石
Q015	m–1	白色颜料层	白垩

3 结论

通过对孔庙古建筑彩画的颜料层和地仗层所用材料和工艺进行梳理，发现孔庙古建筑彩画所用材料中无机质材料所占比例较大，如地仗层中的砖灰、颜料层中的各种矿物颜料。这类材料受外界环境影响较小，只要环境相对稳定，便不易发生热胀冷缩、崩裂等现象，可以使彩画长期保存。

清代早中期建筑彩画所用颜料依旧为传统矿物颜料。对20世纪末重新绘制的神庖正门内檐彩画样品的分析检测结果表明，其蓝色颜料选用了传统的青金石，而绿色及白色颜料的拉曼图谱与传统矿物、植物颜料的图谱均不符合，判断其应为现代化工颜料，进而说明后期的修缮对材料的选择与把握已不够严谨。

红外光谱能较好地鉴别出彩画材料中的有机成分。本次从启圣王祠彩画中检测出了蛋白质成分。但对于一些年代久远的古建筑彩画而言，这类材料的成分已经发生了质的蜕变，极难识别。有机材料受环境因素影响（光照、温湿度、霉菌、污染物等），极易发生断裂、老化、降解等现象。通过现场观测发现，彩画颜料层与地仗层的结合往往不够牢固，各部位均存在表层颜料脱落的现象，有的部位残损剥落严重。这是由于彩画颜料层中的胶粘剂以及地仗层中的各种辅料均为有机物，材料本身的老化及风化分解速度较快所致。

研究发现，早期彩画的修缮手段主要有砍掉重绘、重刷单皮灰和“过色见新”三种。砍掉重绘会将原有彩画全部去除，无法有效保留古建筑的历史信息，属于破坏式的修缮方式。古建筑属于文物范畴，具有重要的历史价值、艺术价值、科学价值，是古人留下的文化瑰宝，所以应摒弃砍掉重绘这种修缮方式。在原彩画外涂刷单皮灰和“过色见新”的修缮方式，工艺简单，成本较低，不仅可保留原彩画，为研究彩画制作工艺等提供难得的一手资料，而且可达到修补彩画外貌的目的，延长其使用寿命，是一种较为理想的修缮方式。

山东沂源东里东村战国墓葬出土彩绘陶簋的保护修复①

◎ 苏　琪[1]　容　波[2]　兰德省[2]　刘江卫[2]
1. 沂源博物馆；2. 秦始皇帝陵博物院

摘　要：山东沂源东里东村战国墓葬出土的彩绘陶器彩绘脱落、起翘、龟裂等病害严重，加之出土时残破、断裂程度大，保存状况差，急需对这批彩绘陶器进行保护修复。本文以彩绘陶簋为个案，通过对其进行科学检测，编制合理的保护修复方案，选用 PEG200（聚乙二醇）和 AC33（丙烯酸乳液）联用保护处理法进行保护修复，效果良好。这次彩绘陶簋的保护修复工作可为后续处理这批彩绘文物提供参考和借鉴。

关键词：彩绘陶簋　战国墓葬　保护修复

沂源县地处鲁中腹地、沂蒙山区，因沂河的发源地而得名，是山东省平均海拔最高的县，素有“山东屋脊”之称。沂源县历史悠久，自距今四五十万年的“沂源猿人”开始，沂源的历史就一直延续不断，区域内有丰富的文物和各种历史文化遗存。

2010 年 11 月，沂源县东里东村在农业水利工程建设中发现了一组战国墓葬，山东大学历史文化学院、淄博市文物局和沂源县文管所组成联合考古队对其进行了抢救性发掘。

墓葬位于沂源县东里东村地势高起的东台地上，共计 3 座，东西并穴，间隔 2 米左右。墓葬形制结构、规模等相同或相近。其中，M3 早在 20 世纪 70 年代农田基本建设时已被完全破坏，M2 在东汉末年就已遭到严重盗掘，只有 M1 保存完好，规模较大，出土文物种类多、数量大，在山东较为罕见，为研究当时的丧葬制度、纺织等手工业情况提供了重要的资料，具有重要价值（图 1）。

M1 和 M3 的壁龛中出土了大量的彩绘陶器（图 2）和一组“仕女歌舞宴乐”陶俑。陶器多有彩绘，器类有鼎、簋、豆、壶等，形制精美，色彩鲜艳。这在沂蒙山区尚属首次发现，

① 本文属国家重点基础研究发展计划（973 计划）项目“保护材料与工艺的系统评价方法及其应用示范”（项目编号：2012CB720905）阶段性成果、国家文物局文物保护科技优秀青年研究计划项目《陶质彩绘文物保护修复材料性能及应用效果评价》（课题编号：SACH2014-003）阶段性成果。

对研究我国战国时期的制陶业发展、礼乐制度等都具有较高的学术价值。

图 1　东里东村战国墓 M1 全景（由北向南）

图 2　壁龛中出土的彩绘陶器

1　考古发掘现场文物保护

这组墓葬距今已有两千多年的历史，在地下已饱受多种不利因素的影响。墓内随葬陶器出土时，器体表面的彩绘已十分脆弱。随着发掘工作的逐步开展，考古人员在陶器外加盖了黑色塑料薄膜，早晚各喷一次水，以尽量减少陶器已暴露部位以及土壤中水分的散发。因为在发掘过程中需要严格遵守考古发掘的工作规程进行清理、拍照、绘图等各项工作，所以陶器在外暴露一段时间后才能被运回博物馆，仅采取加盖塑料薄膜、喷水等物理方法对其进行保护是不够的。考虑到文物的材质、当时的现场条件等因素，考古人员在提取陶器时采取了保留部分泥土后用保鲜膜包裹的方式进行保湿处理，并用分散型聚丙烯酸酯材料进行加固处理。

在包装时考虑到彩绘的保湿和尽量减少摩擦、碰撞的要求，考古人员多使用柔软的包装纸及塑料袋包裹，外部用纸屑充填、纸箱包装。2010 年 11 月底，墓葬出土的彩绘陶器全部被运至沂源县博物馆库房内。

2　出土彩绘陶器的主要病害

由于沂源县博物馆条件有限，这批出土文物至今只能存放在博物馆三楼库房内。库房内没有任何的通风设备和环境控制设备。为了保护彩绘，室内始终维持着较高的湿度，文物包装纸、包装袋及纸箱里凝结的水分蒸发不了，部分包装纸、纸箱已开始发霉，库房内霉味很重。更为迫切的是，冬季时库房内的最低温度可达 0℃以下，将还没有完全干透的陶器存放其中是很危险的。由于这批彩绘陶器出土前原顶部结构已经自然毁坏、坍塌，出土时又有破损、碎裂，且大多从原分部制作的结合处断开。这些因素导致彩绘陶器出现以下多种病害。

2.1 残缺、破损、断开、裂缝、裂隙、划痕

这些属于机械损伤，是陶器因受自身结构、外力作用如撞击、倾倒、跌落等影响，发生的断裂与破损现象。陶器断裂指有明显位移的断开与错位现象。这批陶器多存在局部缺失与残损病害，不同陶器的破损状况也有所不同。常年的地下埋藏以及陶器本身材质的劣化，导致陶器表面因挤压、接触等出现裂缝、裂隙等损伤。此外，自然风化、溶蚀现象会导致这类裂隙逐步加深加宽，某些人为因素会造成陶器表面出现划痕。

2.2 表面沉积物

指因长期埋在地下，陶器表面形成了影响陶器外观的各类附着物，包括泥土、钙质附着物、锈斑、油污斑，以及动植物、微生物繁殖和糜烂后遗留的印迹等。

2.3 彩绘层起翘、脱落

指陶器上的彩绘层由于胶结质老化及自然风化，表面彩绘颜料层内的颜料颗粒间失去黏合力，致使彩绘颜料疏松掉粉，大部分彩绘颜料层从陶器表面呈片状整体脱落。若不及时采取措施，随着器物的干燥，这些彩绘很快就会荡然无存。

3 样品分析与检测

本着最有效利用珍贵古代文物样品的原则，先进行陶片理化性能无损检测、陶胎的物相检测，再根据实际需要进行各种其他检测。切割样品时应尽量先满足较大尺寸或平坦表面要求的样品制备。

3.1 X 射线行射分析（XRD）

实验采用的仪器是日本理学公司 D/max-3C 型 X 射线衍射仪，测定条件如下：管压 40kV，管流 40mA，发射狭缝 DS 为 1°，接收狭缝 RS 为 0.3mm，端窗 CuK，α 靶 X 射线管，真空光路。样品的 XRD 测试结果见图 3、4。

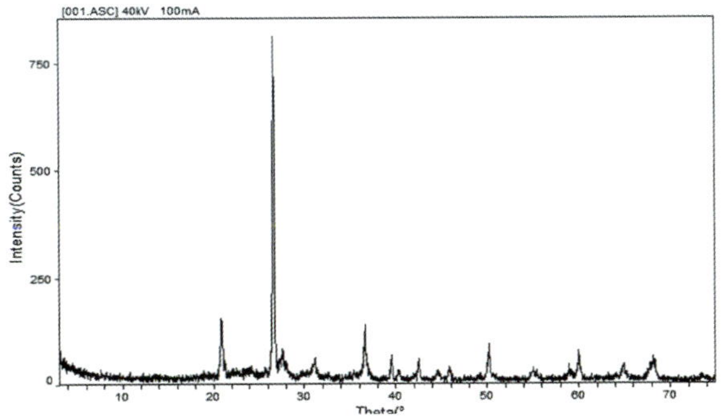

图 3 样品 001 的 X 射线衍射图

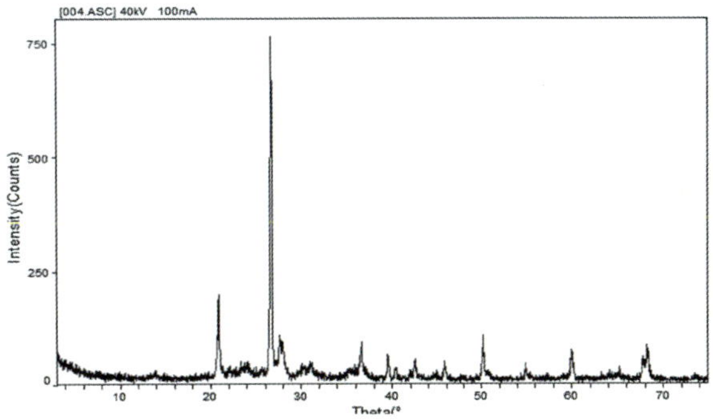

图 4 样品 002 的 X 射线衍射图

XRD 分析结果表明，陶器胎体的矿物组成成分主要为石英，还有部分长石类矿物，化学组成中都含有一定量的 Na_2O、K_2O、CaO，估计其原料来自山东地区黄河流域的沉积黏土[①]。

3.2 X 射线荧光光谱分析（XRF）

采用的仪器为 CIT-3000SM 能量色散 X 射线荧光光谱仪（B 型），仪器测试条件：室温约 24℃，管压 12kV，管流 0.4mA；压样条件：样量 8g，压力 10MPa；测试时间：150s。

波长色散 X 射线荧光光谱分析给出了每个样品中 8 种主次量化学组成（Na_2O、MgO、Al_2O_3、SiO_2、K_2O、CaO、TiO_2、Fe_2O_3）的数据，详细测试结果见表 1。分析结果表明，每个样品 8 种主次量化学组成的总量都在 99.5% 左右；每个样品的铝含量都在 15% 左右，铁含量较高。这与秦汉时期北方常见陶器的原料并无太大差异，这些原料当属于易熔黏土[②]。另外，各个样品之间的数据很接近，表明它们所用原料的特征和来源较为相近。

表 1　样品主量化学组成（wt%）

序号	Na_2O	MgO	Al_2O_3	SiO_2	K_2O	CaO	TiO_2	Fe_2O_3	总量
001	0.97	1.65	15.56	70.46	3.03	1.29	0.81	5.70	99.47
002	1.71	1.82	14.31	71.84	2.88	1.50	0.74	4.81	99.61
003	1.51	2.20	15.45	67.46	3.17	3.30	0.78	5.61	99.48
004	1.75	1.77	13.93	71.77	2.93	1.80	0.71	4.86	99.52
005	1.54	1.81	14.72	70.21	2.85	2.67	0.76	4.96	99.52
006	1.47	1.70	14.63	70.07	2.74	2.64	0.78	5.36	99.39
007	1.36	2.08	15.57	67.10	3.15	3.47	0.78	5.93	99.44
008	1.71	2.09	14.29	70.78	2.73	1.89	0.73	5.30	99.52
009	1.66	1.96	14.37	70.98	2.77	1.89	0.73	5.20	99.56
010	1.79	1.95	14.36	70.82	2.73	1.63	0.73	5.50	99.51
011	1.73	1.68	13.89	71.78	2.74	1.88	0.72	5.09	99.51
012	1.63	2.16	14.51	70.72	2.72	1.49	0.71	5.55	99.49
013	1.77	1.92	14.11	71.39	2.83	2.22	0.75	4.53	99.52
014	1.60	2.22	15.11	70.20	2.75	1.52	0.75	5.48	99.63
015	1.65	2.06	14.91	70.51	2.78	1.47	0.74	5.45	99.57

---

① 张福康：《中国古陶瓷的科学》，上海人民美术出版社 2000 年版。

② 李文杰：《中国古代制陶工艺研究》，科学出版社 1996 年版，第 45 页。

3.3 德国耐驰公司 Netzsch 402E 热膨胀分析

表 2 给出了测试样品的体积密度、吸水率、显气孔率和抗压强度等指标数据。由此可以看出，这些样品的吸水率都较大，平均值约为 18.6%，体积密度平均值约为 1.77g/cm^3，抗压强度最高者可达 45.5MPa，而烧成温度大都集中在 810℃至 990℃之间，这是因为烧制过程中窑炉内不同部位的温差使得样品个体间受热不均匀。此数据基本符合秦汉时期一般陶器的性能特征①。

表 2 样品烧成温度及相关物理性能分析

序号	体积密度（g/cm^3）	吸水率（%）	显气孔率（%）	抗压强度（MPa）	烧成温度/℃（±20）
001	1.83	15.0	27	45.5	990
002	1.85	15.0	28	25.6	980
003	1.71	20.4	35	19.4	970
004	1.77	18.0	32	16.2	980
005	1.78	18.6	33	34.2	800
006	1.80	17.7	32	34.0	990
007	1.66	22.2	37	37.5	990
008	1.83	17.4	32	35.8	820
009	1.80	18.4	33	22.5	810
010	1.75	19.4	34	12.7	880
011	1.75	19.3	34	30.4	800
012	1.76	19.6	35	14.4	960
013	1.68	21.3	36	8.1	990
014	1.76	18.8	33	15.4	980
015	1.75	18.5	32	29.8	950

3.4 颜料成分分析

采用的测试仪器是日本理学公司 Dorasnt-c 型 X 射线衍射仪，其测试条件为：管压 40kV，管流 40mA，发射狭缝 DS 为 1°，接收狭缝 RS 为 0.3mm。颜料样品成分分析结果见表 3。

① 李文杰：《中国古代制陶工艺的分期和类型》，载《自然科学史研究》1996 年第 1 期。

表 3　颜料成分分析结果

样品编号	样品描述	分析结果
001/2011	彩绘陶簋内壁红色颜料	朱砂
002/2011	彩绘陶簋内壁黑色颜料	无定型炭黑
003/2011	彩绘陶簋表面红色颜料	朱砂
004/2011	彩绘陶簋表面黑色颜料	无定型炭黑

3.5　彩绘有机底层分析

用傅里叶变换红外光谱仪、KBr 压片透射光谱法，对彩绘陶簋旁边掉落的未受到污染的有机底层物质进行对比分析，获得的红外图谱见图 5。分析发现，有机底层物质在 3428cm^{-1} 处有羟基团（—OH）的强大吸收峰，在 2925cm^{-1}、2856cm^{-1} 处有亚甲基（—CH_2）伸缩振动吸收峰，在 1630cm^{-1} 处有酯类或羧酸盐的特征吸收峰，在 1405cm^{-1} 处有较小的次甲基（—CH）吸收峰。将该红外图谱与秦俑底层生漆的红外图谱对照，发现两者的红外吸收峰数据几乎是相同的，由此推断该陶簋的彩绘有机底层主要是由生漆材料制作的[①]。

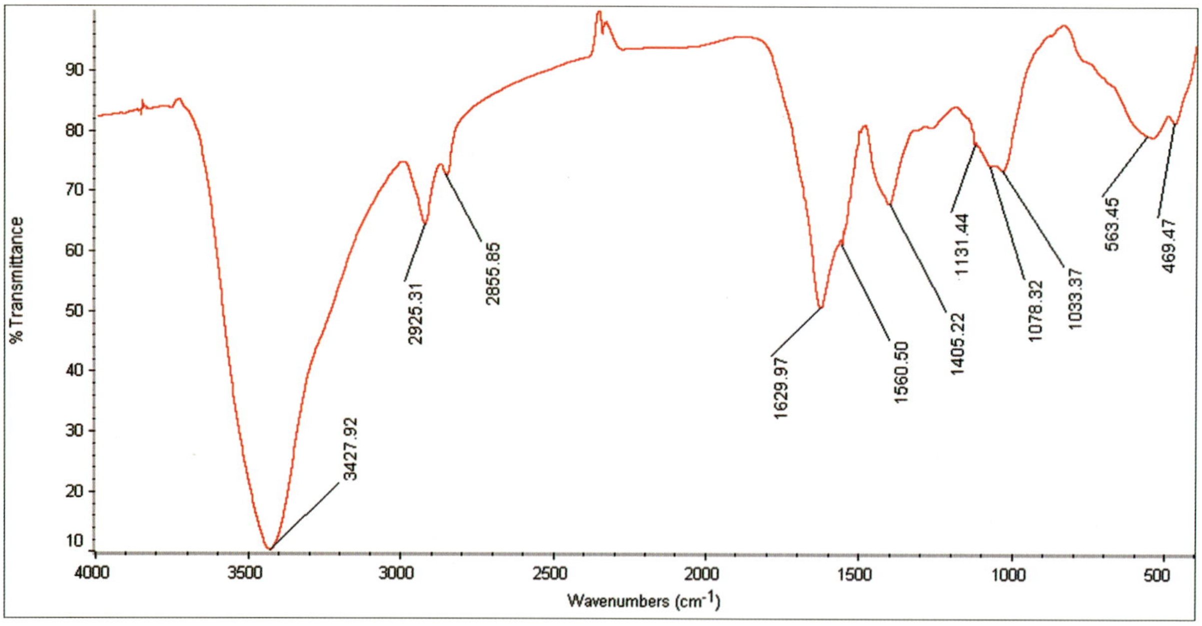

图 5　沂源东里东村战国墓出土彩绘陶簋的红外光谱图

通过以上科学检测发现，彩绘陶簋陶胎的主要成分为砂屑及黏土，砂屑含量在 25% 左右，其主要成分为石英、长石、云母和岩屑等。烧制陶器所用的黏土并非普通土壤，实质上是岩

① 秦始皇兵马俑博物馆：《秦俑彩绘保护技术研究》，载《中国文化遗产》2004 年第 3 期；朱学文：《秦俑彩绘底层生漆研究》，载《文博》2002 年第 5 期；秦俑彩绘保护技术研究课题组：《秦始皇兵马俑漆底彩绘保护技术研究》，载《中国生漆》2005 年第 1 期、2006 年第 1 期、2006 年第 2 期。

土矿长期风化、积聚的产物，是由多种硅酸盐矿物质按一定比例组成的。彩绘陶簠制作结构不够均匀、致密，制作工艺以模为主，模、塑结合。彩绘陶簠与秦俑的彩绘层次结构类似，即表面以生漆为底，先在烧好的陶胎上刷生漆，然后涂彩绘颜料①。

4 保护修复

项目组根据对彩绘陶簠表面颜料、彩绘结构与层次、陶胎的检测，结合对实际病害的分析、认识和研判以及已有秦俑彩绘保护技术研究成果，制定了详细的科学修复保护方案。

4.1 保存现状描述

在修复前，拍照记录器物的残片，描述其保存现状并填写《彩绘陶器保护修复信息卡》。

图 6 彩绘陶簠修复前

彩绘陶簠出土于 M3 的壁龛中，出土编号为东村 M3 壁龛 1∶15，修复前的照片见图 6。该陶簠保存状况很差，残为 53 块，表面漆底层起翘、彩绘脱落、龟裂病害严重，整个陶体约 3/4 的面积被泥土附着物覆盖。陶簠盖残断较严重，多处缺失，边缘处多有剥落。左侧龙耳处泥土附着物较多，右侧龙耳残断严重，且漆皮起翘、彩绘部分脱落，表皮有多处剥落。腹部有多处剥落且有大量附着物。底座彩绘脱落，有较多泥土附着物、其他附着物及裂纹，边缘处有不同程度的剥落。按照《陶质彩绘文物病害分类及图示》绘制陶簠残破图和病害图，彩绘陶簠正视病害图见图 7，彩绘陶簠背视病害图见图 8。

4.2 清理

选取病害较多且不引人注目的腹部残片为清理试验块，以清理试验块为基准进行整体清理。用棉签蘸取去离子水，均匀地湿润泥土附着物和其他附着物，半干后，用手术刀和竹签清理。清理湿土时，为了确保彩绘层的安全，不急于彻底清除泥土，待泥土稍干、失去黏性时再进行清除，最后用棉签蘸取去离子水在表面来回滚动，直至泥土附着物被清理干净。清理硬结物时，先用去离子水、2A 混合液（去离子水与乙醇 1 ∶ 1 混合）软化，再用竹签、手术刀剔除，

---

① 张志军、张益：《秦俑彩绘技法的渊源》，见《秦俑博物馆开馆三十周年国际学术研讨会暨秦俑学第七届年会论文集》，2009 年。

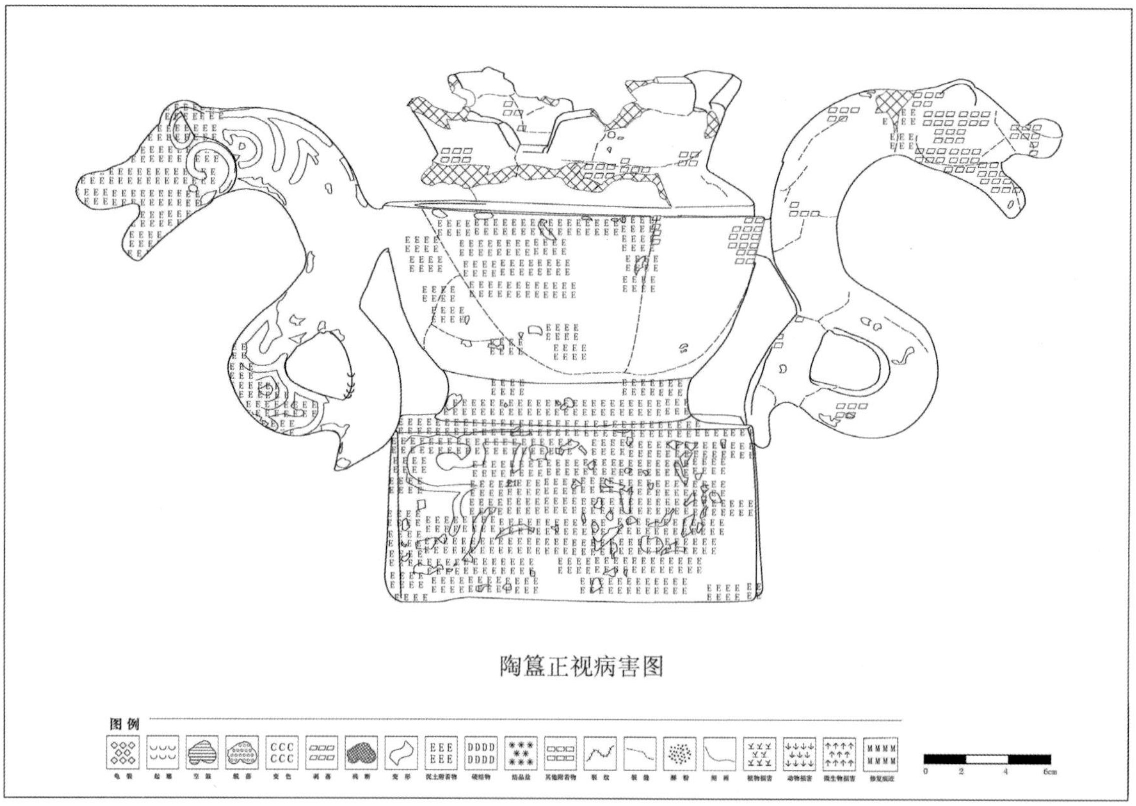

图 7　彩绘陶簋正视病害图

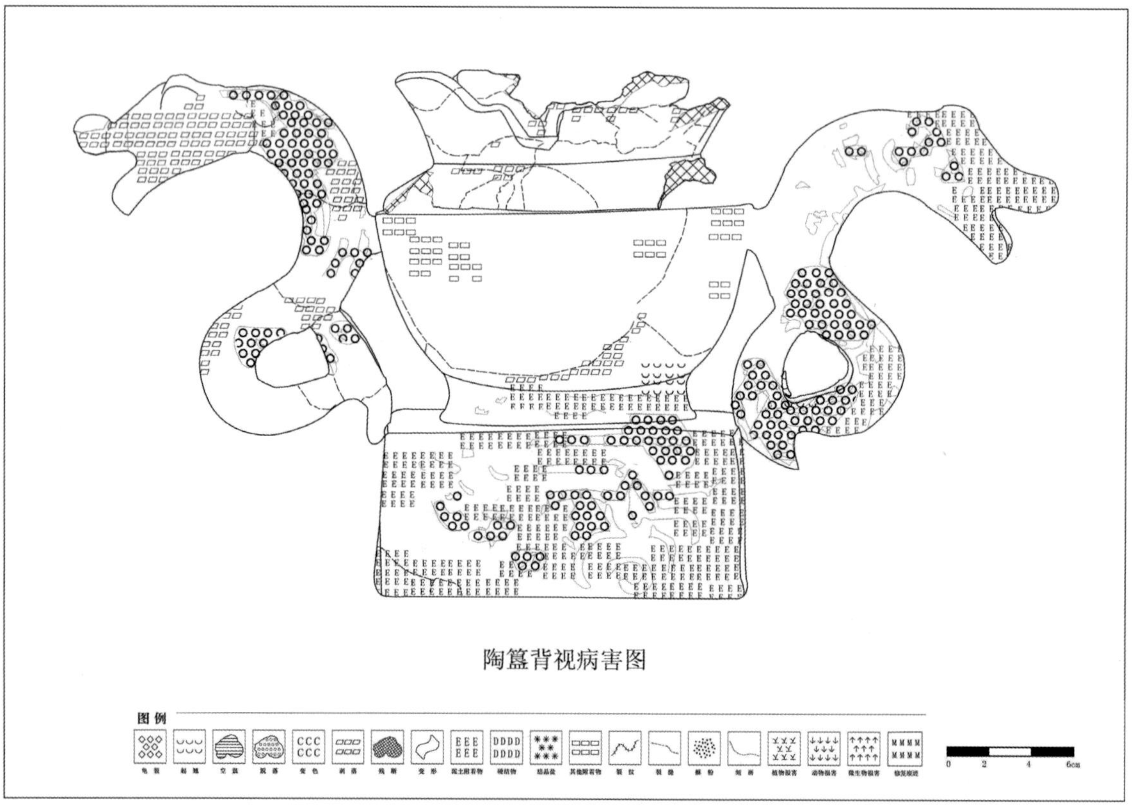

图 8　彩绘陶簋背视病害图

然后用棉签蘸取去离子水、2A 混合液进行清理[①]。采用相同的方法清理表面的土垢与其他污染物。

4.3 彩绘加固

为了防止在后面的环节中损伤彩绘层，先对漆底层进行保湿处理，并对彩绘层进行加固处理。先用浓度为 30% 的 PEG200 均匀地点涂在器物表面，直至漆底层湿润展平，之后再用浓度为 5% 的 AC33、30% 的 PEG200、65% 的去离子水加固起翘严重的漆皮和彩绘颜料层，直到漆皮回软粘贴到陶胎上[②]。

4.4 陶胎加固

在陶胎疏松、脆弱的部位，分别采用浓度为 3%、5%、10% 的 Paraloid B72 乙酸乙酯溶液进行递进式渗透加固。对有裂纹的陶胎，用针管注射 3%—5% 的 Paraloid B72 乙酸乙酯溶液进行渗透加固[③]。

4.5 拼对粘接

对残破陶片进行试拼。按残片大小、部位、形状、茬口、颜色确认互拼位置，编号记录。在粘接前，先在残断面上涂刷浓度为 3% 的 Paraloid B72 乙酸乙酯做可再处理层。2 小时后，再使用 3A 环氧胶（合众 AAA 胶）均匀涂抹断面内侧三分之二部分，防止挤压时粘接剂溢出造成污染[④]。待涂胶半干后，合对断面，合对时一定要对好断面，防止粘接错位，将试拼好的部分残片进行逐步粘接，并用橡皮筋固定。粘接完小片残片后，再试拼、粘接底座，最后进行整体粘接。修复后的陶簋照片见图 9。

图 9 彩绘陶簋修复后

4.6 建立保护修复档案

依据《陶质彩绘文物保护修复档案记录规范》，按照标准格式填写文物保护修复档案，以记录文物的保存状况和在保护修复过程中涉及的内容和问题。在记录时要注意留出一定的空白区域，以便后续记录观察维护情况、更新技术档案等。

---

① 朱学文：《秦俑二号坑彩绘跪射俑清理方法探索》，载《文博》2000 年第 1 期。
② 容波、兰德省等：《秦俑二号坑紫袍跪射俑的保护与修复》，载《考古与文物》2005 年第 5 期。
③ 周铁：《秦俑彩绘保护研究综述》，载《文博》2009 年第 6 期。
④ 容波、蓝德省：《秦俑修复粘接剂实验初步研究》，载《文博》2003 年第 2 期。

5 小结

第一，做好考古现场出土陶质彩绘文物的保湿处理工作是预防性保护修复的关键，现场保护的效果会直接影响保护修复的最终效果。

第二，正确认识战国彩绘陶器的病害机理，通过科学分析检测，制定具体的保护修复措施。

第三，战国彩绘陶器质地差，烧成温度低，彩绘比较脆弱，在进行加固、清理、粘接时一定要细心，避免在修复过程中对彩绘造成二次损害。

第四，将经过保护修复处理的彩绘陶器置于温度为 14℃—24℃、相对湿度为 45%—60%、温湿度变化≤ 5% 的展柜内，并且在陈列展出时使用不辐射紫外线的光源，或在普通光源上涂一层紫外线吸收剂滤去紫外光，最好使用光导纤维照明[①]。光线不宜直射彩绘陶器，灯光照度应小于 50Lux，以能看清文物为准。

原载于《秦始皇帝陵博物馆 2015》，2015 年

① 郭宏：《文物保存环境概论》，科学出版社 2001 年版。

定陶汉墓出土彩绘文字陶砖信息提取技术探讨

◎ 张庆玉[1] 吴双成[2] 马翠莲[1] 张 鲁[1] 崔圣宽[3] 夏 寅[4]
1. 菏泽市定陶区文物考古保护中心；2. 山东省文物保护修复中心；
3. 山东省文物考古研究院；3. 秦始皇帝陵博物院

摘 要：笔者在保护修复山东定陶汉墓彩绘文字陶砖的过程中，采用临摹方法提取了10668 组文字信息，采用拓印方法提取了 5523 组戳印等图形信息，不仅有效保障了项目的顺利进行，而且为研究汉朝文字提供了极丰富的资料，亦能为相关信息提取工作提供参考。

关键词：彩绘文字 汉代 临摹 拓印

定陶黄肠题凑汉墓位于山东省菏泽市定陶区马集镇大李家庄西北约 2000 米处。2010 年 10 月，报请国家文物局批准后，山东省文物考古研究所（现为山东省文物考古研究院）、菏泽市文物事业管理处（现为菏泽市文物局）和定陶县文物管理处（现为定陶王陵保护研究中心）组成考古队对该墓进行抢救性发掘①，在该墓葬椁室顶部发现 13000 多块彩绘文字陶砖，对其采取临时保护措施后运抵室内。

为做好彩绘文字陶砖的保护修复工作，2012 年 10 月，秦始皇帝陵博物院牵头，联合山东省文物考古研究所及定陶文物部门联合编制了《山东定陶汉墓出土彩绘文字陶砖文物保护修复方案》。2013 年 6 月，该方案获得国家文物局批复（文物博函〔2013〕812 号）。2014 年 6 月，山东省文物考古研究所牵头实施定陶汉墓出土彩绘文字陶砖的保护修复工作。2017 年，保护修复工作通过验收。

因此次出土彩绘文字陶砖数量巨大，且所遭病害严重，所以保护修复工作难度极大。项目团队积极探索，逐步形成了适用的保护修复工作流程，有效提高了工作效率。保护修复工作的主要流程为信息提取→彩绘预清理→彩绘预加固→清理→加固→拼对→粘接→补配→临摹文字→完善保护修复档案→入库等。本文就出土彩绘文字陶砖上彩绘文字的保护及戳印等

① 山东省文物考古研究所等：《山东定陶县灵圣湖汉墓》，载《考古》2012 年第 7 期。

图形信息的提取工作总结如下。

1 彩绘文字面的保护

定陶汉墓出土的彩绘文字陶砖有四个侧面。彩绘文字的书写方式为朱书、墨书或白书。从颜料成分分析结果来看，铁红、墨和碳酸钙均是较为稳定的物质。通过对颜料层剖面的显微观察发现，彩绘层在陶胎上附着，未渗入陶胎内，可能是由于颜料有机黏合剂老化等所致。考虑到以上情况，对彩绘文字面的保护按预清理、预加固、清理、加固与封护四个步骤进行。

1.1 预清理

预清理的目的是清理掉彩绘层上较大、易去除的污染物。这类污染物主要有沙、树根等附着物。清理方法是使用牙签等小工具将附着物轻轻剔除，或使用洗耳球将附着物轻轻吹走。彩绘文字周围多使用软毛刷清理。清理彩绘层时以彩绘不掉落为标准。

1.2 预加固

预加固主要是针对易脱落的彩绘层进行的，便于下一步深度清理。在预清理的基础上，使用浓度为 3% 的 Paraloid B72 乙酸乙酯溶液对彩绘层进行预加固。

1.3 清理

在对彩绘层完成预加固后，彩绘层已相对稳定，可以开始深度清理工作。首先使用半干的棉签在彩绘层表面轻轻滚动，以粘去泥土，直至彩绘文字完全暴露出来。此时需要注意控制力度，避免由于力度太大而粘掉彩绘。在使用纯净水难以清理时，使用 2A 溶液进行试验，即用棉签蘸取 2A 溶液，分区滚动完成清理。若发现有彩绘脱落现象，可使用浓度为 3% 的 Paraloid B72 乙酸乙酯溶液再进行一次加固，然后用 2A 溶液进行清理。

1.4 加固与封护

清理完成后，彩绘层多已干净，为保证今后彩绘不脱落，必须进行加固与封护处理。加固使用阶梯浓度的 Paraloid B72 乙酸乙酯溶液。首先用浓度为 2% 的 Paraloid B72 乙酸乙酯溶液对彩绘文字面进行加固，静置 10 分钟，注意观察并记录其变化等。然后用浓度为 3% 的 Paraloid B72 乙酸乙酯溶液加固一次，注意观察情况并记录。

根据彩绘的形式及保存状况的不同，加固与封护多采用喷涂、点涂及敷浸等方法进行。

1.4.1 喷涂

适用于较大面积彩绘部位的保护处理。选用雾化效果好的小型喷壶，装入所需浓度的 Paraloid B72 乙酸乙酯溶液，注意喷距适当、用力适当，从侧面对文物表面进行喷涂，注意喷量适当，以使其表面刚好形成薄薄的膜为宜。

1.4.2 点涂

适用于颜料层较厚、颗粒较细且易掉粉等彩绘部位的加固处理。用毛质较软的小毛笔蘸水点湿彩绘，待水分逐渐被吸干时，从残存彩绘边缘开始点涂所需浓度的 Paraloid B72 乙酸乙酯溶液，待保护剂不再渗入时，再用滴管滴渗彩绘表面。这样，水分被吸收时所产生的毛细吸力会使保护剂更好地渗入彩绘，同时可以消除点涂在彩绘表面留下的痕迹。

1.4.3 敷浸

在清理和加固过程中，先使陶体充分湿润，然后用医用脱脂棉浸润所需浓度的 Paraloid B72 乙酸乙酯溶液，覆盖在其表面，3—5 分钟后取下。

完成以上清理及加固步骤后，彩绘层的保存状况就相对稳定了，便于今后进行彩绘文字临摹以及砖体其他区域的清理和加固工作。

2 彩绘文字的临摹

经过上述清理及加固处理后，彩绘已不易掉落，此时开始对彩绘文字进行临摹。

2.1 工具与材料

所需工具与材料包括：天然描图纸（钻石系列 880cm × 90cm）、2B 铅笔、油笔、橡皮、高度透明玻璃板、透明塑料片、羊毛刷、烧杯、纯净水、裁剪刀、直尺、裁纸板、放大镜。

2.2 步骤

2.2.1 裁纸

根据文字在砖体上的位置，一般把文字所在面规定为右侧面，部分砖左、右侧面均有文字。彩绘文字陶砖左、右侧面尺寸是 30cm × 15cm，文字多在侧面，顶面、底面尺寸是 45cm × 15cm，正面、背面尺寸是 45cm × 25cm。

2.2.2 临摹

先整体观察，包括其名称、结构笔画、书写方式和清晰程度。其书写方式有朱书、墨书和白书三种。如果字体清楚，就把描图纸放在字面上，用 2B 铅笔描下来。要注意保持原笔画，线条要均匀、流畅，要沿着字体边缘描写，不要脱离字体，以致变形、失其神采（图 1、2）。

2.3 归档

临摹完成后，按照原砖面尺寸画上边框，并注明该砖的实验室编号、文物编号、文字书写方式（朱书、墨书、白书）和位置（左面、右面、顶面、底面、背面、正面），再按登记序号由小到大排列，整齐放置在档案盒内，交档案室扫描打印并存入该彩绘文字陶砖的原始档案。

2.4 存在的难题

因已做过清理和加固工作，对于彩绘文字陶砖上模糊不清的朱书或墨书文字，可以用软毛刷蘸纯净水刷一下，使字迹清楚一些；或者将透明塑料片放在上面，用油笔临摹。部分彩绘文字陶砖的吸水性不好，水渍多，因此不宜用塑料片，可将高透明玻璃板放在上面，其中间有空隙，可以看见字体形状及笔画，然后用油笔进行临摹。等字迹风干后，再用素描纸铺盖在上面进行临摹。但白书文字不能用纯净水，用后反而会使字迹不清楚，同时应注意在高倍放大镜下进行临摹。

图 1　临摹彩绘文字

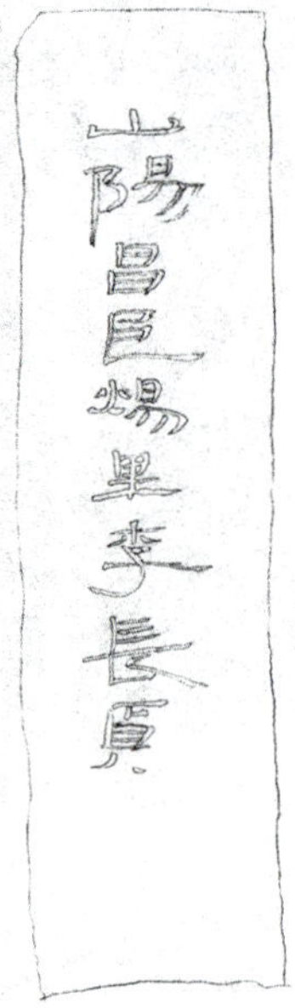

图 2　临摹图片

3　戳印等图形信息拓印

采用拓印方法提取彩绘文字陶砖上的刻画、戳印、植物痕迹、手指印纹等图形信息。

3.1　工具与材料

使用的工具与材料包括：宣纸（吸水性好、拉力好、纤维长）、墨汁、棕刷、砸刷、拓包（用平纹的棉布、医用棉花、塑料薄膜、棉绳做成直径 8—10cm 的拓包）、小型塑料喷壶、软毛刷、白及水、毛巾（用来吸干多余水分）、塑料薄膜、工具刀、一米长直尺。

3.2　步骤

3.2.1　裁纸

把宣纸裁成比彩绘文字陶砖面大 1cm 的长方形，其尺寸有 10cm × 20cm、10cm × 40cm、20cm × 40cm 三种。

3.2.2　上纸

用软毛刷清理彩绘文字陶砖的表面，刷上白及水，选择大小合适的宣纸平铺在所拓砖面上，用喷壶喷湿宣纸，让宣纸充分膨胀。用软毛刷把宣纸刷平，让宣纸和砖体充分贴合，用毛巾吸去多余的水分。用塑料薄膜包上砸刷，从中间向两边均匀用力砸实，使阴刻文字、刻画符号和戳印等清晰显现，将多余的纸向下封边即完成（图 3）。

3.2.3　上墨

因为彩绘文字陶砖的含水量不同，所以上墨时间为 30—60 分钟不等，待其至七八成干时最为适宜。根据实际操作，需用两个拓包、一个扑包，用扑包蘸少量墨，用两个拓包来回擦动，均匀用力，反复多次，使着墨均匀。先用拓包在空白纸上试一下，看看拓包的墨色是否均匀，第一次上墨要浅，以后逐渐加深，直到刻画和戳印等图形信息清晰显现（图 4、5、6）。

图 3　拓印上纸

图 4　拓印上墨

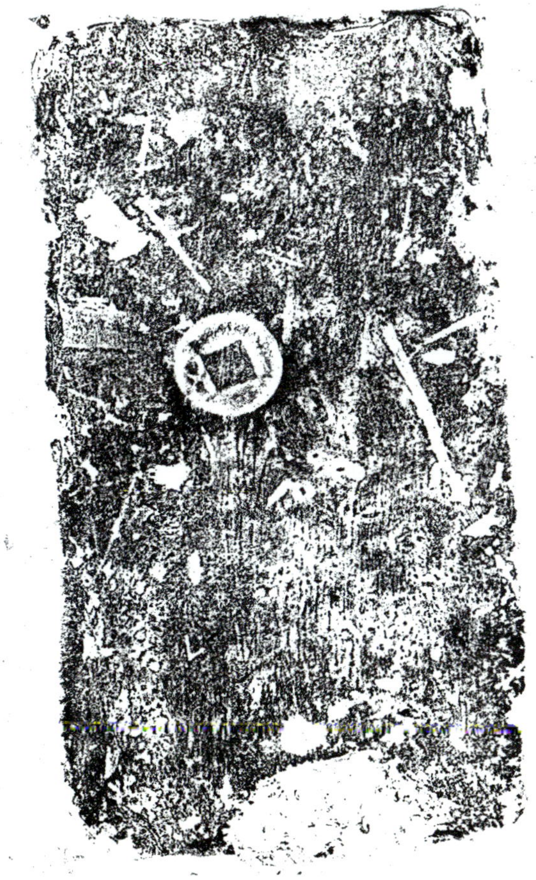

图 5　拓片 1

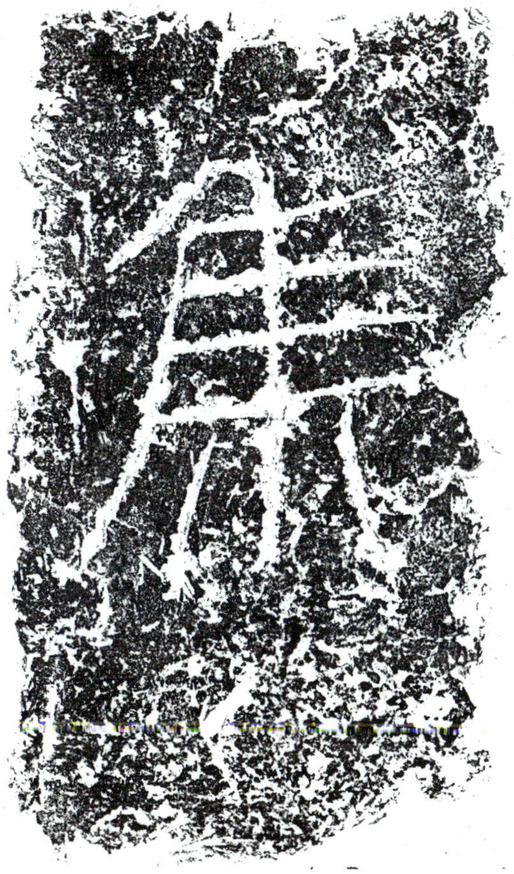

图 6　拓片 2

3.3 归档

拓印出砖的整体外形后，取下拓片，将其放在事先准备的宣纸上，平面放置，自然晾干。在拓片下部标注原始编号、实验室编号（若一块砖对应多个拓片，则在编号后注明位置，如DTZ00005-IV16-23左），扫描打印后存入该彩绘文字陶砖的原始档案，并以实验室编号命名电子档案。

4 结语

定陶汉墓出土的彩绘文字陶砖上的文字、图形等信息大多是书写上去的。个别陶砖上有戳印图案。部分陶砖上既有书写的文字，又有戳印痕迹。本次共临摹10668组文字信息，拓印5523组图形信息。

经初步分析发现，彩绘文字有白色、红色、黑色三种颜色。彩绘文字大部分为人名，多数是简单人名，如“李孙”（编号Ⅳ① A∶24）等；也有“地名+人名”的，如“山阳东炀里郑子高”（编号Ⅴ① 12∶44）；也有刻画文字，如“干”（编号Ⅱ② 10∶58）[①]。出现在部分彩绘文字陶砖上的戳印有自然形成的，也有人为造成的。自然形成的戳印可能主要是树叶在砖坯未干前落上所致。人为造成的“X”“O”形图案或痕迹等可能是工匠在清点过程中为以示区别而标记。

通过临摹和拓印，完整提取该批13000多块彩绘文字陶砖上的文字、刻画符号、戳印、植物痕迹、手指印纹等信息，不仅为保护修复工作提供了宝贵经验，而且有利于发挥这批彩绘文字陶砖的价值，为研究汉朝文字提供了极其丰富、重要的基础资料。

致谢：本项目前后持续了三年多时间，先后有多家单位和业务人员参与，皆付出了艰辛劳作，在此一并感谢。

① 山东省文物考古研究所等：《山东定陶县灵圣湖汉墓》，载《考古》2012年第7期。

X 射线成像技术在馆藏青铜器保护中的应用

◎ 蔡友振[1] 王雪凝[1] 程 红[2] 朱晓伟[3]
1. 山东省文物保护修复中心；2. 日照市博物馆；3. 莒县博物馆

摘 要： X 射线成像技术因具有对文物无损的特性，已广泛应用到文物保护研究工作中。本文通过馆藏青铜器保护修复实例，介绍该技术在青铜器除锈、评估器物保存状况、分析器物铸造特征、考释铭文内容等方面的作用，从而为青铜器的保护修复工作提供参考与借鉴。

关键词： 青铜器 X 射线成像技术 除锈 铸造特征

X 射线成像技术作为一种无损分析手段，已在陶瓷、金属、木质文物保护及考古研究等方面多有应用①。在馆藏青铜器的保护工作过程中，借助此项技术，可以观察文物内部的病害状态、锈蚀层下的结构、器物铸造特征及修复痕迹等。因为青铜器的合金成分、金相组织、厚度等不同，所以青铜器会对射线产生不同的吸收或散射特征。通过记录在透视影像底片上的信息，可以对肉眼难以观察到的器物内部信息有所预知。

此技术也可应用于文物真伪的鉴定工作中，作为人为主观辨伪的重要补充手段②。有学者通过 X 射线图像融合方法提升铜镜的 X 光图像整体质量③，以更清晰准确地保留源图像信息。因此，此技术在文物信息重建领域有较大的发展空间。为了发挥这项技术的独特作用，笔者

---

① 杨军昌、韩汝玢：《X 光照相技术在文物及考古学研究中的应用》，载《文物保护与考古科学》2001 年第 1 期；杨忙忙、郭岚：《X—光透视技术在文物保护中的应用》，载《文博》1999 年第 6 期；丁忠明、吴来明、孔凡公：《文物保护科技研究中的 X 射线照相技术》，载《文物保护与考古科学》2006 年第 1 期；相建凯、张刚、董少华等：《数字 X 光照相技术在木雕造像上的应用》，载《文物保护与考古科学》2018 年第 3 期。

② 于群力：《X 射线照相技术在文物辨伪中的应用个例》，见《文物保护与修复纪实：第八届全国考古与文物保护（化学）学术会议论文集》，岭南美术出版社 2004 年版，第 461~465 页；商栋梁：《科技方法在青铜器真伪鉴定中的应用研究》，西北大学 2018 年硕士学位论文。

③ 刘凯、王慧琴、吴萌等：《基于提升小波的古铜镜 X 光图像融合方法研究》，载《激光技术》2020 年第 1 期。

携带 X 射线探伤机，到文物保护修复现场提取第一手资料，多角度采集文物所包含的信息，为开展文物保护工作提供了有力支持。现将此收获梳理总结，权做抛砖引玉之论。

1 检测设备与样本

1.1 设备

本次测试采用的是德国生产的依科视朗便携式 X 射线探伤机及便携式 CR 电子成像系统，仪器型号为 Smart Evo 300D HD-CR 35。设定测试条件为：拍摄电压 90—200kV，拍摄电流 1mA，拍摄时间 60s，拍摄距离 70cm。

1.2 样本

针对这批青铜器的保存状况和不同特征，重点选择腐蚀矿化严重、锈蚀层厚实或铸造特征不明显的 13 件器物作为样本，根据需求拍摄不同角度的 X 射线成像照片。文物样本相关信息见表 1。

表 1 馆藏青铜器拍摄 X 射线成像照片信息表

序号	文物名称及编号	时代	拍摄位置	电压及电流	文物收藏单位
1	鬲（0005）	春秋	腹外部	160kV/1mA	日照市博物馆
2	壶（0047）	春秋	腹底部	180kV/1mA	
3	壶（0015）	春秋	腹外部	200kV/1mA	
4	方鼎（0050）	春秋	腹底部	95kV/1mA	
			无耳两侧壁	110kV/1mA	
			有耳一侧壁	145kV/1mA	
5	鼎（0115）	春秋	腹底部	180kV/1mA	
6	刀（4367）	春秋	整体	130kV/1mA	莒县博物馆
7	盘（4386）	春秋	整体	160kV/1mA	
8	敦（4544）	战国	底部	150kV/1mA	
9	熏炉（3230）	汉代	盘底部	100kV/1mA	
10	洗（3225）	汉代	整体	120kV/1mA	莒县博物馆
11	洗（3228）	汉代	整体	145kV/1mA	
12	甗（4342）	春秋	下部鼎	180kV/1mA	
			上部甑	175kV/1mA	
13	敦（4633）	战国	腹底部	115kV/1mA	

2 目的与方法

2.1 精细除锈

除锈是青铜器保护修复工作的重要程序。清理并去除有害锈可以阻止文物继续腐蚀，有利于延长文物寿命。有些无害锈蚀物因覆盖于青铜器纹饰、铭文表面，影响文物展陈效果或铭文释读效果，也应予以清理以恢复文物原貌。通过拍摄锈蚀物部位 X 射线成像照片，可预知腐蚀层下的纹饰分布、走向、粗细及基体的保存状况等，有利于做到精细清除锈蚀物，避免伤及纹饰、铭文与器物基体。

2.2 评估保存状况

文物 X 射线成像作为一种特殊文物投影，可以帮助我们了解器物内部的腐蚀状态及其是否经过焊接、粘接或修补等，可揭示青铜器内部的保存状况和腐蚀状态，为制定相应的保护修复措施提供依据。古代青铜器表层往往覆盖有绿色或蓝色锈蚀物，显得古朴沧桑，极具时代特征。但是由于锈蚀物覆盖，器物的保存状况也难以判断。因此，通过拍摄不同角度的透射影像，观察其保存状况，有利于相关人员在保护修复过程中加强防护，做到有的放矢。

2.3 分析铸造特征

X 射线成像照片可以直观地展示青铜器的铸造工艺特征，如芯撑（垫片）、范缝、盲芯、加强筋及补铸痕迹等。古代青铜器采取的范铸工艺大多会留下上述制作特征。青铜器的铸造特征有一定的规律可循。如范缝是由两块范合在一起时存在缝隙，铜质外流而致。芯撑可使内外范之间保留一定空腔，从而为浇铸铜液留取空间。铜液冷却后，芯撑会保留在器物内部，因其和基体不是一起熔炼的，所以在透视底片上可看到其形状及分布状态。在拍摄 X 射线成像照片时，注重对器物重点部位的拍摄能够收到事半功倍的效果。

2.4 发现与考释铭文

铭文作为青铜器研究中的重要内容，对研究当时方国或氏族的宗教、政治、文化等具有重要价值。由于少数青铜器铭文或被锈蚀遮盖或被基体腐蚀或被人为污染等，所以人们已无法观察到其真实状况。青铜器铭文的布局一般比较固定，比如多在口沿、颈部及腹底部等。对青铜器疑似出现铭文或可能存在铭文的部位拍摄影像照片，可确认铭文是否存在。因青铜器铭文的保存状况不尽相同，在观看 X 射线成像照片的基础上，初步辨认铭文信息，再结合其拓片及文献资料等，可达到考释铭文的目的。

3 结果与讨论

3.1 除锈效果评价

铜鬲（0005）通体锈蚀，呈绿色，锈蚀层下可见纹饰分布，表层局部矿化剥离，呈灰白色粉末状，质地疏松。为了提高器物展陈效果、凸显其纹饰之美，应清理去除器表锈蚀物。因纹饰走向难以准确把握，贸然除锈可能造成文物本体损伤，故需参考器物纹饰部位 X 射线成像照片，使用竹刀、手术刀和洁牙机等对表面覆盖纹饰的锈蚀物进行精细清理（图 1、2）。

铜鬲影像底片显示，其外腹上部饰一周波曲纹（亦称环带纹）作为主纹饰，其状如波浪起伏，波峰或波谷间饰，左右对称。波曲纹上下各饰一条凸出弦纹，整体呈环带状，绕腹部一周。整条纹饰在三足上部由三条扉棱间隔，分成三组。在大致了解器表波曲纹布局及走势后，对照其影像底片，针对性地去除锈蚀物。因器物局部矿化，在清理前首先采取加固措施以提高器表强度，避免器物表面出现剥落、崩残现象。经过精细除锈，铜鬲腹部纹饰已清晰可辨（图 3、4）。

图 1　铭文及纹饰

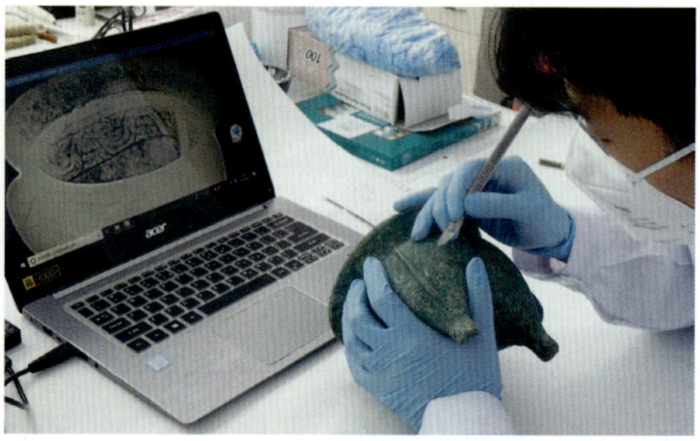

图 2　对照 X 射线照片清理锈蚀物

图 3　锈蚀物清理前

图 4　锈蚀物清理后

3.2 保存状况分析

3.2.1 基体矿化

方鼎（0050），春秋时期器物，长 22.7cm，宽 17.2cm，高 23.2cm，重 2249g，附耳，平腹，四面均饰龙纹，左右对称，兽形蹄足。方鼎一耳缺失，底部可见较大面积残缺。从器物侧腹部与底部残缺断面观察，方鼎基体内部存在铸造孔洞且局部矿化。底部 X 射线成像照片（图 5）表明，方鼎底部有四枚不规则的芯撑分布，且均出现在鼎足附近（图 5 中右向箭头指示部位），左上角两块残缺之间腐蚀矿化较严重（图 5 中方圈所示部位）。另外，器物底部分布有大量的孔洞（图 5 中圆圈所示部位），大小不一且边缘齐整，未发现明显“边蚀”现象。这种孔洞大部分出现在腹底部，一般有“聚集”现象，可能是在铸造铜鼎时，因基体急剧冷却未能及时补充铜液而出现的铸造缩孔。

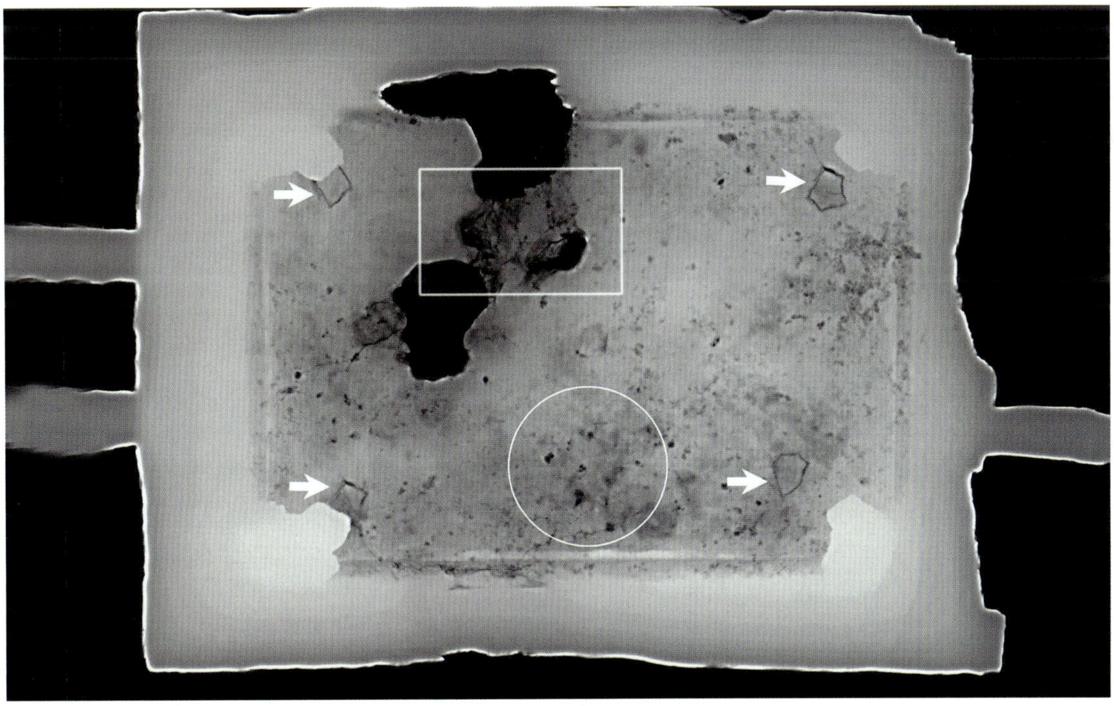

图 5 方鼎（0050）腹部 X 射线成像照片

铜刀（4367），春秋时期器物，长 34.9cm，宽 7.6cm，厚 0.08cm，重 520.9g，整体呈不规则长方形，两端呈三角形。刀背一侧分布有五个长方形穿孔，刀被边缘有四枚人物头像，其中三枚完整，一枚仅残存约五分之一。刀锋部位分层且中间夹杂锈蚀物，刀尾端残缺较多且无原始边缘。X 射线成像照片（图 6）显示，刀背一侧靠近五个长方形穿孔部位的铜质保存较好，刀锋及尾端分别有一较宽裂隙，周边皆分布有大量细微裂隙，器物锈蚀破碎成若干块且曾经过粘接修复处理。另外，器物两侧灰度感较强且有叠影存在，表明两侧锈蚀矿化十分严重，铜质保存较差，这与其外观有锈蚀凸起、瘤状物及层状物堆积的情况基本一致。

图 6　铜刀（4367）X 射线成像照片

3.2.2　细微裂隙

铜鼎（0115）通体锈蚀严重，外表未见明显裂隙存在（图 7）。通过 X 射线成像照片（图 8），明显可见底部有三条范线与足跟相连，底部右侧灰度感较强，且边缘分界处影像模糊，应是大面积腐蚀所致。铜鼎底部本体比较脆弱，在清理除锈过程中应十分注意力度。底部中央有一枚芯撑，略呈长方形（图 8 中左向箭头指示部位），腹底部与口沿下方纹饰处聚集有大量缩孔（图 8 中圆圈所示部位），这些孔洞分布无规律，未发现有明显的流向痕迹，应该不是排气不畅导致的气孔。这种现象在一定程度上也反映了当时的青铜浇铸技术及冶炼水平。值得注意的是，通过影像底片可见其上部缩孔聚集区内有暗裂纹存在（图 8 中右向箭头指示部位），裂纹未贯穿周围缩孔。因此在保护修复过程中，应注意此区域器物本体的强度，防止裂纹因受力继续发育而贯穿缩孔导致器物出现开裂。

图 7　铜鼎（0115）腹底照片

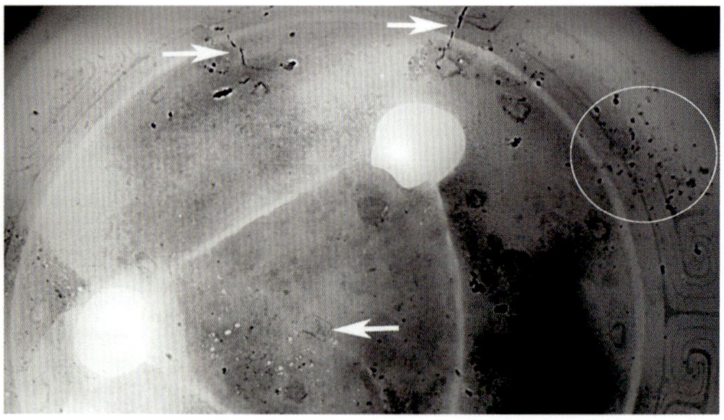

图 8　铜鼎（0115）X 射线腹部成像照片

3.2.3　曾经过修复保护处理

有些铜器外观看似完整或疑似有修复痕迹，在无原始资料可查的情况下，通过拍摄透视照片可了解当时的修复工艺和材料，以便在拆解与再次修复时预判可能遇到的问题。如铜盘（4386），春秋时期器物，口径 37cm，底径 24cm，高 13.8cm，耳距 44cm，重 3810g。器物通体锈蚀，因胶结材料老化、变色，局部有褐色胶液流淌的痕迹，也有补配材料与器物本体剥离的现象。

铜盘的 X 射线成像照片显示其腹部、底部均存在大量裂纹，有些裂纹较宽且贯穿口沿，这表明比前该铜盘口沿曾完全断裂，整个盘破碎为若干碎片（图 9）。裂纹内部灰度感强，与底片黑色基本一致，说明曾采用胶粘方法修复裂缝，这与其表面局部有褐色胶液流淌的痕迹吻合。盘底圈足周围分布有较多密集的气孔并夹杂腐蚀点，气孔呈黑色圆点状，形状规则且边缘清晰；而腐蚀点的形状则相对不规则，且边缘大多由黑及白，呈现不清晰状态。铸造气孔相对集中于 1、2、3 三个区域（图 9 中椭圆所示部位），三区域边缘有三处形状不规则的腐蚀或缺失（图 9 中 5、6、7 所在位置），曾采用有机质材料补配，因补配部位无金属基体存在，所以补配部位在底片上呈现为黑色影像。另外，盘底部中央分布有纹饰，但因器表被红褐色锈蚀物覆盖而未能展现出来，在清理除锈时，应注意对纹饰的保护。

铜敦（4544），春秋时期器物，腹径 22.7cm，耳距 28.4cm，高 15.7cm，重 2745g。由其 X 射线成像照片可知，盖顶部与盖分离，破碎为三大块；照片中有一处亮白色区域，应是用铅锡类材料补配所致。亮白色区域边缘与铜敦基体之间无灰色缝隙，碎块之间有不规则的连续白色条带（图 10），这表明当时是利用通焊（或称连续焊）技术沿着原有裂隙采用铅锡材料进行修复的。文物保护修复有其时代局限性，因为早期修复技术及条件有限，所以大部分文物的修复资料并未保留下来。通过此次无损检测，可了解器物过去的修复情况，有利于判断器物的整体结构强度，从而更好地制定文物保护修复方案。

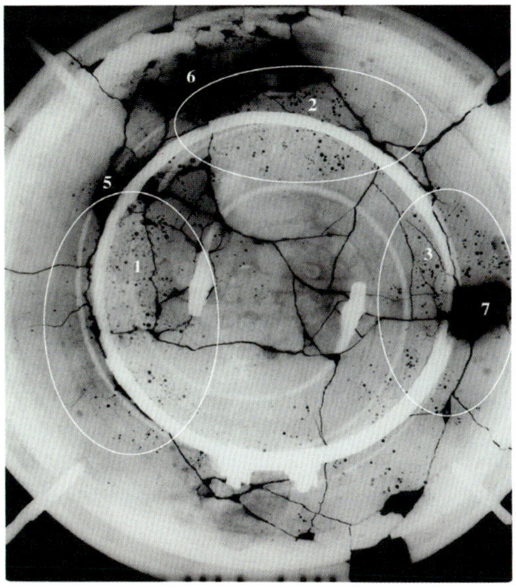

图 9　铜盘（4386）修复痕迹

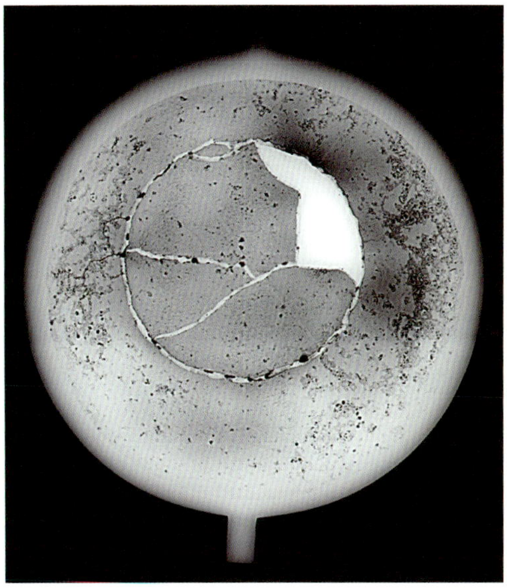

图 10　铜敦（4544）修复痕迹

3.3　制作特征分析

3.3.1　芯撑

芯撑在古代青铜铸造中较为常见，也是青铜器范铸工艺的重要特征之一。芯撑多分布于器物底部与侧壁等位置，用来控制内外范之间的空隙，使铸芯与铸范之间的距离稳定。也有学者认为金属芯撑应称为“垫片”，泥质芯撑应称为“芯撑”。本文将类似金属或泥质的小构件统称为“芯撑”。

（1）芯撑材质

图 11　铜壶（0047）底部芯撑

青铜器所用芯撑主要为铜质和泥质，其中铜质芯撑多使用红铜与青铜，使用红铜的似乎更多一些[①]。在X射线成像照片中，这些不同质地的芯撑会表现出不同的影像特征。按照原子序列排列，原子序数越大，金属吸收X射线的能力越强，成像越明亮，反之则越灰暗。因此，含铅锡较高的芯撑一般在底片中会呈现出较明亮的色彩，即在底片中呈现的亮度高于器物本身呈现的亮度。与青铜器本身的成像相比，红铜芯撑成像的灰度感强，多数泥质或腐蚀严重的红铜芯撑在底片中呈现灰色暗影。如春秋时期的铜壶（0047），有盖，颈长且两侧各有一贯耳，腹深而中部缓缓鼓出，壶腹底部呈椭圆形；圈足小而浅，沿下腹壁成弧线状外撇。椭圆形腹底中央有一柱状凸起，高约0.2cm，应为铸造器物时的浇口（图11中右上箭头所指部位）。椭圆形腹底均匀分布有三枚近似方形的芯撑（图11中左向箭头所指部位）。芯撑边缘与壶底部接壤处分界线明显，且亮度强于器物底部。这说明器物底部已腐蚀，而芯撑为非泥质芯撑，芯撑中的铅锡含量或高于铜壶本体且芯撑保留了原始未腐蚀状态。

（2）芯撑布置

古代工匠在使用芯撑铸造青铜器时遵循一定的规律，在芯撑的布置上常考虑芯撑的稳定性和科学性。下面以汉代文物熏炉（3230）、铜洗（3225）、铜洗（3228）为例进行说明。熏炉（3230）底部有六枚较大且略呈正方形的芯撑，应为工匠统一制作而成。1—5号芯撑均匀分置于腹部一周，按照芯撑布局推算，熏炉腹部一周应有六枚芯撑（1—6号），当因腹部残缺，缺失一枚。可能是因为浇铸铜液时芯撑倾斜，所以1号芯撑的X射线投影偏小且形状不规则。6号芯撑居于腹底中央，其灰度感与器物基体接近，而腹部周围1—5号芯撑的灰度感强烈，表明1—5号芯撑已严重腐蚀，6号芯撑可能因居于腹底中央且周围有高圈足保护，故腐蚀程度相对较轻（图12）。

铜洗（3225）腹底部一周分布有八枚芯撑（1—8号），底部中央均匀分布有四枚芯撑（9—12号）。1—12号芯撑的形状接近正方形，且灰度感较强，故应比器物基体腐蚀严重。腹

① 刘煜、岳占伟、何毓灵等：《殷墟青铜器金属芯撑技术研究》，载《南方文物》2015年第4期。

底右侧分布的 13 号、14 号两枚芯撑分别紧靠 11 号、5 号芯撑，这两枚芯撑较大且呈长方形，成像亮度也比 1—12 号芯撑亮。由此推测，这两枚芯撑与 1—12 号芯撑不是同一批制作而成，而是工匠在布置芯撑后发现内外范错位或外范不稳定等问题，再次制作芯撑补充添加而成（图 13）。

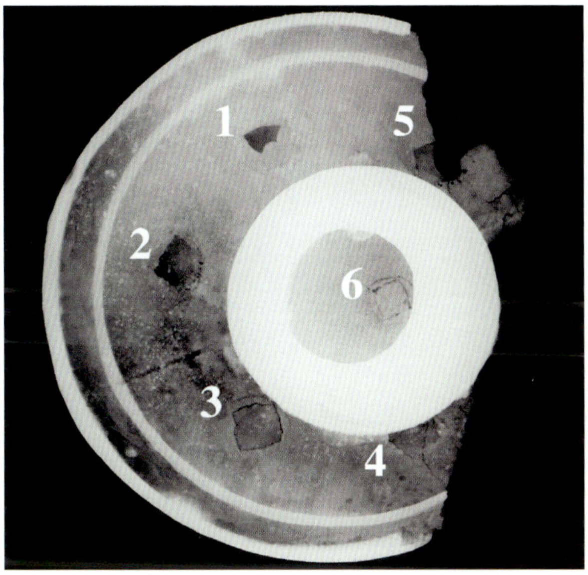

图 12　熏炉（3230）底部大芯撑

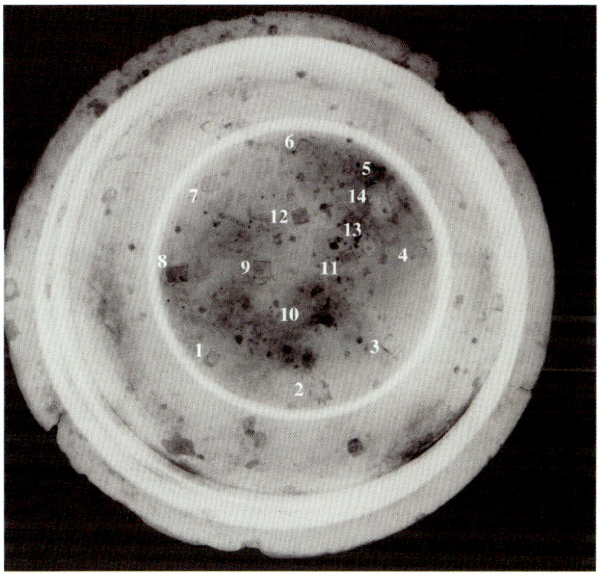

图 13　铜洗（3225）芯撑

铜洗（3228）的芯撑多为正方形，主要分布于腹部侧面，底部芯撑分布不均匀。值得注意的是，其底部连续分布有四枚芯撑（1—4 号）。这说明为了保证浇铸铜液时内外范定位的准确性，工匠有意大量使用芯撑。另外，芯撑周边腐蚀痕迹明显，且 4 号芯撑右侧有缩孔聚集（图 14 中左向箭头所指部位）。这些缩孔可能是在铸造铜洗过程中，炙热铜液遇到冰冷金属芯撑后快速凝固，而后续铜液未能及时补充所形成的。

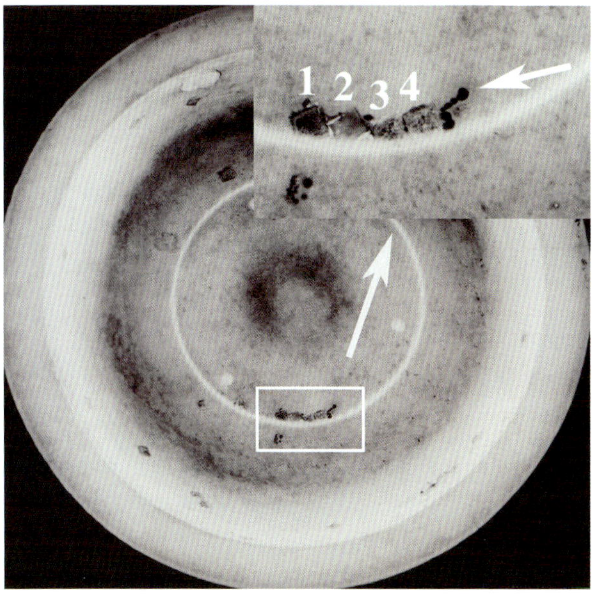

图 14　铜洗（3228）底部芯撑

方鼎（0050）侧壁透视影像展示了芯撑的制作特点。其中带有附耳的一侧壁布置有三枚三角形芯撑（1—3 号），且芯撑较大，正好填补了纹饰的空隙（图 15）。无耳两侧器壁纹饰空隙相同位置各布置有一枚芯撑（图 16、17 中箭头所指位置），芯撑的灰度感较器物基体强一些，表明芯撑腐蚀较为严重。由此可见，工匠在布置上述芯撑时有意避开了纹饰，且根据纹饰走向刻意制作了不同形状的芯撑，避免芯撑对纹饰造成干扰。这说明古代工匠已能巧妙科学地运用芯撑，即能充分考虑到芯撑的利与弊，并将其合理运用到青铜器的制作中，以保证器物铸造成功且纹饰精美。

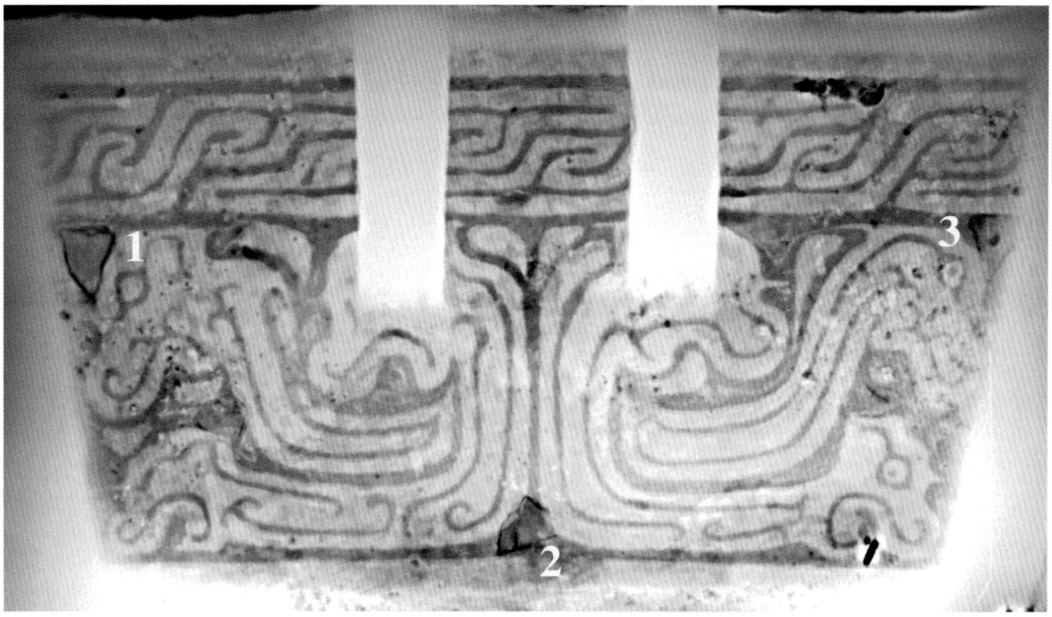

图 15　方鼎（0050）有耳一侧纹饰及芯撑

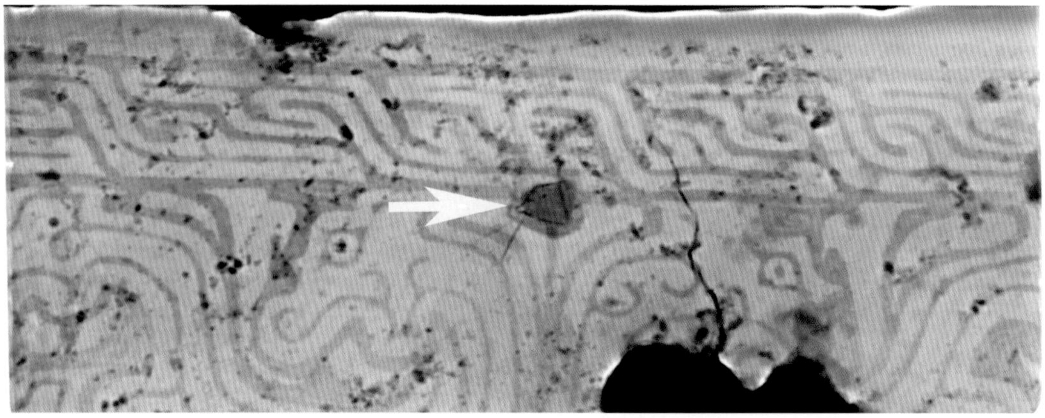

图 16　方鼎（0050）无耳一侧芯撑

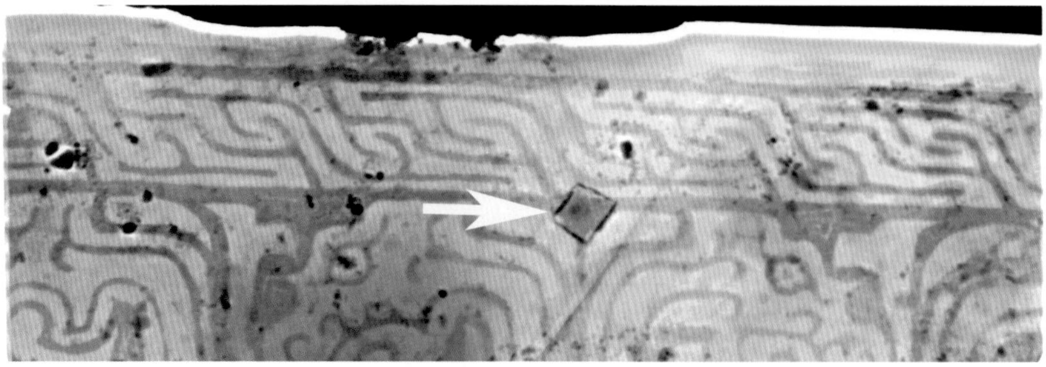

图 17　方鼎（0050）无耳另一侧芯撑

3.3.2 范缝与缩孔

范缝是古代工匠在铸造铜器时于合范缝隙处留下的痕迹。观察范缝可以了解范的数量及分范方式。范缝主要是铜水沿合范缝隙处溢出而形成的凸起线条。有些未经打磨处理的范缝在器物底部也可起到加强筋的作用。如铜鬲（0003）底部表面有三条范线凸起，其 X 射线成像照片显示，该铜鬲腹底部有三条明亮范线首尾相连，呈三角形，且三角分别与三足连接。同时，铜鬲底部三角处与中央各布置有一枚芯撑（4—7 号），形状不规则。三条范线外侧腐蚀特征明显，左下角腹部中间布置有一枚芯撑（2 号），其余两处芯撑（1 号、3 号）不甚明显（图 18）。

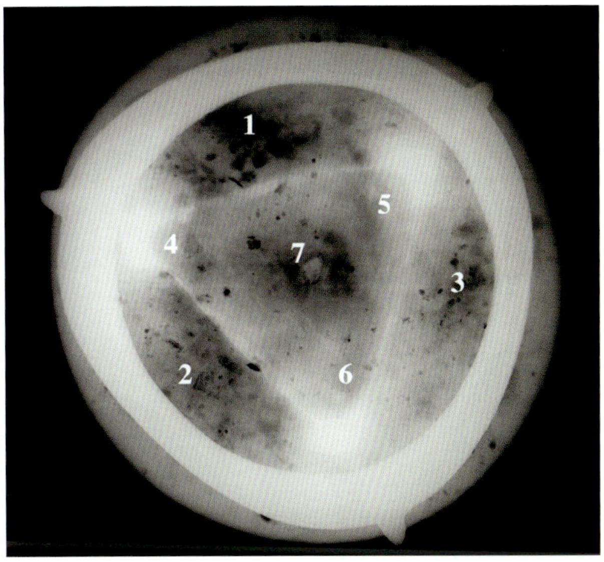

图 18 铜鬲（0003）范线与芯撑

缩孔是青铜器存在铸造缺陷的一种表现，除了一些铸造粗糙的明器，多数器物的缩孔隐藏于器物内部，从外观看很难发现，也基本不会影响器物的使用。这些缺陷在透视影像中可以呈现出来，一般呈现为圆形或椭圆形暗影，偶尔呈现为蚯蚓形暗区，边缘光滑清晰[①]。

铜甗（4342）下部分裆鼎的 X 射线成像照片显示，其腹部与底部中央灰度感强，表明器物局部腐蚀严重。照片上部（图 19 中椭圆所示部位）分布有大量形状不规则、大小不一的黑色暗区。这些暗区有些连成一体，形似蚯蚓。这是浇铸器物时器壁厚度不均导致铜液凝固收缩时间不一致，后凝固部位未能及时获得所需铜液而形成的缩孔所致。铜甗（4342）上部分甑侧壁也有类似的缩孔现象（图 20 中椭圆所示部位）。这些缩孔大多聚集于耳下部，且彼此融合连成一体，呈现为蚯蚓形暗区。此铜甗竖耳处内外壁厚度基本一致，而 X 射线成像照片中器壁内侧有两条明亮线条（图 20 中对向箭头所指位置），疑似采用了铸接工艺，但需要结合实物及多角度拍摄的透视成像照片予以分析。

3.4 铭文发现与考释

铜敦（4633）底部有较厚的绿色或浅蓝色锈蚀物，呈斑块状分布。经检测分析发现其为无害锈，原计划不再对其进行清理，以保持文物原状（图 21）。但在拍摄 X 射线成像照片时，发现其底部存在铭文，这是文物保护修复过程中的重要收获。尽管局部腐蚀导致个别文字不甚清晰，但是其成像照片显示了铭文的分布规律、文字走向及排列规律，为清理器物底部锈蚀物提供了可靠依据。据其 X 射线成像照片可知，铜敦底部由两块范组合浇铸而成，底部铭文与范线平行排列，铭文共有五行三十三字，其中有重文四字（图 22）。因为器物局部腐蚀，

① 胡东波：《文物的 X 射线成像》，科学出版社 2012 年版，第 82 页。

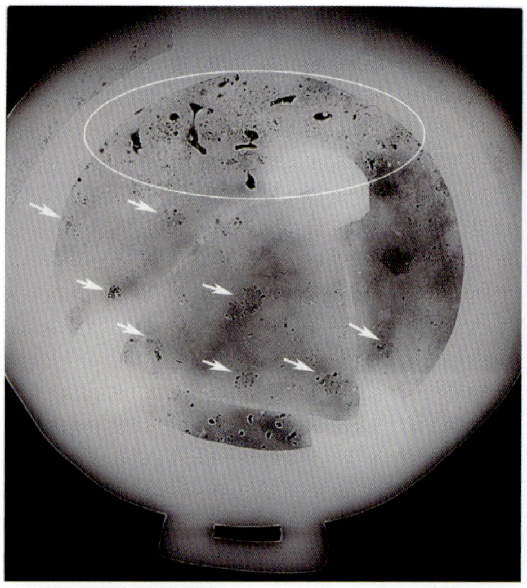

图 19　铜甗（4342）下部缩孔

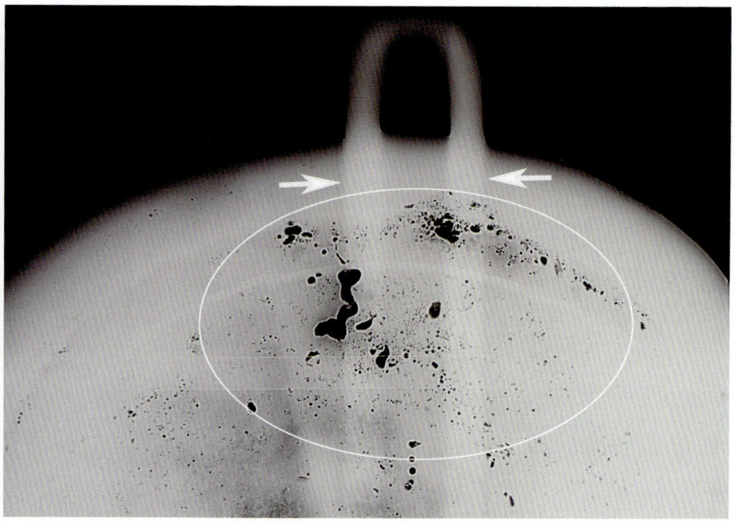

图 20　铜甗（4342）上部侧耳缩孔

图 21　铜敦（4633）底部锈蚀物清理前

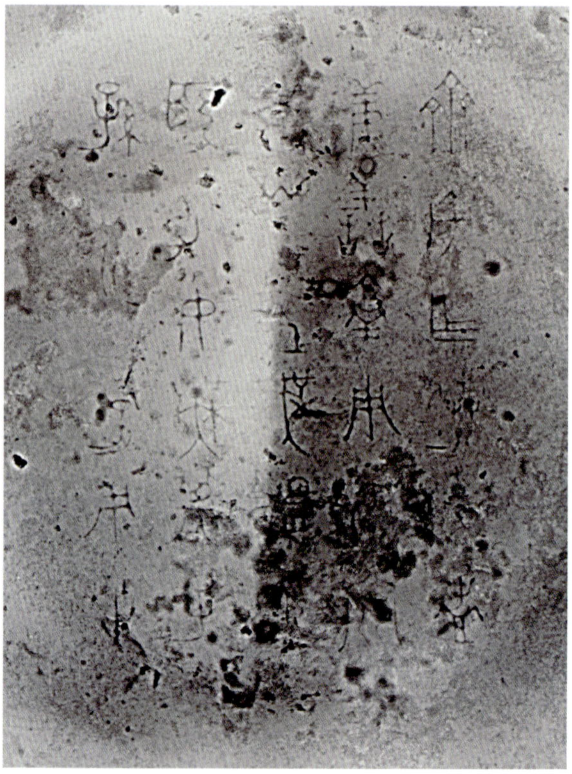

图 22　铜敦（4633）底部 X 射线影像

X 射线成像照片局部不清晰，所以个别文字难以辨认。在清理完锈蚀物后（图 23），再结合拓片，可以初步了解铭文的内容（图 24）。

根据原文布局，将铭文释读为“齐侯作媵绎孟 / 姜善敦用祈眉 / 寿万年无疆匜匜 / 熙熙男女无期子子 / 孙孙永保用之”。第一行第五字模糊不清，根据残存笔画推测，疑为“绎”。此行铭文体例与“齐侯作媵宿孟姜膳敦”（《殷周金文集成》9 · 4645）较为一致，铭文字体

图 23　铜敦（4633）底部锈蚀物清理后

图 24　铜敦（4633）底部铭文拓片

瘦长工整，线条遒劲，竖笔往往长垂而迂曲，为春秋早期齐国典型的书体[①]。铭文首先交代了该器是齐侯所作，而具体为哪一代齐侯，因资料缺乏，暂不进行考证。“媵”在文献典籍中有“相送”之意，“媵”字从“女”，朕声，专指为嫁女所作陪嫁之器[②]。在周代称谓中，通常以“伯（孟）、仲、叔、季”表示子女之间的长幼次序，伯和孟都是长子，不同的是伯是嫡妻所生嫡长子，孟是媵妾所生长子。由于“男女同姓，其生不蕃”（《左传·僖公二十三年》），姓的重要作用便是区别婚姻。在战国之前，男子称氏不称姓，而贵族女子必称姓。一般情况下，妇女的称呼主要由夫君的采邑、封地、国名或氏加娘家的姓组成，因此“孟姜”表明敦的主人是媵妾生的长女，姓姜。“善”通“饍（膳）”，后面跟一个敦字，表明敦为食器。“用祈眉寿，万年无疆”属于健康嘏辞，以祈祷健康和长寿为目的。“匜匜熙熙”“男女无期”多流行于东周东方之齐、邾等国，是吉利嘏辞。“匜匜熙熙”即“佗佗熙熙”，见于齐侯盘和齐侯敦上，属于山东古国金文中的常见用法[③]。也有学者认为“也”是“匜”字的初文，“齐侯作虢孟姬良女宝匜”自铭为匜器，其中“”字形如双手捧流水，象形，说明了匜的使用功能，后来也有演变为金字旁（古代金即指铜）的，或在下面加上皿底以示与盘

① 孙妙华：《关于齐伯里父匜的几点认识》，载《文博》2011 年第 2 期。

② 彭瑾：《周代媵器试论》，南京大学 2014 年硕士学位论文。

③ 方辉：《邿公典盘铭考释》，载《文物》1998 年第 9 期。

为一组盥洗用具。笔者认为释读为“匜匜”与“熙熙”组合，表示人丁兴旺如流水般绵延不断，似乎更妥一些。

综上所述，此铜敦上铭文的句读应为：“齐侯作媵绛，孟姜善敦，用祈眉寿，万年无疆，匜匜熙熙，男女无期，子子孙孙，永保用之。”从整体上看，铭文属于四言句，且行文押韵、优美。铭文的大意为：齐侯为长女孟姜铸造媵器敦，作为陪嫁用的食器，祈求她能够长寿，祈求祖先降福繁多，祈求子孙后代绵延不绝、永远没有尽头。

4 小结

本次利用 X 射线成像技术开展馆藏青铜器的保护修复工作，得到的检测分析结果是多方面的，获得的每件文物的个体信息也不尽相同。有些器物铸造信息较为丰富，有些器物保存状况不一，有些器物表现出明显的病害特征，有些器物则多种现象俱全。通过对馆藏 13 件不同时期青铜器开展透射成像分析，可知 X 射线成像技术在保护修复工作中主要具有以下几个方面的作用。

一是可以帮助我们了解锈蚀层下纹饰、铭文等的分布情况，使我们更直观准确地获取器物内部情况，为下一步清理器物表面硬结物、锈蚀物等提供可靠依据。

二是可以帮助我们了解器物内外范之间的芯撑、铸造缩孔、浇铸口设计、矿化程度、修复痕迹等信息，帮助我们掌握文物内部结构特征，从而为保护修复工作提供依据、为研究其铸造特征提供基础资料。

三是可以作为采集器物纹饰、铭文等内容的重要补充手段，帮助我们多方位提取信息资料，从而为铭文考释及纹饰研究提供方法上的借鉴，以供方家探讨与研究。

致谢：本文所述馆藏青铜器源于“山东日照市博物馆馆藏青铜器保护修复方案”（文物博函〔2016〕587 号）、“山东莒县博物馆馆藏金属文物保护修复方案”（文物博函〔2016〕595 号）两项可移动文物保护修复项目。在研究、写作期间，日照市博物馆张启泽馆长与李凯副馆长、莒县博物馆刘云涛馆长、沂源博物馆杨中华馆长等提供了大力支持与帮助，山东省化工研究院张颂斌先生对铭文考释给予了悉心指导，山东省文物保护修复中心分析检测部王云鹏、刘芳志同志帮助拍摄了所需 X 射线成像照片，在此一并表示衷心感谢！

商代兽面纹觚的二次修复

◎ 吕团结
故宫博物院

摘　要：本文通过X射线成像技术对故宫博物院收藏的一件残破的商代兽面纹觚进行检测分析，明确了其修复历史及现有伤况。在此基础上，修复人员采用青铜器传统修复技艺和现代高分子修复材料相结合的方法对其进行二次修复，取得了良好的修复效果。

关键词：商代　兽面纹觚　X射线技术　青铜器传统修复技艺　高分子修复材料

中国大约在公元前两千年进入青铜时代，经历了夏、商、西周和春秋时代，约历时十五个世纪。我国的青铜冶铸业在商代晚期和西周早期发展到了顶峰。其间，我国经历了一个辉煌的青铜时代，青铜冶铸技术日趋成熟。

商朝是我国历史上第一个有确切史料记载的朝代，河南殷墟遗址等地出土的大量青铜器正是最有力的物证，青铜器上的铭文正是这一时期历史的反映，是研究这一时期历史最直接的史料。商代手工业发展迅速，青铜器的冶铸技术相当成熟，各种器具如礼器、酒器等都十分精美。在形制众多的青铜酒器中，觚是最基本的。从形制上看，觚多呈圈足喇叭口形，其形制在不同时期稍有变化。觚常与爵或斝成组出土，最初见于商代早期，流行于商代中晚期，西周初期青铜觚逐渐趋向衰落。需要说明的是，商周时期的觚在其铭文中没有自铭且在古籍中与觯相混淆，现今考古界所通称的“觚”为宋人定的名称[①]。

1　文物基本信息介绍

商代兽面纹觚（修复后如图1所示），高体束腰，侈口，圈足上有十字孔且铸有铭文，腰上饰有兽面纹，为典型的商中期器。据档案记载，此件商代兽面纹觚是黄静涵先生于20

① 马承源主编：《中国青铜器（修订本）》，上海古籍出版社2003年版，第169~173页。

世纪60年代捐赠给故宫博物院的，在此次修复前，觚自上而下断裂为两半，口沿处有部分缺失，修复前如图2所示。

图1　商代兽面纹觚修复后照片

图2　商代兽面纹觚修复前照片

2　文物伤况分析

通过肉眼观察商代兽面纹觚可发现，觚身有多处细小的裂隙。为了获取其保存现状及修复历史信息，在修复前，首先借助X射线成像技术对其进行伤况检测。X射线成像技术应用于文物研究始于20世纪二三十年代，当时主要应用于纸质文物的检测。随着X射线成像技术的发展以及X射线管发射功率的提高，X射线成像技术也逐渐应用到金属类文物的检测分析中。X射线成像技术在青铜器类文物的保护修复工作中主要有以下几方面的作用。

第一，有利于研究青铜器的铸造工艺。通过X射线影像能够获取肉眼不可直接观察到的器物内部信息，如器物内芯撑的使用情况等。有学者曾借助X射线成像技术对殷墟出土的青铜礼器进行研究，并对不同形制的青铜器使用芯撑的数量和分布情况进行了总结，发现制作觚时一般在底部中心处设置一枚较大的芯撑①。

第二，通过X射线成像技术，能够清晰、准确地获取表面有锈蚀层的青铜器物上的铭文、纹饰等相关信息。青铜器表面常有腐蚀问题，存在锈蚀层，从而导致铭文和纹饰等无法清晰显现，有些锈蚀物甚至直接将铭文和纹饰完全覆盖掉。如果不借助X射线成像技术，将很难发现、识别这些铭文、纹饰等。

第三，有利于研究文物的修复历史。如果一件文物被修复过，X射线影像能轻易、清晰地呈现出其修复痕迹，从而帮助文物修复者分析以前修复器物时使用的材料、方法等，为今后选择修复方法及修复材料提供参考。

第四，有利于对器物现状进行评估分析。X射线影像能展示出器物的内在状态，如青铜

① 刘煜：《殷墟出土青铜礼器铸造工艺研究》，广东人民出版社2019年版，第274~312页。

器的腐蚀状况、病害状况等[①]，能够帮助文物修复者了解、掌握器物现状等，从而制定出科学的保护修复方案。

图 3 为待修复的商代兽面纹觚的 X 射线影像。从图中可以看出，觚身多处存在细小的暗纹，说明器身多处发生了开裂。因表面锈蚀层将裂隙覆盖，故觚表面形成肉眼不易观察到的暗隙。X 射线影像显示此器喇叭口处有数条较宽的亮纹，说明此处此前曾碎裂。在传统青铜器修复技艺中，对金属性能良好的青铜器常采用锡焊方式进行处理[②]，因此可确定亮纹为采用锡焊焊接后留下的修复痕迹。

图 3 商代兽面纹觚 X 射线影像

通过观察发现，离喇叭口处越近，该器器壁越薄，因此在器物金属基体材质相同的情况下，越靠近口沿处，金属基体对射线的吸收越弱，成像颜色越暗。观察图 3 发现，觚口最外沿却有一圈不规则的亮纹，表明该区域的金属材质不同于金属基体材质，怀疑曾采用其他金属对此处进行补配，导致此处对射线的吸收较强、成像较明亮。

在补配青铜器的缺失部位时，如果选用不同于器物基体材质的材料进行补配，随后再采用锡焊方式进行焊接处理，那么器物基体、焊接处、补配部位在 X 射线影像中会呈现出三种不同的亮度。由图 3 可见，该兽面纹觚喇叭口口沿处呈现出两种不同的亮度，说明前人曾用与焊接材料相同的金属锡补配喇叭口口沿缺失处。选用金属锡进行补配，主要是因为锡熔点低、流动性强、易操作。

通过以上分析可知，前人曾用金属锡补配此件兽面纹觚的缺失处，曾用锡焊的方式焊接处理碎裂处；觚身多处有暗隙，整体金属性能较差。

3 修复材料的选取及修复方案的制定

3.1 修复材料的选取

在埋藏过程中，埋藏环境的变化可能会使青铜器受到外界压力的作用而产生不同程度的破损；而在地下埋藏环境中产生的锈蚀在一定程度上会遮盖因外力产生的细小裂隙等，从而形成暗隙。这些暗隙对出土青铜器的保存是极为不利的。若不及时进行加固处理，器物就存

---

① 胡东波：《文物的 X 射线成像》，科学出版社 2012 年版，第 86~94 页。

② 赵振茂：《青铜器的修复技术》，紫禁城出版社 1988 年版，第 20~23 页。

在即使受到较小外力也会整体碎裂的风险。因此修复这件商代兽面纹觚时，不仅要对缺口处进行补配，还要对裂隙和暗隙进行渗透加固。

在青铜器传统修复技艺中，补配缺失通常采用以下两种方法：一是用铜板、铜叶进行补配，二是用翻模法铸造缺失部件进行补配[①]。近年来，随着文物保护及修复事业的发展，新材料和新方法不断应用到青铜器的修复工作中。鉴于故宫博物院已全面禁火，因此以锡为原料进行翻模补配的方法已不适用于当下。现在补配文物的缺失处主要采用铜板补配和现代高分子树脂材料补配这两种方法。铜板补配缺失的方法主要适用于金属性能较好的青铜器，现代高分子树脂材料补配的方法主要适用于金属性能较差甚至完全矿化的青铜器。

此件商代兽面纹觚由于多处存在细小的暗隙，且金属性能较差，所以选用 HXTALNYL-1 型双组份环氧树脂对其进行渗透加固。选用双组份环氧树脂的优势在于：该树脂具有较好的流动性，渗透能力强，固化后强度高、性能稳定、抗老化时间长，适用于修补有较小裂隙和暗隙的青铜器。在补配缺口处时，同样选用双组份环氧树脂，主要是因为在用树脂进行补配时，可适量加入矿物颜料而不改变其性能，有利于后期对其进行做旧处理，且双组份环氧树脂在补配过程中具有较强的可操作性。

3.2 修复方案的制定

修复人员在明确了此件兽面纹觚的重点伤况并确定了修复材料后，制定出了具体修复方案及操作流程。

图 4 粘接断口后进行固定

3.2.1 粘接断口

由于此件商代兽面纹觚金属性能较差，所以选用粘接的方法连接断口。在粘接时，首先打磨断口处，然后将双组份环氧树脂粘接剂与矿物颜料进行调和，待调配至与器物底色接近或相同时，涂敷于断口处，最后为防止粘接剂在固化过程中发生错位，用木棒进行固定（图 4）。

3.2.2 补配缺失

在补配缺口时，首先用成型性能好的石膏在弧度与缺失处弧度相一致的口沿处进行翻模；然后用钢锉打磨缺口处的浮锈和脏污；最后将矿物颜料与双组份环氧树脂进行调和，待其颜色与器物底色接近或相同时进行浇注，固化后取下石膏模，对补配处进行随形处理（图 5）。

① 赵振茂：《青铜器的修复技术》，紫禁城出版社 1988 年版，第 6~17 页。

3.2.3 裂隙处渗透加固

首先对照器物X射线影像图，找出器物本身存在的裂隙；其次利用手术刀、酒精等工具与材料，清理裂隙表面的灰尘和浮锈；最后借助胶头滴管，将调配好的双组份环氧树脂粘接剂逐滴滴至裂隙处，进行渗透加固（图6）。

图5 缺口补配

图6 裂隙处渗透加固

3.2.4 局部做旧处理

采用虫胶漆和矿物颜料对青铜器修复部位进行做旧处理，借助毛笔、牙刷、小刀等工具对具体部位进行重点随色处理。对于不同锈色的部位，要适时调整颜色，使之与周边锈蚀颜色相协调。

4 结论

这件商代兽面纹觚经过修复，再现了曾经的风采。归纳而言，通过此次科学检测与修复工作，主要获得以下几点经验。

首先，借助X射线影像，可了解、掌握商代兽面纹觚的修复历史及保存现状，从而为后续修复材料及方法的选择提供重要的参考依据。

其次，在明确商代兽面纹觚的伤况后，要依据科学检测结果，制定详细的修复方案，其中的重点步骤包括粘接断口、补配缺失、裂隙处渗透加固、局部做旧处理。

最后，在修复青铜器的过程中，要继承和发扬传统的青铜器修复技艺，这是基本的、必不可少的，但也要充分利用现代科技和新材料，如X射线成像技术、高分子树脂类修复材料等。这一方面可保证修复工作的科学合理开展，另一方面也能极大地保证修复工作的可逆性和修复后文物的稳定性。因此，文物修复工作者在修复过程中不仅要继承和发扬传统技艺，还要探索新方法和尝试使用新材料，以推动文物保护修复事业更好发展。

商饕餮纹青铜铙的保护修复与研究

◎苏 琪 张 楠 刘鸿亮
沂源博物馆

摘 要：铙系商周时期乐器，是我国文化艺术遗产中的珍品。本文以沂源博物馆馆藏的一组商饕餮纹青铜铙为例，通过对该组器物进行相关检测分析，总结其病害及保护修复措施，以期为类似器物的保护修复工作提供参考。

关键词：铜铙 现状分析 保护修复

铙作为一种乐器名，始见于《周礼》。《周礼·地官·鼓人》曰："以金镯节鼓，以金铙止鼓。"郑玄注："铙如铃，无舌，有秉，执而鸣之，以止击鼓。"又《周礼·夏官·大司马》曰："鼓戒三阕，车三发，徒三刺。乃鼓退，鸣铙且却。"《说文解字》则云："铙，小钲也。军法，卒长执铙。""卒长执铙"亦出于《周礼·夏官·大司马》。综合以上文献资料可知，其所言铙，形制似铃，但无舌而有中空之柄，属手执敲击乐器，其用途是在退军时敲击，以示退却[①]。

图1 商饕餮纹青铜铙（一组）

1984年5月，山东淄博沂源东安古城遗址附近的村民在耕种时意外发现了一批商末铜铙、弓形器、戈和马棰等。其中有铜铙三件，大小相次，构成一组，是规格较高的青铜乐器（图1）。此前，山东地区仅青州苏埠屯[②]、

① 朱凤瀚：《古代中国青铜器》，南开大学出版社1995年版，第233页。

② 山东省文物考古研究所、青州市博物馆：《青州市苏埠屯商代墓地发掘报告》，见《海岱考古》第一辑，山东大学出版社1989年版。

2.3 铜铙基体成分测定

分析铜铙青铜合金基体的成分，以确定金属基体中的合金成分、微量元素和杂质。使用的仪器为 Niton X13t 型便携式 X 射线荧光光谱仪，测量模式为合金模式，测量时间为 30s。分析结果见表 3。

表 3 铜铙（1151–2）的 XRF 分析结果

文物编号及文物名称	检测点描述	检测结果（%）				
		Sn	Pb	Cu	Si	总计
1151–2 铜铙	灰色基底	38.23	6.739	51.606	1.391	97.966
1151–2 铜铙	白色锈蚀	41.715	6.377	46.992	1.724	96.808
1151–2 铜铙	橙色锈蚀	14.315	4.505	79.686	—	98.506
1151–2 铜铙	红色锈蚀	7.359	1.708	89.09	1.037	99.194
1151–2 铜铙	绿色锈蚀	12.327	4.347	81.597	1.072	99.343

2.4 结果讨论

土壤离子色谱分析结果显示，埋藏环境中的阴离子主要有 SO_4^{2-}、Cl^-，阳离子主要为 Ca^{2+}。其中的 Cl^- 为铜铙在埋藏环境中遭受有害锈的侵蚀创造了条件，其中的 Ca^{2+} 则使得器物容易滋生硬结物。拉曼光谱分析及 XRF 分析结果显示，绿色点腐蚀产物中有氯铜矿、副氯铜矿存在。因为氯铜矿、副氯铜矿为有害锈的主要成分，所以这一结果也验证了离子色谱检测结果显示 Cl^- 存在的准确性，同时也提示我们针对这件器物的除氯工作十分必要。铜铙基体成分测试结果表明，铜铙由 Cu–Sn–Pb 三元合金组成。从该器物上取下的不同样品中的 Cu、Sn、Pb 元素含量差别较大，其中红色锈蚀中的 Pb 元素含量为 1.708%。当青铜样品中某合金元素的含量超过 2% 时，多认为是冶炼中人为添加的①。虽然红色锈蚀中的 Pb 元素含量小于 2%，但此样品为锈蚀物且其他样品中的 Pb 元素含量均较高，所以该器物应为三元合金。

3 保护修复过程

根据批复方案实施铜铙保护修复工作，主要工作过程如下。

3.1 建立档案

按照国家文物局颁布的《馆藏金属文物保护修复档案记录规范（WW/T 0010—2008）》的要求，

① 张利洁、孙淑云、殷玮璋等：《北京琉璃河燕国墓地出土铜器的成分和金相研究》，载《文物》2005 年 6 期。

用肉眼观察青铜器的本体、锈蚀物，对腐蚀状况进行测绘，用文字记录文物的基本情况及腐蚀、残损状况，对青铜器进行整体和局部摄影以保留原始图像资料。相关工作人员从正视、左视、后视、右视、俯视、底视六个角度绘制铜铙病害图，以记录器物病害分布状态（图 9、10）。

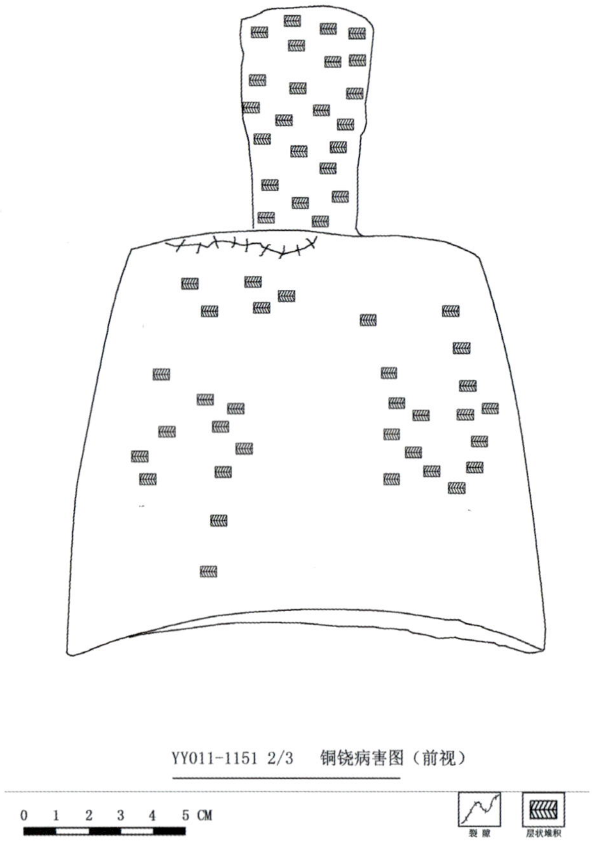

图 9 铜铙（1151–2）正视病害图

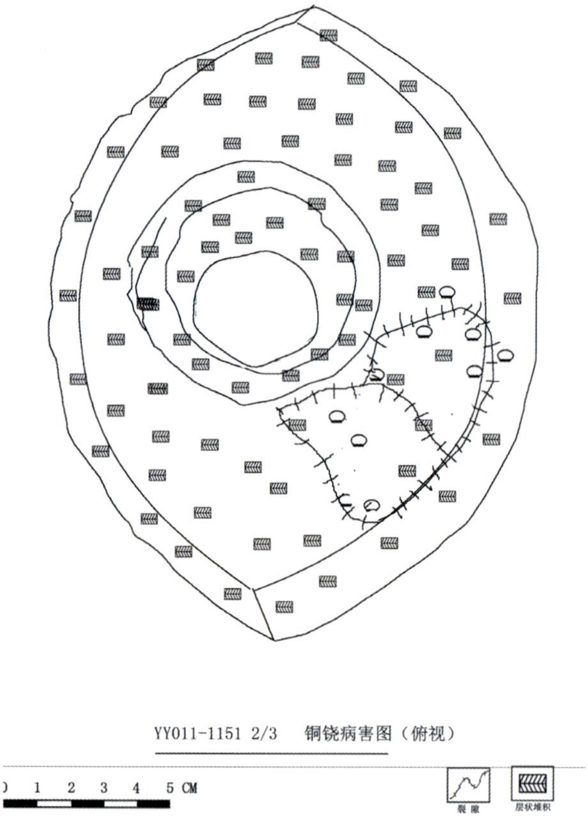

图 10 铜铙（1151–2）俯视病害图

3.2 清理清漆膜

首先去除铜铙表面附着的清漆，把铜铙放入丙酮、酒精混合溶液（丙酮与酒精的比例为 1∶1）中浸泡、软化，用棉棒蘸取溶液在铜铙表面滚涂擦拭，清除表面清漆膜，再用蒸馏水浸泡、刷洗、吹干（图 11）。

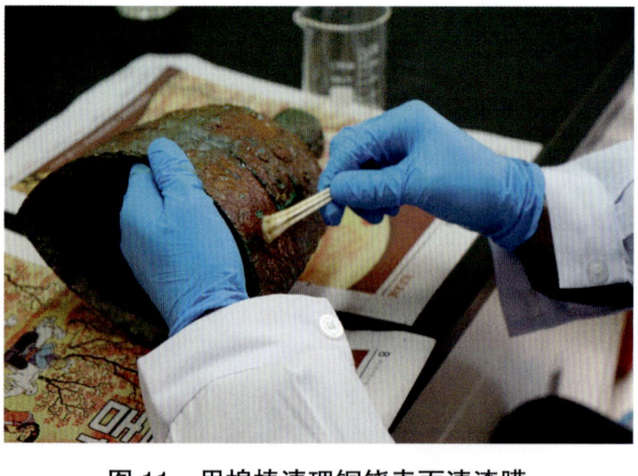

图 11 用棉棒清理铜铙表面清漆膜

3.3 去除有害锈

有选择地剔除表面锈蚀物，并对有害锈进行滴定分析。结果表明，多数浅绿色锈蚀物滴定后呈现为白色絮状物浑浊状态（图 12、13），说明器物锈蚀物中普遍存在 Cl^-。清除大面积粉状锈时，采用浓度为 3% 的倍半碳酸钠溶液，于 40℃的热溶液中进行浸泡处理，晚上自行冷却，每周更换一次溶液，反复浸泡近四个月。待浸泡液中无 Cl^- 后，再用蒸馏水清洗铜铙，去除残留在器物上的附着物（图 14）。随后用超声波洁牙机、手术刀仔细清理器物上的锈蚀物和表面硬结物（图 15）。

图 12　提取表面锈蚀物

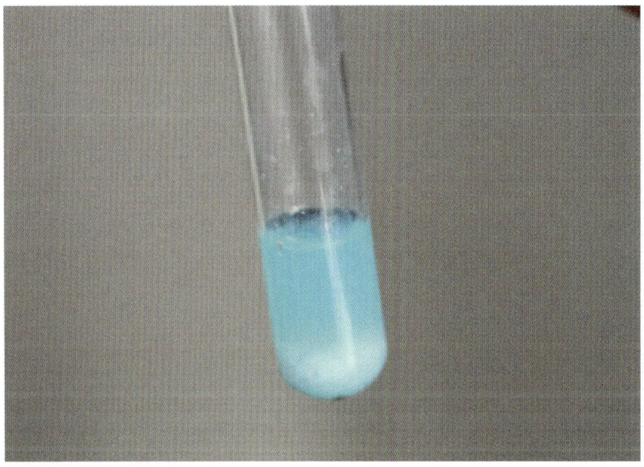

图 13　硝酸银滴定测试

图 14　用浓度为 3% 的倍半碳酸钠溶液浸泡

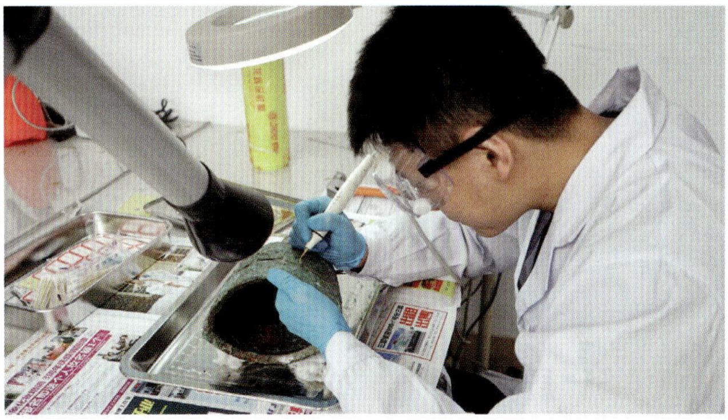

图 15　用超声波洁牙机除锈

3.4　补配、粘接

修复青铜文物常用的方法有焊接和粘接。此组铜铙通体较完整，仅 1151–2 的舞部有残断，修复人员采用粘接修复方式修复残断部位。在前期的清理、除锈过程中，原来粘接的两块残片已脱落，需使用环氧树脂粘接断裂处，又因环氧树脂粘接剂本身不具有可再操作性，所以使用环氧树脂前在粘接面涂刷浓度为 2% 的 Paraloid B72 乙酸乙酯溶液做可逆层。粘接完成后，使用调配好的铜质修补剂补配缺失部位并打磨。

3.5　封护、做旧

为了有效阻止外界污染物再次侵蚀器物，需对其进行封护处理。选用浓度为 2% 的 Paraloid B72 乙酸乙酯溶液作为封护剂，内外各涂刷三遍。此举不仅可使铜铙表面形成无色、透明、无眩光的保护膜，而且不影响文物原貌。

完成封护后对粘接、补配部位进行随色处理，目的是使粘接、补配部位与器物形成良好的整体视觉效果，以满足陈列展览的需要。使用天然矿物颜料调出与器物表面接近的颜色，然后运用喷、涂、拨等手法进行随色处理，使其在外观上达到“远看一致，近观有别”的效果（图 16、17、18）。

图 16　对粘接、补配部位进行随色处理

图 17　铜铙（1151-2）修复后

图 18　铜铙（一组）修复后

3.6　完善档案

保护修复工作完成后，详细、完整地填写保护修复档案，将文物本体信息和保护修复时使用的各类方法、材料，以及分析检测数据、评估记录、照片、图纸等，一一记录在案。

4　小结

笔者以一件商代饕餮纹铜铙为例，通过开展相关检测分析，了解了器物的组成成分及修复部位所使用的材料等情况，分析了铜铙的病害特征及类别，有针对性地对其进行了保护修复。

笔者在处理铜铙上的有害锈时，采用浓度为 3% 的倍半碳酸钠溶液浸泡，同时用冷热水交替，以加快有害锈去除进度，收到了较为理想的效果。同时，将青铜器传统修复技艺与现代修复材料相结合，对铜铙进行了有效修复，使其达到了理想的展陈效果。

文物保护修复工作不是一劳永逸的。此次保护修复工作使铜铙已有病害得到了有效控制，满足了正常的展陈、教育和研究需求。在后期的保护和保管过程中，应加强预防性保护，营造相对稳定的保存环境。只有将文物存放在温湿度适宜、光照适宜、洁净的环境中，才能使文物得到长久保存和展示，才能最大程度地发挥其重要价值。

致谢：山东省文物保护修复中心王传昌主任及吴双成、蔡友振等老师在笔者的研究、写作过程中给予了诸多指导和帮助，国家博物馆潘路先生、张月玲老师提供了离子色谱及拉曼光谱分析结果，山东省文物保护修复中心王云鹏老师提供了 XRF 分析结果，刘建国、侯博超、彭厚旺等老师亦参与了铜铙的保护修复工作，在此一并表示感谢。

邹平馆藏薄壁青铜盆的初步科学分析

◎ 马瑞文[1]　王云鹏[2]　张玉静[3]
1. 山东博物馆；2. 山东省文物保护修复中心；3. 邹平市文物服务中心

摘　要：邹平市文物服务中心曾委托山东博物馆对其所藏遭受病害较为严重的汉代薄壁青铜盆进行保护修复。在进行保护修复前，利用现代仪器分析技术对薄壁青铜盆进行初步检测，发现薄壁青铜盆基体材质为 Cu–Sn–Pb 三元合金。器物经过热处理，金相组织呈现均匀化，有使用痕迹。青铜盆腐蚀情况严重，从表面沿裂隙向中心腐蚀，腐蚀表面平整，层次清晰，腐蚀产物主要有孔雀石、蓝铜矿、锡石、赤铜矿等。因此在修复前，应先对铜盆进行加固处理，修复完成后，再进行整体缓蚀、封护工作。

关键词：青铜器　检测分析　汉代　薄壁　文物保护

邹平市文物服务中心（原邹平县文物管理所）曾委托山东博物馆对其所藏遭受病害较为严重的汉代薄壁青铜盆进行保护修复。该青铜盆（图 1）通高约 8.3cm，口径约 23.4cm，沿厚约 0.2cm，重约 287g，器壁较薄，通体被蓝绿色锈蚀覆盖，表面零星分布有土垢、红色附着物等，底部有断裂、残破、变形等病害。因青铜盆发现于邹平市鹤伴五路施工工地，与其一同出土的还有大量不同年代的铜器，故其出土处可能为明清时期的铜器窖藏，目前相关考古发掘信

图 1　保护修复前的薄壁青铜盆

息还未公布。在保护修复前，为加强对文物的科学认知，我们利用现代仪器分析技术对薄壁青铜盆进行初步检测，分析其材质工艺和腐蚀特征，从而为保护修复薄壁青铜盆、研究汉代冶金技术提供科学依据。

1 实验样品

从青铜盆残破处提取一小块残片，残片大小以满足实验最低要求为限，实验样品编号为CP1。利用超景深显微镜观察器物表面的显微特征，使用手术刀从器物表面小心刮取 4 种代表性腐蚀物（附着物）作为样品进一步分析。样品编号及其形貌特征见图 2。

a. FZW1，呈白绿色纤维状，夹杂大量沙土　　b. FZW2，呈绿色葡萄串状，伴有白色膏泥状产物

c. FZW3，呈深蓝色，质地紧密，有釉质光泽　　d. FZW4，呈棕红色离散状，附着于锈层表面

图 2　器物表面腐蚀产物（附着物）样品编号及其形貌特征

2 实验方法和条件

用环氧树脂包埋样品 CP1，打磨、抛光后，采用扫描电镜及能谱仪进行微观形貌观察与元素成分分析，利用金相显微镜观察截面显微组织结构，之后用 1∶1 比例的氨水、过氧化氢混合液浸泡样品，继续观察样品的金相组织特征。扫描电镜及能谱仪型号为荷兰 Phenom XL 型能谱版扫描电镜，测试电压为 15kV。金相显微镜型号为德国莱卡 DM6000。

首先将样品 FZW1、FZW2、FZW3、FZW4 先后放入玛瑙研钵中适当研磨，然后使用 X 射线荧光光谱仪进行元素定性分析，使用的仪器型号为帕纳科 Epslion1。再将 4 种样品依次放在单晶硅片上，滴加酒精，用钢针将其分散均匀，待酒精挥发后，使用 X 射线衍射仪分析样品的物相组成。X 射线衍射仪的型号为 X’ Pert3 Powder，测试条件为 Cu 靶、电压 40kV、电流 40mA。

3 结果分析

3.1 扫描电镜及能谱分析

利用扫描电镜对样品 CP1 的截面进行显微观察，结果见图 3，发现其组织均匀，仅见单相组织。利用能谱仪对该单一组织进行局部成分检测，未检测 C、O 元素，结果见表 1，其中 2 区内的组织成分以 Cu、Sn 元素为主，两者所占比例约为 9 ∶ 1，表明该单相组织为 α 固溶体。

经能谱分析，显微照片中亮白色、呈岛屿状分散颗粒中的 Pb 元素含量达 80% 以上，为 Pb 颗粒，Pb 与 Cu、Sn 互溶有限，难以形成合金，一般以游离状态分布于合金中。

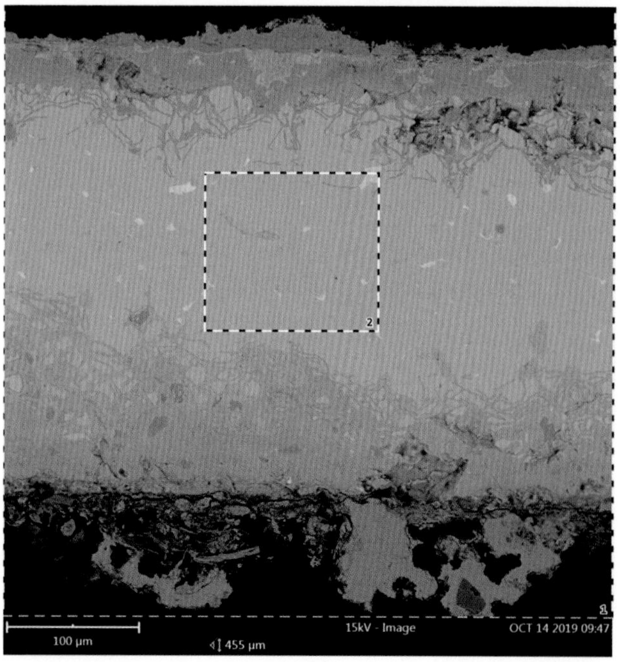

图 3 扫描电镜下样品 CP1 的微观形貌和成分分析

表 1 样品 CP1 截面微区成分分析

测试位置	元素（wt%）					
	Cu	Sn	Pb	Si	Cl	Al
1 区	70.06	15.79	9.98	2.83	0.68	0.66
2 区	90.60	9.40	—	—	—	—

注：对图 3 中标注的 1、2 两区域做定性半定量元素分析，测量范围为原子序数高于 B 的元素，未检测 C、O 元素。

3.2 金相显微分析

在用溶液对样品 CP1 进行浸泡前，对做过包埋、磨抛处理的样品 CP1 进行显微观察（图 4），可见样品腐蚀情况严重，沿裂隙从表面向铜基体内部深入腐蚀，铜基体内部出现大量红色锈蚀，腐蚀表面较为均匀平整，紧贴铜基体，红色锈蚀中隐约可见铜组织结构形态。腐蚀分层明显，紧贴铜基体的一层为红色锈蚀，推测为赤铜矿和锡石混合物，再外面一层为绿色锈蚀，推测为孔雀石。

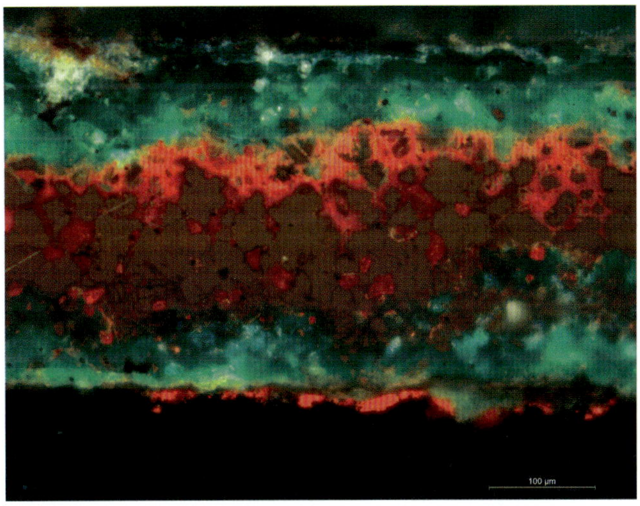

图 4 浸泡前样品 CP1 的显微组织结构

采用 1:1 比例的氨水、过氧化氢混合液对样品 CP1 进行浸泡后，进行金相组织观察，其金相组织呈现均匀化，无枝晶偏析，基体组织为 α 固溶体，未见 δ 相，晶内有少量滑移带，有黑色细小铅粒弥散分布其间。

3.3 腐蚀产物（附着物）元素定性及物相分析

利用 XRF 定性分析腐蚀产物（附着物）的元素组成，结合 XRF 元素分析结果，利用 XRD 检测分析腐蚀产物（附着物）的物相组成，结果见表 2。

表 2 腐蚀产物（附着物）元素成分及物相分析

样品编号	颜色	XRF 元素分析结果	XRD 物相分析结果
FZW1	绿色	Cu、Sn、Pb、Si、Fe 等	孔雀石、石英等
FZW2	绿色	Cu、Sn、Pb、Fe 等	孔雀石、石英等
FZW3	蓝绿色	Cu、Sn、Pb、Fe、Ca 等	蓝铜矿、孔雀石、锡石、石英等
FZW4	棕红色	Cu、Sn、Pb、Fe、Cl、Ca、S、Hg、Si 等	朱砂、赭土、孔雀石等

4 讨论

4.1 合金成分

薄壁青铜盆的基体材质为 Cu–Sn–Pb 三元合金。由表 1 可知，图 3 中标注的 1 区内含有 Cu、Sn、Pb 三种元素，其含量分别为 70.06%、15.79%、9.98%；2 区内仅有 Cu、Sn 两种元素，含量分别为 90.60%、9.40%。因此推测该薄壁青铜盆为 Cu–Sn–Pb 三元合金。之所以未在 2 区内检测到 Pb 元素，可能是因为青铜盆本身含 Pb 元素较低，遭腐蚀后 Pb^{2+} 向外迁移。而 1 区内的 Pb 元素含量之所以比 2 区高，主要是因为样品腐蚀严重，被腐蚀后，Cu、Sn、Pb 以离子形式向外迁移，但 Pb 原子序数大、质量大，离子迁移速度慢，Cu、Sn 原子序数小、质量相对较小，其离子容易迁移、流失到周围的环境中。

该青铜盆器壁较薄，在成型过程中对金属溶液的流动性有较高的要求。加入一定量的铅到锡青铜中，可提高溶液的流动性，增强充填铸型能力，对铸件表面纹饰的清晰度及尺寸精度也有直接影响。铅的熔点较低，约为 327℃，在凝固过程的最后阶段把富铅溶液填补在枝晶空隙中，使枝晶间的显微缩孔体积大大减少，有利于提高铸件质量。

4.2 金相组织

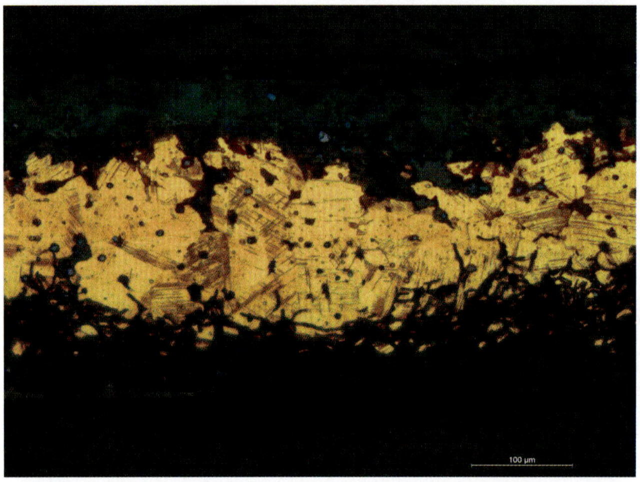

图 5 侵蚀后样品 CP1 的金相组织结构

样品 CP1 截面金相组织中的枝晶消失，仅见 α 固溶体，晶界腐蚀不明显（图 5）。这一组织特征在一定程度上与现代铸件的“均匀化退火”样品组织类似。现代铸件的“均匀化退火”亦称“扩散退火”，是将铸件加热到该合金固相线温度以下的某一较高温度，长时间保温，然后让其缓慢冷却，使合金中的元素发生固态扩散，以减轻化学成分的不均匀性。在古代铸造的青铜器中，有部分青铜器样品具有“均匀化退火”的组织特征，一般认为与该铸件在使用过程中长时间与火接触或与祭祀中的焚器活动有关，而并非有意识地对铸件进行“均匀化退火”①。样品 CP1 晶内存在少量滑移带，一般认为滑移带与外力作用有关，从滑移带的数量和组织形变的情况来看，外力作用较小，这些滑移带可能与青铜盆的

① 孙淑云、韩汝玢、李秀辉：《中国古代金属材料显微组织图谱·有色金属卷》，科学出版社 2011 年版，第 36~37 页。

使用过程有关，而非有意进行冷锻处理。

4.3 腐蚀及附着物

样品腐蚀结构分层明显，橙红色层为赤铜矿和锡石的混合物层，绿色层为孔雀石层，但两侧层次结构不同，从图 4 中可以看出，基体上层分橙红色、绿色两层，基体下层只有一层绿色锈蚀层（红色为朱砂等附着物），出现这种现象可能与使用过程中受热面不同有关，具体原因还有待进一步分析。

整体来看，样品腐蚀严重，从表面到中心出现不同程度矿化，器物呈酥脆状态。为防止修复过程中发生断裂等二次文物破坏现象，应在修复前使用 Paraloid B72 丙酮溶液进行加固处理[①]。对三类腐蚀产物样品进行物相分析，未发现含氯铜盐，但通过元素分析发现存在 Cl 元素，可能因含量较少未达到 XRD 检测标准而未被检出，因此为防止其进一步诱发腐蚀，在修复完器物后，应进行整体缓蚀、封护处理[②]。

器物最外层附着的棕红色物质，经检测分析为朱砂、赭土混合物，从图 4 中可以看出，该附着物全部贴于最外层绿色锈蚀层上，因此推断该附着物非器物上的涂抹物，可能系在保存过程中接触其他物品所致。

5 结论

通过以上检测与分析，可得出以下三点认识。

第一，该薄壁青铜盆的基体材质为 Cu–Sn–Pb 三元合金，通过金相组织观察，仅见 α 固溶体；器物经过热处理，金相组织呈现均匀化，晶界不明显，存在少量滑移带，可能是使用造成的痕迹。

第二，该青铜盆腐蚀情况严重，从表面沿裂隙向中心腐蚀，腐蚀表面平整，层次清晰，腐蚀产物主要有孔雀石、蓝铜矿、锡石、赤铜矿等。其基体两侧锈蚀结构不同，可能是使用过程中受热面不同所致。

第三，该青铜盆呈现酥脆状态，为防止修复过程中发生断裂等二次文物破坏现象，在保护修复前应先进行加固处理。由于在腐蚀产物中存在 Cl 元素，有进一步诱发腐蚀的风险，所以在修复完成后，应进行整体缓蚀、封护处理。

---

① 山西博物院：《山西博物院藏部分青铜器保护修复研究》，科学出版社 2016 年版，第 88 页。

② 国家文物局博物馆与社会文物司主编：《博物馆青铜文物保护技术手册》，文物出版社 2014 年版，第 94~108 页。

青铜提梁卣的保护与修复

◎ 张　晖
潍坊市博物馆

摘　要：该青铜提梁卣出土于潍坊市坊子区院上遗址。器物通体锈蚀，破损十分严重，提梁断为数段，器盖大面积缺失，腹部有裂隙和孔洞并有大面积瘤状物。盖内与内底有相同铭文。工作人员需针对病害情况，通过检测分析，遵循修旧如旧、最小干预等原则，制定了科学合理的保护修复方案；通过对器物进行清洗、除锈、除氯、加固、补配、做旧、封护等处理，恢复了青铜提梁卣的原貌，使其历史、艺术价值得以充分体现，基本达到了既揭示文物信息又延长文物寿命的目标。

关键词：青铜器　提梁卣　锈蚀　破损　保护修复

1985年春,潍坊市坊子区村民在院上水库取土时发现青铜器三件,青铜提梁卣为其中之一。院上遗址位于潍坊市坊子区眉村乡院上村西，文化层厚1—2m，地表散见较多商周时期陶片，还有簋、豆、罐等商周器物残片。出土青铜器的墓葬位于遗址西北断崖上。这三件青铜器的出土，为研究潍坊地区夏商以来的古史面貌提供了新的重要资料[①]。

1　文物的基本情况

青铜提梁卣（图1），子母小口，椭圆形扁鼓腹，喇叭形圈足。卣梁为绳索状，两端各有一环与半环状卣耳相连。子母口下饰一周带状菱形雷纹，器身两侧各饰浮雕小羊头。口径11.5cm，底径12.3cm，通高16.4cm，重1480g。弧形盖，纹饰与器身相同。盖内与内底各有相同铭文二字（图2），似乎反映出一种氏族或徽号关系。

① 曹元启、单煜东：《坊子区院上遗址发现商代青铜器》，见《海岱考古》第一辑，山东大学出版社1989年版。

图 1 修复前的青铜提梁卣

图 2 铭文拓片

该器物通体锈蚀，破损十分严重，提梁断为数段，器盖大面积缺失，提梁环部和器盖及器身锈蚀为一体，拆解十分困难。器物腹部有两处裂隙和一处孔洞（图 3），并有大面积瘤状物。器物部分部位出现了粉末状浅绿色锈蚀物等病害，且病害有进一步蔓延的趋势。

图 3 器物腹部孔洞

2 科学取样、检测、分析

青铜器在铸造完成后就不可避免地开始与周围环境发生交互作用。青铜器的腐蚀与其自身的组成成分、合金比例、长期所处环境有着极为密切的关系。锈蚀产物附着在文物表面，从结构、质地、色泽等方面影响着金属文物。在保存环境改善后，有的锈蚀物处于稳定状态，不会对器物造成进一步的危害；有的锈蚀物还处于活跃或不稳定状态，当条件适当时，可能会对器物产生不良影响。在对其进行保护修复前，应用现代分析手段对锈蚀物进行成分与结构分析，以确定锈蚀物对器物的危害性，从而采取相应的对策处理腐蚀物（全部去除或少量保留等），在此基础上制定出科学合理的保护方案。

图 4 取样

取样要遵循相关要求。本次所取样品为

器物碎片，取样的位置为器物上无纹饰、无铭文处（图 4）。

使用英国 Renishaw inVia 型共聚焦显微激光拉曼光谱仪进行检测，挑取部分样品，设定激光波长为 633nm，以 10% 的强度进行测试，从图谱上可以看出样品的特征峰在 973cm^{-1} 处，据此判断该样品的主要成分为五水合硫酸铜（图 5）。针对浅绿色锈蚀物，采用硝酸银滴定法进行分析，由于在滴定过程中发现有白色沉淀物，所以在今后的保护处理过程中需要加强除氯工作。

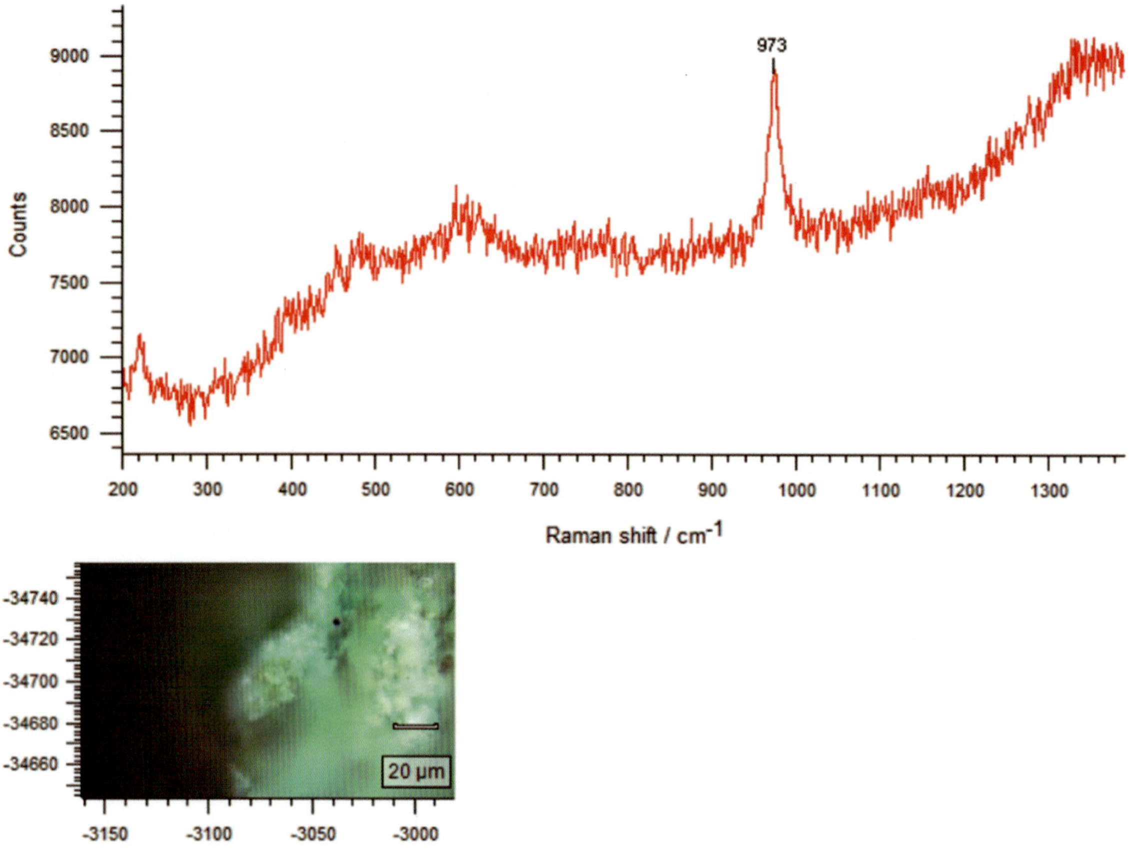

图 5　图谱分析

3　保护修复过程

3.1　清洗

清洗主要指去除青铜器表面附着的灰尘、泥土、污垢等残留物。青铜器表面附着的灰尘、泥土、污垢等相对较容易去除，可采用去离子水浸泡后，用超声波清洗机对青铜提梁卣表面进行清洗（图 6）。

图 6　清洗

3.2　除锈

除锈主要是清理青铜器表面影响器物外观的锈蚀物和较坚硬的钙化物，通常使用物理或化学方法，有时需要两种方法相结合。物理方法指用手术刀或洁牙机等电动或五金工具，在低倍显微镜下，通过打磨、敲打等手段将锈蚀物及矿化物摩擦、震落下来，从而达到除锈目的。从该青铜器的保存状况来看，部分部位可采用物理方法除锈。若用物理方法难以去除锈蚀物或器物不宜使用物理方法除锈时，则可采取化学方法，如用柠檬酸、六偏磷酸钠、EDTA 二钠盐、酒石酸钾钠的碱性溶液、过氧化氢等化学试剂除锈。这些化学试剂的酸碱性质有差别，对不同锈蚀物有着不同的作用。在除锈过程中，要先从腐蚀性小、成熟的化学试剂入手，在器物上进行局部试验，取得一定效果后，再大面积使用。用化学方法除锈容易使器物的颜色出现变化，因此用化学方法除锈后，要注意将器物浸泡在去离子水中，置换出残留的化学药品。

3.3　除氯

除氯指去除器物表层和深层的氯化物。氯化物的存在是青铜器出现粉状锈的根源。该器物表面的氯化物主要有面状锈蚀和点状锈蚀（有些锈蚀部位呈孔坑状）两种形态。对于青铜器表层的面状或点状有害氯化物,可采用机械方法和化学方法相结合的办法予以去除。对于已呈孔坑状的锈蚀，可采用锌粉或氧化银封堵的方法。对于深层的氯化物，可用倍半碳酸钠溶液浸泡，通过超声波加速反应予以清除，也可用低浓度的过氧化氢溶液浸泡，加速氯离子的溢出。

3.4　稳定性检验

目前来看，无论是采用物理方法还是化学方法，青铜器内部的氯化物是很难被彻底清除的。一旦氧气和水分达到氯化物生长的条件，粉状锈就会再次“冒”出来，因此还要对器物进行稳定性检验。将器物置入恒温恒湿箱内，将温度调整到30℃，将相对湿度（RH）调整到80%，放置一段时间（约半个月），观察是否出现粉状锈的锈点。如果出现粉状锈的锈点，则证明以前的工作还不够彻底，需要重复除锈、除氯步骤。

3.5 粘接或焊接

粘接主要指根据器物断口处的特点，采取胶粘方法将断裂、开裂的青铜器黏结起来。在具体操作过程中，若胶粘方法能够达到修复效果，则尽可能采取胶粘方法。胶粘时一般选用环氧树脂等粘接材料。若用胶粘方法达不到需要的强度或无法进行胶粘时，则在尽量减少焊接面的前提下，采取局部打“扒钉”焊接的方法，以提高粘接强度。焊接时一般以锡为粘接材料。

3.6 补配

补配是按照青铜器上残缺部位的大小，使用环氧树脂、铜皮等材料制作出同样大小和厚度的“残片”，然后粘接在青铜器的残缺部位。用热熔胶将青铜提梁卣断裂部位固定后，滴入树脂黏合剂进行渗透加固。然后用双组份环氧树脂补配材料将器物缺失处填补抹平，待其完全凝固后，用打磨机将其打磨平整，使之与器物本体协调一致。

3.7 缓蚀

考虑到环境等因素以及青铜器本身的保存状况不是很稳定，因此必须对其进行缓蚀处理。目前国内外比较成熟的做法是BTA（苯并三氮唑）溶液缓蚀。具体方法是配制浓度为3%的酒精溶液，喷涂、刷涂青铜器。经过BTA缓蚀处理后的青铜器，颜色会加重。在进行缓蚀处理前，要使器物完全干燥，以防止出现泛白现象。另外，要注意抽真空设备的安全性能。

3.8 做旧

为更好地展示文物，需要对器物修复、补配和加固后的部位进行做旧、随色处理。用矿物颜料加聚酯树脂进行随色处理，边随色边观察其与周围颜色是否协调，根据实际情况对作色处进行弹、崩、拉等随色处理，直到其与周围颜色相互协调，达到器物整体颜色一致的效果。

3.9 封护

表面封护是为了在不利环境下，减少环境变化对青铜器的腐蚀影响。用毛笔将浓度为2%的Paraloid B72丙酮溶液均匀刷涂在器物表面作为封护剂。经过封护处理后的青铜器，对空气污染的抵抗能力能够大大增强。

4 结语

这件青铜提梁卣主要存在粉末状浅绿色锈蚀物、残缺、断裂等病害。修复人员在保护修复过程中遵循修旧如旧、最小干预等原则，对器物进行了清洗、除锈、除氯、加固、补配、做旧、

图 7　修复后的青铜提梁卣

封护等处理，同时注意建立与完善保护修复档案。修复人员对器物进行了科学合理的保护修复，恢复了青铜提梁卣的原貌，使其历史价值、艺术价值得到充分体现，基本达到了既揭示文物信息又延长文物寿命的目标。保护修复后的青铜提梁卣（图 7）已被作为潍坊市博物馆馆藏精粹展中的一件重要文物，重新展现在观众的面前。

原载于《收藏家》2020 年第 2 期

浅谈“漆古”类铜镜的特点与成因及其保护修复

——以一件东汉四乳鸟兽镜为例

◎ 崔丽娟 黄瀚东
山东博物馆

摘 要：铜镜是古代照面饰容的日常用具，是我国文化遗产中的珍品，其中的“漆古”铜镜更为珍贵，因为青铜镜多为高含锡量青铜器，易发生断裂。本文简要分析了“漆古”铜镜的特点及其形成原因，并对一件残损的东汉四乳鸟兽镜进行了分析研究与保护修复。

关键词：铜镜 漆古 保护修复

1 “漆古”铜镜

“清冶铜华以为镜，莹光如水照佳人。”铜镜是古人的日常生活用具，也是精美的工艺品。其多样的造型和生动的纹饰体现了古代工匠们精湛的铸造技术，展现了我国古代灿烂的铜镜文化。铜镜自战国时期开始流行，在西汉时期得到蓬勃发展，至唐代时发展到顶峰。青铜镜多为高含锡量青铜器。董亚巍在《论古代铜镜合金成分与镜体剖面几何形状的关系》一文中，对不同时期的铜镜成分做了深入分析，发现战国至晚唐时期各种铜镜中的锡含量在23%—25%之间者为最佳，有利于镜面抛光，也能保证铜镜的映照效果[①]。这些铜镜经过上千年的地下埋藏，在埋藏环境的影响下发生了不同程度的腐蚀。出土青铜镜中有一类精美的青铜镜，俗称为“漆古”铜镜[②]。

“漆古”是描述文物外观比较常用的术语，形容器物表面晶莹如玉，光滑且呈釉质光泽。早在宋代，赵希鹄便在《洞天清禄集·古钟鼎彝器辨》中云，“铜器坠水千年，则纯绿色而

① 董亚巍：《论古代铜镜合金成分与镜体剖面几何形状的关系》，载《中国历史博物馆馆刊》2000年第2期。

② 何流：《文物术语“水银沁”“黑漆古”的分析》，载《中国科技术语》2009年第2期。

莹如玉”，描写的就是“漆古”现象。“绿漆古”器物表层呈绿漆色，光亮碧绿；“黑漆古”器物表层呈黑漆色，晶莹有光泽①；“水银沁”器物又称“水银古”器物，表层呈光亮的银白色。相关研究发现，“漆古”是覆盖在高含锡量青铜器表面的一层氧化物质。现代仪器分析检测结果表明，漆古铜器从外至里分为透明层、腐蚀层和基体层②。据拉曼光谱分析，透明层的主要成分是二氧化锡（SnO_2）纳米晶体③，因为二氧化锡具有金刚石般的光泽，透明度为半透明至透明，“漆古”铜器表层的光亮透明特性即源于此。

“漆古”器物具有优良的抗腐蚀性能，因此受到了考古、文物保护、化学、材料学等专业学者的广泛关注。相关学者对“漆古”器物的成分、结构、形成原因等进行了大量研究。关于“漆古”的形成原因，大多数学者认为，“漆古”现象是富锡青铜器在一定的埋藏环境下经过长期的自然腐蚀形成的。一般认为，南方水多，土壤偏酸性，多出土“黑漆古”器物；北方干旱，多出土“水银古”器物。当然也有例外，如何堂坤等在《临沂铜镜表面分析》一文中指出，山东临沂地区出土的青铜镜以“黑漆古”居多④。此外，何堂坤还对不同时期的临沂铜镜做了详细的合金分析。

2 一件东汉四乳鸟兽镜的分析与测试

汉代是我国铜镜发展的重要时期，目前所见的汉代铜镜数量多，而且纹饰内容丰富、制作精巧，具有很高的艺术性和装饰性。本文所述东汉四乳鸟兽镜出土于临沂莒南地区，现存放于莒南县博物馆库房内。

该镜为圆形钮，圆座，中区饰四乳，间饰四组鸟兽纹，外区饰三角锯齿纹，厚缘，镜面整体生成黑漆古锈膜，镜背大部分区域显示出光亮的水银沁。该镜直径 15cm，缘厚 0.4cm，重 141g。该镜的病害表现为：断裂为两块，镜背纹饰处附着有泥土，导致纹饰不清晰，边缘区域有几处浅绿色锈点；镜面有明显的划痕、修复痕迹，并贴有标签（图 1）。

在对该镜进行保护修复前，要对其进行仔细的观察、科学的检测，明确了解器物上出现的各种腐蚀及其他病害。根据该铜镜的保存状态和锈蚀情况，对其进行了 X 射线荧光光谱分析和有害锈检测分析。

---

① 陈仲陶：《从青铜器地子的腐蚀谈文物保存环境中的“防”与“治”》，载《中国文物科学研究》2009 年第 1 期。

② 黄德荣、李昆声：《句町国的“绿漆古”铜鼓——以文山古木鼓为例》，首届句町国与壮族土司文化学术研讨会，2008 年。

③ 王春晓、孙淑云、韩汝玢等：《“黑漆古”铜镜表面层材料结构的拉曼光谱学分析》，第十五届全国光散射学术会议，2009 年。

④ 何堂坤、宋彦泉：《临沂铜镜表面分析》，载《四川文物》1994 年第 6 期。

图 1 东汉四乳鸟兽镜保护修复前照片

2.1 X 射线荧光光谱分析

四乳鸟兽镜镜背边缘处腐蚀剥落一残片，附着有泥土。将这一残片收集，进行 X 射线荧光光谱分析，所用仪器型号为 Thermo scientific XL3。X 射线荧光光谱分析主要是对样品表面进行元素分析，是一种半定量分析方法。分析结果显示，该铜镜残片主要含有 Cu、Sn、Pb 三种金属元素，三种金属元素的含量分别为 52.618%、11.358%、8.158%（图 2）。Sn 元素的含量为 11.358%，也验证了该铜镜为富锡青铜镜。

	%	+/-	Error
Sb	0.228	+/-	0.017
Sn	11.358	+/-	0.455
Cd	0	:	N/A
Pd	0	:	N/A
Ag	0	:	N/A
Ru	0	:	N/A
Mo	0	:	N/A
Nb	0	:	N/A
Zr	0.009	+/-	0.002
Bi	0	:	N/A
Pb	8.158	+/-	0.307
Se	0	:	N/A
Au	0	:	N/A
W	0	:	N/A
Zn	0.052	+/-	0.022
Cu	52.618	+/-	1.450
Ni	0	:	N/A
Co	0	:	N/A
Fe	1.508	+/-	0.051
Mn	0	:	N/A
Cr	0	:	N/A
V	0.105	+/-	0.045
Ti	0.216	+/-	0.082
Al	6.659	+/-	2.053
S	0	:	N/A
P	2.564	+/-	0.349
Si	16.514	+/-	1.102
Mg	0	:	N/A

图 2 东汉四乳鸟兽镜 X 射线荧光光谱分析结果

图 3 东汉四乳鸟兽镜锈蚀物样品硝酸银滴定分析照片

2.2 有害锈的检测分析

通过肉眼观察，东汉四乳鸟兽镜镜背处有浅绿色锈蚀，为确认其是否为有害锈，我们进行了硝酸银滴定分析。在镜缘粉状锈处进行锈蚀物取样，用稀硝酸溶液溶解、过滤样品后，用硝酸银溶液滴定，样品溶液瞬间变浑浊，说明样品中含有氯离子，所取的锈蚀物中含有有害锈（图 3）。

3 东汉四乳鸟兽镜的保护与修复

在对这件铜镜进行保护修复时，我们根据现代文物修复理念，遵循最小干预原则、可逆性原则以及可辨识性原则，根据铜镜的特点及其病害，制定了保护修复方案，包括清理、去除有害锈、缓蚀处理、拼对、粘接、做旧和封护等。

3.1 清理

广义上的清理包括去除器物表面的泥土与较疏松的锈蚀物、纹饰及铭文上较厚的锈蚀层，以及彻底去除有害锈。我们首先去除铜镜表面附着的泥土和灰尘，采用棉签蘸乙醇溶液滚动擦拭的方法。这件铜镜存在多个断裂面，为了保证下一步粘接的效果，也采取该方法彻底清洁断面。铜镜镜面贴有标签且有修复痕迹，用棉签擦拭不易去除，故采取乙醇溶液局部贴敷的方法进行清理。

3.2 去除有害锈

东汉四乳鸟兽镜边缘的锈点为有害锈，需要清除。先用不锈钢针、手术刀等工具进行机械清理，再用低浓度的过氧化氢溶液除锈，具体方法是：配制浓度为1%的过氧化氢，用滴管小心滴加到点蚀部位，观察氯气的溢出，待气泡减弱后，用棉签吸干，再进行第二次滴加，直到滴加过氧化氢后不再产生气泡为止。此方法的优点是反应时间短、针对性强，不会影响铜镜非含氯部位的原貌。

3.3 缓蚀处理

由于莒南县博物馆库房条件有限，无恒湿系统，我们需要对去除有害锈后的四乳鸟兽镜进行缓蚀处理。使用BTA溶液，采取刷涂的方法，利用BTA与铜的结合，降低铜与外界腐蚀性物质的反应能力，以达到对铜镜进行缓蚀保护的目的。

缓蚀工作完成后，还需对青铜镜进行稳定性检查，以检验青铜器有害锈中的氯离子是否被清除干净。具体方法是把铜镜放入恒温恒湿箱内，将温度调整到30℃、相对湿度调整到80%，静置48小时。若在此高温高湿环境下，48小时内无粉状锈出现，则说明有害锈已被彻底清除。

3.4 拼对、粘接、做旧

修复断裂青铜镜的方法主要有粘接和焊接两种。由于焊接对铜镜断面有一定的破坏，因此采取粘接方式修复该铜镜。粘接剂的选择直接关系到铜镜的修复效果与安全系数。我们选用Hxtal环氧树脂胶粘剂，使用时先将碎片拼接好，然后将胶粘剂涂抹在接缝处，辅助使用热熔胶棒帮助固定至完全固化。完成粘接后，需要在接缝处使用环氧补土进行补腻子、打磨处理，然后调制天然矿物颜料，对修复部位进行做旧处理。

3.5 封护

表面封护能够减小环境变化对青铜镜产生的影响。在铜镜的镜面和镜背分别刷涂 Paraloid B72，对其进行封护处理。保护修复后的铜镜如图 4 所示。为了更长久地保存该铜镜，建议将其存放于温度 20℃ ±2℃、相对湿度低于 45%、相对湿度日波动范围小于 5% 的环境中。

图 4　东汉四乳鸟兽镜保护修复后照片

4　结论

笔者在文中简要分析了“漆古”类铜镜的特点及其形成原因，并以一件东汉四乳鸟兽镜为例，通过 X 射线荧光光谱分析，验证了该“漆古”镜为富锡青铜镜；依据文物保护修复的最小干预原则、可逆性原则以及可辨识性原则，对其进行了保护修复，通过清理、去除有害锈、粘接、封护等处理，既较好地保护了青铜镜，又使其满足了博物馆陈列展览的需要。

原载于《山东博物馆辑刊（2016 年）》，2017 年

山东巨野东汉镂空龙纹铜炉的保护与修复

◎ 孙永珂[1] 祝延锋[2]
1. 山东润古轩文物保护工程有限公司；2. 巨野县博物馆

摘 要：巨野县博物馆馆藏东汉镂空龙纹铜炉存在有害锈、硬结物及构件残损等病害。笔者通过XRD检测分析及氯离子滴定实验，了解了锈蚀物成分。在此基础上，对其采取了清理、除锈以及翻模补配等保护修复措施，以恢复器物原貌，实现长久保存、展示与利用之目的，最大程度地发挥其价值。

关键词：镂空龙纹铜炉 保护修复

这件东汉镂空龙纹铜炉（图1、2）于2011年12月出土于巨野县独山镇金山南侧，现保存于巨野县博物馆。该铜炉纹饰精美、结构精巧、铸造特殊，由于未经过正式考古发掘，所以没有其他考古信息和文物资料可供参考。其造型奇特，本体由上下两部分组成，上半部分为长方体镂空灶台，下半部分为炉体支撑结构（由三个圆轮与托盘组成）。该器物为国家一级文物，具有重要的历史价值、文化价值及艺术价值。由于文物自身因素和保存环境的影响，这件铜炉存在多种病害，主要有断裂、矿化、点腐蚀、硬结物、残缺等。为了尽快使这件珍贵文物得到切实保护，笔者根据国家文物局批复文件及方案要求，对这件铜炉进行了保护修复，

图1 铜炉整体图

图2 铜炉俯视图

并对保护修复过程进行了总结。

1 文物保存现状

在进行保护修复前，需要观察、分析铜炉结构及其病害。铜炉轮轴与底盘连接处有锈蚀、矿化脱落现象。顶部小铜锅缺失一个。后轮与轴因锈蚀无法转动，长轴中部表层锈蚀出现剥落，且剥落层下有浅绿色锈蚀物，两侧通体表面有轻微瘤状物（图3）。左侧与底盘连接位置有疑似铁质与泥土锈蚀物，右侧轮毂与轴也有疑似铁质严重锈蚀，并有矿化现象。前轮与兽首连接处锈蚀矿化严重，有大量疑似铁锈状附着物（图4）。兽首与底盘连接处有大量疑似铁质与泥土锈蚀物。底盘外侧与轮轴连接处有大量有害锈蚀物并轻微凸起，根据以往的修复经验，锈蚀层下面可能存在氯离子。通体表面有分布不均的硬结物以及泥土附着物，局部存在点状矿化现象，且左侧面龙纹右下角情况更为严重。

图3 车轴浅绿色锈蚀物

图4 疑似铁锈状附着物

2 检测分析

2.1 选取样品

根据铜炉表面锈蚀物的状况，从车轴、炉底及兽首等部位分别提取不同颜色的锈蚀物样品（共10个）进行物相分析，样品情况及分析结果见表1。

2.2 仪器与测试条件

仪器型号：荷兰帕纳科 Aeris 台式X射线衍射仪。测试条件：电压40kV，电流15mA，Cu靶，扫描范围10°—70°。

2.3 结果与分析

铜炉各部位表面不同颜色锈蚀物的分析结果较为复杂，其中无害锈的成分主要有孔雀石（碱式碳酸铜）、硫酸铜等铜盐，以及白铅矿（碳酸铅）、二氧化硅等。值得注意的是，在1、

2、9号样品中发现了氯铜矿、副氯铜矿等有害锈成分（图5、6、7）。

表1　10个锈蚀物样品分析结果

序号	取样位置	样品描述	测试结果
1	车轴横梁部位	绿色锈蚀	碱式氯化铜（副氯铜矿）
2	车轴横梁凸起部位	绿色锈蚀	碱式氯化铜（副氯铜矿）、氧化亚铜（赤铜矿），表面含有少量土锈
3	车轴横梁凸起部位	黄色锈蚀	土锈及硫酸铜
4	车轴横梁与车轮连接处	白色硬结物	土锈及硫酸铜
5	车轮辐条表面	疏松绿色锈蚀	土锈及孔雀石（碱式碳酸铜）
6	炉身上面锅柄处	绿色锈蚀	孔雀石（碱式碳酸铜）及土锈
7	前轮兽首右下侧	黄褐色锈蚀	土锈及硫酸铜
8	炉身底部前方右下角	褐色锈蚀	土锈
9	炉底部右侧	绿色锈蚀	碱式氯化铜（氯铜矿、副氯铜矿）
10	炉身左侧口沿下方	白绿色粉末	土锈、碳酸铅（白铅矿）及碳酸钙

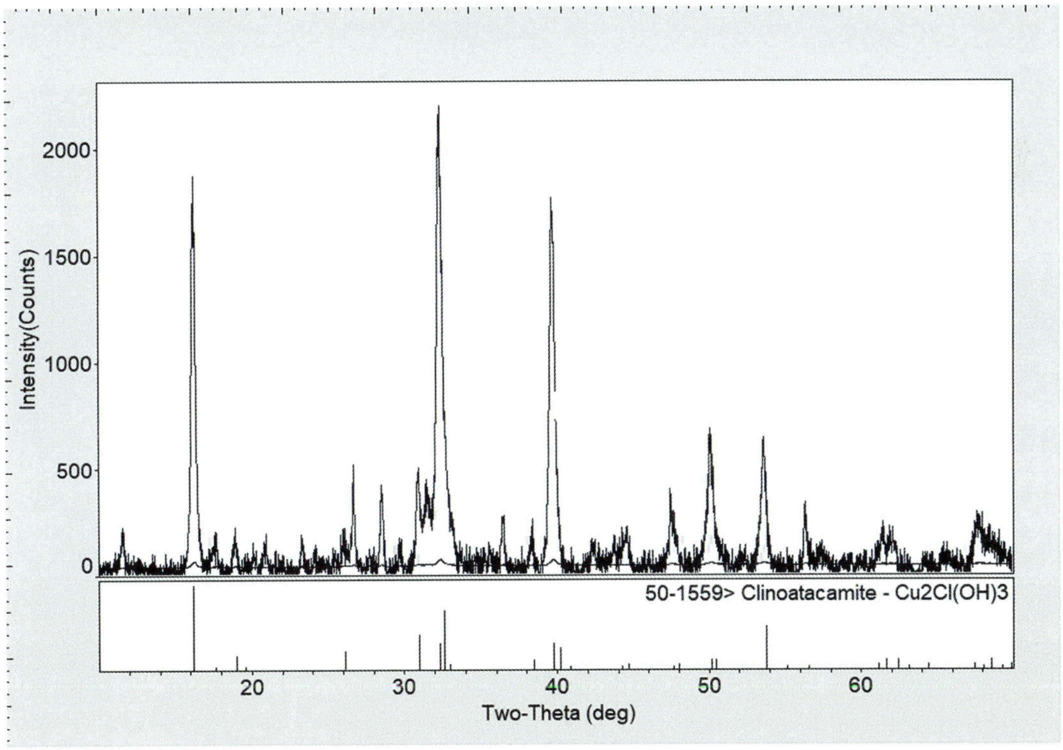

图5　1号样品X射线衍射图

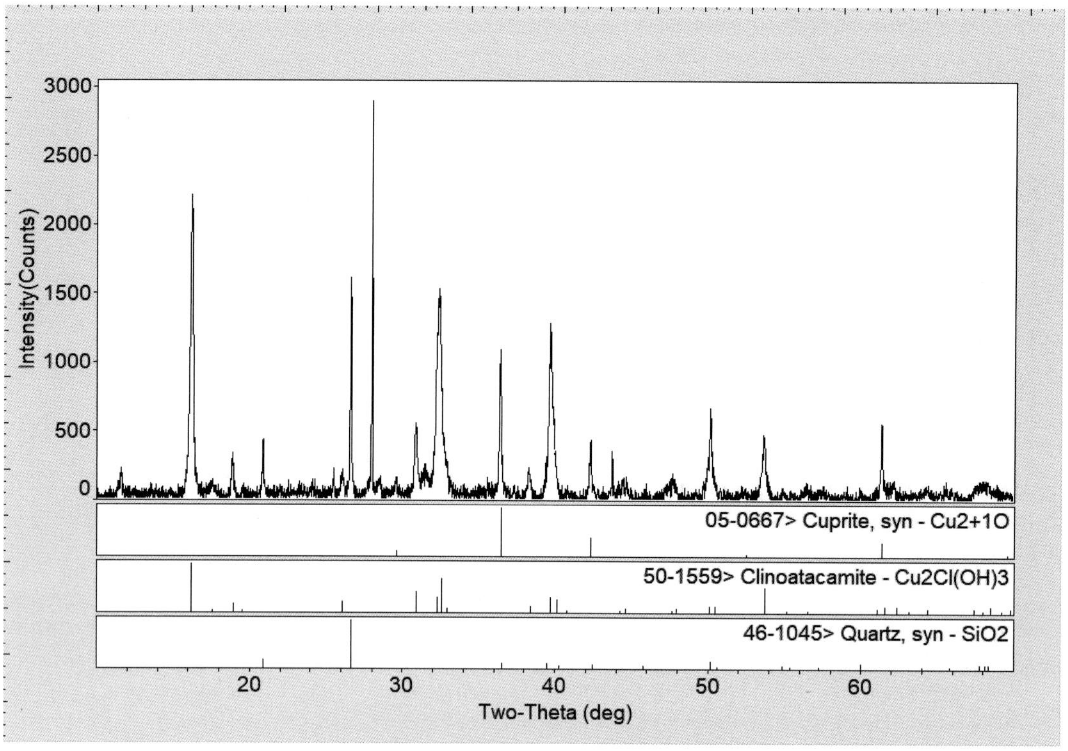

图 6　2 号样品 X 射线衍射图

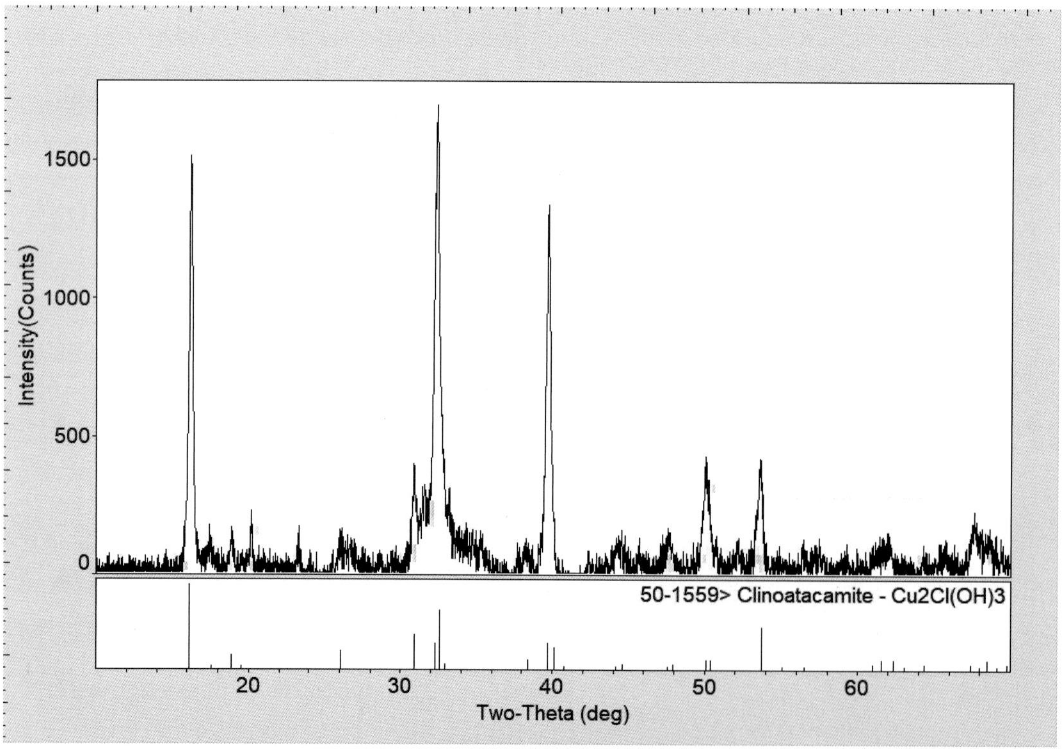

图 7　9 号样品 X 射线衍射图

分析结果显示，绿色粉末状锈蚀物中存在的碱式氯化铜（氯铜矿、副氯铜矿）属于有害锈成分，在潮湿的环境下容易导致器物表面粉状锈蔓延，进而使得器物纹饰剥落、铭文模糊，严重时会使器物粉化、塑瘫、完全毁坏[①]。在前期保护研究工作中的氯离子滴定分析结果也验证了锈蚀物中存在氯元素，因此除氯工作是保护修复这件铜炉的重点工作之一。

在炉身左侧口沿下方发现白色夹杂绿色粉末状附着物，其成分主要为碳酸铅（白铅矿），因此推测铜炉基体可能含有铅，因腐蚀导致锈蚀物中出现铅盐。碳酸铅质地疏松，且颜色与粉状锈具有一定的相似性，在除锈时应注意加以区分，并对已出现碳酸铅粉末的基体局部进行渗透加固处理。另外，在黄褐色锈蚀物中发现了铁的氧化物，且这种褐色锈蚀物分布较为集中，应注意观察、分析铜炉其他构件的材质。

3 保护修复

3.1 清理与清洗

首先对铜炉不同颜色的附着物（包括土锈、硬结物及锈蚀物等）取样并编号，进一步分析测试，以便更全面地了解器物的腐蚀状态。针对表层浮锈及疏松附着物，使用牙签进行剔除（图 8）。铜炉整体上保存较好，机械强度较高，因此可将其浸泡于溶液中进行清理、清洗。为了加快清洗速度，将铜炉轻轻放置于超声波清洗器中，调整仪器频率及溶液温度，持续清洗 10 分钟（图 9）。取出器物后，铜炉表面明显洁净，且部分原被土锈等覆盖的纹饰也清晰可辨。

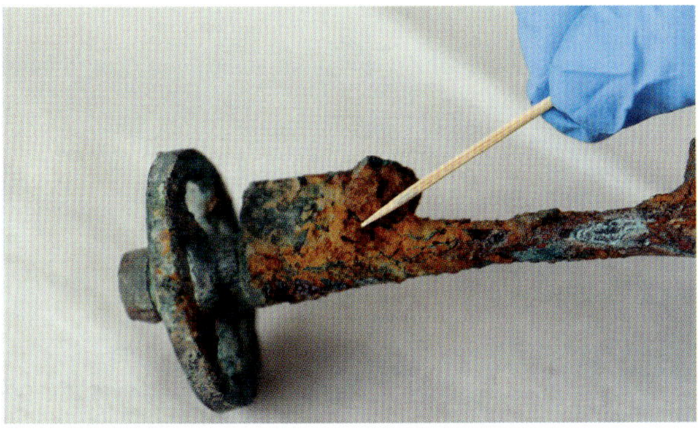

图 8 锈蚀物清理

图 9 超声波清洗

3.2 有害锈处理

3.2.1 氯离子滴定及有害锈转化

分析结果显示，绿色锈蚀物的主要成分有氯化亚铜（CuCl）、氯铜矿及副氯铜矿。提取绿色锈蚀物，将其植入稀硝酸中溶解酸化，取其清液滴入 1—2 滴硝酸银溶液，发现溶液出现白色絮状物浑浊现象，表明锈蚀物中含有氯离子（图 10）。由于绿色锈蚀物多为片状聚集且

① 胡家喜：《“有害锈”青铜器的修复保护》，见《文物修复研究》第 4 辑，民族出版社 2007 年版。

多分布在器表，所以处理这种有害锈时，应选择锌粉置换方法，以使之形成牢固稳定、不易溶解的氢氧化锌或碱式碳酸锌膜①。用浓度为 90% 的乙醇溶液调和锌粉，均匀涂敷于有害锈部位并压实，每次涂抹锌粉并待乙醇挥发、锌粉变硬后，滴加去离子水湿润（图 11）。在此后的三天内，经常对涂抹锌粉的部位滴加去离子水，每天保持 10 次以上，使处理部分形成灰色的锌化合物，最后再进行随色处理。

图 10　氯离子滴定分析

图 11　锌粉涂敷

3.2.2　稳定性检查

有害锈的转化处理是否彻底，需要通过器物稳定性检查来判断。将铜炉置于密闭透明且潮湿的塑料袋中（内部湿度为 70%—80%、温度为 25℃，尽量不要让铜炉器壁与塑料袋接触，以免出现水汽聚集），进行稳定性检查，以观察氯离子转化是否彻底（图 12）。48 小时后铜炉底部未出现新的锈蚀物，而车轮部位出现浅绿色水泡状锈蚀物（图 13），则表明车轮部位仍残留氯离子，前期氯离子转化得不够彻底，仍需继续进行处理。按照上述方法，继续进行有害锈的转化处理工作，直至进行稳定性检查时不再出现新的粉状锈蚀物为止。不再出现新的粉状锈蚀物说明氯离子的转化已经彻底，铜炉基本处于稳定状态。

图 12　稳定性检查

图 13　有害锈二次爆发

① 钟家让：《出土青铜器的锈蚀因素及其防护研究》，载《山西大学学报（自然科学版）》2004 年第 1 期。

3.3 残缺处补配

铜炉炉体上面有两处形状、大小一致的圆孔，且缺失其中一圆孔处的小铜锅及手柄。经查阅汉代陶器、铜器资料，未发现与此铜炉形制类似的器物。为慎重起见，对圆孔处的补配采用了可拆卸方式，方便“随时取走”。为了长久保存器物、体现小铜锅的质感，采用石膏翻模复制的方法，制作云锡材质的小铜锅进行补配（图 14、15）。

图 14 石膏翻模

图 15 云锡复制小铜锅

3.4 车轮重组及功能恢复

车轴两端存在穿销结构且留有孔（图 16），有一定的倾斜度，呈“八”字形，当是为了防止在使用过程中自然脱落所作。在组装车轴与炉体底盘时，也要按照一定的顺序。其中车轴左侧一孔未穿透，应先将 3.8mm 镀锌铁棒穿插进左侧孔内固定，然后将车轴右侧孔与底盘孔对齐，从底部穿过提前准备好的 3.8mm 长的铁棒，并牢牢固定（图 17）。

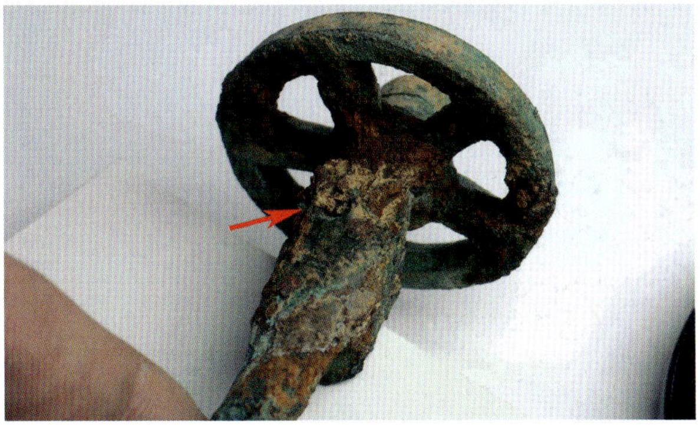

图 16 车轴左侧穿销孔

图 17 镀锌铁棒重新组装

恢复构件功能有两个目的，一是让后面两个车轮及前面虎首下部车轮均可以转动，使铜炉可以在平台上移动；二是通过清理除锈，使因锈蚀与铜炉粘连而无法移动的小铜锅与炉体分离，恢复器物的原始使用功能（图 18）。

图 18　铜炉保护修复后照片

修复人员在缺失部位补铸了同样大小的小铜锅，弥补了铜炉残缺的遗憾。但是因为未找到有关这个铜锅构件的确切资料，所以在补铸时使用了可拆卸式构件。这种构件为后期展示提供了灵活空间，在展示时可根据具体需要选择安装或不安装。另外，车轴与炉体底盘、虎兽与底盘连接处均采用了相近材质的镀锌铁棒作为穿销，进行修复连接。铜炉经修复后，整体强度较高，外观形貌基本达到了博物馆展示的需求。

4　结语

通过前期病害调查以及依据原始方案进行的表面锈蚀物检测分析，发现这件铜炉含有氯铜矿、副氯铜矿等有害锈成分。通过提取粉状锈进行氯离子滴定分析，证实了氯离子的存在。修复人员采用锌粉置换方法处理有害锈，使铜炉基本处于稳定状态；依据其铸造特点，采用镀锌铁棒制作穿销，采用石膏翻模法补配残缺构件，并进行重新组装，恢复了其使用功能，并使其达到博物馆展示与宣传教育的需要。

铜器由于其自身的金属属性，容易受外界环境影响再次遭受腐蚀。这件曾经遭受粉状锈侵蚀的铜炉更容易受环境影响，因此存放环境至关重要。研究表明，青铜器潜伏的“粉状锈”滋生蔓延的临界相对湿度为42%—46%[①]。因此，在满足基本陈列要求的前提下，将这件铜炉存放于温度为18℃—22℃、相对湿度为40%以下的稳定环境中，才能保障这件文物长期安全存放。目前巨野县博物馆正在改善预防性保护环境，已将此文物存放于无酸纸囊匣中，保证微环境干燥、洁净且稳定，以使其能够长久保存、展示等。

致谢：在笔者的研究、写作期间，山东省文物保护修复中心王传昌主任、吴双成老师给予了指导，刘建国、蔡友振、王云鹏等老师为铜炉的保护修复提供了检测分析数据及宝贵建议，在此一并感谢！

① 陈元生、解玉林：《博物馆文物保存环境质量标准研究》，载《文物保护与考古科学》2002年S1期。

浅谈潍坊地区仿古铜印

◎ 李　瑜　翟松岩
潍坊市博物馆

摘　要：潍坊地区仿古铜印独具一格，在仿古铜领域占据重要地位。本文详细介绍了当地铸铜印技艺出现与发展的原因，以及潍坊历史上铸铜印技法代表性印人、艺人等，为对潍坊地区仿古铜印感兴趣的人们提供了较好的参考资料。

关键词：潍坊　仿古铜印　发展因素　印人　艺人

我国铜印玺起源甚早，据出土文物佐证当出现于殷商时期[①]，及至春秋战国时期，青铜铸造工艺高度发展，为印章铸造提供了成熟的技术条件。战国时期是中国印章发展的第一个繁荣时期，后历经两汉，直至明清。就我国整体印章史来说，可谓传承有序，发展脉络清晰。但就青铜印章而言，其盛于秦汉，于晋唐后日渐式微；至宋元，其制作规模已失往日繁盛，尤其有元一代，王冕采用花乳石篆刻石章，因取材方便且易篆刻，一时兴盛，逐渐形成篆刻印学，而民间几乎无人铸刻铜印。

潍坊(旧称潍县，后文或用此称)仿古铜器制作历来昌盛，有研究者指出其在清代就与北京、西安、苏州并称仿造青铜器的四大产地。在有关青铜器辨伪、铸造研究的诸多书籍、文章中，“潍县造”的名字屡见不鲜。仿古铜印是仿古铜器制作中的一个门类，潍县仿古铜印铸造技法独特，其他地区都是刻印，独潍县为铸印，且印体中空，印文深、字陡、底平，工序繁杂，地域特征明显，在全国独树一帜。《潍县手工业调查》一文中曾有“北平刻铜印，素负盛名；而潍县不刻而铸，创始亦早，经鉴古家、讲究家之鉴别，认为有过而无不及”的记载。

据现有文献记载，潍坊地区仿古铜印制作始于清代，创始人为胥伦。“潍县铸印者，系用范沙法，创始者为城南胥家庄胥伦，后有田培宽亦以制铜印名于时。”[②]

---

① 何毓灵、岳占伟：《论殷墟出土的三枚青铜印章及相关问题》，载《考古》2012 年第 12 期。

② 刘祖干总纂：《潍县志稿》卷二十四，潍县和记印刷局 1941 年版。

1 潍坊地区铸铜印技艺的出现及发展

潍坊地区历史悠久，自古物阜民丰。《尚书·禹贡》详细描述了古时潍坊地区的地理环境："海岱惟青州。嵎夷既略，潍、淄其道。厥土白坟，海滨广斥。厥田惟上下，厥赋中上。厥贡盐絺，海物惟错。"目前经考古发掘的潍坊地区时代最早的后李文化遗址距今有8000余年。便利的交通条件和悠久的人文历史对铸铜印技艺的产生及发展都起到了促进作用。

1.1 明末清初齐鲁印派的影响

古铜印玺在魏晋后逐渐退出舞台。明朝石印兴盛，篆刻流派出现于明朝后期，主要在苏、浙、皖等南方省份发展。明末崇祯十三年周亮工任潍县知县后，大大推动了篆刻学在山东地区的传播。周亮工（1612—1672），字元亮，明末文学家、篆刻家、收藏家，著有《印人传》《赖古堂印谱》，在中国篆刻学史上具有重要地位。他的到来带动了潍县文脉的发展。潍县安丘张氏家族为当地诗书之家，代表人物张贞（1636—1712），字起元，号杞园，康熙元年与周亮工相识并修学于周亮工，又与印人温如玉及程邃等学者和篆刻家交往，吸取印学精髓，使自身篆刻境界更加开阔，并影响了他的儿子张在辛、张在戊、张在乙。他们与同时期的高凤翰、聂际茂、朱文震等兼收江南篆刻流派之长，追求平实清真，形成了具有地域特色的齐鲁印派。

齐鲁印派是中国篆刻史上的重要一派，以周亮工为发端，张贞父子、高凤翰、郭伟勣、郭见龙等以篆刻或著述名闻山左，自此后研究爱好者众多，尽以篆刻为能事。

至清后期，王石经与同邑金石大家陈介祺私交甚笃，凡陈氏所藏金石文物，王石经朝夕观摩，篆刻以秦汉为宗。他的篆刻在近代印坛的影响颇为深远。王石经是近代玺印派中最具代表性的印人之一。其子王宗彝（字幼泉）、孙王端亦能继承家学，笃精篆刻。

周亮工、张贞父子、陈介祺、郭伟勣等所藏玺印、封泥、印学著述以及印人们的篆刻艺术成就，为铸铜印的发展提供了厚实的艺术土壤。铸铜印印人、艺人们深受此氛围影响，以篆刻为本，结合冶铸，使铜印成为既有艺术性又有实用性的艺术品。

近代铸铜印艺人于树千及其弟子王昌年在冶铸之余，也能篆刻石印。二人以金文入篆，章法有度，不落俗套。

1.2 清代金石学的兴旺带动铸铜印工业的发展

金石学是中国考古学的前身。古者泛称青铜器为"金"，称一般石刻碑碣等为"石"。金石学兴起于宋代，至清代得到空前发展。宋代赵明诚、李清照夫妇精研金石古籍，著有《金石录》。明末周亮工收集金石文物，提携学子，推动了潍县文脉发展，而清代亦是潍坊历史上金石学最兴旺发达的时期。

当时我国有一批知名的大收藏家与研究家，如长江流域的潘祖荫、吴大澂、鲍康，山东的陈介祺、王懿荣、翟云升、刘喜海、吴式芬、李佐贤等。山东的金石学家人数多且收藏丰富，故当时人谓“金石学在山左”，亦有山左金石学中心在潍县之说。诸城的王戟门、李仁煜、李璋煜、刘燕庭，益都的李文藻，寿光的安致远，安丘的张贞等，都是清代潍坊地区的博学之士和金石收藏家、研究家，后继有安丘的王筠以及潍县的陈介祺、郭麐、王石经、高庆龄、高嘉钰等，均为名震一时的金石学名家①。刘喜海、李仁煜、李璋煜、李文藻等均有金石著述传世。

清代时潍县名门望族林立，自古文脉兴盛，喜金乐石且在金石学领域颇有建树的金石学家更多，最具代表性和学识深蕴的是陈介祺。陈介祺（1813—1884），字寿卿，号簠斋。他对历史学、考古学、古文字学、印学等诸多学科的形成与发展都有突出贡献。他富藏精鉴，宗仰海内，尤其重视对带铭文青铜器的收藏。陈介祺收藏先秦至汉魏玺印七千多方，所著《十钟山房印举》被誉为“印谱之冠”“印学之宗”，至今仍是印学领域的经典著作。

陈介祺研究金石之学非封建文人雅事玩物、自附风雅，而是志在释古、传古。他出身官宦名门，资金丰厚，在潍县及外省聘请铜匠、拓工等手艺人且待之以礼，并同艺人们共同探讨制作工艺，为所藏文物配置底座，或传拓、蜕印。他指导艺人姚学乾将铜器错金银法应用到红木中，逐渐形成嵌银漆器的雏形，使之成为地域性的工艺；他在铸印、传拓技艺方面亦颇有精到见解与心得，指导王石经、胥伦、陈畯、陈子振等助手和艺人，使这几类技艺日臻成熟，广受金石学家、收藏家们的赞誉。这几类技艺在现代得到快速发展，有的已形成产业化并闻名全国，这是陈介祺等先贤意料不到的无心插柳之功。

1.3 地理位置优越，占据古都、郡邑之利，商贸发达，手工业水平较高

潍坊地处半岛中部，北通京津，南拥江淮，西依中原，东观大海，西距齐国古都临淄百余里，西南有鲁故城曲阜及邾国之邹邑等，又紧邻纪国故地（今寿光），南傍杞国故地，东南距琅琊古城不远。齐鲁故地古物遗存颇多，时临淄、邹县、临沂、峄县等地均出古玺，而以临淄出土最多。当时，专门在各地奔走为陈介祺搜罗金石器物的主要有高凤翰、赵允中、杜锡九、马庆灏四人。马庆灏为临淄人，有地域之利②。王献唐曾记：“先时临淄一带，出土古印甚夥，土人不识，率售于钱庄，熔铜使用，古玺官印，毁损者尤多，盖印铜较重，易钱多也。周村铜庄，储集尤夥，马氏（马庆灏）遍走各铜庄，扫数得之，每次辄得数十百钮，论重量给价。”③马氏所得多归陈氏。在陈介祺等金石名家的影响下，当地收藏古物之风蔚然，潍县城的白浪河边发展成了较大的古董市场，潍县城成为古器物的集散地。便利的交通条件及人文历史环境使得陈氏在古器物尤其是古印玺方面收藏甚富，也带动了大众对铜印的关注。

---

① 孙敬明：《潍坊古代文化通论》，齐鲁书社 2009 年版。

② 陆明君：《簠斋研究》，荣宝斋出版社 2004 年版。

③ 王献唐：《五镫精舍印话》，齐鲁书社 1985 年版，第 4 页。

明清时期潍县社会生产力发展水平较高，号称“东莱首邑”，清代有“南苏州，北潍县”的赞誉，古谚“二百支红炉，三千砸铜匠”“九千绣花女，十万织布机”为我们展现了该地手工业发达、商埠繁荣的盛况。文献记载潍县制铜业兴盛于清中期（制铜业与仿古铜业密切相关），但就实物资料来看，明代该地青铜冶铸水平已较高。潍坊市博物馆馆藏一尊高约 1.5 米、重达千斤的观音大士坐像，为明代弘治年间铸造。观音有三面六臂，每手各执法器，造型极为繁缛，铸造表现力已达到工艺技术的高标准，而且是用失蜡法（古亦称拨蜡法）铸造。如此大体腔使用失蜡法，技术难度之高可想而知，由此可以看出当时该地的制铜业工艺已经非常成熟。至清中期，该地制铜业已是较兴盛的行业，文房用具、银铜首饰、家具配件、生活器物、仿古铜器、铜印章等均是当时的产品。这些器物的制作工艺流程相互渗透、相互融合，提升了潍县铸印技法的全面性和完美性。

2 潍坊历史上铸铜印技法代表性印人、艺人

清晚期，潍县王石经、胥伦等人于篆刻石印外，在陈介祺的指点下，琢研古法铸印，汲取数千年玺印文化的精髓，成为一代治印名家。沿袭至今，仿古铜印制作已有五代传人，其中不乏佼佼者。按当地约定俗成的认定，据综合水平的高低，治印者有印人、艺人及匠人之分。

2.1 印人

印人的主要代表人物有王石经、胥伦、王端三人。

2.1.1 王石经

王石经（1831—1918），字君都，号西泉，平生喜好金石文字，善书法、篆刻，是近代玺印派的代表性人物。他是陈介祺的助手，在陈府观摩金石文物、印蜕古玺，仿拓名器名碑，著有《甄古斋印谱》《集古印隽》《西泉印存》。王石经篆刻石印造诣非凡，又在陈介祺的指导下铸铜印。

《万印楼印话·镜铜铸印》中记有陈介祺对冶铜的认识心得，“簠斋对铜铸颇有研究，曾指教西泉老人铸印。所用铜皆自潍县白浪河铜市上购得之破铜镜片”。陈介祺的后人陈继揆访友人黄大维，黄出示一铜印，方一寸，精光可鉴人，询为何物。陈继揆答曰：“此乃簠斋教西泉老人为海丰吴氏长辈所作姓名印。”陈介祺让王石经以古镜残片熔化浇注，因此可知王石经所制铜印印文是铸就而非凿刻。旧古铜镜中的锡含量大，坚硬易崩碎，不易刻篆。这也与民国时期印钮、印台、印文一体浑铸的技法是一致的。

西泉作印，于篆文刀法必求之古。陈介祺喜好且常赞赏王石经的篆刻，他自用的姓名字号印、斋馆印、收藏印等大多是王石经所刻。现能查证确属王石经铸就的陈氏所用铜印，仅见三枚。

（1）“陈介祺”铜铸龟钮印，印文为篆书体阴文，印面边长 1.7cm × 1.7cm，通高 1.5cm[①]。

（2）“陈寿卿”铜铸龟钮印，印文为篆书体阴文，印面边长 1.6cm × 1.5cm，通高 1.4cm[②]。

（3）“古瓦量斋”铜铸鼻钮印，印文为篆书体阴文，印面有阴线界栏，印面边长 2.3cm × 2.3cm，通高 0.9cm[③]。

三枚铜印均藏于故宫博物院，印文不失汉印法度，庄穆严谨，印钮形制也与汉魏印钮相似。

另《西泉印存》载民国总统徐世昌题跋云“西泉老兄昔年曾为铸小印，并作隶书楹帖”，可知王石经在与友人交往时，也常铸铜印相赠。

王石经铸印承袭印玺古风，“白文以汉为宗，几可乱真，虽或不如黄（小松）桂（未谷）浑厚，然乃真能为汉印者”。他一意摹古、师古，追求三代吉金文字意趣而不拔，深得古玺印制作精髓。

潍人铸印不镌边款，致使后人不好求证作者、纪年。清早期芜湖铜印世家诸葛氏，治印镌刻边款，故其治印资料丰富、传承有序。作为清代晚期齐鲁印派的重要印人代表，王石经铸印之名不为世人所知，除因不镌边款不易考证外，亦因其铸印工序繁缛，所铸铜印少而不多见，且其铸印被篆刻石章的盛名掩盖。纵观古玺印篆刻发展史，明清至今，王石经所铸铜印虽凤毛麟角，存世不多，但其在铜印制作方面的成就少有人超越。

2.1.2 胥伦

通过查阅文献可知，铜铸印最负盛名者是胥伦，其铸印事迹也较王石经多。此人多才多艺，绘画、仿古铜器、传拓均有涉猎，但在铸铜印技艺上用功颇多，并有创新技艺、技法。

《潍县志稿》载：“胥伦，号芰塘，胥家庄人。少游陈介祺之门，尽见所藏三代彝器，遂精铁笔。陈氏有万印楼，秦朱汉白充牣其中，魏晋以下概斥去不与摩挲赏玩。又悟古人铸印法，先以蜡为模，刻纽篆文毫发无憾，然后以精铜写之，一铸而就，俟微冷再以刀石刮磨，使銚泽莹润而印成，所谓拨蜡法也，并精翻砂。”“晚挟技游京师，王文敏为之延誉，盛祭酒昱亦激赏之。子伯元能世其业。”[④]

胥伦所在的胥家庄即现潍坊市潍城区大胥家村。胥伦生卒年不详。查阅陈介祺年谱，光绪元年（1875）九月三日，陈介祺在致王懿荣书中称遣胥伦往蓬莱张允勷处拓图，是年陈介祺 63 岁，王石经 44 岁。据《万印楼印话》可知，胥伦在抗日战争时期仍健在，他每逢进城，常到南门里走走，还能铸仿古印章。陈介祺于咸丰四年（1854）回潍县城外来章村居住，咸丰十年（1860）新居建成后迁入城里（今潍城区芙蓉街），其所藏之物始有妥善藏室，此

---

① 陈进：《陈介祺自用印存》，天津人民美术出版社 2015 年版。

② 〔清〕王石经著，陈进整理：《西泉印存》，天津人民美术出版社 2014 年版。

③ 方斌、郭玉海主编：《金石千秋——故宫博物院藏二十二家捐献印章》，紫禁城出版社 2007 年版。

④ 刘祖干总纂：《潍县志稿》卷三十二，潍县和记印刷局 1941 年版。

后胥伦才可能“少游陈介祺之门”，为陈介祺代购文物、传拓金石。又，刊于1935年的《实业统计》中有署名陈国帆的《潍县手工业调查》一文，言及“昔同治七八年间，庄人胥继堂君验得该土之功效，几经研究遂成铸印之模型，模型既得，冶铜铸之，便成名贵之铜印矣”。同治七八年间，胥伦应已成年。据此粗略推算，其在世时间介于1840—1940年之间，前后出入不会太大。

胥伦出身农家，自幼聪颖好学，悟性极高，喜爱绘画，善于仿制小巧物件，精翻砂铸法，触类旁通，又自悟拨蜡法，即失蜡法。其印集《梧园印蜕》扉页有“光绪十有七年岁次重光单阏，月阳在华，日得甲子，案郁华阁所藏海内金文拓本，摹六十甲子印。潍县胥伦芰塘甫拨蜡铸”的题识，可知胥伦该书中的六十甲子印是以失蜡法铸就的。其篆刻印文学于古文，《清稗类钞·工艺类》“胥山人铸铜印”条云“潍阳胥山人……精于《说文》、六书之学，考核篆法，一字不苟，印式古朴无伦”。传世的几枚胥伦所铸印章，钮为鼻钮、橛式钮，古朴凝重，名章印文以满朱文排列，甲子印文以金文篆刻，章法已达到极高的艺术水平；印台、印钮遍布浅浅细细锉痕，细如毛发，由上而下错落排列，如同乐符，制作细腻，令人叹服。

胥伦传技于其子胥伯元。胥伯元，又号小塘，生卒年不详。陈秉忱（陈介祺后人）曾于新中国成立初期在市肆中购得胥伯元为民国报人黄节所制瓦钮套印1套（2枚），子印与母印规矩严密，双印套合，严丝合缝，印文古朴。由此可知胥伯元技艺精巧，承袭了胥伦全套技法。

王石经与胥伦所铸铜印具有重要艺术价值，可以说是铜印玺自宋元以降篆刻印学的一座高峰，区别于其他用于防伪验真、信用凭证的普通实用铜印。

2.1.3 王端

王端（1916—1996），号泉荪，别署铁翁，万印楼印社副社长，清代篆刻名家王石经之孙，其父王宗彝擅长篆刻，治印稳健端庄。他铸的铜印多为实用印章，印钮多为蹲狮钮，印文多为篆体。

2.2 艺人

艺人的主要代表有田氏族人、于树千、王昌年等。

2.2.1 田氏族人

清末民初，随着时代的变革，逐渐形成一种社会信用制度，人们广泛使用印章，用于交易、工资提取等社会活动。此时制作使用的印章主要体现其实用性，不刻意追求其艺术性。

此时手工业传承方式多为师带徒授业或家族亲邻乡党有一脉关系者互相协助生产经营。该时期潍县从事铸印者中较出众的多为田姓，其中以田皎睿（字晓山）与田昞睿（字菊畦）兄弟、田培宽（字多稼，又名德文）与田增宽（字嘉禾，又名仲高）兄弟较为有名。

田皎睿、田昞睿都是铜匠艺人。嵌银漆器兴起后因受到人们的喜爱，销路畅通，他们便转行制作嵌银漆器，兼铸铜印。兄弟二人在济南后宰门街设立“雅鉴斋”店铺，制作并销售嵌银漆器，兼营定做铸铜印章①。1912年，潍县刘金弟开设“桐荫山馆”，请年岁已大的田皎睿指导技术，加工、销售嵌银漆器，后来又增加了铸铜印章、核雕、仿古铜器等业务②。

田培宽、田增宽兄弟，曾祖田名儒为道光八年戊子科举人。据《山东工艺美术志》记载，田培宽以铸铜印闻名于世。民国初年，田培宽与弟田增宽在济南辘轳把子街1号开设铸铜印作坊“述古斋”。

光绪末年，田智緍（字子由）与其子田循宽（字益斋）在潍县东门里开设“扣雅斋”，经营嵌银漆器和铸铜印章业务。田智緍是田皎睿的堂侄。

2.2.2 于树千

生年不详，于1976年病故。

因战争以及国民政府的横征暴敛等，新中国成立前潍县经济萧条，手工业千疮百孔，仅寥寥数人从事铜印制作。新中国成立后，百业待兴。1960年潍坊成立工艺美术学校，1962年建立工艺美术研究所，于树千由下河街色纸厂调入研究所工作，从事铸铜印章制作。于树千除完成单位每月下达任务外，又以传统授艺带徒的方式把技艺传授给学生。研究所选拔年轻学员王昌年、王绪德、张善同、王恒达、张德修、宋延东、谭一伟七人随同于树千学习制作铜印章。其中六人后来由单位安排转学核雕、刺绣等，仅王昌年一人随于树千学习、传承制作铜印章。

于树千沉稳寡言、心灵手巧，自制狮、虎、龟、龙、马、牛等动物造型印钮颇具古意，印文符合实用需求，字体清晰规整深邃。此外，他还善篆刻石章，笔画遒劲，法度谨严。

2.2.3 王昌年

1944年生，自1960年起便在潍坊工艺美术学校师从于树千，1962年至工艺美术研究所铸铜印组工作，独自坚守铸铜印技艺近60年，擅翻制各类工艺品模具。工艺美术研究所同事称当年“研究所手巧者，王昌年一人”。若非王昌年老先生坚守铸印技艺、耐得住寂寞，仿古铜印传统技法可能早就失传于世了。

2.3 匠人

匠人的代表人物主要有刘春友、刘正然父子及郭俊昌等。

民国时期，潍县制作铜印者有数十人之多，技艺参差不齐，旧时匠人社会地位不高，有姓氏名讳者或有事迹流传者寥寥无几。后文所述匠人信息多据文献资料记载或艺人回忆整理而成。

2.3.1 刘春友、刘正然父子

刘春友（1888—？），终身从事铜器、银器制作。其子刘正然，初时曾学习并从事铜器、

① 李明忠主编：《潍坊古今人物》，香港正之出版社有限公司1992年版。

② 政协山东省潍坊市潍城区委员会学宣文史委员会：《潍县老字号》（《潍城文史资料》第十七辑），中国文史出版社2001年版。

银器制作，1958年进食品厂后，不再从事铜印制作。

父子二人制作的蹲狮铜印，铸法与潍县铸印一般无二，唯錾刻打磨的手法与他人不同。父子二人制作的印钮呈幼狮状，俏皮可爱。

2.3.2 郭俊昌

郭俊昌曾在嵌银厂工作，新中国成立后亦制作铜印（据王绪德先生回忆）。

3 结语

潍坊地区的铸铜印业自清代中后期兴起后迅速发展，至民国时期，由于社会信用制度逐渐形成，人们广泛将印章用于交易、工资提取等社会活动中，仿古铜印章发展到鼎盛时期。抗日战争全面爆发后，潍县沦陷，工商业遭受严重摧残。抗战胜利后，又因国民政府横征暴敛，各行业萧条，很多店铺为生存而缩小经营规模甚至被迫停业，铸铜印业也日渐衰微，艺人为生活所迫，纷纷转入其他行业。新中国成立前夕，有于树千、王端等人传承潍坊铸铜印技艺。新中国成立后，仅有于树千继续从事铜印铸造。由于社会的变革、科技的发展及生活方式的改变，铜印已渐渐淡出人们的生活，从业者甚少，难达昔日辉煌。2009年，潍坊市铜印铸造技艺被列为山东省非物质文化遗产。在非物质文化遗产抢救性保护的大潮中，这一技艺再次引起社会的关注。

笔者在文中梳理了潍坊地区仿古铜印的产生及发展情况，尤其是访寻了仿古铜印传承人并广泛搜集材料，首次对潍坊地区的治印名家进行了系统介绍，可为广大仿古铜印研究者提供翔实可靠的参考资料。

青岛市博物馆馆藏青铜器的保存现状调查与评估

◎ 胡可佳　张海燕
青岛市博物馆

摘　要：青岛市博物馆馆藏青铜文物年代跨度自商代至明清，器物类型丰富。本文从馆藏青铜器的基本情况、病害统计、锈蚀产物分析、环境监测等方面，对其保存现状进行了深入调研和综合评估，全面分析了馆藏青铜文物的病害成因和潜在风险，有针对性地提出了科学保存建议。

关键词：馆藏文物　青铜器　现状调查　锈蚀分析　保存环境

青岛市博物馆馆藏青铜器年代跨度自商代至明清，器物类型包括礼器、兵器、生产工具、生活用具等，涵盖了生产生活的多个方面，其中部分青铜器为青岛地区出土，较有代表性，具有重要的历史价值、艺术价值和研究价值，为研究青岛地区的生活风俗、生产方式等提供了实物资料。大部分馆藏青铜文物未经过保护修复处理，存在不同程度的沉积物和锈蚀病害，保存现状不容乐观，急需进行保护修复。本文在对馆藏青铜文物的病害情况进行全面分析调研的基础上，利用显微观察、硝酸银定性分析、扫描电镜及能谱分析、X 射线衍射分析等对锈蚀产物进行科学检测，并结合对保存环境的监测数据，对馆藏青铜文物的保存现状进行综合评估，以期为科学修复与保护文物提供依据。

1　现状调查

本文以铜镜、造像以外的青岛市博物馆馆藏珍贵铜器为主要研究对象。这些铜器共有 737 件，其中一级文物 2 件，二级文物 119 件，三级文物 616 件。经过保存现状调查，发现其中 292 件青铜器存在较为严重的病害，约占总数的 40%。这些青铜文物的主要入藏途径为移交、拣选、捐赠等，其中青岛地区出土器物约占 9%。馆藏青铜器的病害类型及频率统计见图 1 和图 2。调查统计结果表明，292 件青铜器的主要病害有残缺、裂隙、变形、表面硬结物、点腐蚀、矿化等，其中约98.3%的铜器有表面硬结物现象，约62%的铜器有点腐蚀现象。此外，层状堆积、残缺、裂隙、孔洞等病害所占比例亦较大。

a. 断裂、残缺

b. 点腐蚀、残缺、孔洞

c. 裂隙、残缺

d. 残缺、变形

e. 点腐蚀

f. 层状堆积

图1　青岛市博物馆馆藏青铜器病害类型

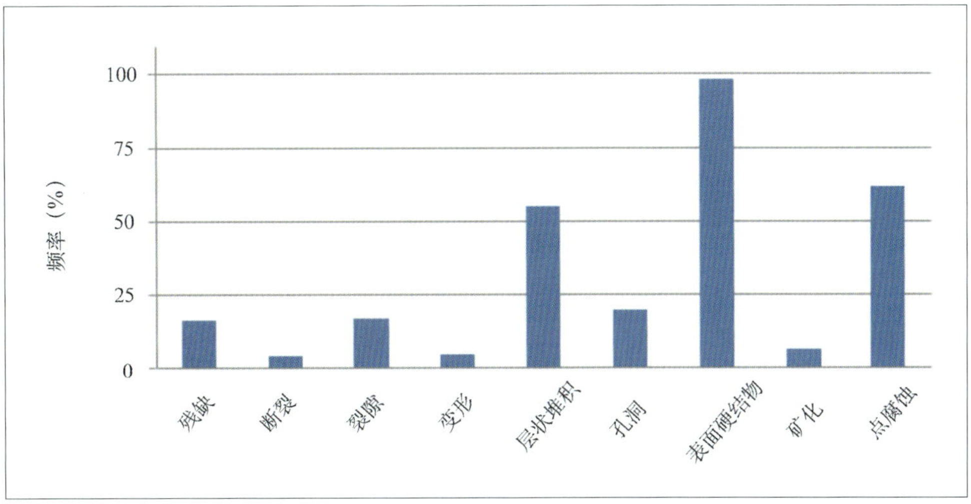

图 2　青岛市博物馆馆藏青铜器病害频率统计图

2　锈蚀产物分析

为了解这批青铜文物的腐蚀程度及病害成因，从其中 14 件文物上选取 31 个锈蚀产物样品进行显微观察、硝酸银定性分析、扫描电镜及能谱分析、X 射线衍射分析。具体取样位置及样品描述见表 1。

表 1　样品清单

序号	名称	样品编号	取样位置	样品描述
1	春秋双螭耳铜盘	10002-1	耳内侧	土黄色锈蚀
		10002-2	耳旁	绿色锈蚀
		10002-3	圈足边	白色结垢
		10002-4	盘内破洞上方	绿色锈蚀
		10002-5	耳旁盘底边	结壳
		10002-6	盘内	深绿色锈蚀
		10002-7	盘内	颗粒状锈蚀
		10002-8	耳内侧	蓝色颗粒状锈蚀
2	商兽面纹铜壶	20005-1	腹部残缺处	亮绿色粉状锈蚀
		20005-2	颈部	蜡状绿色锈蚀
		20005-3	壶底	瘤状锈蚀
		20005-4	腹部	绿色锈蚀

（续表）

序号	名称	样品编号	取样位置	样品描述
3	西周后期窃曲纹铜鬲	20015-1	裆部	蓝色锈蚀
		20015-2	口沿	绿色锈蚀
		20015-3	肩部	绿色锈蚀
4	春秋兽面纹铜鬲	20032-1	肩部	绿色锈蚀
		20032-2	腹部	土黄色锈蚀
5	春秋窃曲纹铜盉	20034-1	腹部	绿色锈蚀
		20034-2	腹部	灰绿色锈蚀
6	春秋绳纹铜盉	20035-1	腹部	绿色锈蚀
		20035-2	腹部	块状绿色锈蚀
7	战国蟠螭纹铜鼎	20041-1	腹部	绿色锈蚀
		20041-2	盖内侧	蓝色锈蚀
8	东汉凤纹铜洗	20058-1	底部	蓝色锈蚀
		20058-2	下腹部	绿色锈蚀
9	战国蟠螭纹铜舟	20043	盖内	绿色锈蚀
10	西周末夔纹青铜鼎	30137	腹部底	亮绿色粉状锈蚀
11	春秋铜鼎	30157	底部	绿色锈蚀
12	南北朝铜釜	30281	折肩底部	土黄色锈蚀
13	唐代铜洗	30288	底部	绿色锈蚀
14	辽金铜鐎斗	30308	内壁	灰绿色锈蚀

2.1　显微观察

利用体式显微镜对青铜文物残块断面及表面锈蚀状况进行显微观察，通过颜色、颗粒大小、疏密情况等，初步判断锈蚀产物的种类。显微观察结果表明，铜器锈蚀状况严重，存在层状堆积现象，锈蚀层大多较为疏松，并有剥落现象。由观察结果初步判断，个别器物含有较厚的白色结垢；其他锈蚀产物色彩丰富、种类较多，可能含有黑色的氧化铜，红色的氧化亚铜，蓝色的硫酸铜，绿色的碱式碳酸铜、碱式氯化铜、碱式硫酸铜，白色的氯化亚铜矿、锡石，等等。

2.2　硝酸银定性分析

将样品放在蒸馏水中热浸泡，然后取 10mL 浸泡液，加入几滴硝酸溶液（2mol/L）摇匀，使之酸化，再滴入几滴硝酸银溶液（0.1mol/L），若有白色絮状沉淀出现，则说明锈蚀产物中含有氯化物。如果硝酸银溶液的加入量大于 2mL 仍无沉淀出现，便可判断锈蚀产物中不含氯化物。

经过硝酸银定性分析实验可发现，在 31 个样品中，有 16 个样品的溶液出现了浑浊现象，并伴有大量白色絮状沉淀产生，说明这 16 个样品中氯离子含量较高；有 11 个样品的溶液变化不明显，但可观察到少量的白色絮状沉淀；其余 4 个样品没有沉淀产生，表明其中不含氯离子。

2.3 扫描电镜及能谱分析

使用日本 Hitachi 公司 S-360N 型扫描电镜、美国 EDAX 公司 Genesis 2000XMS 型 X 射线能谱仪对锈蚀样品进行分析，设定电压为 20kV，分析结果见表 2。由结果可知，锈蚀产物普遍含有 Cu、Sn、Pb、Si 等元素，以及 K、Ca、Al、Fe 等杂质元素，表明这批青铜文物基体应为 Cu-Sn-Pb 三元合金。通过检测发现，其中 16 个样品中含有 Cl 元素，含量最高的达 19.17%，可见含氯腐蚀较为严重；7 个样品中含有 Sn 元素，含量最高的达 58.32%，且这 7 个样品多源自锈蚀结构疏松、点腐蚀严重的器物。青铜器的点腐蚀与青铜合金中的 Sn 元素密切相关，青铜器中的 Cu、Sn、Pb 元素呈不均匀分布，形成许多电位不同的微区，随着含 Sn 量的增加，合金电极电位越低，越易发生电化学腐蚀，电化学不均匀性是点腐蚀发生的内因①。

表 2 青铜锈蚀产物 SEM-EDX 分析结果（Wt%）

样品编号	Mg	Al	Si	Cl	K	Ca	Sn	Fe	Cu	Pb
10002-1	—	2.22	12.39	0.49	—	—	1.46	3.31	47.42	30.60
10002-2	—	2.15	13.05	—	—	1.60	0.28	1.57	59.64	21.71
10002-3	—	2.34	3.43	—	0.38	0.73	—	2.90	81.77	8.44
10002-4	—	1.10	10.81	0.15	1.23	3.83	—	2.00	57.94	22.96
10002-5	—	3.14	14.18	0.19	0.78	3.66	—	1.47	59.49	17.10
10002-6	—	1.48	2.09	—	0.28	0.71	—	1.20	88.73	5.50
10002-7	—	3.50	11.63	—	0.93	7.95	—	1.59	43.69	30.70
10002-8	—	2.51	10.34	—	0.85	3.86	—	2.10	55.34	25.00
20005-1	—	0.81	0.96	19.17	—	0.41	7.95	0.59	56.85	13.16
20005-2	—	1.69	5.69	0.45	—	1.9	58.32	0.56	17.48	13.90
20005-3	—	4.29	8.02	—	—	1.07	37.35	—	29.49	19.78
20005-4	—	1.38	5.72	—	—	—	50.23	—	21.55	21.11
20015-1	—	3.31	5.81	—	—	—	1.94	—	76.50	12.45
20015-2		3.02	4.67	—	—	—	3.26	—	70.07	18.98

① 参见范崇正等：《粉状锈生成的电化学腐蚀及价电子结构分析》，载《化学物理学报》1992 年第 6 期；王蕙贞：《文物保护学》，文物出版社 2009 年版；张玉忠：《“青铜病”的机理及防治方法研究》，北京化工大学 2000 年硕士学位论文。

（续表）

样品编号	Mg	Al	Si	Cl	K	Ca	Sn	Fe	Cu	Pb
20015-3	—	—	4.19	—	—	—	1.39	—	79.30	15.11
20032-1	—	—	7.10	—	—	—	0.64	—	2.45	89.81
20032-2	—	2.11	5.98	—	—	2.03	1.15	2.62	2.42	83.70
20034-1	0.60	2.18	8.45	1.19	0.80	0.65	—	2.10	16.49	67.49
20034-2	1.46	3.08	11.45	—	0.53	1.41	—	1.62	69.94	10.51
20035-1	—	1.61	5.52	0.14	—	0.87	10.57	1.37	72.60	4.39
20035-2	—	1.21	4.98	1.43	—	1.23	17.15	1.44	66.95	2.62
20041-1	0.91	5.37	19.57	3.56	1.34	1.03	0.67	1.92	43.50	22.11
20041-2	1.95	6.31	20.40	—	1.35	0.72	—	2.32	50.86	15.28
20058-1	2.26	11.44	31.22	—	1.90	3.62	—	5.48	41.00	3.06
20058-2	1.63	5.41	15.37	0.24	0.83	1.15	—	2.39	68.33	3.75
20043	—	8.91	29.27	1.62	—	1.45	2.33	3.03	42.62	10.77
30137	—	1.24	3.20	8.20	—	1.32	30.34	2.39	47.22	6.08
30157	—	1.37	3.49	0.97	—	2.06	0.59	3.30	61.10	27.12
30281	—	6.40	37.17	0.35	—	2.72	1.80	2.33	44.60	4.64
30288	—	1.08	6.34	0.31	—	0.69	1.44	0.75	23.94	65.44
30308	—	0.89	6.25	0.33	—	2.33	34.10	4.45	30.77	20.89

2.4 X射线衍射分析

采用日本Rigaku公司D/max 2200型X射线衍射仪对样品进行物相分析。具体测试条件为：电压40kV，电流40mA，Cu靶，发散狭缝、防散射狭缝和接收狭缝分别为1°、1°和0.15mm。分析结果见表3。结果表明，馆藏青铜器锈蚀产物的主要成分有碱式碳酸铜、碱式氯化铜、氯化亚铜等。此外，还发现样品中含有石英、方解石、高岭石等矿物，可能来自土壤。

表3 青铜器锈蚀产物XRD分析结果

样品编号	样品描述	锈蚀产物主要成分	矿物名
10002-4	绿色锈蚀	$CaCO_3$，$Cu(OH)_2 \cdot CuCO_3$	方解石，碱式碳酸铜
10002-6	深绿色锈蚀	$Cu(OH)_2 \cdot CuCO_3$，$CuCl_2 \cdot 3Cu(OH)_2$，$CuCl$	碱式碳酸铜，碱式氯化铜，氯化亚铜
20032-2	土黄色锈蚀	SiO_2，$Al_2Si_2O_5(OH)_4$	石英，高岭石

（续表）

样品编号	样品描述	锈蚀产物主要成分	矿物名
20015-2	绿色锈蚀	$CaCO_3$，$Cu(OH)_2 \cdot CuCO_3$	方解石，碱式碳酸铜
20005-1	亮绿色粉状锈蚀	$Cu(OH)_2 \cdot CuCO_3$，$CuCl_2 \cdot 3Cu(OH)_2$，$CuCl$	碱式碳酸铜，碱式氯化铜，氯化亚铜
20034-1	绿色锈蚀	SiO_2，$CuCl$	石英，氯化亚铜

3 保存环境分析

2002 年之前，青岛市博物馆馆藏青铜文物存放于老馆一楼，夏季依靠除湿机进行简单的湿度调节。搬入新馆后，馆藏文物存放于地下一层库房，各类文物按照材质和种类分库存放。2007 年统一改造库房时安装了 8 个恒温恒湿机组，全年每天 24h 不间断运转。展厅则使用中央空调，综合考虑用电安全和能源消耗，在上班前启动空调，下班后关闭空调。笔者通过监测分析馆藏青铜器现有保存环境中的温湿度、VOC 含量，综合评估其保存环境。

空气中的水分作为电解质，是金属产生电化学腐蚀的重要因素。根据 ICCROM 公布的金属文物存放环境参数，青铜器存放环境中的相对湿度应低于 40%，温度在 18℃—24℃之间。2016 年，青铜器库房以及青铜器文物展柜内的温湿度曲线见图 3、4。监测数据表明，经过多年的运转，库房内部恒温恒湿机组调节温湿度的稳定性存在一些问题，青铜器文物库房的温度在 18℃—22℃之间，相对湿度为 30%—70%。夏秋季节湿度偏高，最高时达到 70%，并且日波动幅度较大，经常高达 10% 以上；进入冬季后，因库房内安装有恒温恒湿机，相对湿度明显降低，维持在 50% 以下。

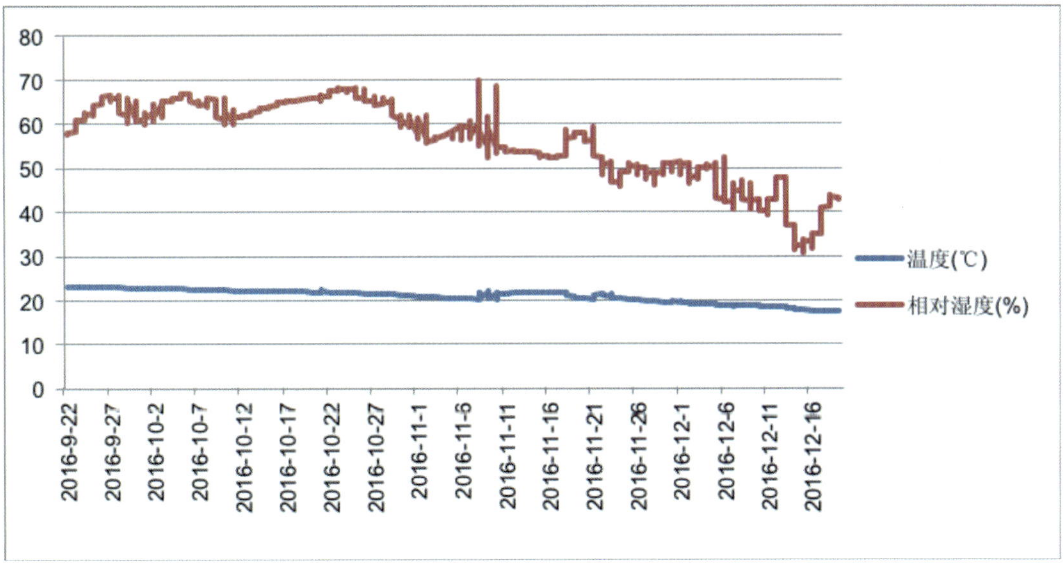

图 3 青铜器库房内的温湿度曲线图（2016 年 9—12 月）

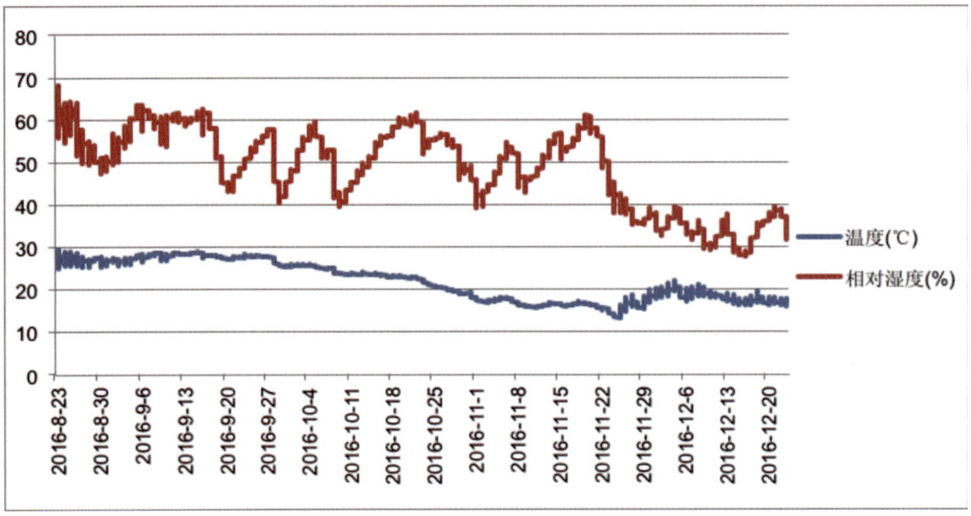

图 4　青铜器文物展柜内的温湿度曲线图（2016 年 8—12 月）

由于青铜器文物展柜密封性较差，展柜内小环境中的温湿度随外界变化较为明显，温度范围为 13℃—30℃，相对湿度保持在 28%—68% 之间。8—9 月，温度偏高（长期处于 25℃以上），10 月后温度逐渐降低；9 月中旬至 11 月中旬，相对湿度波动明显，最低值为 39%，最高值达到 62%；进入 11 月后，相对湿度逐渐降低，达到 40% 以下，与夏秋季节相比，波动较为平缓。

VOC 指挥发性有机化合物，为多种低分子量有机化合物的总称，属于室内空气的重要污染因素，博物馆内的装修、展陈材料是其主要来源。VOC 与温度、湿度、光线等物理因素协同作用，会对文物产生明显的或潜在的威胁[①]。我国《室内空气质量标准（GB/T 18883—2002）》和《民用建筑工程室内环境污染控制规范（GB 50325—2020）》中对 VOC 含量的要求分别为 0.6mg/m^3（1 小时平均值）和 0.5mg/m^3（8 小时平均值）。2016 年 12 月，我们对青铜器文物展柜内的 VOC 含量进行了监测，结果见图 5。监测数据表明，展柜中的 VOC 含量最低为 242ppb，最高达到 306ppb，平均值为 265ppb，相当于 1.06mg/m^3，严重超过了相关标准，不利于青铜器文物的保存。

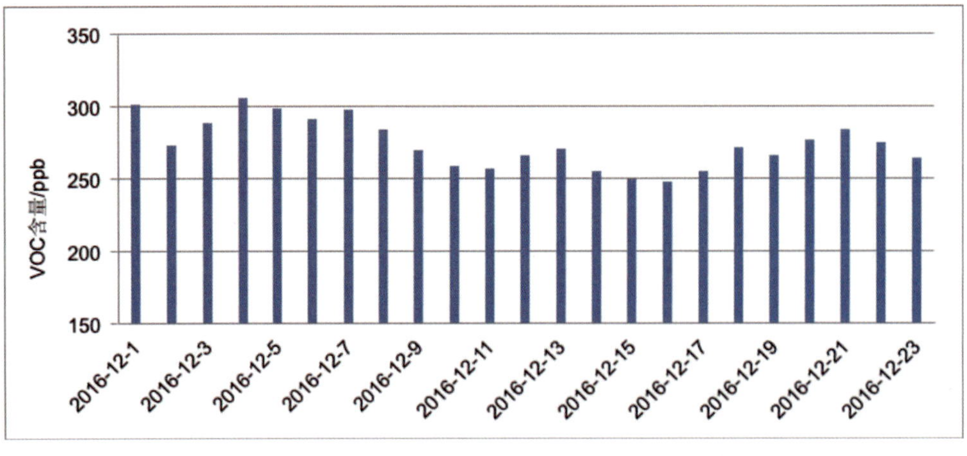

图 5　青铜器文物展柜内的 VOC 浓度柱状图（2016 年 12 月）

① 吴来明等:《基于“洁净”概念的馆藏文物保存环境研究》,载《文物保护与考古科学》2008 年 S1 期。

4 结语

第一，青岛市博物馆馆藏铜镜、造像以外的青铜文物，约有40%存在较为严重的病害，其中表面硬结物、点腐蚀、层状堆积、残缺、裂隙、孔洞等病害出现频率较高。

第二，综合显微观察、硝酸银定性分析、扫描电镜及能谱分析以及X射线衍射分析结果可知，馆藏青铜文物的基体为Cu-Sn-Pb三元合金，含氯腐蚀较为普遍，主要锈蚀产物为碱式氯化铜、氯化亚铜、碱式碳酸铜，需要采取脱盐和去除有害锈等保护措施。

第三，馆藏青铜文物的保存环境并不理想，存在夏秋季节相对湿度偏高、展柜密封性差、小环境随季节变化明显、VOC含量超标等问题。笔者日后还将进一步对其他有害气体、空气中的盐分等环境数据进行监测，并通过展柜改造、放置除湿剂和吸附剂等，有针对性地提升馆藏青铜文物的保存环境。

原载于《中国文物保护技术协会第九次学术年会论文集》，2018年

馆藏高足铁鼎的保护修复

◎ 高晓阳
淄博市博物馆

摘　要： 淄博市博物馆收藏有一件高足铁鼎，保存状况较差。X 射线探伤及 X 射线衍射分析结果表明，铁鼎内部腐蚀不均匀且腹部存在较深裂纹，整体结构强度较低；腐蚀产物以 α-FeOOH、β-FeOOH、$Fe_3(PO_4)_2(OH)_3 \cdot H_2O$、$SiO_2$、$CaCO_3$ 为主。笔者通过脱氯、除锈、焊接及补配等措施对铁鼎进行保护修复，使其整体结构稳定，达到了保护与展示利用的目的。

关键字： 高足铁鼎　分析检测　保护修复

铁鼎是铸容器，器形和功用与铜鼎相同。新石器时代以陶制鼎，青铜时代多用铜铸鼎，铁器时代则多用铜或铁铸鼎[①]。从文献记载来看，最早用铁铸“刑鼎”的是晋国，因该器未能流传下来而不知其器形。从考古发现来看，最早的铁鼎实物是 1976 年湖南长沙杨家山 65 号春秋晚期楚墓和长沙窑岭 15 号春秋晚期楚墓中出土的铁鼎[②]。淄博市博物馆收藏有一件高足铁鼎，呈鼎形，敞口、曲腹、圆底，口沿上有两个方形立耳，腹下有三高足，为分铸范式。根据这件铁鼎浅腹、高足的特征，推测其为唐宋时期器物。这种器物在淄博地区比较少见，对研究当地的冶铁铸造业具有重要的价值。但因其保存状况较差，故应对其采取科学的保护措施。

1　高足铁鼎的保存现状

该高足铁鼎通体腐蚀严重，已出现分层剥离脱落现象，且口沿处有缺损。同时，器物腹部有明显裂纹，将器物一分为二，现用绳子将其固定（图 1）。其存在的病害主要有表面硬结物、裂隙、残缺和瘤状物等（图 2）。

① 李京华：《中国古代铁器艺术》，北京燕山出版社 2007 年版。

② 湖南省博物馆、湖南省文物考古研究所等：《长沙楚墓》，文物出版社 2000 年版。

图 1 高足铁鼎修复前照片

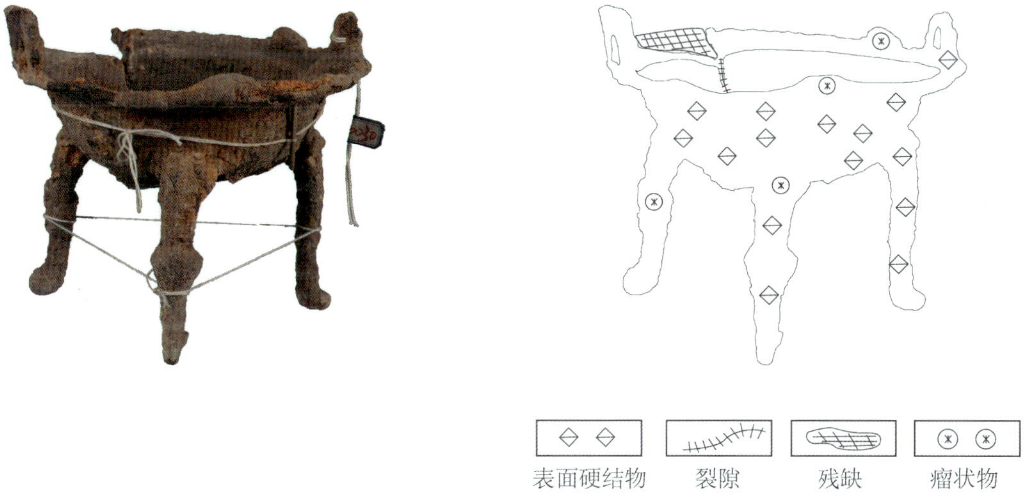

图 2 高足铁鼎病害图

2 高足铁鼎的检测分析

2.1 X 射线探伤分析

使用便携式 X 射线探伤仪（型号为 HD-CR 35，设定电流为 1mA、电压为 140kV、曝光时间为 60s），拍摄 X 射线探伤照片（图 3、4）。从成像照片可知，器物腹部有一条裂纹将其一分为二，且器物口沿处有缺损；腹部和足部似有气泡，可能有铸造缺陷；器物内部腐蚀不均匀，金属性尚可；一足部腐蚀严重，基体保留不多，可能会影响其平衡性能。

2.2 X 射线荧光光谱分析及 X 射线衍射分析

从器身上取一样品进行 X 射线荧光光谱分析及 X 射线衍射分析，结果（图 5、6 及表 1）表明，高足铁鼎的锈蚀产物主要含有 Fe、Ca、Si 三种成分，同时含有少量的 Al、K 元素。锈蚀物粉末的物相分析结果表明，高足铁鼎的腐蚀产物以 α-FeOOH、β-FeOOH、$Fe_3(PO_4)_2(OH)_3 \cdot H_2O$、$SiO_2$、$CaCO_3$ 为主。

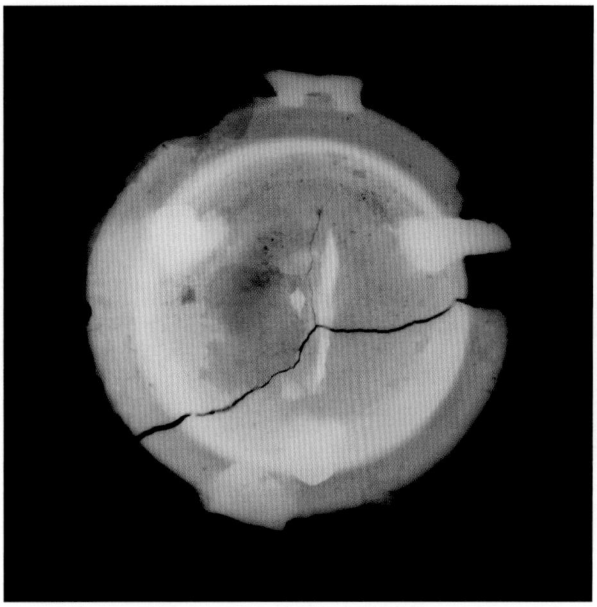

图 3　X 射线探伤俯视图

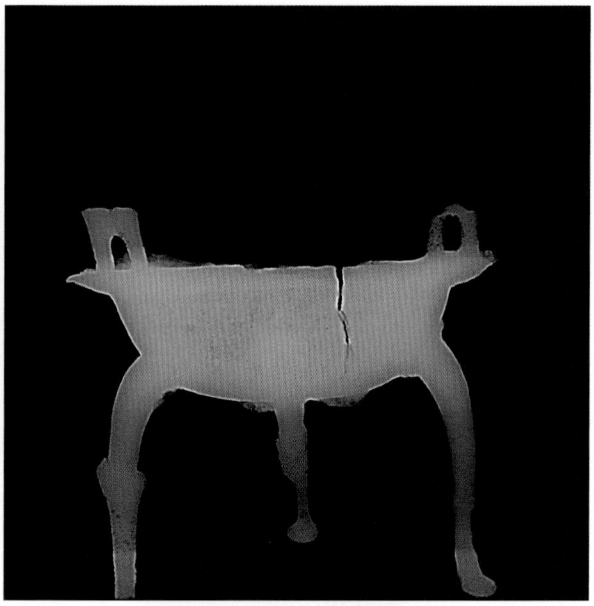

图 4　X 射线探伤正视图

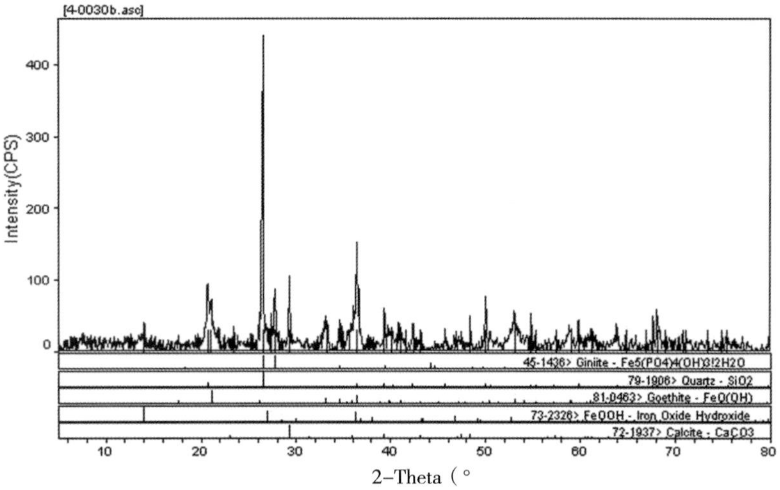

图 5　X 射线荧光光谱图

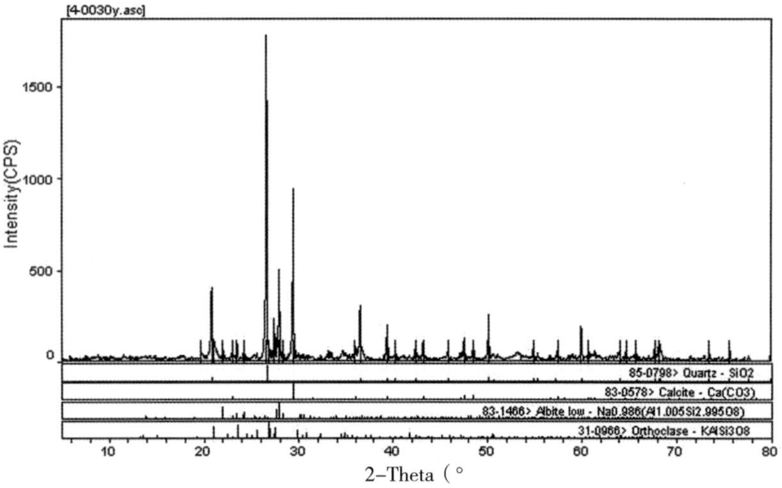

图 6　X 射线衍射图

表 1　检测结果

化学成分	Fe	Ca	Si	S	Al	K
wt%	80.4	6.6	9.3	1.1	1.4	1.2

由分析检测结果可知，这件高足铁鼎内部腐蚀不均匀，器身表面存在大量土垢、钙盐、磷酸盐、铁的氧化产物等。腐蚀产物中有正方针铁矿 β-FeOOH，一般只有在 Cl^- 存在的情况下才可以生成 β-FeOOH[①]，但在样品中没有检测到 Cl^-，可能是 Cl^- 含量低或实验仪器存在误差的缘故。

3　保护修复过程

针对器物表面的土垢等硬结物，主要采取机械和化学试剂除锈相结合的方法进行处理；对于裂隙和残缺，采用补配与粘接的方法，以恢复其完整性和稳定性；最后进行缓蚀封护以及随色做旧处理。

3.1　清洗

将高足铁鼎放置在一个大小适合的箱子中，倒入纯净水，用鬃毛刷清洗器物表面的浮锈、土垢及其他较为松动和容易去除的表面污染物，并根据其锈蚀情况，进行两次以上的清洗。最后把污水倒掉，并保留冲洗后的锈蚀物，以便用于后期的分析实验等。

因为高足铁鼎用线绳临时加固，且略显脆弱，所以在清洗时要注意力度，不宜用力过大，以免造成新的损伤。

3.2　脱除氯离子

首先判断高足铁鼎的材质，调查器物的出土环境、保存环境等，测量器物尺寸，计算体积；然后将高足铁鼎完全浸泡在 0.1mol/L 的 NaOH 溶液中。在 NaOH 溶液中浸泡 13 天后，将高足铁鼎取出，倒掉浸泡高足铁鼎的 NaOH 溶液，用纯净水清洗脱盐后的高足铁鼎，用鬃毛刷或铜丝刷小心清理其表面浮锈。

此后每隔 14 天换一次水，并用烧杯取高足铁鼎浸泡溶液 50ml，以便进行硝酸银定性分析（检测 Cl^- 存在与否），并再次用鬃毛刷小心清理其表面浮锈。完成三次换水后，分别进行 pH 值测定和硝酸银定性分析。若浸泡高足铁鼎的纯净水水样的 pH 值接近于 7，则说明浸泡水样中已不含 Cl^-。

3.3　除锈

针对这件器物的特点，主要采用手工除锈法进行除锈。运用手术刀、小锤、刻刀、硬刷

① 王蕙贞等：《秦汉铁器锈蚀机理探讨及保护方法研究》，载《文物保护与考古科学》2003 年第 1 期。

图 7　涂敷 EDTA 二钠盐

等工具清除高足铁鼎表面的锈蚀物。手工除锈比较方便、灵活，需要的设备少，特别适用于沉积物较多、锈蚀层较厚的铁质文物。同时，使用电磨机和电动雕刻笔清除器物表面的硬结物。

辅助采用化学试剂法去除器物表面的锈蚀物（图 7），即采用溶剂等，使溶剂与铁锈发生化学反应，溶解或软化锈蚀物，从而达到除锈目的。根据实际情况，可在锈蚀部位反复涂敷化学试剂，待相应部位的锈蚀物软化后，再使用机械方法除锈。

因为本次保护修复的高足铁鼎表面硬结物和锈蚀物比较坚硬，单独采用手工除锈法不能达到很好的除锈效果，故辅助采用喷砂除锈法。由于高足铁鼎表面锈蚀物较为坚硬，用 200 目的刚玉砂磨料除锈不仅效率高、效果较好，而且不伤及铁器。

3.4　补配与粘接

首先对高足铁鼎的立耳进行补配。先取适量速成金属棒胶蘸少许滑石粉，用擀面杖将其擀至相应的厚度、大小，仿照另一个保存完好的器耳，制作翻模（利用原器物的器身弧度及走势）。再取适量金属棒胶捏至合适厚度，填充翻模和残耳空隙处，制作内模。用手术刀修整补配的多余部分，最后保证内模与原始面的质感、弧度及走势基本一致，并进行微调。比对保存完整之器耳的内部纹饰，用笔画出内模纹饰走势，用刻刀轻轻在金属棒胶上划出纹饰痕迹。最后用安特固环氧树脂胶将补配材料准确粘接到残缺处（图 8）。

然后用相同方法对口沿缺失部分进行补配，最后用安特固环氧树脂胶将高足铁鼎原本一分为二的两部分粘接在一起，并分别用钢锉和砂纸对补配部位进行打磨（图 9）。

图 8　补配立耳部分

图 9　补配口沿部分

3.5 缓蚀处理

在完成清洗、除锈等工作后，对高足铁鼎进行缓蚀处理。配制浓度为 2.5% 的单宁酸溶液作为缓蚀剂，然后对高足铁鼎表面进行浸泡清洗（图 10），清洗时注意避免药液流淌、聚集，随后让其自然晾干。再配制浓度为 10% 的单宁酸无水乙醇溶液，对高足铁鼎表面进行涂刷。涂刷时，需注意避免溶液流淌、聚集，溶液过多的地方可用棉球蘸除，从而完成二次缓蚀处理工作（图 11）。

图 10　用单宁酸溶液浸泡

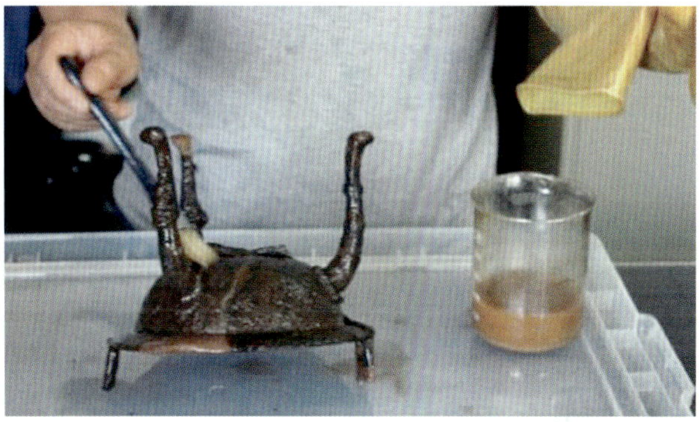

图 11　用单宁酸无水乙醇溶液涂刷器物表面

3.6 封护处理

二次缓蚀处理结束后，使用电热恒温鼓风干燥箱对其进行鼓风干燥，温度设定为 105℃。待温度到达 100℃左右，计时 30 分钟。鼓风干燥后取出，趁热对高足铁鼎进行石蜡封护。

在封护时，使毛刷与涂覆面成 45°—60° 夹角，将石蜡均匀地涂抹在器物表面，难涂刷的部分应当换小毛刷预先涂刷。毛刷先顺着一个方向涂刷，然后再垂直方向涂刷，直到涂膜中无气泡为止。

3.7 随色做旧

采用传统方法调配虫胶漆和矿物颜料，在补配部位及粘接面上做出地子。使用矿物颜料调配出合适颜色，采用点涂和弹拨相结合的手法，在地子上做出与高足铁鼎器表相似的锈蚀（图 12、13）。

图 12　点涂法

图 13　弹拨法

4 小结

图 14 高足铁鼎修复后照片

笔者根据这件铁质文物的病害情况，利用 X 射线探伤分析、X 射线荧光光谱分析及 X 射线衍射分析等，对该文物进行了全面分析。在保护修复过程中，将现代科学技术、材料与传统工艺、材料相结合，在不改变文物原貌的基础上，对文物进行保护修复，并建立了完整详细的保护修复档案。此次保护修复工作不仅使这件高足铁鼎恢复了原貌（图 14），延长了其寿命，而且使其满足了博物馆展陈的需求，达到了预期效果。

陕西北宋吕氏家族墓地一把铁剑的保护与修复

◎ 黄瀚东[1] 邵安定[2]
1. 山东博物馆；2. 陕西省考古研究院

摘　要：本文通过对陕西蓝田北宋吕氏家族墓地出土铁剑的保护修复，探讨文物保护修复的理念、病害分析方法与修复方法等；通过深入挖掘其出土背景等历史信息，进一步了解文物的价值与意义，从而增强对文物保护修复的科学认知。

关键词：宋代铁剑　病害分析　保护修复　吕氏家族墓地

北宋吕氏家族墓地位于陕西省蓝田县西北 2.5 公里处的五里头村北、灞河北岸黄土台原与河流间的缓坡之上，背依临潼山，面向灞水，东邻终南山，与白鹿原隔河相望。墓地东、西两侧各有一小河自北向南注入灞河。山川起伏、溪流环绕、向阳干燥、土层深厚、土质细密坚实是该区域地形、地质构造的主要特征[①]。

因被盗掘，2006 年 12 月至 2009 年 12 月，陕西省考古研究院对该家族墓地进行了抢救性发掘，共清理北宋墓葬 29 座，发现遗物 665 件（组）。吕氏家族墓地所出遗物精美，具有极高的研究价值、艺术价值。其出土器物按用途可分为餐具、茶具、酒具、香具、文具、闺阁用具、储具、礼器八类，皆为实用器。出土器物的质地主要有陶、瓷、石、铜、铁、锡、银、金、漆、骨及珠贝等。其中铁器主要有剑、剪刀、犁头与棺环等，剪刀、犁头取其谐音为“剪断尘缘、离别人世”之意，故置于墓道入口处，可能与当时的埋葬习俗有关。

2011 年，国家文物局博物馆与社会文物司（科技司）在陕西省考古研究院开展全国铁器文物保护修复培训。相关人员依据铁器文物的保护修复理论与实践，按照已颁布的中华人民共和国文物保护行业标准如《馆藏金属文物保护修复方案编写规范（WW/T 0004—2007）》和《馆藏铁质文物病害与图示（WW/T 0005—2007）》等的相关要求，在陕西省考古研究院泾渭基地实验室，针对吕氏家族墓地出土的铁质文物等，在了解出土信息以及进行环境调查、

① 张蕴、卫峰：《蓝田五里头北宋“考古学家”的家族墓地》，载《中国文化遗产》2010 年第 2 期。

病害图绘制、盐分定性分析检测、X 射线基体照相等基础上，制定了科学的保护修复方案，对其进行了合理、有效的保护修复。

现以该墓地出土的编号为 39 的铁剑为例，介绍其保护修复与研究过程。该剑为直柄式，剑身（上下刃）通长约 70cm、宽 3—4cm，剑柄长 8cm、宽 3cm，重 647.4g。

1 分析测试与病害评估

1.1 分析测试

1.1.1 X 射线拍照

近些年来，X 射线拍照技术在文物保护修复工作中得到大量应用。X 射线拍照技术可以揭示文物的制作工艺特征、内部缺陷分布情况，可以提取文物表面被覆盖或污染的文字、纹饰等信息，可以反映和记录文物修复前后的内部详细情况，可以提供各种文物内部信息以作为鉴别文物真伪的依据，可以帮助研究人员了解文物内部病害的发展状况、寻找难以打开的组合和连接方式，还可以辅助对提取物的检测等[①]。

选择型号为 ICM Flatscan 27 的便携式探伤仪对铁剑进行 X 射线拍照检测，拍照条件为电压 140kV、电流 0.5mA、时间 60s。通过铁剑的 X 射线照片可以看到，铁剑整体矿化和锈蚀严重，剑格与剑身下部有三处呈三角形的、大小不一的孔洞（疑似铸剑时安装饰物的预留孔）。

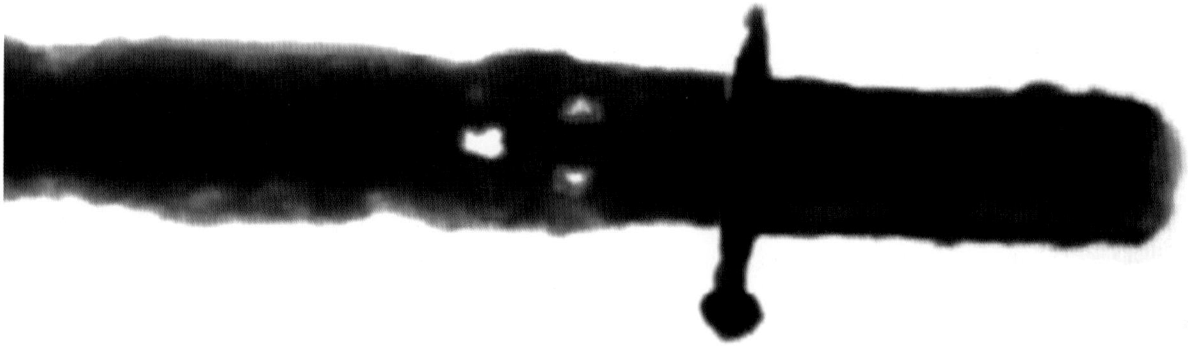

图 1 铁剑 X 射线照片

---

① 杨军昌、韩汝玢：《X 光照相技术在文物及考古学研究中的应用》，载《文物保护与考古科学》2001 年第 1 期；丁忠明、吴来明、孔凡公：《文物保护科技研究中的 X 射线照相技术》，载《文物保护与考古科学》2006 年第 1 期。

1.1.2 显微观察

采用日本基恩士 VHX-6000 型超景深三维立体显微镜对铁剑进行显微观察，可得到铁剑保护修复前后的同部位超景深立体显微照片（图 2 至图 5）。

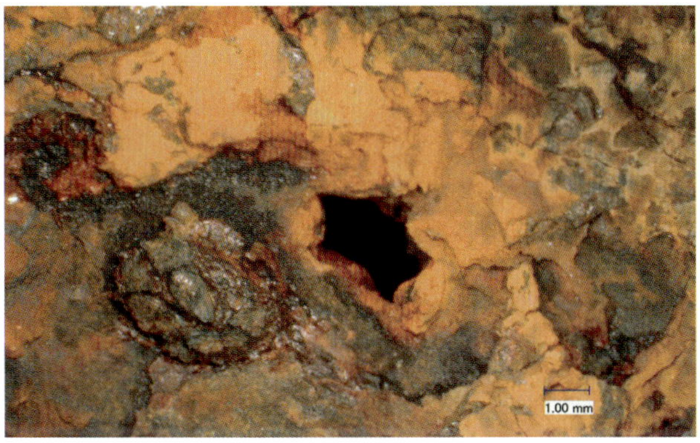

图 2 剑格上部孔洞超景深 3D 显微照片（20×，保护前）

图 3 剑格上部孔洞超景深 3D 显微照片（20×，保护后）

图 4 铁剑手柄处裂隙超景深 3D 显微照片（20×，保护前）

图 5 铁剑手柄处裂隙超景深 3D 显微照片（20×，保护后）

1.1.3 锈蚀物分析

利用 X 射线荧光光谱仪和离子色谱对不同保存环境、不同位置及不同腐蚀程度的锈蚀物成分进行半定量分析，以确定铁质文物中是否含有有害盐。同时，结合对铁剑锈蚀物的物相分析，得出结果：该铁剑的锈蚀产物主要有黑色的 Fe_3O_4（四氧化三铁）及砖红色的 Fe_2O_3（氧化铁）、FeO(OH)（羟基氧化铁）（图 6），还有黄色疏松的 α-FeOOH（针铁矿）、橘黄色的 γ-FeOOH（纤铁矿）（图 7）。

1.2 病害评估

根据出土铁器的腐蚀机理分析，铁元素极为活泼，易与环境介质发生反应，生成结构复杂、疏松、易于吸湿的附着物，同时又与泥土等相混杂，基本完全掩盖了原有器物表面。一般铁质腐蚀物可分为两大类，其中一类是结构紧密、坚硬、稳定的锈蚀成分，如 Fe_3O_4、α-Fe_2O_3、α-FeOOH（针铁矿）。

图 6 黑色的 Fe_3O_4（四氧化三铁）及砖红色的 Fe_2O_3（氧化铁）、FeO(OH)（羟基氧化铁）

图 7 黄色疏松的 α-FeOOH（针铁矿）、橘黄色的 γ-FeOOH（纤铁矿）

通过以上分析测试，发现铁剑存在七种病害，分别是：残缺、表面硬结物、层状剥离、瘤状物、裂隙、全面腐蚀、孔洞。残缺指剑柄护手一侧和同侧剑锋有缺失，剑身上下刃残缺不齐。表面硬结物指铁剑表面硬结物覆盖在剑柄和剑身，剑体正面和背面皆有。层状剥离指剑身两面有多处不规则层状剥离现象。瘤状物指剑柄处多有瘤状物。裂隙指剑柄底侧有裂隙。全面腐蚀指铁剑出现全面腐蚀现象。孔洞指剑格护手上部有孔洞。

由于铁剑出土后一直存放在陕西省考古研究院泾渭基地库房内，库房内无恒温恒湿设备，故铁剑锈蚀严重。

2 保护与修复

2.1 信息提取与建档

科学、全面、详细的文物保护修复档案是文物可持续保护的重要依据。此铁剑的文物保护修复档案是按照《馆藏金属文物保护修复档案记录规范（WW/T 0010—2008）》的要求进行记录的。记录的内容包括：文物保护修复基本信息、文物名称、收藏单位、文物登记号、文物来源、文物时代、文物材质、文物外形尺寸和重量、文物级别、文物保存现状、文物检测分析、文物保护修复记录、文物保护修复验收情况等。建立健全保护修复档案便于随时监测保护修复效果，可以为保护修复工作提供研究和参考依据，也可以为进一步认识、了解器物提供重要依据①。

2.2 预加固和脱盐处理

由于铁剑整体矿化和锈蚀严重，修复人员针对不同病害采取了不同的处理方法。考虑到锈蚀物中的 Cl^- 与空气接触会加速腐蚀，因此需对铁剑的裂隙、残缺部位进行加固和脱盐处理。

① 国家文物局博物馆与社会文物司主编：《博物馆铁质文物保护技术手册》，文物出版社 2010 年版，第 107~111 页。

用德国爱牢达 2020 环氧树脂胶对铁剑进行渗透加固，然后根据铁剑的裂隙情况，采用双组份环氧树脂加填充物进行黏结。

铁质文物中 Cl^- 的存在是铁质文物不稳定的重要原因之一，尤其是出土铁质文物。Fe^{3+}、Fe^{2+} 及 H^+ 等可迁移进入铁质文物中，而泥土中的 Cl^- 等也会进入铁质文物内部，Cl^- 能够阻止铁表面生成的活性 γ-FeOOH 向非活性的 α-FeOOH 转变，并破坏铁的钝化膜的形成；Cl^- 还能加速点蚀和应力腐蚀、缝隙腐蚀等局部腐蚀。去除铁质文物内的氯化物和有害盐对保持铁器的稳定性十分重要。相关人员采取了碱液浸泡法对铁剑进行脱盐处理。在脱盐池中配好 NaOH 溶液，将铁剑完全浸入溶液中，定期检测清洗液中的 Cl^- 浓度，中间数次更换 NaOH 溶液，直到溶液中的 Cl^- 已基本去除。然后将铁剑浸泡于去离子水中，去除多余的 NaOH，浸泡时间约三周。根据观察，用 NaOH 溶液比用其他碱溶液的效果好得多，这是由于 OH^- 具有良好的流动性，能够迅速渗入腐蚀产物中，从而促进 Cl^- 的释放。同时，NaOH 溶液还可软化铁剑的表面硬结物，使其具有一定的疏松性，便于后期进行表面硬结物的清除工作。

2.3 喷砂除锈

首先，借助显微镜在剑格与剑身处选取 3cm × 3cm 面积的试验块，然后用超声波洁牙机和喷砂机小心交替操作，对试验块的锈蚀物进行试探性清理。经过反复试验与观察，发现喷砂机的清理效果比较理想。

经实验对比，确定选用喷砂除锈的方式清理铁剑上的锈蚀物。选用的喷砂机是德国 Sandmaster FG 1-93 型文物专用喷砂机。这是一台精密干砂喷射式喷砂机，透过玻璃观察窗可以看到一个明亮沙箱形工作区域，其面积约为 1200mm × 700mm，通过可以向上或向下的液压杆提升门，可以把待处理的金属器物放入操作箱内。喷射室内的高效吸尘设备可以保证较佳的能见度；过滤系统包括送风过滤器、有连续气流清洗功能的预滤器、由合成材料制成的主过滤器，故该系统可以在机器的运转过程中保证环境不受污染（图 8、9、10）。

喷嘴口径为 1—2mm，喷射料微粒直径为 80—200 目氧化铝，喷射头距器物约 10cm，喷射角度为 45°，喷射压力从 0.5—10bar 无级调节。通过以上操作发现，在喷砂过程中，锈层像纸片一样被一层层迅速剥去，两三秒后，锈层被全部去除，露出铁剑的本体，孔洞及一些小缝隙中的铁锈也被迅速去除得干干净净。这次除锈工作符合铁质文物除锈的基本原则，除去了黄褐色浮锈、疏松膨胀的锈体，除至露出黑褐色或灰色致密锈层停止。

由此可以看出，喷砂机在去除铁锈中有以下几个优点；一是速度快、伤害小，几个小时甚至更长时间的工作量可以在很短的时间内完成；二是方便，整个过程只需脚踏气阀、手拿喷头，并且操作简单易学；三是除锈面积可大可小，这一点比激光器除锈、超声波除锈有更大优势；四是能去除有些孔洞及缝隙深处的锈。因此只有选择适当的除锈工具和设备，才能获得理想的除锈效果。

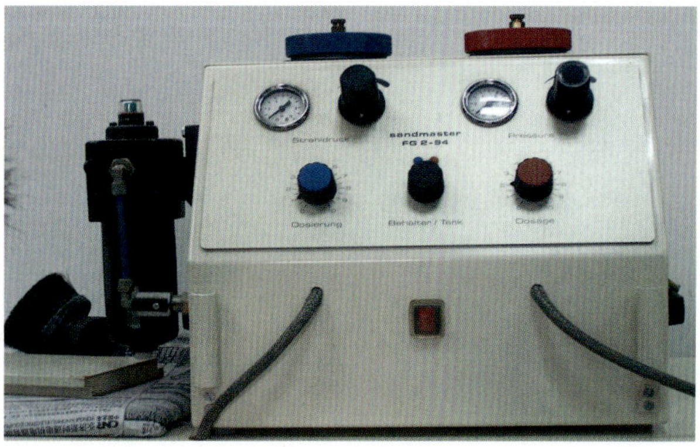

图 8　喷砂机图

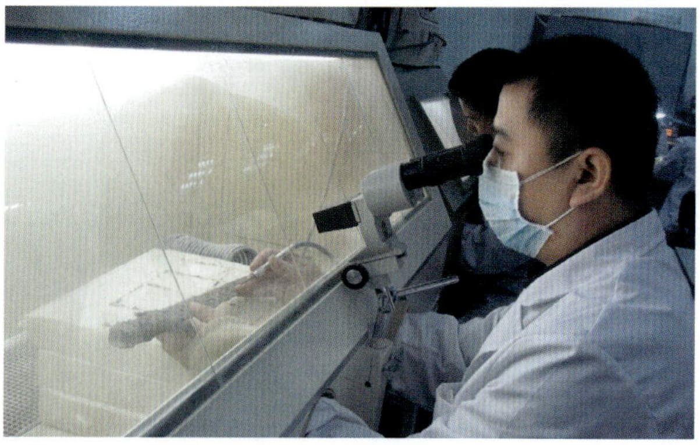

图 9　喷砂中

图 10　喷砂除锈中对比

2.4　缓蚀处理

缓蚀处理仅适用于仍存在金属芯的铁质文物，是铁器保护工作中的重要环节。缓蚀剂是一种可少量添加以阻止金属腐蚀或减缓金属腐蚀速度的物质。铁质文物修复后主要保存在库房内或陈列于展厅内，这时其所受的腐蚀主要是大气腐蚀。大气中的氧、水分及其他介质所引起的腐蚀不容小视，要使铁质文物长期保持稳定，对其进行缓蚀处理是非常必要的。

根据缓蚀剂使用原则，在选取材料时，应严格遵循最小干预、可再处理和不改变文物原状等原则。为取得优良的缓蚀效果，应寻求合适的复配材料。通过以上要求和认识，最后筛选了改进后的复配单宁酸缓蚀液对其进行缓蚀处理。缓蚀剂的配方为单宁酸［5mM］+$Zn(H_2PO_4)_2$［0.5mM］+Na_2SiO_3［10mM］+ 乙醇胺［3M］。将清理完锈蚀的铁剑放在缓蚀液内浸泡 24 小时。将浸泡后的铁剑置于 FX101-2 型落地台式干燥箱内，设置干燥温度为 60℃，反复干燥 8 小时后取出，铁剑表面便会形成一层缓蚀膜。

2.5　封护

封护是在文物表面涂敷天然或合成材料，以防止或减缓环境（介质）对文物造成损害。封护是使用封护剂使文物表面形成防护层，以隔绝外界环境中的水分、氧气和其他有害成分，从而更有效地保护文物。金属文物封护材料应该具有的性能包括：基本透明无眩光、防腐性能较强、膨胀系数与金属接近、具有一定的硬度和良好的耐磨性、耐老化性、可再处理性。

根据以上要求，此次选用了 Paraloid B72 作为封护材料。为有效控制固化时间，将乙醇、乙酸乙酯、丙酮按比例配置成复合溶剂，按需求再配浓度为1%—3%的Paraloid B72复合溶液。戴好防护设备等，反复数次渗透涂刷器物整体，之后将器物置于常温阴凉处晾干，直至整体成膜均匀且无眩光。完成封护后，铁剑的形貌与封护前无太大变化，保持了原貌。

3 相关问题讨论

3.1 关于铁器与铁剑孔洞疑似装饰物的问题

我国开始冶铁与使用铁器的年代大约是在春秋时期，目前在考古发掘中已发现春秋时期的铁器，且多见于湖南长沙地区。春秋时期的铁器多为小工具，如削、凹口锄、刀等；也有经锻制而成的中碳钢剑、白口生铁铸造的铁鼎等。战国中期以后，铁制工具在农业、手工业中的地位越来越重要，对生产发展起到了重要推动作用。东周时期铁器的种类有农具、手工业工具、兵器和杂用器等，以农具和手工业工具为大宗。两汉时期冶铁技术继续向前发展，出现了灰口铁、铸铁脱碳钢，后又发明了生铁炒钢和熟铁的新工艺，其中兵器有长剑、环首大铁刀（新出现）、矛、戟、铠甲等①。唐代时，由于剑的制作工艺复杂，且在劈砍时容易折断，所以唐代时铁剑已经较少使用。北宋时期正处于冷、热兵器交替使用的开始阶段，因此北宋时期的武器带有明显的交替特色，延续了部分唐、五代的旧制，并吸收了少数民族武器的形制，类型复杂多样；而对于剑来说，其卫体作用有所加重。

3.2 关于北宋时期剑的作用与疑似剑格装饰的问题

北宋时期，剑除在军队中有限使用外，更多是作为皇权和军权的象征而使用。如宋太祖在命曹彬等征江南时，“以匣剑授彬曰：‘副将而下，不用命者斩之。’潘美等皆失色”。另外，剑还被统治者作为赏赐之物奖赏给武将，以示宠幸。例如，宋太宗“幸大名，彰德节度使李汉琼以镇州兵马钤辖见于行在，陈计策，颇合上意，即日命为沧州都部署，赐战马、金带、宝剑、戎具以宠之”。再如，宋神宗命郭逵为主帅出征安南后，“赐中军旗物剑甲以宠之”。但自宋代以后，剑在军队中的地位日趋衰落，几乎逐渐变成军官卫体的武器或作威仪之用。可见至北宋时，剑的使用非常有限，似乎正逐渐退出历史舞台。

剑是古人用于劈刺格斗的兵器，器形一般为直身尖锋双刃，由柄、格、身等构成，多数配剑鞘。剑和刀一样都是最为普遍使用的一种冷兵器，种类繁多，包括长剑、短剑、巨剑、佩剑、曲剑、怀剑、三棱剑、刺剑、劈剑等。制剑的材料也多以青铜、钢铁为主，如图11、12中的铁刃铜柄剑。当然，也有做工考究的镶嵌剑、鎏金剑及玉具剑。根据以上所考，蓝田县五里头北宋吕氏家族墓地出土的铁剑，其剑格与剑身下部有三处呈三角形的、大小不一的孔洞，应为铸剑时安装饰物或加固所用。该剑在宋代时，应是卫体武器或作威仪之用。

---

① 李晓东：《中国文物学概论》，河北人民出版社1990年版，第150页。

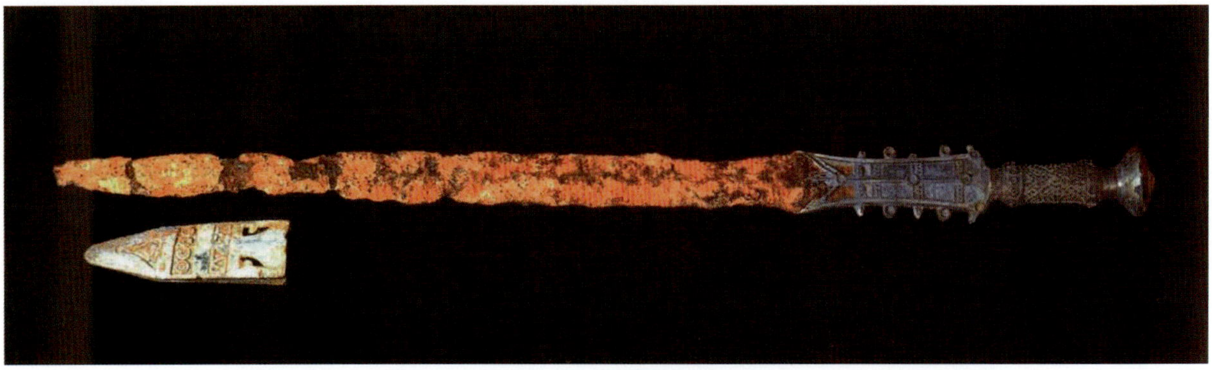

图 11　铁刃铜柄剑

图 12　铁刃铜柄剑局部

4　结语

吕氏家族墓地出土的铁质文物由于地下埋藏时间久远，其中的铁剑、剪刀、犁头与棺环等均有不同程度的腐蚀生锈，尤其铁剑受腐严重。通过对该墓地出土的编号为 39 的铁剑进行分析检测，了解到该剑存在的病害，并据此制定了保护修复方案，按照方案完成了保护修复工作，取得了良好的效果。

菏泽元代沉船出土钧窑杯保护修复及窑口研判

◎ 白广珍
山东省文物保护修复中心

摘　要：菏泽元代沉船出土一件开片青瓷杯，器物断为两块，底足大部分残缺，表面存在大量黄色硬结物。相关人员在病害分析的基础上，采取了清洗脱盐、粘接补配和作色上釉等保护修复措施，使文物原貌得以恢复。本文针对该器窑口归属的争议，通过胎釉微观特征观察和分析检测，从胎体粗糙、底部火石红、白色中间层和浅蓝釉色等方面观察分析，认为该器不太符合哥窑瓷器的典型特点，而基本符合元代钧窑天青釉瓷的特征。

关键词：元代钧窑　保护修复　中间层

2010 年 10 月，山东省文物考古研究所（现为山东省文物考古研究院）联合菏泽市文物事业管理处（现为荷泽市文物局），在菏泽市牡丹区中华东路与和平路路口西南约 250 米处的国贸中心建筑工地内，发掘了一艘木质古船。从出土器物及古船的制作技术来看，此船沉没的年代为元代[①]。在古船内及周围发现 100 余件文物，主要包括瓷器、漆器、玉器、石器、铁器、铜器、金器等。其中龙纹梅瓶等元青花瓷器引起了社会的广泛关注。

另有一件开片青瓷杯（图 1），造型简洁大方、端庄浑厚，通高 3.8cm，口径 8.2cm，直口，直腹，平底，圈足，器表施浅蓝色釉，釉色乳浊，底部不施釉。器物釉层有开片，纵横交错，如网状分布。该瓷杯断为两块，断裂部位有伤釉，圈足大部分残缺，只保留了小部分，内外表面存在大量黄色硬结物，疑为铁锈侵蚀和土质沉积物。同时，学界对该瓷杯的窑口归属问题存有争议，有哥窑和钧窑两种不同意见。笔者通过取样分析该器物表面硬结物的成分，从而选取科学技术路线，采取相应措施去除其表面硬结物，恢复文物原貌，以便于文物长久保存和展示；同时采取显微观察和分析测试等方法分析其胎釉化学组成，从而判断其窑口。

① 山东省文物考古研究所、菏泽市文物事业管理处：《山东菏泽元代沉船发掘简报》，载《文物》2016 年第 2 期。

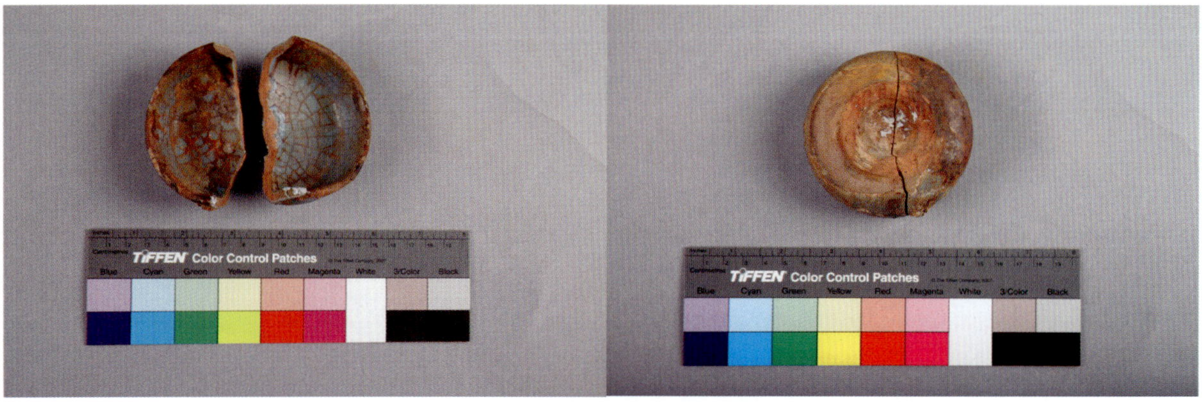

图 1　文物保护修复前照片

1　分析测试及病害评估

1.1　显微观察

采用莱卡 S9i 数码体视显微镜（变倍比 9 ： 1，放大倍数 6.1—55 倍），对胎釉断面和表面釉层进行显微观察，结果如图 2 所示。

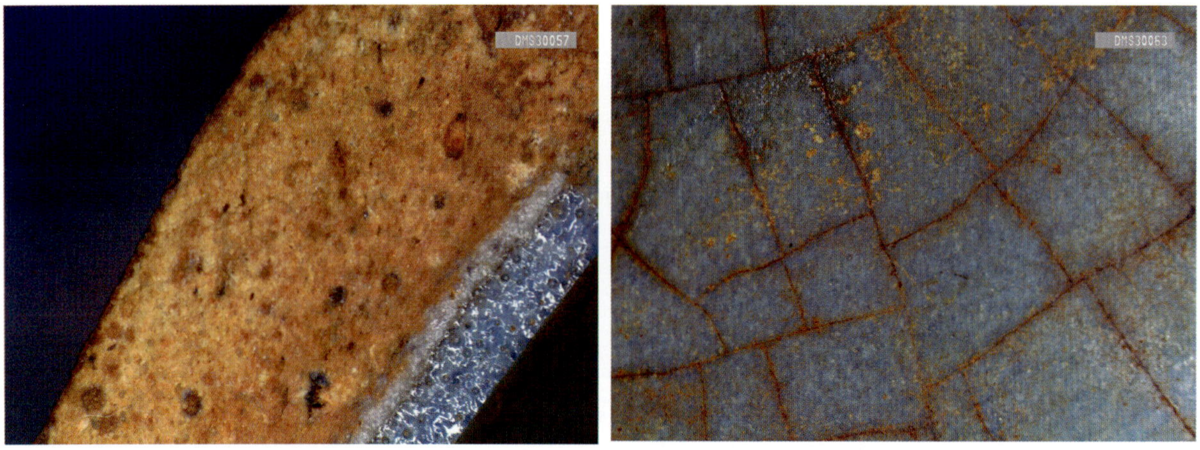

a. 断面（20×）　　　　b. 表面釉层（10×）

图 2　胎釉断面及表面釉层显微结构

1.2　X 射线荧光光谱分析

采用美国布鲁克公司 Tracer-3D 型便携式 X 射线荧光光谱仪对器物胎釉进行无损分析测试，测试条件如下：采用真空泵，在抽真空情况下，采用 15kV 电压、55mA 电流，测量时间为 300s，测量面积为 3mm×4mm，利用仪器自带的陶瓷主次量元素曲线对 Na—Fe 元素进行定量分析。无损分析测试尽量选择在器物断面、外壁腹部较为平整或局部略微凸出的部位进行，要注意避开裂纹或者污染区域。分析测试结果见表 1。

表 1 受测样品胎釉化学组成（wt%）

组成	Na_2O	MgO	Al_2O_3	SiO_2	K_2O	CaO	TiO_2	MnO	Fe_2O_3	P_2O_5
釉层	0.45	2.05	8.92	69.94	3.48	8.80	0.20	0.05	1.69	0.34
胎体	0.22	0.51	26.30	65.45	2.03	0.61	1.53	0.04	2.67	0.08

1.3 X 射线衍射分析

采用日本理学 D/max–2550PC 型 X 射线衍射仪进行分析测试，测试条件为：电压 40kV、电流 150mA，扫描角度范围 3°—90° ，步长 0.02° ，发散狭缝（DS）、防散射狭缝（SS）1° ，接收狭缝（RS）0.3mm。采集瓷器表面的黄色硬结物，先在玛瑙研钵中将样品研成精粉，然后涂敷在单晶硅样品架上，送入 X 射线衍射仪进行测试。测试结果如图 3 所示。

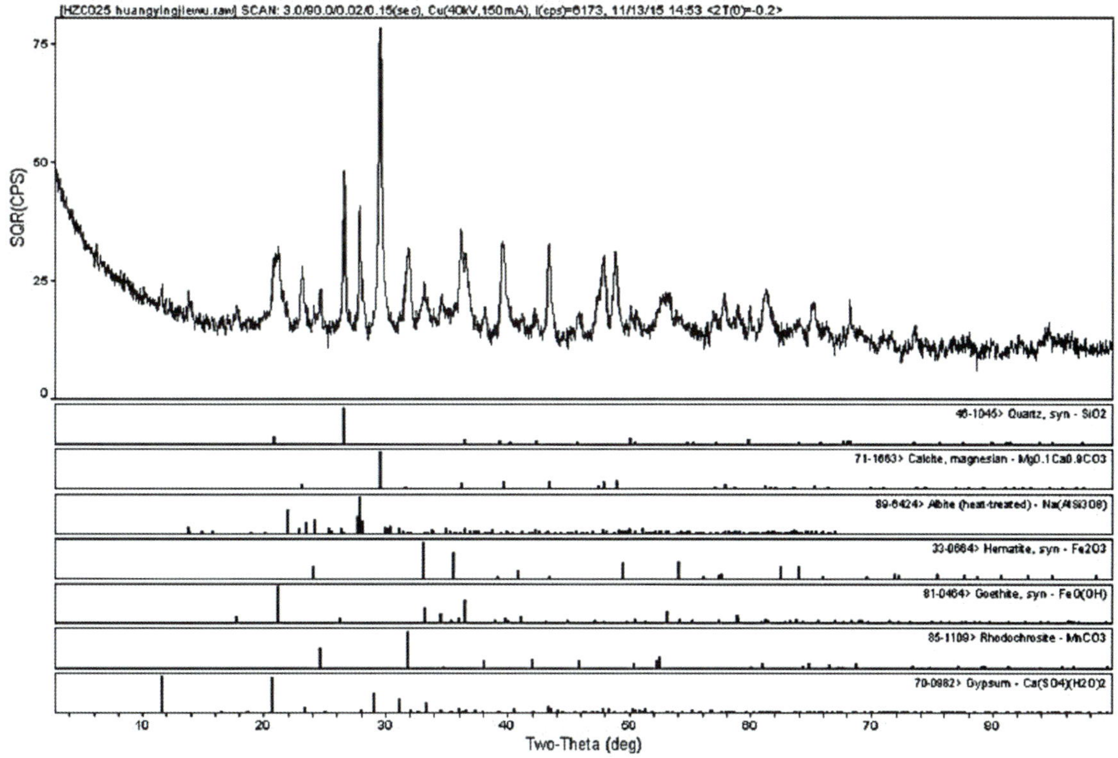

图 3 黄色硬结物 X 射线衍射图

2 保护修复过程

在文物保护修复过程中，应遵守修旧如旧、最小干预等原则，制定科学的保护修复方案，同时要建立保护修复档案。在对文物本体进行修复前，首先要对文物表面病害进行定性分析，绘制文物病害图，同时要采集器物表面的黄色块状硬结物用于 X 射线衍射分析。X 射线衍射分析结果（图 3）显示，样品中含有石英、方解石、钠长石、赤铁矿、针铁矿、菱锰矿和石膏。

赤铁矿、针铁矿、菱锰矿属于铁锰的氧化物，石英、方解石、钠长石、石膏属于土壤成分。因为沉船本体有数千枚铁钉和多件大型铁器，所以文物易受到铁腐蚀和埋藏环境的影响，表面附着有大量的黄色硬结物。

2.1 清洗脱盐

通过检测分析，发现该文物表面硬结物中存在针铁矿，说明腐蚀现象仍在继续，需要对器物进行清洗、脱盐处理。首先采用去离子水清洗并去除文物表面浮尘，然后采用威派斯文物专用液体肥皂进行浸泡，去除文物表面有机杂质，再用过氧化氢浸泡以去除器物表面和开片中的铁锈。研究表明，碱性材料、络合材料对瓷器胎釉有非常严重的损伤，会造成胎釉内部物质的溶蚀流失。各类酸性材料也会对胎釉造成损伤，尤其是草酸。氧化剂中的过氧化氢对瓷釉损伤较小①。待器物表面锈蚀等被清洗干净后，使用去离子水浸泡进行脱盐处理，并采用电导率仪验证脱盐效果，直至脱盐工作结束。

2.2 粘接补配

保证断面干净、拼对无误后用热熔胶临时固定，渗入流淌性良好的爱劳达 2020 环氧树脂胶。待胶完全固化后，进行补配工作。采用双组份 AB 补土对缺损部位进行填补，使用手术刀、刮刀等进行修整。待填补部位固化后，使用粗细不同型号的砂纸进行打磨，直到手触感觉接缝处衔接一致、无凹凸感为止。

2.3 作色上釉

为更好恢复文物原貌，使粘接、补配部位与文物整体色彩协调一致，要对粘接及补配部位进行作色上釉处理。使用室温修复釉为基料，用矿物质颜料调出与文物色泽一致且覆盖力适当的底色，使用喷笔对裂缝和补配部位进行色彩衔接，使用画笔模仿开片等视觉效果。完成后，使用无色透明釉料覆盖，对修复部分进行光亮度处理，尽量做到与瓷器其他部位光亮度一致。

至此，该文物的保护修复工作完成（图 4），随后需完善保护修复档案。

图 4　文物保护修复后照片

---

① 胡东波、张红燕：《常用清洗材料对瓷器的影响研究》，载《文物保护与考古科学》2010 年第 1 期。

3 结果讨论

下面从胎体、中间层、开片和釉色等方面，探讨该青瓷杯的瓷器特点和窑口。

3.1 胎体

从图 2 中可看出，该器胎体呈土黄色，胎质粗糙，中间夹杂有黑色、棕色砂粒，表示胎体没有达到完全烧结的程度。口沿薄釉处露出胎色而呈黄褐色，底足露胎处经过清洗处理后，仍然呈黄褐色，属于元代瓷器中较为常见的“火石红”特征。关于瓷器上出现“火石红”的成因，一般说法是器物胎坯原料中铁杂质含量过高，胎体所含的铁元素在烧成过程中以铁离子状态向器物露胎处富集，在器物冷却过程中未及逃逸而被二次氧化并附着于露胎表面。哥窑胎体大多是紫黑色、铁黑色，也有黄棕色[①]。哥窑器物的典型特征为“紫口铁足”，即口沿釉薄处由于露出胎色而呈紫色，底足未挂釉处呈铁黑色。所以从胎体特征上看，该器不符合哥窑瓷器、宋官钧瓷的典型特征，而基本符合元钧瓷的普遍特点。

3.2 中间层

从图 2 中可看出，该器釉层较厚，釉色乳浊不透明，釉中有气泡零散分布，这与孙瀛洲先生所说的哥窑釉内气泡细密、像颗颗小水珠一样满布在器表上有很大的区别。该器胎釉之间有薄薄的白色中间层，中间层与胎釉互融交错，胎体、中间层和釉层之间界面模糊。这个白色中间层是化妆土还是胎釉烧结反应层，值得探讨。

古代有些窑口瓷坯原料中铁元素等杂质含量过高，导致烧制出来的瓷胎粗糙、颜色过深。为掩盖缺陷，窑工会先在坯体上施一层细腻的白瓷土，然后再施釉，烧制成的胎釉间的白色层称之为化妆土。化妆土工艺最早见于六朝时期的婺州窑，在磁州窑、耀州窑中有普遍运用，其中最为典型的就是磁州窑。据研究，耀州窑瓷器化妆土的厚度与釉层相近或者厚于釉层，与胎釉间有明显的界线，而北方青瓷的中间反应层与胎釉间的界限不明显[②]。

王恩元、熊樱菲等对古陶瓷化妆土与反应层进行了研究区分。在北方高铝胎瓷器的烧结过程中，当烧结温度达到后，降温时会发生相变反应，氧化铝含量的提高表明会析出更多的钙长石及莫来石晶体，而胎釉分别提供氧化铝与氧化钙也造成了钙长石晶体呈现线性的生长方向，从而导致胎釉间晶丛生长的现象，此即胎釉反应层[③]。胎釉的相互渗透主要是瓷釉向瓷胎中的渗透。在烧结过程中，助熔剂含量高的瓷釉（石灰碱釉）首先熔融成液态玻璃相，而

---

① 陈显求、李家治、黄瑞福：《元大都哥窑型和青瓷残片的显微结构》，载《硅酸盐学报》1980 年第 2 期。

② 凌雪、姚政权等：《耀州窑青瓷白色中间层和化妆土的微观结构》，载《武汉大学学报（理学版）》2008 年第 4 期。

③ 王恩元、熊樱菲：《古陶瓷化妆土与反应层结构的研究》，载《中国陶瓷》2018 年第 8 期。

助熔剂含量低的瓷釉仍主要为固态，于是液态瓷釉就向粗糙胎体的孔隙中渗透，从而形成反应层、中间层。反应层主要位于原先的胎中，由于是胎釉组分相互渗透、融合而形成的，故反应层的化学组成介于胎釉化学组成之间[①]。

这件器物胎釉间薄薄的白色中间层与胎釉互融交错，胎体、中间层和釉层之间界面模糊，据此基本可断定白色中间层是胎釉烧结反应层。在哥窑器物中未见有中间反应层现象，而有关钧瓷胎釉反应层的研究成果较多[②]。有学者研究过钧窑标本断面上出现的胎釉间白色中间层，发现该中间层不是化妆土，而是胎釉成分在烧结过程中相互渗透反应，经离子交换析晶而形成的钙长石层。

3.3 开片

利用体视显微镜对该瓷器胎釉表面进行观察后发现，其釉面有大量开片（图 2）。开片又称冰裂纹，为瓷器釉面的一种开裂现象。研究表明，瓷器烧结过程中胎釉间热膨胀系数差异导致胎釉间产生不同应力是产生开裂的根本原因[③]。开裂原是瓷器的烧造缺陷，但人们掌握了开裂的规律而制出开片，使之成为一种特殊工艺。哥窑的开片瓷器最具代表性，除此外，钧窑、汝窑、官窑都有这类瓷器产品。然而该青瓷杯釉层开片裂纹粗细较为一致，开片类型近似“文武开片”，与哥窑产品典型的“金丝铁线”“百圾碎”开片特征不同。

3.4 釉色

修复后的文物恢复了原貌，其釉色接近钧瓷天青乳浊釉，与哥窑典型的灰白色无光釉不同。据 X 射线荧光光谱分析结果（表 1）显示，该瓷杯釉层中 SiO_2 的含量高达 69.94%，属于典型的高硅釉；CaO 的含量为 8.80%，K_2O 的含量为 3.48%，属于钙碱釉；另外含有少量的磷，应该是釉料中添加草木灰所致。

古代瓷器釉色五彩纷呈，有白色、黑色、蓝色、绿色、黄色、红色等，各种不同的颜色是瓷釉对光的吸收、散射、漫反射和反射现象造成的。太阳光是一种包含各种波长的复色光，不同的物质对各种波长的光的散射和吸收程度不同，就产生了各种不同的颜色。古陶瓷呈色机理可分为离子呈色、分相呈色等，呈色元素一般是铁、铜、钴、锰、镍、钛等。蓝釉呈色元素一般是铁、铜或者钴，因为该分析结果中不含钴和铜，所以铁元素呈色的可能性很大。

研究表明，钧窑的乳浊釉是一种典型的二液相分相釉，即在连续的玻璃相介质中悬浮着无数圆球状孤立第二相。玻璃相和其他第二相对可见光的反射、散射不同，降低了光的反射

① 李清临、徐承泰等：《化学成份在钧瓷胎釉反应层中分布模式的线扫描分析》，载《化学学报》2011 年第 8 期。

② 陈显求、黄瑞福等：《宋、元钧瓷的中间层、乳光和呈色问题》，载《硅酸盐学报》1983 年第 2 期；李媛、贾翠等：《钧窑月白釉及其中间层显微结构与艺术外观》，载《中国陶瓷》2012 年第 11 期；丁银忠、李合等：《汝州东沟窑金元时期青瓷与钧瓷原料和工艺特征的比较研究》，载《文物保护与考古科学》2014 年第 3 期。

③ 梁铎：《冰裂纹青瓷的制备工艺及形成机理研究》，景德镇陶瓷学院 2011 年硕士学位论文。

强度，才使釉层出现乳浊效果。同时，钧窑的釉色多呈蓝色，这是因为它的分散相是一种液滴状玻璃相，分相小液滴的粒度一般在40—120nm范围内，符合瑞利散射规律，其釉层对波长较短的蓝光具有较强的散射作用，从而使钧瓷呈天蓝至天青色调①。同时，该瓷杯釉料中含有一定量的磷元素，磷对釉的乳浊效果也有作用②。由于磷酸盐和硅酸盐不相溶，可产生分相现象，从而使釉层呈现乳浊外观。另外，通过分析研究得出，钧瓷天蓝、天青系列釉色中，真正起呈色作用的是釉中的氧化铁等着色剂，第二相微粒散射呈色并非钧釉的普遍现象，或只是辅助呈色作用③。总之，钧窑釉色多变，是离子呈色、分相呈色等多种效应或强或弱互相影响、共同作用的结果。

4 小结

综合该青瓷杯胎质粗糙、足底“火石红”等胎体特征，以及底部不挂釉、白色中间层是胎釉烧结反应层、开片特征、釉色乳浊呈天青色等特点，可断定此青瓷杯属于元代钧瓷产品，而不是宋代官钧窑产品或哥窑产品。具体来说，该青瓷杯胎质粗糙疏松、底部不施釉、底部露胎处具有“火石红”特征等，都符合元代钧窑瓷器特点；釉色为天青色乳浊釉，与哥窑典型的灰白色无光釉不同；釉面开片稀疏、开片粗细较为一致，与哥窑典型的“金丝铁线”“百圾碎”开片特征不同。其胎釉中间层、釉料含量和釉色的分析结果也与哥窑器物的研究结果不同，而与目前所知元代钧窑器物的特征接近。因此，这件开片青瓷杯应是元代钧窑产品，可称之为元钧窑天青釉杯。

钧窑为宋代五大名窑之一，以钧州而得名，北宋时多为官窑。金灭宋后，钧窑并没有停烧，而是在民窑的基础上重新发展起来。元代更是钧窑蓬勃发展的时期，形成钧窑系，以今河南禹州为中心，向四周扩展。当时，烧制钧窑的窑厂众多，生产数量也大，虽然质量较之宋钧瓷差距不小，但依然有不少精品出现。这件元钧窑天青釉杯就属于其中的佼佼者，与同时出土的元青花瓷器、龙泉窑瓷器等精品瓷器相比也未相形见绌。

① 郭家凡、法文君等：《钧釉分相微结构与钧瓷呈色研究》，载《中国陶瓷》2012年第10期。

② 孙洪巍、高力明：《分相—析晶釉的组成结构及应用》，载《陶瓷》1995年第1期。

③ 王芬、苗建民等:《钧瓷天蓝、天青釉色中氧化铁的呈色作用》,载《故宫博物院院刊》2012年第3期。

元钧窑窑变月白色釉盘修复实例

◎ 杨大鹏
烟台市博物馆

摘　要：烟台市博物馆在文物普查中发现馆藏文物元钧窑窑变月白色釉盘存在残缺、破损等病害，需要进行保护修复，烟台市博物馆文物科技保护中心遂对元钧窑窑变月白色釉盘进行了无损科技检测，并进行了保护修复。元钧窑窑变月白色釉盘是元代钧窑瓷器中品质较高的器物，具有丰富的历史文化价值及较高的文物价值。修复人员在保护修复过程中，去除了先前修复时老化的粘接材料，清洗了污物及断裂茬口，在兼顾文物整体视觉和谐及可识别性原则的前提下，对文物进行了修复，以期为今后的相关保护修复工作提供有益借鉴。

关键词：元钧窑　月白色釉盘　修复

1　元钧窑窑变月白色釉盘基本概况

元钧窑窑变月白色釉盘为烟台市博物馆馆藏三级文物，收藏于 1971 年，文物编号为 G300。该盘高 5.7cm，口径 24cm，底径 6.1cm。盘体光素无纹饰，器形规整，胎体厚重；器内外施月白釉，施釉不及底，釉面温润，釉色微泛蓝绿色，有蓝紫色条状及紫红色斑状窑变，盘身釉面开片分布均匀。盘撇口，口沿较厚，因垂釉而呈黄褐色宽带边。底圈足，露褐色胎。其造型古朴端庄，胎质较致密，釉层有大气泡和棕眼，釉质莹润浑厚。

元代钧窑系的烧造中心在今河南禹州。元代时，钧瓷的影响比其在宋代时还大，烧制钧瓷的窑口在河南广有分布，在河北、山西也有分布，形成了一个钧窑体系。和宋、金钧瓷不同的是，元钧瓷的胎体更厚、更粗糙与疏松，有砂粒及砂眼，胎体的颜色为深灰或土黄；胎釉结合不如宋钧瓷紧密，釉色一般是月白色或蓝灰色，个别器物上有紫红色彩斑，是人工有意涂抹而不是釉中所含铜元素在高温中自然晕散的结果；釉厚，自然垂流多不到底，底足无釉，露出深黄色或浅褐色胎。按器类划分，元钧瓷主要有盘、碗、罐、炉、瓶、盆等。

2 损伤情况及病害

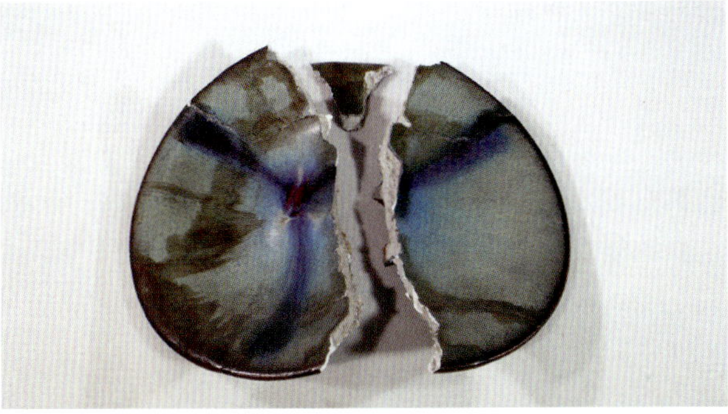

图 1 元钧窑窑变月白色釉盘修复前照片（正面）

图 2 元钧窑窑变月白色釉盘修复前照片（背面）

图 3 盘残片和部分脱落的原修复材料

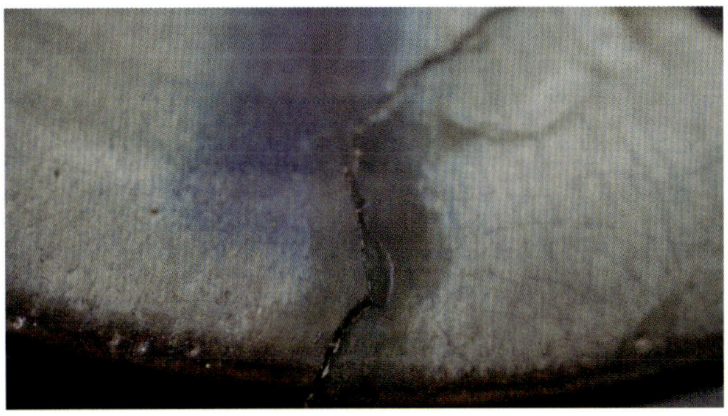

图 4 接缝材料老化错位

通过初步观察，这件元钧窑窑变月白色釉盘此前被修复过，原修复方法是在粘接后用石膏进行补缺并在其上覆盖颜色。该文物的现存情况为先前的修复材料全部老化变色，呈现棕褐色（图 1），粘接材料老化、脆化并开裂，盘体整体从中间断裂，碎为三片（图 2），每片又都有碎裂粘接痕迹，断裂面粘接材料全部变黄，原修复补缺用的材料部分脆化脱落（图 3），盘体大部分粘接缝隙错位（图 4），碎裂残缺几乎遍布整个盘体（图 5）。

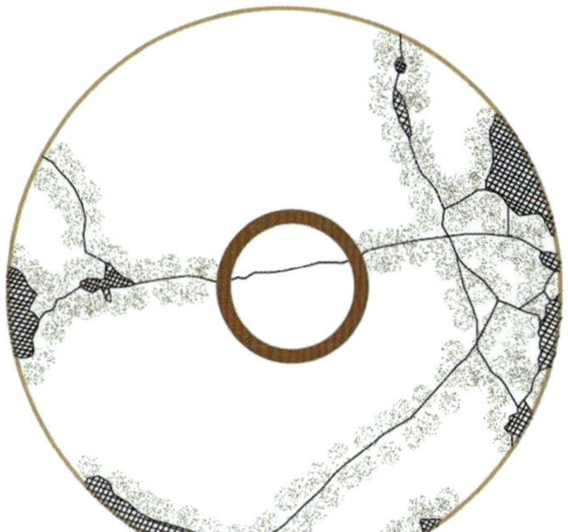

图 5 元钧窑窑变月白色釉盘病害图

在保护修复这件元钧窑窑变月白色釉盘前，首先需要确定这件文物的具体病害情况及其成因，以便有针对性地采取适当措施，制定科学的保护修复方案。为解决原修复材料导致的病害问题，采用取样分析的方法，选择小片剥落的原修复材料，对原修复黏合剂和填充物进行分析。经分析发现，原修复所用粘接剂类似氰基丙烯酸乙酯黏合剂，缺失部位的填补材料为石膏，接缝表面覆盖的棕褐色物质为颜料与虫胶的调和物。

这件元钧窑窑变月白色釉盘胎体和施釉部分均经高温烧成，胎质较致密，吸水率较低，故胎体及釉面较为稳定。

3 保护修复方法与过程

在遵循文物保护修复原则的前提下，针对元钧窑窑变月白色釉盘的实际情况，制定出如下保护修复方案：去除和控制已有病害，重新拆解、粘接器物，补缺，作色上釉处理，使其达到良好的展览效果，但对其底足仅进行保护而不做修复还原工作。

3.1 去除和控制已有病害

元钧窑窑变月白色釉盘的清洗流程主要包括：清洗表面污物及老化材料、拆解并去除原粘接材料、对残片进行进一步的清洗干燥。由于盘体残片较多，且原修复材料涂抹面积过大，所以拆解是本次修复工作的难点之一，需要进行反复的试验比对各种方法的效果。首先用棉签蘸丙酮和乙醇混合溶剂擦除表层的覆盖物（图 6），然后选用对接缝局部热风加热的方法，但无法拆解。之后换为采用有机溶剂浸泡的方法，将其放入丙酮溶液中浸泡，每隔半小时观察一次，浸泡 2 小时后原老化材料得以拆解（图 7）。拆解后，该盘 3mm × 3mm 以上的残片共有 14 片，有大小不同的 9 处残缺，并且每处接缝都存在脱釉病害。用棉签蘸丙酮溶剂对断面进行进一步清洗后，再使用物理剔除方法清除残余粘接剂（图 8）。

图 6 用棉签蘸溶剂初步清除表层覆盖物

图 7 拆解后的全部残片

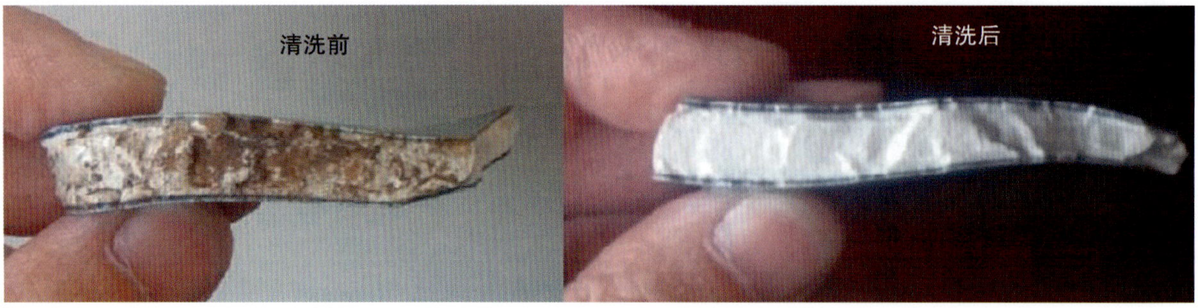

图 8 部分残片清洗前后对比照片

3.2 粘接

重新粘接瓷器残片。首先进行预粘接，用胶带和热熔胶将拼对好的残片进行固定。对接缝进行多次调整后，选用可逆性良好的无色环氧树脂黏合剂，用竹签将树脂均匀涂在断面和缝隙处，待完全固化后，去除临时固定胶带及热熔胶进行粘接。

3.3 补缺

用滑石粉作为填充材料，混合在环氧树脂中，对残缺和细小的失釉部分进行填补，待固化后用细砂纸按照器物形状进行打磨，使其平整光滑。

3.4 作色上釉

按照文物修复最小干预的原则，尽可能掩盖和淡化文物表面的修复痕迹，以达到较好的陈列展示效果。窑变釉是一种艺术釉，变化最多，色彩最丰富，釉色形态也最复杂。元钧窑窑变月白色釉盘的釉色基调是月白色，基色中会出现或深或浅的红色、紫色、蓝色、绿色、褐色、黄色等多种颜色，因此窑变釉的修复难度较高，一个很小的区域会出现多种不同的颜色，又呈现深浅不一的发色，且无一定规律可循。经过反复调色，选用笔涂上色方法，将仿釉清漆与矿物质颜料混合，在将颜色调整精确后以涂抹点撒的方式反复上色，对粘接和填补痕迹进行小范围覆盖处理。待干燥后，在表面罩光，以模仿釉面瓷质感。上述步骤全部完成后，该器物达到了预期的修复效果（图 9、10）。

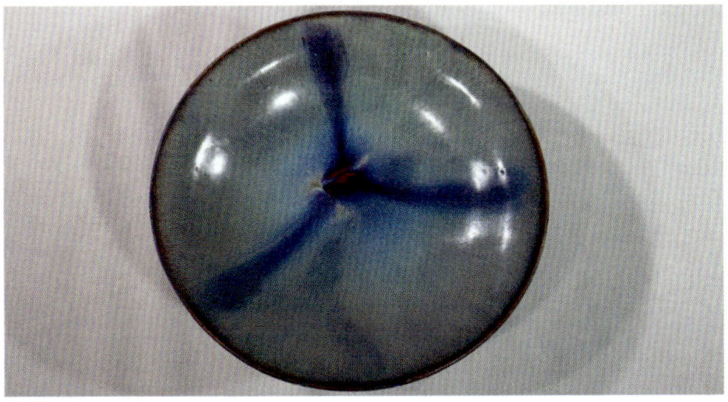

图 9　修复后正面照片

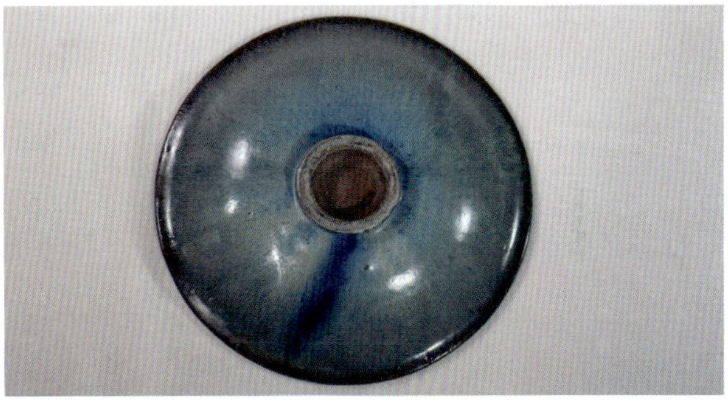

图 10　修复后背面照片

4　结语

这件元钧窑窑变月白色釉盘的保护修复过程也是对此前被修复过的瓷器文物进行科学研究和现代保护的过程。笔者通过这次保护修复工作，在如何选择适当的清洗材料和保护修复材料、如何兼顾陈列欣赏的统一和谐需要与文物修复应遵循的可逆性和可识别性原则等问题上积累了宝贵经验。

原载于《科研》2019 年第 1 期

唐三彩陶水盂的保护修复

◎ 侯博超[1] 徐 静[2]
1. 山东省文物保护修复中心；2. 德州市博物馆

摘 要：山东省德州市陵城区神头镇东方合墓内出土的一件唐三彩陶水盂造型独特，为国家一级文物。该器物表面有13处剥釉，并有多处泥土附着物覆盖。在对其进行价值评估、病害分析等基础上，为阻止病害进一步发展，采取了清理器物表面硬结物、补配残缺处及随色做旧等保护修复措施，并完善了保护修复档案，实现了重现文物原貌并延长文物寿命的目的。

关键词：三彩陶水盂 保护修复 最小干预

对陶瓷的修复从新石器时代的钻孔补陶到《清明上河图》中出现的锔瓷，均以实用性为主，渐渐扩散发展。明代《墨娥小录》中有"凡用佳瓷，不先制之，遇热汤水无有不损裂，必须先以米泔水温温渐煮，出再以生姜汁及酱涂器底下，入火稍煨顿，可保"及"粘碗盏法，用未蒸熟面筋，入筛净细石灰少许，杵数百下，忽化开如水，以之粘定缚牢，阴干，自不脱，胜于钉铜，但不可水内久浸。又凡瓷器破损，或用糯米粥和鸡子青，研极胶粘，入粉少许再研，以粘瓷损处，亦固"等关于粘接陶瓷器的记载。改革开放以来，随着各种陶瓷粘接补配仿釉材料的引进及创新，陶瓷修复进入了新的时代。通过查询三彩陶器文物的相关文献资料，发现已有唐三彩陶马的成熟修复案例①，其采用的保护修复流程如图1所示。

1 唐三彩文物简介

唐三彩是唐代低温彩色铅釉陶器的通称，可直接施彩釉入窑经800℃左右的窑温烧造而成，

① 马正丽：《唐三彩马的修复》，载《文物天地》2017年第8期。

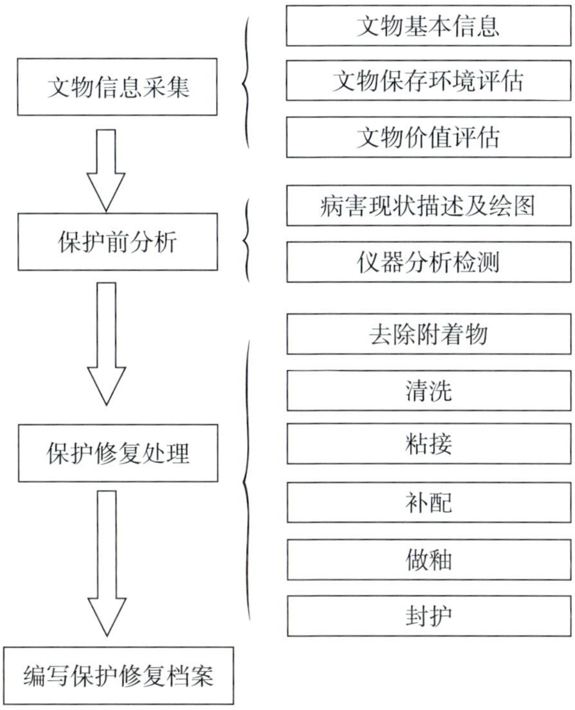

图 1　保护修复流程图

也可先烧素胎再施彩釉二次烧造而成。由于它烧制于唐代，在烧制中用得最多的色彩是黄、绿、白三种颜色，所以得到了唐三彩的名称，实际上，它所用的色彩还包括蓝、赭、紫、黑等，“三彩”为多彩之意。这种彩色釉陶是在汉代低温铅釉陶工艺的基础上，通过长期实践，对含有有色金属元素的各种原料有了新认识而制作成功的。唐代流行厚葬，上自王室成员、下至士大夫阶级乃至平民百姓，都流行以唐三彩陶器陪葬。

这件唐三彩陶器为水盂，属于文房用具，可见墓主人生前的喜好。水盂又称“水丞”“水注”，主要作用是给砚池添水。除实用意义外，更多带有观赏陈设的意义，因小巧雅致，最能体现文人雅士的审美情趣。这件器物最大口径 12cm，高 6cm，表面施黄、绿、褐色釉，色彩艳丽。外为黄色云纹，边缘似浪花翻卷。其釉色晶莹润泽，造型精巧绝伦，体型轻盈别致，体现了较高的制作水平。通过探究该器物表面花纹的成因，推断该器物当是利用唐三彩六种彩釉装饰法中的拨蜡法和流釉法制作而成，即在施以透明釉的器物表面点蜡做出圆点等效果，然后再施以色釉，在入窑烧成之时，蜡产生汽化，被蜡点过的地方会留下白

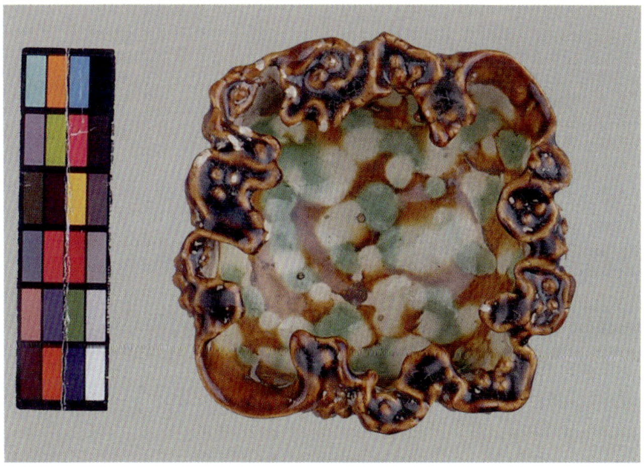

图 2　保护修复前照片

色的纹饰[①]。该器物保护修复前的照片如图 2 所示。

2 保存环境及主要病害

这件唐三彩陶水盂存放在德州市博物馆五楼库房内，有独立囊匣保护。库房内比较干燥，年平均温度 24℃，最高温度 28℃，最低温度 20℃；年平均相对湿度 28%，最高相对湿度 60%，最低相对湿度 25%。库房内有连续温湿度控制系统。

其主要病害有表面泥土附着以及小部分釉面剥落（图 3、4）。器物表面剥釉处胎体易受空气湿度的影响。若防控不当，侵入的水汽会与表面泥土附着物结合，形成盐害，进一步损伤器物，故需对其病害进行治理。

图 3 表面泥土附着

图 4 釉面剥落

2.1 泥土附着

器物因长期埋藏于地下，易受到地下水中酸碱盐的侵蚀，故器物上附着有坚固的泥土[②]（图 5、6）。

图 5 泥土附着显微照

图 6 泥土附着细节照

① 方忆：《唐三彩彩釉工艺与唐代染缬工艺关系之初步探讨》，载《故宫博物院院刊》2010 年第 2 期。
② 王润珏：《古陶瓷修复方法的探讨》，载《文物鉴定与鉴赏》2018 年第 6 期。

2.2 釉面剥落

陶瓷器主要是由硅酸盐材料制作而成的，具有非常优秀的硬度和耐火性，同时也具有较高的脆性，容易受到外界因素的影响而损坏①。该器物表面共有13处釉面剥落，最小范围的釉面剥落为3mm×3mm，最大范围的釉面剥落为5mm×3mm（图7、8）。

图7 剥釉细节1

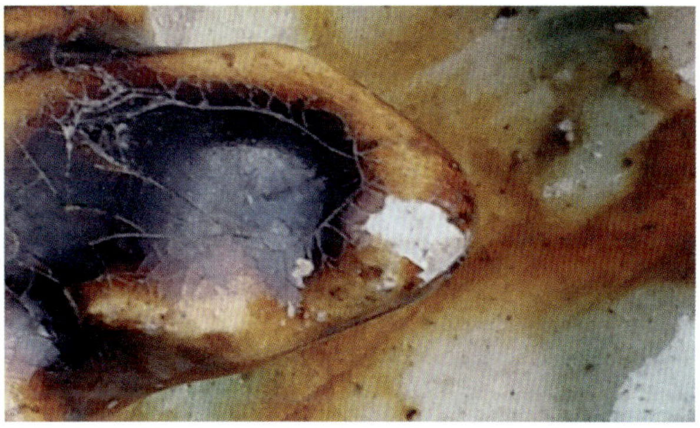

图8 剥釉细节2

3 脱盐检测

德州地处黄河下游北岸，土壤类型以陶土为主，其次是盐土和风沙土，土壤含盐量均在0.6%以上，土壤碱化层大于20%，pH值在8.5以上。这种埋藏环境下，地下水中会含有大量的可溶盐。而这件出土器物表面有坚实牢靠的泥土附着物，故首先应对器物进行盐分检测，决定是否进行脱盐处理。

电导率仪开机运行半小时后，根据实验室温度设定数值，对空白水样进行检测记录（图9）。

选取器物表面白色盐碱部位作为检测部位（图10）。将定性滤纸剪成2cm×2cm的正方形小块泡入空白水样中，浸湿后贴敷于被检测部位，利用虹吸原理进行可溶盐的置换。待取

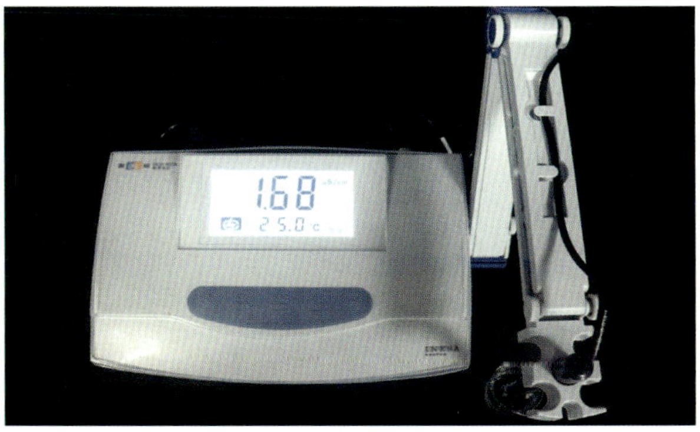

图9 空白样检测

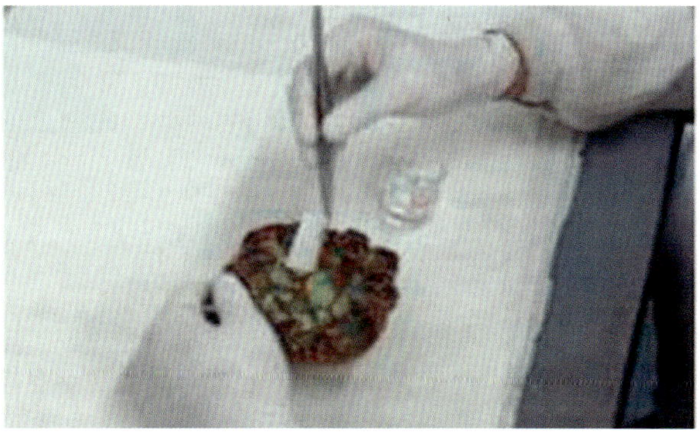

图10 取样块

① 袁强亮：《古陶瓷修复中材料的选择与应用》，载《文物鉴定与鉴赏》2017年第12期。

样块干燥后，将其取下放入空白水样中静置（图 11），待浸泡均匀后使用电导率仪进行检测，发现此次检测数值接近空白水样的数值（图 12），故无需对这件器物进行脱盐处理。

图 11　卷云纹处样块

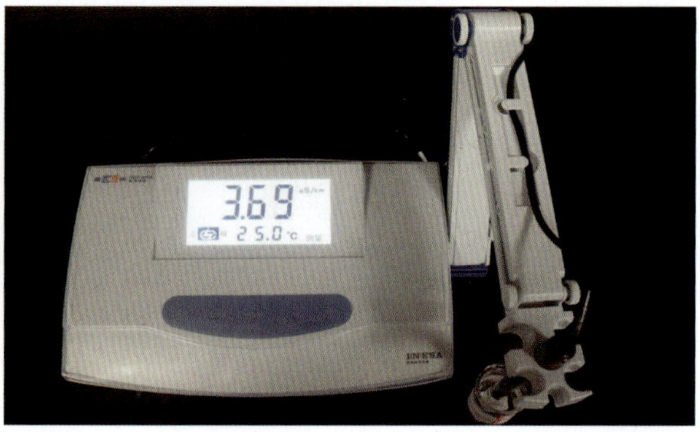

图 12　检测

4　保护修复过程

4.1　清理

在进行修复工作前，需要先进行清理、清洗工作，以去除表面及缝隙中的附着物。清理表面硬结物主要采用机械清理和化学清理两种方法。选择合适的清理方法至关重要，会直接影响文物的保存寿命。首先选取试验块，用机械清理的方法进行清理。对于器物表层的泥土附着物，用手术刀、木质刮刀进行清理；对于附着在器物表面的疏松物，则用木质刮刀进行清理，避免伤及文物的釉面；对于与釉面结合紧致的硬结物，则用手术刀进行挑、剔。因考虑到唐三彩文物属于低温铅釉陶，在清理缝隙中的灰尘等物质时，采用过氧化氢、液体肥皂等清洗并不可取（时间短会导致效果不佳，时间过长又易伤及器物露胎处本体），故采用棉棒蘸无水乙醇擦拭的方法，并用手术刀小心剔除。

4.2　补配

在进行补配工作时，要注意保存文物的原有特点，尊重历史，尊重原物。补配的地方需有依据，否则就是臆造[①]。补配一般分为三种情况：

第一种，补配较小的残缺部分。这种器物破损情况是最常见的，补配难度也相对较小，简单的可以随形，稍微复杂的则可以选择打样膏、石膏翻模、硅胶翻模等方式在器物既有保存区域进行翻模取样，用以复原残缺部分。

第二种，在原器物上无法对残缺部分进行翻模，只能根据同类器形特征先做模具，然后进行翻模。此种情况要找到确切的复原依据才可着手修复；若无参照物，则不可任意编造。

---

① 王蕙贞：《文物保护学》，文物出版社 2009 年版，第 56 页。

第三种，器物大部分都已缺失的残器补配。此种情况下的补配材料一般有石膏、胶、胶加填料等，胶类有双组份环氧树脂胶、AAA 强力胶等，填料有高岭土、陶瓷补土、矿物颜料等。在实际工作中，可根据器物情况灵活选择和搭配相应的材料。

打磨是修复过程中最细致、最需要耐心和精力的工作，也是上色工作的前提。打磨的目的是使补配部位光滑平整，使其与器物本体结合紧密、无缝隙。

因这件器物存在釉面剥落现象，故最终采用的修复材料为陶瓷补土。选用陶瓷补土的原因有三点。一是陶瓷补土具有可逆性，便于未来材料老化后进行拆解，并且有一定的抗潮、抗高温能力。二是陶瓷补土的成分类似胎体本身，二者材料相近。三是在补配后可以通过手术刀蘸取无水乙醇对其表面进行找平，方便后期的打磨工作。依据器物剥釉处四周衔接的弧度进行补配，补配的最大直径为 5mm。在补配处干燥后，将目数 400、600、800、1000 的砂纸剪成细条状，由粗到细进行打磨，使补配处与器物本体无缝隙。

4.3 全色

三彩形成的原因是在素坯挂彩釉，通过巧妙的施釉方法使其在烧制过程中发生化学变化，使色釉浓淡转变、互相浸润、自然协调。故在全色过程中，一定要将釉面的浓淡变化及色彩交错情况了解清楚。

针对三彩的釉色情况，为避免出现回溶、翻色现象，对仿釉材料的选择和技艺要求极高。通过对比及查阅资料发现，在传统的仿釉材料中，虫胶漆的仿釉基质颜色较深，对颜色较浅或者白色的陶瓷釉面是不适用的，目前这种涂料已经很少使用了。总体来说，丙烯酸漆是一种较好的涂料，各方面性能良好，但从最近几年来看，丙烯酸漆存在附着力弱、抗紫外线能力差和耐水性不足等缺点，如使用丙烯酸漆修复的陶瓷经过几年的陈列摆放后，有一些出现了釉面剥落和颜色变深变黄的现象，不仅影响了陶瓷的外观和收藏价值，甚至还需要再度进行修复。醇酸清漆以醇酸树脂为主要成分，是一种成膜物质的材料，流动平滑性极好，但是在上色过程中容易出现翻色现象，需要进行再次上色，同时醇酸清漆的凝固时间偏长，在凝固的过程中又极易发生沉淀分离等问题，而且使用醇酸清漆修复时，在湿、干两个涂层之间会有较大色差。硝基漆则与醇酸清漆有着相反的情况，具有凝固时间短、光泽效果好的优点，但也存在着缺点，如修补处容易泛黄、粉化、受热不稳定、抗紫外线能力差等，同时，使用醇酸清漆也会对陶瓷修补者的身体健康造成一定威胁[①]。经过筛查对比，结合釉色效果，最后选择凝固时间短、不易泛黄的西马斯达专业 2 型仿釉材料。

在技艺上选择用笔涂修复的方法，以使颜色一致，并以喷涂的方式修复光泽度。根据原工艺流釉效果及分层施釉的做法，考虑到修复面积小，故采用更为精准的笔涂式方法随色[②]。

---

① 陈泽铭：《对古陶瓷修复仿釉涂料的几点思考》，载《艺术科技》2016 年第 11 期。

② 徐圆圆：《浅谈古陶瓷精准修复技法运用与鉴赏》，载《收藏大观》2017 年第 3 期。

选用不透明覆色法描绘补配部位。在描绘前，对两种着色方式进行测试，一种是直接上调好的颜料，一种是以仿釉材料为调色剂、着色剂。测试结果表明第二种方式会使釉表层有渐淡的效果，同时毛笔尖留下的轻微笔触会逐渐淌平，起到微微垂挂的效果，与周围的原始烧造痕迹相协调，故选用第二种着色方式。

待底色完全干燥后，采用透明薄涂法进行器物颜色的回找工作，边缘似浪花翻转处的色彩逐层加重，涂至第 3 层时，达到与原色一致的效果。在黄色云纹处亦采用透明薄涂法，随着颜色的逐层接近，通过与边缘衔接的两种色彩使其与原器物本身产生视觉光泽。其后就是对器物釉面开片效果的制作。使用勾线笔，留最尖端长毛，配合调色顺序在三彩釉面处开片。

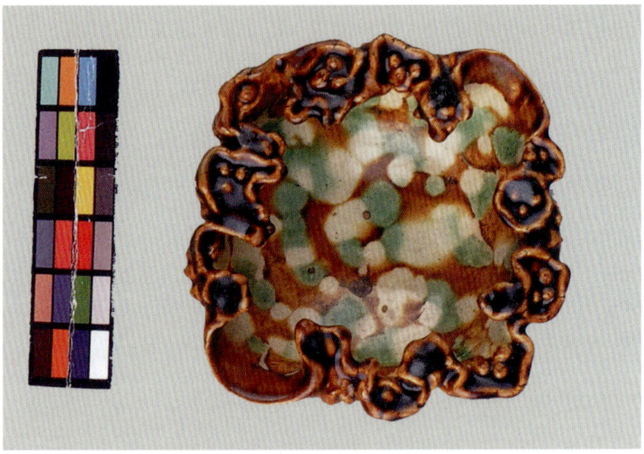

图 13　保护修复后照片

在完成全色工作后，需进行“接光”处理，使全色部位与原器物光泽统一。如果全色处的光泽度较高，就需要做“消光”处理；如果光泽度较低，就需要适当进行“补光”，以使其与原器物本身的光泽衔接，达到视觉协调的效果。将喷笔气泵调至较低气压，然后调节喷笔喷头，拉至最大，在白纸上进行仿釉材料喷涂试验，测试出适当的喷涂距离后，将补配部位及周边 2—3mm 的部分用塑料膜覆盖，使用喷笔进行喷涂，完成“接光”（图 13）。

4.4　完善保护修复档案

拍摄、记录保护修复后文物影像资料及数据，记录保护修复过程中所使用的材料等，完善保护修复档案。

5　结语

保护修复后的唐三彩陶水盂不仅恢复了原本的风貌，而且满足了展陈需要。在文物保护修复工作中，对修复工具和方法的选择应符合文物保护工作的要求，选用具有可逆性的材料，并尽可能延长文物寿命；要尊重历史，减少人为干预；要尊重艺术，以科学的修复理念对器物进行精准修复；要尊重科学，依据科学的修复原则进行修复，针对不同情况选择不同方法，而不主观臆造或凭空想象。

清乾隆青花夔龙纹花盆的修复

◎ 刘伯威
定陶区黄肠题凑保护研究中心

摘　要：清乾隆青花夔龙纹花盆为定陶博物馆馆藏珍贵文物。该花盆共有两处破损，分别在花盆的口沿处与足部。笔者先制定了科学的保护修复方案，然后开展清洗、补配、作色、上釉等保护修复工作。经过一系列的保护修复，该花盆重现了原本的风采。

关键词：乾隆　青花夔龙纹花盆　保护修复

在中华文明的历史长河中，古陶瓷的发展源远流长，它是中国古代劳动人民智慧的结晶，是中华民族文明史的重要载体之一。自殷商时期出现原始瓷器，瓷器烧制工艺经过数千年的发展，到了明清时期，瓷器的烧制水平已经发展到巅峰。

清代乾隆朝制瓷工艺沿着前朝取得的成就继续发展，这一时期青花瓷仍是大宗产品，且克服了部分雍正青花瓷呈色不稳、线条晕散的缺陷，色彩稳定沉着，画面浑厚。这件清乾隆青花夔纹花盆就是清乾隆时期民窑青花瓷的代表作品。该器物造型规整，工艺考究，器身共有四面，每面纹饰相同，均绘有夔纹和仰莲瓣纹，纹饰疏密有致，青花发色淡雅，是一件不可多得的珍品。

1　保存现状

清乾隆青花夔龙纹花盆呈方形，口微撇，直腹，平底，四角各有一小足。腹部四面各绘一组夔龙纹。该器长 34.3cm，宽 34.3cm，高 28.4cm，现藏于定陶博物馆。通过观察发现，该花盆整体保存较为完好，共有两处残损，第一处是花盆口沿有一处残断，第二处是底足有一处釉面剥落（图 1、2）。

图 1　口沿残断处

图 2　底足剥釉处

2　保护修复过程

在对这件青花夔龙纹花盆进行保护修复前，为再现其完整形态并使之达到“修旧如旧”的修复标准，修复人员根据该花盆的残损情况制定了详细的修复方案。其过程可以分为以下几个步骤：清洗、补配、作色、上釉（图 3）。现对这些步骤进行详细论述。

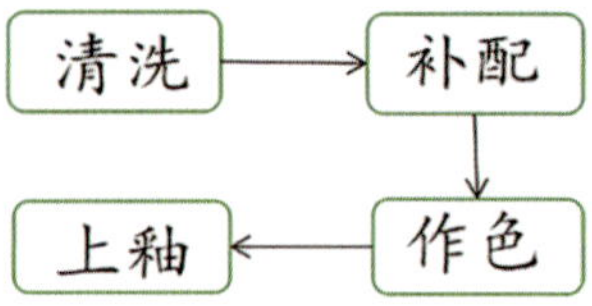

图 3　操作过程

2.1　清洗

清洗的主要目的是将器物表面和破裂部位的污垢清除干净，为修复做好准备。通过观察发现，该器物主要的污垢为尘土，并未发现其他难以清除的污垢。所以用去离子水对器物进行浸泡清洗并定期观察浸泡效果，直到污垢彻底清理干净为止。

2.2　补配

主要是对口沿缺损部位进行补配。采用蜡片法翻模，首先用加热的蜡片在口沿完整处取模，然后把取下的模放在相对应的残缺部位上，用胶加填料的方式填补缺损部位。此次补配选用的是合众 AAA 超能胶，其属于双组份环氧树脂胶，分 A 胶和 B 胶两种。先在白瓷板上调胶，把 A 胶和 B 胶按比例调和。待调和均匀后，加入瓷粉作为填料，同时再加少量起增白作用的钛白粉，对比胎釉底色，反复调和做成修复瓷器缺损部位的坯料。将软的坯料放到蜡片模中按压成型。约 12 小时后，坯体凝固定型，将蜡片清除。之后修整坯体外不平整的地方：在酒精灯上加热手术刀片，用手术刀片削除多余部分，再用胶调和少量坯料修整有凹陷的地方，待干后用手术刀片刮平，之后用粗细不同的砂纸打磨平整，以使补配面和衔接处平滑一致。这是一道需要反复操作的工序，直到达到要求为止，否则会影响作色效果（图 4）。

图 4 补配

图 5 作色

2.3 作色

完成补配后要进行作色处理，这是整个修复过程中最为关键的部分。修复后整体效果和视觉效果的好坏主要取决于修补部位的底色和纹饰的颜色能否与器物原本的颜色协调自然。

先做出器身的底色即青花之外的釉色。作色用的是矿物质颜料加陶瓷修复釉，调出需要的底色后，用喷笔均匀喷涂于修复处。一般青花瓷器的底色以白色为主，白中略带青蓝或灰蓝，且不同部位颜色的深浅也略有差异，这就要求我们注意颜色的变化。在喷涂底色时，尽量避免遮盖住破损处周围的纹饰，减少对文物本体的影响。

底色喷涂完成后，要用细长锋的勾线笔蘸取调好的仿青花颜色的矿物颜料，按照花盆完整处的纹饰将破损处的青花纹饰补全，要尽量描绘得与原纹饰风格、线条一致，且笔触过渡得要自然。为了使修复效果尽可能理想和自然，有时也需要将做底色和描绘青花纹饰两个步骤交替或反复进行（图 5）。

2.4 上釉

上色完成后，用喷笔将透明釉仔细喷涂在修复过的地方，可以多喷几遍，具体次数要视喷涂效果而定。喷釉后，补配部位呈现出与瓷器其他原始部位相近的温润光亮的效果（图 6）。

图 6 上釉

3 小结

瓷器是中国古代劳动人民发明创造的。由于瓷器易碎，能完整保存至今的古瓷器较少，大多存在破碎、冲口等病害。考古人员在考古发掘中曾发掘大量的古瓷碎片或残件，但为编写发掘报告和进行相关研究，只对其中很少的一部分典型标本进行一般性修复，且多使用石膏进行修复。这种修复后的器物标本若是用在发掘报告中还勉强可以，但若是用于陈列展览就会影响观感，显得太不美观了。此次修复的这件瓷器弥补了石膏修复法耐水耐候性不足、容易粘灰尘、易损等缺点，既可以长时间保存，也可以满足陈列展览或观赏的需要。

此次系统的保护修复工作恢复了文物原有的风貌，增强了其观赏性，延长了其使用寿命，使其历史、文物、艺术价值得到了充分展现，达到了预期目标，取得了良好的效果（图7、8）。

图7　青花夔龙纹花盆修复后照片1

图8　青花夔龙纹盆修复后照片2

石灰岩表面红色污染物研究

——以中国山东济南市长清区灵岩寺石灰岩质文物为例

◎ 查剑锐[1] 魏书亚[1] 王传昌[2] 李志敏[1] 蔡友振[2] 马清林[3]
1. 北京科技大学科技史与文化遗产研究院；2. 山东省文物保护修复中心；
3. 山东大学文化遗产研究院

摘 要：红色污染是发生在石质文物表面的一种风化现象，对文物的外观和性能均会造成影响。这类病害去除难度较大，风化机理尚不明晰。近年来，山东长清灵岩寺中的大量石灰岩质文物表面出现红色污染病害。为了制定合理的保护措施，必须对病害的来源、特征、成分和形成过程进行研究。笔者利用 X 射线荧光光谱分析（XRF）、X 射线衍射分析（XRD）、拉曼光谱分析（Raman）、傅里叶变换红外光谱分析（FTIR）、扫描电镜及能谱分析（SEM—EDS）等分析技术进行了研究。结果表明，碳酸风化作用是石质文物表面出现红色污染病害的原因，红色污染物由铁锰云石［$Ca(Fe,Mg,Mn)CO_3$］和氧化铁（Fe_2O_3）组成，为板状、层状和粒状晶粒，$Ca(Fe,Mg,Mn)CO_3$ 在 H_2CO_3 的作用下发生了原位风化。降雨后，Ca^{2+}、Mg^{2+}、Mn^{2+} 因淋滤作用从岩石中流失，Fe^{2+} 经化学反应和物理附着过程形成了 Fe_2O_3 红色污染物。基于对相关风化机理的研究，使用螯合剂（乙二胺四乙酸二钠盐）可以有效去除石质文物表面的红色污染物。

关键词：灵岩寺 石灰岩质文物 红色污染 风化机理 研究

石质文物是一类重要的文化信息载体，但由于自然风化和人为破坏，该类文物的文化价值在不断流失。相关研究表明，导致石质文物风化的因素包括物理因素、化学因素和生物因素三类①。化学因素和生物因素会引起石质文物的外观变化，如出现黑色结壳、白色结壳和红

① Török Á., Licha T., Simon K., Siegesmund S., Urban and rural limestone weathering; the contribution of dust to black crust formation, *Environ mental Earth Sciences*, 2011, 63(4):675–693.

色污染等病害。红色污染病害不仅会影响石质文物的外观，还会致使文物出现二次损伤[①]。因此，有必要寻找一种科学的清洗方法去除此类病害，但该方法的选择通常建立在对病害形成机理的研究基础上[②]。与黑色结壳或白色结壳病害相比，红色污染病害并不常见。相关研究表明，红色污染物形态多样，常为坚硬、致密且厚薄不一的颗粒沉积物，与文物本体结合紧密，难以去除。对红色污染物的早期研究可以追溯到 1844 年（Certosa 遗址），研究者借助微生物分析手段，将该类病害的形成归咎于生物类影响因素[③]。随后的研究对生物色素和石质文物表面病害之间的关系进行了探讨[④]。有研究结果表明，红色污染是生物矿化产物中红色色素显色所致[⑤]。此外，又有研究者通过拉曼光谱分析确定了 Pb_3O_4 的存在，表明红色污染物的形成也可能归咎于化学类影响因素[⑥]。之后，一系列的研究表明，环境中的细菌、石质文物上的红色颜料和人为破坏都会导致红色污染物的形成[⑦]，具体可分为三类：一是细菌中的色素[⑧]，二是铅类颜料的风化产物[⑨]，三是硅酸盐矿物因淋滤作用形成的 Fe_2O_3[⑩]。红色污染物形态的多样性和复杂成因使得相关文物的保护工作极为困难。为了寻找合适的清洗方法，确定红色污染物的来源、特征和组成是有必要的。然而，目前的大部分研究集中于对红色污染物的成分和形态进行分析，鲜少对相关风化机理进行研究。

灵岩寺是世界自然和文化遗产泰山的重要组成部分。寺内的大量石质文物有红色污染病害。

---

① Kapsalas P., Zervakis M., Maravelaki-Kalaitzaki P., Evaluation of image segmentation approaches for non-destructive detection and quantification of corrosion damage on stonework, *Corrosion Science*,2007,49(12):4415-4442;Bams V., Dewaele S., Staining of white marble, *Materials Characterization*,2007,58(11):1052-1062.

② Slaton D.,Normandin K.C.,Masonry cleaning technologies,*Journal of Architectural Conservation*,2005,11(3):7-31.

③ Schabereiter-Gurtner C., Piñar G., Vybiral D., Lubitz W., Rölleke S., Rubrobacter-related bacteria associated with rosy discolouration of masonry and lime wall paintings,*Archives of Microbiology*,2001,176(5):347-354.

④ Saiz-Jimenez C., Microbial melanins in stone monuments, *Science of The Total Environment*, 1995,167(1):273-286.

⑤ Realini M., Colombo C., Sansonetti A., Rampazzi L., Colombini M.P., Bonaduce I., Zanardini E., Abbruscato P.,Oxalate films and red stains on Carrara marble,*Annali di Chimica*. 2005,95:217-226.

⑥ Bruni S., Carlati F., Binachi C.L., Zanardini E., Sorlini C., Spectroscopic investigation of red stains affecting the Carrara marble facade of the Certosa of Pavia, *Archaeometry*,1995,37(2):249-255.

⑦ Cantisani E., Cuzman O.A., Vettori S., Chelazzi L., Ciattini S., Ricci M., Manganelli D.F.R., Chiarantini L., Garzonio C.A., A multi-analytical approach for the study of red stains on heritage marble,*Analyst*,2019,144(7):2375-2386.

⑧ Konkol N., McNamara C., Sembrat J., Rabinowitz M., Mitchell R., Enzymatic decolorization of bacterial pigments from culturally significant marble, *Journal of Cultural Heritage*,2009,10(3):362-366.

⑨ Petushkova J.P., Lyalikova N.N.,Microbiological degradation of lead-containing pigments in mural paintings,*Studies in Conservation*,1986,31(2):65-69.

⑩ El-Gohary M., Experimental tests used for treatment of red weathering crusts in disintegrated granite - Egypt, *Journal of Cultural Heritage*,2009,10(4):471-479.

据相关记载，灵岩寺由竺僧朗始建于东晋永平年间，兴盛于北魏和唐宋，至今已有 1600 多年的历史。受历史上三次灭佛运动的影响，寺庙至今已经历多次重建。现存的建筑为唐朝所建，是中国最著名的寺庙之一①。有关该地区石质文物的风化研究表明，空气污染加剧了石质文物的风化②。污染物包括气体颗粒、硫化物、氮化物、碳酸和酸酐③。其中，二氧化碳是石质文物风化中最为普遍的影响因素。该类气体溶解于水中形成碳酸，并在石质文物表面发生溶蚀作用④。温度、气体浓度和相对湿度是影响风化的关键因素⑤。钙类岩石易受到影响并生成胶体颗粒⑥。絮凝、再结晶、离子迁移等化学反应过程都会加剧风化⑦。对此类风化特征的描述和分类已有相关研究⑧，某些结果表明生物因素或化学因素是石质文物表面出现红色污染的主因，微生物和铅类物质参与了整个风化过程⑨。此外，碱性砂浆、酸性水、大气污染物、微生物和细菌在风化过程中也起着重要作用。一些研究还指出红色污染物的形成与石质文物的表面风化存在直接联系⑩。点状以及蜂窝状腐蚀坑为红色污染物的沉积提供了绝佳位置，促进了石质文物表面红色污染物的形成⑪。灵岩寺中的大量样本为研究红色污染病害的风化机理提供了契机。

---

① Zeng Z.X., A study on the relevance between the 40 statues of arhats and 500 statues of arhats in the Lingyan Buddhist Temple at Changqing,*2nd International Conference on Modern Education and Social Science*,2016,1161–1165.

② Vidal F., Vicente R., Mendes S.J., Review of environmental and air pollution impacts on built heritage: 10 questions on corrosion and soiling effects for urban intervention, *Journal of Cultural Heritage*,2019,37:273–295.

③ Gibeaux S., V á zquez P., Kock T.D., Cnudde V., Thomachot-Schneider C., Weathering assessment under X–ray tomography of building stones exposed to acid atmospheres at current pollution rate,*Construction and Building Materials*,2018,168:187–198.

④ Shumka L., Ciftci C., Relative rate of durability towards Influence of water in stone degradation: case study of lead mosque in Shkodra (northwest Albania), *Journal of International Environmental Application & Science*,2018,13(2):105–109.

⑤ Winkler E.M.,The importance of air pollution in the corrosion of stone and metals, *Engineering Geology*,1970,4(4):327–334.

⑥ Baedecker P.A., Reddy M.M., The erosion of carbonate stone by acid rain: laboratory and field investigations,*Journal of Chemical Education*,1993,70(2):104–108.

⑦ Vazquez P., Carrizo L., Thomachot–Schneider C., Gibeaux S., Alonso F.J., Influence of surface finish and composition on the deterioration of building stones exposed to acid atmospheres, *Construction and Building Materials*,2016,106:392–403.

⑧ Turkington A.V., Paradise T., Sandstone weathering: a century of research and innovation, *Geomorphology*,2005,67(1):229–253.

⑨ Carol A.G., Claire G., Nicole C.L., Genevieve B., Robert J.S., Red "staining" on marble: biological or inorganic origin? , *APT Bulletin: The Journal of Preservation Technology*,2010,41:11–20.

⑩ Baedecker P.A., Reddy M.M., Reimann K.J., Sciammarella C.A.,Effects of acidic deposition on the erosion of carbonate stone–experimental results from the US National Acid Precipitation Assessment Program (NAPAP), *Atmospheric Environment, Part B, Urban Atmosphere*,1992,26(2): 147–158.

⑪ Gauri K.L., Holdren G.C.,Pollutant effects on stone monuments,*Environmental Science & Technology*,1981,15(4):386–390.

笔者从定性、定量、沉积物形态和文物所处环境等方面分析了红色污染物的风化机理；基于分析结果，运用化学清洗法清理了灵岩寺石质文物表面的红色污染物。

1 研究背景

1.1 历史背景

山东长清灵岩寺距今有1600多年的历史，在此期间，僧侣、地方官员和学者在寺庙中留下了大量石刻。根据石刻的形制，可分为碑刻、浮雕、石刻、塑像和石碑五种类型。石刻上的文字主要记录了灵岩寺及周边地区的管理制度、经济和文化等。石刻集中分布于千佛殿、般舟殿和五花阁附近。五花阁是方丈琼环在宋代（1056—1063年间）所建，于明代（1436—1449年间）和清代时期重修。附近的石柱上刻录了大量的经文，但由于受红色污染病害的影响，字迹已模糊不清。

1.2 地理位置

灵岩寺石刻位于山东省济南市长清区，中心位置位于东经116°59'，北纬36°21'（图1）。寺内石刻最高者约有10米，最小者只有0.6米，分布于悬崖或地面上，所处位置分属九个景点。有红色污染病害的石刻主要集中在千佛殿附近（图2）。这些污染物附着力较强，有雨水淋滤特征（图3）。

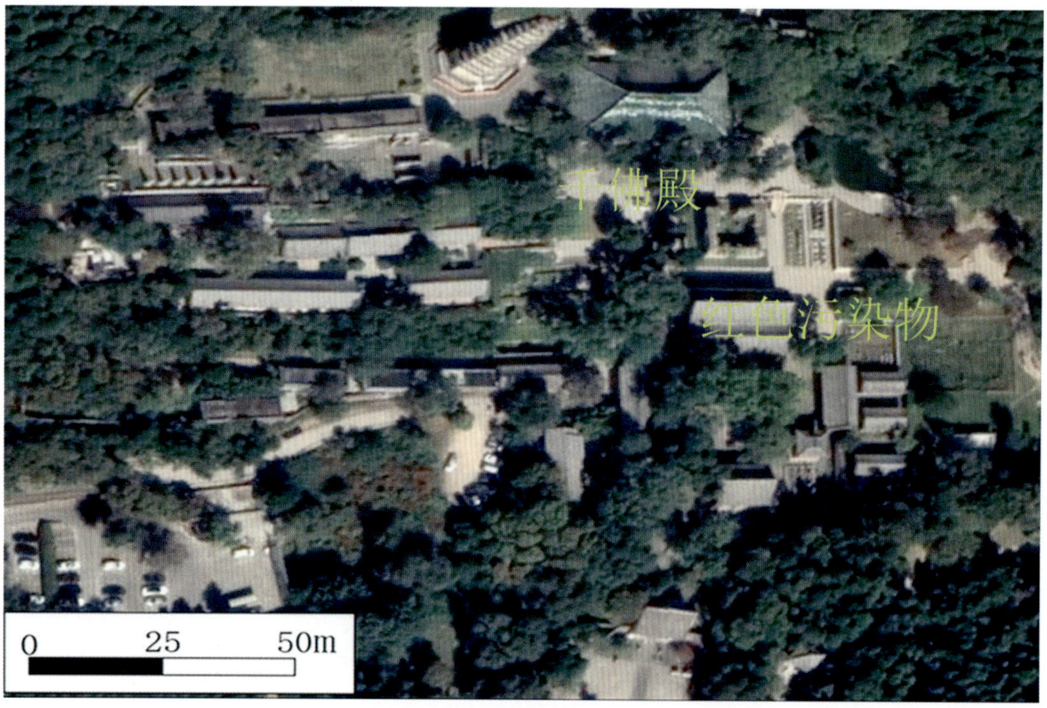

图1 灵岩寺红色污染物分布区域

图 2 红色污染物周边环境

图 3 石柱表面的红色污染物

1.3 环境气候

灵岩寺位于泰山西北方向，属于亚热带大陆性季风气候。当地的气候特点是气候温暖，雨量充沛，四季分明。近 5 年来，气温变化范围在 -12.9℃—39.1℃之间（图 4）。年平均降水量为 715.4mm，雨季集中在 6、7、8 月。年平均相对湿度为 56%，最大相对湿度出现在 11 月，为 82%。全年的主要风向为西南风，夏季风向多为东南风，年均风速为 2.3m/s，最大风速为 13.9m/s。上述环境参数和较高的海拔位置构建了潮湿多雾的气候环境，为石质文物表面红色沉积物的形成提供了充足的水分（雨、雾）。

1.4 病害特征

石质文物表面的红色污染有水渍特征，在石柱的垂直面（图 5）和石刻的水平面（图 6）上均能发现此类病害。红色污染物硬度较大，厚薄不一，与石质文物表面结合紧密（图 7）。红色污染物的边缘主要是石英类耐酸矿物，红色污染物的形成过程以酸反应为主[1]（图 8）。

---

① Pepper R.A., Couperthwaite S.J., Millar G.J.,Comprehensive examination of acid leaching behaviour of mineral phases from red mud: Recovery of Fe, Al, Ti, and Si,*Minerals Engineering*,2016,99:8–18.

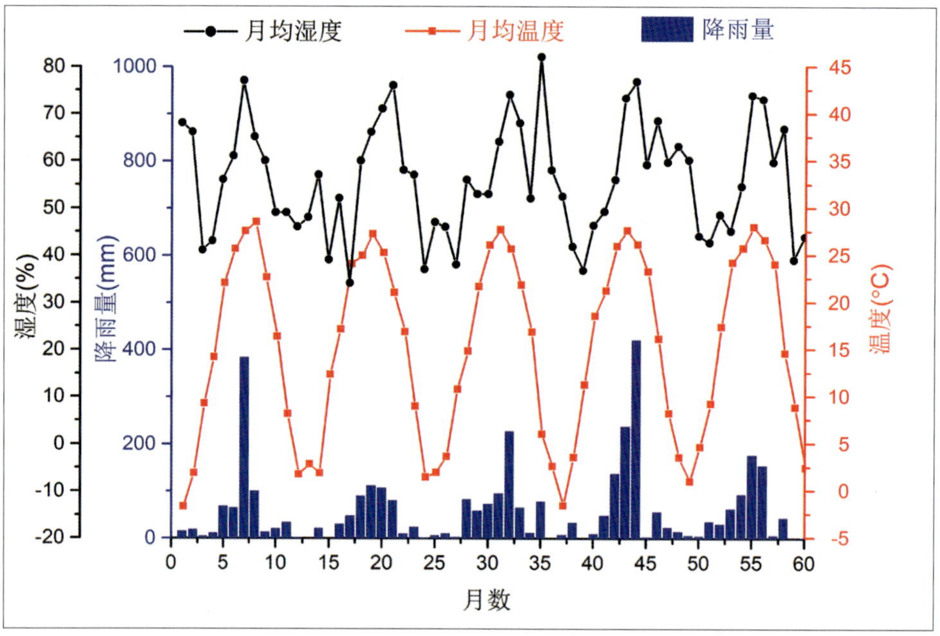

图 4　2013 年 1 月至 2017 年 12 月济南市气象图

图 5　石柱表面的红色污染物

图 6　石刻表面的红色污染物

图 7　红色污染物

图 8　红色污染物边缘的石英颗粒

1.5 岩相特征

灵岩寺石刻所用原料源自泰山支脉中的灵岩山。该山由奥陶系和寒武系灰岩构成，岩性以灰岩和白云质灰岩为主。

2 样品信息与分析方法

2.1 样品信息

使用手术刀、榔头和样品袋从石柱表面采集样品，再选择一处花纹繁杂的石质浮雕表面进行化学清洗测试。表 1 列出了代表性样品、取样区域及分析方法等。在进行任何分析之前，应首先在显微镜下观察样品，然后用不同的方法进行处理，以便进行精准分析。

表 1 取样情况

样品	LY1	LY2	LY3	LY4
实验内容	XRF，XRD，FTIR，Raman	XRF，OM，SEM-EDS	XRD	化学清洗
文物位置	千佛殿东面二号石柱	千佛殿东面二号石柱	千佛殿东面二号石柱	辟支塔基座六号浮雕
取样区域				

2.2 分析方法

2.2.1 三维视频显微镜观察（SLM）

使用日本基恩士 VHX-6000 型超景深三维视频显微镜观察样品的显微图像。镜头型号为 VH-ZST，放大倍率为 20—2000 倍。测试前无需处理样品。

2.2.2 X 射线荧光光谱分析（XRF）

使用日本岛津 EDX-800HS 型 X 射线荧光光谱仪测试样品的元素含量，设定 Rh 靶，测量电压为 50kV，测量时间为 100s。测试前需用研钵将样品处理成均匀粉末状。

2.2.3 X 射线衍射分析（XRD）

采用 Rigaku Ltd Rint 2000 型衍射仪测量样品的化学组成（Cu 靶，Kα 射线，加速电压 40kV，电流 40mA，扫描角度 5°—75°，扫描速度 4°/min，步长 0.02°），利用 Jade 软件分析数据。测试前需用研钵将样品处理成均匀粉末状。

2.2.4 红外光谱分析（FTIR）

使用 Nicolet iN10 型傅里叶变换红外光谱仪测量样品的化学键合。采集模式（光谱范围 $4000cm^{-1}$—$450cm^{-1}$）为衰减全反射（ATR），光谱分辨率为 $4cm^{-1}$，扫描次数为 64 次，每个样品在 25℃环境下扫描，数据采集系统为 OMNIC。测试前需用研钵将样品处理成均匀粉末状。

2.2.5 拉曼光谱分析（Raman）

使用 Renishaw inVia 型拉曼光谱仪测量红色污染物的成分。使用 532nm 红色激光器，配以 100 倍物镜，记录 2×100s 的光谱，光谱范围在 $1000cm^{-1}$—$200cm^{-1}$ 之间，采集时间为 30s，半导体激光器的光谱分辨率为 $2cm^{-1}$。测试前需将红色污染物剥离并粉碎成均匀粉末状，置于载玻片表面。

2.2.6 扫描电镜及能谱分析（SEM-EDS）

使用捷克的 Tescan Vega 3 XMU 型扫描电镜，配备德国 Bruker Nano Gmbh 610M 型 EDS 检测器，采集红色污染物的背散射电子图像调查（BSE）和元素组成，对试样表面和截面进行观察。表面样品无需进一步处理，截面样品需要采用环氧树脂包埋，用目数为 600、1000、1500、2000、2500 的金相砂纸和 0.5mm 的研磨膏分别进行打磨抛光。测试前需对样品表面进行喷金处理。

2.2.7 色度值

使用 CM-26d 型色差仪测量清洗前后石质文物表面的颜色，设定 D65 标准光源，角度为 10°。用 x 和 y 色度坐标构建 Yxy 空间，表示 XYZ 三刺激值，构建类似于 HSV 空间的色彩饱和度坐标。光谱结果与 CIE（1931）标准曲线一致。每个区域需要测量 9 个点。

3 结果与讨论

在样品 LY1 和 LY2 的红色区域进行 XRF 分析，在每个区域分析 3 个点并计算平均值，分析结果见表 2。从表 2 中可以看出，红色污染物中主要含有 Si、Ca、Fe、Mn、K 元素，其中 Ca 元素含量为 84.7%—85.4%，Si 元素含量为 3.4%—4.9%，Fe 元素含量为 5.7%—7.7%，Mn 元素含量为 1%—1.3%，K 元素含量为 1.3%。红色污染物与 Fe 元素有关。此外，某些低于 XRF 的检测标准的元素（如 H、C、O 等）在红色污染物的形成过程中也起着重要作用。

表 2 X 射线荧光光谱分析结果

样品号	元素含量（wt.%）				
	Ca	Fe	Si	Mn	K
LY1	85.4	7.7	3.4	1	1.3
LY2	84.7	5.7	4.9	1.3	1.3

为了确定红色污染物的化学组成，我们采用 K 值法对 XRD 数据进行分析[①]。图 9 为红色污染物（LY1）和未风化样品（LY3）的 X 射线衍射图。红色污染物中含有大量的方解石（77.9%）、石英（15.3%）和铁锰云石（6.8%）。未风化的岩石（LY3）中则含有 45.9% 的方解石、11.8% 的石英和 42.4% 的铁锰云石。与 XRF 数据对比可知，Ca 元素的含量与方解石有关，而 Fe 元素（7.7%）并非仅与铁锰云石相关。红色污染物中存在含铁化合物，其含量低于 XRD 的最低检测限度（5%）[②]。此外，与未风化的岩石（LY3）相比，风化岩石（LY1）中的（012）、（202）、（104）、（0012）等晶面发生了晶格常数变化，这类结构变化通常与酸蚀有关[③]。

拉曼光谱对特定的化学基团和无机物较为敏感，常用于对风化产物的分析[④]。图 10 为样品 LY1 中红色晶体颗粒的拉曼光谱图。结果显示，该样品的拉曼光谱特征峰与 Fe_2O_3（约 $225cm^{-1}$、$243cm^{-1}$、$292cm^{-1}$、$408cm^{-1}$、$497cm^{-1}$、$610cm^{-1}$ 处）一致，该物质是一种具有难溶性特点的深红色粉末[⑤]。红色污染物中较高的铁元素含量与氧化铁有关。在自然条件下，其形成过程通常与铁离子的溶解、沉淀和氧化相关[⑥]。

① Török Á., Rozgonyi N.,Morphology and mineralogy of weathering crusts on highly porous oolitic limestones, a case study from Budapest,*Environmental Geology*,2004,46(3):333–349.

② Fantauzzi M., Licheri C., Atzei D., Loi G., Elsener B., Rossi G., Rossi A., Arsenopyrite and pyrite bioleaching: evidence from XPS, XRD and ICP techniques,*Analytical and Bioanalytical Chemistry*,2011,401(7):2237–2248.

③ Al–Jaroudi S.S., Ul–Hamid A., Mohammed A.R.I., Saner S., Use of X–ray powder diffraction for quantitative analysis of carbonate rock reservoir samples,*Powder Technology*,2007,175(3):115–121；Lee S.W., Kim Y.I.I., Lee K.B., Bang J.H., Jun C.W., Jang Y.N.,Effect of serine and arginine on the phase transition from amorphous $CaCO_3$ and $CaCO_3 \cdot 6H_2O$ to calcite film,*Materials Transactions*,2012,53(10):1732–1738.

④ Han Y.J., Aizenberg J., Effect of magnesium ions on oriented growth of calcite on carboxylic acid functionalized self–assembled monolayer, *Journal of the American Chemical Society*,2003,125(14):4032–4033.

⑤ Yu W.C., Polgá ri M., Gyollai I., Fintor K., Szabó M., Kovács I., Fekete J., Du Y.S., Zhou Q., Microbial metallogenesis of Cryogenian manganese ore deposits in South China,*Precambrian Research*,2019,322:122–135.

⑥ Török Á., Rozgonyi N., Morphology and mineralogy of weathering crusts on highly porous oolitic limestones, a case study from Budapest, *Environmental Geology*,2004,46(3):333–349.

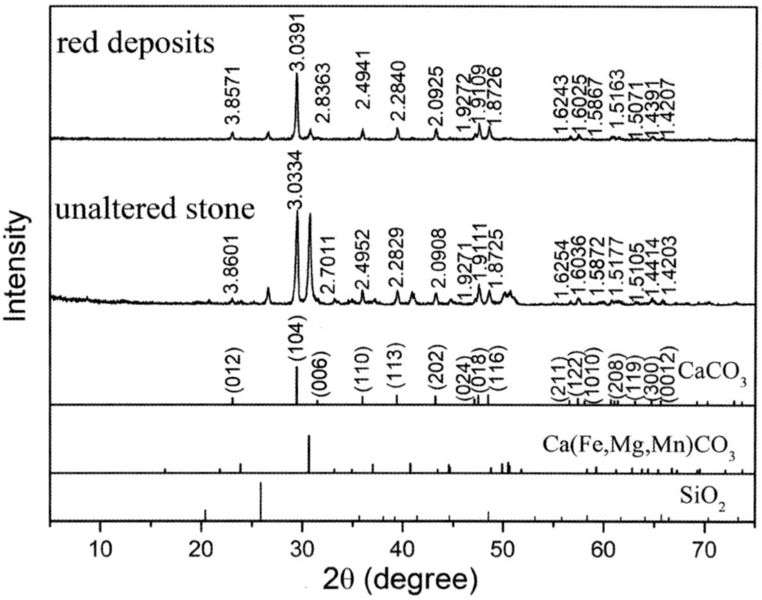

图 9 红色污染物的 X 射线衍射图

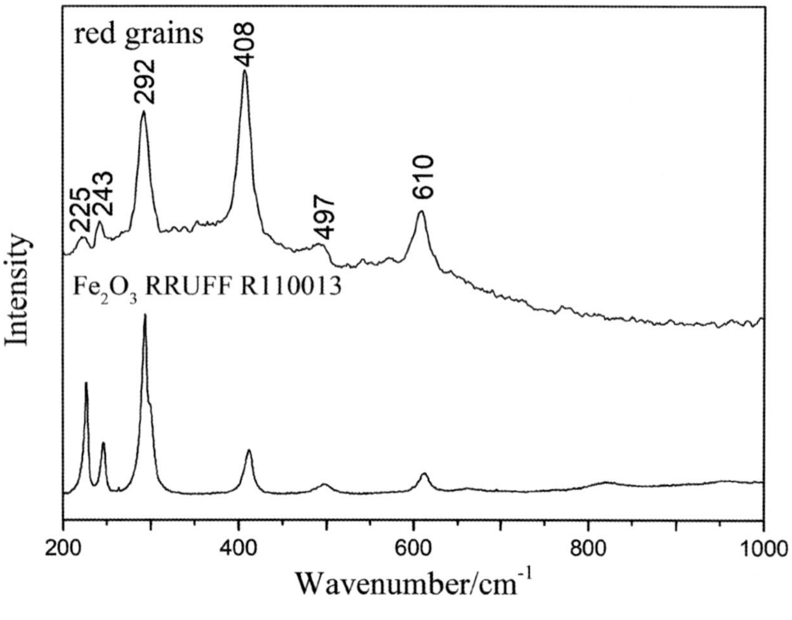

图 10 红色污染物的拉曼光谱图

在红外光谱分析方面，FTIR 分析确定了样品 LY1 的化学键合（图 11）。从测试结果来看，$445cm^{-1}$①和 $739cm^{-1}$②处的弱振动峰属于 Fe_2O_3 中的 Fe—O 键合；$506cm^{-1}$ 和 $1154cm^{-1}$ 处出现了

① Li D., Teoh W.Y., Selomulya C., Woodward R.C., Munroe P., Amal R., Insight into microstructural and magnetic properties of flame-made y-Fe_2O_3 nanoparticles, *Journal of Materials Chemistry*,2007,17(46):4876–4884.

② Silva A.C., Cepera R.M., Pereira M.C., Lima D.Q., Fabris J.D., Oliveira L.C.A., Heterogeneous catalyst based on peroxo-niobium complexes immobilized over iron oxide for organic oxidation in water, *Applied Catalysis B Environmental*,2011,107(3):237–244.

Mn—O 和 Fe—C 的伸缩振动峰，表明存在铁锰云石①。此外，在 2890cm^{-1} 和 1049cm^{-1} 处的峰值与 Fe—OH 基团有关②。3307cm^{-1} 处附近的—OH 振动峰表明，水在红色污染物形成过程中起着至关重要的作用。

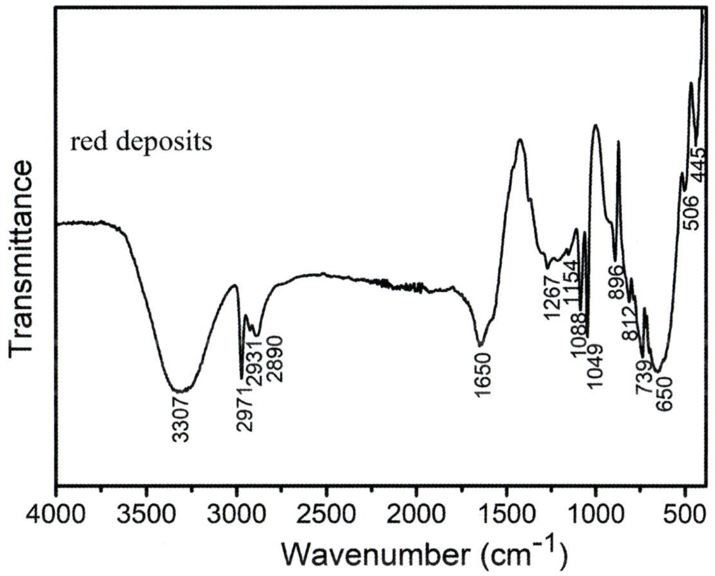

图 11　红色污染物的红外光谱图

下面对样品表面和截面进行 SLM 观察及 SEM-EDS 分析，以描绘其风化特征。在样品 LY2 中，风化面存在大量腐蚀凹坑，分布有片状和粒状颗粒（图 12）。这些颗粒中含有 Al、Si、K、Ca、Fe 元素，未检测出 S、N 元素，详见表 3。碳酸在反应过程中起着重要作用。此外，样品 LY2 的截面测试结果显示红色污染物结构松散，厚度在 20μm 左右，主要含有 49.8% 的 Fe、33.6% 的 Ca 元素（表 3），Fe 元素集中在红色污染物区域（图 13）。EDS 面扫描结果显示的 Fe 元素的分布情况（图 14）与 BSE 图谱对应。这表明，样品中存在铁、锰、硅和钙元素，风化岩石表面存在铁、硅聚合物。结合 XRD 结果可以推测，铁锰云石［$Ca(Fe,Mg,Mn)CO_3$］的溶蚀导致了氧化铁沉积物的形成，风化在遇到石英层后停止。

① Dubal D.P., Kim W.B., Lokhande C.D., Surfactant assisted electrodeposition of MnO_2 thin films: Improved supercapacitive properties, *Journal of Alloys & Compounds*,2011,509(41):10050–10054; Dumitru A., Morozan A., Mirea C., Mihaiescu D., Panaiotu C., Ciupina V., Stamatin I., Inorganic copolymers based on silanes and ferrocene monomers, precursors for advanced nanostructured ceramics, *Composites Science & Technology*,2005,65(5):713–717.

② Ciopec M., Negrea A., Lupa L., Davidescu C.M., Negrea P., Studies regarding as(V) adsorption from underground water by Fe–XAD8–DEHPA impregnated resin, equilibrium sorption and fixed-bed column tests, *Molecules*,2014,19(10):16082–16101.

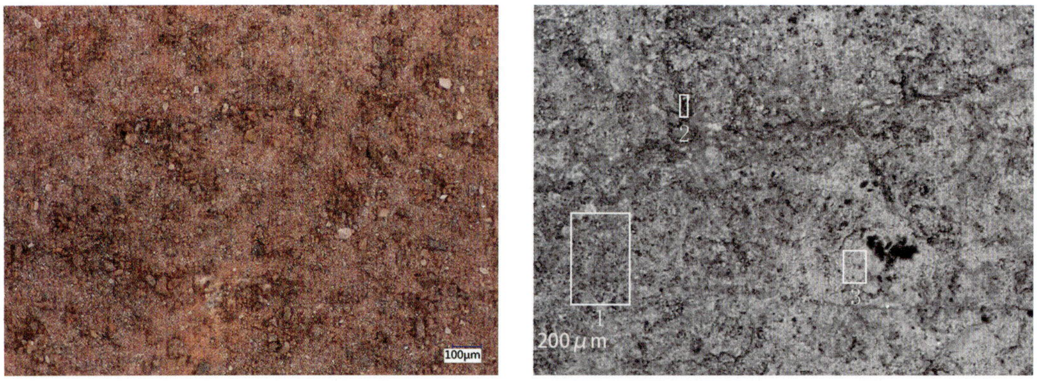

图 12　LY2 的表面图片及 BSE 图像

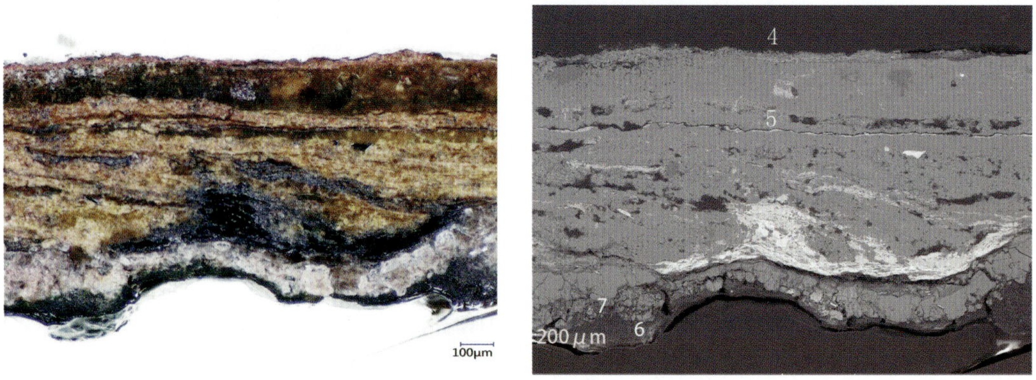

图 13　LY2 的横截面图片及 BSE 图像

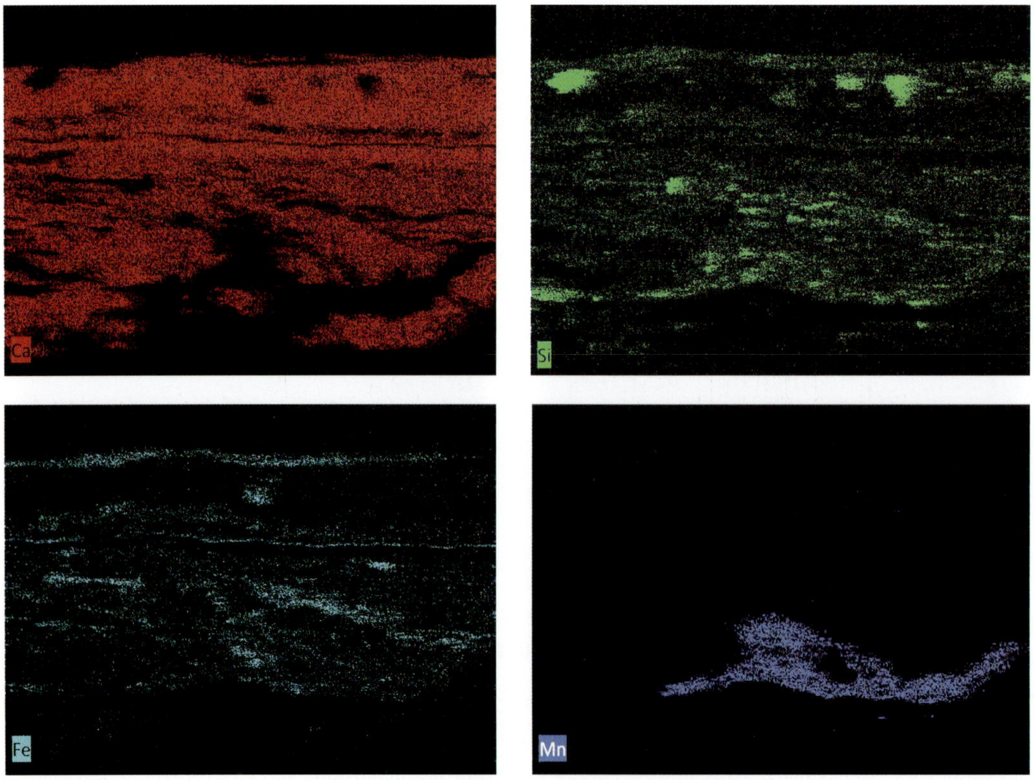

图 14　LY2 横截面的 EDS 面扫描结果

表 3 LY2 样品的 EDS 分析结果

编号	元素含量（wt.% ）					
	Al	Si	K	Ca	Mn	Fe
1	4.7	7.2	1.9	20.1	—	66.1
2	3.1	4.4	1.5	34.1	—	56.9
3	3.7	5.3	1.3	2.8	—	86.8
4	5.3	8.6	2.7	33.6	—	49.8
5	—	3.6	—	81.9	1.9	12.7
6	2.7	3.5	—	84.4	—	9.4
7	—	—	—	97.1	—	2.9

综上，红色污染物含有 Fe_2O_3 晶体颗粒，且存在 Fe—OH 键合，其形成与酸蚀过程密切相关，但在 SEM-EDS 测试中未检测到硫化物或氮化物，这表明碳酸是红色污染物形成的主要因素。与未风化的样品相比，红色污染物内部的 $Ca(Fe,Mg,Mn)CO_3$ 含量大量减少，可以推测 $Ca(Fe,Mg,Mn)CO_3$ 的原位溶蚀是红色污染物中 Fe_2O_3 形成的主要原因[①]。FTIR 结果证实了该假设，并检测到红色污染物的形成实际上与水有关[②]。因此，红色污染物的形成过程包括以下反应：空气中的 CO_2 与雨水反应形成 H_2CO_3，当与 $CaCO_3$ 和 $Ca(Fe,Mg,Mn)CO_3$ 接触后发生溶蚀作用，引起铁离子的析出[③]。某些反应产物溶度积（Ksp）较小，倾向于形成不溶性物质，如 Fe_2O_3。具体反应过程如式（1）、（2）、（3）、（4）所示，其他离子（如 Mg^{2+}、Mn^{2+}）难以氧化沉积，会受淋滤作用影响而流失。

$$Fe^{2+}+2HCO^-{}_3 \rightarrow Fe(OH)_2+2CO_2\ (Ksp=8\times10^{-16}) \quad (1)$$

$$4Fe(OH)_2+2H_2O+O_2 \rightarrow 4Fe(OH)_3\ (Ksp=4\times10^{-38}) \quad (2)$$

$$2Fe(OH)_3 \rightarrow Fe_2O_3+3H_2O \quad (3)$$

$$Ca(HCO3)_2 \rightarrow CaCO_3+H_2O+CO_2\ (Ksp=3.36\times10^{-9}) \quad (4)$$

石柱表面红色污染物的形成过程如图 15 所示。石柱的矿物组成在红色污染物的形成过程中起着重要作用。首先，雨水与空气中的 CO_2 反应生成 H_2CO_3。随后，酸性溶液吸附在石柱

① de Faria D.L.A., Silva S.V., de Oliveira M.T., Raman microspectroscopy of some iron oxides and oxyhydroxides, *Journal of Raman Spectroscopy*,1997,28(11):873–878.

② Lovley D.R., Phillips E.J.P., Availability of ferric iron for microbial reduction in bottom sediments of the freshwater tidal Potomac River, *Applied and Environmental Microbiology*,1986,52(4):751–757.

③ Walker T.R., Larson E.E., Hoblitt R.P., Nature and origin of hematite in the Moenkopi Formation (Triassic) Colorado Plateau: A contribution to origin of magnetism in red beds, *Journal of Geophysical Research Solid Earth*,1981,86(B1):317–333.

表面并发生溶蚀作用，溶液中的离子经蒸发、氧化、流失等一系列过程发生成分变化。溶度积较低的反应产物（Fe_2O_3）吸附在石柱表面并形成红色污染病害。该反应过程受物理和化学因素影响，溶蚀对 $CaCO_3$ 和 $Ca(Fe,Mg,Mn)CO_3$ 影响较大。雨水在石质文物表面流动，导致了喀纳斯风化形貌和红色污染物的生成。该风化过程与灵岩寺所处地区的月降水量和相对湿度呈正比关系。

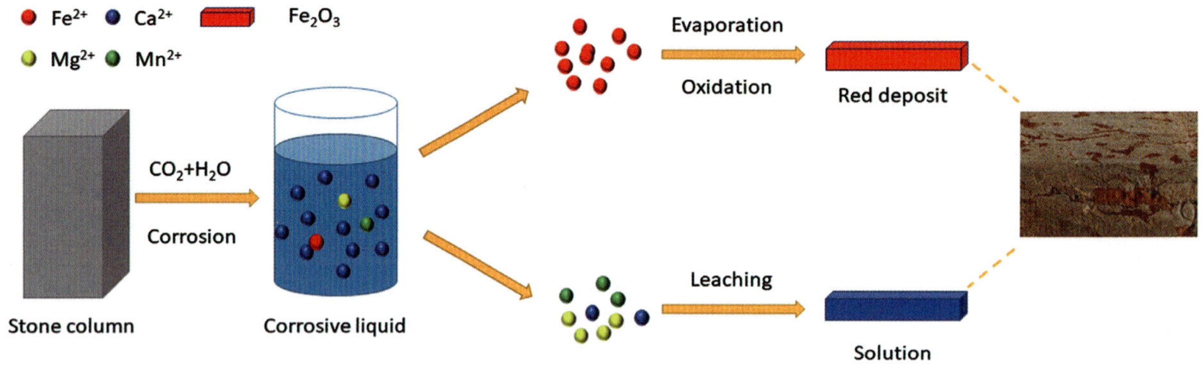

图 15　红色污染物形成过程示意图

在文物保护领域，红色污染物通常被认为是一种病害，因为它会对文物外观造成影响并产生热应力效应。在太阳光的照射下，Fe_2O_3 与 $CaCO_3$ 之间存在明显的热膨胀差异，产生的热应力会引起剥落病害。因此，去除红色污染物对保护石质文物至关重要。之前的研究结果表明，乙二胺四乙酸钠（EDTA-2Na）可以有效去除石质文物表面的红色污染物[①]。EDTA-2Na 是一种弱酸，可以与 Fe_2O_3 发生螯合作用，属于软清洗方法[②]。因此，EDTA 类清洗剂已被用于去除石质建筑表面的红色污染物。本文中使用的清洗剂由 5g 的 EDTA-2Na、5g 的 $NaHCO_3$ 和 100ml 的去离子水混合而成[③]。清洗过程包含以下步骤：首先，用蒸馏水软化红色污染物；然后，将清洗剂涂在红色污染物上，用脱脂棉反复擦洗，直到清洗剂消失；最后，用去离子水清洗石质文物表面，去除钠元素。由图 16 石质浮雕清洗前后的对比图可以看到，经过清洗，石质浮雕表面的大部分红色污染物被完全去除，且雕刻纹路和形状未发生变化。为了更加客观地描述这一结果，我们在色度图中绘制了样品清洗前后的色度坐标（图 17）。结果表明，各清洗区域均位于坐标系中的白色区域内，底层石材未发生明显变化。

① Wang Y.R., Zhu T.Q., Yang G.C., Tan X., Ye D.Y., Chen H.T., The method to soften the concretions of ceramics in the "Nanhai I" Shipwreck of China Southern Song Dynasty (1127 - 1279AD), *Heritage Science*,2018,6(1):1–10.

② Yao C.K., Wang R., Wang Z.S., Lei H., Dong X.P., He C.Z., Highly dispersive and stable Fe^{3+} active sites on 2D graphitic carbon nitride nanosheets for efficient visible-light photocatalytic nitrogen fixation, *Journal of Materials Chemistry A*,2019,7(48):27547–27559.

③ Mahmoud M.A., Abdelgawad K.Z., Chelating-agent enhanced oil recovery for sandstone and carbonate reservoirs, *SPE Journal*,2015,20(3):483–495.

上述现象表明，利用 EDTA-2Na 可以有效去除红色污染病害。正如 Moropoulou 所论述的，这种清洗技术对去除红色污染有着显著效果 ①。此外，$NaHCO_3$ 还能加快 Fe_2O_3 的溶解 ②。

a. 清洗前　　b. 清洗后

图 16　石质浮雕清洗前后对比

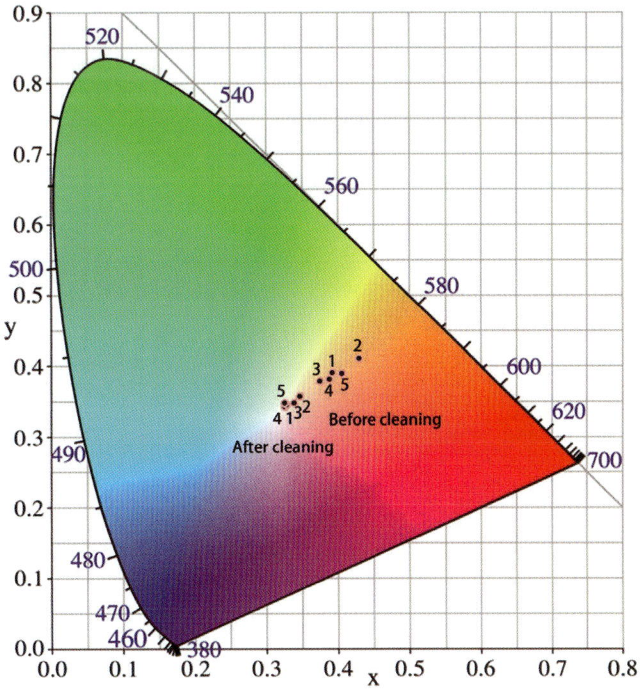

图 17　石质浮雕的色度坐标

① Moropoulou A., Kefalonitou S., Efficiency and countereffects of cleaning treatment on limestone surfaces-investigation on the Corfu Venetian Fortress, *Building and Environment*,2002,37(11):1181-1191.

② Pozo-Antonio J.S., Rivas T., López A.J., Fiorucci M.P., Ramil A., Effectiveness of granite cleaning procedures in cultural heritage: A review, *Science of The Total Environment*,2016,571:1017-1028.

4 结论

本文采用多种分析方法对山东省济南市长清区灵岩寺中石灰岩质文物表面红色污染物的形貌、成分、形成机理和清洗方法进行了研究。经研究发现，温度、月降水量、相对湿度和石质文物的组成是红色污染物生成的主要影响因素。红色污染物是 Fe_2O_3、$Ca(Fe,Mg,Mn)CO_3$ 和 $CaCO_3$ 的混合物。在潮湿环境下，空气中的 CO_2 会形成碳酸，并促使 $CaCO_3$ 和 $Ca(Fe,Mg,Mn)CO_3$ 溶解，在石质文物表面形成大量凹坑；随后，淋滤作用、水化作用、碳酸化作用和氧化作用在石柱表面协同进行，形成红色污染物（Fe_2O_3）。相关研究表明，石灰石表面的红色污染物是雨水冲刷所致，人为污染并非主要原因。

基于 EDTA–2Na 的清洗效率、成本和对环境的影响，本研究选用 EDTA–2Na 螯合剂作为清洗石质文物表面红色污染物的原料。清洗的最佳方法是用浓度为 5% 的 EDTA–2Na 擦洗 5 次，用去离子水冲洗 3 次，以消除过量的钠元素。这样清洗不会使石质文物表面发生明显变化。

英文版原载于《Heritage Science》2020 年第 54 篇

青州市博物馆馆藏北齐临淮王像碑材质与风化机理研究

◎ 高 山[1] 周麟麟[1] 查剑锐[2] 马清林[3]
1. 青州市博物馆；2. 北京科技大学科技史与文化遗产研究院；3. 山东大学文化遗产研究院

摘 要：青州市博物馆馆藏北齐临淮王像碑刻于北齐武平四年（573），雕刻技艺精湛，碑文书法严整、文笔流畅，具有较高的艺术价值和历史价值。由于历史原因和长期自然破坏，石碑风化严重，断裂处出现字迹缺失现象。为了弄清石碑的具体病害及病害形成原因，笔者利用 X 射线荧光光谱仪、X 射线衍射仪、红外光谱仪进行分析。分析结果表明，石碑浮雕巨龙处的白色物质为石膏（$CaSO_4·2H_2O$）、石英（SiO_2）与方解石（$CaCO_3$），是“文革”时期所刷石灰层的风化产物。石碑裂缝处的胶结物为羧基端聚二甲基硅氧烷（PDMS）和正硅酸乙酯（TEOS）的混合物，系硅橡胶翻模时的残留物。本研究结果为制定科学的保护修复方案提供了依据。

关键词：青州市博物馆 北齐临淮王像碑 风化机理

北齐临淮王像碑为青州市博物馆馆藏国家一级文物，是研究青州市历史和青州龙兴寺遗址出土佛教造像的重要实物资料。据碑文记载，此碑于北齐武平四年（573）刻于青州南阳寺，但不知何时石碑上部裂断，以铁束之，至今已经历多次龟裂、加固。碑文起首为“大齐武平四年岁次癸巳六月乙未朔廿七日辛酉建”。碑首作半圆形，以高浮雕技法刻两条俯首盘旋巨龙，中题阳文篆书“司空公青州刺史临淮王像碑”3行12字。石碑正文为阴刻隶书，共29行，满行58字，现存约1500字（图1）。碑文记载了临淮王娄定远的相关事迹。碑阴刻“龙兴之寺”四个大字，字径67cm，正书，原系唐代李邕书青州龙兴寺寺额，金皇统六年（1146）摹刻于碑阴①。

北齐临淮王像碑保存现状较差，由于在室外保存且没有碑亭，所以石碑常年经受风霜雪雨的侵蚀，虽经多次保护，仍然风化严重，部分字迹已漫漶不清，断裂处出现字迹缺失现象，严重影响了其观赏及保存价值，因此迫切需要对其进行保护修复。笔者利用 X 射线荧光光谱

① 孙新生：《山东青州北齐〈临淮王像碑〉》，载《文物》1999 年第 9 期。

a. 正面　　b. 正面

图 1　北齐临淮王像碑

分析（XRF）、X 射线衍射分析（XRD）、红外光谱分析（FTIR）等方法分析了浮雕巨龙龙身及龙爪处的白色物质的成分与石碑断裂处胶结物的成分，以期为保护修复方案的制定提供科学依据。

1　实验样品与方法

1.1　实验样品

此次分析的白色物质取自石碑上的浮雕巨龙龙身和龙爪处，胶结物取自石碑断裂处（图 2），具体取样情况见表 1。

表 1　北齐临淮王像碑样品描述

样品编号	文物登记号及年代	形貌描述	取样位置	分析方法
dqsb1	001841（北齐）	白色粉状颗粒	南侧龙爪	XRD/XRF
dqsb2	001841（北齐）	白色粉状颗粒	南侧龙身	XRD/XRF
dqsb3	001841（北齐）	白色胶结物	“之”字形裂缝	FTIR
dqsb4	001841（北齐）	白色胶结物	碑身下部缝隙	FTIR

1.2 实验设备

此次分析所使用的仪器设备包括日本岛津公司 EDX-800HS 型 X 射线荧光光谱仪、日本理学公司 RINT 2000 型 X 射线衍射仪、美国赛默飞公司 Nicolet iS50 型傅里叶变换红外光谱仪。

图 2 北齐临淮王像碑碑额

1.3 实验方法

X 射线荧光光谱分析（XRF）：用玛瑙研钵将粉末状样品研磨均匀，制样后放入样品仓，设定 Rh 靶，测量电压为 50kV，测量时间为 100s，测量环境为真空。

X 射线衍射分析（XRD）：将粉末状样品放在载玻片上压制成型，放入样品架，设定 Cu 靶，工作管电压和管电流分别为 40kV 和 40mA，发散狭缝、防散射狭缝和接收狭缝分别为 1° 、1° 和 0.15mm。

红外光谱分析（FTIR）：将清洗干净的胶结物直接置于样品台，测量波数范围设定为 $4000cm^{-1}$—$400cm^{-1}$。

2 实验结果与分析

2.1 X 射线荧光光谱分析（XRF）

将样品装入样品盒内，测试面朝向 X 射线荧光光管，按照前述条件进行分析，分析结果见表 2。

表 2 北齐临淮王像碑巨龙浮雕样品的 XRF 分析结果（Wt%）

序号	编号	Ca	S	Fe	P	Si	Sr	Al	K	Ti	Sc	Zn	Mn
1	dqsb1	41.7	30.8	8.3	7.2	7	1	1	1.9	0.5	0.4	0.1	0.1
2	dqsb2	72.5	19	3	1.9	3.5	0.1	—	—	—	—	—	—

由分析结果可知，龙爪和龙身处都含有的元素有 Ca、S、Fe、P、Si、Sr，只在龙爪处发现的元素有 Al、K、Ti、Sc、Zn、Mn，共同含有的元素含量比例大于 95%，故龙爪和龙身处的主要物相应以含 Ca 和 S 元素的化合物为主，即碳酸钙和石膏。

2.2 X 射线衍射分析（XRD）

对北齐临淮王像碑浮雕巨龙样品进行 X 射线衍射分析，分析结果见表 3、图 3。

表 3　北齐临淮王像碑浮雕巨龙样品的 XRD 分析结果

序号	编号	主要物相
1	dqsb1	石英（SiO_2）、石膏（$CaSO_4 \cdot 2H_2O$）
2	dqsb2	石英、石膏、方解石（$CaCO_3$）

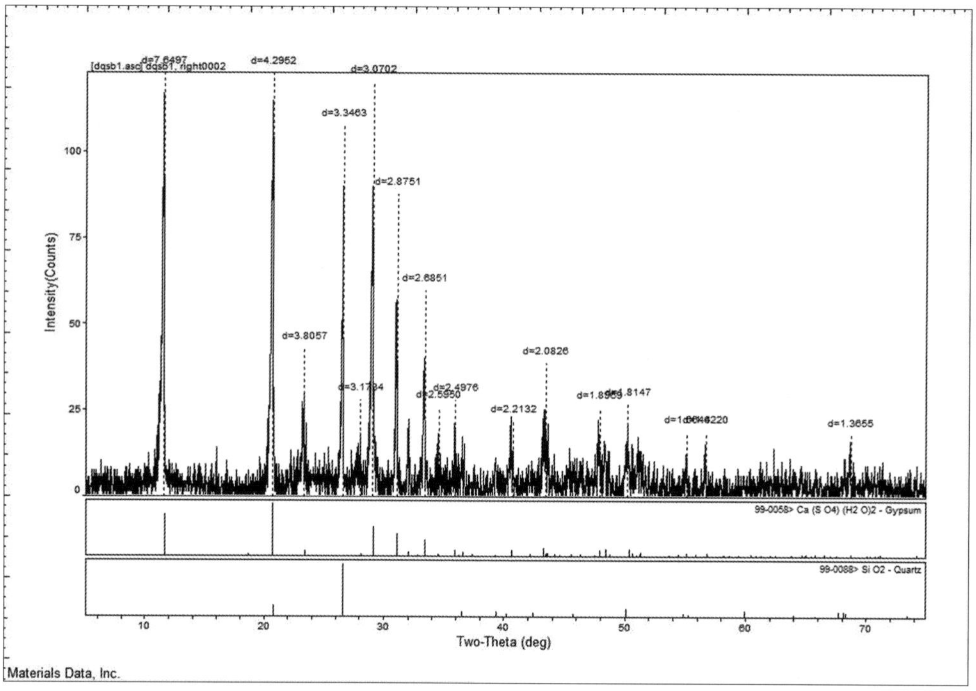

a. 样品 dqsb1

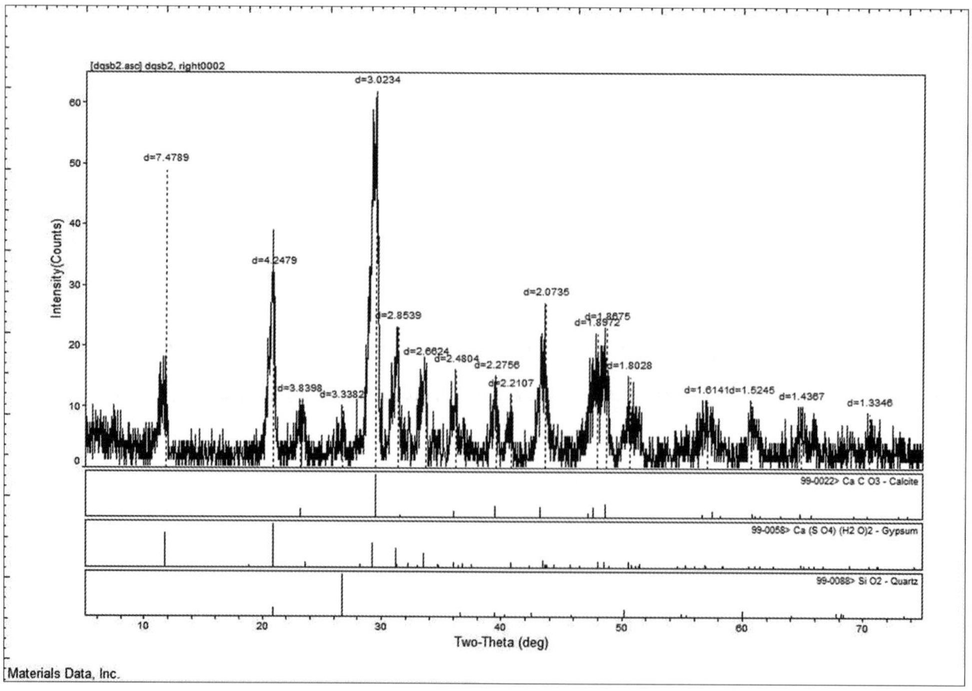

b. 样品 dqsb2

图 3　北齐临淮王像碑浮雕巨龙样品 X 射线衍射图

由图 3 可知，龙身处白色物质的主要成分是石膏（$CaSO_4 \cdot 2H_2O$），占整个白色物质组成的 78.3%，而龙爪处的主要成分为石膏和方解石（$CaCO_3$）的混合物，二者分别占整个白色物质组成的 50.6% 和 46.8%。石英（SiO_2）和方解石是石灰石的主要组成成分，既是浮雕巨龙的雕刻石材，也是“文革”时期为了保护文物免遭人为破坏所刷石灰层的主要成分。此碑于 1979 年秋移入青州市博物馆院内，两旁用砖镶砌，顶用小瓦覆盖①，并去除了浮雕巨龙表面覆盖绘制的毛主席画像。目前，浮雕巨龙纹理清晰，未涂刷石灰层的位置也未发现风化粉末，石膏应是所刷石灰层中的方解石水解形成 Ca^{2+} 后，与大气环境中的 SO_4^{2-} 反应形成的腐蚀风化产物，反应过程如下所示②：

$CaCO_3+SO_2+H_2O \rightarrow CaSO_3+CO_2$

$CaSO_3+O_2+2H_2O \rightarrow CaSO_4 \cdot 2H_2O$

$CaCO_3+SO_3+2H_2O \rightarrow CaSO_4 \cdot 2H_2O+CO_2$

在风化过程中，大气污染物中的硫化物和石碑所处的高温、高湿环境能够起到催化剂的作用。生成的腐蚀风化产物中的硫酸钙（$CaSO_4$）比碳酸钙（$CaCO_3$）的溶解度大，并且能够发生水合作用，使石灰石的体积增大、硬度下降。经过雨水冲刷后，石碑表面会出现水合硫酸钙（$CaSO_4 \cdot 2H_2O$）溶解流失后产生的条痕，最终导致浮雕巨龙表面形成白色粉末状脱落③。

2.3 红外光谱分析（FTIR）

采用傅里叶红外变换光谱仪分析石碑裂缝处的胶结物，分析结果见表 4、图 4。

表 4 北齐临淮王像碑裂缝胶结物的 FTIR 分析结果

序号	编号	主要物相
1	dqsb3	羧基端聚二甲基硅氧烷（PDMS）正硅酸乙酯（TEOS）
2	dqsb4	羧基端聚二甲基硅氧烷（PDMS）正硅酸乙酯（TEOS）

图 4a 为“之”字形裂缝处胶结物的红外光谱图，与图 4b 碑身下部缝隙处胶结物的红外光谱图相比，两者的红外光谱具有共同的特征吸收带，在 $2969cm^{-1}$、$1261cm^{-1}$、$1008cm^{-1}$、$787cm^{-1}$ 和 $465cm^{-1}$ 处附近都有着较强的吸收峰，这些吸收峰分别对应着 C—H 基团、CH_3 伸缩振动峰、Si—O—Si 伸缩振动峰、CH_3 反对称伸缩振动峰以及 Si—O—Si 反对称伸缩振

① 孙新生：《山东青州北齐〈临淮王像碑〉》，载《文物》1999 年第 9 期。

② Graedel T. E., Mechanisms for the Atmospheric Corrosion of Carbonate Stone, *Journal of The Electrochemical Society*,2000,147(3):1006-1009.

③ 朱伯轩：《虎门威远炮台石质文物病害成因分析》，西北大学 2013 年硕士学位论文。

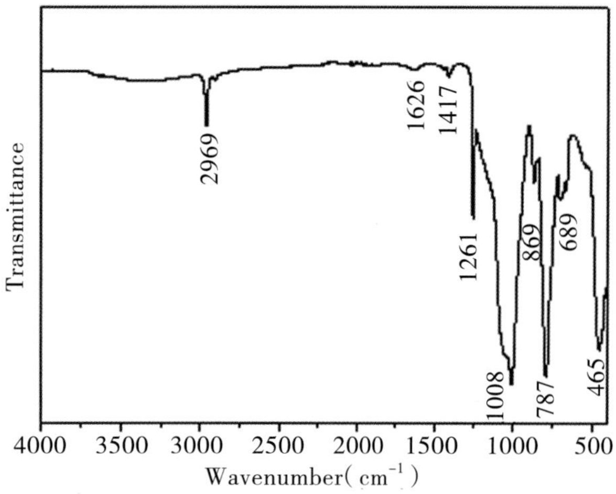

a. 样品 dqsb3

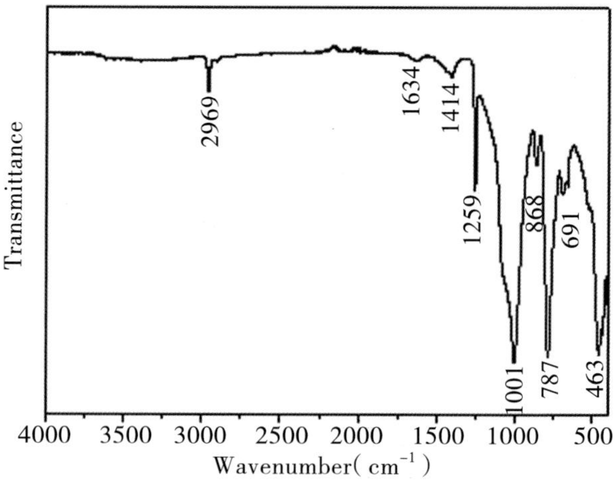

b. 样品 dqsb4

图 4 北齐临淮王像碑裂缝处胶结物的红外光谱图

动峰[①]。作为柔顺剂使用的羧基端聚二甲基硅氧烷（PDMS）由于添加量较少，在 1626cm^{-1} 处附近的 O—H 伸缩振动峰和在 689cm^{-1} 处附近的 Si—CH_3 伸缩振动峰都不明显。此外，羧基端聚二甲基硅氧烷（PDMS）和正硅酸乙酯（TEOS）中 Si—OH 基团的水解缩聚可能导致了 868cm^{-1} 处附近振动峰的偏移[②]。

据记载，碑身断裂处仅在 1979 年用水泥粘补过，未进行其他保护修复处理。羧基端聚二甲基硅氧烷（PDMS）和正硅酸乙酯（TEOS）在二丁基二月桂酸锡的催化下发生交联反应，可制备 PDMS 高分子膜，即通常所说的硅橡胶模具，广泛应用于文物翻模与复制中。因此，它们应该是石碑硅橡胶翻模时的残留物。

3 结论

通过对北齐临淮王像碑白色粉末、裂缝处胶结物的分析研究，丰富了对石碑材质、风化机理和文物现状的认知，为制定保护修复方案提供了科学依据。此次分析研究得出的主要结论有：

第一，综合 X 射线荧光光谱分析、X 射线衍射分析及历史记录可知，浮雕巨龙龙身和龙

① Masoud, Mahmoudi., Hamid, J.N., Synthesis and characterization of a novel hydroxyl-terminated polydimethylsiloxane for application in the silicone-modified acrylic-grafted polyester resins, *Journal of Adhesion Science and Technology*,2015,29(13):1341-1359; Bange J. P., Patil L. S., Gautam D. K., Growth and characterization of SiO_2 films deposited by flame hydrolysis deposition system for photonic device application, *Progress in Electromagnetics Research M*, 2008,3:165-175.

② Xua F. G., Li D., Zhang Q. J., etal, Effects of addition of colloidal silica particles on TEOS-based stone protection using n-octylamine as a catalyst, *Progress in Organic Coatings*, 2012, 75:429-434.

爪处的白色物质为“文革”时期所刷石灰层的腐蚀风化产物，主要成分有石英（SiO_2）、方解石（$CaCO_3$）和石膏（$CaSO_4 \cdot 2H_2O$）。

第二，综合红外分析结果及历史记录可知，北齐临淮王像碑裂缝处胶结物为羧基端聚二甲基硅氧烷（PDMS）与正硅酸乙酯（TEOS）的混合物，系石碑硅橡胶翻模时的残留物。

致谢：感谢青州市博物馆馆长王瑞霞研究馆员和山东省文物保护修复中心主任王传昌研究员的指导与帮助！

有机质文物保护修复与研究

清咸丰五年圣旨保护修复方法探究

◎ 徐军平[1] 刘 靓[1] 王 霞[2]
1. 山东省文物保护修复中心；2. 定陶博物馆

摘 要： 本文对定陶博物馆收藏的一件清代圣旨的保护修复方法进行探讨。经过修复实践，证明运用织物衬补法对其进行保护修复比较合适。这种方法不会改变文物原始外观，可使丝织品的修复损伤降到最低且具有较高的可再处理性。此次修复实践为装裱类平面丝织品文物的保护修复提供了有益尝试。

关键词： 圣旨 保护修复 织物衬补法

在中国封建社会，历代帝王为维护专制统治，制定了一套等级森严的官员封赠制度，利用它来满足官僚士大夫“上荣祖考，下及子孙”的欲望，使之效忠于朝廷。诰命就是这种制度的衍生物。它由皇帝降旨授予，书写在贵重的丝织品上，色彩绚丽，精美华贵，体现出皇帝对臣下的荣宠。

清代对有功劳、有政绩的官员的奖赏办法之一，就是在国家庆典时给官员及其家属封赠名号。清制规定，覃恩封赠五品以上官员及世爵承袭罔替者，发给诰命；敕封外藩，覃恩封赠六品以下官员及世爵有袭次者，发给敕命。由于实行“覃恩封赠”制度，所以除封授官员本身外，还对官员的先代和妻室实行推恩封赠，并可延及官员的子孙后人，有的可以封袭数代。

清代诰命的内容一般为：先简述皇帝的相关旨意，然后叙述被封赠者的任官事迹或功绩，最后说明封授的品秩、袭次等。诰命一般由翰林院撰拟，使用骈体文，文式上有着严格的限制。康熙二十四年（1685）改为各按官职大小统一撰定文字颁布，刷印成册，文式存储于内阁。每当封典时，吏、兵二部题准封赠职务及姓名，由中书科按品级缮写，经内阁诰敕房核对无误后，加盖御宝颁发。

清代诰命由宫廷御用丝织机构制造。康熙元年（1662）由江宁织造局织办，光绪四年（1878）改由杭州织造局织造。

此件文物为清咸丰五年（1855）诰命圣旨，由定陶博物馆收藏，为国家三级文物。其由五色小云纹斜纹绫锦织造而成，分深褐、土黄、明黄、淡黄、浅褐五种颜色。诰命卷首、卷尾分别织有升降龙纹图样，首尾相向的两条飞龙之间织有篆体字“奉天诰命”。起首是“奉天承运，皇帝制曰”，全文用黑、红、绿、蓝四种颜料分段书写。文字为汉文和满文合璧，汉文从右至左书写，满文从左至右书写，两种文字向中间延伸，合于中幅书写日期——咸丰五年十月二十日，上面加盖“制诰之宝”玺印。

此诰命的主要内容是咸丰五年十月二十日，咸丰帝对时任广西右江镇总兵署、广西提督谷韫璨的祖父母的推恩封赠（图 1）。谷韫璨（1794—1861），字宝岩，定陶陈集镇陈集村人，清朝道光元年（1821）武进士。谷韫璨曾多次将家乡陈集种植的山药进贡给朝廷，得到朝廷赏识，最终被提升为广西提督。

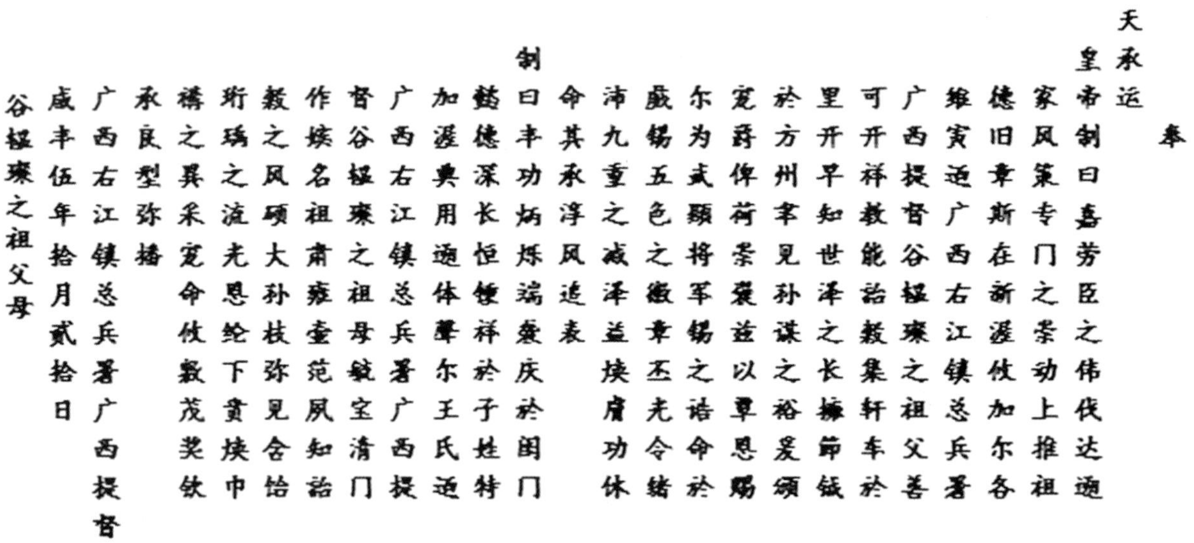

图 1　圣旨中用汉文记录的文字

1　圣旨病害调查

这件诰命圣旨呈长方形，修复前的尺寸为 305cm × 30cm，以较厚重的绫锦为书写载体。表面字迹有少量缺失，绫锦有褪色、变色现象，部分缺失、开裂、脱丝。圣旨采用传统纸质书画的装裱形式进行装帧，上下边缘的包边纸几乎全部缺失，原装裱使用的浓稠糨糊渗入绫锦纤维孔隙内，在文物表面形成暗色污斑；卷首、卷尾没有卷轴；背面的托纸有三层，部分缺失，已与绫锦本体大面积脱离。整件文物保存状况较差，无法进行展览与研究（图 2 至图 10）。

图 2　清咸丰五年诰命圣旨修复前状况

图 3　圣旨局部破损、脱丝、污染状况 1

图 4　圣旨局部破损、脱丝、污染状况 2

图 5　圣旨表面字迹脱落状况（80×）

图 6　圣旨表面字迹脱落状况（120×）

图 7　糨糊在圣旨表面堆积结壳

图 8　糨糊在圣旨表面堆积结壳（180×）

图 9 圣旨背纸残缺状况

图 10 圣旨背纸与表层绫锦大面积脱离状况

2 保护修复前准备

2.1 保护修复方法的选择

这件圣旨的本体是平面单层绫锦类厚重织物，整体强度尚可，能够承受丝线缝补。对于缺失、开裂、脱丝及上下边缘缺失的包边部位，可以使用局部织物衬补法对其进行加固与修复。此外，可在背面缝缀整片衬布，以增强圣旨的整体强度。

2.2 保护修复材料的选择

选择修补用的衬布和缝线时，需要考虑以下情况。

2.2.1 衬布的选择

（1）衬布要与原件材质相同，即选用丝绸。

（2）衬布的厚度和紧度最好稍低于原件，这样可使织物加背衬后依旧柔软。

（3）依据原件的织物色彩进行染色加工。以织物的主背景色为依据进行染色，从而达到衬布与原件色调一致的效果。

2.2.2 缝线的选择

（1）缝线与织物纤维应为同种材质，即真丝线。这种线比较细，但有一定的强度和弹性，能给织物以支撑和保护。

（2）缝线色泽应与原件相近，缝线必须以织物的主背景色为依据进行染色。

2.3 修复材料的染色

2.3.1 染料的选择

对于修复材料的染色，采用的是合成染料而不是天然植物染料，主要原因是天然植物染料存在不可忽视的缺陷，而合成染料效果较好。

天然植物染料的不足表现在：首先，天然植物染料不易获取，且不易保存；其次，天然植物染料色牢度较差，易褪色，受潮后又会晕染，同时染好的相近色彩经不起紫外线的照射，若干年后可能与原残存部分颜色有较大差别[①]；最后，单种天然植物染料很难染出与原件相匹配的颜色，且天然植物染料染色不定量，色深不好掌握，染出一种色彩后，较难再染出同种颜色。

相较于天然植物染料，现代合成染料具有以下优点：首先，染料较易获取且易保存；其次，这些经过改善的合成染料稳定性和持久性更强，色牢度更好；最后，这些合成染料的色牢度相对平衡，染色时，一般是两种或三种染料混合染色，染料为定量使用，同时操作程序较为规范，可以重复操作染出同种颜色。

2.3.2 染色程序

（1）水洗脱浆

现代织物几乎全部经过了染整助剂的处理，如淀粉、树脂整理剂以及其他浆料等。这些染整助剂不仅会阻止染色时纤维对染料的吸收，而且会影响织物的寿命[②]。如果这些化学品留在文物的背衬中，会加速文物的老化。对于任何一种选定的新的背衬材料，都必须用沸水或用其他有效方法去除这些添加剂。水洗脱浆是将织物放入盛有适量去离子水或蒸馏水的容器中加热，至沸腾后继续煮约 20 分钟，降温后取出织物，吸水晾干。

（2）准备染色辅助剂

在染色中通常使用的辅助产品主要有：

无水硫酸钠（Na_2SO_4），用作蛋白质纤维的缓凝剂，使色彩分布均匀。

冰醋酸（HAc），在蛋白质纤维的染色过程中起到媒染剂的作用。

这些化学辅助产品不会停留在与它们接触的纤维上，可以在操作结束后用去离子水清洗去除。

（3）染色步骤

①在染色材料干燥的条件下称量其净重。

②准备染液。精确测量染料的重量，将染料与去离子水按照 1g ∶ 100ml 的比例配制成染液，其浓度为 10g/L。

③根据配方计算需要的染液的总体积。

④计算所需每种染液的溶液量。具体公式为：材料干净重 × 染料的百分比（配方的说明）× 100（固定数值）∶ 染料的浓度。

⑤配比添加剂，并将添加剂按 1g ∶ 10ml 的比例溶于去离子水中。主要的添加剂有无水硫酸钠和醋酸。

---

① 黄俐君：《辽代方胜蜂花飞雁锦袜的修复》，载《文物保护与考古科学》2002 年第 1 期。

② 国家文物局博物馆与社会文物司主编：《博物馆纺织品文物保护技术手册》，文物出版社 2009 版，第 88 页。

3　保护修复步骤

3.1　文物基本信息收集

对织物进行观察与记录，包括文字记录、影像记录等；利用手持式电子显微镜对织物组织结构进行分析鉴别（图 11、12）。通过观察可知，图 11 中的纬线（较宽的横向丝线）是没有加捻的平整丝线，图 12 中的纬线是两股以上的加捻的丝线合并在一起形成的一整根纬线。这表明圣旨不同部位的织物组织结构是有所区别的。

图 11　圣旨表面呈现左斜绫纹结构（120×）

图 12　圣旨表面呈现左斜绫纹结构（120×）

3.2　绘制病害图

在修复前，要全面了解织物的病害情况。工作人员采用照相和手绘方式对病害情况进行了详细记录。按照国家文物局颁布的《馆藏丝织品病害分类与图示（WW/T 0013—2008）》的要求，使用 photoshop 软件绘制文物病害图（图 13）。

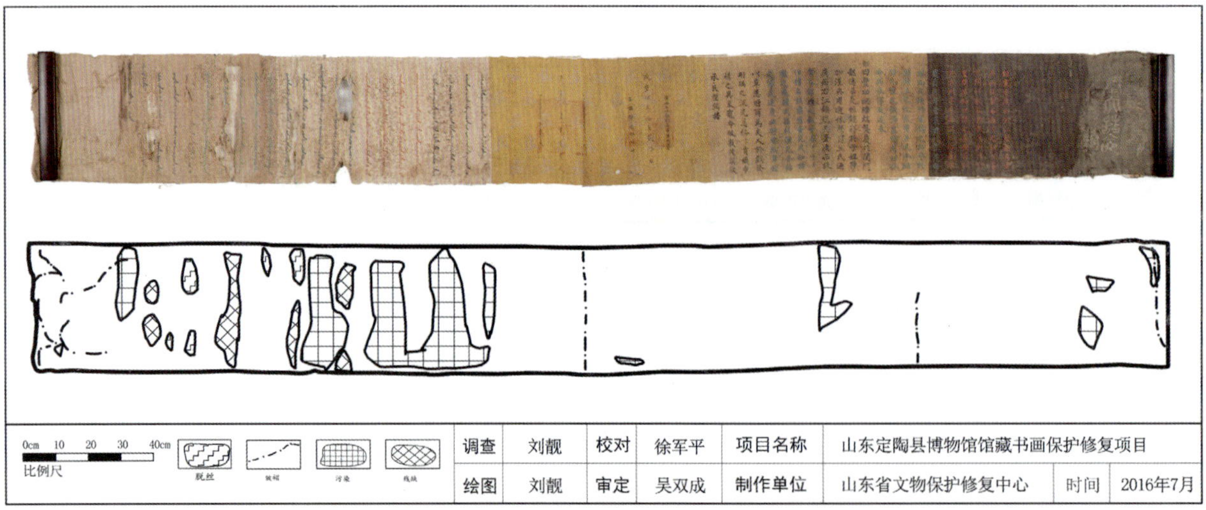

图 13　圣旨及其病害图

3.3 除尘

工具：棉签、竹签、斑点试验卡。

材料：棉花、吸水纸、去离子水、天然橡胶清洁泥。

在这件文物的不明显部位，选择 $1cm^2$ 的区域进行斑点试验。在试验区域下方放置滤纸，然后用棉签蘸去离子水擦拭织物表面，观察吸水棉，判断文物有无褪色现象，经试验，绫锦本身遇水不褪色，但表面文字的书写颜料有褪色现象，因此只能对其进行物理除尘，而不能进行水洗。工作人员使用文博专用吸尘器，并在吸口处加纱布，以吸除文物表面灰尘。使用视频显微镜观察发现，托裱背纸的糨糊老化并通过经纬线之间的缝隙渗透到文物表面，故需对其进行清理。鉴于圣旨上的字迹易褪色而不能用水洗的方法除尘，经过试验，采用天然橡胶清洁泥清理文物表面及缝隙中的板结糨糊效果较好（图 14、15）。但对于渗透至丝纤维内部且污染变色的糨糊，用此种方法无法达到最佳清理效果。

图 14　清理文物表面的糨糊 1

图 15　清理文物表面的糨糊 2

3.4 回潮揭背纸、平整文物

使用超声波加湿器对背纸与本体相连部位进行回潮加湿，并使用竹签小心剥离背纸。将背纸剥离后，使用加湿器继续对皱褶部位进行回潮，并使用玻璃片平整文物（图 16、17）。

图 16　回潮揭背纸

图 17　平整文物

3.5 染色

图 18 经过染色的衬布与文物缺损处进行对比

因圣旨是丝织品，为使修复材料的物理性能、化学性能与其接近，故挑选与其织物纹路相近的电力纺布作为修补衬布，并使用真丝线。为达到修补后视觉相近的效果，衬布和真丝线需要染色。为力求所染颜色与目标色相近，此次选择土黄、褐色、棕色三种合成染料进行配色，将白色真丝电力纺布和真丝线染成与织物接近的颜色，放置待用（图 18）。

3.6 针线法修复

根据织物尺寸，剪裁出大小合适的衬布。在织物变形缺损部位，衬布要略大于缺损面积。将剪裁好的衬布平铺在织物下面，量出相应的位置，用染色后的真丝线缝补加固。根据织物的不同破损状况，修复人员使用了不同的缝补技术进行修复（图 19 至图 24）。

图 19 修复破裂缺损部位

图 20 修复边缘脱丝部位

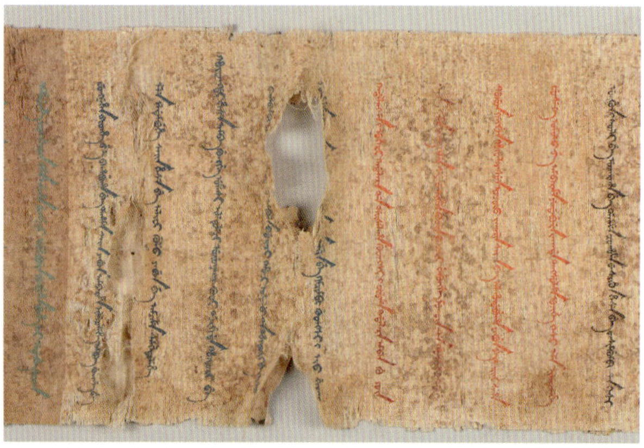

图 21 局部破裂缺损、边缘脱丝修复前状况

图 22 局部破裂缺损、边缘脱丝修复后状况

图 23 清咸丰五年诰命圣旨修复后正面状况

图 24 清咸丰五年诰命圣旨修复后背面状况

3.6.1 破裂缺损部位的修复

织物的破裂缺损主要表现为经线或纬线断裂、缺失，裂口边缘的面料质地一般较脆弱且易脱丝。针对这种情况，修复人员先用跑针将补料四周与织物缝牢，梳理破损处的经纬线，再用钉针将缺损边缘的毛丝用缝丝揽住，避免其脱落。这种针法在织物表面显露的缝线针脚较短小，且具有一定的坚牢度。

3.6.2 脱线部位边缘的修复

脱线部位边缘织物的物理性能较差，已经不能承受外力牵拉。对于这种情况，需要将织物与补料缝合在一起形成包边，增加织物边缘的强度。针法采用小而稀的交叉针。这种针法的针迹短而整齐，在传统缝纫中一般多用于固定服装的贴边。这种针法不仅可以使织物与补料缝合，还可以揽住脱线边缘的毛边。在织物牢度较差的脱线处，需用跑针再加以固定，这样能使织物的脱线状况得到有效控制，增强面料的强度，使织物的结构保持稳定。

3.6.3 整体强度的增加

破损和边缘脱线处修复完成后，在圣旨背面统一加一层白色电力纺布衬托，与包边连缀而不与文物直接缝合，这样可以从整体上加强文物的力学强度，同时可使文物保持一定的柔软度。

4 讨论

这件圣旨本体为绫锦丝织品，使用书画装裱工艺进行装帧，背面托裱三层厚宣纸。托裱法对圣旨加固起到了积极作用，但随着时间的推移，装裱用的糨糊逐渐老化板结，失去黏结力，导致背托纸与圣旨本身的丝织品完全脱离，无法起到保护作用。从细部观察发现，当时为使宣纸紧贴绫锦，托裱工使用了较稠的糨糊（因为绫锦织物较为厚重，若想用宣纸托裱，必须要用稠糨糊。此外，单层宣纸强度较弱，使用多层厚宣纸托裱才能使柔软的丝织品硬挺），糨糊通过绫锦丝纤维的缝隙渗透至圣旨表面堆积结壳，有些呈现出淡黄色，有些与污染物结合呈现出深褐色，严重影响了圣旨表面的视觉效果。

在对这件圣旨进行修复之前，以上这些问题是修复师需要考虑的。经过反复权衡，修复师根据文物保护修复的可再处理原则、可识别原则、最小干预原则，最终确定整体拆除背纸单独保存的方案，选择使用一种物理加固方法——针线缝补法对其进行加固保护。保护修复方案的确定主要考虑以下两点：一是这件圣旨的本体是绫锦类丝织品，选用丝绸和丝线进行修复符合修复材料与文物相容、相似的原则，可以减少纸张与丝绸之间因材质不同而产生的材料老化相异性；二是使用针线法进行织物衬补，不会改变文物原始外观且具有较高的可再处理性，比较适合平面丝绸类文物的保护修复，其优点是能够使织物保持柔软的特性，并使织物得到平展，同时不会加入过多的化学材料，减少了修复材料对文物的损害[①]。

5 结语

这件圣旨修复后的尺寸为313.2cm×31cm，比修复前的尺寸略有增大，这主要是因为经过平展，原先的皱褶丝纤维得到伸展。经过保护修复，文物表面皱褶得以平整，部分污渍被去除，圣旨的文字内容得以显现并被识读；缺损部位得到有效加固，被修补部位与原文物的视觉效果相近；文物整体强度得到提高，达到保管及展览要求。

文物保护修复涉及文物所蕴含的历史、文化、艺术、工艺等多方面的信息，要求修复人员不仅要有较高的专业水平，还要掌握多门学科知识，如此才能制定出科学的、行之有效的修复方案并取得较好的修复效果。

原载于《人类文化遗产保护⑨》，2018年

① 王晨：《破损丝绸服饰文物的保护与修复研究》，载《文物保护与考古科学》2005年第1期。

古籍保管过程中的保护性损害研究①

◎ 仝艳锋
山东艺术学院艺术管理学院

摘　要：在古籍保管过程中，为了保护古籍免遭损害、延长古籍的寿命，工作人员会使用各种手段来减少乃至阻止有害因素对古籍的破坏。然而由于保护方法不成熟或保护技术滞后，这些保护手段导致古籍和古籍工作人员遭受了“保护性”损害。本文在分析古籍保管过程中各种保护性损害的表现形式及其发生原因的基础上，针对这些保护性损害提出了相应的预防措施。

关键词：古籍保管　古籍保护　损害

在古籍保管过程中，为了保护古籍免遭损害、延长古籍的寿命，工作人员会使用各种手段来减少乃至阻止有害因素对古籍的破坏，采取的主要手段包括通风换气、密闭防潮、温湿度调控、防霉杀虫、防光防热等。然而由于这些保护方法的不完善或保护技术的滞后性，古籍保管过程中的保护性措施在保护古籍的同时，也会产生负面作用，使古籍和工作人员遭受了各种形式的“保护性”损害。本文在全面分析古籍保管过程中各种保护性损害的表现形式及其发生原因的基础上，针对这些保护性损害提出了相应的预防措施。

1　古籍保管过程中保护性损害的表现形式

1.1　通风换气过程中引入外界危害因素

通风换气指根据空气流动的规律，有计划地使库房内外空气进行交换，以达到调节库房内温湿度的目的。通风换气的方法经济、简便、收效快，其主要作用是去湿降温和净化库房

① 本文属教育部人文社会科学研究青年基金项目“非物质文化遗产隐性信息保护研究”（项目编号：19YJC760098）阶段性成果、山东省社会科学规划研究项目“乡村振兴战略背景下山东文化遗产保护模式研究”（项目编号：19CWYJ33）阶段性成果。

内的空气。通风换气时机必须依据特定的原则选择，同时需对比已经测定的库房内外温湿度的实际情况和变化趋势，经过严密计算，以当时的风力、风向为参考，有计划、有组织地实施通风换气。有些工作人员仅凭经验，采取简单方法判断自然通风的可行性，仓促实施通风换气，这种做法会带来许多负面影响。尤其是库房外的空气中有时存在有害气体和微生物等肉眼不能够直接观察出来的物质等，仅凭经验无法准确判断，如果在这种情况下进行通风换气操作，效果会适得其反。

进行通风换气时，如果不随时监测库房内外温湿度的变化，发生异常情况而不及时停止通风换气，就可能对库房内的古籍造成意料不到的危害。通风换气措施必须与密闭等控制手段相结合，这样通风换气后得到改善的温湿度状态才能维持较长时间，否则收不到预期的效果。在库房内外温差较大的时候（如 10℃以上），或在梅雨季节、库房外温度低于库房内露点温度 1℃—2℃时，对库房进行通风换气操作会使库房内出现结露现象。一般来讲，库房外风力越大，通风换气效果越好，但是如果风力过大，空气中的含尘量也会增加，通风换气时若没有使用过滤与净化空气装置，灰尘和有害气体极易随强风进入库房。而且自然通风时，害虫和老鼠很容易通过门窗进入库房，尤其是通风孔洞，更是害虫和微生物侵入库房的重要通道。

不适宜的通风换气时机和操作疏忽为害虫、微生物、灰尘和有害气体等进入库房提供了途径，外界有害因素的侵入也就成为这一过程中不容忽视的负面效应。

1.2 防霉杀虫过程中释放有毒气体

人们大多使用富含樟脑或三苯（苯、甲苯、二甲苯）的植物或化学制剂，利用它们挥发出的特殊气味防霉驱虫。这些极易挥发的制剂在防霉杀虫的同时，也会长期在不易流通的空气中聚集。气体浓度的逐渐增大不但会使霉菌、害虫在库房内无法生存，也会使古籍工作人员的健康受到损害。樟脑是从樟树枝叶中提取的白色结晶物质，经常用于古籍的防霉防虫，然而它极易挥发，挥发出的成分可以被人体的黏膜、皮肤和皮下组织吸收，对眼、鼻、气管都有较大副作用。过去常用卫生球做驱虫药，其主要成分是从煤焦油中提取的萘，虽具有防虫作用，然而其浓度若过高，亦会对人体健康十分不利。

利用化学药物熏蒸法防霉杀虫时，化学药剂在短时间内不能从库房墙体、古籍装具和吸附性较强的古籍纸张中挥发出来，这些残留在库房内的防霉杀虫药剂也会危害工作人员的健康。例如甲醛对人的黏膜有刺激作用，会灼伤皮肤；环氧乙烷极易发生爆炸，浓度较低时能刺激人的鼻、眼黏膜，浓度较高时会有致命危险；磷化氢有剧毒，稍有不慎会危及人的神经系统、呼吸系统和心血管系统等。另外，磷化铝、磷化氢作为防霉杀虫剂，不但具有剧毒，会对工作人员造成危害，而且会被水蒸气吸收潮解，然后在外界条件合适时被空气中的氧化性物质氧化而生成对古籍材料具有加速老化破坏作用的磷酸[①]。同样，在合适的外部环境下，

① 郭莉珠主编：《档案保护技术学教程》，中国人民大学出版社 2008 年版，第 240 页。

甲醛也会经过一系列氧化反应生成甲酸。有关的化学反应式如下：

$$AlP+3H_2O = Al(OH)_3\downarrow +PH_3\uparrow$$

$$PH_3+2O_2 = H_3PO_4$$

$$2HCHO+O_2 = 2HCOOH$$

由于防霉杀虫试剂自身的挥发性和毒性等特点，其在防治霉菌、杀灭害虫时释放出的有害物质会被库房内的古籍材料和建筑材料吸收而积累起来，这些有害物质会对库房内的古籍和相关工作人员产生或明显或隐形的危害。

1.3 密闭措施致使库房内空气质量降低

古籍库房作为保管古籍的建筑物，在满足一般建筑要求的同时，还需满足一些特殊要求。古籍库房的特点是密闭、避光、防紫外线、防尘、防潮，所以库房的密闭性及墙体的防潮隔热性都比一般建筑物好。而正是这些对古籍保管有利的各种建筑要求，造成库房内空气与库房外空气交换较少，使库房内空气流通性较差，使各种污染物在库房内堆积而不易扩散，使库房内的空气质量难以在短时间内得到根本改善。

为了防霉菌、防虫蛀，库房内长期使用具有长效挥发性的防霉驱虫剂。虽然库房内也配有通风设备，但由于气候条件限制，通风设备较少开启，从而导致库房内空气污浊、闷热、异味明显。存放在库房内的古籍大多为纸质古籍，且大部分为开架放置，老化变质后的纸张材料挥发出的有害物质与施胶的胶料发生水解后，会产生酸性物质，并长时间聚集在空气中不易消散，导致库房内空气质量逐渐降低。这不仅影响古籍材料的结构性能，而且会对工作人员的身体健康造成危害。有关的化学反应式如下：

$$Al_2(SO_4)_3+6H_2O \rightleftharpoons 2Al(OH)_3+3H_2SO_4$$

$$—OH \rightarrow —CHO \rightarrow —COOH$$

大量使用装饰材料而使室内空气质量下降的现象在新建库房中较为常见。大量使用的装饰和建筑材料中可能含有甲醛等有害化学物质。装修过程中大量使用的化工原材料如油漆涂料及其他添加剂、稀释剂等，都含有苯、甲醛和二甲苯之类的有机化合物。

外界侵入的有害物质和内部有害物质逐渐聚集积累，致使库房内的空气质量逐渐降低。

1.4 温湿度调控措施与预期效果相悖

经济因素是制约古籍库房温湿度调控设备使用、运行和维护的最主要因素。目前温湿度调控设备的使用受到了极大的制约。即使使用了这些设备，但由于使用方法和时机不当，温湿度调控也很难达到预期效果。最重要的是，温湿度调控设备无法抑制温湿度突变给古籍带来的危害。

去湿机和空调设备必须连续工作和实现自动调节才能达到预期的除湿、调温效果。在实际使用过程中，去湿机和空调设备大部分是根据库内温湿度的变化由人工操控的，而且很少连续工作。这就使库房内的温湿度在一天内频繁发生变化，这种不当的操作方式一直在持续，工作人员很少能意识到此举可能会造成库房内温湿度突变的现象。如果库房内的湿度在短时间内发生突变，对古籍材料产生的危害比环境持续潮湿或者持续干燥带来的危害要严重得多。纸张材料基体内部会缓慢发生变化，纸张纤维反复吸湿及解吸使其内部结构遭到破坏，也使材料强度逐渐下降。去湿机和空调设备的不充分使用也会导致虫霉在这种潮湿环境中滋生。

使用氯化钙等吸潮剂降湿时，吸潮后溶化的液体会蒸发出氯化钙等微粒，而且吸潮剂中的杂质也有被外界环境中的氧化性物质置换生成酸的趋势。这一方面会增加库房内盐类颗粒的浓度，另一方面也会增加空气中酸性物质的含量。

另外，为了防止光线对古籍材料的危害，需要安装低辐射照明灯具。若灯具的发热效率过高，其产生的过量热辐射便会提升库房内的温度，从而影响库房内降温调控的效果。

2 古籍保管过程中保护性损害的产生原因

2.1 通风换气措施严谨性不足

古籍库房的通风换气工作必须依据一定的原则，在对库房内外温湿度实际情况和变化趋势进行充分测量与计算的前提下，制定严谨的计划。如果事前不能确定库房外空气质量是否适合通风换气，仅凭经验或根据天气的表面现象决定实施通风换气，其后果可能与预期效果相背。这些人眼不易观察到的现象主要包括空气中的有害气体和污染物颗粒超过库房内的标准、大气中的有害微生物处于繁殖季节或数量较多时节，等等。而如果在天气发生不利于库房内环境的突变或者是有其他不利于通风换气的因素出现时，若没有采取紧急措施来中止通风换气操作，则会给库房内的环境带来不可弥补的危害。另外，当通风换器设备的送风量过大时，在同样的送风方式下，送风风速过大，反而会增加库房内空气在局部地点的涡流，造成污染物分布不均、个别地方产生死角，从而使库房内局部污染物浓度出现波动[①]。

通风是影响库房内温度、湿度、污染物浓度的重要因素。在同样的送风量条件下，置换通风是最有效的，上送上排、下送上排与置换通风对库房内温度、湿度和污染物的调控具有较大差异，调控效果的最大差异可达 30% 以上。

如果没有在空气输送管道的进风口、出风口和库房通风窗口处安放防霉防虫试剂，或者没有在进风口处安装空气净化过滤装置，库房外环境中的有害气体、污染物、灰尘颗粒和微生物就容易随着空气流通进入库房，污染库房内环境。在通风换气过程中，害虫也会趁机进入库房。通风口附近如果有污染源，通风效果同样难以得到保证。

2.2 防霉杀虫剂质量存在缺陷

防霉杀虫药剂的作用机理主要有对抗代谢物、抑制细胞壁的合成、影响细胞质的完整性、

---

① 杨婉、王新耀：《通风方式对室内污染物影响的研究》，载《制冷与空调》2007 年第 4 期。

抑制蛋白质的合成、改变细胞的表面张力及妨碍细胞膜正常的渗透性。古籍库房内使用的防霉剂主要有化学合成型和中草药型两种，其中中草药型的质量较好，副作用较小。这些药剂主要通过气体挥发的形式对霉菌和害虫产生作用，同时会对工作人员造成危害。

古籍库房对防霉杀虫药剂的要求很多，但是在实际过程中使用的化学合成型防霉杀虫药剂总是或多或少地带有一些缺点。它们会不同程度地污染环境，有时还会损害人身健康及古籍装具，甚至还会引发燃烧、爆炸，很不安全。有的防霉杀虫药剂毒性较大，使用时浓度稍微升高就会对环境造成污染，影响工作人员的健康。有些药剂会挥发出刺激性气体，使工作人员进入库房时感到气味难闻或头痛胸闷。有些药剂渗透性较强，被库房内的物体吸收后长期残留而不易清除。几乎所有的化学合成防霉杀虫剂在使用过程中都存在分解老化现象，或多或少地会释放出危害古籍材料的物质，即使是一些从植物中提取的试剂也存在这种缺陷。

防霉杀虫药剂通常由化学物质合成，在环境中会缓慢释放分解。这些物质虽然能杀灭霉菌、害虫等，但会威胁工作人员的身体健康，如果局部环境中的剂量浓度达到一定程度，其危害会极大增强。

2.3 温湿度调控措施欠缺合理性

利用自然条件进行温湿度调控时，错误的做法主要有以下几种：一是库房内外温湿度测量不准确，效果适得其反；二是库房内外温湿度接近，调控时机不适合；三是库房内外温差过高或库房外温度低于库房内露点温度 1℃—2℃时，急于通风；四是库房外气候状况不佳，如风力较大、灰尘污染严重等；五是库房外温湿度发生突变时没有及时采取措施。

使用去湿机、空调等调控库房内的温湿度时，只有在前期监测库房内外温湿度和大气质量的基础上，根据这些调控设备的性能和库房内的实际情况制定详细的调控方案且周密实施，才能收到事半功倍的效果。然而在实际操作过程中，受经济条件、库房综合管理措施、人员不足等外部因素的制约，温湿度调控设备的调控效果被极大地削弱。调控设备本身性能达不到要求、操作方式不够严谨、使用方法和时机不当等也是减弱调控效果的重要原因。

温湿度调控手段和调控时机的选择必须建立在科学规范的前期监测和充分了解设备性能的基础上，每个环节的控制都必须与相应的手段相结合。只有实施周密合理的措施，才能收到预期的调控效果[①]。

2.4 密闭措施自身具有局限性

空调机通过对空气进行冷热处理来达到调控温湿度的目的，其对空气处理的方式有不送新鲜空气的循环式和送入部分新鲜空气的半循环式，这两种空气处理方式都会对库房内空气造成污染。反复循环时库房内的空气交叉污染，半循环时库房外的大气污染直接对库房内的

① 于成志：《谨防纸质档案修复中的“保护性破坏”》，载《档案与建设》2008 年第 1 期。

空气造成污染。由于密闭措施的局限性，库房内的空气质量很难在短时间内得到改善。

防霉杀虫药剂挥发出的气体在发挥防霉杀虫作用的同时，也污染了库房内的空气。在使用密闭熏蒸的方法灭杀库房内微生物和害虫的同时，熏蒸药剂的强渗透性和挥发性促使药剂中的有害气体渗入古籍材料、古籍装具、古籍架柜和库房建筑材料内部，这些残留的熏蒸药剂同样会在密闭库房内聚集，造成污染。

另外在库房角落附近，以及古籍装具、古籍架柜内部等空气不易流通、通风效果差的地方，空气质量更是难以改善。低照度的照明灯具产生的热辐射在密闭的库房内很难散失，使库房内的温度缓慢提升。

由于密闭措施的局限性，即使通过库房内空气的内部流通以及与外界新鲜空气的交换等这些保护性措施，库房内的有害气体和有害物质仍然难以彻底排除，危害因素仍然会或多或少地继续残留在库房内。

3　古籍保管过程中保护性损害的预防措施

3.1　改进通风换气操作手段

古籍库房内的自然通风要选择适当的时机，以准确的气象观测和通风条件为依据。其原则是当库房外处于高温低湿或高温高湿时不宜通风，只有在低温低湿或高温低湿的情况下方可通风。后一种情况多出现在初秋或秋冬交替时节，那时大气转凉且干燥，是对古籍库房进行自然通风以去湿降温的良好时机，但在具体操作时要根据通风原则来决定是否进行自然通风。自然通风应注意的问题有三点：一是库房内外温湿度一定要测量准确，否则很容易出现与预期结果相反的情况；二是通风时应随时观察库房内外温湿度的变化情况，发现库房内外温湿度突变时应立即停止通风；三是库房内外温差过高或过低时不要急于通风①。

利用通风来改善库房内空气质量时，必须在通风过程中密切关注库房内外的温度、湿度、风力、风向、污染物、灰尘和有害气体的变化，及时采取中断通风的措施来避免环境突变带来的影响。同时，要控制通风量和气流在库房内的流径，提高通风的实际效果。控制库房内的空气质量应选择合适的送风量。在空调系统设计中，置换通风方式对污染物的稀释效果最好。置换通风使库房内的空气具有独特的污染物浓度稀释特性，特别适用于空间高度较大的库房建筑。

在空气输送管道的进风口、出风口和库房通风窗口处安放防霉防虫试剂，提前做好预防措施以阻止霉菌和害虫的靠近。这些设备必须安装空气过滤净化设施，以保证入库空气质量。同时，通风口附近必须保持清洁，以保证输送入库房的空气是符合要求的。古籍库房应有纱门、

① 冯庆：《自然通风及其效果分析》，载《档案与建设》2003 年第 10 期。

纱窗，以防虫鼠进入库房，通风孔洞处更应该注意防范。

3.2 使用高效防霉杀虫药剂

使用既高效又安全的药剂是古籍保管过程中改进防霉杀虫工作的重要办法。改进防霉杀虫的操作工艺也是提高防霉杀虫效果、减少对古籍材料和库房环境损害程度的重要举措。使用植物杀虫剂以实现无公害防霉杀虫成为古籍防霉杀虫工作的趋势。

植物杀虫剂是利用植物挥发性的特点，使其挥发出的气体通过昆虫的气门进入体内，抑制昆虫体内酶的作用，使昆虫功能素衰竭，最后死亡。为提高防霉杀虫效果，一般使用多种植物提取液进行复配，筛选出具有驱虫和杀虫双重作用的植物制剂。

植物杀虫剂和化学杀虫剂一样，都有杀灭古籍害虫的效果，然而植物杀虫剂不含溴化物和氯化物。植物杀虫剂与化学杀虫剂相比，具有很多优点：一是某些植物杀虫剂的有效成分毒力较强，效果突出；二是使用安全，对人畜没有毒性或毒性较小；三是植物杀虫剂可以在自然环境中降解，药剂成分残留少，没有残毒和公害。

在使用植物药剂进行大规模熏蒸操作时，必须严格按照有关操作规则进行。要使用专用的熏蒸室或机器设备，还要注意采取良好的密闭措施、使用通风排毒设备。在操作时，工作人员要使用防毒用具保护自身安全，并注意药剂的用量和熏蒸时间。熏蒸结束后，一定要进行彻底的通风排毒，然后工作人员才能进入。另外，不宜在库房内直接对古籍进行消毒，采用药物消毒的古籍不宜直接存入库房，防止将有毒物带入库房。

3.3 完善温湿度调控措施

去湿机必须连续工作和实现自动调节才能达到预期除湿效果，因此，应将空调设备改造成自动调节控制设备，并使去湿机全天持续工作。自动调节和连续不间断工作这两个基本条件必须同时具备，否则使用去湿机的负面效果就不可忽视。

使用空调时，可以采取以下几种方法来减缓温湿度剧烈波动的状况。第一，在开启空调时，逐渐增加制冷（制热）量，使之平稳过渡，以降低温度变化速率，并且尽量把库房内温湿度控制在调控要求的上限或下限，减少调控前后温湿度的变化幅度。这样既节省能源，又可降低库房内温湿度的波动幅度。第二，根据外界气候条件的季节性变化，在春秋两季温湿度比较适宜的时机，可合理增加新鲜空气的输入量，减少空调开机次数。利用通风措施调节库房内的温湿度必须与密闭等控制手段相结合，保证改善后的温湿度状态能够维持较长的时间。在库房内外温差较大或梅雨季节、库房外温度低于库房内露点温度1℃—2℃时，不宜进行通风，以防库房内出现结露现象。

如前所述，在空调系统设计中，置换通风方式对温湿度的调控效果最好，相对于上送上排和下送上排等通风方式而言，置换通风方式可获得更好的室内温湿度调控效果，特别适用于空间高度较大的库房建筑，因此应优先选用置换通风的方式来调控库房内的温湿度。

3.4 改善库房内空气质量

适度使用治理空气污染的净化设施，如使用有效的隔尘网来减少霉菌、微生物和有害气体进入空调的通风系统，并定期清洗隔尘网。中央空调系统应特别注意管路和冷却水的保洁，定期到相关卫生机构进行检测，发现霉菌浓度超标时应立刻采取有效措施。要控制、清除污染源，保持室内环境清洁，及时清理垃圾和废旧物品。在打扫卫生时养成“湿式作业”的习惯，减少尘土反复飘浮在空气中的机会。

库房内应放置气体吸附物质或安装空气净化系统，以此净化库房内空气。吸附有害气体的物质有氢氧化钠、碳酸钠、氢氧化钙、氨水等溶液，以及活性炭、浸渍活性炭、活性氧化铝、硅胶、分子筛等固体物质，应尽量选用挥发性低、性质稳定、副作用小的材料。空气净化系统以静电吸尘作用最常用，可利用静电吸尘、灭菌的原理，在库房内安装空气静电净化装置，以实现净化库房内空气的目的。当启动空调风机时，库房内的浑浊空气首先流往库房回风口阻尘预过滤网，以除去较大颗粒的灰尘；然后空气进一步流入风机柜内二级静电场，在高压电场的作用下，空气中的尘埃粒子、霉菌、细菌被风场极板吸附；最后空气再进一步流入浸渍型活性炭过滤网，除去异味后，输送入库房内各区域。

另外，库房建筑材料应使用环保型材料，避免产生有害气体。应尽量避免使用热辐射作用较为明显的白炽灯，或者在使用白炽灯时加装热过滤器或乳白色灯罩，同时注意白炽灯与古籍之间的距离应大于 50cm。

4 结语

在古籍保管过程中，某些保护性措施可能会给古籍造成各种损害，如在通风换气过程中会引入外界危害因素、在防霉杀虫过程中释放有毒气体、密闭措施致使库房内空气质量降低等。这些损害产生的原因主要有通风换气措施不够严谨、防霉杀虫剂质量存在缺陷、温湿度调控欠缺合理性、库房密闭措施自身存在局限等。针对不同损害的表现特征，在古籍保管过程中可以采取改进通风换气操作手段、使用高效防霉杀虫药剂、完善温湿度调控措施、改善库房内空气质量等措施。在古籍保管过程中，保护性措施带来的损害不容小觑，有时这些保护手段所产生的损害远远大于未实施保护所产生的损害。保护性措施如果使用得当，则可取得事半功倍的效果。

霉变书画的保护修复

——以《徐继孺草书中堂》的修复为例

◎ 鲁元良
山东博物馆

摘　要：霉变是书画类文物中比较普遍存在的一种微生物病害。受纸张的材质影响，书画类文物在高温、高湿等环境中容易滋生霉菌，从而难以长期保存。本文以曹县博物馆所藏《徐继孺草书中堂》的修复为例，讨论霉变病害严重的纸质文物的保护修复技术。笔者通过对文物纸张进行 pH 值测定、对霉变处纤维进行显微镜拍照等方法，分析了霉菌种类和病害程度，并选择使用纳米 TiO_2 改性壳聚糖抗菌防霉剂对霉变病害进行防治。最后，使用传统技法对这件文物的画芯进行了揭裱修复，修复效果良好。

关键词：霉变　纳米 TiO_2 改性壳聚糖抗菌防霉剂　揭裱　书画修复

历代传世及出土书画，或由于原裱不佳，发生空壳、脱落等现象；或由于收藏保管不善，受潮霉变，腐朽断裂，遭虫蛀鼠咬。若要对其进行彻底保护修复，就需要进行揭裱。明代周嘉胄在《装潢志》中说：“前代书画，传历至今，未有不残脱者。苟欲改装，如病笃延医。医善，则随手而起，医不善，则随剂而毙。”[①] 说明了揭裱修复的重要性。而在古书画常见病害中，霉变病害最为棘手，它会引发絮化等一系列的病害，加大文物的修复难度。本文以清代《徐继孺草书中堂》的修复为例，浅谈对霉变病害类书画进行修复的一些做法和体会。

1　文物的病害分析

《徐继孺草书中堂》，作者徐继孺（1858—1917），字又稚，号悔斋，曹县徐楼村人，

① 〔明〕周嘉胄：《装潢志》，中华书局 2012 年版，第 7 页。

晚清进士、学者、诗人。徐继孺一生著作繁富，代表作为《曹南文献录》82卷并附录6卷。该书汇集了曹州府11州县的文献资料，是研究鲁西南地方史志不可多得的重要文献。这幅草书是其于光绪二十年（1894）出任河南学政期间所作（图1）。

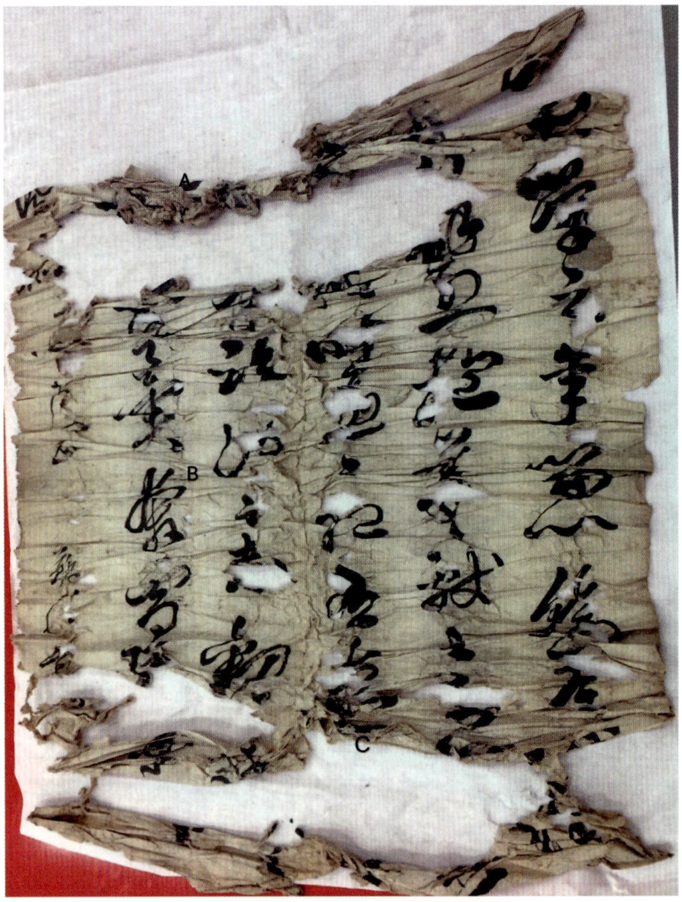

图1 《徐继孺草书中堂》修复前照片

1.1 病害分析

《徐继孺草书中堂》由于保存欠妥，出现了严重的病害，其中的主要病害为霉变、残缺、皱褶、絮化、断裂、酸化。本文主要针对霉变及其所导致的病害进行叙述，对于其他病害，则按照传统修复技法进行处理。

1.2 酸度测试

在待修复书画上选取3个位置（图1中A、B、C三点）进行pH值检测。利用HANNA HI 99171型便携式酸度测定仪连接HI 1414D型电极，对画芯的酸度进行无损检测。

将待检测的书画自然平铺在洁净的装裱台上，依次滴一滴去离子水至画芯A、B、C三点所在位置，把测量电极浸于纸表面与之接触，待读数稳定后记录pH值。

通过检测可知，A点的pH值为4.2，B点的pH值为5.4，C点的pH值为5.3，均偏酸性。纸张酸化将导致书画耐久性降低、脆化。同时，霉菌在营养基质中生长时，最适宜的pH值范围为 4.0—5.8，所以酸性的环境有利于霉菌生长发育。因此，为了防止霉变病害，首先需要对偏酸性的纸张进行脱酸处理。

1.3 霉菌种类分析

霉菌会对书画造成不可逆的损害，对它的防治历来是书画修复中的难题。霉菌是丝状真菌，属多细胞微生物。凡是生长在营养基质上且呈绒毛状、蜘蛛网状、絮状的真菌，均可称为霉菌。书画类文物上的霉菌会以纤维素为养料，不断繁殖产生孢子，并且产生无法洗掉的色斑。纸质文物中都存在大量的霉菌孢子，在合适的环境下（即湿度、温度、光线、pH 值适宜）就会繁殖，分解纤维素，对文物造成进一步的伤害。

图 2 选取测试的纸张霉变处

为了解画芯的霉菌病害情况，使用 Leica S8AP0 型纤维显微镜对两处（图 2 中 A、B 两点）典型霉变位置的纤维结构、霉斑侵害情况等进行显微观察（图 3、4）。

从图 3 中可以看出，黑色颗粒状的霉菌占大多数，有不明显的菌丝；图 4 中左上部有颜色浅于黑霉颗粒的黄绿色霉菌颗粒，菌丝不太明显。同时，我们可以在上述显微照片中看出宣纸的青檀皮纤维和稻草纤维结构。通过对比同标准黑霉和曲霉显微照片（图 5、6），可以辨别出霉斑处霉菌主要为黑霉和曲霉，还有少量的青霉存在，其中黑霉为主要菌种。

黑霉属于最严重的霉菌病害，会在纸张上产生不可逆的黑色霉斑，并且会在环境适宜时迅速繁殖，其菌丝会分解纤维素，使纸张絮化。

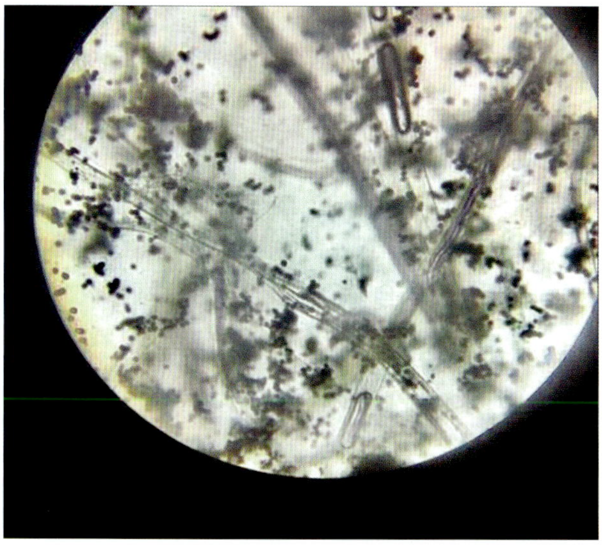
图 3 纸张取样 A 处霉斑显微照片（400×）

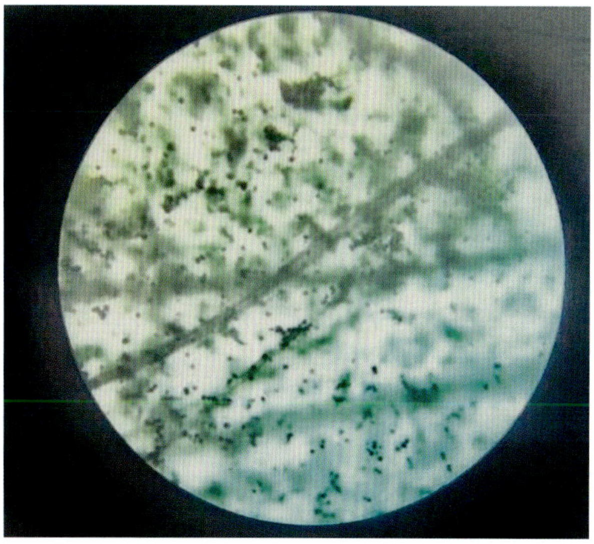
图 4 纸张取样 B 处霉斑显微照片（400×）

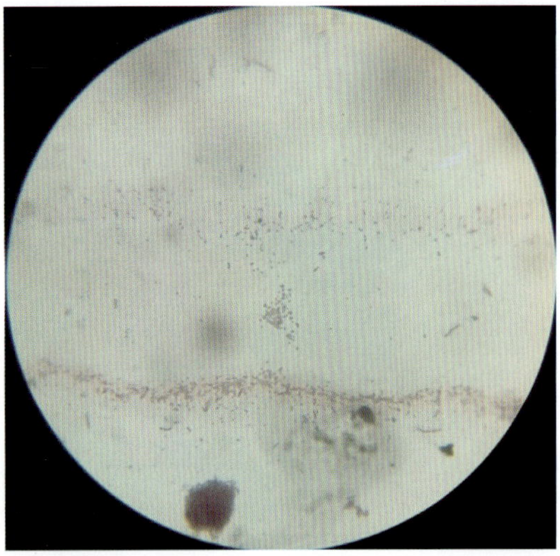

图 5 黑霉标准显微照片（1000×）

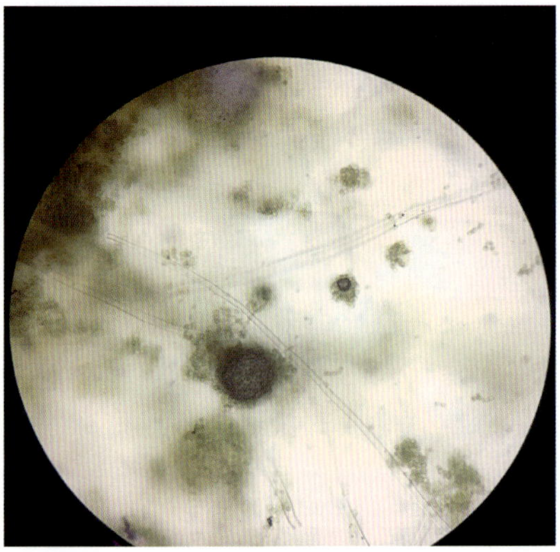

图 6 曲霉标准显微照片（1000×）

2 霉变病害的防治

2.1 防霉剂的选择

由于文物上的霉菌菌种较多，防治时应选择高效、低毒、广谱的防霉剂，并且防霉剂不能影响纸质文物本体的性状。此外，还要考虑防霉剂的最佳加入点、防霉剂的最低安全浓度、防霉剂与微生物反应所需要的时间等。

此次选用北京化工大学研制的纳米 TiO_2 改性壳聚糖抗菌防霉剂进行霉菌防治[①]。这种材料是用纳米 TiO_2 对壳聚糖进行改性制备的一种新型抗菌防霉剂。

壳聚糖属于天然抗菌剂，具有良好的生物相容性，无毒副作用，具有良好的抗菌能力。纳米 TiO_2 属于光触媒杀菌材料，无毒无味，热稳定性好，甚至可以用于食品防霉。结合纳米 TiO_2 和壳聚糖的优点制备的 TiO_2 改性壳聚糖，在纸张防霉方面具有良好的效果。

2.2 防霉剂的测试

为了解该防霉剂的效果，采用摇瓶法进行测试。将纳米 TiO_2 改性壳聚糖抗菌防霉剂喷涂于红星棉连宣纸表面，对比空白宣纸，考察日常光照射环境下其对宣纸防霉性能的影响。

具体做法：将宣纸切成 4cm×4cm 的小片，共 24 片，平均分为两组，一组进行空白宣纸的杀菌率测试，另一组进行经防霉剂处理后的宣纸的杀菌率测试。将纸片放入装有稀释的黑曲霉菌菌液的摇瓶中震荡，间隔 0.1、1、4、8、12、24 小时，分 6 次取出。再放入培养基，在 30℃恒温下，继续培养 48 小时。然后各自取出，通过显微镜观察与记录，计算杀菌率（η），

① 赵艳、苏海佳、谭天伟：《纳米 TiO_2 改性壳聚糖抗菌防霉剂用于纸张防霉》，载《北京化工大学学报（自然科学版）》2008 年第 6 期。

并对不同时段的杀菌率进行对比（表 1）。

杀菌率的计算方法如下：

$\eta=(A_0-A_t)/A_0$

其中，A_0 为初始菌落数，A_t 为间隔 t 小时后的菌落数。

表 1　摇瓶法测试防霉剂杀菌率

杀菌率 η	0.1h	1h	4h	8h	12h	24h
空白宣纸组（%）	1	2	3	27	28	21
处理后宣纸组（%）	1	2	3	60	76	98

图 7　经防霉剂处理后的纸张显微照片

表 1 的实验结果表明：空白宣纸组，纸张自身的杀菌率最多达到 28%，且随着时间的推移，杀菌率会先增后降；经防霉剂处理后的宣纸组，对黑曲霉菌的 24 小时杀菌率达到 98% 左右，且持续有效。经过处理的宣纸表面几乎无霉斑生长（图 7），霉菌得到较好杀灭，由此证明纳米 TiO_2 改性壳聚糖抗菌防霉剂具有很好的防霉特性。

2.3　防霉剂的制作方法

将 0.1g 壳聚糖置于烧瓶中，依次加入 15ml 去离子水、5ml 浓度为 10% 的醋酸、0.05g 纳米 TiO_2、0.25ml 环氧氯丙烷，搅拌均匀，用超声波振荡器振荡 10 分钟后，加入 100ml 去离子水稀释，制成防霉剂待用。

3　画芯的修复

根据文物的病害情况，参考《中国书画文物修复导则》[①]，选择揭裱修复的方法进行修复。文物的修复过程严格按照传统的修复方法进行，在修复过程中两次喷涂防霉剂，除霉后再进行脱酸处理。

① 纸质文物保护国家文物局重点科研基地、南京博物院：《中国书画文物修复导则》，译林出版社 2017 年版。

3.1 拍照记录

修复前，先对该幅作品进行拍照，包括整体照片、局部照片。局部照片中还要包括每一个破洞、撕裂、霉斑、污渍的照片，以及关键部位的照片。拍照的同时，需做好记录工作。

3.2 病害调查

该作品高 124—130cm，宽 60—63cm。从原裱来看，覆背纸缺失，装裱件缺失，天杆、地杆缺失，仅剩画芯和部分命纸。原装裱形式应是典型的中堂。画芯中上部及下部各有一条长达画芯一半的横向断裂，且最上端有很多碎片，脱落、残缺严重。四周有虫蛀的洞和霉斑，画芯整体呈淡黄色。总体来说，画芯破损非常严重，呈絮状碎片化。

图 8　用毛笔展平画芯

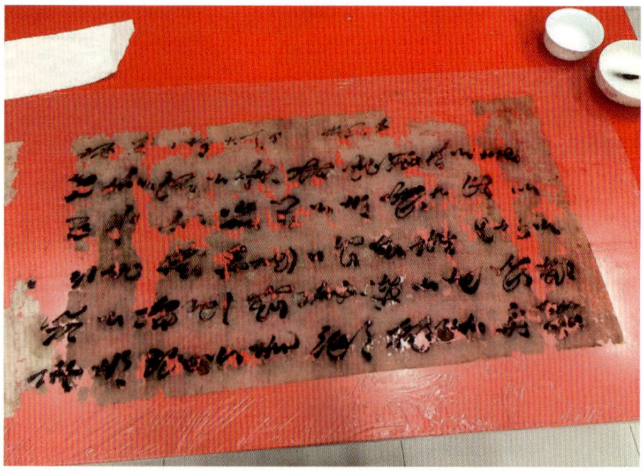

图 9　展平后的画芯

3.3 清洗画芯

3.3.1 展平

将聚乙烯薄膜喷水吸在装裱案上，然后将画芯正面朝上放在薄膜上，用尺子压平后，将画芯尽量伸展开并摆正。

先用小毛笔加水，试蘸画芯墨迹地方，看其是否掉色。经测试，该幅作品画芯墨色没有脱落现象。

由于有菌丝存在，水对画芯的浸润性不佳，故使用浓度为 10% 的乙醇水溶液作为展开画芯的媒介。用喷壶从画芯上部开始将其慢慢喷潮，抻平画芯，再使用湿毛笔将其进一步展平。在进行展平时要格外小心，毛笔不可以直接刷涂画面，要用笔的侧锋以滚动的手法进行展平（图 8）。在此过程中严禁用手直接触碰画芯，否则纸张碎片会粘在手上造成画面缺失。

针对严重的错位问题，蘸取浓度为 10% 的乙醇水溶液使画芯潮湿、飘起，按照笔意拼接好已经破碎的部分，然后用尼龙毛巾吸水压平。最后展平画芯（图 9）。

3.3.2 清洗

《徐继孺草书中堂》画芯破损絮化严重，清洗时需要用毛巾覆盖，进行间接清洗（图

10）。在毛巾的选择上，经过测试，选择使用尼龙材质的深色毛巾，因其具有吸水快、放水快、不与纸纤维粘连的优点。

图 10 覆盖尼龙毛巾进行清洗

《装潢志》载："然浣淋伤水，亦妨神彩，如稍明净，仍之为妙。"[①] 淋水清洗是一个非常重要的步骤，关乎画作能否得到彻底清洗。

将尼龙毛巾平铺在画芯上后，手握排笔在半空中端平，用 70℃—80℃的热水轻轻地淋在排笔上，使热水通过排笔缓慢流到毛巾上。此时可以看到污渍和脏物慢慢地随淡酱油色脏水朝四周散去。然后用折叠好的干净毛巾吸取覆盖在画芯上的毛巾中的脏水。如此反复 5 次，待淡酱油色转变为无色时，表明污渍基本被清除干净。然后用干净的毛巾吸干正面多余水分，轻轻揭下覆盖在画芯上的毛巾。

3.4 除霉

使用喷壶将配制好的纳米 TiO_2 改性壳聚糖抗菌防霉剂均匀地喷洒在画芯正面，待画芯稍微干燥后，再喷一次。在画面上覆盖聚乙烯薄膜，静置 48 小时，等待除霉工作完成。

3.5 揭画芯

除霉工作完成后，用聚乙烯薄膜覆盖画芯，并用刷子刷平。然后挑起下层聚乙烯薄膜的一角，慢慢将画芯和刚刚覆盖上的薄膜一起揭起，将画芯正面朝下，连带两层聚乙烯薄膜倒扣在另一个装裱案上，刷平。

对比画芯正面清洗后的颜色，做小样，染好比画芯颜色淡一层的命纸备用。

《装潢志》载："书画性命，全关于揭。"[②] 由此可见揭画芯的重要性。将画芯背面朝上揭

① 〔明〕周嘉胄：《装潢志》，中华书局 2012 年版，第 23 页。

② 〔明〕周嘉胄：《装潢志》，中华书局 2012 年版，第 31 页。

图 11　揭画芯

去聚乙烯薄膜时要小心，不可带起画芯的残片。建议从有墨色的某一点开始揭（有墨色的地方比较好分辨）。在此过程中发现，这幅作品所用命纸的纤维比较短，故在揭画芯过程中需格外谨慎。还没有揭到的地方先用潮湿毛巾敷好；揭好后有不平的地方，先用毛笔沾水抚平，再吸去多余的水、抚平（图 11）。

画芯完全揭完后，使用喷壶将配制好的纳米 TiO_2 改性壳聚糖抗菌防霉剂溶液均匀喷在画芯背面，做二次防霉处理。2 小时后，用喷壶喷一层作为脱酸剂的饱和醋酸钙水溶液，以调节纸张酸碱度。待画芯八成干时，准备上命纸。

清代周二学在其著作《赏延素心录》中指出，选用命纸时应“更拣密腻者，不但质韧护画，它日复裱，且易揭起”①。此次修复用的命纸选用的是 2007 年生产的红星棉连纸，其质量符合使用标准，厚度、帘纹也与画芯相近。上命纸时采取覆托方式，在命纸上刷糨糊，吸水至八成干，倒扣在画芯背面，用棕刷将命纸刷实排牢（图 12）。

上好命纸后，再使用撴刷将整个画芯撴一遍，进行加固（图 13）。

然后，将薄膜揭起，画芯正面朝上放在一张干宣纸上，再揭走薄膜，晾干。

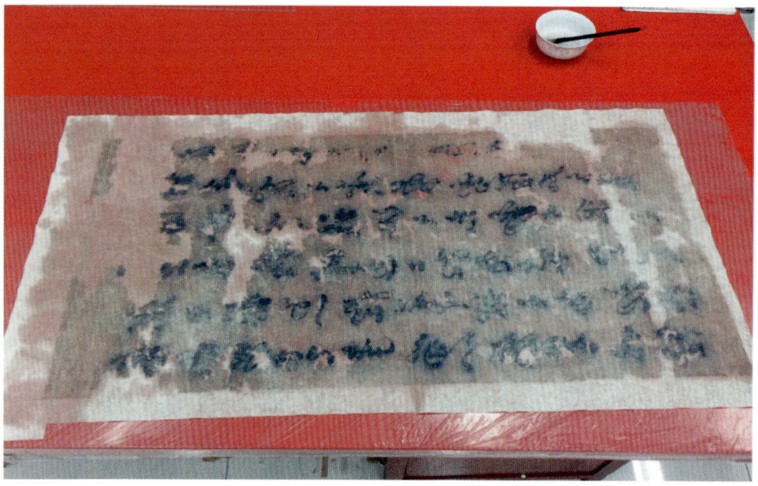

图 12　上命纸

图 13　撴实命纸

① 〔清〕周二学：《赏延素心录》，中华书局 1985 年版，第 1 页。

3.6 补破洞、打折条

修补破洞残缺对于修复古书画文物非常重要。《装潢志》中有云："补缀，须得书画本身纸绢质料一同者。色不相当，尚可染配。绢之粗细，纸之厚薄，稍不相侔，视则两异。故虽有补天之神，必先炼五色之石。绢须缕丝相对，纸必补处莫分。"[①] 说明在揭裱修复过程中，对修补的技法和材料都有着较高的要求。

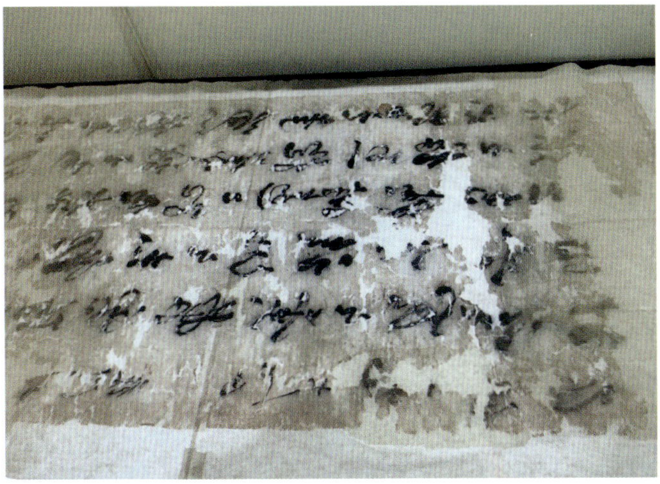

图 14 修补破洞残缺

画芯在干宣纸上晾干后，将画芯正面朝下放置在拷贝桌上，采用明补方式，使用棉连宣纸，对灯光透出的各个残缺、断裂处逐一进行修补（图 14）。由于这幅画横向断裂非常多，所以打折条也非常重要。将宣纸裁成 7mm 宽的纸条，涂半稠糨糊于纸条上，在拷贝桌的灯光下上好折条，条子宁多勿少，每条断裂处都要上好，防止以后再次断裂。

图 15 刮挑画芯

3.7 画芯刮挑、挣平、全色

修补好的画芯晾干后，将其正面朝上放置在装裱台上，使用马蹄刀将没有洗净的霉斑、污渍刮挑干净（图 15）。

然后将画芯翻过来，使用喷壶将画芯喷湿，四边上浆水，贴启子口上墙挣平。同时，对修补部位进行一定程度的全色。全色补配后，画芯修复工作完成（图 16）。

3.8 装裱

画芯修复工作完成后，要进行装裱。在选择装裱品式时，考虑到其所搭配的对联缺失，为了达到更好的展出效果，采用了两色裱的品式进行装裱。

---

① 〔明〕周嘉胄：《装潢志》，中华书局 2012 年版，第 35 页。

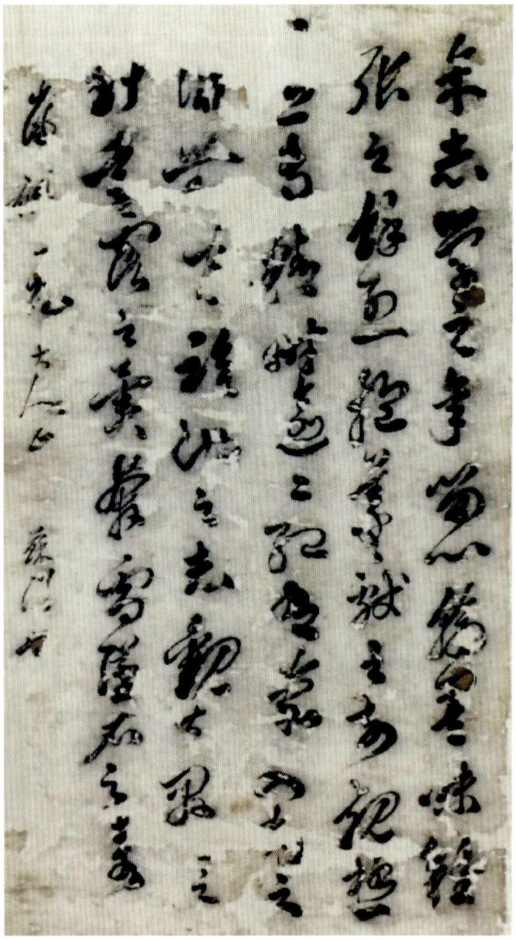

图 16　修复后的画芯

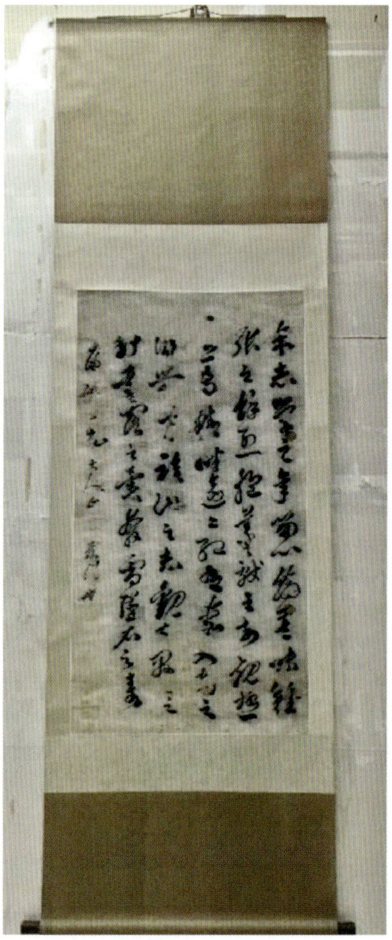

图 17　《徐继儒草书中堂》修复完成后照片

按照镶边和天地头、贴夹口纸、上覆背纸、上墙、下墙、砑活、装杆的传统修复步骤对文物进行装裱后，该文物的修复工作便全部完成。装裱部分属于常规操作，在此不做赘述。

修复后的《徐继儒草书中堂》如图 17 所示。

4　结语

《徐继孺草书中堂》是一件由霉变病害引发其他严重病害的文物，在修复过程中通过使用纳米 TiO_2 改性壳聚糖抗菌防霉剂，基本杀灭了霉菌，并在一定期限内抑制了霉菌的继续生长。在除霉完成后，配合使用醋酸钠溶液，调节了纸张的 pH 值。然后以修复传统技法对画芯进行了揭裱修复，并最终装裱成轴，取得了良好的修复效果。此次使用的修复方法对于修复霉变的书画行之有效，可以在今后修复具有类似病害的书画类文物时推广使用。

卷轴字画折痕嵌折条的修复方法研究

◎ 赵树建[1] 赵子鉴[2]
1.福山区翰墨轩工作室；2.烟台画院

摘　要：古字画卷轴由于保管不善，容易出现断裂、折痕等现象。很多使用传统嵌折条方法修复折痕的卷轴，会出现在原来的折痕处再次开裂的情况，这是传统折痕镶嵌方法存在的不足。笔者经过多年修复卷轴折痕的实践，总结出一种用多层折条阶梯式修复折痕的方法，这种方法规避了传统修复方法的弊端，达到了很好的修复效果，对卷轴字画折痕的修复具有借鉴意义。

关键词：折痕　平行阶梯折条　交叉对点折条　嵌折条

一个国家的历史文化因文化遗产的存在而得到体现并延续，文化遗产承载着历史发展的脉络，彰显着文明的无限魅力。中华民族历史悠久，文化底蕴深厚，书法、国画大家辈出，随之产生的字画装裱、揭裱修复这一技艺，成为中国书画艺术的有机组成部分和艺术事业中的一项重要门类，也是中国卷轴字画所独有的展示形式，与中国的传统字画紧密结合、不可分割。

创作好的字画常需加一层或多层宣纸、绫绢等材料进行衬托加固及美化，所用材料的质地明暗、色调冷暖、宽窄长短均需与作品和谐统一。裱件需平整挺直，即柔、平、净、静、美，并且需经过防霉防蛀处理，从而强化艺术品的文化属性和审美效果，使其具有更高的艺术美感。

藏品的保护水平对艺术品的寿命起着决定性作用，笔者通过日常在字画揭裱修复工作中的观察和研究实践，就如何解决常见的难题经常与同行展开探讨和交流。笔者认为，在继承传统的基础上要科学创新，不能被前人的立论束缚。同时，应挖掘修复工作中的隐形技术，总结工作中的经验成果，在揭裱修复中遵循不改变原状、最小干预等原则，让沉睡的文物“活”起来，努力响应习主席所倡导的“总结成功的经验，借鉴国际理念，健全长效机制，把老祖宗留下的文化遗产精心守护好，让历史文脉更好地传承下去”。

1 传统卷轴折痕修复方法的弊端

字画装裱、揭裱修复技艺具有悠久的历史和鲜明的民族特色，是伴随着以绢帛、纸张为载体的中国字画文化而产生的一项文化技艺。古人云“医善则随手而起，医不善则随剂而毙”，又有“三分画，七分裱”的说法，装裱、揭裱的重要性由此可见一斑。古字画经过几百年甚至上千年的收藏（图 1），由于保管不善，容易出现皱褶、折痕、变形、污渍、断裂、残缺、烟熏、碳化、变色、微生物损害、动物损害、锈蚀、糟朽甚至絮化等病害现象（图 2）。卷轴字画中尤以断裂、折痕病害（图 3）最为常见，严重影响了字画的寿命及其观赏性。传统的中国字画多为裱以立轴的形式，一幅立轴长期卷在一根直径 5cm 左右的地杆上，日积月累，整幅作品就形成了卷曲度很大的卷轴状，而悬挂时又需打开拉直，长此以往会破坏卷轴的物理结构，画面也很容易形成很多折痕甚至出现断裂。在揭裱过程中发现，很多字画曾嵌过折条，但还是在原来的折痕处又折了，这除了与其长期卷在直径 5cm 左右的地杆上有关，也与折条的厚度有关——折条过薄，力量不足，校正失败；折条过厚，又容易在折条的边缘形成新的折痕，而且从正面能看到折条的痕迹，严重影响了字画作品的效果。

图 1　常年存放的卷轴字画

图 2　卷轴字画糟朽断裂

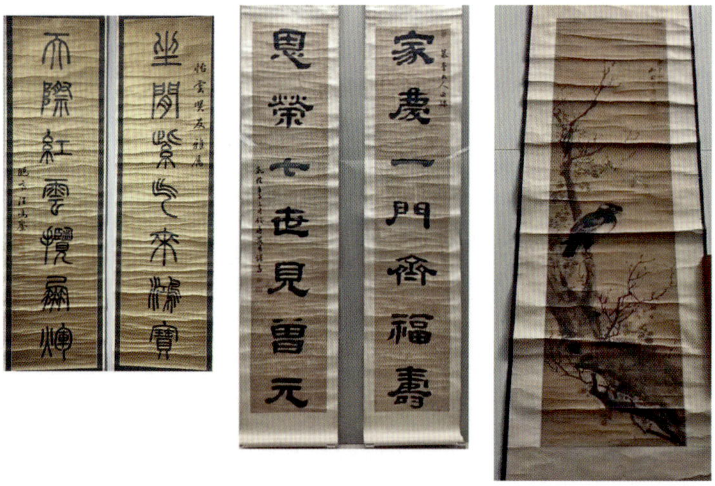

图 3　遍布折痕的卷轴字画

笔者通过长年修复卷轴折痕的实践，逐渐总结出一套规避传统折痕修复方法弊端的方法，即采用多层折条阶梯式修复折痕，取得了较为理想的效果，在此同大家分享这一方法。

2 阶梯折条：嵌平行阶梯折条和交叉对点折条的方法

阶梯折条就是用 3 层拉力强的宣纸叠加成阶梯状，根据字画作品的不同厚度，选择不同厚度的蝉翼纸、棉连纸、单宣纸、加重单宣纸裁成 2mm、4mm、6mm 宽的长条，由窄到宽，呈阶梯状准确地嵌在字画作品的折缝上。阶梯折条分为平行阶梯折条和交叉对点折条两种，建议在室温 20℃左右的条件下，利用无发热光源的拷贝台进行操作。宣纸折条的选择要根据画芯的厚度而定，如果命纸没被揭掉，也要算成画芯的厚度。纸的厚度现在无法用仪器来测量，宣纸也都是手工制作而成，每一张宣纸的厚度都有差异，因此全靠修复师长期的经验积累、眼观手感来判断画芯和折条的厚度。如果是绢、蜡笺纸和粉笺纸等质地较厚的字画作品，就应选择较厚一点的棉连纸、单宣纸或加重单宣纸来做折条。3 层折条的厚度总和要超过画芯厚度的 1.5 倍，即 2 层折条的厚度和画芯的厚度一致，第 3 层要超过画芯的厚度。这样才能有效地校正折痕，同时防止折条太厚形成新的折痕。

根据折痕的密度来确定嵌平行阶梯折条还是交叉对点折条。如果字画作品折痕的间距大于或等于 1cm，需嵌平行阶梯折条；如果字画作品的折痕间距小于 1cm，需嵌交叉对点折条；如果字画作品的折痕有宽有密，则需将平行阶梯折条和交叉对点折条相结合。传统的菱形折条的相交点不可能都在作品的折痕处，如果相交点在两条折痕之间，不但起不到修复折痕的作用，反而加大了作品再折的可能性。

整个嵌折条工作需数天乃至数月的时间，因完成较早的折条干后会出现收缩导致字画作品凹凸不平从而影响施工，故需把作品润平后再进行嵌折条操作。

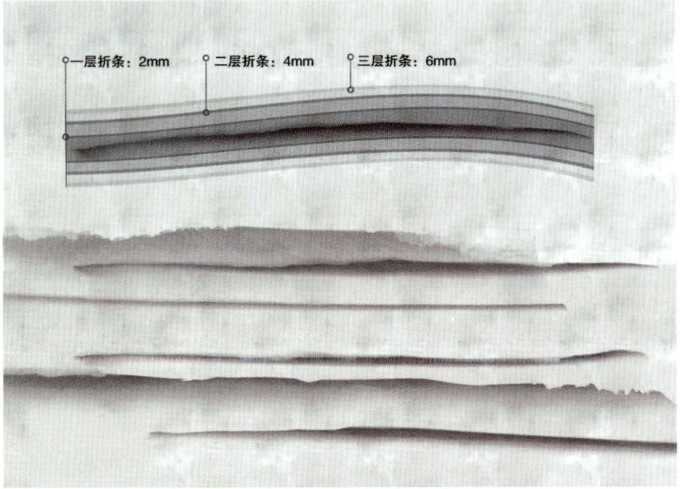

图 4 平行阶梯折条操作方法图示

2.1 平行阶梯折条

在字画作品的折痕不密集的情况下适合嵌平行阶梯折条，如图 4 所示。修复人员可根据作品的厚度来选择折条的厚度。具体操作步骤如下：

提前把工作室温湿度调节到适宜状态，把字画作品正面向下放在无发热光源的拷贝台上，用磁铁固定住字画作品，用小毛笔顺作品折痕刷糨糊，先嵌 2mm 宽的折条，利用辅助工具把 2mm 宽的折条不偏不倚地随着折痕的弯曲变化嵌在折痕上；接下来继续刷糨糊，再嵌 4mm 宽的折条，4mm 宽的折条要嵌在 2mm 宽的折条上；随后以同样步骤再嵌 6mm 宽的折条。每一层折条的两边和两端都要宽出其下层折条 1mm，由厚到薄，由宽到窄。每嵌完一条折条后，要使用干宣纸吸去多余的糨糊和水分，压实。

2.2 交叉对点折条

交叉对点折条是在字画作品的折痕比较密集的情况下采取的一种方法，折痕的间距小于 1cm 都要嵌交叉对点折条。

2.2.1 “米”字交叉对点折条

如图 5 所示，把字画作品正面向下，放在无发热光源的拷贝台上，用磁铁固定住作品，用小毛笔顺作品的折痕刷糨糊，先顺作品的折痕把 3mm 宽的折条不偏不倚地嵌在折痕上，每嵌完一条折条，需用干宣纸吸去多余的糨糊，压实。待第一层平行折条全部嵌完后，接下来用 3mm 宽的折条嵌第二层和第三层。第二层和第三层折条的长度要根据折痕的密度来决定，比如折痕的密度是 1cm，折条的长度应不超过 6mm。把折条裁成宽 3mm、长 6mm 的长方形，和第一层的平行折条分别交叉 60° 嵌在折缝上，呈“米”字状，保证三层折条的中心点都在折痕上，每个交叉点的间距应控制在第二层和第三层的末端相接。第一条折痕嵌完后，所嵌第二条折痕的交叉点要在第一条折痕的两个交叉点之间。为了方便嵌第二层和第三层的交叉折条，糨糊要刷在折条上。

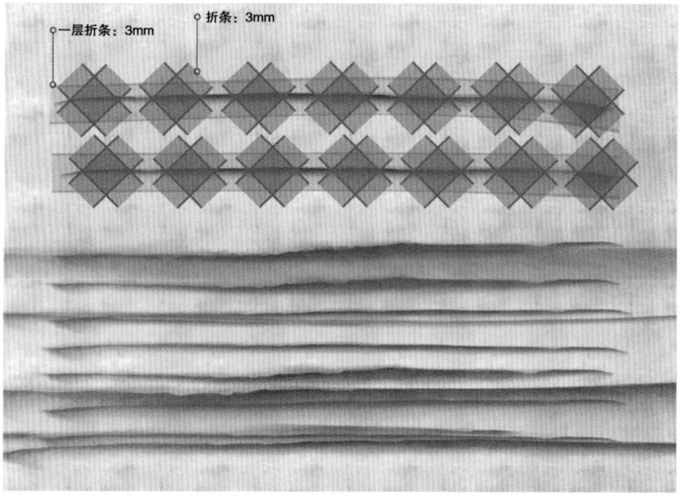

图 5 “米”字交叉对点折条操作方法图示

2.2.2 “十”字交叉对点折条

即两层平行阶梯折条加一层十字交叉折条。第一层和第二层分别用 2mm 宽的和 4mm 宽的折条由窄到宽呈阶梯状镶嵌，第三层用 6mm 宽的折条与下两层呈 90° 十字相交嵌在第一层和第二层上，第三层折条的长度不能小于 6mm，呈阶梯状，以起到过渡作用。同时，需保证三层折条的中心点都在折痕上；嵌第一层和第二层折条时，

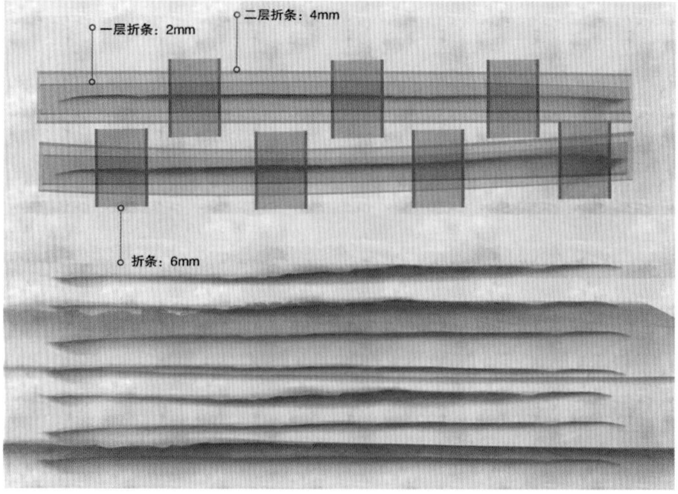

图 6 十字交叉折条操作方法图示

糨糊要刷在字画作品上；嵌第三层折条时，糨糊要刷在折条上，以便于操作。

3. 结论

笔者多年的实践经验表明，对于卷轴字画折痕的修复，平行阶梯折条改变了过去一层折条纠正不足的缺点，又克服了一层较厚折条能从正面看到折条痕迹的缺点；多层折条叠加，由厚到薄，由宽到窄，起到自然过渡的作用，同时也增强了折痕修复的力度。交叉对点折条克服了传统菱形折条交叉力量点偏移的缺点，起到了精准定位的作用。这种多层折条阶梯式修复折痕的方法在继承传统修复方法的基础上进行了革新，规避了传统折痕修复方法的弊端，达到了很好的修复效果，在卷轴字画折痕修复工作中具有重要的参考价值。此外，此方法对纸本、绢本文物的修复都具有较强的适用性。

馆藏书画文物保护、修复的实践与思考

——以山东省文物保护修复鲁中区域中心对潍坊市博物馆馆藏一批清代书画修复为例

◎张 晖 于 璐 谭霭岚
潍坊市博物馆

摘 要：本文以潍坊市博物馆委托山东省文物保护修复鲁中区域中心修复的一批清代书画为研究对象，分析其主要病害及具体保护修复方法，通过传承沿用及创新发展的文物修复方式恢复文物的原貌，体现文物的价值，让文物“活”起来。

关键词：书画修复 修复原则 保留原装裱

2018年11月，山东省文物保护修复鲁中区域中心在潍坊市博物馆正式揭牌（图1、2）。修复中心占地1100平方米，设备齐全，拥有13项可移动文物修复资质和10多名“山东省文物修复师”，修复能力强、技术力量硬，为文物修复工作奠定了雄厚基础。同时，潍坊市博物馆馆藏纸质书画保护修复项目启动。潍坊市博物馆馆藏文物近8万件，其中书画类藏品数量较多，是陈列展览的重点。第一次全国可移动文物普查之后，潍坊市博物馆工作人员发现馆藏大量书画类文物病害严重，且病害有恶化趋势，亟待保护修复。潍坊市博物馆积极组织专业人员拣选藏品，制定保护修复方案并上报。2018年底，山东省文物局批复同意该方案。方案实施前期开展了专家论证，制定出了指导性意见，以辅助保护修复工作；鲁中区域中心也组织项目组技术人员共同探讨、交流，确保每个技术环节及操作方法基本得当、可以实施。至2019年12月底，经过修复人员的共同努力，35套（47件）书画文物的保护修复工作顺利完成，得到专家及学者的一致好评。此次保护修复工作取得了显著成效，为潍坊市博物馆进一步做好相关文物的保护修复工作积累了经验。

图 1　修复中心揭牌仪式

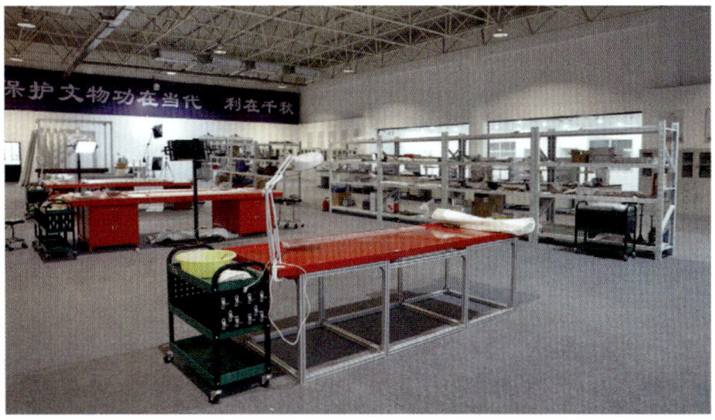
图 2　修复中心内部场景

1　文物概况

潍坊市博物馆的书画文物多是 20 世纪五六十年代通过个人捐赠、多方拣选等方式入藏的。此次保护修复的文物大部分为清代书画家的作品，其中既有影响清代书风的书坛大家如桂馥、何绍基、翟云升等人的作品，又有享誉潍坊及山东画坛的著名画家如张士保、刘嘉颖、谭汝霖等人的作品，具有鲜明的时代特色及地方特色，亦具有较高的历史价值和艺术价值。

已修复的 35 套（47 件）书画藏品包括 45 件纸质书画作品、1 件绢质书画作品、1 件纸绢混合书画作品，其品式有中堂、横批、对联、条屏等。这些作品入藏前即存在一定病害，如今大都存在综合性病害。调查结果显示，画芯面临的病害主要有大面积水渍、污渍、变色、返铅、焦脆、残缺、断裂、折痕、皱褶、虫蛀等，以上不同病害在同一件文物上交叉出现，且程度各有不同。此外，裱件也存在残缺、污损、断裂、折痕、天地杆缺失等病害。经整体测评，47 件文物中约有 26% 的文物处于濒危状态，约有 54% 的文物处于重度病害状态，约有 20% 的文物处于中度病害状态。

2　主要病害分析

2.1　污渍

污渍指书画受污染而形成的斑迹，包括灰尘、油斑、动物粪便等（图 3、4），多由保管不善或其他人为因素等造成。附着在书画表面的大部分轻微斑迹可通过清洗去除，而严重的污渍可能已浸入纸张或绫绢的纤维内部，较难清洗，亟待进行修复处理。

2.2　断裂

断裂指随着折痕的深入以及自身材质的老化变脆，书画由一个整体断为两个甚至多个部分的现象（图 5、6）。这批文物的断裂病害较轻，虽未伤及托背纸，但有 13 套文物的画芯焦脆折裂现象严重，若不尽早加以处理，断裂剥落的面积可能会持续增大。

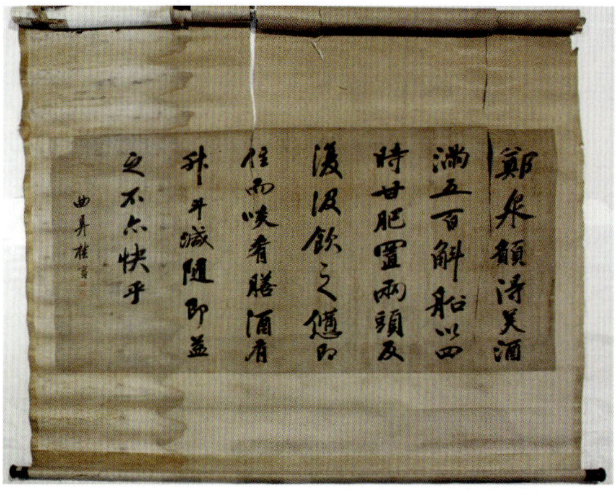

图 3　清桂馥行书中堂（02808）表面污渍状况

图 4　项文彦人物图轴（03178）表面污渍状况

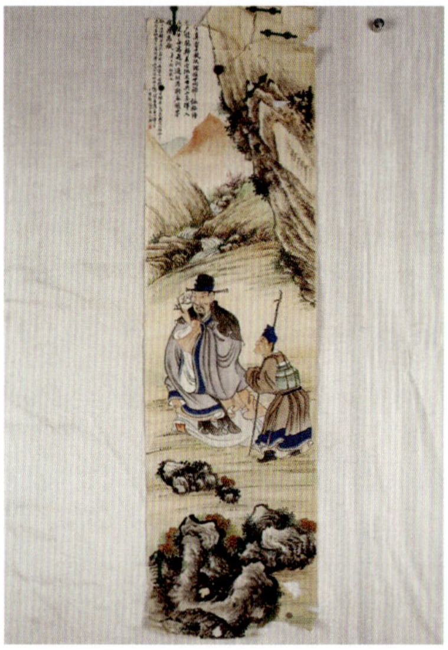

图 5　丁启喆人物图（03874）

图 6　丁启喆人物图（03874）断裂状况

2.3　残缺

残缺指由于使用或保管不当等，导致书画出现缺失，从而无法保持其完整性的现象（图 7、8）。在这批文物中，有部分文物因受到水渍等影响而出现大面积的残缺，修复难度较大。

2.4　水渍

水渍指书画受水浸润干燥后留下的痕迹（图 9、10）。水渍不仅会对书画的外观造成严重影响，而且可能导致画芯强度减弱，使其在卷起或展开的过程中更易受到磨损，甚至造成画芯大面积残缺。

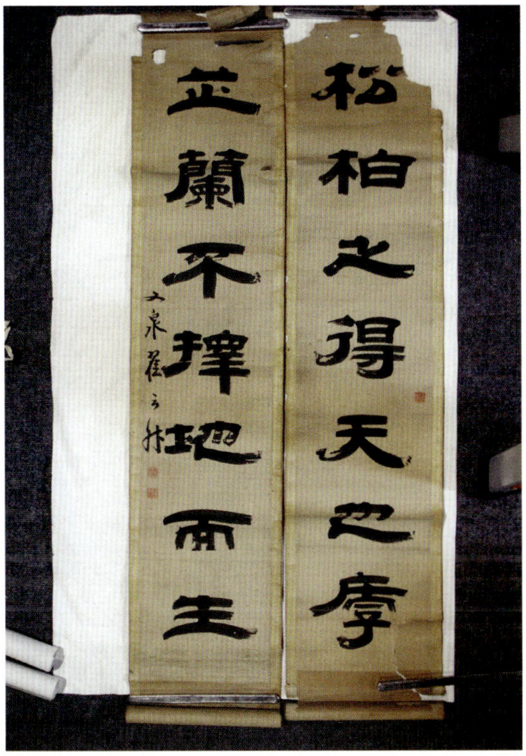

图 7 翟云升隶书七言联（10051）残缺状况

图 8 谭汝霖等花卉联珠（03842）残缺状况

图 9 刘嘉颖古木幽篁图（03305）水渍状况

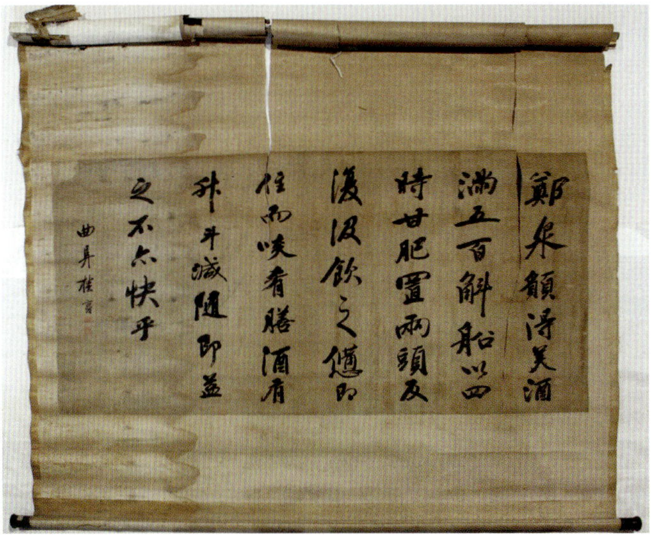

图 10 桂馥行书中堂（02808）水渍状况

2.5 折痕

折痕指书画由于折叠或挤压而产生的痕迹（图 11、12）。据统计，这批文物中有 29 套文物存在这种病害。严重的折痕很可能会进一步恶化，导致画芯断裂。

图 11　谭汝霖山水图（03138）折痕状况

图 12　招子庸墨竹图（03256）折痕状况

3　保护修复步骤

按照国家文物局颁布的《馆藏纸质文物保护修复档案记录规范（WW/T 0027—2010）》的要求，完善每件文物的保护修复档案，及时存档备份。根据这批书画文物的基本病害情况，在绘制病害图、检测分析的基础上，拟定对该批书画进行灭菌杀虫、去除无法保存的旧装裱材料、加固、脱酸、清洗、画芯修复、防虫防霉和包装等处理。

3.1　信息采集

对这批文物进行前期信息采集，包括文献调研、文物保管情况记录、文物现状记录、摄制影像资料、完成相关检测分析等。

在进行保护修复前，应对书画进行相关检测分析，包括书画材质分析、颜料分析和绫绢组织结构分析等，且尽量采用无损分析方式。除了检测分析，还应记录病害情况、绘制病害图和拍摄文物照片等（图 13）。

3.2　灭菌、杀虫

在进行保护修复前，需采用技术较为成熟的低氧充氮法对这批文物进行消毒灭虫处理。该方法广泛应用于纸质文物的保护修复，效果较好且对文物无危害。

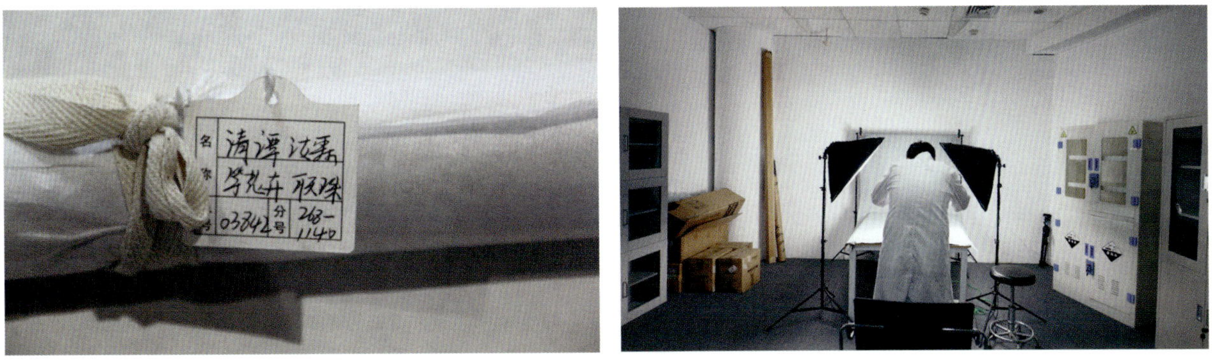

图 13　信息采集

3.3　去除无法保存的旧装裱材料

这批书画文物中，部分曾经装裱过的书画虽画芯保存较好，但裱件的镶料残缺且破损严重，不宜再次使用；部分书画的裱件虽然完整，但画芯焦脆、折裂严重，仍需去除旧裱件、重新揭裱画芯。在修复时，为尽最大可能保护文物的历史信息，揭除的旧装裱料包括拆除下来的天地杆、轴头、带子等，皆视其保存情况，尽可能重新利用，同时做好详细记录，将不能使用的旧装裱料留档并与文物一起存放（图 14）。档案记录内容应包括各部分镶料的颜色、材质、尺寸、镶活方法（正镶还是反镶、是否出局）以及轴头样式等信息。

图 14　去除无法保存的旧装裱材料

3.4　加固

书画文物在清洗、脱酸及揭裱等过程中不可避免会接触到水，故在此之前必须对字迹、颜料、印章的耐水性进行测试和评估，必要时需预先进行加固处理。用蘸水的滤纸或棉签印在墨迹、色彩上，检查墨迹或色彩是否褪色、扩散。若褪色，则使用胶矾水进行加固。这批需要修复的书画中没有需要事先加固的文物，颜料的附着状况皆较好。

3.5　脱酸处理

使用酸碱度检测仪测试画芯表面的酸碱度，若 pH 值小于 5，则需要使用化学方法脱酸（图 15）。具体操作方法是：先将书画放入洗画槽，用浓度约为 0.15% 的饱和氢氧化钙溶液浸泡 15 分钟，使其酸性得到中和。若 pH 值大于或等于 5，则只需用热水浸泡来进行脱酸处理，此步骤可与清洗污渍同时进行。

图 15　脱酸处理

3.6　清洗

3.6.1　污渍、水渍的清除

可先用软毛刷轻轻地将画芯表面的尘垢拂去，再用排刷顺着画芯纤维的方向或裂纹方向刮除泥斑。对于轻微的水渍，可用干净的毛笔蘸纯净水将水渍处涂湿，同时在水渍周围喷些凉水，用吸水纸吸取水分并将其压平阴干。而对于较严重的水渍，需先将画芯平展在塑料托板上，放入纯净水内浸湿，并用干净的毛笔刷洗，取出后再用纯净水冲洗干净（图 16）。

图 16　污渍、水渍的清除

3.6.2　油渍的清除

可用棉签蘸取浓度为 2%—5% 的小苏打溶液进行多次擦拭，使油渍转移到棉签上。清除油渍后立即用纯净水冲洗，再用吸水纸吸取水分后阴干并压平（图 17）。

3.7　修复

3.7.1　揭画芯

揭裱前，根据画芯材质的不同，可用绢或水油纸垫在画芯下，以防止画芯变形。揭裱时，根据书画的具体情况采用不同的揭法。先在画芯空白处寻找易于揭取之处，顺着一个方向循序渐进地揭裱，采取“能揭则揭，不能揭则搓，不能搓则捻”的方式（图 18）。

图 17 油渍的清除

图 18 揭画芯

3.7.2 **修补、拼接画芯**

对于因断裂、残缺或动物损害而导致残缺不全的书画，在揭完画芯、搓薄破口边际、上浆后，直接进行托画芯处理；而对于残缺不多的书画，则先进行修补，再托画芯。修补时，先进行纸张纤维分析，然后选用与其纤维原料、厚薄、颜色、帘纹等接近的纸张作为修复用纸。用刀锋沿着破洞边缘轻轻刮出 0.1—0.2cm 的坡度，用毛笔在其上涂抹糨糊（纸本用糨糊稍稀，绢本用糨糊稍稠），把补纸湿润后合上轻轻抹压，补缀完毕即可上浆进行托画芯处理。

在画芯断裂处，借助显微镜观察画芯材质结构、残缺状况，并根据画芯质地选择薄型纸或绢条进行黏合（图 19）。

3.7.3 **托画芯**

经过修补的书画在托画芯时，务必谨慎。对于残缺或断裂比较严重、材质柔韧性较差的画芯，应采用干托法，即先将糨糊涂刷在托纸上，再裱于画芯背后，此法可有效控制水分与上糊量。对于幅面大、材质柔韧性较好的画芯，宜采用湿托法，即直接将糨糊刷在画芯的背面，然后用覆托纸进行托裱，此法较为简便（图 20）。

图 19　修补、拼接画芯

图 20　托画芯

3.8　贴折条

对于画芯的断裂、折痕处，需在其背面加贴宣纸条，以避免书画出现进一步损伤（图21）。根据画芯的厚薄选择合适的宣纸（薄画芯使用薄纸，厚画芯则使用厚纸），并裁成宽约 0.3cm 的折条。然后将画芯反铺于拷贝台上，在折条上刷稠糨糊，封贴于断裂或折痕处，贴后随即按实。长度不够时，以毛茬相接，避免叠压。

3.9　去除返铅

用毛笔蘸取含有活性氧离子的强碱性电解水，并将其直接涂敷于书画的返铅部位，擦拭至返铅部位的灰色或黑色消退殆尽，再用毛笔蘸取二次蒸馏水擦拭返铅部位（图 22）。这种方法操作简单，不仅可以彻底去除书画上的返铅，而且不会对纸张的自身强度造成影响，从而使纸张长久保存。

3.10　再次加固

对于画芯折裂、残缺、剥落的部位，需再次进行加固。可选用温度为 40℃—50℃、浓度为 3% 的明胶水溶液均匀涂于画芯表面，待水分挥发后，明胶在颜料表面形成固化膜并与纸或绢黏合在一起。为增强加固效果，个别部位可多次涂刷，并用 40℃—50℃的热沙袋加热覆压。此次加固是为保证后续全色过程中颜色不晕染。

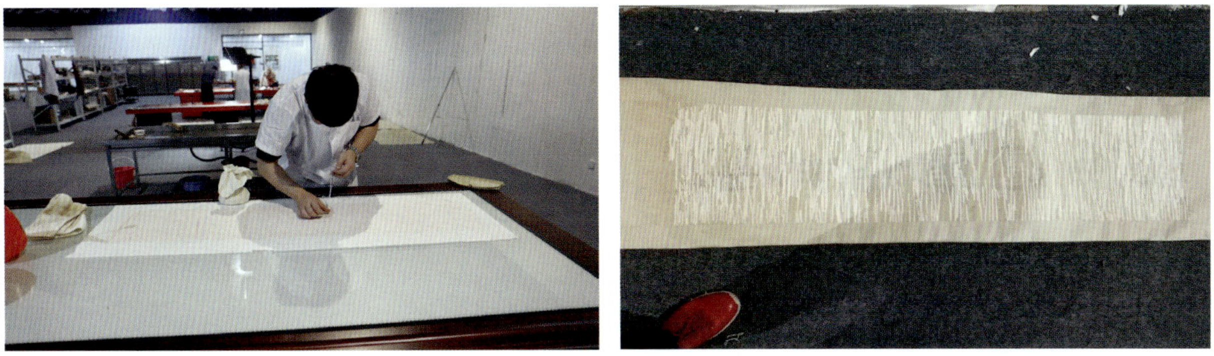

图 21 贴折条

图 22 去除返铅前后对比照片

3.11 全色

全色就是按照作品的原貌和色调，对书画的残缺部分进行补全。当画面有不同程度的残缺甚至伤及书画的内容，或补纸的色度浅于画芯纸的色度时，就需要进行全色处理（图 23）。

3.12 镶嵌

原裱镶料完整的，可再次使用；而原裱镶料残破无法继续使用的，则应参照原裱的形制、色泽和质地进行裱镶料的染配与制作，新的装裱形式需与原裱相同或相近（图 24）。

3.13 覆背、贴墙

覆背由两层棉连纸黏合而成，并裱于画芯背后。覆背后需待裱件完全晾干，再贴到墙壁上自然阴干，以使裱件修复完成后达到薄而柔软的效果。贴墙前要仔细检查粘贴折条处，如出现膨胀不平现象，则应扯线取直左右两口，松弛中间部分，待覆背完全晾干后再润水上墙挣平，避免直接贴墙而发生“拨墙”现象。包首需选用质地匀称密实的丝绢，颜色应与轴头、签条以及绳带协调（图 25）。

图 23　全色

图 24　镶嵌

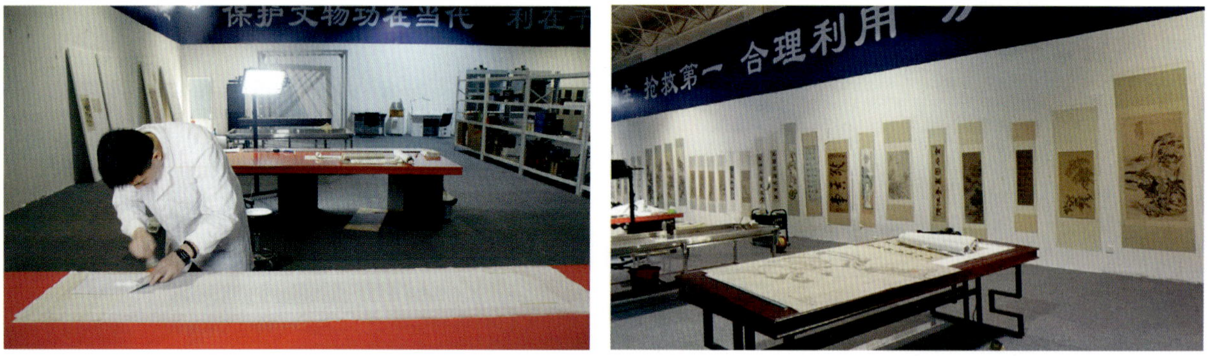

图 25　覆背、贴墙

3.14　研光

研光是书画装裱过程中不可缺少的工序，可使书画平展，使背纸光滑一致易收卷且不磨损画面。这批书画经过了 3—4 遍的上蜡研光步骤，研光前先在裱件下铺垫干净、细腻的宣纸，然后用石蜡在覆背纸上均匀涂擦，使画背平整光滑（图 26）。

图 26 研光

3.15 装天地杆

装杆前先制作纸样，以确保夹口纸的平直，然后用“正裱法”装杆，包粘密实。天地杆以选用经烘干处理、有韧性、无木油、杆身直、粗细相等、弧面角度相同且表面光滑无棱痕的红、白松木料为宜，扎带可选用 2cm 宽的丝带（图 27）。

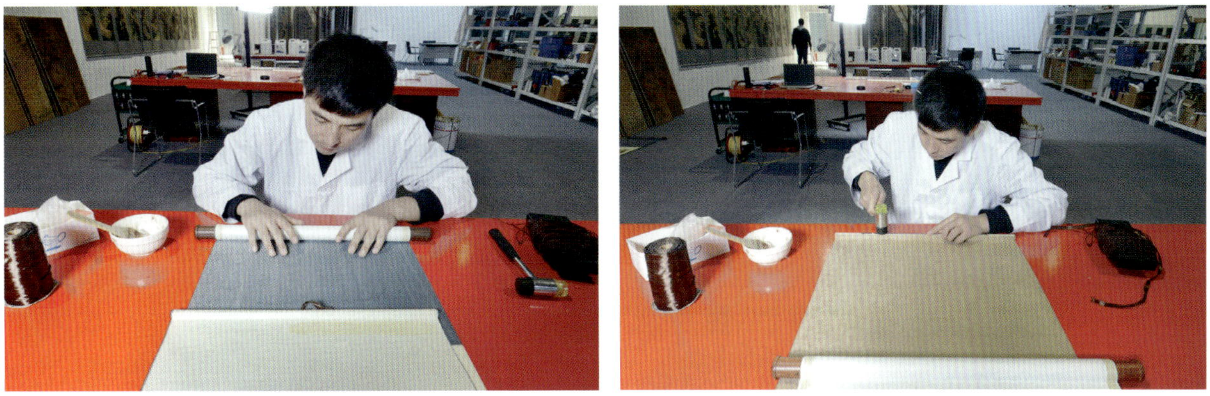

图 27 装天地杆

3.16 防虫防霉

在保护修复过程中，应保护好工作环境，减少微生物在书画表面的附着；另外，在保护修复后的书画入库前，应使用古籍专用防虫防霉剂对书画进行防虫防霉处理。当然，防虫防霉工作更重要的是在后期的库房保存和展出过程中做好预防性保护，控制好温度、相对湿度、光照强度和紫外线辐射量。

3.17 包装保护

保护修复后的书画应放入无酸囊匣中保存。为了维持微环境的稳定，可以在其中放置一定数量的调湿剂。后期应定时对保护系统进行检查，确保文物保存微环境的稳定、洁净。

4 结语

在此次保护修复过程中，我们根据实际情况设计了不同的修复方案，如对于装裱材料病害较轻的2件书画文物采取保留原装裱物的方案，其他的则采取重新装裱方案。

原裱保护遵循最小干预和最大限度保留文物原有信息的原则，对于原装裱材料病害较少或者病害清除后可做部分保留的，都尽量予以保留。以《清张士保长眉罗汉图轴》（图28）为例，原画幅整体遍布折痕，裱件略有污渍、水渍，覆背与画芯镶料严重脱糨，覆背残破严重，天杆处撕裂、缺失，天地头均有大量水渍及污渍。在对其进行保护修复时，考虑到原裱镶料较完整，确定了保留原裱镶料的方案。通过掌握恰当水温及清洗力度，完全或部分去除污渍后，将原覆背层揭去，保留原裱天地头的镶料，并重新加装天杆地轴，覆背上挣墙，保证了文物的原貌和整体性。

图28 保留《清张士保长眉罗汉图轴》原装裱修复

在重新装裱的书画文物中，有的裱件镶料残缺且破损严重，不宜再次使用；有的裱件镶料虽完整，但画芯焦脆、折裂严重，需揭去原裱、重新加固画芯；还有的裱件缺失，画芯残缺、残破严重，需重装裱件、补全画芯。重新装裱需在遵循原裱风格的基础上，从材料、装裱款式、色调的运用、画幅尺寸等方面综合考虑，合理设计。针对原裱件残破、缺失、糟朽严重或原装裱形式比例不协调、边框窄小等不利于文物保存的情况，应去除旧裱，重新设计装裱。

古代书画能够流传至今，装裱的保护作用功不可没。明代周嘉胄的《装潢志》中点明了书画装裱与重装（修复）的重要性：“窃谓装潢者，书画之司命也。”古迹重装，如病延医。清代陆时化《书画说钤》中记载：“书画不遇名手装池，虽破烂不堪，宁包好藏之匣中，不可压以他物，不可性急而付拙工。性急而付拙工，是灭其迹也。”书画文物在经历漫长历史岁月后，极易出现劣化破损现象，一幅百年前的书画作品会经历多次修复、重装，原有装裱或被切除或被保留，这就需要修复者根据情况加以判断，尽量保留书画的原有面貌，且在修复时做到“修旧如旧”（图 29）。

书画保护修复技术历史悠久，古人积累了大量保护修复经验，通过传承沿用、创新发展的文物修复方式恢复文物的原貌，体现文物的价值，让文物“活”起来，功在当代，利在千秋。我们文物修复人员当乘势而上、顺势而为，让文物保护修复工作行稳致远、进而有为。

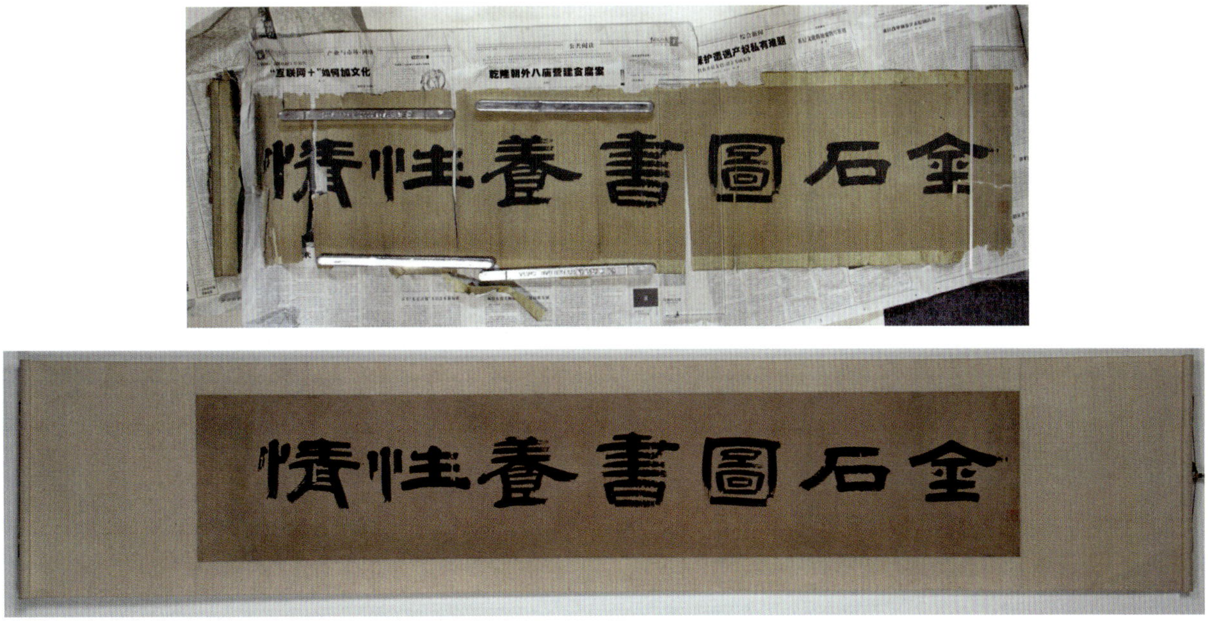

图 29 《翟云升隶书横幅》重新装裱前后对比照片

羧甲基纤维素钠盐类加固剂在民国文献保护中的应用前景分析

◎ 张晓楠　李　力
山东大学环境与社会考古国际合作联合实验室

摘　要：民国文献是了解中国近现代社会的重要参考资料。为了更合理地保存这些珍贵的文献资料，本文对国内外关于民国文献损毁原因、保存现状和常用保护方法等相关成果进行了梳理与研究。研究发现，目前民国文献的保护修复工作存在修复成本高、技术难度大、修复人员短缺、修复材料与环境友好性差等一系列问题，严重影响了对民国文献的保存与科学研究。针对现有的原生性和预防性保护方法的局限性，并结合民国文献的特点及其所面临的问题，本文聚焦近些年来造纸、古籍修复领域得到广泛应用的羧甲基纤维素钠盐类材料，综合分析了以羧甲基纤维素钠盐为主要材料的加固剂的优良性能及其在民国文献保护修复中的应用前景。

关键词：民国文献　羧甲基纤维素钠盐　加固　脱酸

民国文献作为文化信息的载体之一，是传承中华文化不可缺少的重要一环。但是，民国文献大多采用呈酸性的机械木浆或化学浆所造纸张，这类纸张的寿命远远低于使用竹、麻纸浆所造的传统手工宣纸。近年来，民国文献纸张普遍表现出了强度差、寿命短等一系列问题，成为困扰各馆藏单位和私人藏家的一大难题。

我国虽然有大量民国文献存世，但相关的保护工作起步较晚，20世纪末才开始对被称为“新善本”的一些价值极高的民国文献开展保护修复工作。时至今日，依然有大量民国文献得不到有效保护。预计在不远的将来，我国很可能迎来民国文献的“断层”[①]。开发研究新的保护技术和材料对于抢救和保护民国文献具有重要的现实意义。

① 郑春汛：《民国文献的价值与保护对策研究》，载《图书馆理论与实践》2008年第4期。

1 民国文献的价值分析

在我国，民国文献是民国时期所有纸质文献资料的简称，包括书籍、名人信件手稿、期刊、档案、报纸、海报、告示、票据、拓片和照片等一系列承载知识内容的纸质资料。此外，有些图书馆也将一部分晚清文献并入民国文献范畴。

作为“第三个诸子百家争鸣时代”，民国时期上承晚清遗风，下启新时代，传统文化和西方现代文明兼收并济，在文学、艺术等领域都呈现出独特的风格，其学术发展也迎来了百年中前所未有的盛世。民国文献资料体现了民国时期的政治、经济和文化等社会生活的方方面面，是了解这一时期中华民族前进方向和斗争史的最真实的资料来源。

工业技术发展也是民国时期的另一大特征，民国文献在排版布局、封面、插图设计等方面都与中华古籍存在明显的差异，代表了近代出版业发展初期中国的印刷水平和技术。在当时，传统雕版印刷术与国外石板印刷、铅印、平板胶印、活字凸印和珂罗版等印刷术并存，装帧形式多种多样，除少量印刷精美考究的“特供”书籍之外，教科书和医书等印刷品中也不乏精品。例如，民国时期多次再版的《澄衷蒙学堂字课图说》，体现出当时的石印技术已达到非常高的水平。该书字体秀美遒劲，墨色均匀饱满，书中的图画不仅清晰美观，还运用了中国画白描与西洋画明暗技法结合的绘画方法，哪怕历经百年，我们仍能从书中栩栩如生的图画中窥见晚清民国时期人们日常生活的一角。

民国文献的价值丝毫不逊色于中华古籍。一方面，民国时期是我国发生重大历史变革的时代，这期间发生了辛亥革命、北伐战争和抗日战争等一系列历史事件，与之相关的文献资料自然具有极高的史料价值。另一方面，民国文献排版、印刷和装帧等自成系统，与中华古籍不同，蕴含了极高的科技和艺术价值。

2 民国文献的损毁原因与保存现状

2.1 损毁原因

纸张是文献的第一要素，认识纸张的组成要素和损毁原因是保护民国文献的基础。制作民国文献的纸张主要由纤维素构成，纤维素作为一种高分子聚合物，它的自身强度和纤维之间的结合力直接影响了纸张的机械强度和白度。在纸张老化过程中，纤维素自然降解，纤维素聚合度以及纤维间的结合力随之降低，引起纸张机械强度和白度不断下降，最终导致纸张完全失去自身强度，一触即碎[①]。

---

① 徐千：《细菌纤维素纤维在造纸工业中的应用》，天津科技大学2010年硕士学位论文。

中华古籍所用纸张大都由植物韧皮纤维经手工工艺制成，纸张呈中性偏碱，在制作时还考虑到了防虫、防蛀等问题，加入了中草药成分，成书一般还有函套保护，保存期可达几百年至上千年，因而有“纸寿千年”之说。而民国文献在原料和制作工艺上都与中华古籍存在较大差异：首先，民国文献所用纸张大都是机械木浆纸和酸性化学浆纸，导致纸张酸性强、质量差；其次，由于印刷技术不成熟、在印刷过程中采用酸性或含氟化物的油墨、颜料，造成民国文献所用纸张进一步酸化；最后，民国文献的装帧多为简装，不能对文献进行有效保护。除上述民国文献自身的关键因素外，民国文献保存环境中相对湿度、温度、光照、空气成分和微生物环境等因素也会对纸张耐久性产生重要影响[①]。这些不利因素共同加速了民国文献老化、破损、掉页等各类病害的产生与发展。

2.2 保存现状

民国文献数量巨大，民国时期出版的图书超过 124000 种[②]。据统计，以国家图书馆和重庆图书馆为代表的我国规模较大的图书馆中，民国文献的收藏数量都达到十万册以上[③]。如此庞大的存量已经远远超过历朝历代传世善本古籍的总和。然而，现阶段对民国文献的保护依旧存在保护意识薄弱、保护技术欠缺等问题，导致大多数民国文献的保存状况堪忧。

目前，许多图书馆的保护观念仍旧十分落后，对民国文献缺乏保护意识，不仅不采取保护措施，而且将许多民国文献直接放入普通书库中，甚至允许读者随意借阅。此外，大量民国文献被存放在铁皮书架或复合板材书架上，存放环境中的相对湿度和温度不受控制，也未定期除尘和进行遮光处理。在如此恶劣的保存环境中，许多民国文献不仅纸张不断老化，甚至出现书页破损、书脊开裂等严重损毁现象。

长期以来，民国文献的保护方法基本照搬中华古籍保护方法。但民国文献和中华古籍存在较大差异，很多古籍保护修复技术难以在民国文献保护工作中顺利实施。直至 2012 年“民国时期文献保护计划”在国家支持下正式启动，民国文献的保护修复工作才有了长足进步，国内外针对民国文献相继总结出一些有效的保护修复方法，比如大批量脱酸[④]、树脂加固[⑤]、氮气灭虫[⑥]等。但在实际操作中，这些方法大都存在成本高、技术要求高、环境安全性差等问题。

---

① 张美芳：《纸质历史档案文献毁损原因的研究》，载《档案学通讯》2007 年第 1 期。

② 林明、张珊珊、邱蔚晴、肖晓梅：《我国图书馆民国时期文献保护状况调查》，载《国家图书馆学刊》2015 年第 2 期。

③ 朱蕴青：《民国文献的价值与保护对策》，载《办公室业务》2019 年第 16 期。

④ 葛怀东：《国内外纸质文献脱酸技术研究》，载《金陵科技学院学报》2015 年第 3 期。

⑤ 徐方圆、邱建辉、孙振乾、毛科人：《含氟聚合物加固保护纸质文物研究》，载《文物保护与考古科学》2004 年第 4 期。

⑥ 闫智培、易晓辉等：《影响纸张老化的因素及缓解措施初探》，载《文物保护与考古科学》2018 年第 2 期。

民国文献虽然具有较高的历史价值和艺术价值，但是由于民国时期的纸张中含有大量添加剂，导致民国文献所用纸张出现不同程度的酸化现象，随着时间的推移，已经有诸多民国文献所用纸张脆弱不堪，报纸和档案等文献资料则更加严重。虽然目前我国的民国文献保护修复工作已经取得了一定的成果，但还有很多单位存在对馆藏民国文献数量及破损情况调查不明确、贮藏环境专业化程度低、保护修复材料和技术缺乏统一规范等问题，使民国文献保存状况愈发恶劣。

3 国内外民国文献的科技分析与保护修复技术

纸质文物科技分析和保护修复技术在我国文物保护修复领域具有重要地位，民国文献作为我国纸质文物的重要组成部分，近年来在国家的支持下也得到了广泛关注。民国文献是中国古代文明与现代文明冲击、交融下的产物，具有很强的特殊性。民国文献的造纸工艺和印刷工艺与中华古籍不同，需要使用有针对性的科技分析和保护修复技术进行保护。

在对纸质文物进行保护前，应通过现代分析技术检测纸张材料的结构和成分，进而制定有针对性的保护措施。其中，无损和微损分析逐渐成为现阶段国内外纸张分析研究的主要趋势。纸张酸度是影响民国文献寿命的重要指标，常用的 pH 值检测方法需要对纸质样品进行破损采样。韦伟等学者利用荧光碳点对纸张表面的 pH 值进行无损分析测定，取得了良好的检测效果[①]。光谱技术是理想的无损或微损检测方法，近年来被越来越多地应用在对纸张材质及其工艺细节的研究中。Castro 将拉曼光谱、核磁共振波谱相结合，对近代地图进行成分结构分析后，发现其主要填料为石膏；使用傅里叶变换红外光谱技术研究近代版画纸张的变化情况，并总结出其成分、保藏环境和降解速率之间的相关性[②]。对造纸纤维原料的鉴定同样是民国文献保护的基础，目前纤维分析仪等一些专用设备已经可以实现在取样量极低的条件下完成对纸张原材料和部分填料的鉴定工作。对造纸工艺与印刷工艺的研究能够帮助我们了解民国文献的病害成因。以张美芳[③]、张翠[④]和余辉[⑤]等为代表的学者探究了民国文献的病害及其与造纸工艺和印刷工艺的关系，发现造纸和印刷工艺的不成熟是民国文献产生酸化、脆化和黄化等原生性病害的主要原因。

---

① 韦伟：《荧光碳点及其二氧化硅复合物与纸张的相互作用研究》，陕西师范大学 2013 年硕士学位论文。

② Castro K., Pessanha S., Proietti N., Princi E., Capitani D., Carvalho M.L., Madariaga J.M., Noninvasive and nondestructive NMR, Raman and XRF analysis of a Blaeu coloured map from the seventeenth century, *Analytical and bioanalytical chemistry*, 2008, 391(1):433–441.

③ 张美芳：《纸质历史档案文献毁损原因的研究》，载《档案学通讯》2007 年第 1 期。

④ 张翠：《纸质文献老化原因及对策探析》，载《科技情报开发与经济》2015 年第 23 期。

⑤ 余辉等:《中华古籍和民国文献保护的科学问题初探》,载《复旦学报(自然科学版)》2016 年第 6 期。

现代分析技术的发展和应用为后续的保护修复工作提供了强有力的科学依据。民国文献的病害类型基本可以概括为酸化、脆化、黄化、虫蛀鼠啮、残断破裂和霉变等，针对这些病害的保护修复日渐成为国内民国文献保护研究的重点，对脱酸、封护加固、杀菌灭虫、修补、撤线重装等具体保护修复手段和方法的探讨有利于民国文献保护修复工作的开展。以修复技术和保藏环境为基础，我国常用的民国文献保护方法可以概括为原生性保护和预防性保护两大类[①]。阮素雯对原生性保护方法进行了介绍，并对比分析了常用保护方法在保护效果、环境友好性、技术难度和保护成本方面的优势与劣势[②]。谢蕴则以预防性保护为侧重点，针对图书馆在民国文献保藏、管理等方面的不足提出了意见和建议[③]。2011 年开始执行的《信息与文献　图书馆和档案馆的文献保存要求（GB/T 27703—2011）》，涉及建筑要求、温湿度要求、空气质量要求、采光与照明要求、有害生物防治要求、装具要求等 9 项内容，这些都可作为调控民国文献保存环境和实施预防性保护措施的重要依据。

目前，大量民国文献散失于美国、日本及欧洲各国。国外对民国文献的研究始于 20 世纪 90 年代，研究范畴涉及民国文献保护理论研究、民国文献的脱酸和加固技术研究、保护修复材料和方法研究、民国文献保藏环境研究等方面。日本学者大江礼三郎的《纸的劣化及其对策》[④]介绍了日本 20 世纪以来的文献及档案研究情况。《Permanence in Book Papers》[⑤]简要分析了近现代图书的保存情况和老化机理。田周玲的《国外纸质文献批量脱酸工艺进展》[⑥]一文重点介绍了国外脱酸保护研究的现状及前沿。在对民国文献的研究方面，国内外学者的研究存在一定差异：国外学者多侧重于从纸张的成分结构出发，改进或研发脱酸加固等原发性保护技术，较之国内的研究更为系统且科学；国内的研究更多集中在病害类型及病害产生原因方面，更侧重于预防性保护，而对于原发性保护技术大都以沿用中华古籍保护技术和照搬国外研究为主。

无论是原发性保护还是预防性保护，目前国内外常用的方法都存在一些不足。托裱加固法和丝网加固法等方法利用宣纸和蚕丝的背衬作用能够对老化文献起到加固效果，但这类方法会使民国文献纸张变厚，失去柔软性，消耗贮存空间[⑦]。生物酶法利用含酶物质的特性，能够部分去除纸张中的酸性物质和胶黏物等杂质，但会对纸张纤维结构产生一定的破坏。维托

---

① 邢君：《浅谈民国文献的原生性保护》，载《数字与缩微影像》2019 年第 1 期；陈桂香：《近 10 年国内民国文献保护研究综述》，载《图书馆学刊》2015 年第 3 期。

② 阮素雯：《民国文献原生性保护方法研究》，载《兰台世界》2010 年第 21 期。

③ 谢蕴：《图书馆民国文献保护工作研究概述》，载《创新科技》2017 年第 10 期。

④ （日）大江礼三郎著，张耀宏译：《纸的劣化及其对策》，载《晋图学刊》1989 年第 2 期。

⑤ Barrow W.J., Sproull R.C., Permanence in Book Papers: Investigation of deterioration in modern papers suggests a practical basis for remedy, *Science*, 1959, 129(3356):1075–1084.

⑥ 田周玲：《国外纸质文献批量脱酸工艺进展》，载《中华纸业》2013 年第 14 期。

⑦ 崔玉洲：《纸质文物保护技术及环境控制对策》，载《文物鉴定与鉴赏》2018 年第 11 期。

法可在不拆除民国文献装帧材料的情况下对其进行脱酸加固，但操作步骤复杂，装置成本、要求高，且氟利昂和甲醇镁的环境友好性差[①]。双液两步脱酸法则至少需要对老旧民国文献进行两到三次浸泡才能完成脱酸加固工作，多次湿水无疑增加了民国文献破损的风险[②]。由此可见，目前常用的保护修复技术大都无法兼顾优良的加固效果、良好的抗酸化能力和易于操作等民国文献保护的基本需求。

4 羧甲基纤维素钠盐类加固剂的应用现状及前景

如前文所述，现阶段民国文献的保护修复技术仍然存在很大的提升空间，需要我们文保人继续努力，开发新的加固材料和保护修复技术。近年来，以羧甲基纤维素钠盐为原料的新型加固材料因其优良性能，引起了造纸、古籍保护等相关领域的广泛关注。

羧甲基纤维素被称为“工业味精”，具有优良的水溶性、胶黏性、扩散性、抗酶性、稳定性和环境友好性，被广泛应用于造纸、纺织、印染、石油、绿色农业和高分子等生产领域。羧甲基纤维素属于离子型纤维素醚，通常以钠盐的形式使用。纯净的羧甲基纤维素为白色或乳白色纤维状粉末或颗粒，无臭无味，不溶于有机溶剂而溶于水。羧甲基纤维素属于高分子化合物，作为一种水溶性纤维素衍生物，可用于矿物纤维的分散以及纸页的增强。羧甲基纤维素钠盐有良好的保水性，涂布后极易在纸张表面成膜，从而达到增强纸张性能的目的。羧甲基纤维素钠盐在80℃—90℃的热水中迅速分散、溶解，形成透明的黏稠溶液，其水溶液在常温下的pH值为7.9左右，化学性质稳定。由于羧甲基纤维素钠盐具有特殊的长链螺旋分子结构，所以它形成的膜具有优良的韧性、柔曲性和透明度，对油脂和水都有一定的阻隔作用。此外，这种弱碱性的溶液还可以中和纸张中的酸性物质，减缓纸张酸化和老化的进程。基于其优越的流变性能，羧甲基纤维素钠盐多年来已被广泛应用于造纸行业中表面施胶剂和涂料黏合剂的制作。

现阶段，羧甲基纤维素钠盐类加固剂在纸张保护方面的应用主要集中在古籍纸浆修复、湿部造纸以及表面施胶剂的制作等方面。在传统的文献修复技术中，合适的修复用纸是第一位的，缺少合适的修复用纸会使修复工作难以开展。使用羧甲基纤维素钠盐进行纸浆修复时，以羧甲基纤维素纳盐为胶黏剂，利用两种或两种以上的手工纸进行复配来制备合适的纸浆，再利用简便的工具，使其均匀地分布在破损处，然后利用湿纸的纤维素氢键的结合力、纤维交织力和复配成分的黏附性，使纸浆与被修复部位牢固地结合在一起。这种修复方法具有操作简单、容易掌握、修补效率高、成纸形态好、强度高、耐老化、抗虫抗渗能力强等优点。

---

① 周建华：《民国文献原生性保护综述》，载《科技创业家》2013年第13期。

② 何娟、韩凯英、吴郑杞、潘路：《书籍纸张脱酸方法研究综述》，载《中国文物科学研究》2011年第3期。

同时，这一方法的适用性广泛，即使在我国温暖潮湿的南方地区，依然可以保证良好的加固效果[①]。当羧甲基纤维素钠盐用于湿部造纸时，它能以足够的分子量吸附在纤维浅表，达到改善纸页强度的目的。浆料湿部系统的 pH 值对羧甲基纤维素钠盐增加纸页强度有重要影响。当 pH 值在 5.5—8.5 范围内时，羧甲基纤维素钠盐能发挥良好的增强效果[②]。

工厂通常使用的表面施胶剂是氧化淀粉或氧化淀粉和聚乙烯醇的混合物。因为氧化淀粉对纸页的渗透性强，在纸面形成的胶膜不均匀，而聚乙烯醇胶液结皮又较多，所以两者施胶后的效果都不是很理想。同浓度的羧甲基纤维素钠盐溶液的黏度比氧化淀粉溶液的黏度大，而且羧甲基纤维素钠盐分子含有的羧基比氧化淀粉多，所以采用羧甲基纤维素钠盐混合物作为表面施胶剂时，施胶剂比较容易附着在纸面上，从而对纸页强度起到增强效果，同时可大幅提高纸品的拉毛速度和对油墨的吸收性能，且对纸页的其他指标没有不良影响[③]。

综上所述，羧甲基纤维素钠盐的诸多优良特性都能帮助解决民国文献面临的主要病害问题。首先，羧甲基纤维素钠盐具备良好的成膜性，这是其作为加固材料的基础。在控制好使用浓度和实施工艺的前提下，羧甲基纤维素钠盐加固剂可以在不影响民国文献纸张柔顺度的情况下有效改善纸张强度。同时，羧甲基纤维素钠盐成膜后在一定程度上对纸张有封护效果，有利于帮助民国文献抵御外界不利因素。其次，羧甲基纤维素钠盐化学性质稳定，成膜后具备优良的抗老化能力，并兼具一定的抗菌防霉效果。这一特性符合文物保护材料需有较强耐久性的要求，可以有效避免因加固材料老化而对民国文献本身产生的影响。如前文所述，由于自身材料和工艺问题，酸化一直是民国文献面临的一大难题。而羧甲基纤维素钠盐水溶液呈弱碱性，它不仅可以在加固过程中中和纸张中的酸性物质，还能够在随后的保存过程中减缓纸张酸化和老化进程。此外，通过其在纸浆修复中的应用可知，羧甲基纤维素钠盐不同于在国外流行的纸浆修复技术，其设备投资小、修复费用低、修复的前期准备时间短、工序简单，即使是初学者也能很快掌握[④]。这些特性都有利于羧甲基纤维素钠盐加固剂的推广使用。相信随着羧甲基纤维素钠盐相关研究的不断推进，在不久的将来，以羧甲基纤维素钠盐为原料的新型加固材料和技术能够在民国文献的保护中发挥重要作用。

5 结语

民国时期是我国社会发生深刻变革的历史时期，民国时期的文献反映了这一时期政治、

---

① 张新航：《一种新型的古籍修复方法——纸浆修复技术》，载《贵图学刊》1995 年第 3 期。

② 李党国：《羧甲基纤维素钠的性质及其在造纸工业中的应用》，载《黑龙江造纸》2008 年第 3 期。

③ 莫立焕、陈克复、杨仁党、方观瑞：《羧甲基纤维素钠对纸和纸板的表面施胶试验》，载《纸和造纸》2002 年第 4 期。

④ 邱晓刚、蒋一斐、郑宁：《纸浆修补古籍技术的研究》，载《大学图书馆学报》1994 年第 1 期。

军事、外交、经济、教育、思想文化、宗教等多方面的信息，蕴含着中华民族特有的精神价值、思维方式和想象力、创造力，不仅对探索历史发展有着非凡的意义，对指导我们以后的发展也有不可小觑的作用。古籍善本不可再生，民国文献亦然，对民国文献的有效保护是传承中华文化的必然要求。现有的研究成果尚难以完全解决民国文献的老化问题，现阶段的保护修复技术也存在很多不足。结合羧甲基纤维素钠盐在造纸领域的应用，可以预见羧甲基纤维素钠盐类加固剂对存在酸化、脆化等病害的民国文献能够起到良好的保护作用。使用羧甲基纤维素钠盐配制纸张加固剂将在提高民国文献纸张的机械强度、降低其酸性等诸多方面发挥重要作用。

浅谈拓片对石刻文物保护的意义

◎ 吕夫永
莱芜职业技术学院

摘　要：在科技并不发达的古代，既没有影印，也没有摄影技术，书法的传播主要借助传拓技艺，书法的传承在当时是非常受限制的。本文通过对莱芜圣水庵《吴应期题诗》碑早期及晚期拓本进行比较，分析拓本的得失，并通过碑刻的风化、损坏情况论述传拓技艺在碑刻保护及书法传承中的独特历史地位。

关键字：书法　传拓　传承　碑刻

“镂于金石，传之永久。”传拓又名捶拓，据传始于南北朝时期，在中国已有上千年的传承历史，盛唐时期曾深受贵族士大夫青睐。至宋代，拓片已经成为一种独特的艺术门类。拓片被视作雕版印刷的雏形，一通碑刻、一张宣纸，通过布质拓包的不断捶按、层层叠加，碑刻上面的文字、图案便逐渐清晰地在宣纸上显现出来。这也是中国古代复制和保存文献资料的一种重要方式。尽管在摄影技术发达的今天，传拓仍有着独特魅力，是不可取代的。本文通过对莱芜圣水庵《吴应期题诗》碑早晚期拓本进行对比，论述传拓技艺在碑刻保护及书法传承中的独特历史地位。

1　圣水庵《吴应期题诗》碑历史背景

圣水庵位于山东省济南市莱城区万福山北的鹰窝崖山坳中，据张作平先生所作《莱芜通鉴》记载，圣水庵始建于明正德年间，有南北向上下两院，上院存庙房三间，下院有多处房基。庵内佛堂、殿宇、廊亭、钟楼颇具规模，香火盛极一时。2015 年，圣水庵石刻被列为莱芜市文物保护单位。圣水庵内现存有 11 块石碑，其中《吴应期题诗》碑为万历丙午（1606）所刻。吴应期，江苏徐州人，明代万历三十二年（1604）以选贡任莱芜知县。此碑为吴应期任莱芜知县期间游万福山山阴鹰窝崖及圣水庵时，即兴赋诗二首后刊石。诗曰：

其一：秋来无处不凄清，揽胜何期得此行。万壑阴雨连岳色，千林宿雨散弦声。半片僧磬悬崖落，绕廓村烟倚槛平。道路红尘良可厌，暂将圣水濯冠缨。

其二：池城岩际郁崔嵬，杖履盖因二妙来。巨石不填东海去，群峰直上九霄回。山空木落玄猿啸，秋杪霜清鸿雁哀。人世难逢探胜迹，輶轩肯为夕阳催。

2 《吴应期题诗》碑拓片残损对比

中华文化之所以接续不断地传承，与中国独特的汉字文化密不可分，而书法又使汉字文化的延续更加稳固，这其中很大一部分归功于数千年来不断流传下来的碑帖刻石。这些刻录人文历史且具有艺术美感的碑帖刻石，为中国坚定文化自信、屹立于世界文化之林提供了有力支撑，但其中流传至今的很多碑刻长期暴露在风吹日晒中而不断被破坏。怎样能行之有效地解决碑刻的风化、受损等问题，对碑刻进行有效的保护，最大限度地避免自然与人为因素时碑刻的损毁和破坏，更好地保存金石文字，这是当前迫在眉睫的问题。

图 1 《吴应期题诗》碑 2005 年拓本

图 2 《吴应期题诗》碑 2019 年拓本

以莱芜《吴应期题诗》碑拓片为例，2005 年所拓拓本整体相对完整（图 1），2019 年所拓拓本左下角有大块残损（图 2）。

通过比较发现，2005 年该石碑保存相对完整（图 3），2019 年该石碑残损面积较大（图 4）。究其原因，石碑长期暴露在室外，日晒、风吹、雨淋、雷击等自然因素都对石碑的保存产生了不利影响。除此之外，人为因素对石碑的破坏同样不可忽视，现在最常见的人为破坏就是游人用小刀或其他利器在石碑上刻字。其实无论是现在的游人抑或古代先贤，都喜欢在游览之余留下自己的痕迹，只不过先贤留下的是“文物”，现代人留下的是破坏。

图 3 《吴应期题诗》碑 2005 年拓本局部 1

图 4 《吴应期题诗》碑 2019 年拓本局部 1

另外，通过比较两张拓片上的碑文内容“山空木落玄猿啸，秋杪霜清鸿雁哀”也不难发现，2005 年所拓拓片上的字迹略微能识读（图 5），2019 年所拓拓片上的个别文字已经严重缺失、不能识读（图 6）。通过分析发现，该碑原石为当地一种名为燕子石的页岩石，石质较为疏松，因此在长时间的风吹、日晒、雨淋等自然因素影响下容易脱落、剥蚀，这也是影响石碑保存质量的关键因素之一。

图 5 《吴应期题诗》碑 2005 年拓本局部 2

图 6 《吴应期题诗》碑 2019 年拓本局部 2

3 拓片对保护文物的意义

一般来说，与原物相比，拓片上的字迹、纹饰、画面等更清晰易辨，且利用方便，宜于携带和保存，但也容易出现磨损或虫蚀等病害。

通过对比 2005 年及 2019 年所拓拓片可以看出，较早时期所拓的拓片相对完整地保存了石碑上的内容。拓片资料只有相对完整地保存石碑上的内容，才能最大限度地还原碑文的内容及书法风貌，为将来修复石碑提供可靠的资料，特别是在一些拓片的原器物因各种原因已经损毁甚至消失的情况下，拓片可以在很大程度上起到替代原物的作用，以弥补历史研究资料的不足。

石刻拓片之珍贵，首先在于它能清晰、完整、准确、生动、真实地再现古代书法艺术和绘画艺术的神韵，可以说，当今的高科技也难以达到其“原汁原味”的效果；其次在于它能记录、保存碑刻的原始内容，为后世研究原碑刻及相关内容提供宝贵的历史资料，具有极高的文献价值。

一件战国红色绢织物的分析讨论

◎ 刘 靓 刘芳志 胡文龙
山东省文物保护修复中心

摘 要：本文以山东博物馆收藏的一件战国红色绢织物为研究对象，着重对其材质、组织结构和染色成分进行分析检测。研究结果表明，此件文物为采用桑蚕丝、以平纹组织结构织造的绢织物，而染色采用的是朱砂石染工艺，刺绣采用的是贴绣和平针绣相结合的工艺。此件红色绢织物为研究山东地区战国晚期的染织工艺、刺绣工艺等手工业情况提供了宝贵的实物资料，具有较高的研究价值。

关键词：战国丝织品 组织结构 石染工艺 刺绣工艺

2013年，山东博物馆接收了一批捐赠文物。据捐赠者介绍，该批文物出土于山东临淄地区，后经中国社会科学院考古研究所等单位相关专家鉴定，其时代属于战国晚期。该批文物包括带有刺绣镶边的多色拼接衣裙、使用刺绣绢包边的鞋履、以纬线起花的绦带等，其中有一件尺幅较大的红色绢织物，色彩较其他纺织品更为鲜艳，染织工艺亦与其他纺织品不同。本文就这件红色绢织物的材质、工艺等进行分析与讨论（图 1、2）。

图 1 文物正面照片

图 2 文物背面照片

文物残长约44cm，残宽约27cm。文物主体为红色绢织物，其上饰有简单的贴绣几何花纹和以针线法刺绣的变异“S”形纹，贴绣主要采用的是褐色绢织物裁剪而成的三角形、梯形等几何纹样，刺绣丝线主要为褐色绣线。

1 工艺分析

1.1 材质分析

1.1.1 实验方法

通过扫描电镜观察纤维横截面和纵截面，判断纤维材质类型；通过傅里叶变换红外光谱法分析特征吸收峰，进一步确定纤维材质类型。

1.1.2 实验条件

（1）扫描电镜及能谱分析：使用荷兰 Phenom XL 型能谱版扫描电镜，光学放大倍数为3—16倍，电子放大倍数为100000倍，分辨率≤ 15nm。

（2）傅里叶变换红外光谱分析：使用美国赛默飞公司 Nicolet iS50 型傅里叶变换红外光谱仪，以 KBr 压片法进行制样，KBr 压片的厚度为0.3—0.6mm。将样品研细后与溴化钾混合，装入模具内放在油压机上加压，使其成为透明的晶片。样品的用量为1—2mg，溴化钾的用量为100—200mg。将样品放在真空干燥箱内进行干燥，真空度一般为0.13—0.26kPa 即可。扫描范围4000cm^{-1}—400cm^{-1}，分辨率为4cm^{-1}，扫描次数为32次。

1.1.3 分析结果

如图3至图6所示，红色织物和褐色贴片的经纬线纵截面光滑，呈圆柱形，无鳞片、结节等形态；横截面呈近似圆角的正三角形。该纤维的微观形态符合蚕丝特点，因此，可以推测红色织物及褐色贴片使用的纺织原料均为蚕丝。

图3 红色织物纤维纵截面

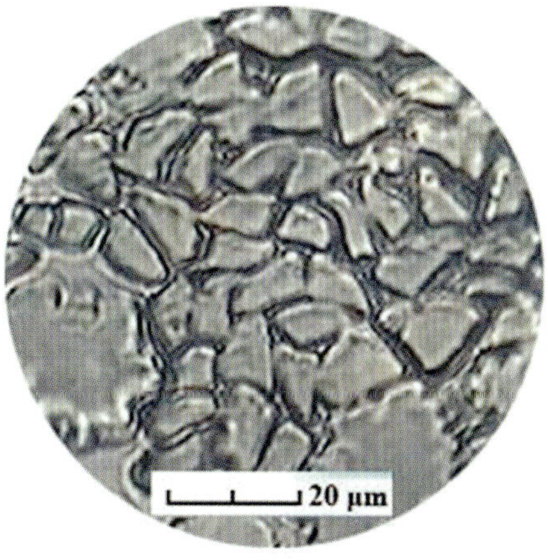

图4 红色织物纤维横截面

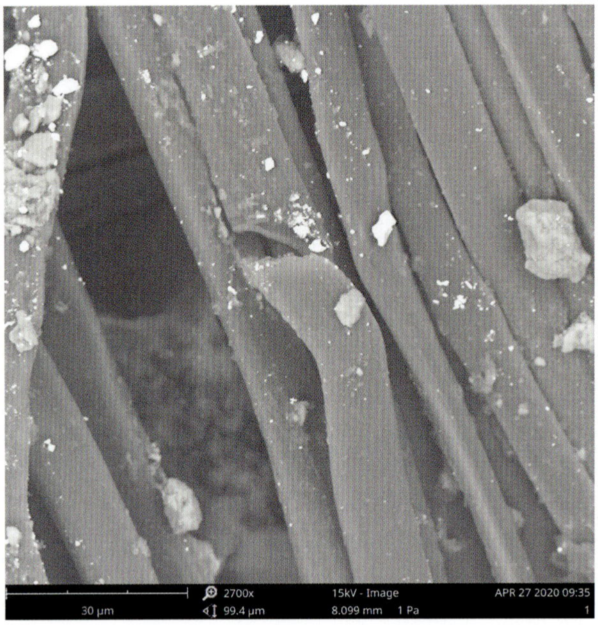

图 5　褐色贴片纤维纵截面

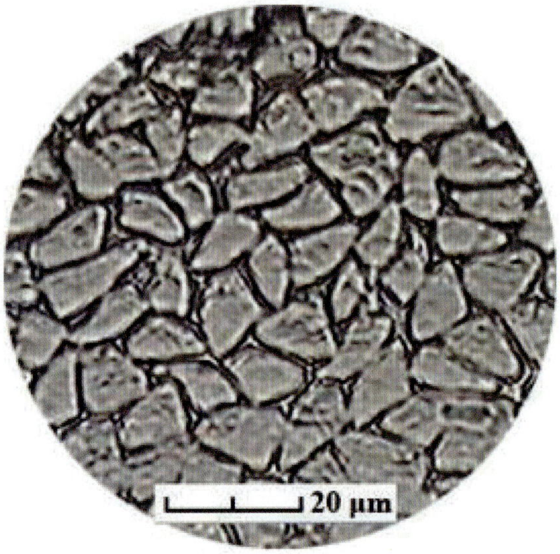

图 6　褐色贴片纤维横截面

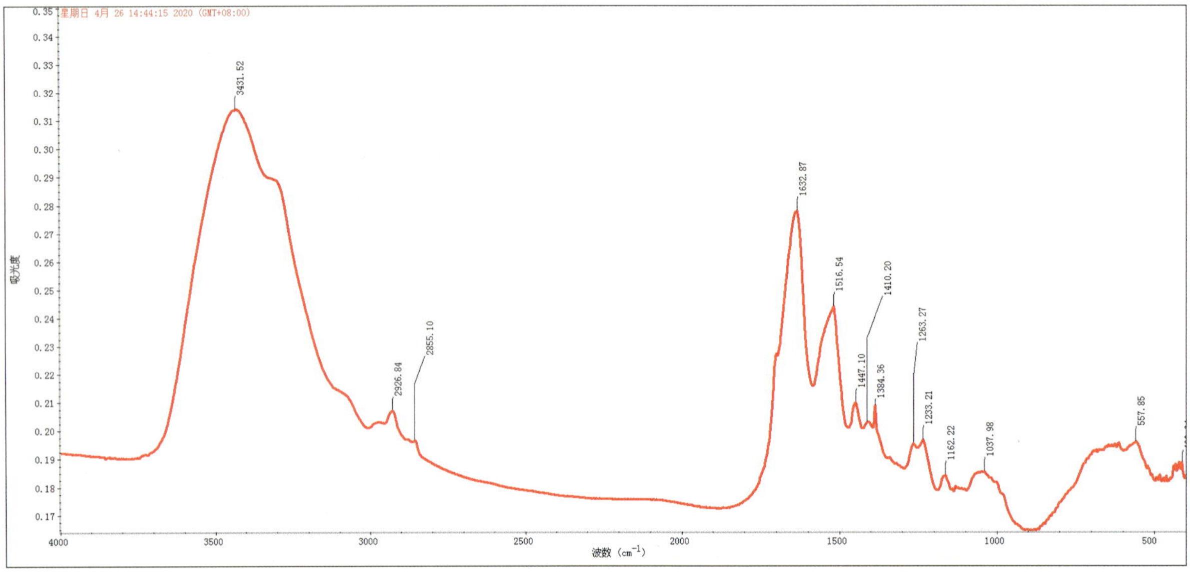

图 7　红色织物纤维红外光谱图

同时，通过傅里叶红外光谱仪分析其特征吸收峰，发现红色织物纤维样品和褐色贴片纤维样品的红外光谱图中均出现了以下特征峰（图 7、8）：在 1690cm^{-1}—1600cm^{-1} 处出现了—C=O 伸缩振动所产生的特征吸收谱带（酰胺Ⅰ）；在 575cm^{-1}—1480cm^{-1} 处出现—NH 变形振动所产生的特征吸收谱带，主要代表形成氢键的—NH 的振动（酰胺Ⅱ）。通过扫描电镜观察，可以确定红色织物与褐色贴片使用的纺织原料均为桑蚕丝。

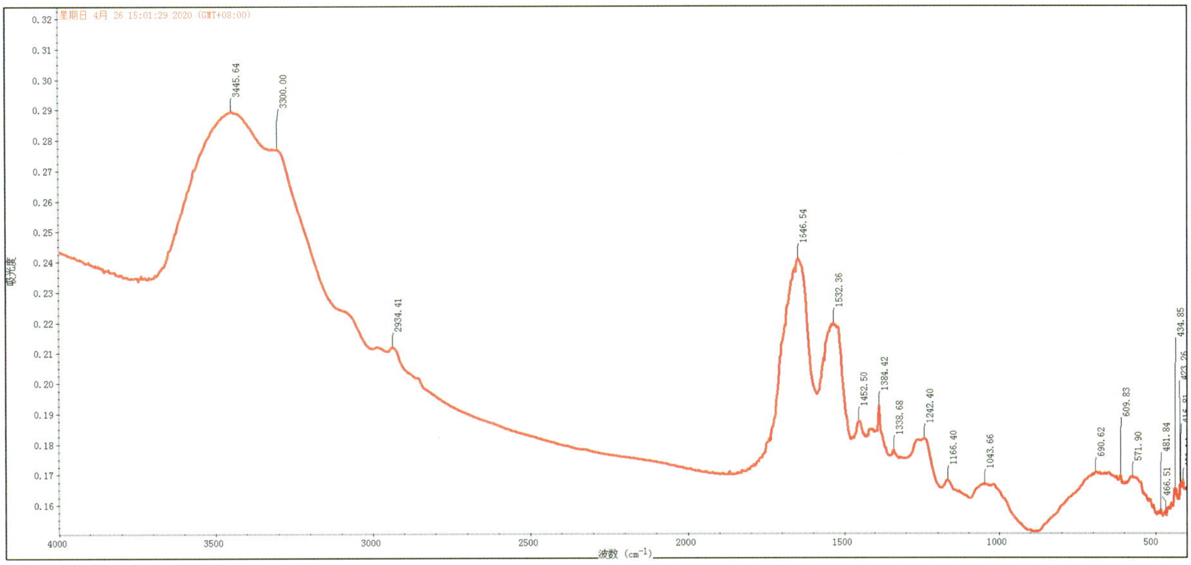

图 8 褐色贴片纤维红外光谱图

1.2 组织结构分析

1.2.1 实验方法

使用莱卡 DVM6 型超景深三维视频显微镜观察组织结构、测量相关数据，放大倍数范围应不小于 12—700 倍，并可实现 12—700 倍范围内任意倍数下的显示观察、自动标尺标定和测量，单视野最大观察直径不小于 40mm。

1.2.2 结果分析

由显微观察可知，红色织物与褐色贴片均为一上一下织造的平纹绢织物（图 9、10）。其中，红丝织物经线无捻，投影宽度为 0.12—0.14mm，密度为 34 根 /cm；纬线亦无捻，投影宽度为 0.24—0.30mm，密度为 27 根 /cm。褐色贴片经线无捻，投影宽度为 0.11—0.18mm，密度为 35 根 /cm；纬线亦无捻，投影宽度为 0.23—0.30mm，密度为 22 根 /cm。

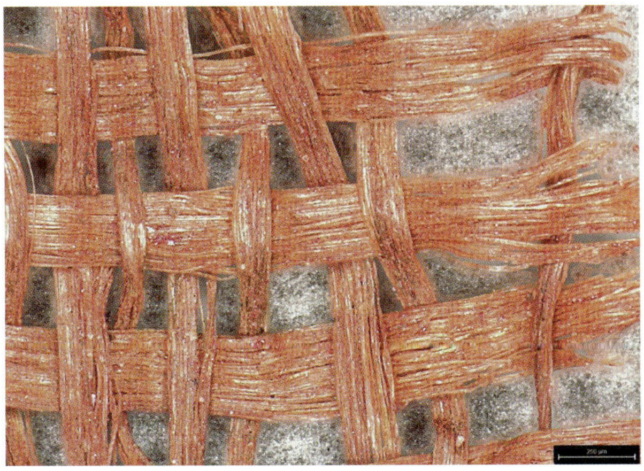

图 9 红色织物组织结构

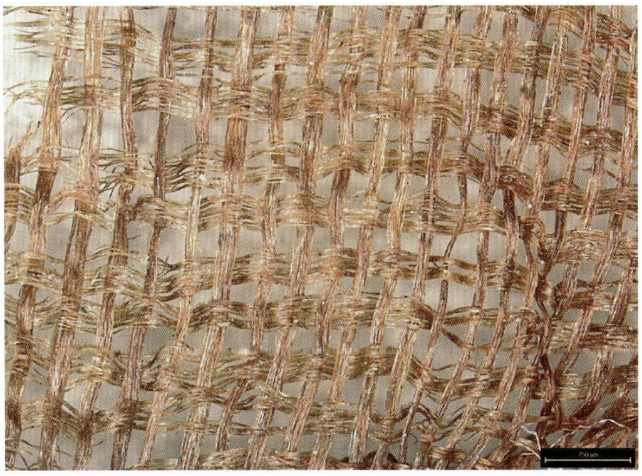

图 10 褐色贴片组织结构

1.3 染色工艺分析

1.3.1 实验方法

采用能谱分析法和拉曼光谱分析法对纤维上的显色颗粒进行检测。

1.3.2 实验条件

（1）使用荷兰 Phenom XL 型能谱版扫描电镜，设定光学放大倍率数 3—16 倍，电子放大倍数为 100000 倍，分辨率≤ 15nm，15kV 电压和配套电流，结合能谱分析结果对文物样品进行分析。

（2）使用英国 Renishaw inVia 型共焦显微激光拉曼光谱仪，最大整体高度范围 28mm（标准显微镜），支持 10—100 倍的标准雷尼绍物镜。其中，532m 激发波长，激光器功率不低于 50mW，光谱范围 $4000cm^{-1}$—$100cm^{-1}$；632.8nm 激发波长，激光器功率不低于 17mW，光谱范围 $6000cm^{-1}$—$100cm^{-1}$；785nm 激发波长，激光器功率不低于 280mW，光谱范围 $3500cm^{-1}$—$100cm^{-1}$。

1.3.3 结果分析

通过对红色织物、褐色贴片纤维上及纤维间残存显色颗粒进行能谱分析，发现显色颗粒的主要元素为 Hg 和 S（表 1、2）。其中，红色织物显色颗粒直径在 395nm 至 2.44 μm 之间；褐色贴片显色颗粒脱落较为严重，最小的显色颗粒直径约为 200nm，最大的显色颗粒直径约为 33.3 μm。通过对红色织物、褐色贴片纤维上的显色颗粒进行拉曼光谱分析，发现两者均在 $255cm^{-1}$ 处出现特征峰（图 11、12），这与 HgS 的特征峰相近。以上两种检测结果相互印证，由此可确定红色织物与褐色贴片均使用朱砂染色。

表 1 红色织物显色颗粒能谱分析结果

位置	元素				
	Element Number	Element Symbol	Element Name	Atomic Conc.	Weight Conc.
	80	Hg	Mercury	9.88	51.63
	16	S	Sulfur	24.34	20.33
	6	C	Carbon	31.39	9.82
	7	N	Nitrogen	20.49	7.48
	14	Si	Silicon	6.19	4.53
	13	Al	Aluminium	4.20	2.95
	20	Ca	Calcium	1.65	1.72
	19	K	Potassium	0.93	0.95
	12	Mg	Magnesium	0.91	0.58

（续表）

位置	元素

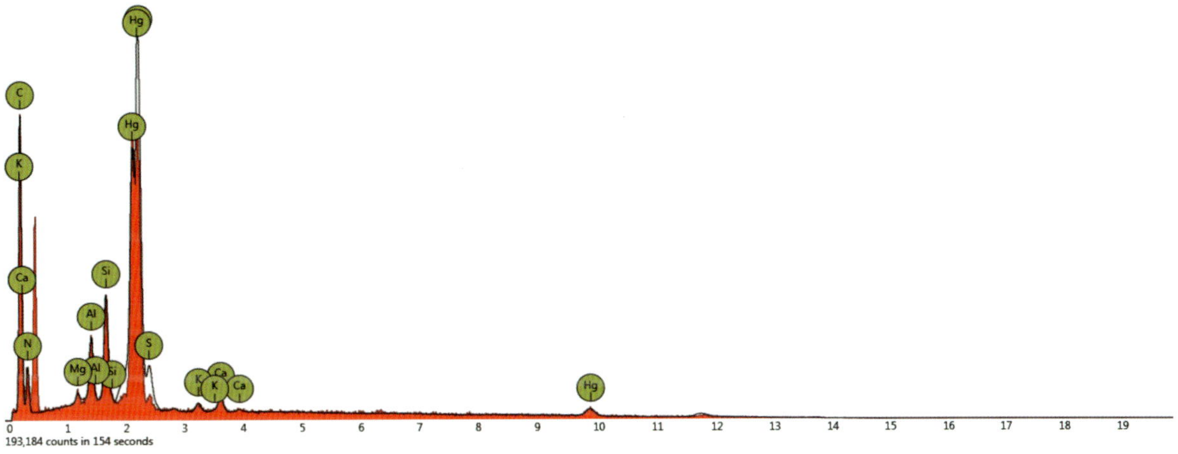

表 2　褐色贴片显色颗粒能谱分析结果

位置	元素				
	Element Number	Element Symbol	Element Name	Atomic Conc.	Weight Conc.
	80	Hg	Mercury	10.36	48.89
	16	S	Sulfur	50.51	38.13
	6	C	Carbon	34.65	9.80
	14	Si	Silicon	3.70	2.44
	20	Ca	Calcium	0.79	0.74

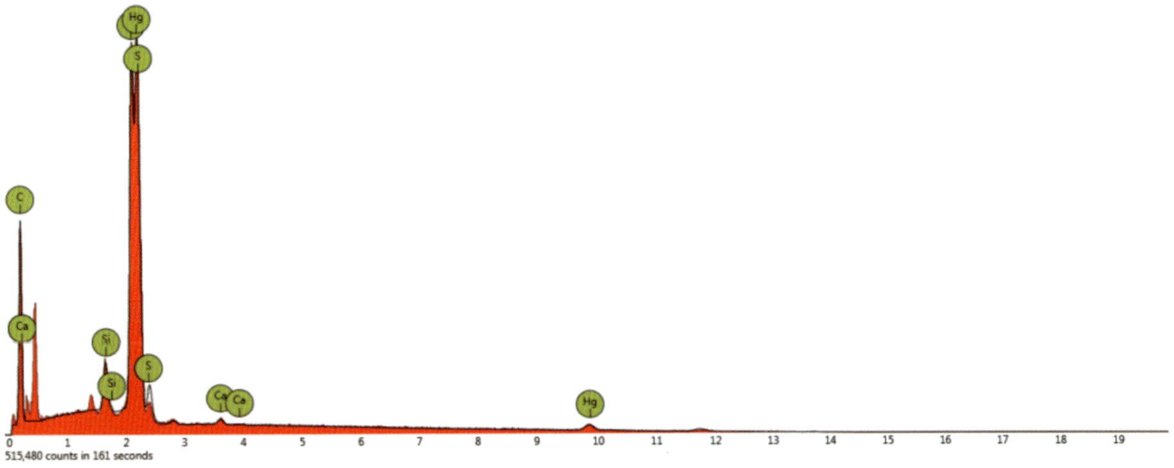

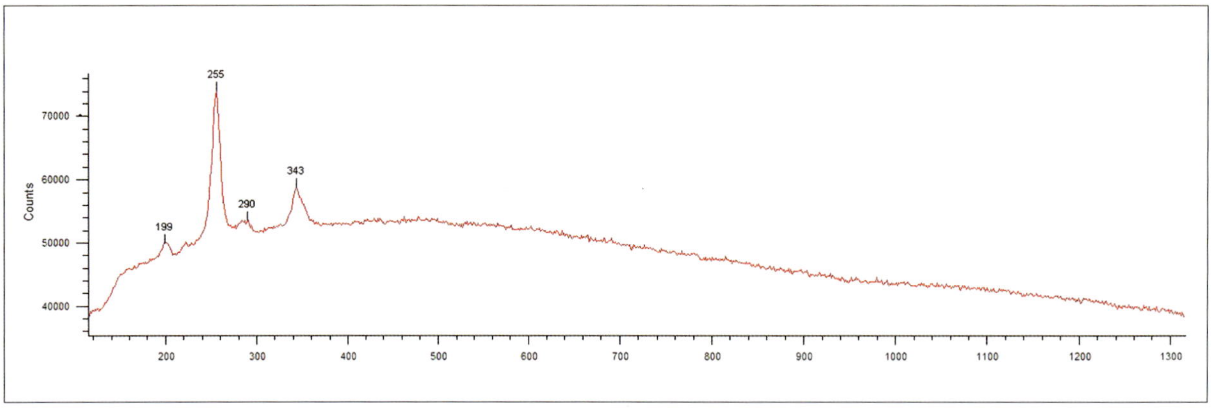

图 11　红色织物显色颗粒拉曼光谱图

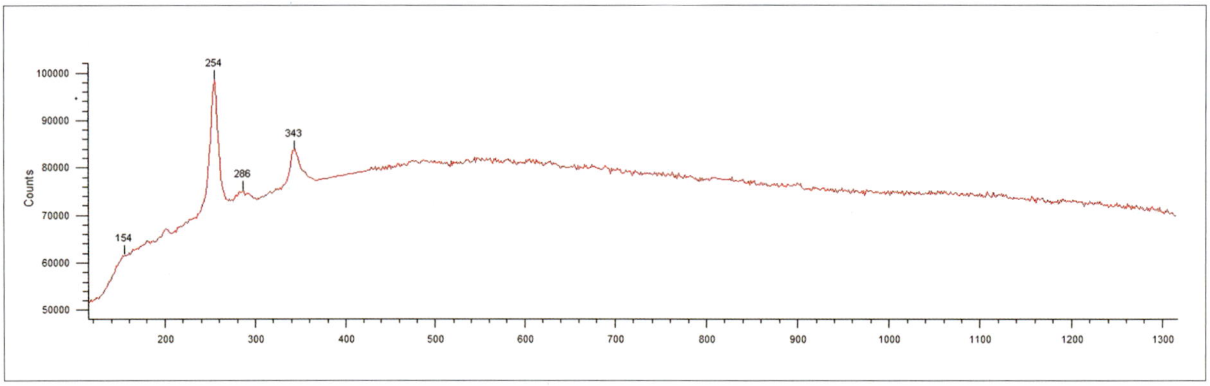

图 12　褐色贴片显色颗粒拉曼光谱图

2　讨论

2.1　石染工艺

这件几何纹红色绢织物的颜色比与之同时出土的其他纺织品更为鲜艳，但掉色现象也较为严重。将织物放在无酸纸上，通过肉眼可见无酸纸上不断沾染红色染料。通过对织物的显色颗粒进行检测分析，发现这件几何纹红色绢织物使用的是矿物颜料。

古代纺织品主要采用天然染料染色，而天然染料又可分为植物染料、动物染料和矿物颜料。植物染料是从植物的叶、根、茎、果实等部位提取的汁液，俗称“草染”；动物染料主要是使用昆虫等动物体制作的染液；矿物颜料则是利用有色矿物质碾磨制成的颜料，俗称“石染”。

古代文献中对远古时期服饰上的颜色多有记载，如《后汉书·舆服志下》记载：“黄帝、尧、舜垂衣裳而天下治，盖取诸乾坤，乾坤有文，故上衣玄，下裳黄。”其中，“上衣”“下裳”为服饰，“玄”“黄”则为颜色。可见在远古时期，人类已经懂得利用天然材料对服饰进行装饰。有一种说法是，人类首先利用天然材料美化自身（文身），进而利用天然材料来美化服饰。由此，服饰的染色是由文身演变而来，最初采用的是涂抹、描绘等方式，采用的颜料则多是用来文身的有色矿物质。所以上述三种天然染料中，矿物颜料应该是最先被人类使用的。考古发掘中也多有先秦两汉时期石染的纺织品出现，如长沙子弹库出土的战国帛书、茹家庄西周墓出土的刺绣印痕、西周倗国墓地出土的荒帷印痕等，经过分析鉴定，它们均采用矿物颜料进行染色[①]。考古发掘出土石染纺织品中的常见颜色有红色、黄色、青色、黑色等，其中红色矿物颜料最为常见，主要是朱砂、赭石等。这件几何纹红色绢织物采用的染色矿物颜料就是朱砂。

石染的方法是将矿物颜料碾磨成极细的粉末，加黏合剂调和、发酵，制成染液，用画缋的方法进行描绘、涂染，或者将织物放入染液中浸染。《周礼·考工记》中有对石染方法的记载："钟氏染羽，以朱湛丹秫，三月而炽之，淳而渍之。""朱"即朱砂，"丹秫"即赤粟。石染操作工艺较为简单，但色牢度不高，易掉色。

通过扫描电镜观察测量，可以发现红色织物中的朱砂颗粒较为细小，均匀地分布在纤维表面和纤维之间，上色效果均匀且没有染料堆积的现象出现；织物结构清晰，朱砂颗粒直径多在 2 μm 以下，细度已经接近现代涂染工艺的要求。褐色贴片中的朱砂颗粒脱落较为严重，残留的多为纤维间较大的朱砂颗粒，纤维表面的朱砂颗粒脱落严重，残存朱砂颗粒直径最大者为 33 μm。

两者使用的矿物颜料均为朱砂，但红色织物呈现的红色更为鲜艳，而褐色贴片呈现的红色较浅且有偏色现象。推测所呈现红色的深浅与朱砂颗粒的碾磨细度有关，即朱砂颗粒碾磨得越细越容易上色，色牢度也越高，呈现的红色越鲜艳；颗粒碾磨得越粗越容易脱落，呈现的红色也就越浅。另外，两件织物均采用朱砂石染工艺，但最终呈现的颜色不同，可能还与黏合剂的种类有关。古代为加强石染的色牢度，往往在颜料中加入黏合剂，例如淀粉、谷类等。采用的黏合剂不同，呈现的颜色就会有所区别。由于检测分析设备与技术的局限性，本次的检测分析未发现黏合剂成分。但作为装饰，为了与文物主体进行区分，织造者应该是特意挑选了与文物主体颜色（红色）不同的褐色织物作为贴绣布料，故此推测红色织物与褐色贴片染色工艺采用的都是朱砂石染工艺，但显色不同是有意为之。

2.2 刺绣工艺

刺绣是用针引线在织物纤维间缠绕，用以绣制各种图案纹样的装饰工艺。刺绣与染色相同，都是服饰的装饰工艺。刺绣与提花是织物显花的两种方式，二者的区别在于，提花是在织物织造过程中通过经纬线的变化来达到显花效果的技术，而刺绣是在已经织好的织物上使用丝线、布料等构成一定的纹样图案来进行装饰的工艺。

中国刺绣工艺源远流长，河南安阳妇好墓出土的青铜器上已有刺绣痕迹，证实刺绣工艺

---

① 廖江波、任春光、杨小明：《先秦两汉石染矿物颜料及其染色考》，载《广西民族大学学报（自然科学版）》2016 年第 3 期。

早在殷商时期便已出现。到战国时期，刺绣工艺已经达到一个发展高峰期，考古发掘出土的这一时期的丝织品上几乎都有刺绣，如湖北江陵马山楚墓中出土了大量精美的刺绣丝织品。山东博物馆收藏的这批纺织品上都有刺绣，如皮履的包边绢上有使用锁绣法绣成的涡旋纹图案，多色拼接衣裙的两个幅边也采用了锁绣法。这件几何纹红色绢织物则采用了两种刺绣工艺，一种是贴绣，一种是平针绣。贴绣就是将与本体颜色不同的织物裁剪成各种图案、纹样，通过粘接法或针线法将其固定在服饰上进行装饰的一种刺绣方法。这件几何纹红色绢织物上的主体纹饰就是用这种贴绣法绣出的，即将褐色织物裁剪成三角形、梯形等几何纹样，然后用针线将其缝制在红色绢织物上进行装饰。贴绣图案主要分布在这件文物的中间部位，其上下部位则采用褐色绣线平针绣法绣成变异“S”形纹。变异“S”形纹纬向排列，4 个“S”形纹为一个循环单元。贴绣的几何纹为主体纹样，变异“S”形纹为辅助纹样。

3 结语

虽然古代文献中有不少关于齐国发达的丝织业的记载，但受环境因素的影响，山东地区出土的战国时期的丝织品较少，目前见诸报道的仅有山东临淄郎家庄东周一号墓中出土的织物印痕。山东博物馆收藏的这批战国时期的纺织品数量较多、种类丰富，但采用石染工艺和贴绣工艺的仅有一件，这为研究山东地区战国晚期的染织工艺、刺绣工艺等手工业情况提供了宝贵的实物资料，具有较高的研究价值。

蓝地妆花纱蟒衣的保护修复

◎管　杰
孔子博物馆

摘　要：古代纺织品在使用、流传、保存过程中，受自身及外部自然环境等影响，会产生各种不同程度的病害。本文在总结孔府旧藏服饰的文物价值及工艺特点的基础上，以孔子博物馆藏明代蓝地妆花纱蟒衣为例，介绍其工艺特色及保护修复过程，以期展现文物原貌，揭示其重要历史价值，也为今后的展示利用奠定基础。

关键词：明代　蓝地妆花纱蟒衣　保护修复

明代纺织品文物与当今时代相去稍远，保存不易，传世较少。故宫博物院曾因明清皇宫之便而对明代纺织品有所收藏，但其收藏的数量和品类也较有限。至于一些海外传世品如日本京都妙法院收藏的明神宗赐给丰臣秀吉的服饰，保存虽较完整，但也属罕见。新中国成立后，经考古发掘出土的明代纺织品文物数量虽较多，但大多色彩褪却、纤维老化，不如传世品精美，尤其是在色彩方面，出土纺织品的信息多有缺失。孔子博物馆所藏明代服饰均为孔府旧藏，其存世数量之众、跨越时间之长、涵盖款式之多，在传世纺织品文物中几乎可以说是独此一家。由于其年代久远，在传承过程中受到较多的人为因素影响，且过去保存服饰的库房条件简陋，所以部分服饰出现了较为严重的病害，并呈继续劣化的趋势。

为了对这批珍贵的明代服饰进行科学有效的保护修复，孔子博物馆委托纺织品文物保护国家文物局重点科研基地（中国丝绸博物馆）对其中 10 件制作工艺较为复杂的珍贵服饰进行保护修复，包括蟒衣（袍）4 件、蟒裙 1 件、短衫 5 件，其中国家一级文物 8 件、二级文物 2 件。明万历时期的蓝地妆花纱蟒衣（图 1）就是这批被修复的明代服饰中比较有代表性的一件，具有较高的历史价值、科学价值和艺术价值。本文以这件蓝地妆花纱蟒衣为例，介绍其工艺特色及保护修复过程。

a. 正面

b. 背面

图 1　明万历时期蓝地妆花纱蟒衣

1 孔府旧藏服饰的文物价值及工艺特点

1.1 具有特殊历史价值，再现明代真实生活

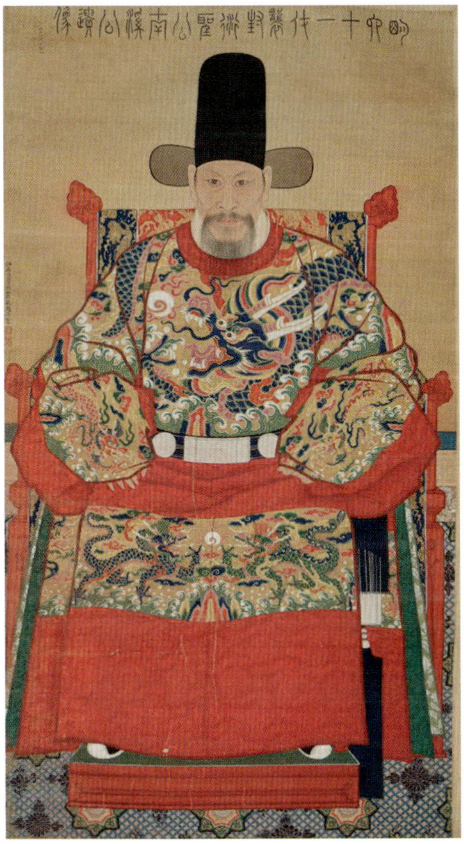

图 2 六十一代孙衍圣公孔弘绪衣冠像

孔府旧藏服饰按来源可分为孔府自行置办和朝廷赏赐两大类，按类别可分为朝服和便服两大类，门类很全，并且很多服饰为目前所知的孤品。这批服饰有袍、衫、襕裙等不同款式，其上纹饰又有蟒、飞鱼、斗牛等不同等级划分。本文所述明万历时期蓝地妆花纱蟒衣为明代赐服，装饰有蟒纹，蟒衣交领右衽，大袖，腋下缀带，饰以云肩通袖膝襕，云肩和襕内饰以各色蟒纹，应是明代中后期流行的“喜相逢”式样，文献中又名“新式”。其面料为妆花纱，内衬为假纱织物，为衍圣公赴京朝觐、袭封之际，朝廷的袭衣冠带之赐，代表了当时公爵这一较高等级人群的服饰穿着情况，凸显了孔府当时特殊的社会地位。更重要的是，这件明代服饰能与衍圣公容像上的穿着相对应（图 2），从而使得这件服饰具有较高的历史价值。

1.2 鲜明的服饰图案反映出明代装饰艺术特点

明代织绣服饰较诸之前的元代服饰和后来的清代服饰，有其鲜明的时代特征，这尤为突出地表现在服饰的装饰图案和色彩上。在图案方面，首先是各类事物被广泛运用于明代服饰中，文禽武兽的补子制度即定于明代；其次是各类花卉、佛道图案及自然景象也被较多采用。蓝地妆花纱蟒衣上的图案有蟒纹、如意云纹、花卉（梅花）、海水江崖纹、杂宝等，这在很大程度上体现了当时宫廷的设计水平，也体现了当时的流行图案（图 3、4）。

在颜色方面，各种亮色在明代服饰中运用得较多，撞色现象较为普遍，服饰颜色呈现出的视觉效果明亮生动。如本文所述的这件蟒衣，仅蟒的头发就至少使用了 5 种颜色。

在图案艺术的运用方面，明代特定的服装式样有其较为固定的装饰图案。本文所述的这件蟒衣装饰有云肩通袖膝襕，而这类装饰也正是在赐服上最为常见的。又如补子，主要用于装饰常服、赐服，虽然后期也多用于装饰便服，但大体只用于相对固定的这几类。

图3 蟒纹

图4 云纹

1.3 丰富的品种及工艺体现出卓越的纺织技术

明代是纱、罗、缎等织物发展极为发达的时期。当时仅纱的种类就有素纱、云纱、绉纱、闪色纱、织金纱、遍地金纱、妆花纱、织金妆花纱等多种，可按服装款式整体设计的需要进行选择。妆花也是明代最为辉煌、最为典型的纺织品种类之一。传世的明代纺织品文物中多有妆花，而本文所述的这件蟒衣就是由妆花织成料制作而成的，而且饰有最为复杂的云肩通袖膝襕。明代纺织品的另一个特点是袭用元代在纺织品上加金的做法。加金的纺织品在明代是最为华贵的品类之一，本文所述的这件蟒衣上就织有金线，而且还是明代所谓的足色金线。纺织品种类的细化生产及金、银等金属线的制备与加织，正反映出当时社会纺织技术的发达，所以《天工开物》这类专门讲述农业和手工业技术的书籍在当时的出现有其深刻的社会背景。

2 检测分析

检测分析是纺织品文物保护修复中不可或缺的一个步骤。在对这件蟒衣进行保护修复之前，需要对其进行纤维鉴别、组织结构分析、染料及颜料分析等无损检测分析，从而为保护修复方案的制定提供科学依据。

2.1 织物品种分析

采用三维视频显微镜（VHX-2000C，日本基恩士，下同）对该蟒衣所用面料、里料等进行组织结构观察，发现该蟒衣采用的面料有5种，其中以亮地纱（图5）、妆花纱（图6）及实地纱（图7）居多，亦有织金绢等。亮地纱、实地纱多用于制作服装的主体部位，而织金绢及方孔纱（图8）多用于制作袖口或义领。

2.2 纤维分析

采用三维视频显微镜进行纤维材质鉴别和纱线加工工艺分析。

面料地部：蓝色四合云纹亮地纱

织物照片　组织结构（50X）　组织结构示意图

1/1 平纹地上以二经绞组织显花　经密：31 根/cm　纬密：25 根/cm。

图 5　亮地纱面料组织结构

面料花部：蓝地云肩通袖膝襕蟒纹妆花纱

织物照片　组织结构（50X）　组织结构示意图

妆花部地组织：1/1 平纹；固结组织：1/1；经线：固结经:地经＝1:2，30 根/cm；纬线：地纬:纹纬＝2:1，地纬 30 根/cm，纹纬 15 根/cm

图 6　妆花纱面料组织结构

义领：白色杂宝朵梅实地纱

织物照片　组织结构（50X）　组织结构示意图

1/1 平纹　经密：35 根/cm　纬密：25 根/cm

图 7　实地纱面料组织结构

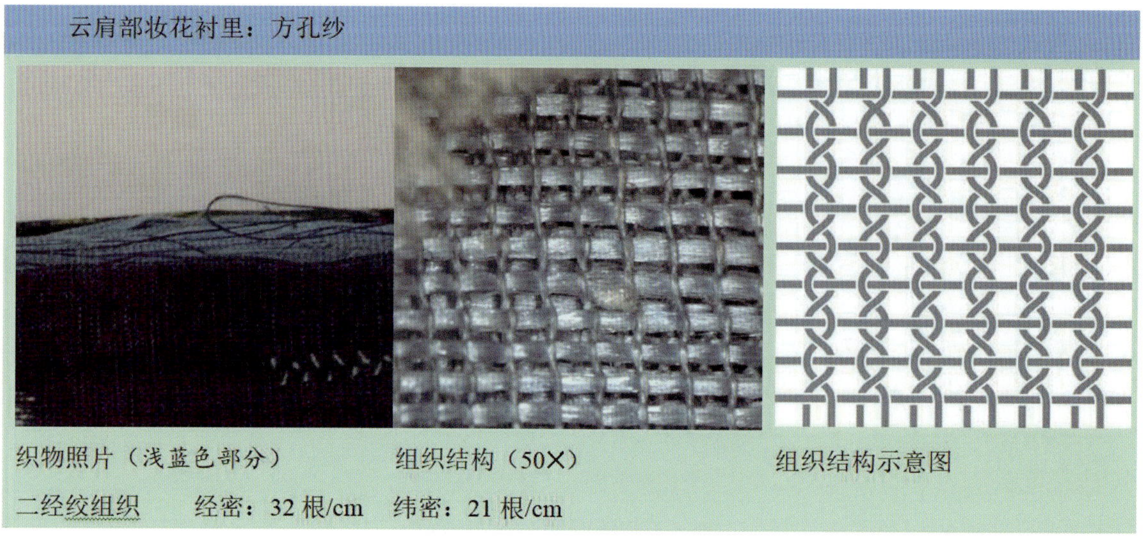

图 8　方孔纱面料组织结构

2.2.1　**纤维材质鉴别**

由于本次为无损检测，所以未能对纤维做切片分析，但通过文物的纵向纤维照片及对织物外观的总体观察（放大 600 倍进行观察）发现，纤维呈单根均匀光滑的长丝状，直径在 10μm 左右，符合桑蚕丝的特点，可判断其品种为丝（图 9）。

2.2.2　**纱线加工工艺分析**

纱线特征包括纱线加工类型、纱线的细度、纱线的捻度和捻向、纱线的组合等方面。通过使用三维视频显微镜采集的放大倍数为 200 倍的照片可以发现，该蟒衣未加金区域的花部和地部大多具有相同的纱线特征，即纬线较粗，为弱捻或无捻，经线较细，也为弱捻或无捻。加金区域的纱线呈现出不同特点，即固结金线的纬线加有强 Z 捻。纱线大多由单色丝线构成，但也发现了由少量复色丝线并合而成的彩色纱线（图 10）。缝线为双股并合，加 Z 捻。

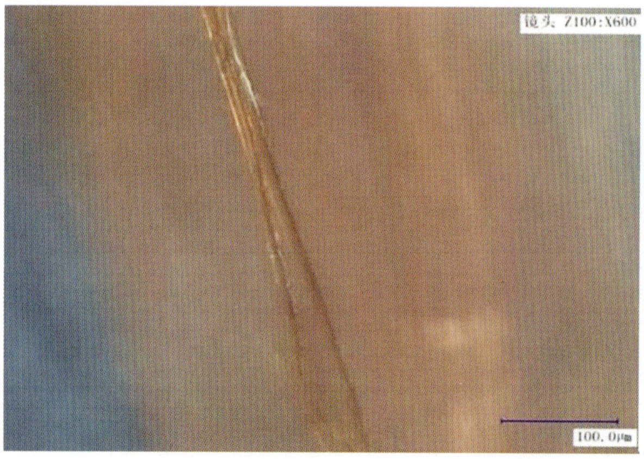

图 9　橙色妆花线（600×；标尺：100μm）

图 10　彩色纱线

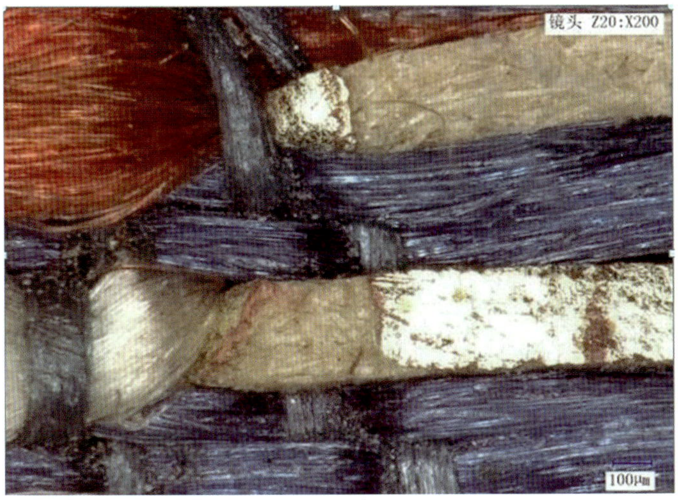

图 11　金属线（200×；标尺：100 μm）

2.3　金属线工艺分析

采用三维视频显微镜对金属线进行形貌观察并进行尺寸测量，以判断其加工工艺。通过形貌观察可知，这件蟒衣中存在不同种类的金属线（图 11），且直径各有不同，大致在 260—510 μm 之间。

2.4　色彩记录

采用柯尼卡美能达分光测色仪（CM-700d）对文物色彩进行原位无损记录，为保护修复时背衬材料的染色、修复效果的评价提供原始色彩的 Lab 值。

因孔府所藏服饰的颜色丰富，我们采用便携式测色仪对大于 5cm×5cm 的色块进行了颜色测试，并获得了 CIE Lab 值。通过比较不同服饰相同色调颜色的色差值，并根据《天工开物》《天水冰山录》等文献中记载的明代颜色名称，以及《江南丝绸史研究》中总结的明代晚期丝绸色彩名称，我们将孔府所藏服饰的主要颜色命名如下：

红色系：包括大红、红、桃红（水红、银红）；

蓝色系：包括石青、天青、天蓝、蓝、翠蓝、浅蓝、月白；

黄色系：包括黄、金黄、赭黄、鹅黄、柳黄；

绿色系：包括官绿、油绿、柳绿、砂绿、豆绿、水绿、黑绿。

通过色差计算，我们初步推测了孔府所藏服饰中红色系、蓝色系、黄色系和绿色系不同颜色的命名，但由于缺乏对明代标准颜色的系统研究，上述命名只是我们的推测，尚需进行进一步的分析和探索。

2.5　染料分析

采用微型光纤光谱技术对蟒衣进行染料分析。微型光纤光谱技术是一种无损分析方法，可直接获取染料的电子吸收光谱图，只需将光纤探头与样品平面的夹角呈 45° 即可采集染料信息。但是，天然染料种类繁多，染料的吸收光谱比较简单，这为准确鉴别染料来源带来了困难。因此，我们根据明清时期常见的染料进行模拟染色，通过比对文物样品与染色卡上的颜色，结合样品的发射光谱来提高本次分析的准确性。通过分析发现，尽管这些服饰上的颜色比较丰富，但是常用的染料仅有四种，分别为靛青、槐米、红花和黄檗，说明当时的染匠可以凭借高超的套染技术，运用少量的染料品种染出人们需要的多种颜色。

3 保护修复

3.1 病害分析

这件蟒衣未经系统整理，一直存放在孔子博物馆老库房（原孔府文物档案馆）内，基本上处于折叠和积压状态，大部分病害皆由保存条件不利、保存方法不当所致。其主要病害类型有完整性变化（破裂、缺损、饰件缺失、缝线脱落）、色彩变化（褪色）、平整性变化（皱褶、粘连）、强度变化（糟朽）、污染、生物破坏（虫蛀）、印绘脱落（金箔脱落）、历史干预（针线法修复）等（图 12）。

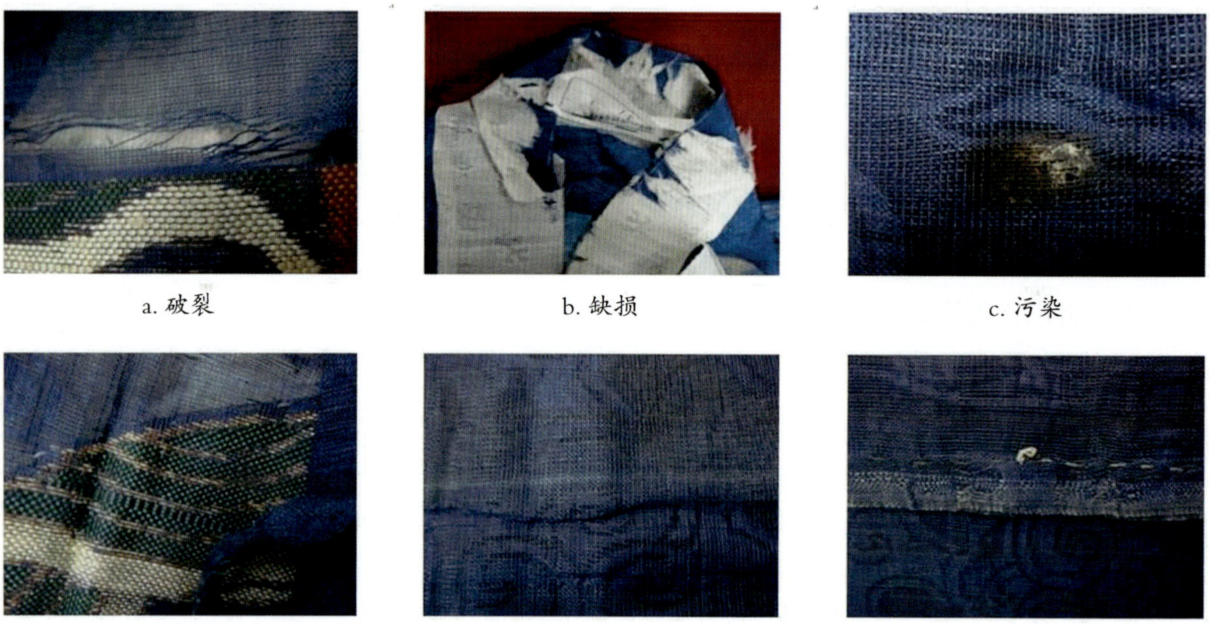

a. 破裂　b. 缺损　c. 污染　d. 金箔脱落　e. 褪色　f. 历史干预

图 12　文物病害种类

病害描述：这蟒衣形制完整，两袖上端折叠处经线断裂，义领领缘处断裂、糟朽，局部有黑色脏污，腰部有多处横向断裂，妆花金线局部金箔脱落，背面腰间有较多破裂及污染。

3.2 修复材料、工艺步骤及条件

在进行保护修复前，应对纺织品文物相关方面进行测试分析，还应记录纺织品文物的现状，包括记录病害情况、绘制病害图、拍摄文物照片等。其修复过程主要有以下六个步骤。

3.2.1 消毒

采用低氧充氮法对该蟒衣进行消毒。

3.2.2 清洗

该蟒衣为纱罗类织物，质地薄透，加之各种病害的存在，所以其色牢度差。此外，该蟒衣有妆花工艺，且都采用了金线，为避免织物在水中受损及金箔遇水脱落，不宜采用水洗方式清洗，考虑以局部清洗的方式去污。可利用物理方法将吸附在纺织品表面或内部的松散污迹去除，进行表面清洁。具体操作是，以博物馆专用吸尘器吸除隐藏在纺织品表面的灰尘、污物等。在进行操作之前，必须对吸尘器的安全性能进行测试。清洁糟朽情况严重的纺织品部位时，可在吸尘器管子的入口处包裹尼龙网。在软管末端连接一根较硬的管子，把一块 $200mm^2$ 的尼龙网对折两次后覆盖在管口，用胶带固定，以防止脆弱织物不慎被吸入。吸尘时，吸尘器的管口距离纺织品至少 20mm，同时使用软刷拂拭纺织品表面，如此灰尘即被吸入。然后用棉签蘸取有机溶剂，在污染部位沿纤维方向轻柔滚动，逐步将污染物去除。

3.2.3 **平整**

此过程包括回潮纺织品、整理织物、压放重物、干燥。该蟒衣除因在存放过程中产生的皱褶外，还有因长期叠放造成的织物经线断裂及纬线脱落，尤其是两袖上端折痕部位。对于散落的纬线，需极其小心地一根根理顺。采用目前国内外纺织品文物修复领域最常用的磁铁平整法，先在修复台上放一块包裹着复合薄膜的铁皮作为吸附磁铁的基质，再将加固用的丝绸平摊其上，整理经纬线，使其平整，然后将待修复的蟒袍正面朝上平铺在背衬上，用镊子仔细地将破损处的经纬线理顺对齐，压上包有棉布的磁铁块，放置一段时间，在磁铁与铁皮之间吸附力的作用下，丝织物纤维的变形程度变小，破损处变得平整。然后可以采用特殊的弯钩针将破损处缝合。

3.2.4 **背衬织物准备**

根据该蟒衣所用面料的特点及工艺，制作专用的纱罗类背衬织物。采用定制的纱织物（绉纱）作为背衬材料，并根据该蟒衣面料地部颜色，选用化学染料对背衬材料进行染色。染色时根据文物颜色制定不同配方，按染料的工艺曲线实施染色。

3.2.5 **修复**

由于该蟒衣面料为纱，肩袖及下摆有妆花，且妆花部有衬里，所以采用定制的纱类织物作为背衬，修复时分别对妆花以外的两袖、腰部及下摆进行衬垫，以针线缝合并加固。即依照该蟒衣各部位的尺寸，分别裁剪相应尺寸的背衬织物衬于文物之下，破损部位采用铺针缝合固定（图 13），并将两层织物其余部位缝合（图 14）。

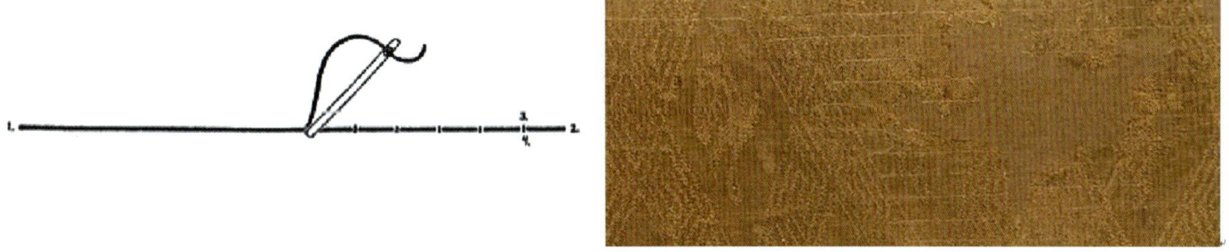

图 13　铺针（左为针法示意，右为修复实例）

3.2.6 包装与保存

图 14 修复过程

根据这件蟒衣的尺寸，设计制作大小合适的无酸纸包装盒。将蟒衣沿腰部对折，并将两袖叠于胸前，尽量减少折叠次数，并且在折叠处添加填充物以起到缓冲作用。在包装盒内放置调湿材料，以维持微环境的稳定。

3.3 保护修复技术难题及应对措施

3.3.1 技术难题

由于该蟒衣为单衣，无里衬，且面料为纱罗类织物，所以织物比较轻薄、通透。因此，修复时所选用的背衬织物及衬垫方法将会对修复效果产生较大影响。若选用的背衬织物太厚，则会改变原有纱类面料的通透性特点；若衬垫方式不恰当，则会影响修复后的外观，出现“打补丁”等不良效果。此外，该蟒衣的面料为较轻薄的纱罗类织物，加之受流传过程及保存条件的影响，面料的牢度大幅度降低，已产生糟朽、脆化及破裂等现象。更为严重的是，经线的断裂导致了纬线的脱散。在这种情况下，修复过程中的穿针引线等做法可能会对文物纱线造成进一步破坏。

3.3.2 应对措施

一是研发修复材料。分析纱罗类面料的特点，针对其工艺特征，织造出一种与该蟒衣所用面料材质相近的丝织物作为背衬材料。二是改善修复工艺。该蟒衣面料糟朽、脆化的程度较为严重，给修复工作带来了较大困难，实施修复时应根据最小干预原则，尽量减少针线对糟朽丝织品的作用力。如果织物牢度确实已降低到无法承受针线的穿引，则应放弃针线缝合的方法，可在暂时清洗平整后保存，做好预防性保护，阻止文物病害继续恶化。

4 结语

综上所述，孔子博物馆馆藏明代蓝地妆花纱蟒衣工艺精湛、纹饰精美，具有典型的明代中后期服饰特点。其保护修复工作是在孔子博物馆与纺织品文物保护国家文物局重点科研基地（中国丝绸博物馆）合作的基础上实施并完成的，在此，感谢中国丝绸博物馆汪志强、王淑娟、楼淑琦等专家的指导与帮助。

在项目实施过程中，修复团队在对文物进行仔细观察的基础上，经过反复推敲论证，最终以充分依据为指导，采用针缝加固、绉纱包覆等可逆方式，恢复了文物原貌，进一步揭示了其重要历史价值，也为今后的展示利用奠定了良好基础。

原载于《文物天地》2020 年第 5 期

孔子博物馆明代纱、罗类纺织品的病害分析与研究

◎ 徐 冉
孔子博物馆

摘 要：传世纱、罗类纺织品在使用、流传、保存过程中，受自身成分降解、组织结构变化、外部自然环境及人为因素影响等，会产生破裂、皱褶、污染、残缺、糟朽、不当修复等各种不同程度的病害。本文以孔子博物馆所藏明代纱、罗类纺织品为例，对其病害现状进行分析与研究，从内因和外因两个方面探寻病害产生的原因和机理，以期改善文物保存环境、防止现存病害加剧并预防新病害的产生。

关键词：明代服饰 纱 罗 病害 预防性保护

孔子博物馆建于 2013 年，位于曲阜市孔子大道以南、曲阜城中轴线大成路南端，其前身是孔府文物档案馆。孔府文物档案馆馆藏纺织品类文物 8000 余件，这批纺织品均为孔府旧藏，早年被收藏在孔府后堂楼阁楼内，处于纯自然保存环境中。虽然曲阜市文物管理委员会接管这批文物后，改善了文物的保存环境，但是之前自然环境下的温湿度变化和时间累积造成的丝蛋白老化以及进而导致的纺织品纤维断裂乃至整体糟朽的病害是不可逆的。此外，入藏档案馆库房以后温湿度控制的不连续性致使一些纺织品文物还在持续劣化。现拣选 10 件明代纱、罗类服饰（表 1）为代表进行病害现状的调查和研究。

表 1 文物信息表

序号	文物名称	数量	级别	质地	时代
01	湖色素纱中单袍	1	二级	丝	明代
02	玄青色盘领纱袍	1	二级	丝	明代
03	大红素纱单袍	1	二级	丝	明代
04	红纱地绣仙鹤方补袍	1	二级	丝	明代

（续表）

序号	文物名称	数量	级别	质地	时代
05	蓝色素纱盘领袍	1	二级	丝	明代
06	月白色素纱中单袍	1	二级	丝	明代
07	月白素罗单袍	1	二级	丝	明代
08	白素纱单袍	1	二级	丝	明代
09	青色纱地单袍	1	二级	丝	明代
10	茶色素罗单袍	1	二级	丝	明代

1　分析测试与结果

1.1　显微观察

用三维视频显微镜对这批纺织品所用面料进行组织结构观察，可知这批纺织品所采用的织物组织结构有两大类，即纱和罗（图 1 至图 6）。

纱又分为两种，即平纹纱（图 1）和绞经纱（图 3）。平纹纱为一经一纬交织结构。绞经纱是由两根经线固定、独立绞组，然后两两相绞、跨纬线交织而成。当一片织物上平纹纱和绞经纱交替出现时，就会形成暗花纱（图 5）。只有两条经线为一个单位相绞，而且每个绞经单位是独立的，才叫纱，一旦打破这种规律，就变成了罗。也就是说，罗是纱的升级版，如图 2 所示的这种两排绞经之间穿插平纹的罗叫横罗，横罗是唯一一种编织技艺被后世保存下来的罗。

图 1　红纱地绣仙鹤方补袍实地纱组织结构

图 2　茶色素罗单袍罗的组织结构

图 3　大红素纱单袍方孔纱组织结构

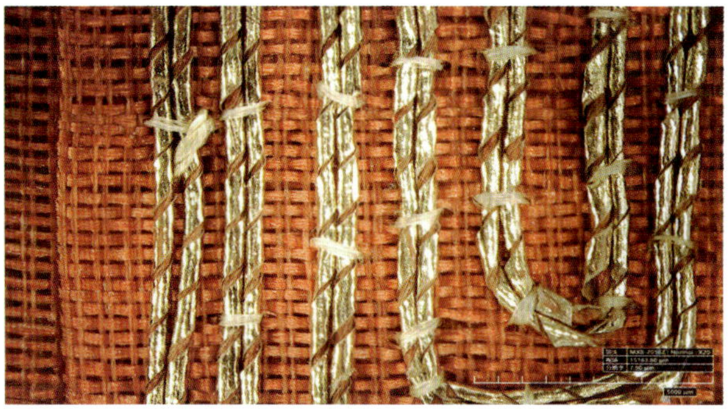

图 4　红纱地绣仙鹤方补袍捻金线结构

图 5　红纱地绣仙鹤方补袍云纹暗花

图 6　红纱地绣仙鹤方补袍云纹细部组织结构

1.2　红外光谱分析

通过傅里叶变换红外光谱的特征吸收峰进一步判断纺织原料的材质种类，发现这批纺织样品的红外光谱图中均出现了如下特征峰（图 7 至图 11）。

这些峰值和家蚕丝的特征峰相似，由此推测这批纺织品的原料为桑蚕丝。

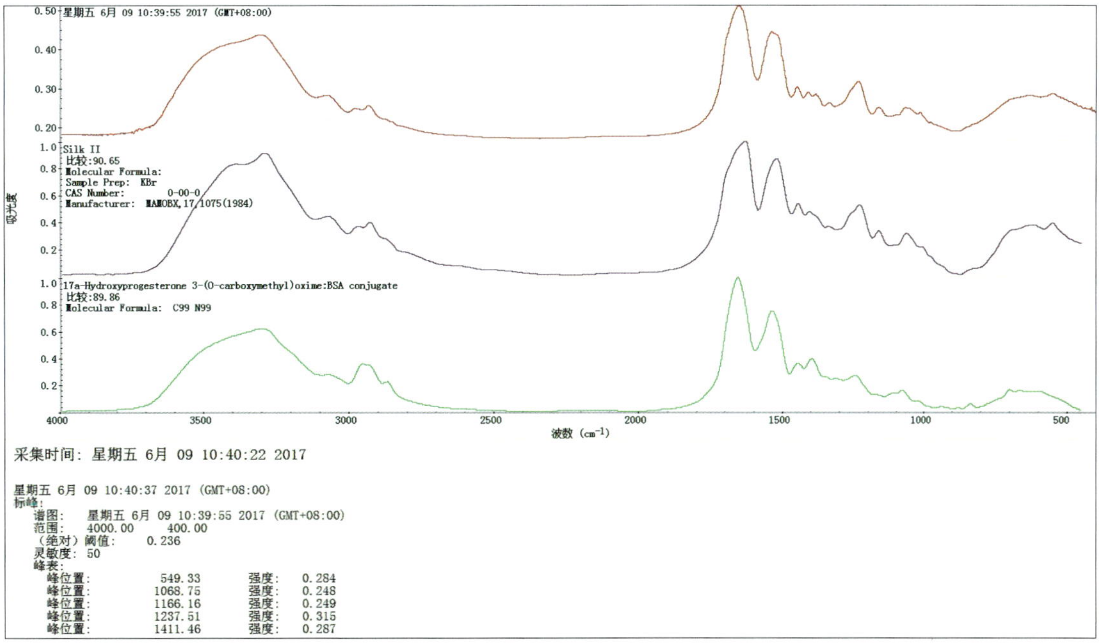

图 7　湖色素纱中单袍的纤维和家蚕丝的纤维光谱对照图

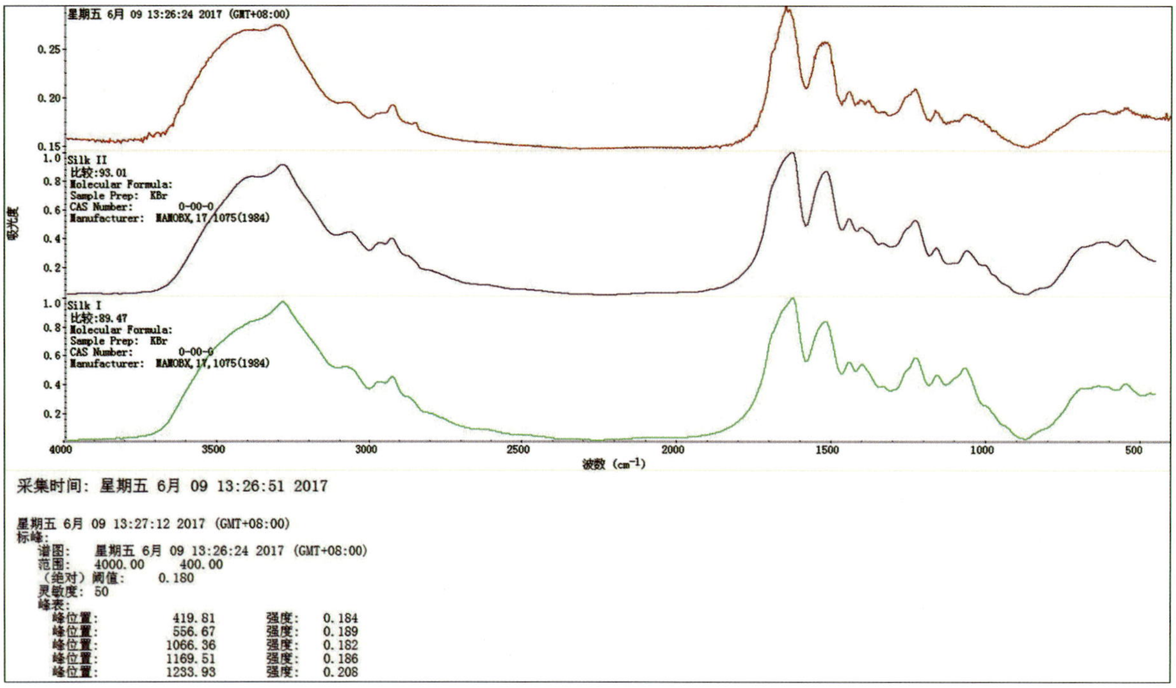

图 8　大红素纱单袍的纤维和家蚕丝的纤维光谱对照图

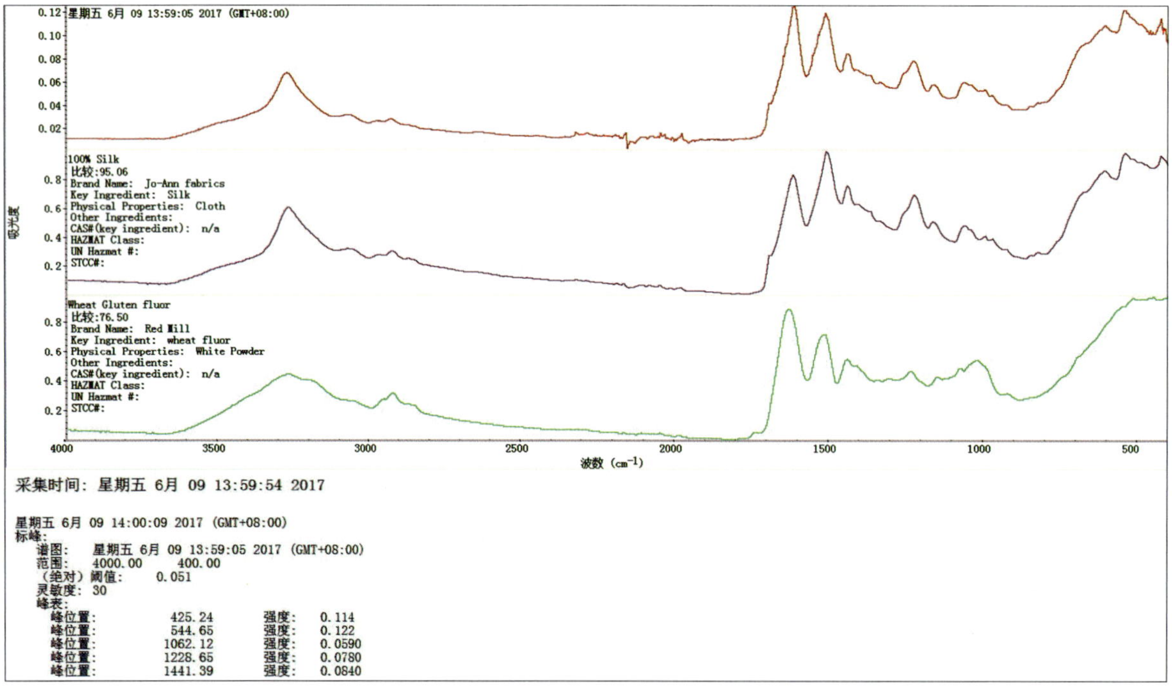

图 9　月白色素纱中单袍的纤维和家蚕丝的纤维光谱对照图

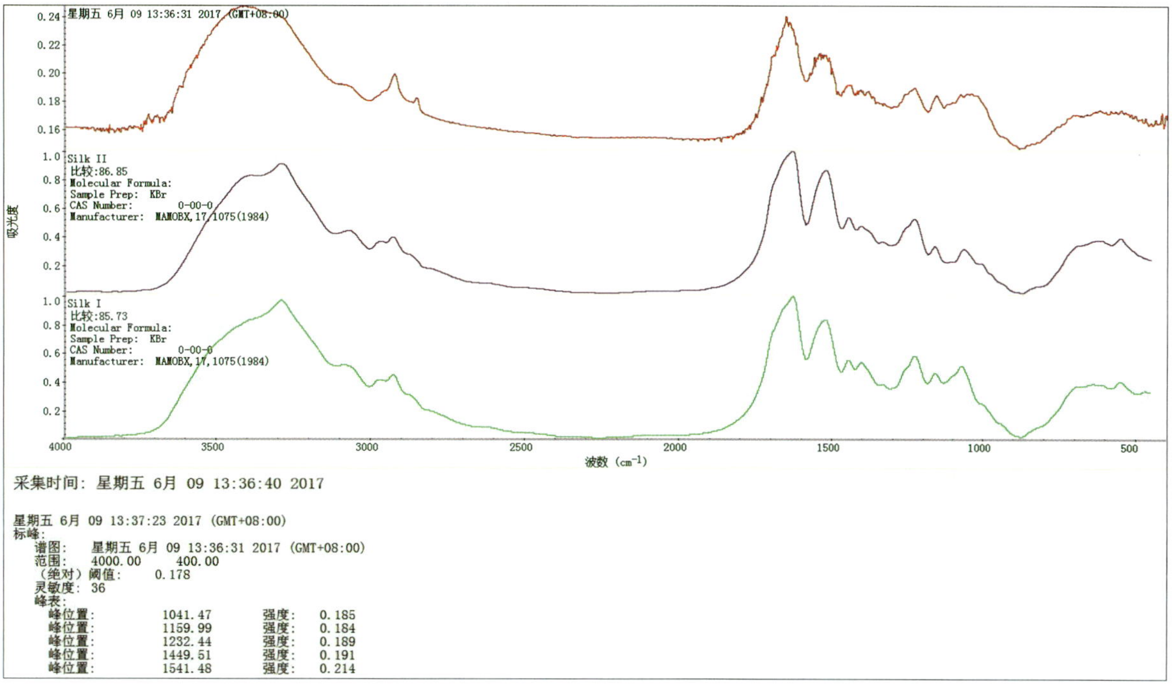

图 10　红纱地绣仙鹤方补袍的纤维和家蚕丝的纤维光谱对照图

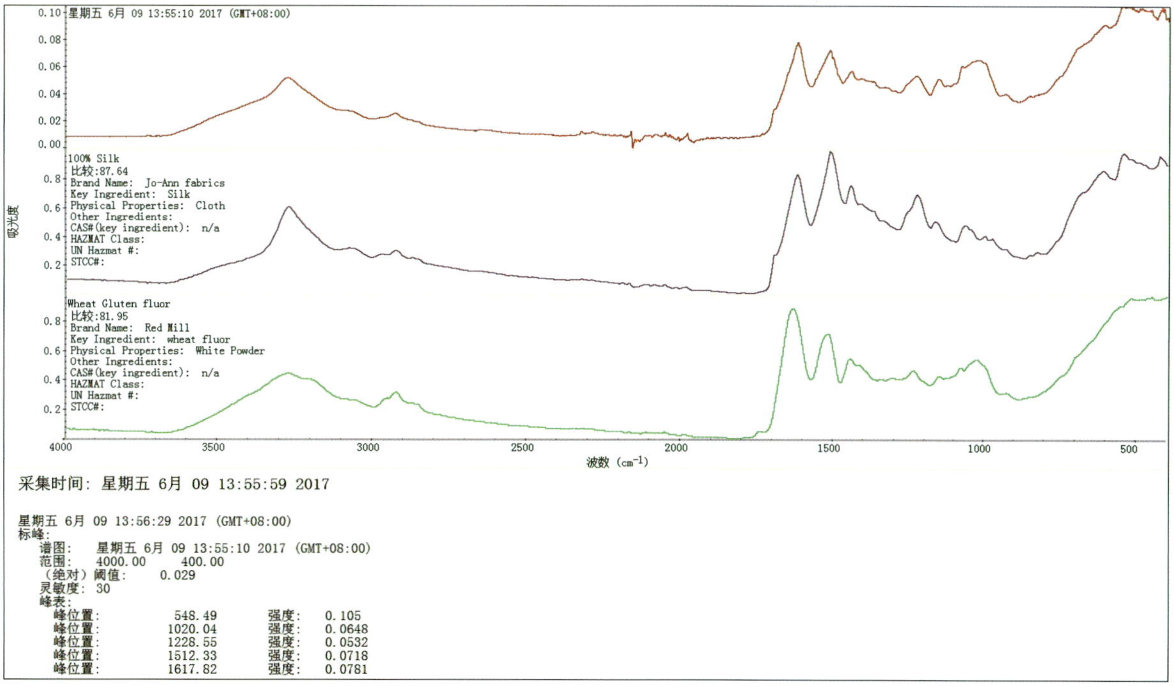

图 11　蓝色素纱盘领袍的纤维和家蚕丝的纤维光谱对照图

1.3 保存环境调查

由于这批纺织品文物最初存放在孔府后堂楼阁楼内，即存放在典型的纯自然环境中，外部自然环境因素（温湿度、空气中的灰尘颗粒物、有害气体和光照等）会对纺织品产生不利影响（图 12 至图 14）。高温高湿、空气中的硫化物和氢氧化物含量过高、光照强度和紫外线强度过大等，都能加速纺织品的老化与损害。

图 12　后堂楼阁楼内保存服装类文物的囊盒

图 13　后堂楼阁楼内保存服装类文物的箱子

图 14　后堂楼阁楼内保存服装类文物的箱盒

图 15 孔子博物馆的前身孔府文物档案馆纺织品库房内景

虽然曲阜市文物管理委员会接管这批文物后，改善了文物的保存环境（图 15、表 2），但是之前自然环境下温湿度变化和时间累积造成的丝蛋白老化以及由此导致的纺织品纤维断裂乃至整体糟朽的病害是不可逆的。

表 2 孔府文物档案馆纺织品保存环境情况表

存放场所	库房	地点	户内	光源种类	白炽灯光
陈列展示			□长期□短期√从未□不能使用		
湿度控制系统			□有□无□连续√不连续□其他		
温度控制系统			□有□无□连续√不连续□其他		
空气净化装置			√有□无□连续□不连续□其他		
历年平均温度	18℃	绝对最高温度	36℃	最低温度	-10℃
年均相对湿度	60%	最高相对湿度	100%	最低相对湿度	20%
地区污染状况			颗粒物、污染物、有害气体		

2 病害分析

2.1 存在的主要病害

由于年代久远、保存条件有限，这批纺织品文物无法抵抗自然应力的作用，病害情况较严重。参考《馆藏丝织品病害与图示（WW/T 0013—2008）》及《可移动文物病害评估技术

规程 丝织品类文物（WW/T 0059—2014）》，对这批文物的病害情况进行调查和分类，发现其存在的病害主要有以下类型。

2.1.1 **破裂**

这批纺织品的质地全部为丝，丝主要由蛋白质组成，蛋白质中的氨基酸在织物的保存过程中会逐渐分解。蛋白质在光照下易分解流失，使丝纤维变脆，而长期的温湿度变化也会导致纤维迅速老化并发生断裂。由于年代久远、保存环境条件有限，这批纺织品中的大部分出现了经线或纬线断裂现象，形成破口或裂纹（图 16 至图 19）。

图 16　青色纱地单袍破裂

图 17　玄青色盘领纱袍破裂

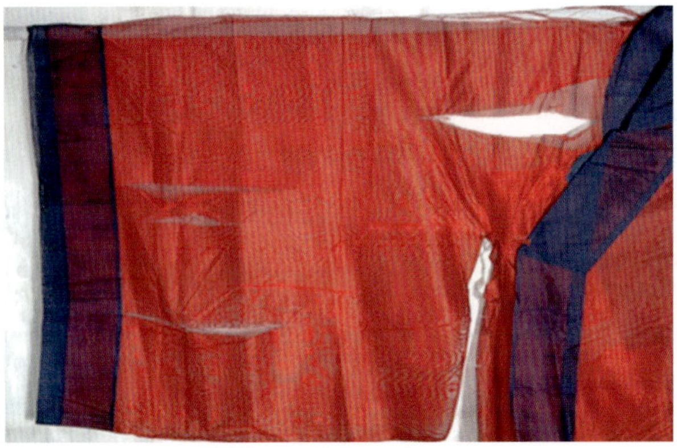

图 18　大红素纱单袍破裂

图 19　月白素罗单袍破裂

2.1.2 **皱褶**

由于过去的存放空间有限，这批纺织品在存放过程中需要折叠，所以普遍存在皱褶现象。长期折叠会造成皱褶处断裂，不仅会给文物的长久保存带来极大隐患，同时会影响文物的整体视觉效果（图 20、21）。

2.1.3 **污染**

这批纺织品在被人穿着的过程中受到过汗液等因素的影响，而日光中的紫外线会在氧和水同时作用的条件下，通过酪氨酸和色氨酸残基使丝质泛黄，若再强烈地加热或有中性盐等参与作用，泛黄变色就会加剧，比如人体出汗所引起的泛黄。各种物质混合沉积在纺织品表面，形成了大量污染变色，严重影响了文物的保存和视觉效果（图 22、23）。

图 20 湖色素纱中单袍皱褶

图 21 月白素罗单袍皱褶

图 22 湖色素纱中单袍上的污染痕迹

图 23 白素纱单袍上的污染痕迹

2.1.4 **残缺**

由于传承过程中保存环境条件有限，所以这批纺织品存在缺失病害，无法保持其结构与图案的完整性（图 24、25）。

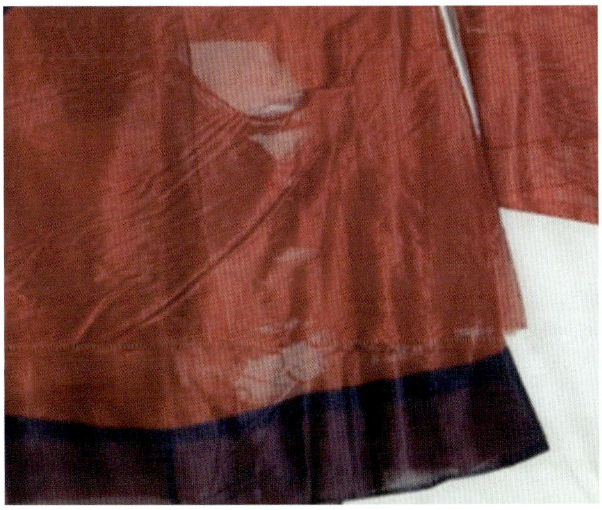

图 24 大红素纱单袍残缺

图 25 红纱地绣仙鹤方补袍残缺

2.1.5 糟朽

在长期保存过程中，这批纺织品的化学结构发生严重降解，导致部分藏品出现结构疏松、力学强度大幅降低等情况（图 26、27）。

图 26 红纱地绣仙鹤方补袍糟朽

图 27 月白色素纱中单袍糟朽

2.1.6 不当修复

这批纺织品中的大红素纱单袍和青色纱地单袍上有使用针线修复的痕迹，并且由于当时使用的缝线和针法不当，所以需拆除修正（图 28、29）。

图 28 大红素纱单袍上的不当修复痕迹

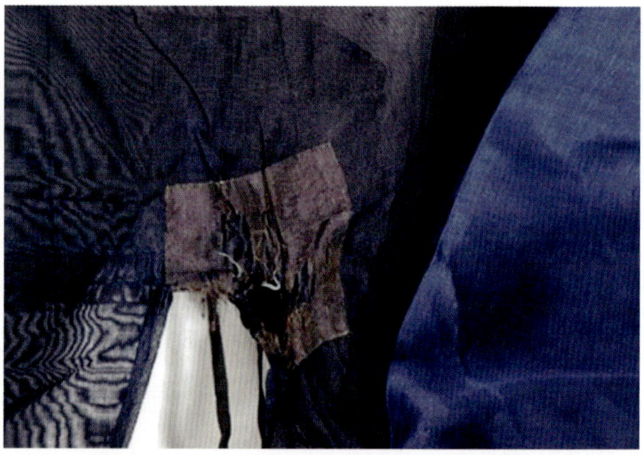

图 29 青色纱地单袍上的不当修复痕迹

2.2 病害统计

经初步统计，这批纺织品文物存在的病害种类有以下六种（图 30）：破裂（10 件）、皱褶（10 件）、糟朽（6 件）、污染（3 件）、残缺（2 件）、不当修复（2 件）。病害程度分为以下三种：重度（5 件）、中度（3 件）、轻微（2 件）。

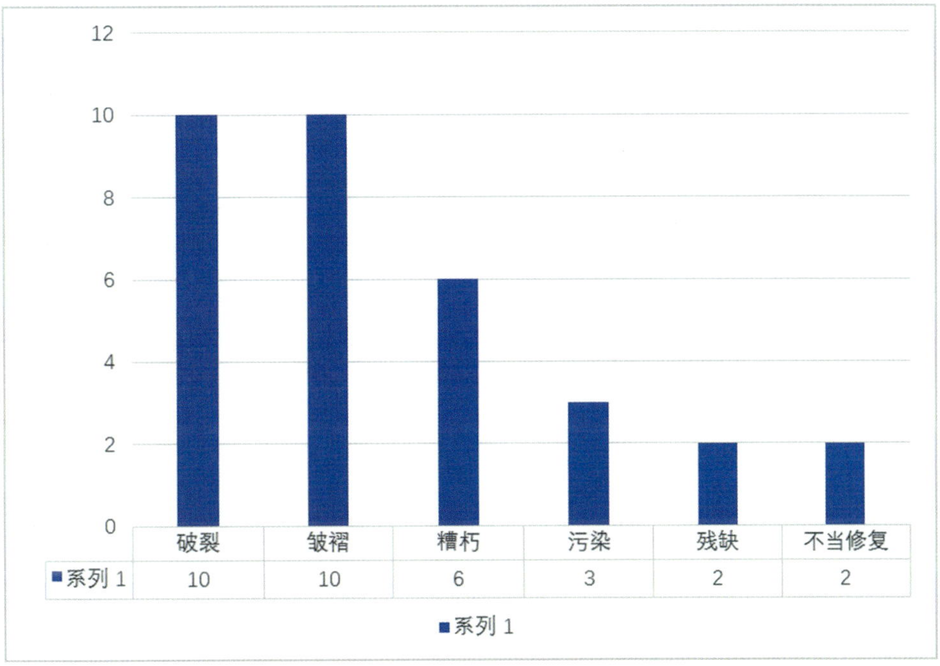

图 30　10 件明代纱、罗类纺织品病害情况统计柱状图

2.3　病害机理分析

这批纺织品的质地以家蚕丝为主，丝的主要成分是蛋白质。从内因和外因分析，其产生病害的原因主要有以下几点。

2.3.1　自然老化

蚕丝的耐光性差，在光的长时间作用下，丝纤维中的氢键会发生断裂，使蚕丝的机械性能恶化。实验表明，生丝在日光下曝晒 20 天，强力会降低 45%，伸张率则减少 50%。生丝的耐热性能较好，比合成纤维好，但比棉、麻差。在 80℃—130℃的温度作用下，生丝的强力不受损伤，伸张率无明显变化，但会出现硬度增加、色泽泛黄现象。若加热到 140℃以上，生丝中的氨基酸便开始分解，这不仅会使生丝的颜色发生变化，还会使其强伸度下降。这批纺织品全部是蚕丝质地，蚕丝的主要成分是蛋白质，蛋白质中的氨基酸在纺织品的保存过程中会逐渐分解，蛋白质在光照下易分解流失，因此这类纺织品容易出现泛黄、变脆现象。这是这类纺织品出现纤维断裂、强度降低和糟朽问题的最重要原因。

日光中的紫外线会在氧和水同时作用的条件下，通过酪氨酸和色氨酸残基使丝质泛黄。这批纺织品在被人穿着的过程中曾受到汗液等因素的影响，所以不可避免地存在污染变色现象。

2.3.2　结构脆弱

明代的服饰面料，夏季以组织结构较为疏松的纱、罗类为主，秋冬季以经纬线直径和密度都比较大的绸缎及皮毛类为主。纱、罗类织物纤细的经线直径和稀疏的经纬密度导致它比其他类织物更透薄易损，这也是所有馆藏纺织品中纱、罗类织物病害较为严重的一个重要原因。

2.3.3 保存环境不佳

由于这批纺织品文物最初存放在孔府后堂楼阁楼内，即保存在典型的纯自然环境中，外部自然环境因素（温湿度、空气中的灰尘颗粒物、有害气体和光照等）会对纺织品产生不利影响。高温高湿、空气中的硫化物和氯氧化物含量过高、光照强度和紫外线强度过大等，都能加速纺织品的老化与损害。虽然曲阜市文物管理委员会接管这批文物以后，改善了文物的保存环境，但是之前的保存环境对纺织品造成的破坏是不可逆的。

3 病害发展评估

根据不同病害的发展趋势及其对纺织品类文物稳定性的影响，可将前述病害按活动性质分为以下几种。

3.1 稳定病害

指病害已经产生或存在，但不再继续发展和蔓延，不会对文物稳定性产生影响，如残缺、水渍。

3.2 活动病害

指病害已经产生或存在，并且继续发展和蔓延，会对文物的稳定性造成一定的影响。如皱褶，长期存在会造成皱褶处断裂；如破裂，长期存在会引起破裂部位延伸加长导致断裂；如汗渍污染，长期存在会导致汗渍部位变色发黄；又如糟朽，长期存在会造成部分缺失。

3.3 可诱发病害

指病害已经产生或存在，并且不再继续发展和蔓延，但在外部条件的激发下可能引发其他病害的产生。如虫蛀，不加控制会导致大面积织物缺失；如霉斑，长期存在会导致织物表面污染变色；如破裂，不加控制会引起破裂部位延伸加长导致断裂；如污染，污染物不清除干净会导致织物变色或糟朽；又如不当修复，若修复时选用强度和韧性不当的丝线，会对缝线处已经劣化的丝纤维造成伤害，导致丝纤维断裂，对文物造成二次伤害。

这批明代纱、罗类纺织品现存的主要病害以活动病害和可诱发病害居多，如不加控制会有加重劣变的可能，特别是可诱发病害，对纺织品的伤害极大。因此，必须对这批纺织品的保存环境严加控制。使这批纺织品处于稳定、持续的恒温恒湿环境中，是控制病害发展、保持这批纺织品稳定性的前提。

4 环境控制建议

环境因素是造成文物损坏劣变的重要原因之一。在当前国际上普遍倡导“最小介入”和“以防为主”的文物保护理念下，通过环境控制，创造适合文物日常养护的环境的重要性日益突显。

影响文物保存状态的环境因素主要包括温度、湿度、光照、空气污染物、有害微生物、有害昆虫等。温度的单一影响不显著，但是温度有加速化学反应的作用。一般来说，在一定温度范围内，温度每升高 10℃，反应速度增加 1—3 倍。温度对纺织品的影响主要通过改变相对湿度来实现。湿度过大，含水率增大，会出现水解、增重、变形、强度下降、虫霉滋生等现象；湿度过小，含水率下降，会出现脆化、开裂等现象。各种环境因素协同作用是文物本体发生劣变的主要原因，因此控制环境因素是预防性保护的首要任务。

为了最大限度地防止环境因素对文物造成破坏，应采取有效措施提高文物自身的防护能力。就博物馆内纺织品类文物而言，应尽量低温陈列、低温收藏，设置藏品过渡区域，控制环境的温湿度及露点温度，避免额外的辐射热量（表 3）。

表 3 针对纺织品的博物馆环境质量标准①

环境因素	标准	
	一级	二级
光	照度 50lux 年曝光量 200kilolux-h 紫外线强度 75mW/lm	照度 50lux 年曝光量 200kilolux-h 紫外线强度 75mW/lm
温度	冬季：19℃ ±1℃ 夏季：24℃ ±1℃	尽量维持稳定
相对湿度	55% ±5%RH	40%—70%RH
空气污染物	SO_2 10μg/m^3	尽可能营造小环境的洁净无尘
	NO_2 10μg/m^3 O_3 2μg/m^3	
	固体颗粒物滤过率 80%	
	换风率 8 次 /h（建筑高度 3m） 6 次 /h（建筑高度 4—5m） 4 次 /h（建筑高度 6—8m）	

5 结语

孔子博物馆馆藏服饰以其种类繁多、选料精良、结构丰富、工艺复杂闻名全国，可谓明、清、

① 参见（英）加瑞·汤姆森著，国家文物局博物馆司、甘肃省文物局译：《博物馆环境》，科学出版社 2007 年版。

民国时期传统服饰文化的集中而典型之代表。由于孔氏家族在明清时期尊贵显赫的历史地位，所以这批明代服饰在清代被完整地保存下来，从而使如今的孔子博物馆馆藏明代服饰成为中华传统服饰的静态标本和“活化石”。

但这些传世纺织品在使用、流传、保存过程中，因不断受到外部自然环境及人为因素的不利影响，出现了诸多不利于藏品安全或有损于藏品外貌的变化与病害，如丝纤维断裂、整体糟朽、局部残缺、污染变色、不当修复等。

对文物病害类型和现状的调查研究有利于我们从内因和外因两个方面探寻病害产生的根源，从而更好地预防病害的发生，使纺织品文物保持稳定。我们要在了解病害机理的基础上优化文物保存环境，在提升博物馆保存环境的同时做好文物的预防性保护工作，控制已有病害发展，及时减损，防止发生更加严重的劣变，科学有效地保护这批珍贵的明代纺织品，使其历史价值、艺术价值和科学价值得到更好的传承与利用。

原载于《人类文化遗产保护⑨》，2018 年

曲阜市陵城镇出土两具明代棺木髹饰工艺初步探讨

◎ 刘芳志[1] 吴双成[1] 兰 栋[2] 王云鹏[1]
1. 山东省文物保护修复中心；2. 曲阜三孔古建筑管理处

摘 要：本文采用扫描电镜、傅里叶变换红外光谱仪、拉曼光谱仪等对出土于曲阜市陵城镇的两具明代漆棺的髹饰层进行分析测试。结果表明，两棺木表面髹饰层基体均为大漆，且未添加桐油；两棺木表层红色髹饰层中均添加了朱砂颜料；漆灰中的无机添加物为高岭土，即瓷土；女棺髹饰工艺不如男棺复杂，但使用了夹纻工艺。

关键词：明代　棺木　髹饰工艺

2018 年 12 月，曲阜市文物局文物稽查大队在陵城镇五福庄村西约 300 米处的山东电网塔基建设工地内，抢救性清理了一座合葬墓，并从该墓中发掘提取出两具保存状况基本完好的棺木。两具棺木外均髹饰红漆，并绘有金色描饰图案。稍有不同的是，男棺以龙、仙鹤、山水、云纹等纹饰为主；女棺则以凤纹为主，并配有云纹、山水等纹饰。根据墓志铭判断，墓主为明代鲁藩奉国将军朱健榱及其夫人杨氏。

为探究两具棺木的髹饰工艺，以便为后期保护修复工作做准备，此次采用超景深显微镜、偏光显微镜、扫描电镜及能谱仪、傅里叶变换红外光谱仪、激光共聚焦拉曼光谱仪对髹饰层样品进行检测分析。

1 样品和仪器

1.1 样品

从两具棺木上选取含有木质和髹饰层的样品各 1 件，其中 A 为男棺样品（图 1），B 为女棺样品（图 2）。对样品进行环氧树脂包埋、磨抛处理后，进行检测分析。

a. 正面　　b. 背面

图 1　男棺样品 A 照片

a. 正面　　b. 背面

图 2　女棺样品 B 照片

1.2　仪器

三维超景深显微镜：采用徕卡 DVM6 型超景深三维视频显微镜，放大倍数为 12—700 倍，视野直径为 40mm，摄像头为 1000 万物理像素。

偏光显微镜：采用徕卡 DM4P 型透反两用偏光显微镜，放大倍数为 50—1000 倍，摄像头为 500 万物理像素。

扫描电镜及能谱仪：采用荷兰 Phenom XL 型扫描电镜，电子光学照明 CeB6 灯丝，电子放大倍数为 100000 倍，分辨率≤ 15nm。搭配美国 EDAX 公司 Genesis 2000XMS 型 X 射线能谱仪，能谱探测器能量分辨率 <137eV。实验条件：真空度为 60Pa，电压为 15kV。

激光共聚焦拉曼光谱仪：采用英国 Renishaw inVia 型激光共聚焦拉曼光谱仪，实验条件：785nm 激发波长，激光器功率为 280mW，激光功率密度为 0.0001%，扫描时间为 10s，扫描次数为 10 次。

傅里叶变换红外光谱仪：采用美国赛默飞公司 Nicolet iS50 型傅里叶变换红外光谱仪，实验条件：KBr 压片法，扫描范围 4000cm^{-1}—400cm^{-1}，分辨率为 4cm^{-1}，扫描次数为 64 次。

2 检测与分析

2.1 形貌分析

首先采用超景深三维视频显微镜对两件样品进行粗略观察，结果如下：

男棺样品 A：样品正面保存较好，呈红色，色彩鲜艳，光泽度较低，无颗粒感，有龟裂，局部有白色颗粒状沉淀，疑为盐晶体；剖面髹饰层分界明显，大致分为五层，即红色层、黑色层、过渡层、黄褐色层、木材层，各层厚度不一；背面为木纹，纤维间有白色颗粒，疑为盐晶体（图 3）。

a. 正面（400×）　　b. 剖面（160×）　　c. 背面（350×）

图 3　男棺样品 A 超景深显微照片

女棺样品 B：样品正面保存较好，呈红色，色彩鲜艳，光泽度较高，表面颗粒感较重，有龟裂及零星金粉残留；剖面大致可分为三层，即红色层、黄褐色层、苎麻层；背面为苎麻层，纤维间隙内有疑似盐晶体颗粒存在（图 4）。

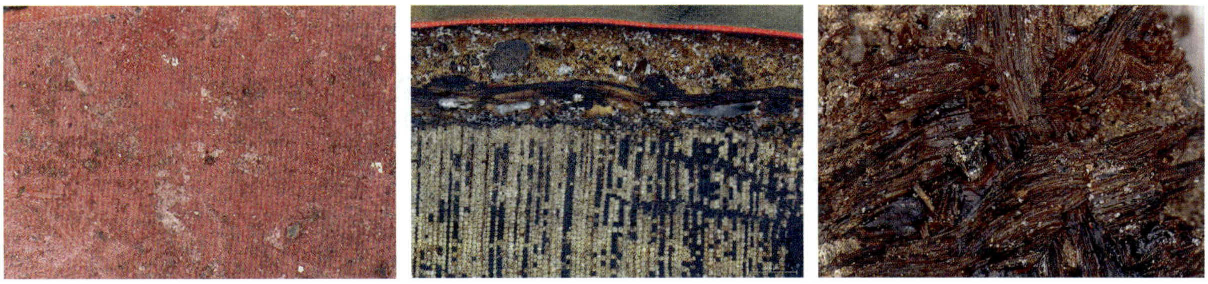

a. 正面（400×）　　b. 剖面（160×）　　c. 背面（350×）

图 4　女棺样品 B 超景深显微照片

为进一步分析样品的剖面结构，利用扫描电镜对两件样品进行观察。

男棺样品 A：样品剖面可细分为九层，且各层厚度不一，各层由外向内依次厚约 29.5μm、97.6μm、720.6μm、100.0μm、409.6μm、80.7μm、200.6μm、74.1μm、157.3μm，髹饰层总厚度为 1870.0μm（不含木材层）。样品下部各分层中填充物颗粒较大，上部各分层中填充物颗粒较小且均匀（图 5）。

女棺样品B：样品剖面可细分为五层，各层由外向内依次厚约41.9μm、40.4μm、514.5μm、360.1μm、139.5μm，髹饰层总厚度为1096.4μm（不含夹纻层）。样品下部各分层中填充物颗粒较小，而上部各分层中填充物颗粒较大（图6）。

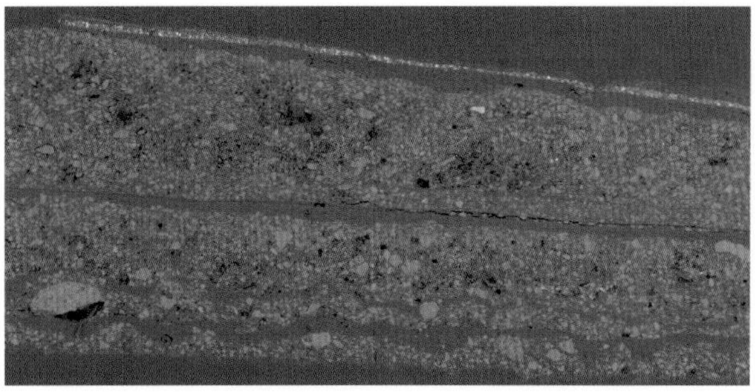

图5 男棺样品A剖面扫描电镜照片

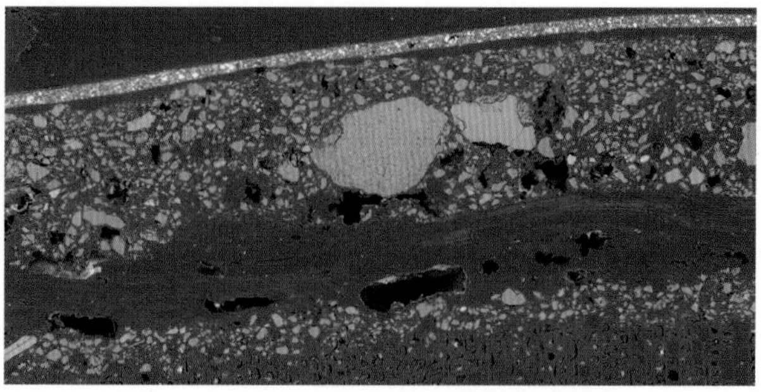

图6 女棺样品B剖面扫描电镜照片

从以上形貌观察结果来看，两具棺木样品髹饰层保存较好，且均有红色髹饰层。女棺样品红色髹饰层外有金色描饰层，且颗粒感较强，不如男棺样品表面平整。两件样品表面均有龟裂。男棺样品胎体为木胎，而女棺样品胎体上采用了一层夹纻工艺。从剖面来看，男棺样品髹饰层可细分为九层，分层明显，女棺样品修饰层可细分为五层。

2.2 成分分析

2.2.1 髹饰层红色层

运用能谱分析方法对两件样品表层的红色髹饰层（样品编号A–5、B–5）进行元素分析，结果表明：两件样品红色髹饰层中含有的主要元素为碳、硫、汞，初步推断红色颜料（红色髹饰层）为硫化汞（表1）。

表1 样品剖面的能谱分析结果（Wt%）

样品编号	C	S	Hg	Si	Na	Ca	Al
A–5	41.97	21.38	29.69	2.75	1.34	2.05	0.83
B–5	38.93	26.53	29.64	3.41	0.57	0.13	0.89

使用拉曼光谱仪对红色髹饰层进行分析，结果显示：男棺样品在255cm^{-1}、288cm^{-1}、345cm^{-1}处有特征吸收峰（图7），女棺样品在255cm^{-1}、289cm^{-1}、345cm^{-1}处有特征吸收峰（图8）。这表明两份样品均为朱砂，与能谱分析结果相吻合。由此可判定红色颜料为朱砂。

2.2.2 髹饰层基体

为确定髹饰层基体内填充物的主要成分，在两个样品剖面上分别选择4个区域进行能谱分析（图9、10），结果显示其成分以硅、碳、铝、钠、钾、钙等元素为主（表2）。由此推测填充物可能是硅酸盐、硅酸铝盐或碳酸钙等。

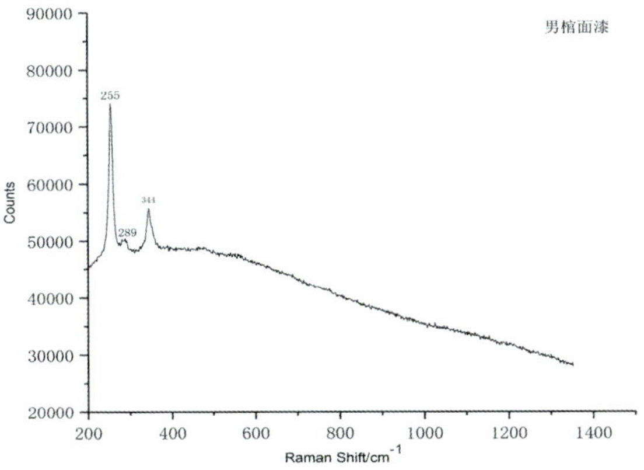

图 7 男棺样品 A-5 红色髹饰层拉曼光谱图

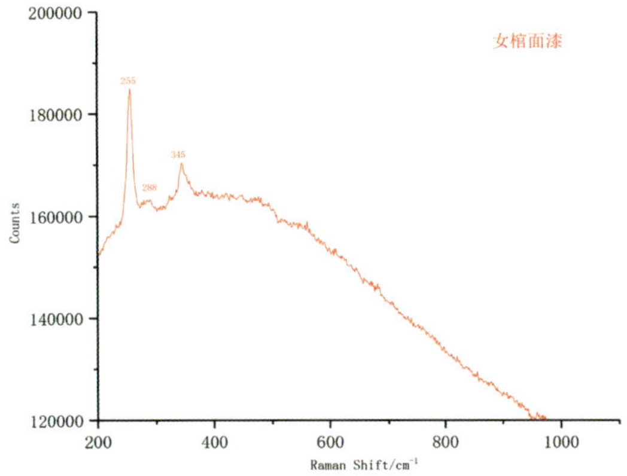

图 8 女棺样品 B-5 红色髹饰层拉曼光谱图

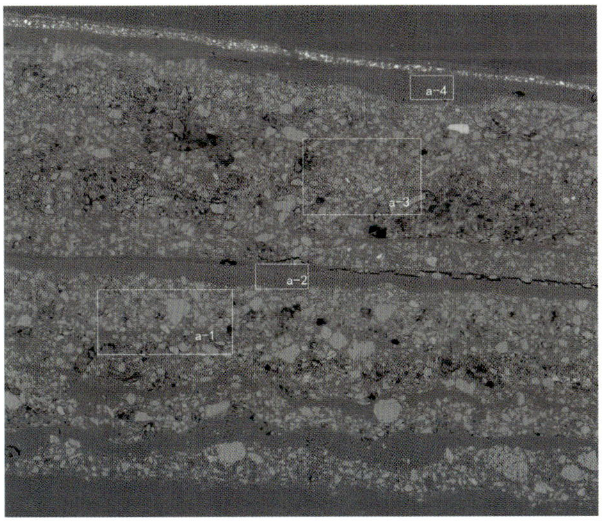

图 9 男棺样品 A 能谱取样点

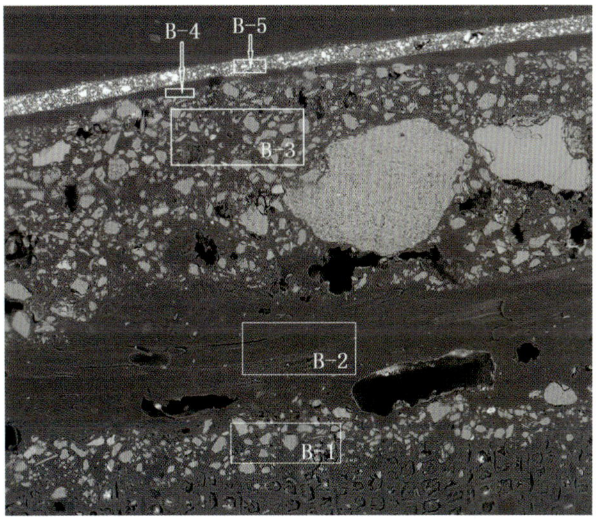

图 10 女棺样品 B 能谱取样点

表 2 样品漆灰层扫描电镜能谱分析结果（Wt%）

样品编号	Si	C	Al	Fe	Na	K	Ca	Mg
A-1	38.6	31.0	11.5	4.8	1.7	2.5	3.0	1.3
A-2	7.9	58.8	2.2	—	3.6	1.2	7.0	0.5
A-3	36.2	30.4	10.4	6.2	2.9	2.1	2.1	1.4
A-4	36.2	30.4	10.4	6.2	2.9	2.1	2.1	1.4
B-1	36.2	30.4	10.4	6.2	2.9	2.1	2.1	1.4
B-2	7.8	65.4	3.7	—	—	—	—	—
B-3	41.1	39.3	8.1	—	2.4	2.0	—	1.0
B-4	8.2	73.5	2.4	—	2.3	1.7	—	1.0

为进一步确定髹饰层基体内填充物的成分，对男棺样品的 A–3 区域和女棺样品的 B–3 区域进行红外光谱分析。

男棺样品 A–3 区域的红外光谱与文献中高岭土的谱峰基本一致[①]。其中，3696cm^{-1}、3649cm^{-1}、3619cm^{-1} 处为高岭土中—0H 伸缩振动峰，也是高岭土矿物的特征峰；1635cm^{-1} 处则为归属为水的 H—O—H 弯曲振动特征峰；同时，912cm^{-1} 处附近的峰归因于 AL—OH 的变形振动，796cm^{-1}、756cm^{-1} 和 699cm^{-1} 处附近的三个峰是 Si—O、Si—Si 和 Si—Al 伸缩振动的吸收峰（图 11）。

女棺样品的 B–3 区域红外光谱图中归属于高岭土的三个特征峰基本消失，仅在 3423cm^{-1} 处附近出现—OH 的伸缩振动峰，同时在 1040cm^{-1}—450cm^{-1} 范围内的特征峰也有所差别，仅有归属于 796cm^{-1}、775cm^{-1} 和 695cm^{-1} 处的三个伸缩吸收峰，以及 466cm^{-1} 处的 Si—O 伸缩振动特征峰（图 11）。

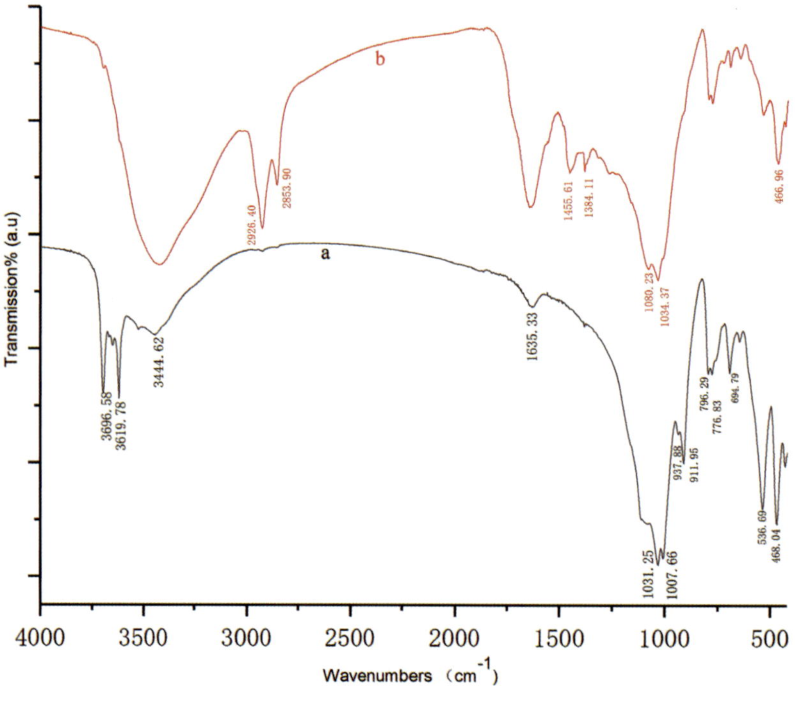

图 11　样品局部红外光谱图（a. 男棺样品 A–3 区域；b. 女棺样品 B–3 区域）

为确定髹饰层基体的主要成分，对男棺样品的 A–2 区域和女棺样品的 B–2 区域进行红外光谱分析。

由男棺样品 A–2 区域的红外光谱图可知，3419cm^{-1} 处附近出现宽峰，该峰为漆酚中羟

① Louati S., Baklouti S., Samet B., Geopolymers Based on Phosphoric Acid and Illito–Kaolinitic Clay, *Advances in Materials Science & Engineering*, 2016:1–7；李小红、江向平、陈超、涂娜：《几种不同产地高岭土的漫反射傅里叶红外光谱分析》，载《光谱学与光谱分析》2011 年第 1 期。

基（—OH）的收缩振动峰[①]；2928cm^{-1} 和 2855cm^{-1} 处附近分别出现了甲基和亚甲基（C—H）的伸缩振动，1626cm^{-1} 和 1592cm^{-1} 处应出现属于苯环骨架（—CH=CH—）的碳碳双键（C=C）的伸缩振动双峰，现在仅在 1626cm^{-1} 处附近出现单峰，这说明漆酚的老化使苯环骨架的伸缩振动发生了变化，1263cm^{-1} 处为漆酚中 C—O 的伸缩振动（图 12）。

女棺样品 B-2 区域的红外光谱图与男棺样品 A-2 区域的红外光谱图相比，差别主要集中在 1800cm^{-1}—1200cm^{-1} 之间（图 12）。女棺样品 B-2 区域的红外特征峰主要与漆酶中的 C=O、C—O 及漆酚中的苯环骨架相关，出现很多杂散峰，说明其降解程度较男棺 A-2 区域更为严重。

从上述分析可以判断，两样品髹饰层基体的主要成分为大漆，且由 1712cm^{-1} 处附近的峰明显弱于 1626cm^{-1} 处来看，两具棺木的生漆中未添加桐油[②]。

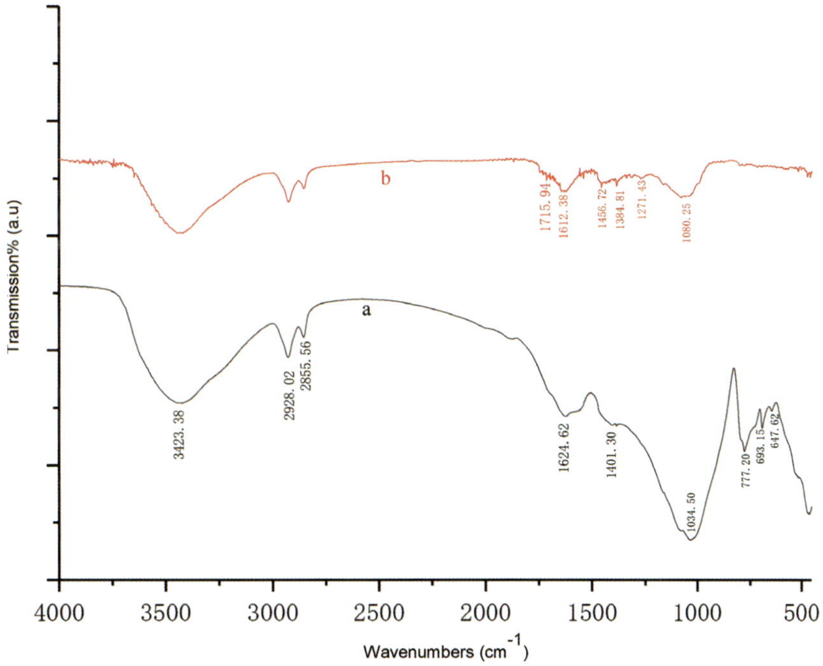

图 12　样品局部红外光谱图（a. 男棺样品 A-2 区域；b. 女棺样品 B-2 区域）

3　讨论

自棺木产生以来，各式各样与之相关的装饰就层出不穷。明清时期棺木的髹饰工艺及棺

① 王飞：《黄岩区屿头乡前礁村大坟岗墓出土宋代漆棺的漆膜测试分析》，载《东方博物》2017 年第 1 期。

② 郑佳宝、单伟芳、张炜、郭时清：《古代漆器的红外光谱》，载《复旦学报（自然科学版）》1992 年第 3 期。

木上的图案和文字都具有了等级意义，具有严格的明文规定。以清代棺木的棺内衬布为例，皇帝为 13 层，皇后为 9 层，其他按级别递减。漆饰方面更是严格，皇帝、太后为 49 道漆，皇后有 49 道的，也有 47 道的，皇贵妃以下的按级别递减[①]。

但与此同时，众多复杂工艺例如堆漆、锥髹、雕漆、雕填等[②]极少出现在棺木上，棺木的装饰相比于之前显得单调、均一。张彤在分析陕西高陵出土的明代彩绘漆棺髹饰工艺时，指出其髹饰工艺步骤为布漆（在木胎上裹糊纤维）—垸漆（在纤维层之上刮髹饰灰）—糙漆（在灰层之上施三道或两道生漆）—制作彩绘层（使用颜料等在漆层上绘制花纹）[③]。樊晓蕾等将出土于陕西长安明代家族墓地中的棺木制作工艺总结为“纤维—灰层—髹饰层—颜料”四个步骤[④]。

综合以上分析测试结果，结合相关文献记载来看，男棺的髹漆工艺大致是：棺木木质胎体制作完成后，在表面髹饰薄薄一层漆灰层并用大漆刷涂一遍，髹饰较厚中漆灰层（从其平整度来看，似经过打磨）；然后髹饰生漆层，再髹饰中漆灰层；略经整理后直接髹饰细漆灰层；最后髹面漆。女棺的髹漆工艺大致是：棺木木质胎体制作完成后，髹饰一层漆灰层，再铺一层苎麻，然后髹饰粗漆灰和细漆灰，最后直接髹饰面漆。

4 结论

经过上述检测分析与讨论，可得出以下结论：

第一，两棺木表面髹饰层基体的材料均为大漆，且未添加桐油；

第二，两棺木表层红色髹饰层中均添加了朱砂颜料，其中女棺添加的颜料颗粒较粗；

第三，漆灰中的无机添加物为高岭土，即瓷土；

第四，女棺髹饰工艺不如男棺复杂，但使用了夹纻工艺。

---

① 李寅：《清代皇家棺具考略》，见《明清档案与历史研究论文集》，新华出版社 2008 年版。

② 张飞龙：《中国髹漆工艺溯源》，载《中国生漆》2008 年第 1 期。

③ 张彤：《高陵出土明代彩绘漆棺的制作工艺及材质研究》，西北大学 2015 年硕士学位论文。

④ 樊晓蕾等：《陕西出土明代漆棺制作工艺及材质研究》，载《文物保护与考古科学》2012 年第 4 期。

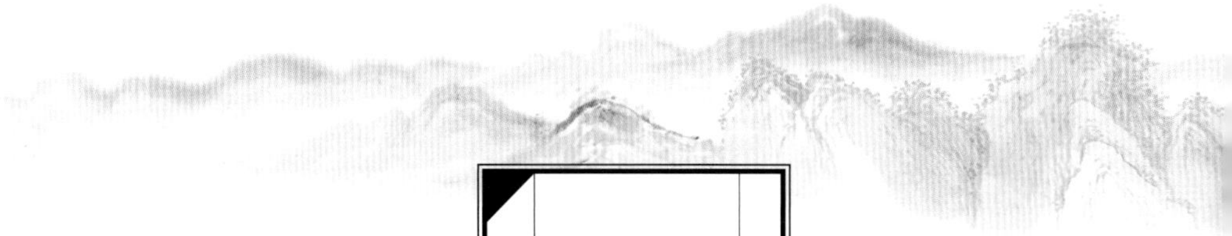

预防性及数字化保护与研究

临沂市博物馆可移动文物预防性保护的探索与实践

◎张　伟
临沂市博物馆

摘　要：本文在对临沂市博物馆馆藏文物保存现状进行综合分析的基础上，对开展馆藏文物预防性保护探索与实践的过程及结果进行了分析与研究,并为下一步工作提出了合理化建议。

关键词：临沂市博物馆　文物　预防性保护　探索与实践

1　临沂市博物馆馆藏文物预防性保护现状

1.1　馆藏文物预防性保护设施前期状况

1.1.1　展厅温湿度、光照强度及有害气体监测与调控

因条件所限，展厅内的中央空调每年冬夏两季白天根据天气状况由人工开启或关闭，所调节的室内温度均是针对参观者而并非针对文物，所以并非特别适宜文物保存。展厅和库房内仅有简单的监控设施，还无法实现温湿度的实时监控，且不具备数据存储功能，需要工作人员通过定时记录来反映温湿度变化情况。同时，对展厅和库房内的光照强度、甲醛浓度、VOC（挥发性有机化合物）浓度、环境中的酸性气体等也无法实现自动化监测和记录。

1.1.2　展厅内的展柜与库房文物储藏柜架

展厅内的展柜自开馆使用至今，存在一定陈旧、老化现象。玻璃间的无影胶老化，有的存在变形问题，气密性不足。此外，大部分展柜内没有微环境调节设备。

库房内的文物储藏柜架普遍存在设备老化、破损等现象，且部分柜架为木质柜架。因现有储藏柜架都不具备温湿度调节功能，故其温湿度调节主要依靠大环境的温湿度调节设备，且效果不显著。

1.1.3　囊匣使用现状

囊匣数量不多，多为锦缎包裹木质外壳、绸缎填充内囊的传统囊匣，未经脱酸处理。只有少数珍贵文物有定制的贴合内囊的囊匣。

1.2 馆藏文物保存环境监测与评估

影响馆藏文物保存质量的环境因素有很多，主要包括温湿度、空气污染、光线辐射、昆虫危害、微生物的生长及代谢产物的危害等[①]。为更全面了解馆藏文物保存现状、加强保存环境监测，临沂市博物馆组织专业队伍对展厅与库房内环境质量进行了调研和监测，以期了解文物的展陈现状、环境调控设备及其使用情况，以及日常环境监测与调控情况等。调查组对环境温度、相对湿度、二氧化碳、甲醛、VOC、光照强度与紫外线辐射强度等进行了现场监测。展厅内的测量应在离地面 1 米高的位置进行，展柜内的测量高度应与展品处于同一水平面。

1.2.1 温湿度监测

2018 年 2 月，调查组使用手持式温湿度检测仪对临沂市博物馆文物库房、展厅内的温湿度进行了监测。此外，调查组监测了文物库房和历史文化展厅内的温湿度变化情况，并记录下 2018 年 2 月 9 日至 3 月 14 日库房、展厅内的温湿度变化情况（表 1、2，图 1、2）。

表 1 手持式温湿度表监测结果

位置	温度（℃）	相对湿度（%）
文物库房	18.6	59.9
历史文化展厅	20.4	55

表 2 温湿度监测记录仪监测结果

编号	位置	项目	最大值	最小值	平均值	幅度值
1	文物库房	温度（℃）	13.1	9.3	10.4	3.8
		相对湿度（%）	46.8	27.4	36.8	19.4
2	历史文化展厅	温度（℃）	13.8	9.3	10.5	4.5
		相对湿度（%）	51.4	24.2	38.1	27.2

监测时间为冬季，平均温度在 10℃左右，其中库房内因有空调保持 24 小时运行，加之空间相对封闭，温度波动均在 5℃以内，但温度控制不均匀，同一库房内不同位置的温差可达 5℃。由于展厅受到空调按时开启和关闭的影响，所以展厅及展柜内温度波动较大，均在 5℃以上。

库房和展厅内部的相对湿度波动较大，在空调制热功能开启时相对湿度降低，在夜间空调关闭时相对湿度回升。虽然在开启空调制热功能时使用了较为简单的加湿手段（如放置盛水容器等），但相对湿度波动仍然较大。

---

① 郭宏：《文物保存环境概论》，科学出版社 2001 年版。

3个测量通道		5390 记录	开始时间:	2018-02-09 15:50:44	结束时间:	2018-03-14 08:55:44	
蓝色	通道 1	℃	最大值	13.1	最小值	9.3	平均值 10.4
红色	通道 2	%RH	最大值	46.8	最小值	27.4	平均值 36.8
黑色	通道 3	DP	最大值	-0.2	最小值	-7.6	平均值 -3.8

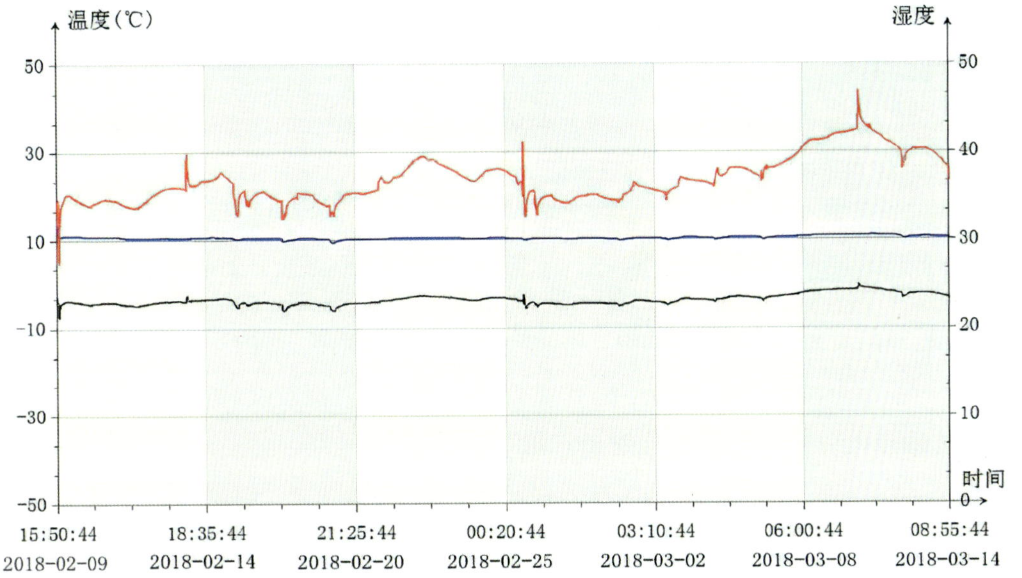

图 1 文物库房内温湿度监测数据

3个测量通道		5392 记录	开始时间:	2018-02-09 15:41:29	结束时间:	2018-03-14 08:56:29	
蓝色	通道 1	℃	最大值	13.8	最小值	9.3	平均值 10.5
红色	通道 2	%RH	最大值	51.4	最小值	24.2	平均值 38.1
黑色	通道 3	DP	最大值	2.4	最小值	-9.1	平均值 -3.3

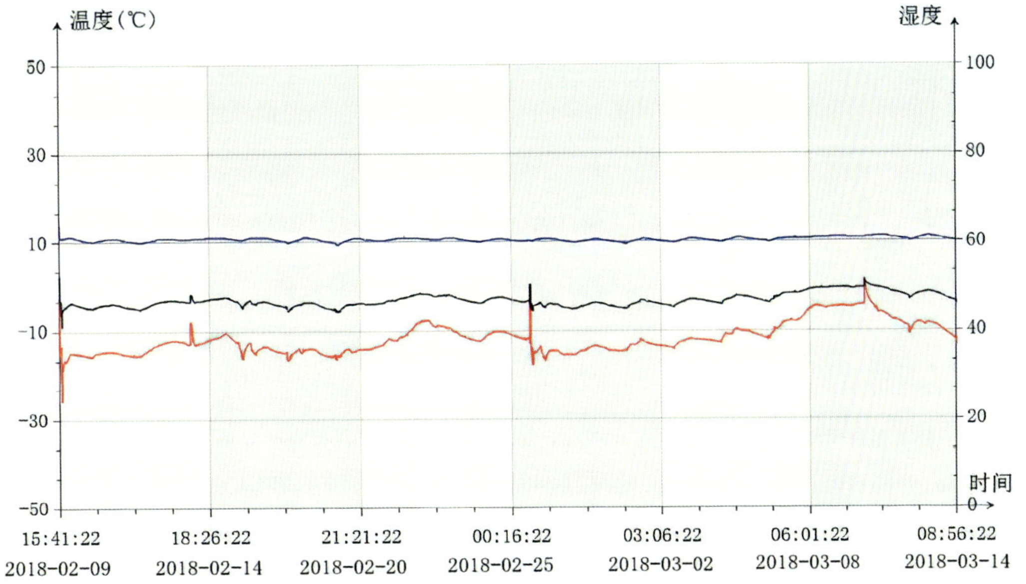

图 2 历史文化展厅内温湿度监测数据

1.2.2 污染物监测

2018 年 3 月，调查组使用甲醛测定仪、手持式 VOC 气体检测仪对历史文化展厅和文物库房内的甲醛、VOC 浓度进行了监测（表 3）。

表 3 甲醛、VOC 浓度监测结果

位 置	甲醛（ppm）	VOC（ppb）
历史文化展厅（展厅内）	0.045	112
历史文化展厅（展柜内）	0.072	126
文物库房内	0.078	287

根据我国《室内空气质量标准（GB/T 18883—2002）》的要求，室内甲醛浓度应低于 0.08ppm。监测结果显示，临沂市博物馆展厅内甲醛含量低于标准值。展柜及文物库房内因空气流通性差，监测点的甲醛浓度十分接近室内空气质量标准上限。

根据我国《室内空气质量标准（GB/T 18883—2002）》的要求，VOC 浓度应低于 0.6mg/m^3（8 小时平均值），相当于 300ppb。监测结果显示，临沂市博物馆历史文化展厅及临时展厅内 VOC 含量低于标准值。因文物库房内空气流通性差，故文物库房内监测点的 VOC 浓度十分接近室内空气质量标准上限。

1.2.3 光照监测

2018 年 3 月，调查组使用检测仪对历史文化展厅和文物库房内的光照强度和紫外线强度进行了监测（表 4）。

表 4 光照强度和紫外线强度监测结果

位 置	光照强度（lx）		紫外线强度（μW/cm^2）	
	最高	最低	最高	最低
历史文化展厅	296	18.5	0.6	0.3
文物库房	21.2	10.5	0.7	0.6

根据国际博物馆学会（ICOM）的博物馆照明推荐亮度要求及我国国家标准《博物馆照明设计规范（GB/T 23863—2009）》的要求，对光非常敏感的藏品（如丝织品、书画），其照度标准值应≤ 50lx，年累计照度应≤ 50000lx · h/ 年；对光敏感的藏品（如竹木制品、象牙制品、宝玉石器等），其照度标准值应≤ 150lx，年累计照度应≤ 360000lx · h/ 年；对光不敏感的藏品（如银饰、青铜、一般石器等），其照度标准值应≤ 300lx。紫外线属于光学辐射中能量较大的部分，

《博物馆照明设计规范（GB/T 23863—2009）》中要求紫外线含量应小于 20 μW/lm。

监测结果显示，临沂市博物馆历史文化展厅内（展品主要为石器、青铜器、玉器）的照度最高为 296lx，较接近于规范标准，而紫外线强度皆等于或小于标准值。文物库房内的光照强度及紫外线强度都处于正常范围内。

1.2.4 二氧化碳监测

2018 年 3 月，调查组使用检测仪对历史文化展厅和文物库房内的二氧化碳浓度进行了监测（表 5）。

表 5 二氧化碳浓度监测表

位　置	最高（ppm）	最低（ppm）
历史文化展厅	447	405
文物库房	714	38

根据我国《室内空气质量标准（GB/T 18883—2002）》的要求，室内二氧化碳浓度应低于 1500ppm（8 小时平均值）。监测结果表明，临沂市博物馆历史文化展厅及文物库房内的二氧化碳最高浓度为 714ppm，均在标准要求范围内。

2 临沂市博物馆馆藏文物预防性保护的探索与实践

2018 年 3 月，临沂市博物馆委托山东省文物保护修复中心编制了《山东临沂市博物馆可移动文物预防性保护方案》，获得了国家文物局审批通过并得到了国家资金支持。同年 9 月，山东省文物保护修复中心组织专家审核通过了具体实施方案。临沂市博物馆可移动文物预防性保护项目开始逐步实施。至 2019 年 12 月，该项目顺利通过专家验收。

2.1 具体措施

2.1.1 配备离线监测设备

为更好地对展厅、库房进行科学的环境调控与监测，临沂市博物馆配备了部分高精度检测仪，以人工与自动记录相结合的方式对现场环境参数进行监测，并为环境监控与调节积累基础数据。在安装监测仪器时，以展厅、库房内的文物为重点，注重实现微环境、小环境同步对比，同时实现无线网络全覆盖。

2.1.2 更换展厅内部分文物展柜

根据馆藏文物的特点，在临沂市博物馆二楼展厅与三楼展厅内配置部分独立柜与桌面柜。同时，在展柜内配置净化调湿机，对展柜内的相对湿度进行调节与控制。

2.1.3 更换部分文物囊匣

针对馆藏文物的特点，配备无酸纸囊匣和碳纤维囊匣。同时，根据文物的外形尺寸，通过三维扫描、数据建模等方法量身定做囊匣内衬，使其与文物紧密贴合，从而降低冲击震动等对文物造成的伤害、减缓温湿度波动及污染气体对文物保存的影响，达到更有效保护文物的目的。

为长久保存珍贵文物，将库房原有老旧木质存储柜更换为具备温湿度自动调节功能的新型储藏柜，并配置隔板式恒湿储藏柜、抽屉式恒湿储藏柜及恒温恒湿储藏柜。

2.1.4 建立馆藏文物保存环境监测系统

针对文物库房的特点，重点监测展柜或储藏柜中的文物，获得比较完备的馆藏文物与保存环境监测评估数据，建立"临沂市博物馆文物保存环境监测系统"，实行环境数据实时采集和定时监测，以满足环境质量评估、调控决策、环境因素劣化作用机理研究等需要，并能够在条件成熟时顺利接入全省乃至全国的文物保存环境监测平台。

该系统的主要功能是实时监测文物保存环境基本参数的变化，并通过无线通信技术将监测参数传输到监测中心，从而达到及时了解、查询环境质量及其变化情况的目的。同时，通过实时监测环境，实现对异常环境质量的及时预警，并在第一时间提醒相关人员采取必要的保护和调节措施，有效提高对馆藏文物保存风险的预控能力。该系统还可以及时储存所采集的数据信息，逐步形成大容量的"环境历史信息数据库"，为博物馆工作人员选择适宜的文物保护方法提供重要依据，并为保护措施的制定提供科学依据。该系统的组建有利于解决人工监测博物馆环境基本参数的不便，有利于提升科学化、智能化保护文物的能力。

2.1.5 增设部分文物修复设备

基于博物馆区域性服务职能和文物保护修复工作的长远发展，结合文物的特点和基本功能，增设部分文物修复设备，科学探索最佳的文物保护措施，力求让更多的馆藏文物再次焕发光彩。

2.2 工作效果反馈

对馆藏文物保存环境的监测评估有利于工作人员掌握馆内环境质量、了解变化规律、及时采取调控改善措施，同时可为下一步文物保护的数字化与研究利用打下重要基础。在安装完相关设备后，相关监测管理工作即可开始。现举几例并分析如下。

2.2.1 温湿度监测情况

图 3、图 4 中的数据采集于临沂市博物馆文物库房青铜器室。从温度情况来看，在相当长的一段时期内，青铜器室内的温度保持在 21℃左右，浮动范围较小。对于金属类文物来说，温度会影响文物劣化反应的速度，而温度还会与其他因素相互作用，从而对文物造成更大破坏。这些其他因素主要包括相对湿度与空气污染物等。郭宏在《文物保存环境概论》中提道，文物的破坏并非某一种因素单独在起作用，而常常是几种因素相互关联的，例如讨论光辐射对

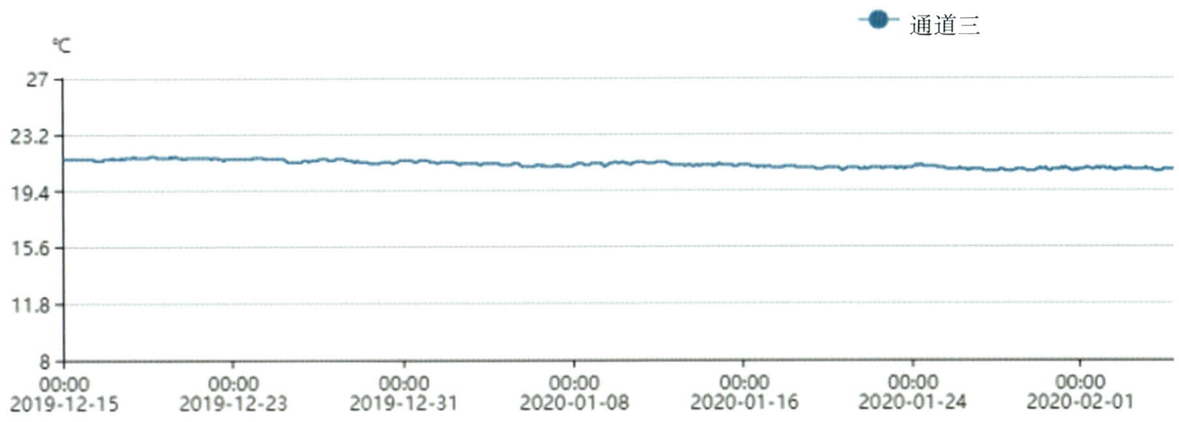

图 3 文物库房内温度监测情况

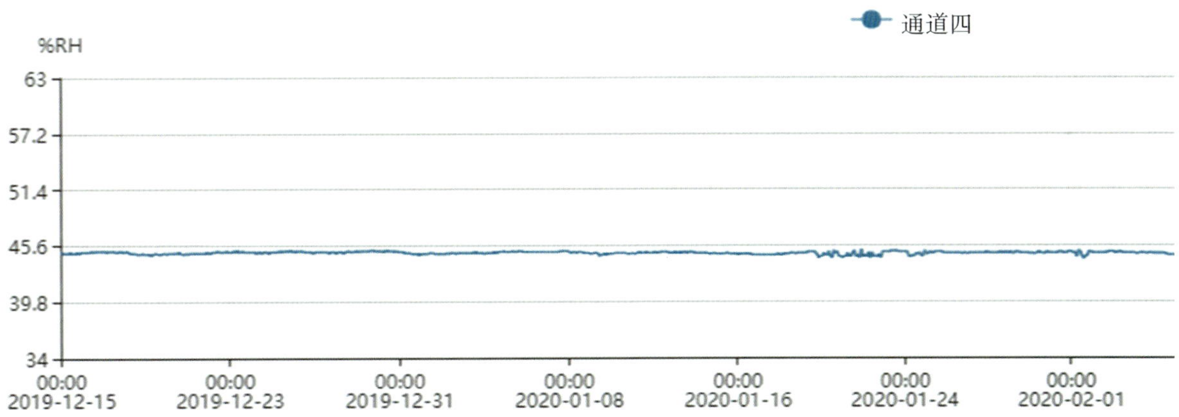

图 4 文物库房内相对湿度监测情况

文物的破坏离不开湿度和氧气，讨论微生物对文物的破坏也离不开湿度与温度。在上述影响文物保存的诸因素中，最基本的、经常起作用的因素是空气的温度和湿度。因此在文物保存环境研究中，对温湿度的监测研究也就成为最基础的工作了[①]。张晋平指出，对于无机类文物来说，单纯环境温度因素对其造成的影响很小。但是当环境温度、潮气与空气污染共同作用时，就会对无机类文物造成破坏[②]。王蕙贞在《文物保护学》中指出，就文物的长期保存而言，对博物馆环境的要求并不严格，因为温度的缓慢变化对大多数文物没有特殊的破坏作用，一般不会造成损害，但温度骤变对文物的保存是危险的[③]。同时，该书还指出，一般博物馆室内空气的标准温度应控制在 15℃—25℃，比较适宜文物保存。博物馆内温度的波动只允许缓慢改变，不仅在一年之内的变化不得超过规定的标准，就一日而言，气温的变化也不能过于剧烈，

① 郭宏：《文物保存环境概论》，科学出版社 2001 年版，第 25 页。
② 张晋平：《博物馆环境监测控制技术》，中国环境出版社 2013 年版，第 122 页。
③ 王蕙贞：《文物保护学》，文物出版社 2009 年版，第 406 页。

一般来说日气温差不得超过 2℃—5℃[①]。基于这种观点，临沂市博物馆也将温湿度监测作为文物预防性保护工作的重点之一。而从监测数据中可以看出，文物库房青铜器室内的温度是相对合适的。

从相对湿度控制方面来看，青铜器室内的相对湿度基本保持在 45% 左右，上下浮动不大。按照《文物保护学》中的论述，湿度对文物的影响与文物的材质有一定的关系，不同材质的文物对保存环境湿度的要求不同，即不同材质的文物有其不同的最佳保存环境湿度，如漆木器类库房内的相对湿度为 60%—70%，纺织品、纸质文物库房或陈列室内的相对湿度为 50%—55%，金属类库房或展室内的相对湿度为 45%—50%[②]。《中国博物馆学基础》[③]、《博物馆学通论》[④] 及《博物馆藏品保管工作指引》[⑤] 均持此观点。因此，临沂市博物馆文物库房青铜器室内的相对湿度是合适的。然而我们也应该注意到，有的研究者提出了不同的观点，如张晋平在《博物馆环境监测控制技术》中指出，应当将金属文物保存于相对湿度低于 45% 的环境中；对于出土陶瓷文物、出土锈蚀铁器文物、严重腐蚀的青铜文物等，应当保存于相对湿度低于 35% 的环境中[⑥]。这一观点仍有待于进一步研究。

图 5、图 6 中的数据采集于三楼精品陶器展厅的展柜中。从图中可见，受展厅内的环境因素等影响，展厅内温湿度的波动要大于文物库房，但总体来看，尚未超过日温度 2℃—5℃ 的温度差及 40%—50% 的适宜相对湿度的要求。

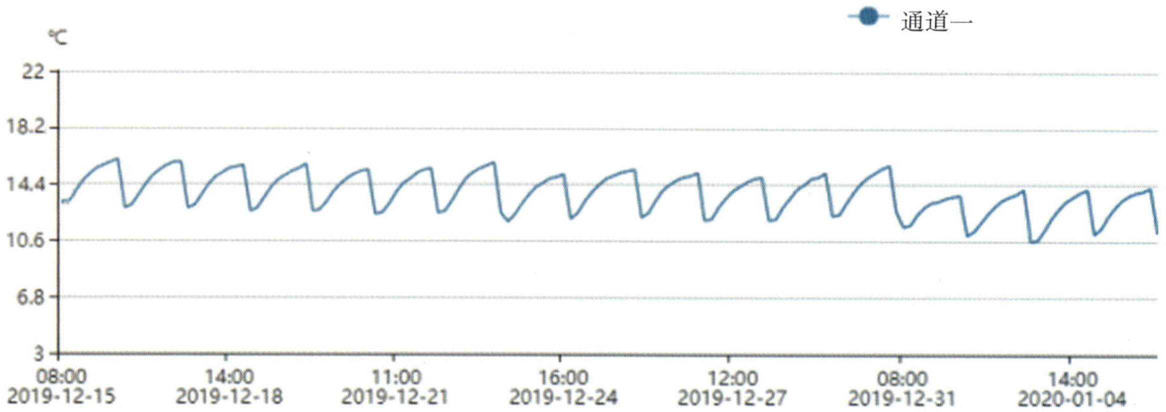

图 5 陶器展厅内温度监测情况

---

① 王蕙贞：《文物保护学》，文物出版社 2009 年版，第 407 页。

② 王蕙贞：《文物保护学》，文物出版社 2009 年版，第 411 页。

③ 王宏钧主编：《中国博物馆学基础》，上海古籍出版社 1990 年版，第 225 页。

④ 马继贤：《博物馆学通论》，四川大学出版社 1994 年版，第 159 页。

⑤ 北京博物馆学会：《博物馆藏品保管工作指引》，中国书籍出版社 2012 年版，第 135 页。

⑥ 张晋平：《博物馆环境监测控制技术》，中国环境出版社 2013 年版，第 122 页。

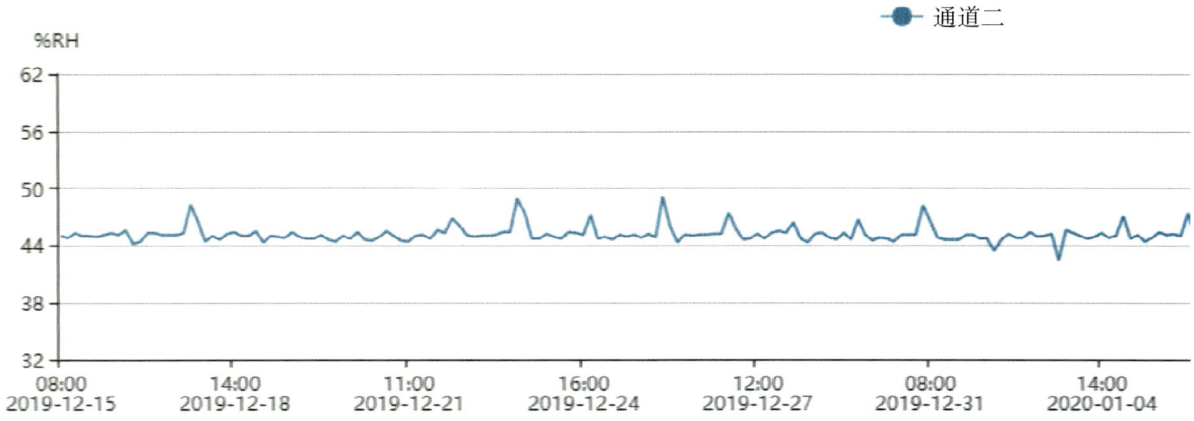

图 6　陶器展厅内相对湿度监测情况

2.2.2　**紫外线监测情况**

图 7 中的数据采自文物库房，图 8 中的数据采自三楼书画展厅，其中书画展厅因 2019 年下半年在展书画入库休展而关闭，故只采集了其短暂开启时段内的一段数据。从图中可以看到，库房与书画展厅中的紫外线强度均符合《博物馆照明设计规范（GB/T 23863—2009）》中规定的紫外线含量小于 20 μW/lm 的要求。

2.2.3　**二氧化碳监测情况**

图 9 中的数据采自三楼钱币展厅，图 10 中的数据采自二楼历史文化展厅。从图中可以看出，钱币展厅内二氧化碳的浓度最高为 649ppm、最低为 390ppm，历史文化展厅内二氧化碳的浓度最高为 966ppm、最低为 390ppm，均低于我国《室内空气质量标准（GB/T 18883—2002）》中要求的 1500ppm。此外，二氧化碳的浓度与展厅开放接待游客量成正比关系，近期因新冠肺炎疫情防控需要而关闭展厅后，展厅内的二氧化碳浓度有所下降。

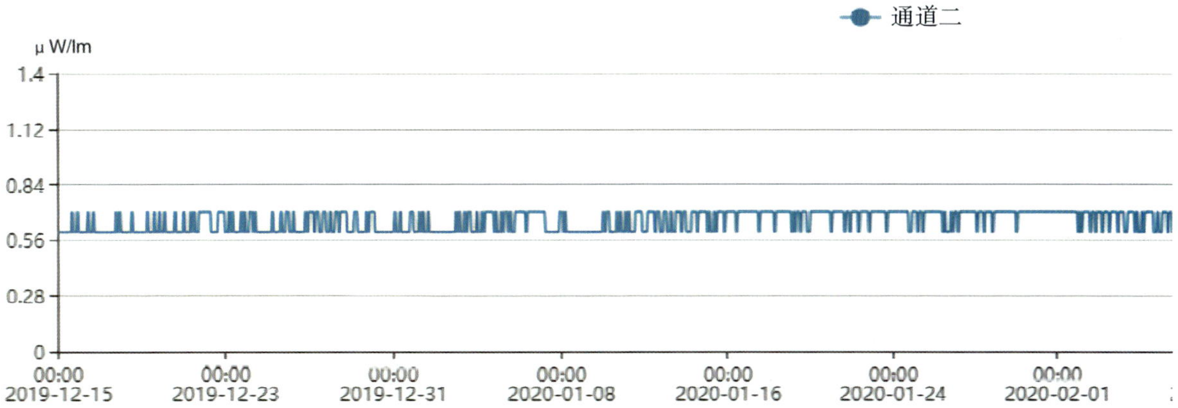

图 7　文物库房内紫外线监测情况

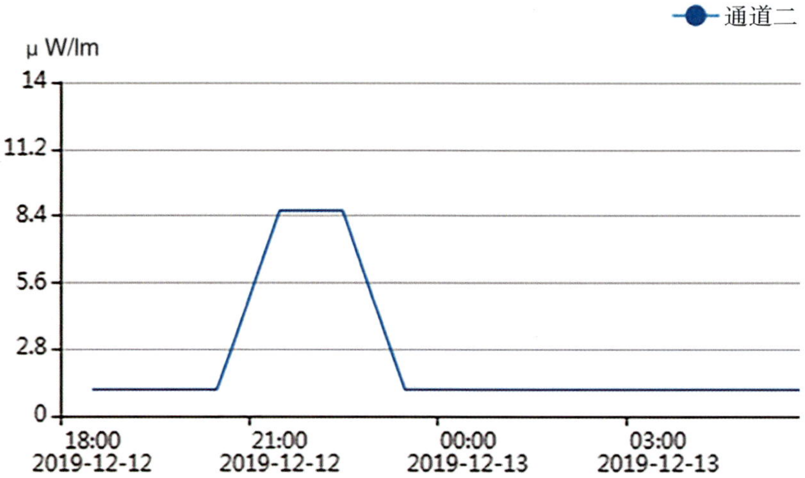

图 8　书画展厅内紫外线监测情况

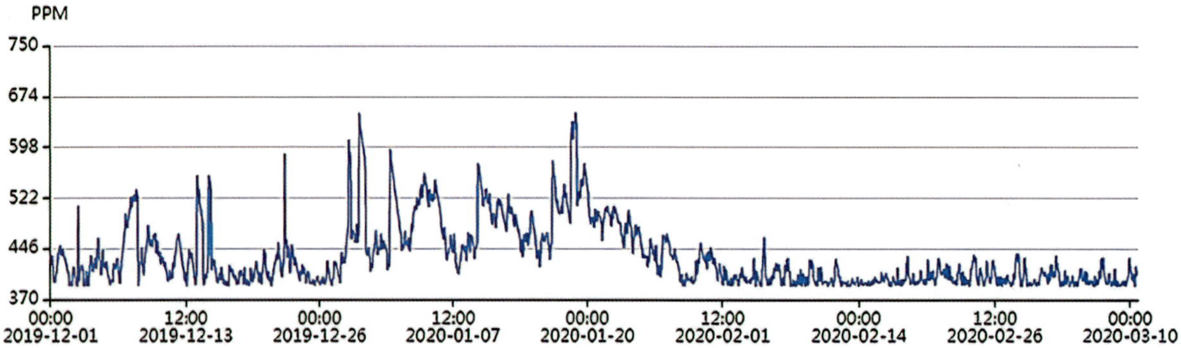

图 9　钱币展厅内二氧化碳监测情况

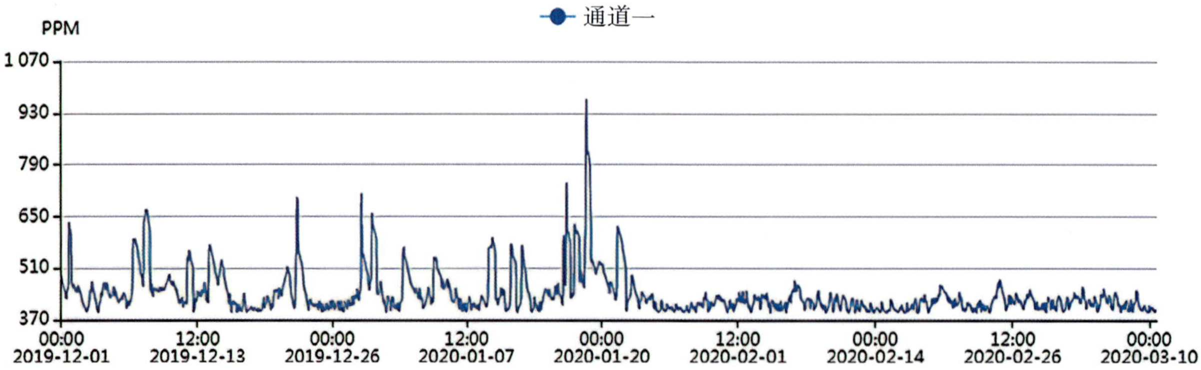

图 10　历史文化展厅内二氧化碳监测情况

在今后的工作中，需要进一步完善即时监测系统与即时预警系统，做到即时预警、即时处理。监测文物保存环境数据是手段，调整保存环境从而使文物尽可能处于适宜的环境之中才是预防性保护的最终目的。

3 临沂市博物馆馆藏文物预防性保护工作的几点思考

3.1 切实加强专业技术人员培训

文博单位普遍面临着文物预防性保护工作人员严重不足的局面。2017 年，在山东省 178 个国有文博单位的统计中，可移动文物保护修复领域的从业人员仅有 192 人，其中具有文保专业背景的占 14%，具有文博专业背景的占 31%，其他专业人员占 55%。而从财会、文秘和经济管理等专业“半路出家”的人员较多，且兼职情况严重[①]。这一问题在临沂市博物馆也明显存在。

文物是不可再生的宝贵文化遗产，在博物馆功能从单纯的收藏展览转向更多的社会教育与文化普及的过程中，文物也增加了暴露在社会公众与复杂环境中的几率。“博物馆、展览馆、档案馆和类似文化机构面临的最大挑战，是平衡藏品保护与为公共教育和娱乐而进行的藏品展示之间的矛盾。”[②] 我们应该认识到，在文物保护修复人员的培训方面，不应当仅局限于增加人员数量以及提升技术水平，而应当更加注重提升工作人员对文物预防性保护的认识。国家文物局主持编译的《博物馆藏品保护与展览：包装、运输、存储及环境考量》中对文物保护人员的职责有过简单的概括：评估器物和藏品状况，确定其对环境因素的反应及展览和运输的安全程度；建立适合藏品在库房、展览区域以及其他场所保存的环境控制标准和指导方针；制定开放和封闭空间环境水平的监测系统与方法；对出借和巡回展览中的保护方法和技术提出建议，例如在出借协议中注明特殊包装和运输技术等内容；对特展陈列室的设计和规范提出建议；与其他专家如展览设计者、登记员、建筑师等进行交流与协商[③]。

我们从中可以看出，在不断积累经验的基础上，探索更加适合文物预防性保护的方法、开展相关理论研究与进行保护实践是今后博物馆文物保护修复人员的重要工作。如果只是组织了一支看起来人数众多的队伍，虽然能够开展记录文物保护监测数据等简单工作，却无法适应越来越复杂的文物展览与社会教育工作需要。同时，在文物运输与包装、新场馆的建设

① 山东省文物保护修复中心：《山东省可移动文物保存现状调研及保护对策研究》，山东大学出版社 2017 年版，第 34~36 页。

② （加）斯托洛著，宋燕、卢燕玲、黄晓宏等译：《博物馆藏品保护与展览：包装、运输、存储及环境考量》，科学出版社 2010 年版，第 1 页。

③ （加）斯托洛著，宋燕、卢燕玲、黄晓宏等译：《博物馆藏品保护与展览：包装、运输、存储及环境考量》，科学出版社 2010 年版，第 3 页。

等过程中，都需要高素质的文物保护修复人员深入参与。以临沂市博物馆馆藏文物赴日本参加“三国志展”的前期准备工作为例，经与国家文物交流中心的反复协商沟通并组织相应专家进行论证，针对拟外借展览文物的特点，临沂市博物馆最终确定了包装运输方案及展览要求，并对借展方提出了较为严格的文物保存与展出环境要求，顺利完成了文物的出国展览任务。

3.2 不断推进馆藏文物数字化进程，建立博物馆数字化信息系统

随着社会进入信息化时代，博物馆的藏品管理工作也在新科技手段的支持下得到了新的发展。借助信息化手段建立博物馆藏品管理系统和数字管理平台是博物馆数字化建设最基础的部分，有利于推进管理理念和管理模式的转变，有利于推动博物馆藏品管理工作飞速发展，进而使博物馆的学术研究和展陈工作等事业整体发展[①]。

博物馆文物数字化是近年来蓬勃发展的文物预防性保护新方向，吸引了越来越多专家、学者以及博物馆工作者的关注，取得了较多研究成果，也为临沂市博物馆提供了可供借鉴的宝贵经验。例如，敦煌博物馆在馆藏珍贵壁画和彩塑面临自然环境因素与游客量剧增双重破坏的不利局面时，采用信息技术对敦煌壁画和彩塑实施数字化保存，最大限度地减少了不可抗因素对敦煌壁画和彩塑造成的劣化或破坏；利用虚拟现实、图像处理与人工智能等技术，开发了敦煌壁画和彩塑虚拟展示、脱落壁画复原、变色壁画颜料色彩复原、壁画劣化过程模拟及壁画保护修复档案系统等，极大地提高和改善了对敦煌石窟文物保护研究的效率和效果[②]。在前期工作中，临沂市博物馆已经对部分馆藏文物开展了数字化探索，如对馆藏古籍进行细节拍照，对部分文物进行 3D 全方位扫描，并将照片上传至官方网站供游客观赏，同时对展厅进行数字化导览等。但这些工作尚不够系统与全面，对文物预防性保护起到的作用尚不够明显，依旧存在很多不足，如古籍数字化程度低、3D 扫描文物数量较少、游客使用率低、对科研帮助较小等。

在下一步的工作中，应着重从文物珍贵程度、易损坏程度和研究价值等方面逐步探索，开展馆藏文物数字化工作，提升系统性、可操作性与实用性，并根据实际工作开展情况，探索建立博物馆数字化信息系统。博物馆数字化信息系统应当包括综合信息平台、文物采集与管理系统、网站发布与管理系统、藏品管理系统、办公信息管理系统、教育广播管理系统、公众导览服务系统、陈列展览多媒体管理系统、图书资料管理系统等[③]。

3.3 不断提高对文物预防性保护重要性的认识

“在形式上，文物保护工作是保护文物的实体；但在实质上，其核心是保护文物的价值不要遭受自然和人为的损害，即长久保存。所以，文物保护、文物修复的最高准则是以文物

---

① 北京博物馆学会：《博物馆藏品保管工作指引》，中国书籍出版社 2012 年版，第 22 页。

② 马清林、苏伯民、胡之德、李最雄：《中国文物分析鉴别与科学保护》，科学出版社 2001 年版，第 250~255 页。

③ 刘超英、崔学谙主编：《博物馆工作规范（试行）》，文物出版社 2015 年版，第 114 页。

价值的保护和价值的体现为核心，也就是在对文物价值认知的基础上，更科学、更有效地保护它的价值，体现它的价值。”[①] 由此可以看出，广义上的预防性保护不仅应包含保存环境控制等基础层面的内容，更应包含管理层面乃至整个社会层面的认同，这需要经济、政治、文化各个方面协同努力。单霁翔曾发文指出：“当前，要紧密结合国家科学技术创新体制改革，以全面推进文化遗产保护科学技术整体创新能力为目标，进一步优化科学技术结构布局，优化社会资源配置，加快科学技术成果向现实生产力转化。”[②] 文物预防性保护资源的配置与当前社会经济发展息息相关，呈现出强干弱枝的基本态势。汤铭明在其硕士论文《鲁西南县级博物馆现状调查与初步分析》中针对鲁西南地区县级博物馆的藏品保护现状指出，鲁西南县级博物馆藏品保管设备短缺，文物库房内的环境不利于藏品保护，并且存在人员素质较低、专业技能欠缺等问题[③]。可见，文物预防性保护的资源配置目前仍处于自上而下的普及过程中，距离全面普及尚有很远的路要走，需要从资金、技术、人才、制度、观念等多方面共同推进。充分认识文物预防性保护的现状与形势、不断提高自身业务能力与水平，是文博工作者在今后一个阶段所必须承担的一项重要任务。

---

① 陆寿麟：《东方文物保护的理念与方法》，见《中国文物保护技术协会第六次学术年会论文集》，科学出版社 2010 年版，第 3 页。

② 单霁翔：《文化遗产保护科学技术发展辩证思考》，载《国际博物馆（中文版）》2008 年 Z1 期。

③ 汤铭明：《鲁西南县级博物馆现状调查与初步分析》，山东大学 2017 年硕士学位论文。

可移动文物预防性保护及数字化保护研究

◎ 孙治国
菏泽市文物保护中心

摘　要：可移动文物属于文化财富的一部分，但是受到各方面因素的影响，我国可移动文物损害严重。基于此，本文针对影响可移动文物的因素，对可移动文物预防性保护及数字化保护进行研究，希望可以提升我国可移动文物保护水平，为可移动文物创造一个安全可靠的保存环境，促使可移动文物得到长久保存。

关键词：可移动文物　预防性保护　数字化保护

可移动文物主要指可以被收藏的文物，也就是各个历史时期留存下来的重要实物、艺术品、文献等，是我国历史发展的重要见证，同时也是我国重要的文化财富。但是，可移动文物由于经历的时间太过久远，不可避免会遭受自然因素及人为因素的影响，从而出现不同程度的损坏。为了使其更好地保存下去，就需要对其采取预防性保护以及数字化保护措施。

1　影响可移动文物保存的因素

1.1　自然因素

影响可移动文物保存的自然因素主要有温度、湿度、空气污染物、光线辐射以及各类微生物和生物等。因此，为了减少甚至避免自然因素对可移动文物的破坏，就需要相关工作人员采取有效措施对文物进行预防性保护，并利用现代技术对文物进行数字化保护。

1.2　人为因素

影响可移动文物保存的人为因素主要指工作人员在工作过程中无意的损坏，以及各种文物安全事故如火灾、盗窃等。因此，也需要工作人员对其进行针对性的保护管理。

2 可移动文物的预防性保护

2.1 从存放角度对可移动文物进行预防性保护

为了降低可移动文物的损坏程度，使文物免遭不同因素的破坏，就需要从存放角度对可移动文物进行预防性保护。具体来讲，相关人员需要做到以下七点。

第一，我国曾颁布多条与博物馆建筑相关的法律条文，因此在建设可移动文物库房的过程中，相关施工单位需要严格遵守相关规定，并且根据该库房所收藏文物的特点来设置库房结构等。

第二，在对可移动文物进行管理的过程中，相关工作人员应针对可移动文物的材料以及特点等进行分类管理，从而保证可移动文物在管理过程中不会受到不良因素的影响。另外，如果所管理的可移动文物十分珍贵并且容易损坏，则应交由专人负责，并将其放置到专属保存柜中。而在选择文物保存柜的过程中，应选择不锈钢材质的，从而避免保存柜出现腐蚀问题时文物受到影响。同时，工作人员将文物存放到保存柜中时，应严格按照相关规定进行存放，以方便后期拿取。此外，需要对文物的存取情况进行记录，并在每次拿取后对文物进行检查，保证其完整性。

第三，由于自然因素对可移动文物的存放有很大影响，所以工作人员在存放过程中需要对自然因素进行有效控制，比如调控文物保存库房中的温湿度等，从而保证文物的存放环境符合文物保存要求。

第四，为了保证文物存放环境内的温湿度稳定，还需要配置一定的辅助设备，如除湿机等，从而最大限度地降低存放环境对文物造成的损害，延长文物寿命。

第五，对可移动文物库房内的生物以及微生物进行有效控制，具体需要做到以下三步。首先，在将可移动文物放入库房之前，应对文物进行全面检查并做好记录，以便为后期保存提供一定依据。在检查过程中如果发现文物存在问题，需请专业人士对其进行处理，保证文物在存放过程中不会受到自身质变的影响。其次，对于能够直接接触到文物的物品以及人员，在接触文物之前都应进行全面消毒，保证不会有生物以及微生物沾到文物上。最后，定期检查所有文物，存放特殊文物时，应先在保存柜中放置防虫剂等，避免文物受到虫害影响。

第六，为更好地保护文物，尤其是一些对光十分敏感的文物，管理人员需要控制文物保存库房内的光线辐射强度。首先，文物保存库房内部应为避光环境，对于能够透光的地方要进行遮挡，必要时还应为文物配置无紫外线灯。其次，为避免文物在存放过程中磕到碰到，还应在文物保存柜中放置一些柔软的材料如泡沫等。

第七，管理人员还需要对文物库房内部的空气污染问题进行控制。管理人员可以选择在库房内安装专用空气净化器等，从而清除空气中的污染物，避免文物受到不良影响。管理人员还要妥善安置文物，不可让酸性物质接触到文物，以免文物被腐蚀。此外要在库房入口处配置一台消毒设施，工作人员在进入库房时，应保证不会将微生物等带入库房中，而且要安排专人负责清扫库房，真正使库房内一尘不染。

2.2 从展览角度对可移动文物进行预防性保护

可移动文物除了被存放，还要被用来展览，从而使其能够为更多的人所熟知。因此，为了避免可移动文物在展览过程中受到损坏，就需要从展览角度对可移动文物进行预防性保护。具体来讲，相关人员需要做到以下六点。

第一，与文物保存预防性保护的第一点相似，在建设文物展览厅时，应严格按照相关建筑规定施工，保证展厅内部布局符合文物存放的要求。同时，由于每一件文物都需要放置在展柜中，有些是几件放在一起，有些是单独放置，但不论如何放置，都需要为其配置缓冲物，保证文物之间不会发生碰撞、文物与展柜之间不会发生碰撞。

第二，从展厅内环境着手，管理人员应保证展厅内环境符合文物的存放要求，比如展厅内的温湿度要适宜。另外，当文物放到展厅中后，会引来很多观赏者，但是观赏人数以及展览时的天气无法预测，这就需要管理人员做好防备工作，比如可以根据具体情况在文物展柜中放置小型加湿器等。

第三，从展厅内环境着手，管理人员还需要对展厅内的生物以及微生物进行有效控制。除了需要对能够直接接触到文物的器具以及人员等进行全面消毒、对展览的文物进行定期检查、对文物展柜进行定期清洁，还需要在展柜内放置防虫、防霉等药物。

第四，从展厅内的光线辐射着手。一般展厅内的光源都是通过人工照明系统提供的，而在设计、安装照明系统时，应遵守相关规定，不可使用含有紫外线辐射的灯光作为光源。如果所展览的文物对光十分敏感，还需要在存放该类文物的展柜上喷涂紫外线吸收剂等。

第五，从展厅内的空气污染物着手，在展厅门口放置除尘设施、消毒设施等，保证污染物不会随人员进入展厅。同时，在闭馆后，需要对展厅进行彻底清理。

第六，展厅中的文物可能来自不同的保存库房，所以预防性保护还需要从文物运输着手，在运输前要对文物进行全面包装，避免文物在运输过程中受到磕碰。另外，在对文物进行展览之前，需要制订详细计划，以保证文物的安全。同时，为了避免文物在长时间展览过程中受到外界因素的不良影响，需要定期更换展览文物。

3 可移动文物的数字化保护

3.1 有效运用数字化保护技术

在对可移动文物进行数字化保护的过程中，相关工作人员应该充分运用数字化保护技术，具体可分为以下六个环节。

其一，针对不同类型的可移动文物，应该采用不同的信息采集方式，因此就需要根据可移动文物的特点制定具有针对性的信息采集规范以及收集标准。另外，相关工作人员需要据此制定不同类型的数据库框架。

其二，相关工作人员应收集目前所存有的可移动文物的背景信息，从而为更好地进行数字化保护提供可靠依据。

其三，相关工作人员需要利用高精度图像技术，有效获取馆藏可移动文物的高保真图像，并且需要使用不同的数字化处理方式进行有针对性的处理。目前常用的数字化处理方式主要有两种，一种是二维平面文物数字化处理方式，主要针对字画等文物，需利用高分辨率设备有效采集这些文物的高保真图像；另一种是三维立体文物数字化处理方式，主要针对瓷器等文物，需利用三维激光扫描成像技术采集这些文物的三维视频图像，同时利用相关软件创立相应的三维虚拟模型。而对于那些处于二维和三维之间的可移动文物，比如兵器等，则需要将以上两种方式相结合。

其四，相关工作人员应利用现代信息技术以及相应设备，全面采集可移动文物的成分及材料等信息，比如利用便携式测色仪、微型光纤光谱仪充分采集可移动文物的颜色信息。

其五，相关工作人员应认真完成可移动文物数字化保护信息数据的录入工作。

其六，对数字化保护成果进行充分利用。

3.2 建立一套完善的环境监测及调控系统

可移动文物的数字化保护主要体现在对各种现代化系统的运用上。比如为了对可移动文物的存放环境进行有效控制,可利用现代先进传感器技术等建立一套完善的环境监测及调控系统，以保证可移动文物的存放环境符合要求。另外，通过该系统可对文物存放环境进行实时监督，一旦出现异常问题，相关工作人员能够及时发现，从而使可移动文物得到及时保护。

3.3 充分利用数字化安全防范设备

在对可移动文物进行数字化保护的过程中,不仅需要以科学规范的文物管理制度为制约，而且需要充分利用数字化安全防范设备，比如先进的防火、防盗以及防震设备等，以保证可移动文物存放环境安全可控，提高文物存放环境的安全性，促使文物得到科学保护。

4 结语

可移动文物会受到各方面因素的影响，从而出现不同程度的损毁。实施预防性保护措施可以在一定程度上降低可移动文物劣化质变的速度，而数字化保护能够使可移动文物得到有效保护与利用。因此，相关工作人员需要将预防性保护及数字化保护有机结合起来，为我国可移动文物创造出一个科学有效的保存环境，从而将可移动文物更好地传承下去。

原载于《丝路视野》2019 年第 8 期

青岛市博物馆公众文物保护需求调查统计分析

◎ 项　项
青岛市博物馆

摘　要：随着“保护为主、全面发展”以及“合理利用”等文物保护理念的提出，文物保护工作逐渐走出实验室与库房，走进公众视野。本文以青岛市博物馆观众为调查对象，以文物保护工作为主题，通过了解公众的文物保护意识、文物保护需求以及对博物馆文物保护宣传单页的反馈，全面分析公众的文物保护需求，旨在为活化文物保护、与民共享文物保护成果提供借鉴。

关键词：文物保护　公众调查　地方博物馆

1　博物馆文物保护需求的研究意义与研究背景

在教育、保管、研究和展览四项职能中，保管是博物馆最基本的职能。博物馆藏品保管理念已由过去的“以物为本”转变为现在的“以人为本”，藏品本身所具有的稀缺性与真实性等属性并没有改变，博物馆的服务目标与焦点转变为广大的观众群体。关注观众的体验和参与成为博物馆工作的重点[①]。

在“以人为本”观念的影响下，博物馆在文物保管工作面向公众方面做过很多尝试。现将相关实践经验总结如下。

1.1　创新博物馆藏品保管展示手法

美国的部分博物馆为了让观众欣赏到博物馆内更多的馆藏文物，开始实行“可视储藏（visible storage）”，即用玻璃墙来代替传统墙壁，让观众身处博物馆之外都可以看到馆藏室内部的文物，这样既节省了空间，又降低了展览成本。美国丹佛克莱福特·斯蒂尔博物馆（Clyfford Still Museum）的储藏室在一楼，是玻璃墙面，而且其主要展厅安置在储藏室的上边，从而使

① 侯春燕：《新博物馆学理念的创新和倡导——国际博协第23届大会研讨主题管窥》，载《中国博物馆》2013年第3期。

那些过去观众观察不到的方面展示出来，观众可以透过玻璃墙观看文物修复区的工作过程。该博物馆将馆内藏品存放的状态可视化，在展览藏品的同时，展示藏品存放状态与文物修复区域，并将实物展览与工作场景展览融为一体，向观众展示了藏品保管工作。

2014 年国际博物馆日的主题是“博物馆藏品架起沟通的桥梁”。南京博物院作为主会场，为契合主题，用模拟库房的方式展现了馆藏精品。同时，邀请观众参观文物库房以及文物摄影场地等，将博物馆文物库房的工作呈现在观众面前，这也是令观众初步了解文物保护工作的尝试。另外，南京博物院展示了文物搬迁过程中使用过的木箱等工具，再现了历史，并向大众传达了博物馆作为不同时代之间联系的纽带，能够帮助当前和未来的人们更好地了解历史。这些尝试都旨在将博物馆中的文物置于整个历史长河中，在展览文物的同时，将博物馆的业务工作作为展览的一部分。

1.2 文物保护成果专题展览

博物馆展览正逐渐由以往的历史性展览向主题性展览转变。2013 年陕西历史博物馆推出的《巧手良医——陕西历史博物馆文物保护修复工作展》是国内首次举办的以文物保护修复工作为主题的专题性展览。该展览通过介绍 130 余件不同材质的文物及其相关修复信息，以及近年来科技手段在文物保护工作中的应用，向公众展示了陕西历史博物馆历年来在文物保护修复领域取得的丰硕成果。同时，该展览为公众提供了一个别样的欣赏角度：设置了文物修复工艺、文物科学认知和预防性保护三个单元，向观众完整展示了文物保护的理念和方法；设置了生动有趣的互动环节，拉近了观众与文物的距离；设置了实验室观摩、布展过程体验和展厅展示三个单元，突破了传统的展厅模式。该展览将文物保护的理念与实际操作相结合，使观众真实地了解到博物馆文物保护工作的复杂性与科学性。

1.3 公众体验文物修复工作

公众参与是博物馆拉近与公众距离的最好方式，也是使博物馆教育实现寓教于乐和寓学于乐的最好方式。近年来，国内多家博物馆均将体验文物修复活动增加到博物馆的教育活动中。例如，汉阳陵博物馆、首都博物馆等文博单位邀请观众观摩博物馆文物保护与修复过程；陕西历史博物馆、长沙市博物馆等文博单位邀请市民或未成年人体验文物保护技术，比如做小型拓片、进行简单的器物修补等，让公众在实践中感受文物的魅力和修复技术。近年来，随着公众考古的逐渐推广，越来越多的人愿意参与这种体验修复技艺的活动。

总之，面对文物保护工作的神秘性与专业性，博物馆以专题展览与观众体验相结合的方式，从公众可接受的角度出发，通过各种互动活动向公众传递相关知识，能较好地满足观众对文物保护工作的好奇心、对文物收藏保养知识的简单需求等。

2 研究方法及数据使用情况说明

本研究旨在了解地方博物馆公众文物保护需求的真实情况，为使研究更具有实证性和可操作性，主要采用社会学定量研究与定性研究相结合的方法，在问卷调查的基础上，辅以结构性访谈。具体使用的研究方法为问卷法、访谈法和文献法。

问卷法为本文的主要研究方法，先编制博物馆公众文物保护需求问卷，以到博物馆参观的观众为调查对象。问卷涉及三个方面：公众文物保护意识现状、文物保护宣传的内容与方式以及公众对青岛市博物馆文物保护宣传单页的反馈。2013 年共发出调查问卷 300 份，收回 298 份，其中有效问卷 292 份，数据有效率为 97.8%。2015 年发出 300 份问卷，收回 296 份，其中有效问卷 288 份，数据有效率为 97.3%。通过对问卷数据的录入整理，采用 SPSS17.0 社会科学统计软件进行统计分析[①]。

3 调查统计分析

3.1 公众文物保护意识现状调查

2013 年，青岛市博物馆针对公众对文物保护知识的了解程度、了解方式及对藏品保养知识的了解情况等进行了调查，调查结果参见表 1。

表 1 2013 年公众文物保护意识调查结果表

调查项		百分比（%）
您平时对文物保护知识了解多少？	偶尔关注文物相关新闻报道	36.66
	出于爱好，非常关心文物保护	30.01
	只在参观时才了解	26.65
	喜好收藏文物，时刻关注	6.68
	因为工作原因，必须了解	0.00
您对收藏的藏品是怎样保养的？	不保养，顺其自然	48.28
	其他	44.83
	自己查阅资料，动手实际操作	6.89
	请专家专门保养	0.00

① 贺春旎：《青少年博物馆教育需求调查统计分析》，载《福建文博》2015 年第 1 期。

（续表）

调查项		百分比（%）
您平时通过什么渠道了解文物保护知识?	电视宣传片	28.60
	文物保护知识书籍	26.50
	人工讲解	14.29
	解说折页	8.16
	文物保护知识体验馆	8.16
	专家讲座	6.12
	数字化展示	4.08
	多媒体触屏	2.00
	其他	2.00
	实际操作展示	0.00

注：此调查为多选题，故百分比总和会出现不为100%的现象。

通过调查发现，约三分之一的公众偶尔关注文物保护知识，约三分之一的公众会出于爱好而关注。基于对文物保护知识的关注程度，这两部分人群为日后博物馆进行文物保护知识科普的重点群体。另有一小部分收藏者会主动关注文物保护知识，这一部分人群也是日后博物馆进行专业文保知识宣传的重点群体。在保养方式上，近半数的公众选择“不保养，顺其自然”，44.83%的公众选择“其他”，跟踪调查得知为“不知道怎么保养”“看收藏类节目或通过网络查找保养方式”等。由此可以看出，舆论导向对公众的影响较大。公众平时主要通过“电视宣传片”“文物保护知识书籍”“人工讲解”等传统媒体方式获得文物保护知识，而通过“多媒体触屏”和“数字化展示”手段获得文物保护知识的人群占比较小，通过最能直接展现文物保护过程与知识的“实际操作展示”方式获得文物保护知识的人数为0。

通过2015年的公众文物保护意识调查分析发现（图1），“偶尔关注文物相关新闻报道”者占比最高，为40.84%，说明现在的媒体是影响公众文物保护意识最重要的因素；其次是“只在参观时才了解”者，占比为26.76%，说明博物馆已经将文物保护的信息传递给公众；再者为“出于爱好，非常关心文物保护”者，占比为21.13%，这一部分人群是进行文物保护知识宣传的重要群体，他们多是有目的地参观并主动咨询与文物保护相关的问题；还有2.81%的受访者是相关单位工作人员，他们有很强的文物保护意识，并具有专业性与目的性；另有2.81%的受访者表示“不知道”，即不关心此方面消息，对此无兴趣。

对比2015年与2013年的问卷发现，“偶尔关注文物相关新闻报道”的比例增加了4.14%，反映出公众对文物保护的关注度不断增加，这一群体会利用现有媒介主动提升自己的文物保护意识；“只在参观时才了解”者所占比例基本持平，说明在博物馆的观众中，有一批观众的参观目的稳定，即通过参观文物来了解文物保护知识；“出于爱好，非常关心文物保护”

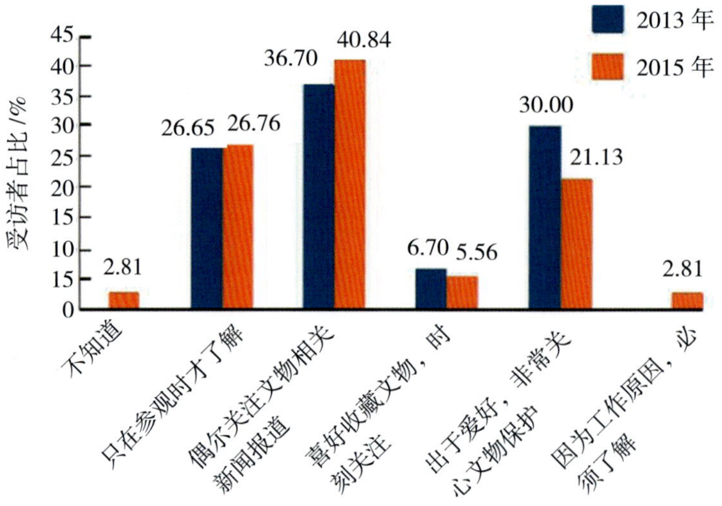

图 1　2013 年、2015 年公众文物保护意识调查对比图

以及“喜好收藏文物，时刻关注”者所占比例有所下降，说明公众的文物保护意识更加趋向于合理、平稳，对文物保护的关注也更加理性。

总之，公众有较为主动获取文物保护知识的意愿，会通过较为传统的媒介关注文物或个人收藏品的保养与保护问题，但受舆论导向作用明显。近年来，公众对文物保护知识的需求趋势呈现出合理性与平稳性。

3.2　文物保护内容与方式需求调查

2013 年，青岛市博物馆为摸清公众对文物保护知识和宣传方式的接受度，针对公众对文物保护内容和宣传方式的需求情况进行了调查，调查结果参见表 2。

表 2　2013 年公众文物保护成果展现方式需求调查结果表

调查项		百分比（%）
右侧文物保护内容哪一个是您需要了解的?	博物馆文物藏品修复技术	49.15
	文物法律方面的知识	41.26
	博物馆文物保护部门的具体日常工作	9.59
您最能接受的文物保护宣传形式	宣传单页	18.03
	数字化展示手段	18.03
	专业化的专家讲座	14.75
	实际操作展示	14.75
	多媒体触屏	11.64
	文物保护知识体验馆	11.48
	文物保护知识书籍	4.92
	电视宣传片	4.92
	其他	0.00

注：第二项调查即“您最能接受的文物保护宣传形式”为多选题，故百分比总和会出现不是 100% 的现象。

通过调查发现，“博物馆文物藏品修复技术”是49.15%的受访者最想了解的内容；其次是“文物法律方面的知识”，有41.26%的受访者想要了解；想了解“博物馆文物保护部门的具体日常工作”者仅占9.59%。这一调查说明，专业的文物保护技术是公众最想了解的。在“最能接受的文物保护宣传形式”方面，简单便捷的“宣传单页”和形象的“数字化展示手段”是最受欢迎的，其次是“专业化的专家讲座”和“实际操作展示”，再次是“多媒体触屏”和“文物保护知识体验馆”，最后是“文物保护知识书籍”与“电视宣传片”。由此可知，对于公众而言，操作简单、获取信息便捷、内容全面且能贴近生活的方式是首选。

根据2103年的反馈，对于公众“想通过怎样的方式了解文物保护工作”这一问题，我们在2015年的调查表中增加了具体的文物保护成果呈现方式的选项，此项调查为多项选择，调查结果如表3所示。

表3　2015年文物保护成果展现方式需求调查结果表

调查项		百分比（%）
您最能接受的文物保护成果展现方式	亲身体验操作文物修复过程	26.53
	还原文物修复场景	19.73
	开展文物修复公益课堂	17.69
	图片展览	16.33
	官方微博、微信连载文物保护成果	11.56
	文物保护修复专题成果展	8.16

注：此调查为多选题，故百分比总和会出现不是100%的现象。

在所有选项中，选择“亲身体验操作文物修复过程”者占总调查人数的26.53%，说明现在的公众具有很强的参与性，这也和博物馆提出的体验式参观理念相吻合；选择“还原文物修复场景”者占总调查人数的19.73%，表明公众对文物修复的过程有很强的好奇心，文物修复场景复原也是让公众了解文物修复工作较为形象的展示方式；选择“开展文物修复公益课堂”者占总调查人数的17.69%，选择“图片展览”者占总调查人数的16.33%，两者差距不大，说明这类操作简单且知识量大的方式在公众传播中有一定影响力；选择“官方微博、微信连载文物保护成果”者占总调查人数的11.56%，说明这种新媒体文物保护传播方式在整个调查人群中的接受程度一般，受众群体有限；选择“文物保护修复专题成果展”者仅占全部调查人数的8.16%，说明这类展现方式对公众而言偏专业化，远离了公众的关注点，因此其所占比例较小。综上发现，公众的参与性极强，文物保护与场景展示相结合的方式会让公众更好地了解文物修复技术和文物背后的文化历史信息。

3.3 本馆文物保护宣传单页反馈

2013 年，青岛市博物馆推出了文物保护常识宣传单页，供公众免费拿取。在宣传单页介绍的藏品类别上，选择了比较常见的金属类、木器漆器类、玉器类、陶瓷类和纸质藏品类等。宣传单页的内容皆由本馆专家撰写，在保证内容准确的基础上，措辞更贴近民众。比如使用“保养”而不是“保护”，使观众更容易接受。同时，针对不同类别的藏品，介绍了简易的保养步骤，且保养所需材料简便易取。比如对于纸质藏品，就提出了“防虫蛀”“防霉菌”“防辐射”“防尘埃”等简易措施；对于瓷器的保养，则提出了“清洁”“摆放保存”“日常保养”“把玩”等方面的注意事项。宣传单页基本满足了公众对藏品的日常保养需要。

问卷的主要目的是了解公众对文物保护宣传单页的满意度，主要涉及语言措辞、分类程度、版面设计等方面。总体而言，有 26.93% 的受访者认为“非常满意”，有 61.53% 的受访者持“满意”态度，而有 11.54% 的受访者认为“一般”，“不满意”者为 0。认为“一般”的受访者表示此宣传单页“与别的大的博物馆相比，纸张较小，字体偏小，虽然便于携带，但有一些知识没有普及到”；还有人认为在分类中，“可以将木器与漆器分开介绍”。

在宣传单页中，有针对各类文物的保养措施，本馆专家在撰写时也考虑到了其可行性与便捷性。调查结果显示，对于这些保养措施，有 76.00% 的受访者认为“可以操作，难度较小”，有 12.00% 的受访者认为“操作容易、简单”，有 12.00% 的受访者认为“很难操作实施”。此次调查结果出现了明显的“中间大、两头小”的情况，如图 2 所示。

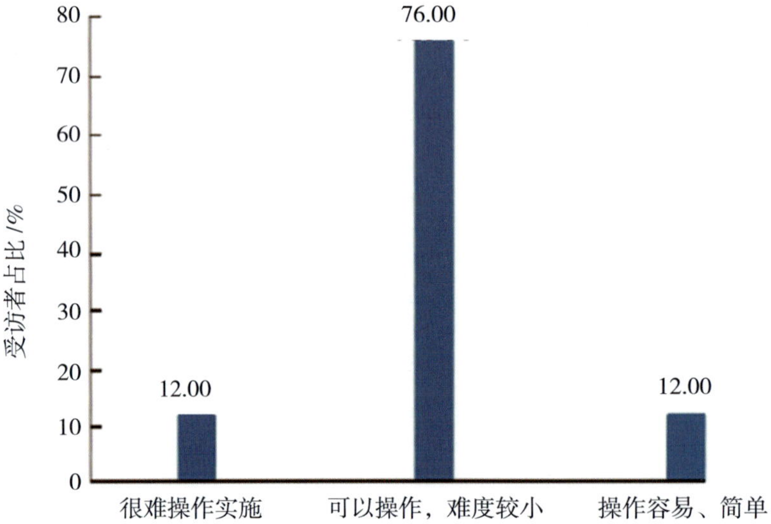

图 2 文保单页保养措施难易程度公众调查结果比例图

2014—2015 年，青岛市博物馆采取了专家讲解、青少年文物保护修复体验课堂、文物普查志愿者参观文物修复室、在人工讲解过程中增加文物保护知识等措施，并于 2015 年进行了后续调查，同时将调查数据与 2013 年的数据进行比对，结果如图 3 所示。

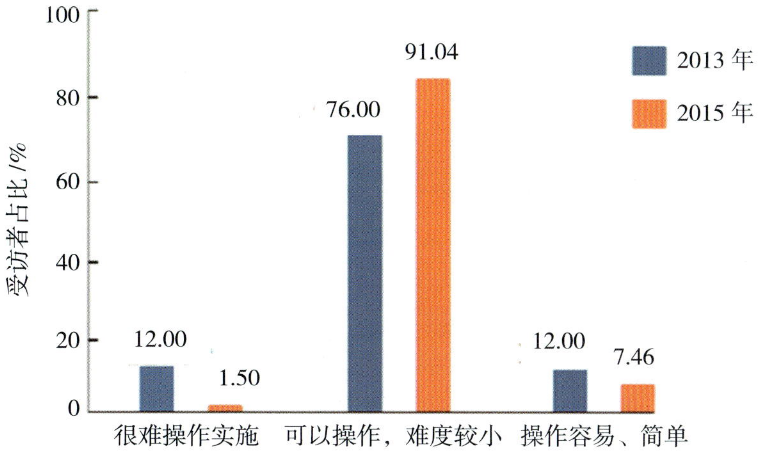

图 3　2013 年、2015 年文物保护宣传单页可操作性程度调查对比图

2015 年，有 91.04% 的受访者认为宣传单页上提供的保护措施“可以操作，难度较小”，比 2013 年多 15.04%; 有 7.46% 的受访者认为“操作容易、简单”，比 2013 年减少 4.54%; 有 1.50% 的受访者认为“很难操作实施”，比 2013 年减少 10.50%。由此反映出，2015 年有更多的公众接受文物保护宣传单页，认为宣传单页提供的保护措施操作方式简单而有效，这说明博物馆推出的面向公众的文物保护活动取得了一定效果。

图 4 是关于公众对宣传单页印象最深类型的调查结果。在此次调查中，有 31.42% 的受访者对陶瓷类藏品的宣传单页印象最深，有 25.71% 的受访者对玉器类藏品的宣传单页印象最深，有 17.14% 的受访者对纸质藏品的宣传单页印象最深，有 14.29% 的受访者对金属类藏品的宣传单页印象最深，有 11.43% 的受访者对木器漆器类藏品的宣传单页印象最深。经过访问得知，受访者选择的类型与个人兴趣爱好息息相关。此项调查也反映出公众收藏类别的分布情况。

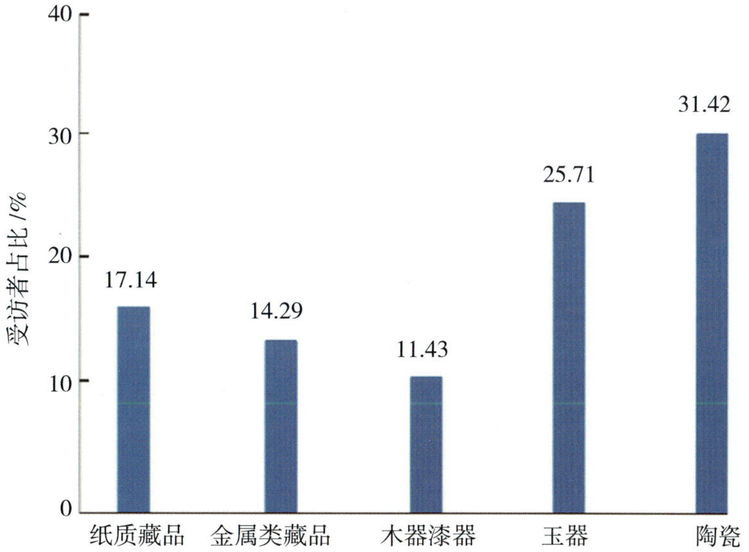

图 4　文保单页公众印象最深类型调查结果比例图

对于文物保护宣传单页的学术性与普及性程度的调查结果显示，有 80.31% 的受访者认为宣传单页做到了学术性与普及性相结合；有 11.53% 的受访者认为宣传单页缺乏学术性，过于普及；有 8.16% 的受访者认为宣传单页学术性较强，缺乏普及性。总体而言，文物保护宣传单页做到了学术与普及性相结合，具有可读性与可操作性，为广大观众所接受。

4　小结与展望

通过2013年与2015年的调查发现，青岛市博物馆公众文物保护需求表现在以下几个方面：

第一，绝大多数公众会借助现有的传播媒介，主动关注文物保护知识，并且受舆论导向作用明显；约半数公众会通过传统媒体和新媒体方式了解文物保护知识；约有三分之一的固定人群通过博物馆了解文物保护知识，并有针对性地进行咨询与学习。

第二，半数以上的公众对文物修复技术感兴趣；半数以上的公众可接受能体验的、场景式再现文物修复的展示方式；约三分之一的公众对传统图片展与讲座式的知识性较强的展示方式感兴趣；微信、微博等新媒体展示方式受推崇，但受众群体有限。

第三，文物保护宣传单页可接受程度强，绝大多数公众认为其可操作性强。出于个人爱好，公众对瓷器、书画和玉器类的文物保护宣传单页印象较深，绝大多数公众认为文物保护宣传单页的学术性与普及性结合得较好。这同时反映出青岛市博物馆开展的文物修复体验课程有助于提高公众的文物保护意识。

博物馆蕴藏着丰富的历史、文化和科学信息，但是文物保护技术同样可以成为博物馆进行展示与教育的资源。要将博物馆资源转化为社会化课堂的教育资源，必须依靠多方面的协调与努力。在“以人为本”展现文物的同时，可以“以技术为辅”，让文物保护技术在藏品与公众间架起一座桥梁，让博物馆资源全面而立体地呈现于公众面前。未来将重点调查地方文博单位的文物保护需求，全面展现地方博物馆文物保护现状，为立足地方特色、保存“地方记忆”、传承区域文化打下坚实的基础。

原载于《遗产与保护研究》2016 年第 3 期

孔府档案数字化保护概述[①]

◎ 王秀萍 袁 磊
孔子博物馆

摘　要：孔府档案是人类宝贵的历史文化遗产。科技的进步、相关政策制度的支持及孔府档案在传承和弘扬中华优秀传统文化中的责任和使命促成了其数字化建设。本文简要梳理了孔府档案数字化保护的过程与成果，并对其数字化建设提出建议，以期为展示与传播中华优秀传统文化提供参考。

关键词：数字化　孔府档案　科技　传统文化

历史档案是人类社会生活的重要记录，是历史的见证。孔府档案是围绕孔子直系后裔——历代衍圣公的活动所形成的文书档案，是人类宝贵的历史文化遗产。现存档案始于明嘉靖十三年（1534），止于1948年。孔府档案是孔子后裔历代传承的历史见证，其中记载的400余年间政治、经济、科技、文化制度、思想、宗族等方面的情况也为研究包括儒家思想在内的传统文化提供了珍贵史料（图1、2）。孔府档案因历时长、数量多、内涵丰富而闻名于世，在档案界一直有“西有敦煌文书，东有孔府档案”之说。2016年5月，孔府档案成功入选《世界记忆亚太地区名录》。

长期以来，由于各种主客观因素的限制，孔府档案一直处于“养在深闺人未识”的状态。与此形成鲜明对比的是，随着人们对传统文化认识的深入，越来越多的个人和机构开始关注、重视孔府档案的价值。但由于纸质材料的易损性加之文物保护的需要，孔府档案并不适合对外公开查阅。故在信息化的时代背景下，孔府档案的数字化建设势在必行。

① 本文为山东省艺术科学重点课题“家谱在传承中华优秀传统文化中的体现与影响研究”（立项号：WKJ202008122）阶段性成果。

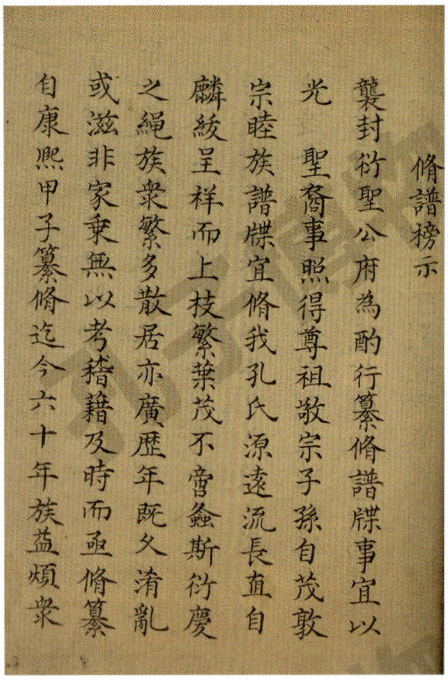
脩譜榜示
襲封衍聖公府為酌行纂脩譜牒事宜以
光 聖裔事照得尊祖敬宗子孫自茂敦
宗睦族譜牒宜脩我孔氏源遠流長直自
麟紱呈祥而上枝繁葉茂不啻螽斯衍慶
之繩族衆繁多散居亦廣歷年既久淆亂
或滋非家秉無以考稽籍及時而亟脩纂
自康熙甲子纂脩迄今六十年族益煩衆

图 1　修谱榜示

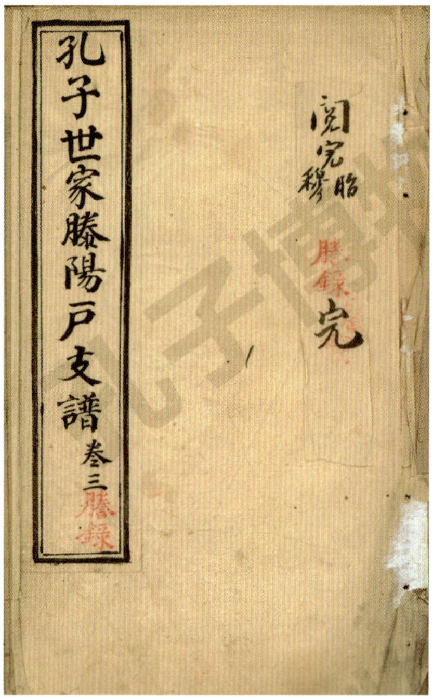

图 2　滕阳户支谱草册

1　孔府档案数字化建设的契机

孔府档案数字化建设既是科技进步的必然结果，也与国家的大力支持密不可分，更与社会对孔府档案的关注和重视密切相关。

1.1　科技的进步为档案数字化提供了不可或缺的技术支撑

随着计算机及网络技术的迅猛发展和广泛应用，人类社会进入信息化时代，各行业均进入新的发展阶段，面临着新的机遇和挑战。为满足处于信息时代的人们对档案的使用需求，档案领域也开始进入信息化建设阶段，而档案数字化是档案信息化建设的基础和有机组成部分。可以说，档案数字化是科技进步的产物，是社会发展的必然趋势。

1.2　相关政策制度为档案数字化提供了坚强的制度保障

为完成新形势赋予档案工作的新任务，“十五”到“十三五”期间，国家档案局先后制定了 4 个全国档案事业发展五年计划，分别是 2000 年《全国档案事业发展“十五”计划》、2006 年《档案事业发展“十一五”规划》、2011 年《全国档案事业发展“十二五”规划》、2016 年《全国档案事业发展“十三五”规划纲要》。此外，2002 年制定的《全国档案信息化建设实施纲要》、2014 年制定的《关于加强和改进新形势下档案工作的意见》等，都提出要加快传统档案的数字化工作。在 2016 年 9 月召开的第十八届国际档案大会上，时任国家档案局局长李明华提出中国将进行数字档案资源建设的战略目标，我国的档案数字化建设正式开启。不仅如此，为科学规范地开展档案数字化工作，国家档案局先后制定了《纸质档案数字化技术规范》《档案数字化外包安全管理规范》《纸质档案数字化规范》《纸质档案微缩数字一体化技术规范》等若干档案行业标准，用来指导纸质档案数字化领域的相关工作。总之，国家的大力支持为纸质档案数字化建设提供了坚强的制度保障，极大促进了传统纸质档案的数字化建设进程。

1.3 传承和弘扬中华优秀传统文化是孔府档案数字化的责任和使命

近年来，人们对传统文化有了新的认识和理解，既不是全盘摒弃，也不是照单全收，无论在学术领域还是政治层面，大力传承和弘扬中华优秀传统文化的呼声越来越高。孔府档案的内容和特点决定了它具有重要的历史价值、文献价值、学术价值，但其作为国家一级文物的客观属性又限制了它传播和利用的范围。孔府档案作为传统文化的重要载体和研究对象，特别是在 2013 年 11 月习近平总书记视察山东曲阜时发出传承和弘扬中华优秀传统文化的号召后，其数字化建设不仅势在必行，而且意义重大。

2 孔府档案数字化建设的实施

档案数字化指运用计算机技术、扫描技术、OCR 技术、摄影技术、多媒体技术、图像图形处理技术、存储技术等先进技术手段，对传统纸质档案进行数字化处理而形成的新型档案信息形态[①]。数字化档案利用计算机进行管理，以数字的形式进行存储、保护，并通过网络技术进行连接和传播。

2.1 重视档案安全

为确保档案实体安全和档案信息安全，工作人员均签订了“孔府档案数字化扫描保密协议”，不得将手机、U 盘、相机、食品等违禁物品带入数字化加工场内，不得通过手抄、拍照、口传等方式泄露档案信息，并制定了档案整理规范、档案扫描规范、档案质检规范、岗位职责及规范等若干规章制度，对档案数字化全过程实行严格监督和管理，以保障档案实体安全和信息安全（图 3）。

2.2 前期准备工作

档案数字化加工主要包括出库、移交、拆卷、排序、标注页码、图像扫描、图像质检、图像存储、档案装订、归卷等步骤[②]，其中在扫描前进行的工作称为前期准备工作。孔府档案的数字化主要以档案业务人员与外包公司合作的模式开展，前者主要负责档案出库、移交、扫描现场监督和业务指导及扫描后档案原件核查、归卷等工作，后者主要负责在数字化加工前对档案进行拆卷、排序、标注页码、目录登记及填写流程单等工作。前期准备工作是整个档案数字化扫描的基础工作，也是关键环节，只有前期工作做实做细，才能保证信息采集顺利开展。

---

① 原小兰：《大数据背景下的数字档案馆与档案数字化建设探讨》，载《兰台内外》2018 年第 12 期。

② 韩红卫：《企业档案数字化工作的对策及建议》，载《城建档案》2017 年第 3 期。

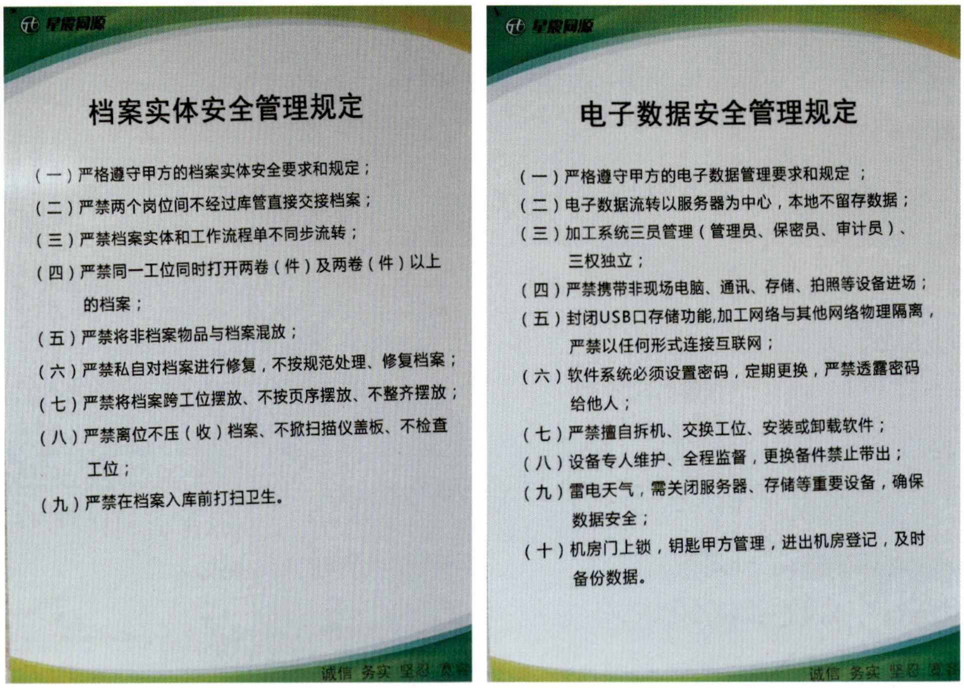

图 3　保障档案实体安全和档案信息安全的相关规定

2.3　数字化信息采集

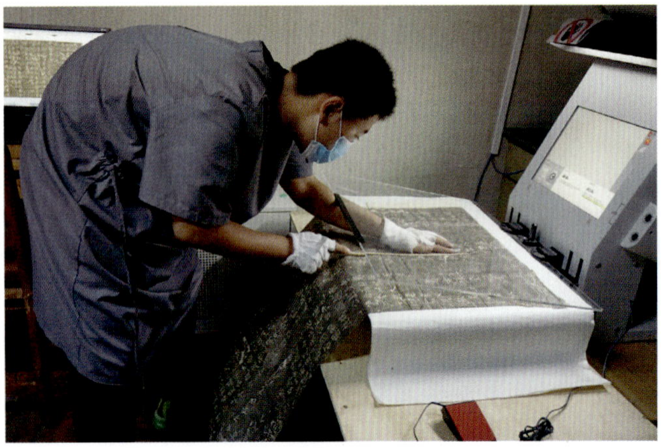

图 4　档案大图扫描

数字化信息采集包含图像扫描和质检两大环节，这是档案数字化的核心部分。档案扫描工作的主要流程包括领档、签出任务、扫描、数据上传、还档。扫描时依照编写的页码顺序进行逐页扫描，编写页码时数字要小而清晰，尽量避免在档案本体上编写。超过 A3 纸尺寸的单页需进行拼接或进行其他处理（图 4）。扫描过程中需确保档案不乱序、不损坏、不歪斜、不漏扫，且四周留白[①]。扫描过程中分辨率的高低会影响数字化转换质量的好坏，分辨率越高，扫描图像就越清晰，占用的存储空间也就越大。孔府档案扫描采用真彩 300DPI 彩色模式，能够达到仿真附件的效果。

为确保档案数字化信息完整准确，扫描后的数据质检环节必不可少且至关重要。孔府档案扫描后的数据质检分为三级：一检侧重图像的转正、纠偏、裁剪坐标确认及画幅数的检查；二检侧重检查分辨率、图像大小、内容完整性、页号连续性；三检依据实体档案，逐页检查图像，侧重查漏、查重。质检不合格的扫描件需返工重扫。扫描后的技术处理能够满足档

① 赖丽珍：《纸质档案数字化质量问题研究》，载《兰台内外》2020 年第 2 期。

案数字化信息真实、完整地反映档案原始内容的要求。

2.4 数字化与档案修复

在档案数字化过程中发现，由于档案年代久远，加之某些时期保管不善，有些档案发生了破损、缺失、虫蚀、酸化等病害（图 5、6）。故在扫描过程中需及时与本单位科技保护部进行沟通，对于存在虫类病害的档案，应启动低氧充氮杀虫保护系统，用物理方法使害虫窒息死亡，且此方法无毒害、无污染、零残留，可为档案提供最安全的保障；对于受损严重、影响扫描质量的档案，应采用绿色通道，坚持数字化优先、一次性拆装和借归一致的原则[①]，优先对档案进行保护性修复，保证扫描质量和工作进度。

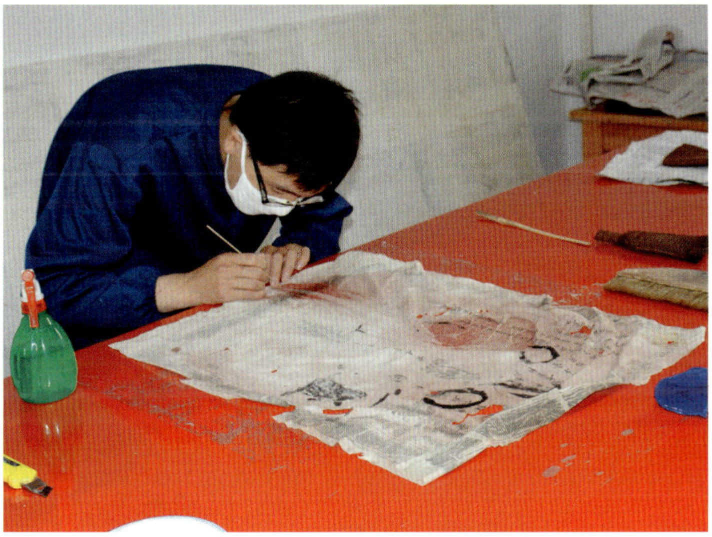

图 5　工作人员在进行档案修复

图 6　家谱修复

2.5 数字化信息存储

孔府档案数字化信息拥有在线、离线两套存储系统。在线状态下保存于服务器中，服务器高速的 CPU 运算能力、长时间的可靠运行、强大的 I/O 外部数据吞吐能力以及更好的扩展性可以保障在线数据的传输和运转。根据国家档案局发布的《电子档案存储用可录类蓝光光盘（BD-R）技术要求和应用规范》的相关规定，离线状态下，孔府档案数字化信息保存于蓝光光盘库中，以保障数据安全。孔府档案数字化信息的存储有 TIFF 和 PDF 两种格式。

3 孔府档案数字化建设的阶段性成果

孔府档案数字化扫描工作历时一年，共扫描档案 9021 卷。在此基础上，进行了一系列开发研究，以便更好地服务社会，为传承和弘扬中华优秀传统文化添砖加瓦。

---

① 张志华：《浅析搭建档案数字化与档案修复的“快速通道”》，载《办公室业务》2018 年第 15 期。

3.1 出版书籍

图 7 《孔子博物馆藏孔府档案汇编·明代卷》

书籍作为传统媒介之一，在学术领域、大众传播方面仍然发挥着重要作用。基于此，孔子博物馆启动孔府档案相关书籍的出版工作，《孔子博物馆藏孔府档案汇编·明代卷》（图 7）、《孔府珍藏》分别于 2018 年和 2019 年出版。

3.2 举办学术研讨会

2018 年 11 月，“新时代·新史料·新视角——孔府档案整理、出版与研究学术研讨会”顺利召开，40 余位相关领域的领导及专家学者出席会议，就孔府档案的整理、出版与研究进行了热烈讨论，收到了较好的社会反响，起到了很好的宣传展示作用。

3.3 参加“发展中的世界记忆”国际学术研讨会

为参加“发展中的世界记忆”国际学术研讨会，孔子博物馆精选 8 件明、清、民国时期的数字化档案制作宣传海报，内容涉及多个方面，向国际社会展示孔府档案的内容与特点，直观阐述中国记忆在世界记忆中发挥的作用和产生的影响，积极寻求向世界发出中国声音。

3.4 档案著录

随着档案数字化工作的推进，为方便检索，孔子博物馆在原有案卷级目录的基础上，逐级分解子目录，开展文件级目录著录工作。在遵守《中华人民共和国档案法》等有关规定的前提下，参照国家档案局颁布的《明清档案著录细则》《民国档案著录细则》，结合本馆工作实际，特别是针对孔府档案的特殊性，制定了相应的著录规范。由于每个著录项目都可作为信息化系统中的检索入口，因此面对众多著录信息必须统一著录标准[①]。这虽然是一项耗时耗力的工作，却能增加检索的准确性，有利于充分发挥档案信息资源的优势。

4 孔府档案数字化建设的意义

4.1 改变档案管理模式

从传统的、单一的库房管理延伸到实体档案和数字档案的双重管理，这不仅是管理模式的改变，更是工作理念的改变。这种改变对档案管理人员提出了更高的要求——不仅要熟悉

① 赵静：《民国档案著录与数字化工作实践探析》，载《浙江档案》2018 年第 7 期。

库房档案，而且要较好地掌握计算机操作、查询、数据库应用等技术，只有这样才能提高档案利用水平。

4.2 保护档案实体安全和信息安全

孔府档案绝大部分为手写材料，且所用纸张多为宣纸，虽历经多次裱修、装订等，但每一次打开、复位都是对档案实体的一种伤害，而且若在查阅过程中防护不当，口水、汗渍等都会对档案造成污染和破坏。档案数字化后，档案信息可从电脑上查阅，实体档案便可长期保存于恒温恒湿的库房中。此外，蓝光光盘库是目前最为安全的数字化存储系统，而且数字化信息便于异地异质备份，可有效应对突发社会事件和自然灾害。

4.3 实现档案信息资源共享

由于孔府档案具有重要价值，所以在档案数字化前，每年都会有很多国内外学者慕名来查阅档案。在这种情况下，除要办理相关手续外，还需要库房管理人员入库调出档案方能查阅。而孔府档案内容繁多，所查询档案内容是否存在、能否找到，在很大程度上依赖于库房管理人员的经验和对档案的了解情况。档案数字化后，可依靠计算机和数据库进行电子查阅、搜索，在一定程度上突破了时间和空间的限制[①]，充分体现了电子档案的便捷性、快速性，实现了档案信息资源共享。

4.4 有利于传承和弘扬儒家文化

档案是传统文化传承的重要媒介[②]。孔府档案是研究儒家思想的第一手资料，全世界仅此一份。孔府档案的独特性、稀有性、未公开性决定了它具有巨大的价值。随着数字化的推进，孔府档案会被一点点地揭开其神秘的面纱。它会为儒学研究、为传统文化的弘扬带来什么样的效果，令人期待。

5 结语

孔府档案数字化建设是科技发展的必然结果，是提高档案利用水平的基本手段，是“让收藏在博物馆里的文物、陈列在广阔大地上的遗产、书写在古籍里的文字都活起来”的重要举措。档案数字化后形成传统纸质档案与现代数字档案线上线下的互补互动态势，能够使中华优秀传统文化的展示价值与传播功效发挥到极致。

---

① 崔莉：《论数字化对档案利用工作的重要意义》，载《工作指导》2019 年第 8 期。

② 李晓莉：《浅析档案在传承传统文化中的重要作用》，载《中国档案报》2019 年 7 月 25 日第 3 版。

浅谈文物的数字化保护、管理与利用

◎ 周福波
济南市博物馆

摘　要：“智慧博物馆”涵盖面广泛，以数据资源为支撑的博物馆业务系统将成为博物馆发展的巨大助力。济南市博物馆依据自身情况，以藏品管理系统为核心，以数据共享为前提，完成了“济南数字博物馆”平台建设，并以平台数据为基础，从数字化展示、文化创意研究、青少年教育等方面入手，对馆藏文物资源加以利用。本文以“济南数字博物馆”平台中的藏品管理系统为例，介绍济南市博物馆的数字化建设成果。

关键词：文物保护　共享平台　数据利用　立体开发

随着“智慧博物馆”概念的推广，越来越多的数字应用技术被整合，有的放矢地投入博物馆的各项业务工作中，开启了博物馆工作的新局面。济南市博物馆以“智慧博物馆”为最终建设目标，通过共享数据平台建设、文物资源综合利用等数字化手段加大了文物保护力度。

“智慧博物馆”核心系统一般分为以下五类：建筑系统、业务系统、观众系统、数据通信系统、决策支持系统。其中，建筑系统是对建筑功能区域进行划分，即将博物馆划分为不同区域进行分类管理；业务系统以藏品系统、展陈系统、图书系统等为主；观众系统主要是对观众行为进行收集以及指导；数据通信系统是以物联网的概念，将各类终端、观众、藏品、博物馆工作人员连接起来，完成数据的实时通讯与利用；决策支持系统是“智慧博物馆”建设的最终目标，即通过梳理各类数据，帮助博物馆做出智慧服务、智慧保护、智慧管理的相应决策。

“智慧博物馆”系统中比较容易开展并且容易取得效果的部分为业务系统。济南市博物馆囿于资金及馆舍面积有限等，就选择了从这一方面入手，于是“济南数字博物馆”平台应运而生（图 1）。

“济南数字博物馆”项目旨在以济南市各区县国有公共博物馆的实际情况为基础，以济南市博物馆为建设主体，汇集全市 7 家博物馆所藏文物数据，通过线上平台的模式，实现全市文物资源的数字化整合，打破在展示、收藏、保护等管理机制、工作方式上相对滞后的传统手工作业限制，向公众提供全市文物的数字化展览服务（图 2）。

图 1　济南数字博物馆平台

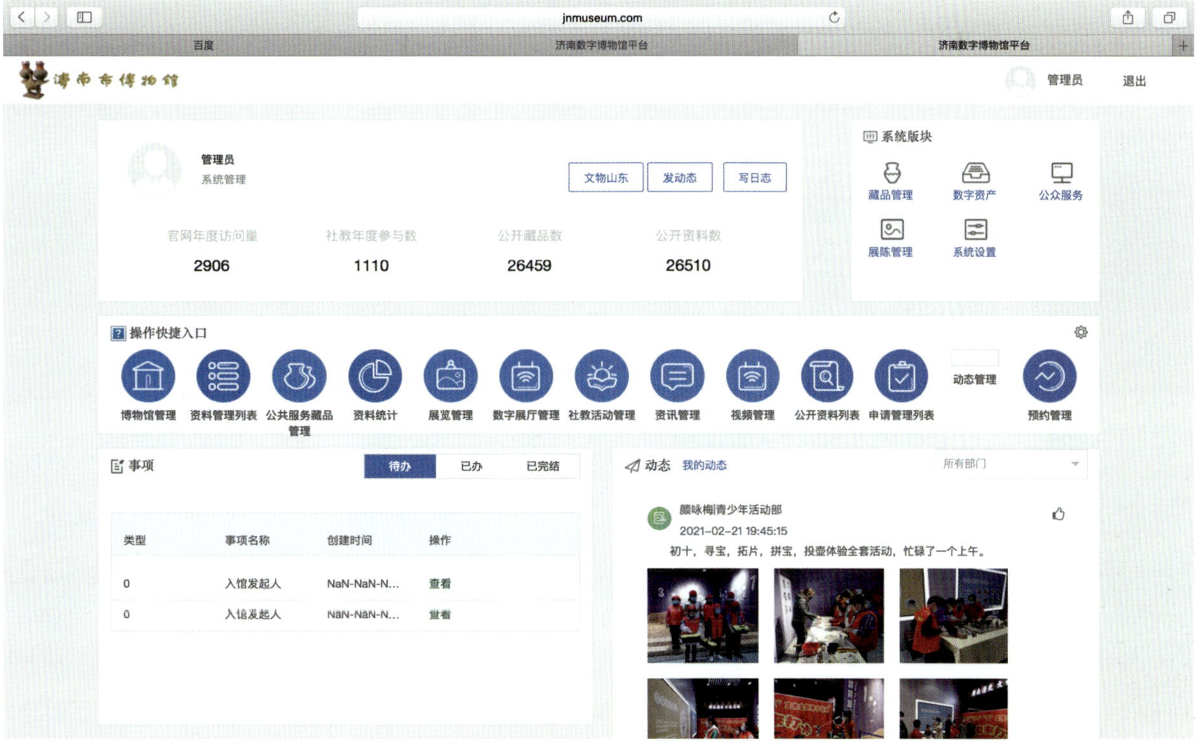

图 2　平台主功能界面

“济南数字博物馆”平台规划涉及的单位包括济南市博物馆、历城区博物馆、长清区博物馆、章丘区博物馆、济阳区博物馆、平阴县博物馆、商河县博物馆，已于 2018 年在济南市博物馆完成试点建设。该平台由藏品管理系统、数字资产管理系统、公众服务系统、展陈管理系统组成，现已搭载多类数字化资源，为公众提供 3D 藏品 700 余件、360 全景 5 个、宣传视频 6 部、文物数据 5 万余条、高清文物图片近 1T，平台主要数据全部为济南市博物馆近 5 年的数字化建设成果。

由于平台涉及的系统较多，这里着重介绍其中的藏品管理系统。藏品管理系统是对济南市博物馆第一次全国可移动文物普查成果进行利用和管理的系统，实现了济南市博物馆对藏品数据进行动态管理与分析的目标。同时，该系统以业务流程为主线，以数据登记、补充采集、积累、整合、统计、分析为手段，加入各部室业务流程，以满足藏品管理、保护、科研、展览、宣传教育等业务的需要。其主要功能模块为藏品征集、藏品鉴定、信息登记、藏品账目、藏品保管、库房日常管理、藏品展览、藏品修复管理、数字资源管理、藏品档案管理、综合查询、统计分析、藏品共享等（图 3 至图 6）。

在 2012 年 10 月至 2016 年底第一次全国可移动文物普查期间，按照文物普查规范标准，济南市博物馆完成了对 52004 件藏品的普查并上报国家平台。2017—2018 年，济南市博物馆继续推进文物普查工作，完成了对 2 万余册馆藏古籍的普查。截至 2019 年底，济南市博物馆共完成 76924 件藏品的信息采集工作，信息采集比例达到 100%，全部藏品均已报济南市文物局备案并上传至济南市政务云中心，为后期数据共享、利用打下了坚实的基础。

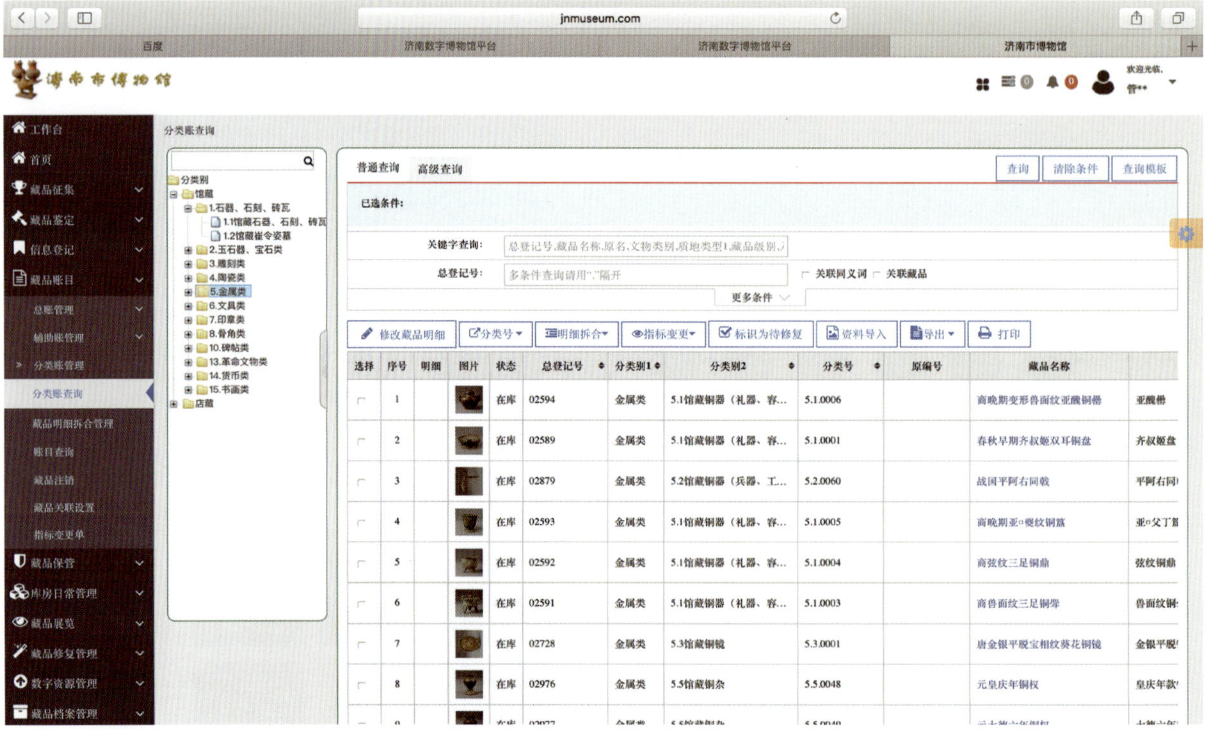

图 3　藏品管理系统主要的业务流程

图 4　藏品管理系统界面

图 5　藏品管理系统统计分析界面

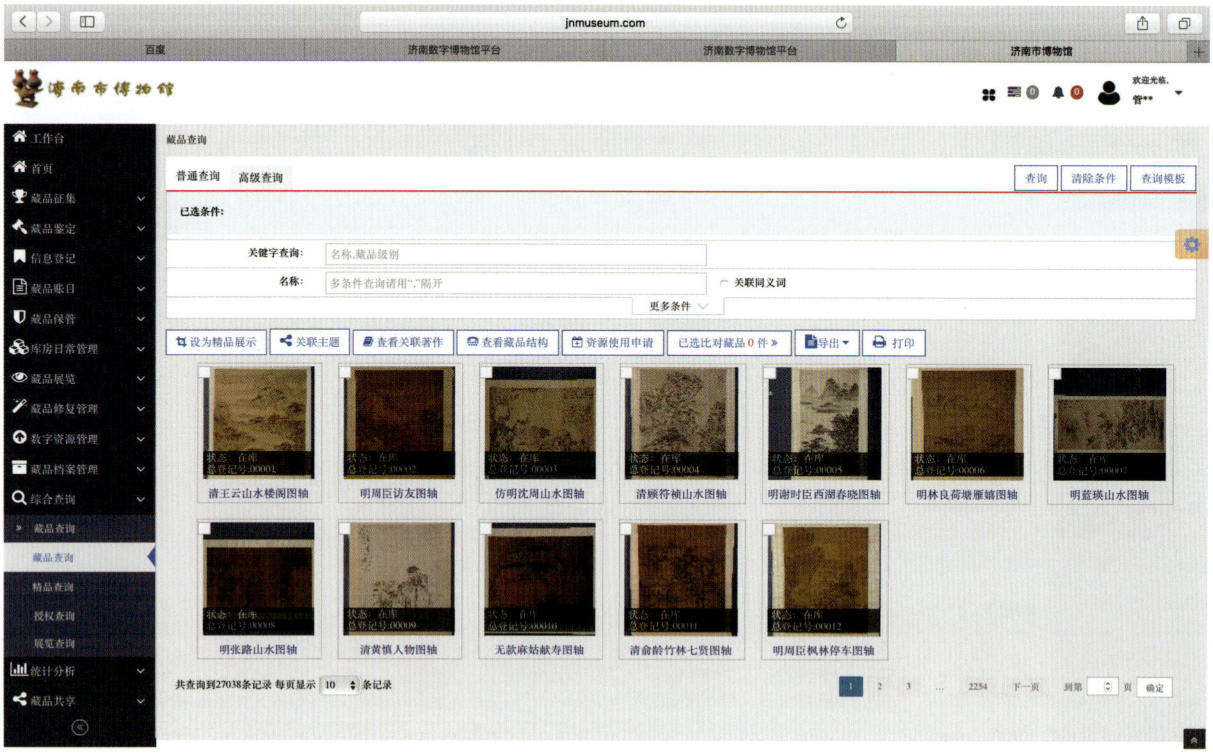

图 6　藏品查询界面

在文物数据的利用方面，济南市博物馆也积极做出尝试。济南市博物馆有一件国宝级文物——西汉彩绘乐舞杂技陶俑，历史文化价值极高（图 7）。为使观众能够全面深入地了解文物背后的故事、拉近文物与观众的距离，济南市博物馆围绕该文物进行了深入发掘和全面开发，制作了动漫、3D 陶俑、AR 互动游戏、文创等多个产品，种类丰富、形式多样。观众除了可以在展厅观看实物，还可以通过济南市博物馆网站、多媒体互动墙、增强现实识别卡等，对该文物进行多角度、立体化、深入细致的欣赏，也可以通过动漫详细了解其价值和背景故事，并可通过文物拼图等参与西汉彩绘乐舞杂技陶俑主题游戏。下面向大家介绍济南市博物馆开发西汉彩绘乐舞杂技陶俑的具体情况。

1. 制作西汉彩绘乐舞杂技陶俑动漫。即让静态的文物变成动态的影像，活泼生动地从多方位、多角度向观众讲述不同陶俑的角色定位，并深入浅出地介绍当时的社会风貌和历史风俗。2018 年，济南市博物馆“西汉彩绘乐舞杂技陶俑动漫”（图 8）获 2018 年（首届）山东省科普创作大赛（科普视频类）一等奖。

2. 出版西汉彩绘乐舞杂技陶俑动漫光碟（图 9）。为扩大西汉彩绘乐舞杂技陶俑动漫的影响力，济南市博物馆特将其制作成光碟，既方便携带，又利于传播。此举有利于让更多的观众了解西汉彩绘乐舞杂技陶俑背后的故事。

图 7　西汉彩绘乐舞杂技陶俑

图 8　西汉彩绘乐舞杂技陶俑动漫截图

图 9　西汉彩绘乐舞杂技陶俑动漫光碟

3. 制作 3D 版西汉彩绘乐舞杂技陶俑（图 10）。观众可以登录济南市博物馆官方网站，也可以在展厅内通过电子触摸屏，查看该文物的高精度三维模型，从而全方位、多角度、更清晰地观赏该文物。此举对于弘扬历史文化、践行文化惠民政策起到了重要作用。

4. 制作西汉彩绘乐舞杂技陶俑主题 AR 互动游戏（图 11）。观众可以通过肢体动作发出指令，从而在观赏到还原后的乐舞杂技场面的同时，跟陶俑进行互动。此举增强了观赏的趣味性，也有利于加深观众对文物的了解。

图 10　西汉彩绘乐舞杂技陶俑 3D 触摸屏实景

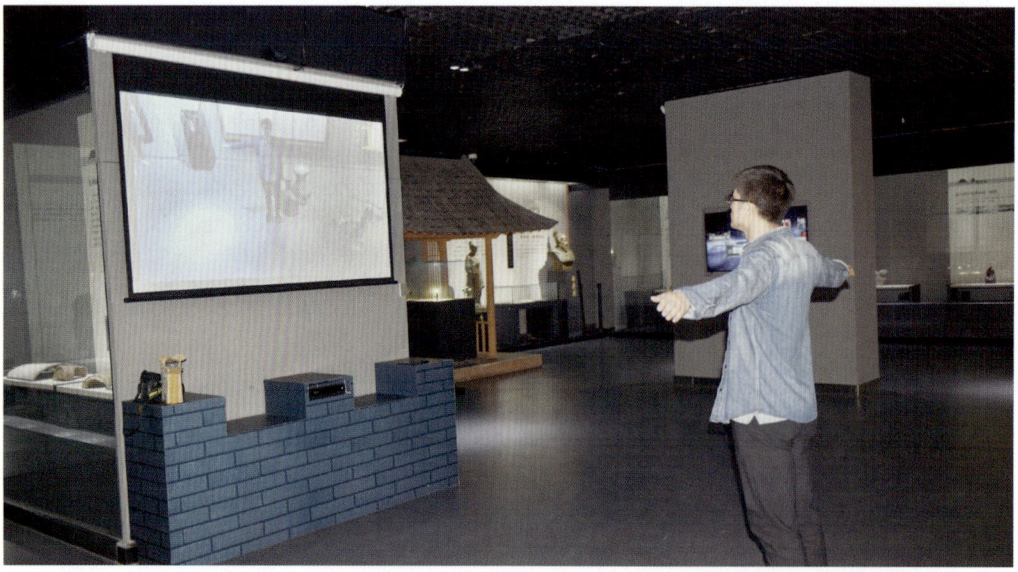

图 11　西汉彩绘乐舞杂技陶俑主题 AR 互动游戏

5. 制作西汉彩绘乐舞杂技陶俑拼图（图 12）。观众特别是青少年可以在参与拼图游戏的过程中对文物的特点和细节有更深刻的认识。2017 年 4 月，济南市博物馆以西汉彩绘乐舞杂技陶俑等文物为素材的“文物拼图”文创产品荣获第 12 届中国（义乌）文化产品交易会工艺美术金奖和创新设计奖。

图 12　西汉彩绘乐舞杂技陶俑拼图

6. 制作西汉彩绘乐舞杂技陶俑增强现实识别卡（图 13）。观众可以通过下载软件，实现手机扫码，进行 AR 增强现实观看，同时可以听取对该文物的详细介绍。

图 13　西汉彩绘乐舞杂技陶俑增强现实识别卡正面

“济南数字博物馆”平台建设与西汉彩绘乐舞杂技陶俑的立体开发是济南市博物馆现阶段在文物数字化保护、管理与利用方面做出的积极尝试。此次平台建设实现了数据共享，妥善处理了文物保护与利用之间的矛盾，减少了文物的流通次数，降低了文物损坏的风险，提高了文物的展示利用水平，提升了博物馆的教育职能，同时，对博物馆的日常业务工作提供了相应支持，实现了文物保管提取流程化、展览创作流程化、青少年活动报名流程化、文创制作流程化等，方便了馆内业务的管理。西汉彩绘乐舞杂技陶俑的立体开发不仅有利于加深观众对文物的了解，而且为开展文化服务和青少年教育提供了更加新颖的方式，是博物馆围绕单一文物进行立体开发的有益尝试，真正实现了“让收藏在博物馆里的文物、陈列在广阔大地上的遗产、书写在古籍里的文字都活起来”。

后 记

据第一次全国可移动文物普查数据，山东省在全国可移动文物信息平台共登录文物 558 万余件。随着近年来大量考古发掘工作的开展，全省出土文物以每年数万件的数量增长，不断丰富和充实着山东的文物数量。为应对可移动文物保护修复任务繁重局面，2015 年 2 月，山东省机构编制委员会办公室批复成立山东省文物保护修复中心，在省级层面统筹推进可移动文物保护修复工作。

山东省文物保护修复中心成立后，牢牢以可移动文物保护修复项目实施为契机，加快文物保护修复硬件设施建设，加快文物保护修复人才培养，加快文物保护修复技术推广，建立并逐步完善全省可移动文物保护修复网络体系，着力推进我省可移动文物保护修复事业健康发展。

经过近几年的努力，全省可移动文物保护修复工作取得了一定成绩，但责任在身，仍需精益求精、更进一步。为进一步加快发展、提升科研水平、为全省广大可移动文物保护修复工作者提供一个交流平台，由山东省文物保护修复中心牵头，联合山东博物馆、山东大学文化遗产研究院、潍坊市博物馆、莱芜职业技术学院、曲阜师范大学、山东艺术学院、山东工艺美术学院、山东省文物考古研究院、山东省水下考古研究中心、青岛市博物馆等高校科研单位，于2020年8月共同发起与筹备山东省文物保护技术协会，并于2021年2月获得批准通过。山东省文物保护技术协会的成立是山东省可移动文物保护修复事业发展的里程碑，将成为凝聚全省可移动文物保护修复业务人员的平台。

为切实加强我省可移动文物保护修复工作成果的交流与展示、促进业务能力提升，山东省文物保护技术协会联合山东省文物保护修复中心组织出版《山东可移动文物保护修复与研究》论文集。为此，先后征集了 29 篇新作科研论文。同时，为全面展示我省既往研究成果，又选择收录了 16 篇已发表的论文，共计收录论文 45 篇。其中，基础理论研究论文 7 篇，无机质文物保护修复与研究论文 22 篇，有机质文物保护修复与研究论文 11 篇，预防性及数字化保护与研究论文 5 篇。

论文题材丰富，涉及文物保护修复理念、方法与管理研究，人才培养方式与研究，文物保护传统工艺与现代科技相结合的创新研究，可移动文物本体保护修复成果与研究，可移动文物预防性及数字化保护成果与研究，等等，全面展示了全省近年来可移动文物保护修复成果。相信本论文集的出版，将有利于促进学术交流与沟通，有利于加快对复合型修复人才和文物修复紧缺型人才的培养。

2020 年 10 月 26 日，全省可移动文物保护修复网络体系建设工作现场会在沂源县召开，山东省文化和旅游厅副厅长、山东省文物局副局长王廷琦发表热情洋溢、振奋人心的讲话，为全省可移动文物保护修复工作指明了方向，也为本论文集的出版奠定了契机。

本论文集的出版得益于全省广大可移动文物保护从业人员的积极响应。与此同时，诸位审稿专家对稿件提出了较为准确的修改意见，齐鲁书社的编辑对每篇论文进行了认真审阅与修改，王廷琦先生又欣然为本论文集作序。这些都为本论文集的顺利出版提供了保障，在此一并表示感谢！

今后，山东省文物保护技术协会将及时汇集、整理我省可移动文物保护修复成果并不定期出版。在今后的出版规划中，我们不仅会吸收科研论文，也会吸收优秀可移动文物保护修复项目结项报告。同时，山东省文物保护技术协会将通过开展“山东文物保护技术讲堂”、承办全国性学术会议等多种形式的学术交流活动，推动全省形成可移动文物保护修复与科学研究的良好氛围。

期待并祝愿全省可移动文物保护修复工作者在今后的工作中，再谋新发展、再上新台阶，为山东可移动文物保护修复与研究工作做出新贡献。让我们共同不遗余力地提升全省可移动文物保护修复能力，响应山东创新文物价值传播推广体系政策的要求，更好地宣传推广山东可移动文物保护修复工作。

由于水平有限，本论文集在成书过程中难免会有错误与疏漏之处，恳请专家、学者和同行指正。

2021 年 2 月